Die Bonus-Seite

Ihr Vorteil als Käufer dieses Buches

Auf der Bonus-Webseite zu diesem Buch finden Sie zusätzliche Informationen und Services. Dazu gehört auch ein kostenloser **Testzugang** zur Online-Fassung Ihres Buches. Und der besondere Vorteil: Wenn Sie Ihr **Online-Buch** auch weiterhin nutzen wollen, erhalten Sie den vollen Zugang zum **Vorzugspreis**.

So nutzen Sie Ihren Vorteil

Halten Sie den unten abgedruckten Zugangscode bereit und gehen Sie auf **www.sap-press.de**. Dort finden Sie den Kasten **Die Bonus-Seite für Buchkäufer**. Klicken Sie auf **Zur Bonus-Seite/ Buch registrieren**, und geben Sie Ihren **Zugangscode** ein. Schon stehen Ihnen die Bonus-Angebote zur Verfügung.

Ihr persönlicher
Zugangscode

pikx-3zan-bvhr-gw97

Qualitätsmanagement mit SAP®

SAP PRESS ist eine gemeinschaftliche Initiative von SAP und Galileo Press.
Ziel ist es, Anwendern qualifiziertes SAP-Wissen zur Verfügung zu stellen.
SAP PRESS vereint das fachliche Know-how der SAP und die verlegerische
Kompetenz von Galileo Press. Die Bücher bieten Expertenwissen zu tech-
nischen wie auch zu betriebswirtschaftlichen SAP-Themen.

Andreas Doller, Marco Richter
Chargenverwaltung mit SAP
500 S., 2013, geb.
ISBN 978-3-8362-2109-2

Karl Liebstückel
Instandhaltung mit SAP
599 S., 3., aktualisierte und erweiterte Auflage 2013, geb.
mit Referenzkarte
ISBN 978-3-8362-2120-8

Jörg Thomas Dickersbach, Gerhard Keller
Produktionsplanung und -steuerung mit SAP ERP
Grundlagen – Prozesse – Customizingwissen
527 S., 3., aktualisierte und erweiterte Auflage 2010, geb.
mit Referenzkarte
ISBN 978-3-8362-1638-8

Marc Hoppe, André Käber
Warehouse Management mit SAP ERP
Effektive Lagerverwaltung mit WM
695 S., 2., aktualisierte und erweiterte Auflage 2009, geb.
ISBN 978-3-8362-1422-3

Aktuelle Angaben zum gesamten SAP PRESS-Programm finden Sie unter
www.sap-press.de.

Yvonne Lorenz

Qualitätsmanagement mit SAP®

Das umfassende Handbuch

Galileo Press

Bonn • Boston

Liebe Leserin, lieber Leser,

vielen Dank, dass Sie sich für ein Buch von SAP PRESS entschieden haben.

»Qualität hat ihren Preis«, lautet ein altbekanntes Sprichwort. Sie als Mitarbeiter im Qualitätsmanagement werden dem voll und ganz zustimmen: Eine gleichbleibende Qualität über die gesamte Wertschöpfungskette hinweg sicherzustellen, ist sehr aufwendig und erfordert die Durchführung zahlreicher Schritte und Maßnahmen. Dieses Buch soll Sie dabei unterstützen, die QM-Prozesse mit SAP bestmöglich zu nutzen, um dauerhaft eine hohe Produktqualität zu erreichen und Ihre Kunden zufriedenzustellen.

Ich freue mich, dass wir mit Yvonne Lorenz eine Autorin gewinnen konnten, die bei der Buchproduktion ebenfalls mit großem Qualitätsbewusstsein ans Werk gegangen ist und dafür – Qualität hat ihren Preis – sicher zahlreiche freie Abende und Wochenenden geopfert hat. Für diesen Einsatz danke ich Frau Lorenz sehr. Ich bin sicher, dass sich Zeit und Mühe gelohnt haben und dieses Buch eine begeisterte Leserschaft finden wird.

Wir freuen uns stets über Lob, aber auch über kritische Anmerkungen, die uns helfen, unsere Bücher zu verbessern. Am Ende dieses Buches finden Sie daher eine Postkarte, mit der Sie uns Ihre Meinung mitteilen können. Als Dankeschön verlosen wir unter den Einsendern regelmäßig Gutscheine für SAP PRESS-Bücher.

Ihre Patricia Sprenger
Lektorat SAP PRESS

Galileo Press
Rheinwerkallee 4
53227 Bonn

patricia.sprenger@galileo-press.de
www.sap-press.de

Auf einen Blick

Der Name Galileo Press geht auf den italienischen Mathematiker und Philosophen Galileo Galilei (1564–1642) zurück. Er gilt als Gründungsfigur der neuzeitlichen Wissenschaft und wurde berühmt als Verfechter des modernen, heliozentrischen Weltbilds. Legendär ist sein Ausspruch *Eppur si muove* (Und sie bewegt sich doch). Das Emblem von Galileo Press ist der Jupiter, umkreist von den vier Galileischen Monden. Galilei entdeckte die nach ihm benannten Monde 1610.

Lektorat Patricia Sprenger
Korrektorat Osseline Fenner, Troisdorf
Herstellung Iris Warkus
Einbandgestaltung Janina Conrady
Titelbild iStockphoto:16768634 © pearleye
Typografie und Layout Vera Brauner
Satz SatzPro, Krefeld
Druck und Bindung Wilco, Amersfoort

Gerne stehen wir Ihnen mit Rat und Tat zur Seite:

patricia.sprenger@galileo-press.de bei Fragen und Anmerkungen zum Inhalt des Buches
service@galileo-press.de für versandkostenfreie Bestellungen und Reklamationen
thomas.losch@galileo-press.de für Rezensionsexemplare

Bibliografische Information der Deutschen Nationalbibliothek
Die Deutsche Nationalbibliothek verzeichnet diese Publikation in der Deutschen National-
bibliografie; detaillierte bibliografische Daten sind im Internet über *http://dnb.d-nb.de*
abrufbar.

ISBN   978-3-8362-2035-4

© Galileo Press, Bonn 2013
1. Auflage 2013

Inhalt

Teil II: Prüfungen und Prüfablauf

8   Weitere Funktionen in der Prüfabwicklung 233

Teil III: Prüfergebnis und Kundenkommunikation

Danksagung

In dieses Buch ist meine Praxis- und Projekterfahrung eingeflossen. Im Verlauf meiner bisherigen Arbeit habe ich wiederholt die Erkenntnis gewonnen, dass es für viele Probleme mehrere Lösungen gibt. Häufig gibt es dabei keinen richtigen oder falschen Weg; die Hauptsache ist, dass die gewählte Lösung die Anforderung erfüllen kann, die an sie gestellt wird. Ohne die Möglichkeit, Erfahrungen zu sammeln und zu vertiefen, ist es schwierig, rasch einen passenden Lösungsweg für die Herausforderungen zu finden.

Ich möchte zunächst der Firma itelligence AG danken. In den vielen Jahren meiner Unternehmenszugehörigkeit sowie auch in meiner freiberuflichen Tätigkeit, während der ich eng mit der itelligence AG verbunden geblieben bin, hatte ich die Möglichkeit, umfassendes Wissen aufzubauen. Konkrete Hilfestellung bei der Erstellung dieses Buches habe ich erfahren, da man mir die Möglichkeit gegeben hat, die Beispiele für dieses Buch in einem Testsystem aufzubauen.

Den Firmen Gebro Pharma GmbH, Bühler Motor GmbH, Nordgetreide GmbH & Co. KG sowie dem Wasserburger Arzneimittelwerk Dr. Madaus GmbH danke ich ebenfalls für die Bereitstellung einiger Screenshots aus ihren Systemen.

Zudem danke ich Herrn Michael Müller, der mich bei der Erstellung des Beispiels für Kapitel 21 (FMEA und Produktionslenkungsplan) tatkräftig unterstützt hat.

Schließlich danke ich SAP PRESS für das Angebot und die Möglichkeit, dieses Buch zu schreiben und zu veröffentlichen.

Herzlichen Dank für diese Unterstützung!

Yvonne Lorenz

Einleitung

Die Sicherung der Produktqualität und damit der Kundenzufriedenheit rückt für viele Unternehmen immer mehr in den Vordergrund. Die meisten produzierenden Unternehmen sind daher zertifiziert und müssen in regelmäßigen Audits nachweisen, welche Qualitätssicherungsmethoden angewandt werden. Zur Vorbereitung auf entsprechende Kontrollen von außerhalb sowie für die interne Qualitätssicherung ist es sehr hilfreich, die gewünschten Schritte im Qualitätssicherungsprozess allzeit griffbereit und transparent abbilden zu können.

In diesem Buch erfahren Sie zum einen, wie Sie die einzelnen Funktionen, die das SAP-Modul Qualitätsmanagement (QM) entlang der Wertschöpfungskette zur Verfügung stellt, einrichten und sinnvoll nutzen. Zum anderen erfahren Sie dabei, wie Sie dem Wunsch, per Knopfdruck die gewünschten Daten auf dem Bildschirm zu sehen, ein Stückchen näher kommen.

An wen richtet sich dieses Buch?

Wer auf der Suche nach einem CAQ-System (Computer Aided Quality) oder einem LIMS (Laboratory Information Management System) ist und in seinem Unternehmen bereits SAP einsetzt, sollte sich unbedingt über die Möglichkeiten informieren, die das Modul QM bietet. Dieses Buch zeigt daher die Funktionen und Prozesse auf, die bereits im Standard ausgeliefert werden. Sie werden sehen, dass das SAP-Modul QM durchaus einem Vergleich zu anderen CAQ- bzw. LIMS-Systemen standhalten kann.

Der große Vorteil des Moduls QM ist die tiefe Integration in alle logistischen Prozesse. Sie können auf sämtliche Daten aus dem QM-Umfeld zugreifen und damit Ihren Qualitätsmanagementprozess steuern. Kunden- und Lieferantendaten stehen im Reklamationsprozess z. B. sofort zur Verfügung, ebenso wie der lückenlose Chargenverwendungsnachweis.

Oftmals ist es auch kostengünstiger, Funktionen, die der Standard nicht abbildet, im SAP-System nachträglich zu programmieren, als ein anderes System anzubinden, das Lizenzkosten verursacht und Zeit für die Überwachung der Schnittstellen kostet.

Wer bereits das Modul QM nutzt, aber gern mehr über die Funktionen wissen möchte – seien es Funktionen, die das Unternehmen bislang noch nicht einsetzt, oder neue Funktionen, die in den letzten Jahren hinzugekommen sind –, ist mit diesem Buch ebenfalls und in der Hauptsache gut beraten.

Dieses Buch soll auch Lesern helfen, die das Modul QM bereits kennen und die einzelnen Prozesse und Funktionen besser verstehen möchten. Vielleicht nutzen Sie bereits Transaktionen, deren Auswirkungen und Zusammenhänge Sie gern besser verstehen möchten. Oder Sie möchten prüfen, ob es Möglichkeiten gibt, von Ihnen genutzte Arbeitsschritte zu verbessern bzw. zu vereinfachen? In diesen Fällen werden Ihnen die zahlreichen Beispiele helfen, die ich zur Veranschaulichung der Funktionen erstellt habe.

Dieses Buch vermittelt auch die Technik der Einstellungen im SAP-Modul in den Stammdaten sowie an den wichtigsten Stellen im Customizing. Das für Ihr Unternehmen gültige Regelwerk der Qualitätssicherung, wie z. B. im Pharmabereich die GMP oder die ISO9000-Familie, sollten Sie kennen.

Wenn Sie SAP in Ihrem Unternehmen nutzen, ist das ganze Modul QM bei Ihnen komplett installiert. Alle Funktionen können Sie sofort nutzen. Sie haben bestimmt ein Testsystem, in dem Sie Prozesse ausprobieren können. Nutzen Sie diese Möglichkeit, und verwenden Sie dabei auch nicht nur die Transaktionen, die in diesem Buch explizit vorgestellt werden. Notwendigerweise musste ich mich beim Schreiben des Buches auf die zentralen Transaktionen beschränken, um den Umfang nicht zu überschreiten. Das SAP-Menü bietet aber zahlreiche weitere Transaktionen. Wenn Sie das SAP-Menü aktiv nutzen, haben Sie die Möglichkeit, Neues zu entdecken.

Sie werden sehen, dass die meisten Prozesse durch die Stammdaten im Modul Qualitätsmanagement gesteuert werden. Daher sollten Sie versuchen, das Zusammenspiel der Stammdaten gut zu verstehen. Für zentrale Stellen erläutere ich auch, wie Sie das Zusammenwirken der Stammdaten durch individuelle Einstellungen im Customizing beeinflussen können.

Alle Darstellungen, die ich in diesem Buch verwendet habe, habe ich im SAP ERP-Release 6.0 (EHP 5) vorgenommen. Stehen Funktionen erst durch die Aktivierung eines Erweiterungspaketes (EHP) zur Verfügung, habe ich dieses entsprechend im Text erwähnt.

Wie ist dieses Buch aufgebaut?

Das Buch gliedert sich in 24 Kapitel, die in vier Teilen aufgeteilt sind und deren Inhalt ich im Folgenden kurz darstellen werde:

Der erste Teil »Stammdaten und Grundeinstellungen« umfasst die Erläuterung der Stammdaten aus dem Modul QM und der angrenzenden Module, und stellt die Grundeinstellungen vor, um das Qualitätsmanagement in SAP nutzen zu können.

▶ In **Kapitel 1**, »Überblick über die Qualitätsprozesse«, werden Ihnen die Hauptfunktionen des Moduls QM vorgestellt.

▶ **Kapitel 2**, »Grundeinstellungen im Customizing«, erklärt, welche Grundeinstellungen im Customizing notwendig sind, um QM nutzen zu können. Die Werksvoreinstellungen werden beschrieben. Nach dieser Aktivierung sind alle QM-Funktionen sofort nutzbar.

▶ **Kapitel 3**, »Grunddaten«, stellt alle QM-Stammdaten vor, die später im Prüfplan zusammengeführt werden.

▶ **Kapitel 4**, »Logistik-Stammdaten«, erläutert die Qualitätsmanagementsicht im Materialstamm und die Eingriffsmöglichkeiten bei der Lieferantenauswahl bzw. der Auslieferung. Hierbei werden sowohl die Einzelpflege als auch – wenn vorhanden – die Massenpflege sowie die jeweiligen Einstellungen im Customizing vorgestellt

▶ In **Kapitel 5**, »Prüfplanung«, werden die Plantypen mit ihrer Planverwendung beschrieben, und es wird erläutert, wie die Planverwendungen den Prüfarten zugeordnet werden. Das Kapitel zeigt zudem, wie der Prüfplan strukturiert und im Customizing ausgeprägt werden kann, und es werden Formelmerkmale und Merkmale mit Eingabeverarbeitung erklärt.

▶ Möglichkeiten zur Nutzung der Dokumentenverwaltung und deren Verknüpfung mit den QM-SAP-Objekten werden in **Kapitel 6**, »Dokumentenverwaltung«, aufgezeigt. So können Sie z. B. auf Zeichnungen, die im Materialstamm zugeordnet sind, bei der Ergebniserfassung zugreifen. Außerdem werden mithilfe der Dokumentenverwaltung freigaberelevante Dokumente, wie z. B. Spezifikationen, der Kunden-Material-Beziehung im Q-Infosatz Vertrieb bzw. der Lieferanten-Material-Beziehung im Q-Infosatz Beschaffung zugeordnet.

Der zweite Teil »Prüfungen und Prüfablauf« beinhaltet die verschiedenen Arten der Prüfabläufe.

▶ Die gesamte Prüfabwicklung wird in **Kapitel 7**, »Prüfablauf«, beschrieben. Dabei werden die verschiedenen Varianten zur Ergebniserfassung inklusive der Langzeitprüfungen ebenso erläutert wie die Verwendung von Serialnummern oder die Auswirkungen von Handling Units in der Lagerverwaltung auf die Prüfabwicklung. Den Abschluss des Kapitels bildet die

Darstellung des Verwendungsentscheids mit seinen Folgefunktionen und den verschiedenen Buchungsmöglichkeiten.

▶ **Kapitel 8**, »Weitere Funktionen in der Prüfabwicklung«, ergänzt das vorangegangene Kapitel um Funktionen, die nicht in jeder Branche benötigt werden.

Unter anderem werden die Probenverwaltung mit allen Stammdaten und die Funktionen der Dynamisierung oder der multiplen Spezifikation erläutert. In einem eigenen Abschnitt wird der Einsatz eines Subsystems zur Übernahme von Messdaten dargestellt. Zur Unterstützung der Anbindung des Subsystems wird die Schnittstelle QM-IDI vorgestellt, und es wird auf die Vor- und Nachteile des Subsystems sowie das Customizing hingewiesen.

▶ Wie Sie effektiv in den Beschaffungsprozess eingreifen können, wird in **Kapitel 9**, »Qualitätsmanagement in der Beschaffung«, gezeigt. Die verschiedenen Steuerschlüssel und ihre Relevanz werden hierbei vorstellt, die Zeugnisabwicklung zum Lieferanten wird anhand eines Beispiels erklärt, und der Arbeitsvorrat der Zeugnisse wird inklusive der Mahnfunktion und Stammdaten beschrieben. Zudem werden die möglichen Einstellungen im Customizing dargestellt.

▶ Wenn Sie in Ihrem Unternehmen mit Chargen arbeiten, ist **Kapitel 10**, »Arbeit mit Chargen im Qualitätsmanagement«, für Sie interessant. Sie finden hier Erläuterungen zur Berechnung des MHD/Verfallsdatums sowie zur Übergabe von Ergebnissen aus dem Prüflos an die Charge.

▶ **Kapitel 11**, »Qualitätsmanagement im Wareneingang«, beschreibt die verschiedenen Varianten des Wareneingangs aus Sicht des Qualitätsmanagements. Neben dem Wareneingang zur Bestellung werden die Erstmusterabwicklung sowie der Wareneingang aus der Fremdbearbeitung erläutert.

▶ **Kapitel 12**, »Qualitätsmanagement in der Produktion«, befasst sich mit den verschiedenen Abbildungsvarianten der Prüfungen in der Produktion. Dabei werden Prüfpunkte in der Produktion inklusive der Arbeit mit Regelkarten und deren Eingriffs- und Auswertungsmöglichkeiten vorgestellt. Ebenso werden die Stammdateneinstellungen und das Arbeiten mit der Regelkarte in der Ergebniserfassung beschrieben und das spezifische Customizing erläutert.

▶ Wenn das Verfallsdatum abläuft, gibt es verschiedene Möglichkeiten der Chargenbearbeitung. Diese werden in **Kapitel 13**, »Wiederkehrende Prüfung/MHD-Überwachung«, vorgestellt.

▶ **Kapitel 14**, »Prüfung zur Lieferung«, zeigt Ihnen die Möglichkeiten zur Prüfungssteuerung im Warenausgang.

▶ Oft werden Prüfungen zeitgesteuert ausgelöst, z. B. bei der Prüfmittelverwaltung oder bei Monitoring-Prüfungen. Die Stammdaten mit der Terminplanung und der Prüfabwicklung werden in **Kapitel 15**, »Zeitgesteuerte Prüfung/Prüfmittelverwaltung«, vorgestellt.

▶ **Kapitel 16**, »Stabilitätsstudie«, beschreibt den Ablauf dieser SAP-Funktion. Dabei wird eine Charge unter bestimmten klimatischen Bedingungen über einen längeren Zeitraum gelagert und in regelmäßigen Abständen kontrolliert. In diesem Kapitel werden notwendige Stammdaten sowie die verwendeten Prüfarten vorgestellt.

▶ **Kapitel 17**, »Sonstige Prüfungen«, ergänzt alle beschriebenen Prüfarten durch Spezialfälle und Retouren. Auch hier werden Beispiele und Customizing-Optionen dargestellt.

Der dritte Teil »Prüfergebnis und Kundenkommunikation« beschreibt das Reklamationsmanagement, sowie die Zeugniserstellung und die Darstellung der Kosten.

▶ Um dem Kunden das Prüfergebnis zu bescheinigen, kann das Zeugnis verwendet werden, das im gleichnamigen **Kapitel 18**, »Zeugnis«, beschrieben wird. In diesem Kapitel werden Funktionen der Zeugnisvorlage erläutert, und es wird beschrieben, woher die Ergebnisse oder Vorgaben gezogen werden können. Dabei kann auf Ergebnisse aus der gesamten logistischen Kette zugegriffen werden, wenn der Chargenverwendungsnachweis aktiv ist.

▶ **Kapitel 19**, »Qualitätsmeldung«, zeigt, wie Sie das Reklamationsmanagement über Qualitätsmeldungen abbilden können. Hierbei werden alle relevanten Themen dargestellt: Mängelrüge, Reklamation sowie interne Probleme. Des Weiteren lernen Sie alle relevanten Funktionen rund um die Q-Meldung kennen, inklusive des 8D-Reports nach VDA und des Sammelprüfberichts. Im Sammelprüfbericht werden SAP-Objekte, wie z. B. Chargen oder Serialnummern, auf einem separaten Register zu einer Position zugeordnet.

▶ **Kapitel 20**, »Qualitätskosten«, erläutert Prüfkosten und Fehlerkosten. Hierbei wird gezeigt, wie Zeiten und Kosten rückgemeldet werden und welche Funktionen der Auswertung zur Verfügung stehen.

Der vierte Teil »Auswertungen und Anpassungen« stellt Ihnen Möglichkeiten der Auswertung vor und erläutert, wie Sie die erweiterten Funktionen zur Qualitätsplanung nutzen können.

▶ In **Kapitel 21**, »Audit-Management, FMEA und Produktionslenkungsplan«, werden u. a. die Objekte des Audit-Managements und der Ablauf eines Audits vorgestellt.

Die Risikoanalyse wird bei vielen Neuteilen gefordert. Ein unterstützendes Tool dafür ist FMEA (Fehlermöglichkeits- und -Einflussanalyse), aus diesem Tool heraus kann die gesamte Prüfplanung angestoßen werden. Um die FMEA auch im Prozess steuernd nutzen zu können, ist sie in die Meldungsbearbeitung integriert. Der Produktionslenkungsplan (PLP) zeigt verschiedene SAP-Objekte wie Arbeitspläne, Stückliste, Dokumente oder Prüfmerkmale strukturiert an. Bei möglichen Abweichungen eines Prüfmerkmals können Reaktions- und Lenkungsmethoden hinterlegt werden. Die PLP-Struktur wird im Customizing festgelegt und den Planarten zugeordnet. Alle Formulare, die Sie während der FMEA-Bearbeitung im PLP verwenden können, werden beschrieben.

▶ **Kapitel 22**, »Qualitätslenkung/Auswertung«, stellt Ihnen viele Möglichkeiten vor, um die erfassten Qualitätsdaten auszuwerten. Hierbei werden Auswertungen zu verschiedenen Problemstellungen erläutert, und es werden die Layoutgestaltung einer ALV-Liste sowie ihre Funktionen vorgestellt. Ebenso wird die Handhabung des QM-Cockpits erklärt, in dem Prüflose, Prüfergebnisse und Q-Meldungen über die ganze Chargenverwendungs-Nachweiskette ausgewertet werden können. Die Auswertung der statistischen Kennzahlen mit ihren Möglichkeiten der Darstellung wird anhand von Beispielen gezeigt.

Darüber hinaus wird der Teilbereich für die Lieferantenbeurteilung detailliert beschrieben, der sich aus den Qualitätsdaten ermittelt.

▶ **Kapitel 23**, »Unterstützende QM-Funktionen«, zeigt Ihnen Funktionen, die Sie überall im QM-Modul nutzen können, wie die Mail-Funktion, das Workflow-Muster oder den Anwenderstatus.

▶ Zu guter Letzt erhalten Sie in **Kapitel 24**, »Systemanpassungen«, einen Überblick über die Inhalte der ausgelieferten Erweiterungspakete sowie über die Möglichkeiten zur kundenindividuellen Beeinflussung der Standardabläufe.

Im Anhang werden alle Transaktionen, die ich in diesem Buch benutze, aufgeführt. Des Weiteren habe ich einige Probleme aufgelistet, die immer wieder auftreten und einfach überprüft werden können.

Wie können Sie mit diesem Buch arbeiten?

Die einzelnen Kapitel des Buches können unabhängig voneinander gelesen werden, sodass Sie die Freiheit haben, einzelne Kapitel zu überspringen und sich auf die für Sie interessanten Themen zu konzentrieren.

In grauen Informationskästen sind Inhalte zu finden, die wissenswert und hilfreich sind, aber etwas abseits der eigentlichen Erläuterung stehen. Damit Sie diese Informationen besser einordnen können, wurden die Kästen mit Symbolen gekennzeichnet:

Achtung [!]

Mit diesem Symbol warne ich Sie vor häufig begangenen Fehlern oder Problemen, die auftreten können.

Tipp/Hinweis [+]

Mit diesem Symbol werden Tipps markiert, die Ihnen die Arbeit erleichtern werden, sowie Hinweise, die Ihnen z. B. dabei helfen, weiterführende Informationen zu dem besprochenen Thema zu finden.

Beispiel [zB]

Anhand von Beispielen erläutere und vertiefe ich das besprochene Thema.

Teil I
Stammdaten und Grundeinstellungen

Dieses Kapitel gibt Ihnen einen Überblick über die Prozesse und Funktionen, die im Modul Qualitätsmanagement abgebildet werden. Alle hier aufgeführten Inhalte werden im Buch detailliert beschrieben.

1 Überblick über die Qualitätsprozesse

Im Gegensatz zu isolierten Systemen wie CAQ oder LIMS (Computer Aided Quality, Laboratory Information Management System) haben Sie mit dem SAP-Modul Qualitätsmanagement (QM) einen branchenübergreifenden, ganzheitlichen Lösungsansatz gewählt. Das Modul Qualitätsmanagement umfasst zahlreiche Prozesse und Funktionen, die Sie bei der Qualitätssicherung zur Herstellung eines Produktes unterstützen. Diese Funktionen sind in die gesamte logistische Kette integriert, die von der Suche der Lieferanten über die Wareneingangs- und die produktionsbegleitende Prüfung bis zur Auslieferung viele Bereiche umfasst.

Probleme hierbei können im Reklamationsmanagement, genauer in den Qualitätsmeldungen, katalogisiert festgehalten werden. Zur Korrektur und zukünftigen Vermeidung von Fehlern kann das Maßnahmenmanagement genutzt werden. Qualitätsmeldungen können losgelöst von der Prüfabwicklung mit QM verwendet werden, daher ist dieses Tool auch für reine Handelsunternehmen zur Darstellung der Kunden- und Lieferantenreklamationen interessant.

In Abschnitt 1.1 erhalten Sie zunächst einen Überblick über die erwähnten Prüfungen entlang der logistischen Kette, Abschnitt 1.2 stellt die Reklamationsbearbeitung im Überblick dar. Weitere relevante Prozesse werden in den Abschnitten 1.3 bis 1.9 behandelt.

1.1 Prüfungen in der logistischen Kette

Mit dem vollständig integrierten Modul QM können Sie alle technischen Maßnahmen umsetzen, die notwendig sind, um eine definierte Qualität Ihrer Produkte zu schaffen und zu erhalten – seien die Maßnahmen nun vorbereitender, begleitender oder prüfender Natur.

Abbildung 1.1 zeigt, wie das Modul QM in die SAP-Logistikmodule Materialmanagement (Materials Management, MM), Produktionsplanung (Production Planning, PP), Instandhaltung (Enterprise Asset Management, EAM, vormals Plant Maintenance, PM) sowie Vertrieb (Sales and Distributions, SD) eingebunden ist. Damit haben Sie die Möglichkeit, direkt in den Prozess des anderen Moduls einzugreifen, z. B. in die SD-Auslieferung mit den Warenausgangsprüfungen.

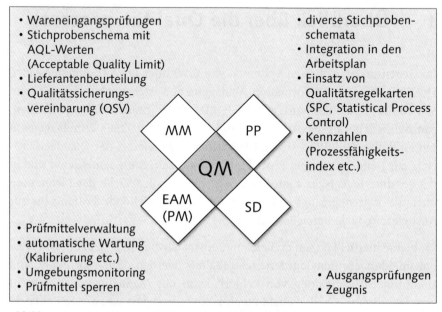

- Wareneingangsprüfungen
- Stichprobenschema mit AQL-Werten (Acceptable Quality Limit)
- Lieferantenbeurteilung
- Qualitätssicherungsvereinbarung (QSV)

- diverse Stichprobenschemata
- Integration in den Arbeitsplan
- Einsatz von Qualitätsregelkarten (SPC, Statistical Process Control)
- Kennzahlen (Prozessfähigkeitsindex etc.)

MM   PP

QM

EAM (PM)   SD

- Prüfmittelverwaltung
- automatische Wartung (Kalibrierung etc.)
- Umgebungsmonitoring
- Prüfmittel sperren

- Ausgangsprüfungen
- Zeugnis

Abbildung 1.1 Integration von QM in die Logistik (Quelle: SAP)

Die folgenden Abschnitte geben Ihnen einen Überblick über die Prozesse, die im Modul QM abgebildet und in diesem Buch ausführlich dargestellt werden. Der erste Abschnitt zeigt die Prüfabwicklung in den verschiedenen logistischen Bereichen. Anschließend folgen die Themen Qualitätsmeldung, Zeugnisabwicklung sowie Prüfmittelverwaltung.

Vervollständigt wird das Kapitel durch weitere Funktionen, wie FMEA, Audit-Management oder die Stabilitätsprüfung.

1.1.1   Lieferantenfreigabe

Als vorbereitende Maßnahme zur Qualitätsschaffung bzw. -erhaltung ist die Lieferantenfreigabe zu verstehen. Sie möchten mit Lieferanten zusammenarbeiten, die neben den kaufmännischen Kriterien auch eine gleichbleibende

Qualität bei den Lieferungen garantieren. Dazu ist es notwendig, Lieferanten zu prüfen – das geschieht meist in einem sogenannten Erstmusterprozess – und zu entscheiden, ob die Lieferungen den gewünschten Kriterien entsprechen und die Lieferanten damit für eine Zusammenarbeit geeignet sind. Fällt diese Entscheidung positiv aus, werden die jeweiligen Lieferanten freigegeben. Alternativ oder zusätzlich können Sie den Lieferanten auditieren.

Sie haben zwei Möglichkeiten, den Prüfungsprozess abzubilden: Entweder Sie halten nun das Datum in den Stammdaten fest, bis zu dem die Freigabe gilt. Dies könnte das Auditierungsdatum sein, das Sie sowohl auf der Ebene des Lieferanten oder in der Lieferanten-Material-Beziehung festhalten können, wenn die Freigabe nur für bestimmte Materialien gilt.

Oder Sie bilden den gesamten Erstmusterprozess im System ab. Damit erhalten Sie einen Überblick, wie lange ein Lieferant benötigt, um ein Material in der geforderten Qualität zu liefern. Diese Aussage kann für die weitere Zusammenarbeit unter Umständen sehr wichtig sein.

Sie finden nähere Ausführungen hierzu in folgenden Abschnitten:

- Freigabe der Lieferanten (siehe Abschnitt 4.3)
- Erstmusterabwicklung (siehe Abschnitt 11.2.)
- Abbildung der Lieferanten-Audits über Prüflose (siehe Abschnitt 17.4)
- Audit-Management (siehe Abschnitt 21.1)

1.1.2 Wareneingangsprüfung

Wird ein Wareneingang zu einer Bestellung gebucht, werden alle Stammdaten aus dem Einkauf mit denen aus dem Qualitätsmanagement zusammengeführt und ein Prüflos erzeugt (siehe Abbildung 1.2). Beim Wareneingang können Sie die Einhaltung der Versandbedingungen oder den Zeugniseingang bestätigen.

Das Prüflos wird nach der Ergebniserfassung mit einem Verwendungsentscheid abgeschlossen. Dieser Verwendungsentscheid wird mit einer Qualitätskennzahl bewertet, die anschließend in der Lieferantenbeurteilung zur Verfügung gestellt wird. Auch die Bestätigung der Versandbedingung beim Buchen des Wareneingangs kann in der Lieferantenbeurteilung verwendet werden. So hat die permanente Wareneingangsprüfung immer Einfluss auf die Lieferantenauswahl.

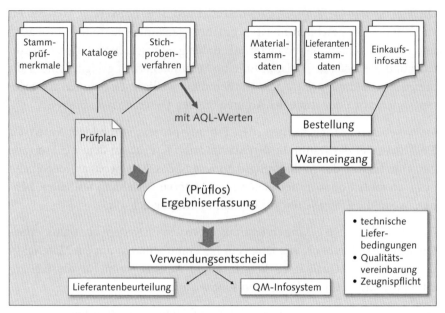

Abbildung 1.2 QM im Einkauf (Quelle: SAP)

1.1.3 Produktionsbegleitende Prüfung

Während des Produktionsprozesses führen Sie Prüfungen durch. Je nach Art der Herstellung sind diese sehr unterschiedlich und werden individuell eingerichtet. Folgende Prüfungen bzw. Prüfungsmethoden können Sie nutzen:

▶ Sie führen Fehlersammelkarten, erfassen also nur Fehler in der Produktion.

▶ Sie prüfen jedes einzelne zu fertigende Stück nach einem bestimmten Arbeitsschritt. Erst nach erfolgreicher Prüfung wird die Fertigung fortgeführt.

▶ Sie stellen den Prozess ein, bis z. B. der vorgegebene pH-Wert erreicht ist. Erst nach Freigabe kann der Prozess gestartet bzw. weitergeführt werden.

▶ Sie führen Produktionsrundgänge durch.

▶ Sie führen eine kontinuierliche Werkerselbstprüfung durch.

Abbildung 1.3 zeigt eine kontinuierliche Prüfung. In einem definierten Zeitintervall oder abhängig von der produzierten Menge wird ein Prüfpunkt erzeugt, zu dem geplante Messungen durchgeführt werden. Als grafische Unterstützung kann eine Qualitätsregelkarte mitgeführt werden. Diese Prüfungen sind in den Arbeitsplan integriert.

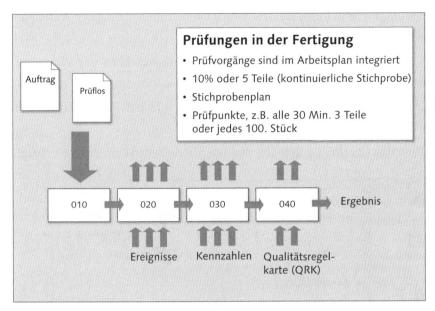

Abbildung 1.3 QM in der Fertigung (Quelle: SAP)

Zu jedem Fertigungs- bzw. Prozessauftrag existiert genau ein Prüflos. Das Prüflos wird nach dem technischen Abschluss des Auftrages abgeschlossen.

1.1.4 Wareneingang aus der Produktion

Findet nach der Produktion eine Endfreigabe durch die Qualitätsabteilung statt, können Sie beim Wareneingang aus der Produktion ein Prüflos erzeugen und das Material in den Qualitätsprüfbestand buchen. Nach erfolgreichem Abschluss der Prüfung wird das Material in den freien Bestand umgebucht und steht nun zur weiteren Verwendung zur Verfügung.

Soll mit dieser Prüfung bereits vor der Wareneingangsbuchung begonnen werden, können Sie mit der *vorgezogenen Loseröffnung* arbeiten, die ein Prüflos bereits bei Auftragsfreigabe erzeugt.

1.1.5 Warenausgangsprüfung

Prüfungen werden zudem zu einer Lieferung erzeugt, wenn Sie sicherstellen möchten, dass die Qualität der Lieferung inklusive der Lieferpapiere der vom Kunden geforderten Qualität entspricht. Oder Sie führen beim Warenausgang kundenspezifische Prüfungen durch. Da Sie anonym auf Lager fertigen, kennen Sie erst zu diesem Zeitpunkt den Kunden und können ein Prüflos eröffnen.

Abbildung 1.4 zeigt Ihnen die drei Möglichkeiten zur Nutzung der Warenausgangsprüfung:

❶ Versendung der Ware ist erst nach positivem Abschluss der Warenausgangsprüfung möglich.

❷ Die Prüfung erfolgt parallel zur Versendung und hat damit keinen Einfluss auf den Warenausgang.

❸ Die Prüfung erfolgt durch den Kunden. Hierbei wird kein Prüflos erzeugt.

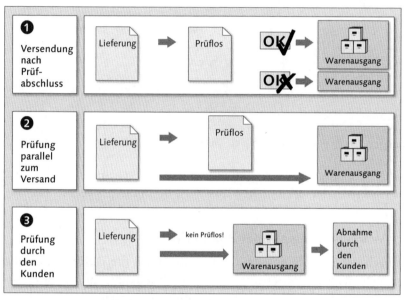

Abbildung 1.4 Prüflos bei Auslieferung (Quelle: SAP)

1.2   Reklamationsbearbeitung

Mit Qualitätsmeldungen können Sie unterschiedliche Arten von Problemen erfassen und bearbeiten, oder Sie können Fehler analysieren und die eingeleiteten Korrekturmaßnahmen überwachen. Es werden drei Arten der Qualitätsmeldung ausgeliefert (siehe Abbildung 1.5):

▸ Mängelrügen an Lieferanten (siehe Abschnitt 1.2.1, »Mängelrüge/Lieferantenreklamation«)

▸ innerbetriebliche Problemmeldungen (siehe Abschnitt 1.2.2, »Interne Problemmeldung«)

▸ Kundenreklamationen (siehe Abschnitt 1.2.3, »Kundenreklamation«)

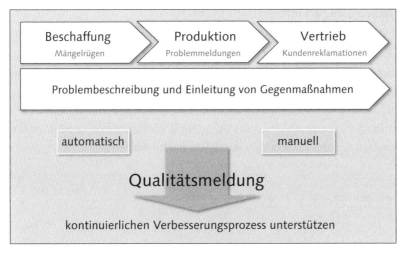

Abbildung 1.5 Einsatzmöglichkeiten der Qualitätsmeldung (Quelle: SAP)

Diese drei Meldungsarten können Sie um weitere Arten erweitern, z. B. um Qualitätsmeldungen zur Verfolgung in einem CAPA-Prozess oder um Qualitätsmeldungen zur Nutzung in Ihrem Vorschlags- und Verbesserungswesen.

Alle Meldungen sind identisch aufgebaut (siehe Abbildung 1.6). Pro Reklamationsfall wird eine Qualitätsmeldung eröffnet; diese Meldung kann mehrere Fehler beinhalten, die spezifisch korrigiert werden.

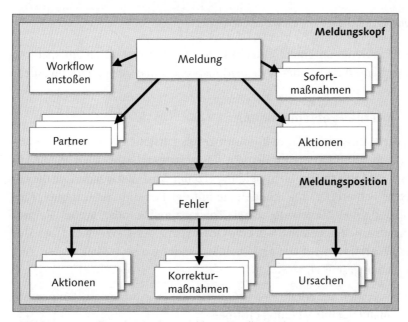

Abbildung 1.6 Aufbau der Qualitätsmeldung (Quelle: SAP)

1.2.1 Mängelrüge/Lieferantenreklamation

Treten während der Wareneingangsprüfung Probleme auf (siehe Abschnitt 1.1.2), kann aus dem Prüflos heraus eine Qualitätsmeldung angestoßen werden. Dabei werden alle für die Reklamationsabwicklung wichtigen Daten in die Qualitätsmeldung übernommen, so dass Sie sofort mit deren Bearbeitung beginnen können. Sie entscheiden manuell, ob Sie aus der Mängelrüge einen Reklamationsprozess anstoßen. Aus der Qualitätsmeldung heraus können Sie die Rücklieferung zum Lieferanten anstoßen (siehe Abbildung 1.7).

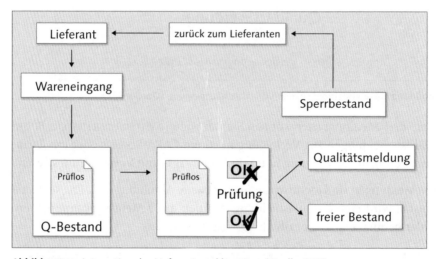

Abbildung 1.7 Integration der Lieferantenreklamation (Quelle: SAP)

Werden Probleme an einem eingekauften Material erst zu einem späteren Zeitpunkt bemerkt, kann der Reklamationsprozess manuell gestartet werden.

1.2.2 Interne Problemmeldung

Fehler, die während des Produktionsprozesses entstehen bzw. bemerkt werden, können automatisiert aus dem Prüflos heraus erfasst werden, indem automatisch eine interne Problemmeldung erzeugt wird. Verwenden Sie die automatische Fehlererfassung, können Sie mit der Funktion der internen Problemmeldung bei Verletzung einer Toleranzgrenze oder wenn Sie mit Regelkarten arbeiten automatisch eine Qualitätsmeldung erzeugen. Über SAP Business Workflow wird aus der Qualitätsmeldung eine E-Mail an den Verantwortlichen gesendet.

Stellen Sie Fehler außerhalb der Produktionsüberprüfung fest, können Sie jederzeit manuell eine Meldung eröffnen.

1.2.3 Kundenreklamation

Kundenreklamationen werden stets manuell aufgrund eines Kundenkontaktes erzeugt. Sie können in dieser Meldung den Fehler analysieren und Maßnahmen aktivieren sowie verfolgen. Aus der Meldung heraus können Sie eine Stellungnahme erstellen, die die Form eines 8D-Reports haben kann. Im 8D-Report werden die Art der Beanstandung sowie Verantwortlichkeiten und Maßnahmen zum Beheben des Mangels aufgeführt. Für die Darstellung des 8D-Reportes stehen Ihnen im SAP-System zwei Varianten zur Verfügung: der vereinfachte SAP-Standardbericht sowie der 8D-Report angelehnt an den Standard des VDA (Verband der Automobilindustrie), der Ihnen mit der Enterprise Extension/PLM-Extension angeboten wird.

1.3 Zeugnisabwicklung

Die Zeugnisabwicklung umfasst einerseits die Abwicklung der vom Lieferanten beigestellten Zeugnisse, andererseits die Erstellung der Zeugnisse im Vertrieb.

Sie können den Zeugniseingang zum Wareneingang bestätigen und das eingescannte Original ablegen. Es ist auch möglich, ein Zeugnis elektronisch zu empfangen und die Ergebnisse direkt in das Prüflos zu übernehmen. Zu jedem Prüflos können Sie wiederum ein Zeugnis mit den Ergebnissen aus dem Prüflos erstellen, und über die Chargenverwendung können auch Ergebnisse aus eingesetzten Komponenten übernommen werden.

Die verschiedenen Verwendungsmöglichkeiten dieser Funktion sind in Abschnitt 9.4 dargestellt.

Arbeiten Sie mit Chargen, Serialnummern oder mit Prüflosen zur Lieferung, können Sie ein Zeugnis automatisch mit den Lieferpapieren erstellen. Sie können jederzeit Zeugnisse manuell erstellen. Diese Zeugnisse werden in Kapitel 18 erläutert.

1.4 Prüfmittelverwaltung

Die Prüfmittelverwaltung nutzt einige Elemente aus dem Modul der Instandhaltung (siehe Abbildung 1.8).

Alle Prüf- und Messmittel müssen in einem regelmäßigen Rhythmus kalibriert werden. Um die Kalibrierprüfung der Prüf- und Messmittel durchzuführen, können Sie mit Prüflosen arbeiten. Damit ist der Ablauf der Kalibrierprüfung identisch mit den anderen Prüfungen, Sie nutzen denselben Arbeitsvorrat und müssen sich daher nicht in neue Funktionen einarbeiten. Terminlisten erinnern Sie rechtzeitig an die Fälligkeit.

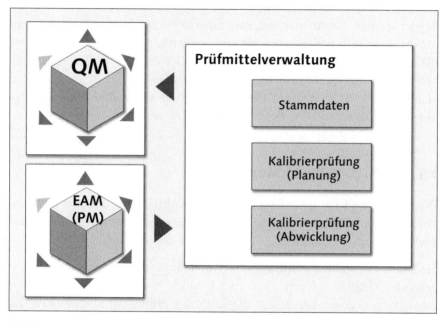

Abbildung 1.8 Prüfmittelverwaltung (Quelle: SAP)

Mit der Funktion der Prüfloserzeugung über die Terminüberwachung können Sie auch das Umgebungs-Monitoring abbilden.

1.5 Qualitätskosten

Kostenbewusstsein ist auch für das Qualitätsmanagement unabdingbar, zumal die durch QM verursachten Kosten in vielen Unternehmen einen Großteil der gesamten Unternehmensaufwendungen ausmachen. Indem die qualitätsbezogenen Kosten genau erfasst werden, können Unternehmen diese Kosten besser steuern und gleichzeitig die Qualität erhöhen. Unter qualitätsbezogenen Kosten versteht man Kosten, die auf Basis vorgegebener Qualitätsforderungen für die Planung und Qualitätssicherung der Produkte und Leistungen anfallen, z. B. für Qualitätssicherungsmaßnahmen (Quelle: SAP Online-Hilfe unter *http://help.sap.com*).

Folgende qualitätsbezogene Kosten werden unterschieden (siehe Abbildung 1.9):

▸ **Prüfkosten**
Prüfkosten sind mit Prüfabwicklungsaktivitäten verknüpft, z. B. zerstörende Prüfung und Personalkosten.

▸ **Fehlleistungsaufwand**
Der Fehlleistungsaufwand umfasst Kosten aufgrund einer internen oder externen Fehlleistung, die mit einem Produkt oder einer Leistung verknüpft ist, z. B. Kosten für Nacharbeit oder Aufwendungen für Garantien. Diese Kosten werden bei der Bearbeitung von Qualitätsmeldungen erfasst.

Abbildung 1.9 Qualitätskosten (Quelle: SAP)

1.6 Audit-Management

Das Audit-Management können Sie für alle internen oder externen Audit-Prozesse verwenden. Es werden verschiedene Audit-Arten unterschieden, z. B. System-Audit, Prozess-Audit oder Audit der Umweltbedingungen, und es werden alle Phasen der Auditierung abgebildet:

1. Planung

2. Durchführung

3. Bewertung

4. Maßnahmen

5. Dokumentation

6. Auswertung

Das Audit-Management unterstützt alle gängigen Industrienormen. Zur Auswertung werden Ihnen verschiedene Formulare angeboten.

1.7 FMEA/Produktionslenkungsplan

Die Fehlermöglichkeits- und Einflussanalyse (FMEA) erlaubt gemeinsam mit dem Produktionslenkungsplan (PLP) eine durchgängige Prüfplanung – angefangen von der Prüfplanung der Wareneingangsprüfung für die Komponenten bis zur fertigungsbegleitenden Prüfung ab den frühen Phasen der Produktentwicklung (siehe Abbildung 1.10).

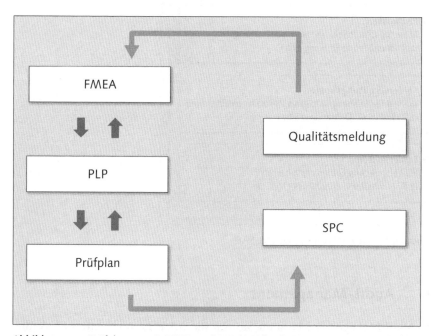

Abbildung 1.10 Prüfplanung mit FMEA und PLP (Quelle: SAP)

Mit der FMEA können Sie frühzeitig Risiken erkennen und dadurch Kosten senken, der Produktionslenkungsplan dokumentiert dabei alle Prozessschritte. Die Integration der Qualitätsmeldung in die FMEA sowie die Integration der FMEA in den PLP (Produktionslenkungsplan) gestatten eine stetige Aktualisierung der FMEA-Objekte.

1.8 Stabilitätsstudie

Im Rahmen der Stabilitätsstudie können Sie Produkte unter unterschiedlichen klimatischen Bedingungen einlagern und über einen längeren Zeitraum beobachten bzw. bewerten. Die Stabilitätsstudie wird z. B. zur Überwachung der Produkteigenschaften, zum Feststellen des Verfalls- bzw. Mindesthaltbarkeitsdatums verwendet oder zur Durchführung von On-going-Studien im pharmazeutischen Bereich, um den Verfall von Wirkstoffen zu verfolgen.

In Abbildung 1.11 ist der Ablauf einer Stabilitätsstudie schematisch dargestellt. Das System führt Sie Schritt für Schritt durch diese Funktionen.

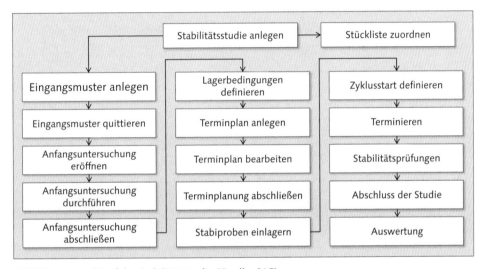

Abbildung 1.11 Ablauf der Stabilitätsstudie (Quelle: SAP)

1.9 Wiederkehrende Prüfung

Mit wiederkehrender Prüfung ist die Prüfung von Chargen gemeint, die in einem regelmäßig wiederkehrenden Intervall durchgeführt wird. Mit dieser Prüfart können Sie Ihre Chargenbestände überwachen. Mit der Terminüberwachung können Sie sicherstellen, dass Chargen, deren Verfallsdatum abzulaufen droht, überprüft bzw. gesperrt werden. Ein eingeplanter Hintergrundjob überwacht die Chargenbestände und erzeugt rechtzeitig Prüflose.

In diesem Kapitel erhalten Sie Informationen über die Grundeinstellungen im Customizing, die für die Nutzung der QM-Funktionalität Voraussetzung sind. Zudem erfahren Sie, wie Sie die Erweiterungspakete aktivieren.

2   Grundeinstellungen im Customizing

Grundlage zur Abbildung aller Prozesse im Qualitätsmanagement (QM) sind die Einstellungen auf Mandanten- und Werksebene. Diese Einstellungen erläutere ich Ihnen hier. Einstellungen für den Mandanten gelten im Gegensatz zu den Werkseinstellungen übergreifend für alle Werke. Werkseinstellungen können für jedes Werk individuell vorgenommen werden.

Wenn Sie das SAP-Qualitätsmanagement nutzen möchten, sollten Sie zuerst sicherstellen, dass das Grund-Customizing aktiviert wurde. Gerade in Systemen, in denen die QM-Funktionalität bisher nicht genutzt wurde, sind diese Einstellungen bei der Installation oft nicht vorgenommen worden.

QM greift auch auf die vorhandenen logistischen Organisationseinheiten der anderen Module zu. Daten wie das Werk, die Einkaufs- und die Verkaufsorganisation sollten daher bereits eingerichtet vorliegen – auch wenn Sie QM erstmals nutzen und einrichten.

2.1   Voreinstellung auf Mandantenebene

Sie richten den Mandanten ein, indem Sie im Customizing (Transaktion SPRO) den Pfad QM • GRUNDEINSTELLUNGEN • MANDANTEN EINRICHTEN aufrufen. Es öffnet sich ein Pop-up, in dem Sie entscheiden können, was Sie aus dem Mandanten 000, der Kopiervorlage, übernehmen möchten (siehe Abbildung 2.1).

Ich empfehle, die Standardeinstellungen aus folgenden Gründen komplett zu übernehmen: Zum einen stehen Ihnen diese Stammdaten dann später als Kopiervorlage zur Verfügung. Zum anderen sind die Standardeinstellungen, die Sie unter dem Punkt LOGISTIK • QUALITÄTSMANAGEMENT • GRUNDEINSTEL-

LUNGEN • VOREINSTELLUNG AUF MANDANTENEBENE (siehe Abbildung 2.2) anschauen können, meist auch vollkommen ausreichend.

Abbildung 2.1 Grund-Customizing

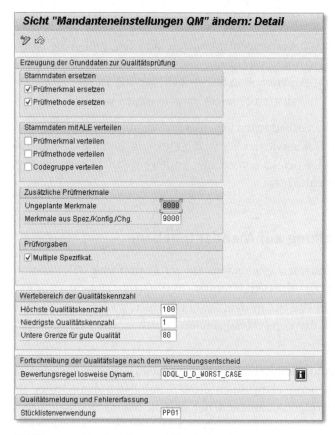

Abbildung 2.2 Voreinstellung auf Mandantenebene

Folgende Punkte in Abbildung 2.2 sind besonders hervorzuheben:

▶ **Bildbereich »Stammdaten mit ALE verteilen«**
Diese Funktion müssen Sie aktivieren, wenn Sie Daten zwischen SAP-Systemen per RFC versenden möchten. Dieses Vorgehen ist oft hilfreich, wenn Sie in verschiedenen Systemen Einstellungen vornehmen und testen. Folgende Daten können Sie per ALE (Application Link Enabling) verteilen:

  ▶ Prüfmerkmale

  ▶ Prüfmethoden

  ▶ Codegruppen mit Langtexten

▶ **Kennzeichen »Multiple Spezifikation«**
Nur wenn diese Funktion aktiviert ist, können Sie die multiple Spezifikation in der Anwendung nutzen.

Multiple Spezifikationen geben Ihnen die Möglichkeit, die Einsatzverwendung einer Charge abhängig von spezifischen Prüfvorgaben zu definieren. Sie können z. B. für jedes Land eigene Prüfvorgaben definieren. Mehr darüber erfahren Sie in Kapitel 8, »Weitere Funktionen in der Prüfabwicklung«.

▶ **Kennzeichen »PLP-Felder anzeigen«**
Sobald Sie Erweiterungspaket 3 (EHP 3) aktiviert haben, erscheint im Bildbereich Prüfvorgaben auch das Feld PLP-Felder anzeigen (siehe Abbildung 2.3). Dieses Feld ist wichtig, wenn Sie mit dem Produktionslenkungsplan arbeiten möchten.

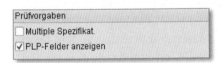

Abbildung 2.3 Mandant einrichten nach EHP 3

Sind diese Einstellungen abgeschlossen, begeben Sie sich zu den Voreinstellungen auf Werksebene, die Sie über den Pfad QM • GRUNDEINSTELLUNGEN • VOREINSTELLUNGEN AUF WERKSEBENE PFLEGEN erreichen.

2.2 Voreinstellungen auf Werksebene

Wurde Ihr Werk in Ihrem System über die Kopierfunktion angelegt, wurden die Einstellungen der Kopiervorlage, meist das mit der Installation eingerichtete Werk 0001, übernommen.

Sollte das benötigte Werk noch nicht in der Liste enthalten sein, die Sie beim Aufruf der Funktion VOREINSTELLUNGEN AUF WERKSEBENE PFLEGEN sehen, kopieren Sie das Werk 0001, um die Standardeinstellungen zu übernehmen.

Oft schenkt man diesen Standardeinstellungen zu wenig Beachtung. Hier sind jedoch diverse Voreinstellungen eingerichtet, die in jedem Prüflos automatisch bereitgestellt werden. Wenn Sie sich also wundern, woher die Werte im Prüflos kommen, bietet ein Blick in die Werkseinstellungen oft Aufklärung.

In den Werkseinstellungen finden Sie fünf Register:

▶ **Grunddaten**
In den Grunddaten stellen Sie die Historienpflicht der Stammprüfmerkmale bzw. der Prüfmethoden ein. Diese Funktion wird in Kapitel 3, »Grunddaten«, erklärt.

▶ **Prüfloseröffnung**
Das Register PRÜFLOSERÖFFNUNG beinhaltet folgende Möglichkeiten (siehe Abbildung 2.4):

▷ Bildbereich VOREINSTELLUNGEN LOSERÖFFNUNG – Feld GEBINDE BEIM WE ERFASSEN
Diese Funktion ist bei der Arbeit mit Probenahmeverfahren sehr wichtig, die auf die Gebindezahl zugreifen. Mit der Einstellung ERFASSUNG DER GEBINDEZAHL MUSS ERFOLGEN werden beim Buchen des Wareneingangs zur Bestellung die Felder GEBINDEZAHL und GEBINDEEINHEIT zu einer Pflichteingabe.

▷ Bildbereich VOREINSTELLUNGEN LOSERÖFFNUNG – Feld PRÜFART Q-BESTAND
Möchten Sie eine Prüfart zu einem Material aktivieren, zu dem bereits Q-Bestand (Qualitätsprüfbestand) vorliegt, erzeugt das System ein Prüflos der hier angegebenen Prüfart, wenn Sie die Prüfart mit der Transaktion QA08 aktivieren. Standardmäßig ist hier die Prüfart 0800 eingerichtet. Besonders bei der Bestandsübernahme aus Altsystemen, in denen Sie bereits mit Qualitätsprüfbeständen gearbeitet haben, ist diese Funktion wichtig.

▷ Bildbereich PRÜFLOSKONTIERUNG
Möchten Sie Prüfkosten erfassen, müssen Sie in diesem Bildbereich die QM-Auftragsarten zuordnen.

▷ Bildbereich VOREINSTELLUNGEN ZU STICHPROBENVERFAHREN
Das hier eingegebene Stichprobenverfahren wird, außer bei Prüfungen mit Prüfpunkten, innerhalb der Stichprobenermittlung immer dann

herangezogen, wenn einem Merkmal kein Stichprobenverfahren zugeordnet ist.

▶ Bildbereich VOREINSTELLUNGEN ZU MERKMALEN
Wenn Sie diese Inhalte nicht in den Merkmalen vorgeben, werden bei Loserzeugung das Merkmalsgewicht und die Fehlerklasse mit den hier angegebenen Inhalten vorbelegt.

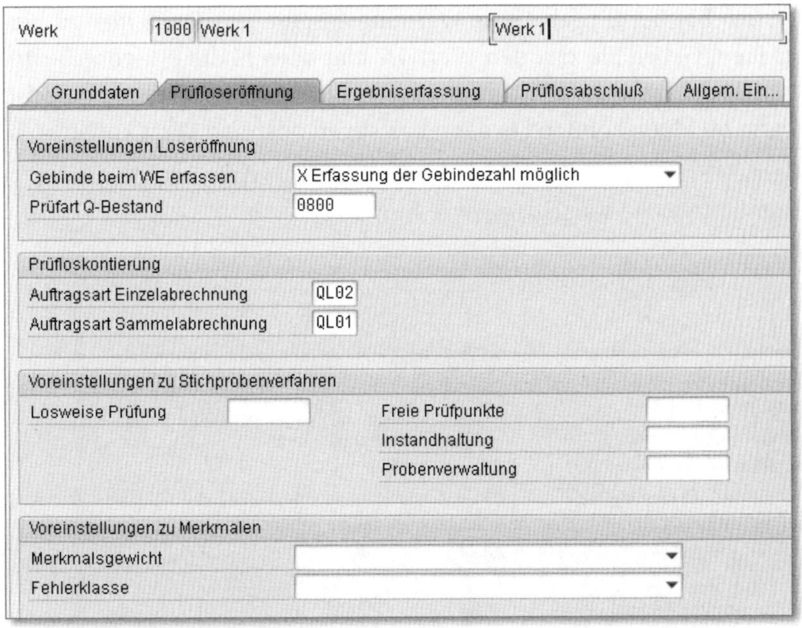

Abbildung 2.4 Werkseinstellung – Prüfloseröffnung

▶ **Ergebniserfassung**
Dieses Register ist in Abbildung 2.5 zu sehen. Hier stellen Sie einige Funktionen ein, die Ihnen die Arbeit bei der Ergebniserfassung erleichtern sollen. Auf einige Funktionen gehe ich besonders ein, da hier oft Unsicherheit bezüglich der richtigen Einstellung besteht.

▶ Feld SUMM. ERFASSUNG FÜR N=1
Wenn Sie dieses Feld aktivieren, hat das folgende Auswirkungen: Haben Sie ein Stichprobenverfahren mit einer Stichprobe gewählt, lässt das System keine Einzelwerterfassung zu. Wenn Sie jedoch einen Messwert auf UNGÜLTIG setzen möchten, um einen weiteren Messwert zu erfassen, benötigen Sie die Einzelwerterfassung. Diese Funktion schränkt Sie demnach bei der weiteren Arbeit erheblich ein, daher empfehle ich, sie auszuschalten.

▷ Feld ZUSÄTZL. NACHKOMMASTELLEN

Bei dieser Einstellung fügt das System dem Mittelwert eine Null als Dezimalstelle hinzu. Geben Sie z. B. den Wert 1,2 ein, bereitet das System den Wert auf 1,20 auf.

▷ Feld PLAUSIBILITÄTSFAKTOR (%)

Haben Sie in den quantitativen Daten keine Plausibilitätsgrenzen eingegeben, ist hier eine prozentuale Abweichung vorgegeben, ab der das System bei der Eingabe eine Warnung ausgibt, um Tippfehler zu vermeiden. Geben Sie z. B. den Wert 1,2 ein, obwohl die Prüfvorgabe 10-10,5 lautet, wird eine Warnung ausgegeben, dass der Wert zu groß ist. Diese Meldung können Sie dann bestätigen oder den Wert korrigieren.

▷ Bereich FREIE PRÜFPUNKTE, INSTANDHALTUNG, PROBENVERWALTUNG

Hier können Sie Vorschlagswerte hinterlegen.

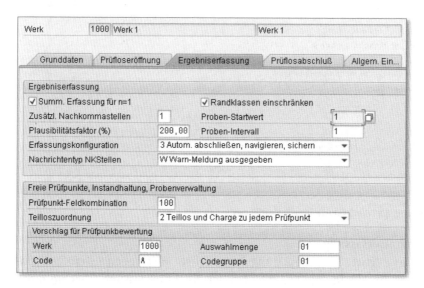

Abbildung 2.5 Werkseinstellung – Ergebniserfassung

▶ **Prüflosabschluss**

Abbildung 2.6 zeigt das Register PRÜFLOSABSCHLUSS. Hier nehmen Sie folgende Einstellungen zu den Buchungen beim Prüfabschluss vor (siehe auch Kapitel 7, »Prüfablauf«):

▷ Bildbereich BESTANDSBUCHUNGEN

Sie ordnen die Kostenstellen für die Bestandsbuchungen *Q an Schrott* und *Q an Stichprobe* zu, die aus dem Verwendungsentscheid angestoßen werden. Zudem geben Sie den Lagerort an, auf den das Rückstellmuster umgelagert werden soll.

▷ Bildbereich AUTOMATISCHER VERWENDUNGSENTSCHEID

Sie geben die Zeiten für den automatischen Verwendungsentscheid an: Sie füllen das Feld VERZÖGERUNGSZEIT FÜR SKIP LOT. Das Prüflos muss älter sein als die hier hinterlegten Stunden, damit der automatische Verwendungsentscheid für Skip-Lose diese Lose erfasst.

Sie tragen Angaben in den Feldern WARTEZEIT (STUNDEN) und WARTEZEIT (MINUTEN) ein. Das Prüflos muss älter sein als die hier hinterlegten Stunden, damit der automatische Verwendungsentscheid diese Lose erfasst.

▷ Bildbereich CHARGENBEWERTUNG

Wenn Sie das Kennzeichen CHARGENBEWERTUNG OHNE MATERIALSPEZIFIKATION setzen, genügt es, dass zum Zeitpunkt der Prüfloserzeugung eine Verbindung zwischen den Stammprüfmerkmalen und den Klassenmerkmalen der Chargenklasse besteht, damit beim Erfassen des Verwendungsentscheids oder bei der Prüfpunktbewertung eine Chargenbewertung stattfindet. Eine Verbindung innerhalb der Materialspezifikation ist dann nicht erforderlich.

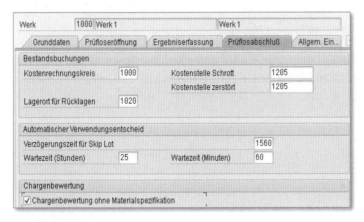

Abbildung 2.6 Werkseinstellung – Prüflosabschluss

▶ **Allgemeine Einstellung**

Auf diesem Register wird ein Selektionszeitraum für die Prüflossuche angegeben. Die Standardeinstellung von 100 Tagen ist ausreichend.

2.3 Aktivierung der Erweiterungspakete

Entsprechend Ihrer spezifischen Systeminstallation haben Sie die Möglichkeit, weitere Funktionen zu aktivieren. Welche Erweiterungen Ihnen im QM-

Modul zur Verfügung stehen, können Sie dem Anhang dieses Buches entnehmen. Jedes Erweiterungspaket enthält verschiedene Funktionen, die als *Business Functions* bezeichnet werden.

Da einmal aktivierte Funktionen nicht mehr deaktiviert werden können, empfiehlt es sich, nur die Funktionen hinzuzufügen, die Sie wirklich nutzen möchten. Nach der Aktivierung eines Erweiterungspakets sollten alle Prozesse auf ihre Ablauffähigkeit hin getestet werden.

Im Customizing können Sie die Aktivierung unter dem Punkt BUSINESS FUNCTIONS AKTIVIEREN vornehmen (siehe Abbildung 2.7). Dazu suchen Sie die gewünschte Erweiterung aus der Liste aus und markieren und aktivieren diese über den Button vor der jeweiligen Erweiterung.

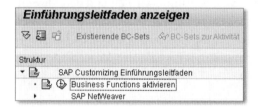

Abbildung 2.7 Menüpfad zu Business Functions

Nun haben Sie die Voraussetzungen für einen reibungslosen Ablauf der Prüfabwicklung geschaffen. Wir können uns jetzt den Stammdaten zuwenden.

Stammdaten sind die Grundlage zur Nutzung der QM-Funktionalität. Ein Großteil der Steuerung im Prüfablauf wird über diese Daten beeinflusst. Ihr korrektes Vorliegen und ihre Pflege sind damit wichtiger als die meisten Customizing-Einstellungen.

3   Grunddaten

Grund- oder Stammdaten enthalten alle wichtigen Steuerfunktionen und sind damit die Basis für die Nutzung der QM-Funktionalität.

In diesem Kapitel lernen Sie diese QM-Stammdaten kennen und erfahren, wie Sie häufig wiederkehrende Informationen mit ihrer Hilfe festhalten und auf diese Weise die gesamte Ergebniserfassung steuern.

Sie lernen zunächst den Stichprobenplan kennen (siehe Abschnitt 3.2). Er bietet die Möglichkeit, den Stichprobenumfang abhängig von der Prüflosmenge zu berechnen. Prüfschärfen erlauben die Abbildung der reduzierten, normalen und verschärften Prüfung, wie es in der DIN-Norm gefordert ist. Mit der Dynamisierung (siehe Abschnitt 3.4) können Sie zeitabhängig oder abhängig von der Bewertung der Merkmale zwischen den Prüfschärfen des Stichprobenplanes wechseln oder generell auf die Prüfung verzichten.

Anschließend werden die Prüfmethoden (sie enthalten die Vorschrift, nach der Sie die Prüfung durchführen, siehe Abschnitt 3.5) und die Stammprüfmerkmale (siehe Abschnitt 3.6) erläutert. Wenn Sie alle Ihre Prüfungen als Stammprüfmerkmale definieren, können Sie diese immer wieder in Prüfplänen und Zeugnisvorlagen verwenden. Kataloge werden verwendet, um verschiedene Ausprägungen standardisiert und auswertbar festzuhalten, ihnen widmet sich Abschnitt 3.7.

In Kapitel 5, »Prüfplanung«, zeige ich Ihnen, wie Sie die Stammdaten in einem Prüfplan zusammenführen oder einem Material zuordnen. So bestimmen Sie, in welcher Detaillierung die Ergebnisse rückgemeldet werden.

3.1 Vorüberlegung

Um vom Prüfer nur wirklich notwendige Arbeit einzufordern und die Akzeptanz für das neue QM-System bei den Mitarbeitern zu erhöhen, sollten Sie genau überlegen, welche Daten Sie für Auswertungen bzw. Nachweise benötigen und die Pflege welcher Daten vielleicht überflüssig ist. Beispielsweise sollten Sie sich diese Fragen stellen:

▶ Soll die Mehrfachbestimmung im System geführt werden, oder ist die Erfassung des Mittelwertes ausreichend?

▶ Ist jedes Maß als Merkmal mit Toleranzen zu hinterlegen, oder ist ein Hinweis auf die Übereinstimmung der Zeichnung ausreichend?

Arbeiten Sie in Ihrer Firma in mehreren Werken, in denen jedoch die Produktpalette identisch ist, sollten Sie festlegen, welches Werk das *Stammdatenwerk* ist, und nur dort werksspezifische Stammdaten anlegen. Das betrifft die Objekte Prüfmethoden, Stammprüfmerkmale und Auswahlmengen.

Bevor Sie ein neues Prüfmerkmal oder eine neue Prüfmethode anlegen, sollten Sie immer erst prüfen, ob dieser Stammsatz vielleicht in einer anderen Schreibweise schon vorhanden ist. Nur so können Sie sicherstellen, dass der Prüfmerkmalsstamm jedes Merkmal genau einmal enthält, und damit gezielte Auswertungen ermöglichen.

Indem Sie Grunddaten als Kopiervorlage verwenden, können Sie sich die Arbeit beim Eingeben von Daten erheblich erleichtern. Klicken Sie hierzu jeweils im Einstiegsbild auf den Button KOPIEREN bzw. ANLEGEN MIT VORLAGE.

3.2 Stichprobenplan

Um einen Stichprobenplan zu bearbeiten, wählen Sie die Transaktion QDP1/2/3 über den folgenden Pfad LOGISTIK • QUALITÄTSMANAGEMENT • QUALITÄTSPLANUNG • GRUNDDATEN • STICHPROBE • STICHPROBENPLAN • ANLEGEN/ÄNDERN/ANZEIGEN.

Der Stichprobenplan ist eine Zusammenstellung von Stichprobenanweisungen. Eine Stichprobenanweisung wiederum bezieht sich auf den Stichprobenumfang zu einem bestimmten Losumfang und legt fest, wie über Annahme oder Rückweisung entschieden wird. Sie verwenden einen Stichprobenplan, wenn Sie den Stichprobenumfang in Abhängigkeit vom Losumfang, der Prüfschärfe oder einer Kombination aus Prüfschärfe und AQL-Wert (AQL = Acceptable Quality Limit) ermitteln möchten. Stichprobenpläne werden oft für die Wareneingangsprüfung von Packmitteln genutzt.

Im SAP-System werden Stichprobenpläne ausgeliefert, die sich an internationalen Standards (z. B. ISO 2859, ISO 3951) orientieren. Sollten diese Pläne in Ihrem System noch nicht aktiv sein, Sie aber mit ihnen arbeiten möchten, übernehmen Sie diese, wie in Kapitel 2, »Grundeinstellungen im Customizing«, beschrieben wurde. Sie können jederzeit auch neue Stichprobenpläne anlegen. Dabei sollten die ausgelieferten Pläne nur als Kopiervorlage verwendet werden, damit die Standardeinstellungen erhalten bleiben.

Die angelegten Stichprobenpläne werden im Anschluss mit Angabe der jeweiligen Prüfschärfe *reduziert*, *normal* oder *verschärft* dem Stichproben- bzw. Probenahmeverfahren zugeordnet.

Soll zwischen den Prüfschärfen automatisch bei wiederholten Prüflosen gewechselt werden, verwenden Sie für die Definition des Stufenwechsels die Dynamisierungsregel. Hierüber können Sie festlegen, wie oft die Prüfungen in einer Prüfstufe verweilen, ehe diese in die nächste Stufe wechseln. Dieser Wechsel ist in Abschnitt 3.4, »Dynamisierungsregel«, ausführlich beschrieben.

Um einen Stichprobenplan anzulegen, legen Sie zuerst die Bewertungsparameter fest. Diese bestimmen anschließend die Art des Stichprobenplans.

3.2.1 Bewertungsparameter

Sie definieren zunächst die Parameter, nach denen die Bewertung vorgenommen werden soll. Sie können für folgende Fälle verschiedene Stichprobenpläne erstellen (siehe Abbildung 3.1):

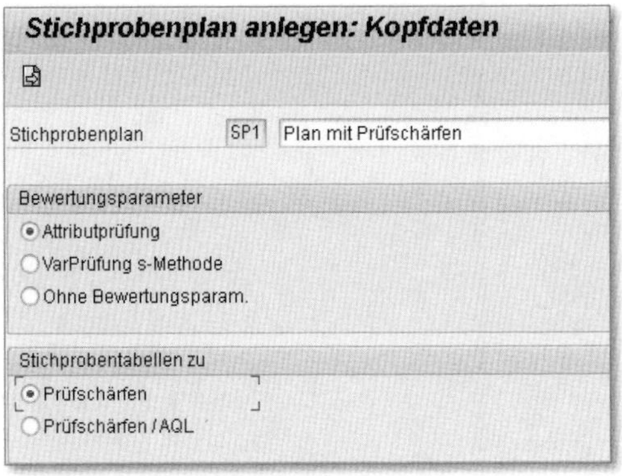

Abbildung 3.1 Bewertungsparameter

- für Attributprüfungen
- für Variablenprüfungen nach der s-Methode
- ohne Bewertungsparameter, wenn Sie manuell bewerten möchten

Abhängig vom gewählten Bewertungsparameter, besteht die Stichproben-anweisung:

- bei einer Attributprüfung aus Stichprobenumfang, Annahmezahlen und Rückweisezahlen
- bei einer Variablenprüfung aus Stichprobenumfang und k-Faktor (Annahmefaktor)
- bei der Angabe ohne Bewertungsparameter nur aus dem Stichprobenumfang

3.2.2 Art des Stichprobenplans

Die Arten des Stichprobenplans erläutere ich nun näher.

Betrachten wir zunächst die *Attributprüfung mit Prüfschärfen*. Mit dem Stichprobenumfang geben Sie hierbei zu jeder Prüfschärfe die Menge der zu entnehmenden Einheiten bezogen auf die gesamte Losmenge an (siehe Abbildung 3.2). Der letzte Eintrag sollte die maximale Losmenge enthalten, damit auch bei großen Losgrößen immer eine Stichprobenberechnung erfolgen kann.

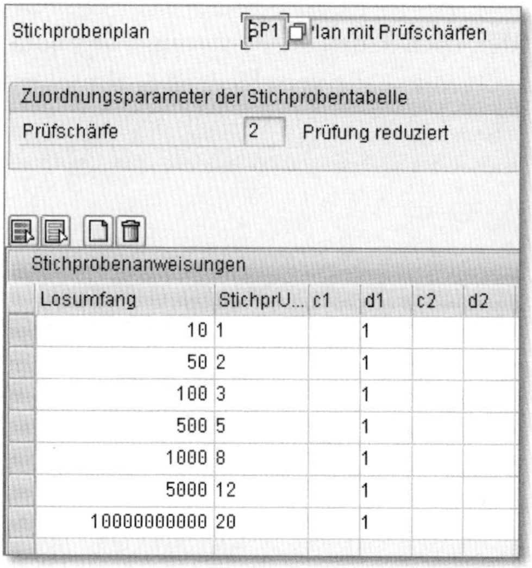

Stichprobenplan	SP1	Plan mit Prüfschärfen		

Zuordnungsparameter der Stichprobentabelle

Prüfschärfe	2	Prüfung reduziert

Stichprobenanweisungen

Losumfang	StichprU...	c1	d1	c2	d2
10	1		1		
50	2		1		
100	3		1		
500	5		1		
1000	8		1		
5000	12		1		
10000000000	20		1		

Abbildung 3.2 Stichprobenanweisung

Bei einer Stichprobenprüfung zur Attributprüfung geben Sie die Annahmezahl c sowie die Rückweisezahl d an:

▶ Durch die *Annahmezahl c* wird die maximale Anzahl fehlerhafter Einheiten oder Fehler in einer Stichprobe angegeben, bei der die Stichprobe noch angenommen wird (siehe die Spalten C1 und C2 in Abbildung 3.2).

▶ Durch die *Rückweisezahl d* geben Sie die Mindestzahl fehlerhafter Einheiten oder Fehler in einer Stichprobe an, bei der die Stichprobe zurückgewiesen wird (siehe die Spalten D1 und D2 in Abbildung 3.2).

Die Prüfschärfen (Feld PRÜFSCHÄRFE) sind entsprechend dem Regelwerk DIN ISO 2859 vorausgeliefert. Es wird unterschieden zwischen 2 (reduzierte Prüfung), 4 (normale Prüfung) und 8 (verschärfte Prüfung).

Die *Attributprüfung mit Prüfschärfen/AQL* ist die zweite Art des Stichprobenplans. Hierbei geben Sie mit dem Stichprobenumfang zu jeder Prüfschärfe und zu jedem AQL-Wert die Menge der zu entnehmenden Einheiten (gemessen in Stichprobeneinheiten) bezogen auf die gesamte Losmenge an.

Die dritte und letzte Art des Stichprobenplans ist die *Prüfung nach s-Methode mit Prüfschärfen/AQL*. Hier wird statt der Annahme- bzw. Rückweisezahl der k-Faktor angegeben. Bei Stichprobenprüfungen zur Variablenprüfung ist der *k-Faktor* der Annahmefaktor der s-Methode.

3.3　Stichprobenverfahren

Ein Stichprobenverfahren bearbeiten Sie in der Transaktion QDV1/2/3 bzw. über den folgenden Pfad: LOGISTIK • QUALITÄTSMANAGEMENT • QUALITÄTSPLANUNG • GRUNDDATEN • STICHPROBE • STICHPROBENVERFAHREN • ANLEGEN/ÄNDERN/ANZEIGEN. Das Stichprobenverfahren definiert die Berechnungsregeln des Stichprobenumfangs. Diese Regeln sind in der *Stichprobenart* hinterlegt. Zudem enthält das Stichprobenverfahren Informationen zur Bewertungsart eines Prüfmerkmals bei der Ergebniserfassung (wie z. B. attributiv, variabel oder manuell).

Wie in Abbildung 3.3 zu sehen ist, wird die Stichprobenart zusammen mit dem Bewertungsmodus für die Prüfmerkmale angegeben, indem Sie die Felder STICHPROBENART und BEWERTUNGSMODUS im Bereich ZUORDNUNGEN füllen.

Im Bereich PRÜFPUNKTE legen Sie die Verwendung des Stichprobenverfahrens fest. Der Bereich VERWENDUNGSKENNZEICHEN zeigt an, ob das Stichprobenverfahren bereits verwendet wird.

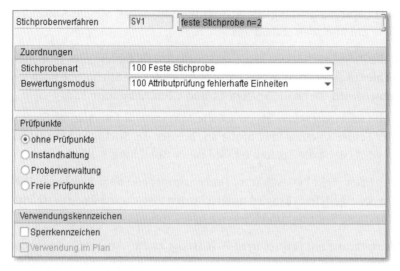

Abbildung 3.3 Stichprobenverfahren – Zuordnung von Stichprobenart und Bewertungsmodus

Ich erkläre Ihnen die Bedeutung der Felder in Abbildung 3.3 nun genauer:

► **Feld »Stichprobenart«**
Die Stichprobenart legt fest, wie die Stichprobe ermittelt wird. Ausgeliefert werden die Stichprobenarten aus Tabelle 3.1.

Stichprobenart	Zusätzliche Angaben
Feste Stichprobe	Angabe des Stichprobenumfangs unabhängig von der Losgröße
100%-Prüfung	Keine Angabe notwendig, der gesamte Losumfang bildet den Stichprobenumfang.
Stichprobenplan verwenden	Angabe des zu verwendenden Stichprobenplans mit der Prüfstufe
Prozentuale Stichprobe	Angabe des Stichprobenumfangs in Prozent von der Losgröße

Tabelle 3.1 Übersicht über Stichprobenarten

► **Feld »Bewertungsmodus«**
Der Bewertungsmodus definiert Regeln für die Bewertung in der Ergebniserfassung, das heißt für die Annahme bzw. Rückweisung eines Merkmals. Es stehen verschiedene Bewertungen zur Auswahl bereit (siehe Tabelle 3.2).

ID	Bewertungsmodus	Verwendung
100	Attributprüfung fehlerhafte Einheiten	automatische Bewertung anhand der Bewertung der Einzelwerte Die Zahl der erlaubten fehlerhaften Einheit anzugeben, ist eine Pflichtangabe.
110	Attributprüfung fehl. Einh./ manuell	manuell mit Bewertungsvorschlag anhand der Einzelwerte
200	Attributprüfung Fehlerzahl	automatische Bewertung anhand der Fehlerzahl Die Angabe der erlaubten Fehlerzahl wird zur Pflichtangabe.
210	Attributprüfung Fehlerzahl/ manuell	manuell mit Bewertungsvorschlag anhand der Fehlerzahl
300	Variablenprüfung s-Methode (einseitig)	Bewertung anhand der Streuung der Einzelwerte
310	Variablenprüfung s-Methode (zweiseitig)	Bewertung anhand der Streuung der Einzelwerte
400	Bewertung mit Ausprägungscode	Bewertung anhand der im Code hinterlegten Bewertung
500	Manuelle Bewertung	ohne Systembewertung, z. B. wenn keine Vorgaben vorhanden sind
510	Ohne Bewertungsparameter	ohne Systembewertung, z. B. für die Prüfabwicklung ohne Prüfplan
700	Mittelwert im Toleranzbereich	Bewertung des Mittelwertes Dadurch kann ein Merkmal angenommen werden, wenn ein Einzelwert nach unten, ein anderer nach oben ausbricht.
800	SPC-Prüfung	Bewertung anhand der Eingriffsgrenzen auf der Regelkarte

Tabelle 3.2 Übersicht über die Bewertungsmodi

Wenn Sie sich nicht sicher sind, welches Bewertungsverfahren für Ihre Anforderung das richtige ist, testen Sie einfach das Systemverhalten bei den verschiedenen Möglichkeiten! Es ist wichtig, dass Sie das Verhalten kennen. Wenn Sie später das Stichprobenverfahren zum Prüfmerkmal im

Prüfplan zuordnen, wird sofort geprüft, ob die Bewertung zu den Steuerkennzeichen des Prüfmerkmals passt (siehe Kapitel 5, »Prüfplanung«). So ist z. B. eine Bewertung nach dem Mittelwert nur für quantitative Merkmale verwendbar.

Wenn Sie keine besonderen Anforderungen an die Bewertung stellen, können Sie immer die Bewertung »Attributprüfung fehlerhafte Einheiten« verwenden. Damit wird jeder Einzelwert separat bewertet, unabhängig davon, ob es sich um ein qualitatives oder quantitatives Merkmal handelt. Das minimiert den Pflegeaufwand.

▶ **Bereich »Prüfpunkte«**
Die zur Verfügung stehenden Prüfpunkte und ihre Verwendung zeigt Tabelle 3.3.

Prüfpunkt	Verwendung
Keine Prüfpunkte	überall dort, wo nicht mit Prüfpunkten bzw. Probenahmeverfahren gearbeitet wird
Prüfpunkte	für Prüfmerkmale im Prüfplan mit Prüfpunkten
Probenverwaltung	für Prüfmerkmale im Prüfplan mit zugeordnetem Probenahmeverfahren
Instandhaltung	für Prüfmerkmale, die in einen Equipmentplan oder eine IH-Anleitung eingebunden sind

Tabelle 3.3 Prüfpunkte und deren Verwendung

▶ **Bereich »Verwendungskennzeichen«**
Soll ein Stichprobenverfahren in einem Prüfplan nicht mehr verwendet werden, setzen Sie das Kennzeichen SPERRKENNZEICHEN. Das Kennzeichen VERWENDUNG IM PLAN wird vom System automatisch gesetzt, wenn das Stichprobenverfahren in einem Prüfplan verwendet wird. Verwendete Stichprobenverfahren können nicht gelöscht werden, da sie für die Historie benötigt werden.

Im nächsten Bild können Sie Sonderzeichen und den Stichprobenumfang definieren:

▶ **Sonderkennzeichen**
Wenn Sie einzelne Merkmale eines Prüfplans nicht dynamisieren möchten, können Sie diesen Merkmalen ein Stichprobenverfahren zuordnen, bei dem das Kennzeichen KEINE STUFENWECHSEL gesetzt ist. Die Prüfschärfe zur Stichprobenermittlung für diese Merkmale wird dann aus dem

Stichprobenverfahren ermittelt. Damit ist ein Prüfverzicht für dieses Merkmal ausgeschaltet.

Kennzeichen »Keine Stufenwechsel«

Wenn Sie z. B. im Prüfplan die Dynamisierung auf Losebene eingestellt haben (also beispielsweise nur jedes fünfte Prüflos prüfen möchten), aber mindestens einem Prüfmerkmal ist ein Stichprobenverfahren mit dem Kennzeichen KEINE STUFENWECHSEL zugeordnet, wird nicht das gesamte Prüflos geskipt, sondern nur die Prüfmerkmale mit dem Stichprobenverfahren ohne dieses Kennzeichen. So können Sie also Prüfmerkmale, die immer geprüft werden müssen, wie Sicht- oder Identitätsprüfungen, von dem Skip/Lot-Verfahren ausschließen.

▶ **Stichprobenumfang**
Abhängig von der gewählten Stichprobenart und dem Bewertungsmodus, sind folgende Angaben Pflichtangaben, auf die Sie das System hinweist:

  ▷ Stichprobenumfang: fest oder prozentual mit Annahme- bzw. Fehlerzahl

  ▷ Stichprobenplan mit Prüfschärfe

  ▷ Regelkartenart (Die Arbeit mit Regelkarten erkläre ich Ihnen ausführlich in Kapitel 12, »Qualitätsmanagement in der Produktion«.)

3.3.1 Customizing

Sie können die Bewertungsverfahren jederzeit erweitern, indem Sie einen Funktionsbaustein aus einer vorhandenen Bewertungsregel kopieren, diesen anpassen und ihn der neuen Bewertungsregel zuordnen. Dazu wählen Sie im Customizing den Pfad LOGISTIK • QUALITÄTSMANAGEMENT • QUALITÄTSPLANUNG • GRUNDDATEN • STICHPROBE, SPC • BEWERTUNG DEFINIEREN.

Im Bereich BEWERTUNGSREGEL ANPASSEN kopieren Sie eine Regel und ordnen Ihren eigenen Funktionsbaustein zu. Abbildung 3.4 zeigt die kopierte Regel 99 und den neu zugewiesenen Baustein ZQM_KG_FEHLERHAFTE_EINHEITEN. Anschließend legen Sie im Bereich BEWERTUNGSMODUS DEFINIEREN einen neuen Bewertungsmodus über den Button NEUE EINTRÄGE an. Dem neuen Bewertungsmodus ordnen Sie dann die neue Regel zu (siehe Abbildung 3.5).

Verwendung eines neuen Bewertungsmodus

Im Allgemeinen können Sie mit den ausgelieferten Bewertungsmodi arbeiten. Ich möchte ein Beispiel aufführen, mit dem ich die Anforderung aus dem Arzneibuch umgesetzt habe.

Die Spezifikation lautet < 100, das bedeutet, dass der Wert 100 bereits rückgewiesen werden soll. Der SAP-Standard würde bei der Angabe der Prüfung gegen die obere Grenze (= 100) immer 100 als zulässigen Wert einschließen. Die Prüfvorgabe wird in der SAP-Ergebniserfassung so aufbereitet: <= 100.

Abweichend vom Standard können Sie mit einer eigenen Funktion so < 100 abbilden. Das heißt, wenn als Ergebnis 100 rückgemeldet wird, wird dieses Merkmal rückgewiesen.

Abbildung 3.4 Customizing der Bewertungsregel

Abbildung 3.5 Customizing des Bewertungsmodus

3.3.2 Verwendungsnachweis

Den Verwendungsnachweis des Stichprobenverfahrens starten Sie über die Transaktion QDV6 bzw. den Pfad LOGISTIK • QUALITÄTSMANAGEMENT • QUALITÄTSPLANUNG • GRUNDDATEN • STICHPROBE • STICHPROBENVERFAHREN • VERWENDUNGSNACHWEIS. Sie können hier selektieren, ob Sie in Prüfplänen oder Materialien suchen möchten, und erhalten anschließend eine Liste aller Verwendungen.

3.3.3 Stichprobenverfahren ersetzen

Möchten Sie ein Stichprobenverfahren durch ein anderes ersetzen, starten Sie die Transaktion QDV7 bzw. navigieren über den Pfad LOGISTIK • QUALITÄTSMANAGEMENT • QUALITÄTSPLANUNG • GRUNDDATEN • STICHPROBE • STICHPROBENVERFAHREN • ERSETZEN. Hier geben Sie das alte und das neue Verfahren an und starten die Selektion. Erst durch das Markieren und anschließende Sichern wird der Austausch wirklich durchgeführt.

3.4 Dynamisierungsregel

Sie werden sicherlich häufig mit zertifizierten Lieferanten zusammenarbeiten, die Ihnen eine gleichbleibende Qualität zusichern. Um Ihren Prüfaufwand so niedrig wie möglich zu halten, führen Sie Ihre Prüfung in diesem Fall vielleicht nur noch stichprobenartig durch bzw. wechseln zwischen den Prüfstufen eines Stichprobenplans, um den Stichprobenumfang zu reduzieren. Um dieses Vorgehen im System abzubilden, arbeiten Sie mit Dynamisierungen.

Die Dynamisierungsregel ist ein Grunddatensatz, der Folgendes enthält: die Definitionen der Prüfstufen, den Zeitpunkt der Dynamisierung (bei Prüfloseröffnung oder nach dem Verwendungsentscheid) und die Bedingungen für den jeweiligen Prüfstufenwechsel. Die Stufenwechsel erfolgen in Abhängigkeit von den Prüfergebnissen zu Prüflosen und -merkmalen, das heißt abhängig von deren Annahme oder Rückweisung.

Mithilfe von Dynamisierungsregeln können Sie den Prüfumfang variieren. Sie können eine Dynamisierungsregel an einer der folgenden Stellen hinterlegen:

▸ im Prüfplan auf Kopfebene
▸ im Prüfplan auf Merkmalsebene
▸ im Materialstamm

Im Standard werden Dynamisierungsregeln ausgeliefert, die sich auf den Stichprobenplan beziehen und die Sie sofort verwenden können. Über die Transaktion QDR1/2/3 oder den Pfad LOGISTIK • QUALITÄTSMANAGEMENT • QUALITÄTSPLANUNG • GRUNDDATEN • STICHPROBE • DYNAMISIERUNGSREGEL • ANLEGEN/ÄNDERN/ANZEIGEN können Sie diese Regeln durch neue Regeln ergänzen.

[+] **Praxisbeispiel zur Beeinflussung der Q-Lage**

In Kapitel 8, »Weitere Funktionen in der Prüfabwicklung«, wird der Verlauf der Prüfstufen anhand der Qualitätslage erläutert.

Beim Anlegen einer neuen Regel verwenden Sie einen dreistelligen numerischen Schlüssel, den Sie im Feld DYNREGEL eingeben (siehe Abbildung 3.6). Neben diesem Feld ergänzen Sie den Kurztext, zudem entscheiden Sie über den Dynamisierungszeitpunkt. Hier stehen die Optionen BEIM VERW.ENTSCHEID und BEI LOSERZEUGUNG zur Verfügung. Sie wählen den Radiobutton BEIM VERW.ENTSCHEID, wenn die Dynamisierung nach dem Abschluss der Prüfung abhängig von der Bewertung stattfinden soll.

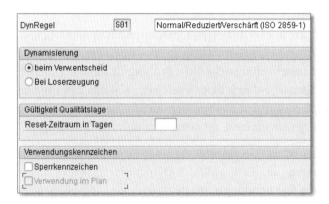

Abbildung 3.6 Dynamisierungsregel für Kopfdaten

Wenn Sie planmäßig zeitgleich mehrere Wareneingänge erhalten, sollten Sie überlegen, ob Sie die Steuerung BEI LOSERZEUGUNG wählen, denn hiermit wird sofort beim Wareneingang die nächste Prüfstufe ermittelt. Wird jedoch ein Prüflos storniert, wird die Qualitätslage nicht aktualisiert.

[zB] **Dynamisierung...**

Betrachten wir folgendes Beispiel: Sie möchten jeden dritten Wareneingang prüfen und erhalten zeitgleich drei Chargen eines Materials:

▶ **... beim Verwendungsentscheid**
Es werden drei Prüflose auf derselben Prüfstufe erzeugt. Wird zu dem ersten Prüflos der Verwendungsentscheid positiv bewertet, ändert sich für die anderen, bereits bestehenden Lose die Prüfstufe nicht.

▶ **... bei Loserzeugung**
Eines der drei Prüflose ist prüfpflichtig. Wenn Sie jetzt von einem einzelnen den Wareneingang stornieren, kann es passieren, dass Sie diesen Wareneingang gar nicht prüfen, da es sich bei dem stornierten Los um das prüfpflichtige Los handelte. Bei dieser Art werden nur die entstehenden Prüflose gezählt.

Sie sollten, wenn möglich, die Dynamisierung nach Verwendungsentscheid bevorzugen, da hier die Stornierungen von Prüflosen berücksichtigt werden. Nur so lässt sich die Dynamisierungshistorie sauber verfolgen.

Stornierungen – Abstimmung mit der Bestandsführung	**[+]**

Den Mitarbeitern, die den Wareneingang buchen, sollten die Auswirkungen einer Stornierung im QM-Umfeld klar sein, wenn mit Dynamisierungen gearbeitet wird. Eine Stornierung sollte wirklich nur in berechtigten Fällen stattfinden und nicht, um z. B. die Menge zu korrigieren. Dafür gibt es andere Funktionen, die in Kapitel 7, »Prüfablauf«, beschrieben sind.

Darüber hinaus steht das Feld RESET-ZEITRAUM IN TAGEN zur Verfügung. Das ist der Zeitraum, nach dessen Ablauf die Qualitätslage wieder mit der Anfangsprüfstufe der Dynamisierungsregel als aktueller Prüfstufe beginnt. Diese Funktion sollten Sie verwenden, wenn Sie nach einem langen Aussetzen der Lieferungen eines Lieferanten wieder mit der Neuqualifizierung beginnen. Sie können hier z. B. 180 Tage hinterlegen, wenn nach einem halben Jahr ohne Wareneingänge wieder mit der Anfangsprüfstufe begonnen werden soll.

Das Kennzeichen VERWENDUNG IM PLAN wird vom System automatisch gesetzt, wenn die Dynamisierungsregel in einem Prüfplan verwendet wird. Verwendete Dynamisierungsregeln können nicht gelöscht werden, da diese für die Historie benötigt werden. Soll eine Dynamisierungsregel in einem Prüfplan nicht mehr verwendet werden, setzen Sie das SPERRKENNZEICHEN.

Im nächsten Bild definieren Sie die Prüfstufen (siehe Abbildung 3.7).

Sie bearbeiten folgende Daten:

▶ Feld STUFE (Prüfstufe)

▶ Das Feld Sc... (Prüfschärfe) pflegen Sie nur in einer Prüfstufe ohne Skip. Es bezieht sich auf die Prüfschärfen aus einem Stichprobenplan. Wenn Sie ohne Plan arbeiten, geben Sie 1 (ohne Stichprobenplan) an. (Hinweis: Über das Stichprobenverfahren ordnen Sie den Stichprobenplan im Prüfmerkmal zu.)

▶ Im Feld SKIP legen Sie fest, ob für die Prüfstufe ein Prüfverzicht besteht.

▶ Im Feld AST legen Sie fest, welches die Anfangsprüfstufe ist, das heißt womit die Dynamisierung begonnen wird.

▶ Im Feld KURZTEXT wird ein Kurztext der gewählten Prüfschärfe erfasst.

▶ Im Feld ANZAHL erfassen Sie die Anzahl der Prüflose in dieser Prüfstufe.

▶ Im Feld MAX. SKIPDA... erfassen Sie die maximale Skipdauer in Tagen, wenn es eine Skip-Stufe ist.
Möchten Sie eine zeitgesteuerte Dynamisierung verwenden, also beispielsweise Prüfungen, die einmal jährlich erfolgen, nutzen Sie das Feld MAX. SKIPDA... Wenn Sie eine jährliche Prüfung möchten, geben Sie »365« ein und machen Sie die größtmögliche Eingabe (32767) in dem Feld ANZAHL DER SKIPS, sodass immer die Tage der maximalen Skipdauer zuerst erreicht werden.

▶ Das Feld NEUE STUFE (Neue Stufe im iO-Fall) beinhaltet die Stufe, in die gewechselt wird, wenn die Anzahl der Prüfungen/Skips erreicht ist und alle Prüfungen angenommen wurden

Dynamisierungsregel	S01		Normal/Reduziert/Verschärft (ISO 2859-1)						

Stufenwechsel

Prüfstufen

Stufe	Sc...	Skip	ASt	Kurztext	St...	Anzahl ...	Max. Skipda...	Neue Stufe	Anz. Rückweis.	Neue Prüfstufe
20	2	☐	☐	Reduzierte Prüfung	☑	9.999		20	1	40
40	4	☐	☑	Normale Prüfung 1	☑	10		20	1	41
41	4	☐	☐	Normale Prüfung 2	☑	4		40	1	60
60	6	☐	☐	Verschärfte Prüfung	☑	5		40	1	60

Abbildung 3.7 Dynamisierungsregel – Prüfstufen

[+]

iO/niO-Fall

Die Kürzel iO und niO stehen für Prüfungen, die in Ordnung sind, also angenommen bzw. nicht in Ordnung sind, also rückgewiesen wurden.

▶ Mit dem Feld ANZAHL RÜCK. wird bestimmt, wie oft rückgewiesen werden darf, ehe die Stufe in den niO-Fall wechselt.

▶ Mit dem Feld NEUE PRÜFSTUFE (Neue Stufe im niO-Fall) wird die Stufe bestimmt, in die gewechselt wird, wenn die Anzahl der Rückweisungen erreicht ist.

Dynamisierungsregel im Stichprobenplan

Betrachten wir die Angaben in Abbildung 3.7 etwas genauer: Die Prüfung beginnt mit der Prüfstufe 40 und verbleibt dort für zehn Prüfungen. Waren diese zehn Prüfungen iO, wird in Stufe 20 gewechselt, die reduzierte Prüfung. Sobald eine Prüfung in der Stufe 20 rückgewiesen wird, werden die nächsten zehn Lose in der Stufe 40 geprüft. Ist innerhalb dieser zehn Prüflose eines niO, wird in die Stufe 41 gewechselt, und wenn innerhalb der nächsten vier Lose wieder eine Rückweisung stattfand, verbleibt das Prüflos fünfmal in der Stufe 60, der verschärften Prüfung, ehe es wieder in die Stufe 40 wechselt.

Arbeiten Sie mit Prüfschärfen im Stichprobenverfahren, müssen Sie die Dynamisierungsregel in die Tabelle der erlaubten Beziehungen aufnehmen, um die Dynamisierungsregel mit dem Stichprobenverfahren, das den Stichprobenplan beinhaltet, zu verknüpfen. Im Stichprobenplan müssen die Prüfstufen selbstverständlich ausgeprägt sein. Sie dürfen in einem Prüfplan nur Stichprobenverfahren mit Stichprobenplan und Dynamisierungsregeln einem Merkmal zuordnen, deren Zuordnung Sie erlaubt haben (siehe Kapitel 5, »Prüfplanung«).

Beim Sichern der Dynamisierungsregel werden Sie nach der Zuordnung zu dem Stichprobenverfahren gefragt (siehe Abbildung 3.8). Wenn Sie ohne Stichprobenplan arbeiten, müssen Sie diese Regel nicht in die erlaubten Beziehungen aufnehmen.

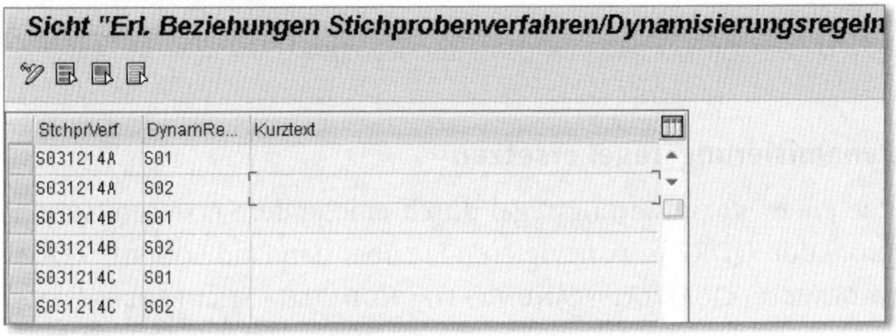

Abbildung 3.8 Erlaubte Beziehungen

Einfaches Skip/Lot-Verfahren

Abbildung 3.9 zeigt ein Beispiel für ein einfaches Skip/Lot-Verfahren: Sie definieren zwei Prüfstufen. Die Prüfstufe 10 mit der Schärfe 1 wird als Anfangsprüfstufe deklariert. Die Prüfstufe 20 ist eine Skip-Stufe. Der Stufenwechsel sieht einen Wechsel nach einer Prüfung bzw. zwei Skips vor. Bei einer Rückweisung verbleibt die Regel in der Stufe 10.

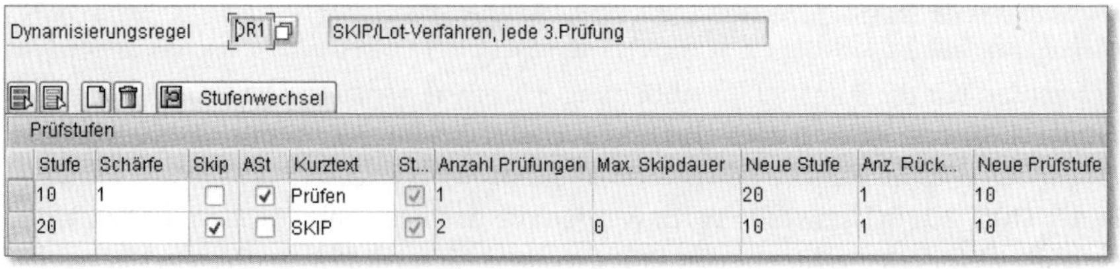

	Stufe	Schärfe	Skip	ASt	Kurztext	St...	Anzahl Prüfungen	Max. Skipdauer	Neue Stufe	Anz. Rück...	Neue Prüfstufe
	10	1	☐	☑	Prüfen	☑	1		20	1	10
	20		☑	☐	SKIP	☑	2	0	10	1	10

Dynamisierungsregel [DR1] SKIP/Lot-Verfahren, jede 3.Prüfung

Stufenwechsel

Prüfstufen

Abbildung 3.9 Dynamisierungsregel – Skip/Lot-Verfahren

3.4.1 Verwendungsnachweis

Den Verwendungsnachweis der Dynamisierungsregel starten Sie über die Transaktion QDR6 bzw. den Pfad LOGISTIK • QUALITÄTSMANAGEMENT • QUALI-TÄTSPLANUNG • GRUNDDATEN • STICHPROBE • DYNAMISIERUNGSREGEL • VERWEN-DUNGSNACHWEIS. Sie können hier selektieren, ob Sie in Prüfplänen oder Materialien sowie auf welcher Ebene Sie suchen möchten (Losebene, Merkmalsebene). Anschließend erhalten Sie eine Liste aller Verwendungen (siehe Abbildung 3.10).

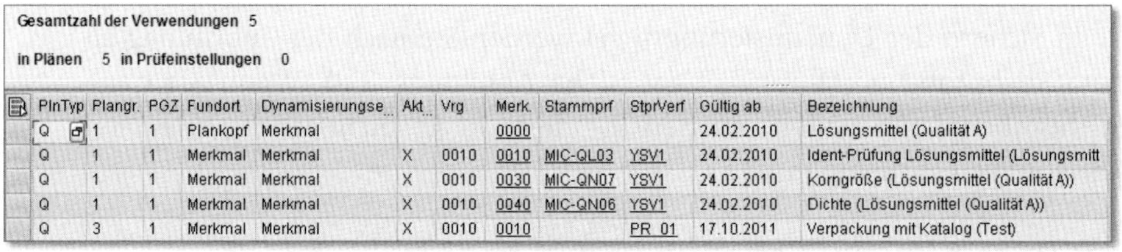

Gesamtzahl der Verwendungen 5

in Plänen 5 in Prüfeinstellungen 0

	PlnTyp	Plangr.	PGZ	Fundort	Dynamisierungse...	Akt	Vrg	Merk	Stammprf	StprVerf	Gültig ab	Bezeichnung
Q		1	1	Plankopf	Merkmal			0000			24.02.2010	Lösungsmittel (Qualität A)
Q		1	1	Merkmal	Merkmal	X	0010	0010	MIC-QL03	YSV1	24.02.2010	Ident-Prüfung Lösungsmittel (Lösungsmitt
Q		1	1	Merkmal	Merkmal	X	0010	0030	MIC-QN07	YSV1	24.02.2010	Korngröße (Lösungsmittel (Qualität A))
Q		1	1	Merkmal	Merkmal	X	0010	0040	MIC-QN06	YSV1	24.02.2010	Dichte (Lösungsmittel (Qualität A))
Q		3	1	Merkmal	Merkmal	X	0010	0010		PR_01	17.10.2011	Verpackung mit Katalog (Test)

Abbildung 3.10 Verwendungsnachweis bei Dynamisierungsregel

3.4.2 Dynamisierungsregel ersetzen

Möchten Sie eine Dynamisierungsregel durch eine andere ersetzen, starten Sie die Transaktion QDR7 bzw. navigieren Sie über den Pfad LOGISTIK • QUA-LITÄTSMANAGEMENT • QUALITÄTSPLANUNG • GRUNDDATEN • STICHPROBE • DYNA-MISIERUNGSREGEL • ERSETZEN. Hier geben Sie das alte und das neue Verfahren an und starten die Selektion. Erst durch das Markieren und anschließende Sichern wird der Austausch wirklich durchgeführt.

3.5 Prüfmethode

In einer Prüfmethode können Sie die Durchführung einer Prüfung beschreiben. Sie können denselben Methodenstammsatz mehrfach und in verschiedenen Plänen verwenden, da Prüfmethoden im Prüfplan referenziert werden. Das bedeutet, dass die Prüfmethoden unabhängig vom Plan als Stammsatz verwaltet und zentral bearbeitet werden können. Prüfmethoden werden im Prüfplan den Prüfmerkmalen zugeordnet.

3.5.1 Prüfmethode pflegen

Die Pflege der Prüfmethode rufen Sie über die Transaktion QS31/2/3/4 oder den Pfad LOGISTIK • QUALITÄTSMANAGEMENT • QUALITÄTSPLANUNG • GRUNDDATEN • PRÜFMETHODE • BEARBEITEN auf (siehe Abbildung 3.11).

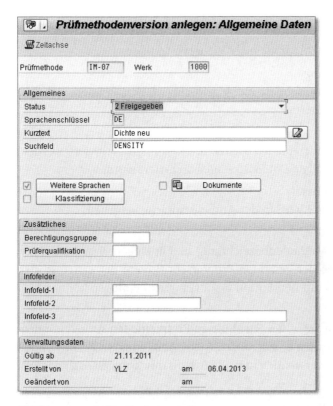

Abbildung 3.11 Prüfmethode bearbeiten

Ich beschreibe nun die einzelnen Parameter, die Sie festlegen können.

Nummerierung der Prüfmethoden [+]

Sie können mit internen Nummern – das System vergibt fortlaufende Nummern – oder mit externen Nummern – Sie geben eine Nummer vor – arbeiten. Sie sollten sich vor dem Einsatz von Prüfmethoden für das eine oder andere Vorgehen entscheiden. Das ist eine rein subjektive Entscheidung und hat keinerlei Auswirkungen.

Sie pflegen zunächst die allgemeinen Daten:

▶ **Feld »Status«**
Folgende Auswahl steht Ihnen hier zur Verfügung

▷ *1 – In Erstellung*
Sie möchten den Stammsatz in Ruhe vorbereiten und in einem zweiten Schritt freigeben.

▷ *2 – Freigegeben*
Nur freigegebene Prüfmethoden können in einem Prüfplan verwendet werden.

▷ *3 – Nicht mehr verwendbar*
Sie möchten diese Methode nicht weiterverwenden.

▷ *4 – Löschvormerkung*
Da verwendete Methoden nicht gelöscht werden können, erhalten diese einen Löschvermerk.

▷ *5 – Archiviert*
Alle Methoden mit einem Löschvermerk können archiviert werden, wenn die zugehörigen Datensätze auch archiviert wurden.

▶ **Feld »Sprachenschlüssel«**
Der Sprachenschlüssel wird in der Anmeldesprache vergeben.

▶ **Feld »Kurztext«**
Hier geben Sie die Methodenbezeichnung an. Für längere Beschreibungen bzw. das Festhalten der gesamten Prüfvorschrift dient der Langtext, den Sie mit einem Klick auf den Button ▨ (Langtext) einfügen können.

▶ **Feld »Suchfeld«**
Hinweis, nach dem Sie in der Suchhilfe zu Prüfmethoden suchen können, um den Ergebnisbereich einzugrenzen (siehe Abbildung 3.12). Sie können beispielsweise DIN verwenden, um alle Arbeitsanweisungen nach der DIN zusammenzufassen.

▶ **Button »Weitere Sprachen«**
Arbeiten in Ihrem System mehrere Anwender in unterschiedlichen Sprachen, hinterlegen Sie über diesen Button die jeweiligen Sprachen, damit die Angaben entsprechend der jeweiligen Anmeldesprache sichtbar sind. Wichtig ist die Übersetzung auch, wenn Sie mehrsprachige Zeugnisse ausgeben möchten.

▶ **Button »Klassifizierung«**
Über die Klassifizierung können Sie bestimmte Merkmale zuordnen, nach denen Sie z. B. suchen können, und eigendefinierte Auswertungen anle-

gen. Dazu legen Sie eine Klasse in der Klassenart 006 (Prüfmethoden) an und ordnen die Merkmale zu.

▶ **Button »Dokumente«**

Möchten Sie Ihre Prüfanweisungen im System verwalten, steht Ihnen die Funktion der Dokumentenverwaltung zur Verfügung. Sie müssen dazu eine Dokumentenart anlegen, die die Zuordnung zum Objekt QMTBDOC zulässt. Näheres dazu finden Sie in Kapitel 6, »Dokumentenverwaltung«.

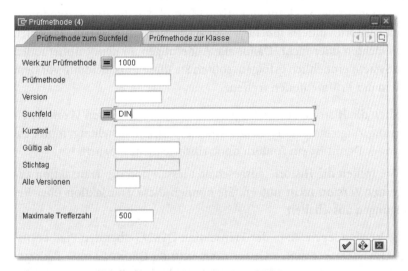

Abbildung 3.12 Suchhilfe für Prüfmethode nach Suchfeld

Anzeige der zugeordneten Dokumente [+]

Leider wird die Anzeige der hierüber zugeordneten Dokumente auf dem Bildschirm während der Prüfabwicklung nicht unterstützt. Für diese Funktion können Sie Dokumente im Materialstamm verwenden. Dokumente, die im Material zugeordnet sind, können in der Ergebniserfassung auf dem Bildschirm schnell angezeigt werden. Auch hierzu finden Sie Hinweise in Kapitel 6.

Anschließend pflegen Sie den Bereich ZUSÄTZLICHES:

▶ **Feld »Berechtigungsgruppe«**

Um die Berechtigung für die Methodenpflege einzugrenzen, können Sie Berechtigungsgruppen zuordnen. Nur User, die über diese Berechtigung verfügen, dürfen die Prüfmethode nach dem ersten Sichern weiterbearbeiten.

▶ **Feld »Prüferqualifikation«**

Dieser Parameter dient nur der Information und hat keine steuernde Wirkung.

Für weitere Informationen stehen Ihnen im Bereich INFOFELDER drei freie Textfelder mit einer Länge von zehn, 20 und 40 Zeichen zur Verfügung. Diese können Sie bei Ausdrucken berücksichtigen, sie werden aber eher selten genutzt.

3.5.2 Historie der Prüfmethode

Sollen Änderungen an bestehenden Prüfmethoden verfolgt werden, nutzen Sie die Versionierung. Sie können entscheiden, ob Sie die Prüfmethode mit oder ohne Historie ändern möchten – also die Versionierung in Anspruch nehmen möchten oder nicht. Damit alle Änderungen an den Prüfmethoden in Ihrem System einheitlich erfolgen, sollten Sie diese Entscheidung vor dem Verwenden der Prüfmethoden treffen:

▶ Sie sollten die Historie entweder generell in den allgemeinen Werksdaten im Customizing einschalten (siehe Kapitel 2, »Grundeinstellungen im Customizing«). Damit ist ein Ändern ohne Historie nicht möglich.

▶ Oder Sie sollten die Historie ausgeschaltet lassen und die Transaktion zur Anlage der Version nicht nutzen. Sie können diese Transaktion über Berechtigungen ausschalten.

Eine neue Version legen Sie in der Transaktion QS32/3 über den Pfad LOGISTIK • QUALITÄTSMANAGEMENT • QUALITÄTSPLANUNG • GRUNDDATEN • PRÜFMETHODE • VERSION ANLEGEN /ÄNDERN an (siehe Abbildung 3.13).

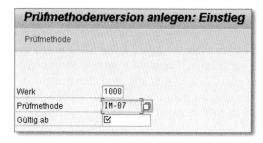

Abbildung 3.13 Prüfmethodenversion

Haben Sie die Historie aktiviert, legt das System automatisch bei jeder Änderung der Prüfmethode in der Transaktion QS33 eine neue Version an. Sie können die neue Version aber auch manuell in der Transaktion QS32 anlegen.

Sie legen für jede Prüfmethodenversion im Einstiegsbild ein Gültigkeitsdatum im Feld GUELTIG AB (siehe Abbildung 3.13) fest, ab dem die Änderungen gelten sollen. Wenn Sie bei späteren Zugriffen im Prüfmerkmal oder Prüfplan nach diesem Datum auf die Prüfmethode zugreifen, müssen Sie immer auch die korrekte Version angeben. Nach Bestätigung der Eingabe gelangen Sie wieder auf das Detailbild der Prüfmethode (siehe Abbildung 3.11). Über den Button ◙Zeitachse können Sie den Verlauf Ihrer Änderungen anschauen (siehe Abbildung 3.14).

Metho ▲	Versi	Kurztext	Gültig ab	Suchfeld
IM-07	1	Dichte	21.11.2011	DENSITY
IM-07	2	Dichte neu	21.11.2011	DENSITY
IM-07	3	Dichte	21.11.2011	DENSITY

Abbildung 3.14 Methodenversionen

> ### Hinweise zur Versionierung   [+]
>
> Sie sollten mit der Versionierung nur arbeiten, wenn es unbedingt erforderlich ist. Bei Nutzung der Versionierung wird bei jeder noch so kleinen Änderung ein neuer Gültigkeitsstand angelegt, und die Stammsätze werden so schnell unübersichtlich.
>
> Denken Sie daran, die Versionen nach der Anlage einer neuen Version in den Prüfplänen auszutauschen. Nutzen Sie hierzu die Funktion ERSETZEN (Transaktion QS37).
>
> Wenn Sie ohne Versionen arbeiten, sind alle Änderungen sofort gültig. Sie sehen jedoch nur den Zeitpunkt der letzten Änderung, nicht den Inhalt der Änderung.

Solange Prüfmethoden und deren Versionen noch nicht verwendet werden, können Sie diese mithilfe der Transaktion QS35 löschen. Dazu selektieren Sie die Methode im Feld PRÜFMETHODE und klicken den Button 🗑 (Löschen) an (siehe Abbildung 3.15).

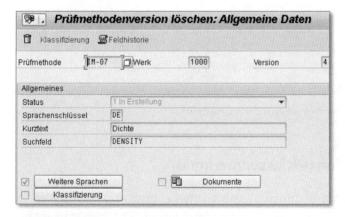

Abbildung 3.15 Prüfmethode löschen

3.5.3 Liste der Prüfmethoden

Einen schnellen Überblick über die bereits angelegten Prüfmethoden erhalten Sie über die Liste in der Transaktion QS38 (Pfad Logistik • Qualitätsmanagement • Qualitätsplanung • Grunddaten • Infosystem • Prüfmethodenliste, siehe Abbildung 3.16).

Prüfmethodenliste anzeigen

Prüfmethode Prüfmethode

Exce...	Werk	Methode	Versio...	Gültig ab	Suchfeld	Erstellt am
OOO	1000	IM-01	1	21.11.2011	VISCOSITY	21.11.2011
OOO	1000	IM-02	1	21.11.2011	TEST ACCORDING TO ERICHSEN	21.11.2011
OOO	1000	IM-03	1	21.11.2011	SOLID STATE CONTENT	21.11.2011
OOO	1000	IM-04	1	21.11.2011	MOLECULAR SIZE	21.11.2011
OOO	1000	IM-05	1	21.11.2011	WATER CONTENT	21.11.2011
OOO	1000	IM-06	1	21.11.2011	COLOR COMPARISON ACC. TO DIN 53230	21.11.2011
OOO	1000	IM-07	3	21.11.2011	DENSITY	21.11.2011

Abbildung 3.16 Prüfmethodenliste

Aus dieser Liste heraus können Sie über den Button Prüfmethode einen Ausdruck einer Methode anstoßen, um diese z. B. als Analysenvorschrift im Prüflabor auszulegen. Welches Formular dafür verwendet wird, geben Sie in der Selektion an. Ab EHP 3 stehen auch PDFs zur Verfügung.

3.5.4 Verwendungsnachweis

Einen Überblick über die Verwendungen der Prüfmethoden erhalten Sie in Transaktion QS36 über den Pfad Logistik • Qualitätsmanagement • Qualitätsplanung • Grunddaten • Prüfmethoden • Verwendungsnachweis (siehe Abbildung 3.17).

Ab Stichtag 13.10.12
Methode IM-01 1000

PlnTyp	Plangruppe	PGZ	Folg...	Vrg	Merk.	Gültig ab	LöKz	Kurztext
Q	1	1	0	0020	0010	11.10.2012		Viskosität
Q	2	1	0	0010	0010	19.04.2012		Viskosität
Q	3	1	0	0010	0010	14.05.2012		Viskosität
Q	3	2	0	0010	0010	14.05.2012		Viskosität

Abbildung 3.17 Verwendungsnachweis der Prüfmethode

3.6 Prüfmerkmal/Klassenmerkmal

Kriterien, nach denen bestimmte Eigenschaften geprüft werden, werden in SAP als Prüfmerkmale bezeichnet. Es werden folgende Prüfmerkmale unterschieden:

▸ *Quantitative Merkmale*: Erfassung von Messwerten

▸ *Qualitative Merkmale*: Ermittlung der Eigenschaften mittels Ausprägungskatalog, z. B. Merkmal *Geruch* mit den Ausprägungen *geruchlos* und *leicht süßlich*

▸ *Qualitative Merkmale*, aber nur die attributive Erfassung von Fehlerzahlen

SAP unterscheidet Plan- und Stammprüfmerkmale. Während Planmerkmale nur in einem Prüfplan existieren, können Sie Stammprüfmerkmale immer wieder verwenden, da sie als Kopiervorlage dienen.

Welche Art von Merkmalen sollten Sie verwenden? Tabelle 3.4 soll Ihnen bei der Entscheidung helfen.

Schritt	Planmerkmale	Stammprüfmerkmale
Datenpflege	Planmerkmale sind in der Vorplanung nicht notwendig und werden direkt in den Prüfplan eingegeben.	Stammprüfmerkmale werden als Daten-Pool angelegt und können mehrmals in verschiedenen Prüfplänen verwendet werden.
Datenübernahme aus bestehendem System	Es ist oft einfacher, Prüfpläne direkt mit den Merkmalen aus dem Altsystem als Text zu erfassen.	Gibt es im Altsystem keine Struktur mit Stammprüfmerkmalen, ist es relativ aufwendig, die Verbindung von Texten zu Stammprüfmerkmalen herzustellen. Hier ist viel manuelle Vorarbeit zur Datenübernahme erforderlich.
Zeugniserstellung	Verwendung nicht möglich	Verwendung möglich
Auswertung	Merkmale können nur innerhalb eines Prüfplans ausgewertet werden. Dabei muss darauf geachtet werden, dass sich die Position des Merkmals nicht verändert, da die vierstellige Merkmalsnummer den Schlüssel für die Auswertung bildet.	Die Auswertung der Stammprüfmerkmale ist prüfarten- und materialübergreifend möglich. Das ist besonders bei Materialien gleicher Eigenschaften in unterschiedlichen Verpackungsvarianten interessant.
Übergabe an Charge	Verwendung nicht möglich	Verwendung ist möglich, wenn das Stammprüfmerkmal mit dem Klassenmerkmal verknüpft ist.
Mehrsprachigkeit	Verwendung nicht möglich	Verwendung möglich
Probenahmetext	Verwendung nicht möglich	Verwendung möglich

Tabelle 3.4 Gegenüberstellung von Plan- und Stammprüfmerkmalen

Ich möchte folgende Empfehlung geben: Wenn im Altsystem keine Stammprüfmerkmale vorhanden sind und diese nur innerhalb des Plans ausgewertet werden, kann sehr gut mit Planmerkmalen gearbeitet werden. Die Verwendung von Stammprüfmerkmalen sollte jedoch grundsätzlich bevorzugt
werden, da damit mehr Funktionen zur Verfügung stehen.

3.6.1 Prüfmerkmal pflegen

Die Bearbeitung der Prüfmerkmale wird in der Transaktion QS21/2/3/4 oder
über den Pfad LOGISTIK • QUALITÄTSMANAGEMENT • QUALITÄTSPLANUNG •
GRUNDDATEN • PRÜFMERKMAL • ANLEGEN/VERSION ANLEGEN/ÄNDERN angestoßen. Hier sind folgende Angaben einzutragen:

Im Feld STAMMPRÜFMERKMAL ist keine Eingabe notwendig, wenn Sie die vom
System vergebene laufende Nummer nutzen möchten. Alternativ können Sie
eine Angabe entsprechend dem im Customizing hinterlegten Nummernkreis
vornehmen.

Im Feld WERK legen Sie das Werk fest, für das das Merkmal gelten soll. Wenn
Sie in mehreren Werken die gleichen Prüfungen durchführen, sollten Sie ein
Werk als Stammdatenwerk definieren.

Nehmen Sie ggf. eine Eingabe im Feld KLASSENMERKMAL vor, wenn das Prüfmerkmal mit einem Klassenmerkmal verbunden werden soll, z. B. weil die
Ergebnisse an die Charge übergeben oder die Vorgaben aus der Konfiguration gezogen werden sollen. Ein Klassenmerkmal darf genau mit einem Prüfmerkmal verknüpft werden. (Die genaue Funktion der Verknüpfung mit der
Charge wird in Kapitel 10, »Arbeit mit Chargen im Qualitätsmanagement«,
erläutert.)

Im eigentlichen Pflegebild werden die Daten eingepflegt, die für das Stammprüfmerkmal gelten sollen (siehe Abbildung 3.18). Sie pflegen zunächst die
allgemeinen Daten, den Bereich ALLGEMEINES:

▶ **Feld »Status«**
  Nur freigegebene Merkmale können weiterverarbeitet werden. Einmal bewertete Prüfmerkmale können nicht gelöscht werden. Diese werden beim
  Löschen mit einer Löschvormerkung versehen und beim nächsten Archi-
  vierungslauf archiviert.

  Die einzelnen Status entsprechen denen, die auch bei der Prüfmethode zur
  Verfügung stehen (siehe die Erläuterung zu Abbildung 3.11).

▶ **Feld »Vorlagentyp« (neben dem Feld »Status«)**
Merkmale werden in den Prüfplan entsprechend dem hier gewählten Vorlagentyp eingebunden. Die Unterschiede stelle ich in Tabelle 3.5 dar.

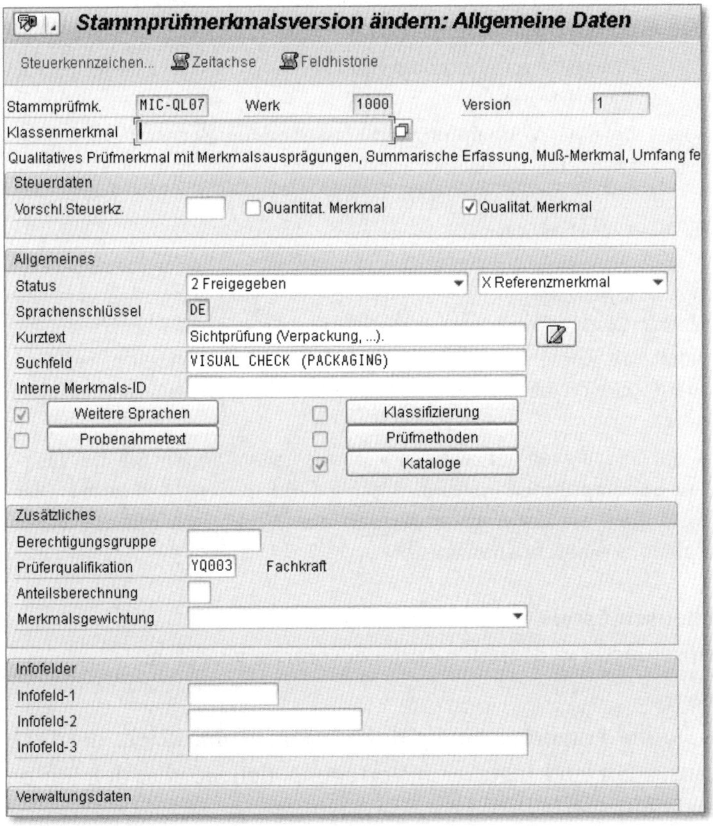

Abbildung 3.18 Stammprüfmerkmal pflegen

Vorlagentyp	Bedeutung
Unvollständige Kopiervorlage	Es gibt keine durch die Steuerkennzeichen ausgelösten Pflichtfelder.
Vollständige Kopiervorlage	Durch entsprechende Steuerkennzeichen werden Pflichtfelder wie Grenzwerte oder Kataloge gesteuert.
	Da bei quantitativen Daten die Grenzwerte oft materialspezifisch sind, ist diese Einstellung nur zu empfehlen, wenn Sie mit ungeplanten Merkmalen in der Ergebniserfassung arbeiten möchten (siehe Kapitel 7, »Prüfablauf«).

Tabelle 3.5 Vorlagentypen

Vorlagentyp	Bedeutung
Referenzmerkmal	Durch entsprechende Steuerkennzeichen werden Pflichtfelder wie Grenzwerte oder Kataloge gesteuert.
	Diese Grenzwerte bleiben auch im Plan so bestehen, da das Merkmal referenziert wird.
	Alle späteren Änderungen am Merkmal wirken sich sofort auf alle Pläne aus.
	Bei einer Verknüpfung mit Klassenmerkmalen ist die Referenz zwingend.

Tabelle 3.5 Vorlagentypen (Forts.)

[+] **Auswirkungen von Merkmalsänderungen**

Wenn Sie Merkmale als Kopiervorlage in einen Prüfplan eingebunden haben und diese später ändern, müssen Sie auch alle bestehenden Pläne ändern, da dies nicht automatisch erfolgt.

Ändert sich z. B. die Genauigkeit auf zwei Nachkommastellen, ändern Sie die Nachkommastellen im Stammprüfmerkmal und anschließend in den Merkmalen aller Prüfpläne. Dazu können Sie die Massenpflege in der Workbench nutzen, die in Kapitel 5, »Prüfplanung«, beschrieben wird.

▸ **Feld »Sprachenschlüssel«**
Der Sprachenschlüssel wird in der Anmeldesprache vergeben.

▸ **Feld »Kurztext«**
Hier tragen Sie die Kurzbezeichnung des Merkmals ein. Reicht die Textlänge nicht aus, steht ein Langtext zur Verfügung, den Sie über den Button 🖉 (Langtext) aufrufen.

▸ **Feld »Suchfeld«**
Wie in der Funktion der Prüfmethoden beschrieben, können Sie über dieses Feld Suchkriterien definieren, nach denen Sie in der Suchhilfe die Prüfmerkmale finden können.

▸ **Feld »Interne Merkmals-ID«**
Diese ID wird für das Mapping benötigt, um sich mit externen Systemen oder auch Lieferanten auszutauschen.

▸ **Button »Weitere Sprachen«**
Erfolgt die Prüfung in Werken mit einer anderen Sprache, kann über diesen Button auf die jeweilige Sprache zugegriffen werden. Soll das Zeugnis mehrsprachig ausgegeben werden, müssen Sie hier den Kurz- und Langtext mit Angabe des Sprachenschlüssels pflegen.

▶ **Button »Klassifizierung«**
Die Klassifizierung von Stammprüfmerkmalen dient der Gruppierung von Merkmalen oder für weitere Informationen, z. B. Prüfkosten für kundeneigene Auswertungen.

▶ **Button »Probenahmetext«**
Arbeiten Sie nicht mit einem Probenahmeverfahren, können Sie hier einen Text angeben, der als Hinweis auf der Probeziehanweisung ausgegeben wird, z. B. der Hinweis auf sterile Gefäße bei mikrobiologischen Untersuchungen.

▶ **Button »Prüfmethoden«**
Sie können an dieser Stelle alle Prüfmethoden zuordnen, mit denen Sie das Merkmal prüfen dürfen. Nur die hier zugeordneten Methoden stehen im Prüfplan zur Auswahl bereit. Treffen Sie hier keine Auswahl, stehen Ihnen im Prüfplan alle Methoden unabhängig vom Prüfmerkmal zur Verfügung.

▶ **Button »Kataloge«**
Sie ordnen hierüber alle Kataloge zu, mit denen Sie in der Ergebniserfassung arbeiten möchten. Üblicherweise sind das die Auswahlmengen der Katalogart 1 (Merkmalsausprägungen) für qualitative Merkmale.
Zudem können Sie die Fehlercodes hinterlegen, die bei Rückweisung eines Ergebnisses erstellt werden, wenn Sie das Steuerkennzeichen AUTOMATISCHE FEHLERERFASSUNG aktiviert haben. Weitere Informationen hierzu finden Sie in Abschnitt 7.4, »Ergebniserfassung«.

Anschließend pflegen Sie den Bereich ZUSÄTZLICHES:

▶ **Feld »Berechtigungsgruppe«**
Ist die Pflege der Stammdaten auf mehrere Mitarbeiter verteilt, kann die Bearbeitung bestimmter Stammprüfmerkmale über zusätzliche Berechtigungen eingeschränkt werden.

▶ **Feld »Prüferqualifikation«**
Sie können im Customizing die Prüferqualifikation definieren. Diese Einstellung hat jedoch keinen steuernden Charakter.

▶ **Feld »Anteilsberechnung«**
Code, der das Verfahren zur Anteilsschätzung für die statistische Auswertung identifiziert. Die Verfahren werden im Customizing eingerichtet.

▶ **Feld »Merkmalsgewichtung«**
Mit der Einteilung der Merkmale in kritische, Haupt- oder Nebenmerkmale können Sie detaillierter auswerten.

Im Bereich INFOFELDER können zusätzliche Informationen für den Prüfer während der Ergebniserfassung hinterlegt werden. Es stehen hier drei freie Textfelder (mit zehn, 20 oder 40 Zeichen) zur Verfügung. Beispielsweise können Sie hier Prüfmittel in Textform hinterlegen, wenn Sie die Prüfmittel nicht im System verwalten.

Im Bereich VERWALTUNGSDATEN wird das Gültigkeitsdatum angezeigt, das im Einstiegsbild angegeben wird, sowie das Erstell- und das letzte Änderungsdatum bzw. der User, der das Merkmal erstellt bzw. zuletzt geändert hat.

3.6.2 Steuerkennzeichen

Abhängig von der Einstufung des Merkmals in qualitativ oder quantitativ, werden die Steuerkennzeichen ermittelt. Die Steuerkennzeichen rufen Sie über den Button STEUERKENNZEICHEN... (siehe Abbildung 3.18) auf. Sie haben eine große Bedeutung, da sie in den Prozess der Stichprobenermittlung, der Ergebniserfassung und in die Bewertung steuernd eingreifen. Über den Vorschlagsschlüssel können Kombinationen von Steuerkennzeichen voreingestellt werden.

Die Bedeutung der Steuerkennzeichen entnehmen Sie Tabelle 3.6. Sie sollten ihre Bedeutung unbedingt kennen, da sie sehr wichtig sind.

Steuerkennzeichen	Bedeutung
Art des Merkmals	
Merkmalsausprägung	Für qualitative Merkmale: Sie prüfen gegen einen Katalog.
Unterer Grenzwert	Für quantitative Merkmale: Die Prüfung erfolgt gegen einen unteren Grenzwert.
Oberer Grenzwert	Für quantitative Merkmale: Die Prüfung erfolgt gegen einen oberen Grenzwert.
Sollwert prüfen	Für quantitative Merkmale: Das System prüft bei der Eingabe, ob der angegebene Soll-Wert innerhalb der Grenzwerte liegt.
Stichprobe	
Stichprobenverfahren	Es soll ein Stichprobenverfahren genutzt werden. Ist dieses Kennzeichen nicht gesetzt, wird eine 100%-Prüfung angenommen.
SPC-Merkmal	Die Bewertung erfolgt anhand einer Regelkarte.

Tabelle 3.6 Steuerkennzeichen

Steuerkennzeichen	Bedeutung
Additive Probe	Das System addiert die im Prüfplan angegebene Probemenge, um den Gesamtstichprobenumfang zu errechnen.
Zerstörende Prüfung	Die Probemenge, die für dieses Merkmal im Plan hinterlegt ist, wird als Stichprobenmenge im Verwendungsentscheid vorgeschlagen, wenn die Prüfung komplett abgeschlossen ist.
Fehlerzahl erfassen	Nur für qualitative Merkmale: Sie können die Fehlerzahl erfassen, um z. B. eine AQL-Prüfung durchzuführen.
Ergebnisrückmeldung	
Summarische Erfassung	Sie erfassen immer nur einen Wert. Bei quantitativen Merkmalen ermitteln Sie vorher manuell den Mittelwert.
Einzelergebnis	Sie erfassen jedes einzelne Ergebnis. Bei quantitativen Merkmalen errechnet das System daraus einen Mittelwert. Bei qualitativen Merkmalen gibt es keinen Mittelwert!
Keine Erfassung	Sie erfassen gar kein Ergebnis. Diese Funktion nutzen Sie, wenn Sie z. B. die Werkerselbstprüfung in der Produktion nur papierbasiert auf der Prüfanweisung durchführen.
Klassierte Erfassung	Sie weisen die Ergebnisse genau einer Ausprägung zu.
Auto. Fehlererfassung	Bei Rückweisung des Merkmals wird im Hintergrund ein Fehler angelegt.
Muss-Merkmal	Das Merkmal muss geprüft werden. Beim Einstieg in den Verwendungsentscheid wird geprüft, ob alle Muss-Merkmale abgeschlossen sind.
Kann-Merkmal	Kann-Merkmale verwenden Sie, wenn der Prüfer entscheidet, ob das Merkmal geprüft werden soll.
Nach Annahme	Dieses Merkmal erwartet eine Rückmeldung, wenn das vorangegangene Muss-Merkmal angenommen wurde, z. B. können Sie das als Check-Merkmal nutzen. Wenn ein Zeugnis beiliegt, müssen Sie auch den Inhalt prüfen.
Nach Rückweisung	Dieses Merkmal erwartet eine Rückmeldung, wenn das vorangegangene Muss-Merkmal rückgewiesen wurde, z. B. ist die Gesamtkeimzahl grenzwertig. Daraufhin werden andere Untersuchungen notwendig.
Prüfumfang	
Umfang frei	Der Prüfer kann selbst entscheiden, wie viele Ergebnisse er erfasst.

Tabelle 3.6 Steuerkennzeichen (Forts.)

Steuerkennzeichen	Bedeutung
Umfang fest	Der Prüfer muss genau so viele Ergebnisse rückmelden, wie errechnet wurden.
	Nur mit diesem Kennzeichen kann das System eine automatische Bewertung durchführen.
Umfang kleiner	Der Prüfer darf auch weniger Werte erfassen.
Umfang größer	Der Prüfer darf auch mehr Werte erfassen.
Doku Rückmeldung	
Keine Doku erforderlich	Das Feld PRÜFBEMERKUNG kann gefüllt werden.
Doku bei Rückweisung	Das Feld PRÜFBEMERKUNG muss im Fall einer Rückweisung gefüllt werden.
Doku erforderlich	Das Feld PRÜFBEMERKUNG muss immer gefüllt werden.
Sonstiges	
Langzeitprüfung	Das Merkmal ist nicht freigaberelevant. Es kann nach dem Verwendungsentscheid rückgemeldet werden (siehe Kapitel 7, »Prüfablauf«).
Ausschussrelevant	Wenn Sie dieses Kennzeichen setzen, wird der Anteil fehlerhafter Einheiten dieses Prüfmerkmals bei der Berechnung des Ausschussanteils im Prüflos berücksichtigt.
Änderungsbeleg bei Ergebniserfassung	Wird ein abgeschlossenes Merkmal wieder in Arbeit gesetzt, wird ein Änderungsbeleg fortgeschrieben.
	In EHP 6 ist dies schon bei der Bewertung möglich.
Prüfmittel zuordnen	Wenn Sie dem Merkmal ein Prüfmittel zuordnen möchten.
Messwerte erfassen	Nur bei quantitativen Merkmalen: Sie möchten Messwerte erfassen.
Druck	
Druck	Das Merkmal soll immer auf der Prüfanweisung gedruckt werden.
Kein Druck	Das Merkmal soll nie auf der Prüfanweisung gedruckt werden, z. B. bei Hilfsmerkmalen wie EINWAAGE.
Kein Druck bei SKIP	Das Merkmal soll nur auf der Prüfanweisung gedruckt werden, wenn es sich nicht im Status SKIP – PRÜFVERZICHT befindet.

Tabelle 3.6 Steuerkennzeichen (Forts.)

Steuerkennzeichen	Bedeutung
Formel (nur bei quantitativen Merkmalen)	
Keine Formel	Messergebnisse sollen erfasst werden.
Formelmerkmal	Merkmal soll errechnet werden.
Eingabeverarbeitung	Der eingegebene Wert soll nach der Eingabe sofort verarbeitet werden; wird z. B. ein Wert kleiner der Dokumentationsgrenze eingegeben, erscheint automatisch < 2.

Tabelle 3.6 Steuerkennzeichen (Forts.)

Auch bei der Arbeit mit Prüfmerkmalen können Sie die Funktionen verwenden, die ich in Abschnitt 3.5 für die Prüfmethoden beschrieben habe:

► Transaktion QS22 (Versionen anlegen)
► Transaktion QS26 (Verwendungsnachweis)
► Transaktion QS28 (Liste der Prüfmerkmale)
► Transaktion QS25 (Prüfmerkmale löschen)

Diese Transaktionen finden Sie alle über den Pfad LOGISTIK • QUALITÄTSMA-NAGEMENT • QUALITÄTSPLANUNG • GRUNDDATEN • PRÜFMERKMAL.

3.7 Katalog

Sie verwenden Kataloge, um Informationen einheitlich zu definieren. Damit werden sowohl die Erfassung als auch die spätere Auswertung von qualitativen Daten und die Beschreibung von Sachverhalten erleichtert.

3.7.1 Aufbau der Kataloge

Um Kataloge voneinander zu unterscheiden und für die verschiedenen Anwendungsgebiete auszusteuern, werden Katalogarten verwendet. Auf diese Kataloge kann in Stammprüfmerkmalen, im Verwendungsentscheid und in den Qualitätsmeldungen zugegriffen werden. Folgende Katalogarten werden in QM verwendet:

► Bewertung von qualitativen Merkmalen:
  ► 1 – Merkmalsausprägungen
► Codierung für den Prüflosabschluss:
  ► 3 – Verwendungsentscheide

- ▶ Verwendung in der Q-Meldung:
    - ▶ 2 – Maßnahmen
    - ▶ 5 – Ursachen
    - ▶ 8 – Aktionen
    - ▶ 9 – Fehlerarten
    - ▶ D – Codierungen
    - ▶ E – Fehlerorte

Kataloge sind in einer zweistufigen Hierarchie aufgebaut. Pro Katalogart können Sie *Codegruppen* und *Codes* definieren. Mit Auswahlmengen können Sie Codes aus unterschiedlichen Codegruppen auswählen, auf Werksebene zusammenfassen und mit einer Bewertung hinterlegen. Abbildung 3.19 illustriert das Prinzip des Aufbaus.

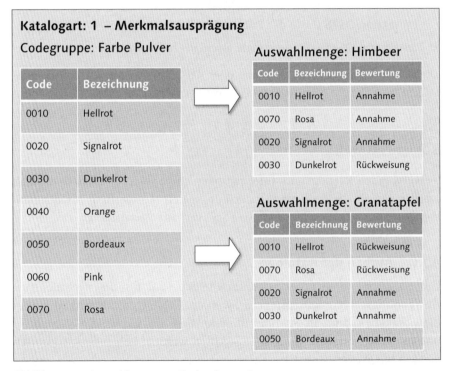

Abbildung 3.19 Auswahlmenge zu Merkmalsausprägungen

3.7.2 Auswahlmenge

Sie sollten sich den Aufbau der Auswahlmengen gut überlegen, besonders wenn Sie sprachabhängige Zeugnisse mit diesen Vorgaben ausgeben möchten.

In Abbildung 3.20 sind zwei Beispiele dargestellt:

▶ *Beispiel 1* zeigt Ihnen, wie Sie mit nur einer Auswahlmenge alle qualitativen Prüfmerkmale bearbeiten können. Die Abkürzung iO/niO steht dabei für in *Ordnung/nicht in Ordnung*. Die individuelle Ausprägung ist entweder im Prüfmerkmal oder in der Methode enthalten. Wenn Sie z. B. das Merkmal AUSSEHEN verwenden möchten, müssen Sie die Sollvorgabe/Spezifikation *weißes kristallines Pulver* in den Text des Prüfmerkmals schreiben. Da in einem Prüfplan vorgenommene Änderungen am Prüfmerkmalstext nicht sprachabhängig sind, müssen Sie für jede Ausprägung des Merkmals AUSSEHEN ein eigenes Prüfmerkmal anlegen.

Alternativ können Sie die Prüfmethode für das Hinterlegen der Sollvorgabe/Spezifikation nutzen. Diese ist wieder sprachabhängig. Jedoch geht Ihnen dann die Funktion der Prüfmethode verloren.

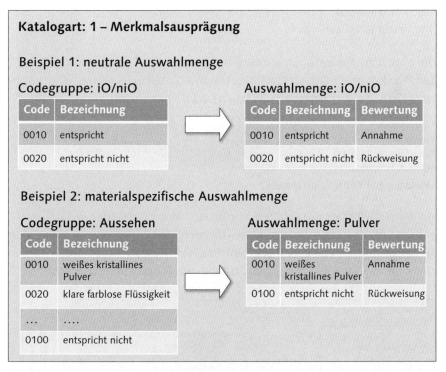

Abbildung 3.20 Beispiel für Auswahlmengen

▶ *Beispiel 2* zeigt eine differenzierte Verwendung der Auswahlmengen. Dadurch kann der Merkmalsstamm vereinfacht werden, z. B. haben Sie nur einmal die Codegruppe AUSSEHEN mit allen Ausprägungen, die in Ihrem Unternehmen für das Prüfmerkmal AUSSEHEN verwendet werden.

Daraus generieren Sie spezifische Auswahlmengen, wie z. B. *Pulver* mit jeweils der Sollvorgabe/Spezifikation und einem Code für den niO-Fall, und ordnen anschließend im Prüfplan des Materials diese spezifische Auswahlmenge dem Prüfmerkmal AUSSEHEN zu.

Wenn Sie in Ihrem Unternehmen auch Zeugnisse erstellen, würde ich Ihnen immer die Abbildung aus Beispiel 2 empfehlen. Benötigen Sie keine Zeugnisse, ist die Abbildung aus dem Beispiel 1 ausreichend.

[!] | **Sprache**

Ein wichtiges Entscheidungskriterium für den Aufbau der Auswahlmengen ist die Sprachabhängigkeit. Möchten Sie textliche Vorgaben auf das Zeugnis drucken, müssen Sie die Sprachabhängigkeit beachten.

Der Kurz- und Langtext der Auswahlmenge selbst ist nicht sprachabhängig, also nicht übersetzbar. Das heißt, Sie können nur die Codes sprachabhängig hinterlegen. Auch Prüfmerkmale, deren Kurztexte in einem Prüfplan angepasst werden, sind nicht mehr sprachabhängig!

Um eine neue Codegruppe anzulegen, rufen Sie die Transaktion QS41 oder den Pfad LOGISTIK • QUALITÄTSMANAGEMENT • QUALITÄTSPLANUNG • GRUNDDATEN • KATALOG • CODEGRUPPE • BEARBEITEN auf.

Abbildung 3.21 Codegruppe anlegen

Sie füllen die Felder KATALOG und CODEGR... (siehe Abbildung 3.21), bestätigen die Eingabe und gelangen in die Übersicht der Codegruppen. Hier füllen Sie das Feld KURZTEXT, geben gegebenenfalls einen Langtext ein und nehmen einen Eintrag im Feld STATUS DER CODEGR. vor (siehe Abbildung 3.22).

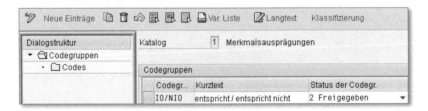

Abbildung 3.22 Codegruppe – Details

Auch hier stehen Ihnen die nun schon bekannten Status (in Erstellung, freigegeben etc.) zur Verfügung. Nur freigegebene Codegruppen können Sie in der Anwendung nutzen. Anschließend markieren Sie die Zeile und geben einen Doppelklick auf den Menüpunkt CODES in der linken Baumstruktur. Klicken Sie anschließend auf den Button NEUE EINTRÄGE können Sie beliebig viele Codes erfassen.

Für die Maßnahmencodes können auch Folgeaktionen hinterlegt werden, die beim Sichern der Meldung im Hintergrund ablaufen (siehe Kapitel 19, »Qualitätsmeldung«).

[+]

Nummerierung der Codes

Die Codes werden immer nur über den vierstelligen Codeschlüssel sortiert. Eine Änderung eines Codes nach der Verwendung sollte wegen der Auswertbarkeit nicht mehr erfolgen.

Um sich die Möglichkeit offenzuhalten, Codes später in die vorhandene Codeliste zu integrieren, sollten Sie Intervalle nutzen, z. B. 0010, 0020 etc. Ein neuer Code 0015 würde automatisch zwischen Code 0010 und 0020 einsortiert werden.

3.7.3 Übersetzung

Möchten Sie Codegruppen oder Codes übersetzen, wählen Sie im jeweiligen Menü BEARBEITEN • ÜBERSETZEN. In dem sich öffnenden Pop-up wählen Sie die zutreffende(n) Sprache(n) aus und hinterlegen die jeweilige Übersetzung (siehe Abbildung 3.23).

Abbildung 3.23 Übersetzung von Codes

[+]

Kataloge – Customizing oder Anwendung?

Es gibt verschiedene Auffassungen, ob Kataloge Stammdaten oder Customizing-Einstellungen sind. Der Pfad ist zwar in der Anwendung aktiv, jedoch ist in der Auslieferung die Bearbeitung im Produktivsystem nicht zugelassen. Der SAP-Hinweis 376134 zeigt Ihnen, wie Sie das System einstellen, falls Sie die Pflege im Produktivsystem zulassen möchten.

3.7.4 Auswahlmenge

Um eine neue Auswahlmenge anzulegen, rufen Sie die Transaktion QS51 bzw. den Pfad LOGISTIK • QUALITÄTSMANAGEMENT • QUALITÄTSPLANUNG • GRUNDDATEN • KATALOG • AUSWAHLMENGE • BEARBEITEN auf. Der Einstieg ist identisch mit dem der Codegruppe (siehe Abbildungen 3.21 und 3.22), nur dass die Auswahlmenge einen Werksbezug hat. So ist es möglich, unterschiedliche werksspezifische Bewertungen zu hinterlegen.

Der Bildschirmaufbau variiert je nach Katalogart. Die Auswahlmenge zur Katalogart 1 (Merkmalsausprägungen) verlangt folgende Angaben (siehe Abbildung 3.24):

- ▶ Felder CODEGR... und CO...: Auswahl über Suchhilfe

- ▶ Feld BEWERTUNG CODE: Sie definieren die Bewertung des Prüfmerkmals, wenn der jeweilige Code verwendet wird. Folgende Eingaben sind möglich: A ANNAHME und R RÜCKWEISUNG.

- ▶ Feld FEHLERKLASSE: Sie wählen eine Klasse aus, um den Fehler zu gruppieren und später auswerten zu können. Dieses Feld ist ein Pflichtfeld, wenn die Bewertung des Codes R RÜCKWEISUNG enthält.

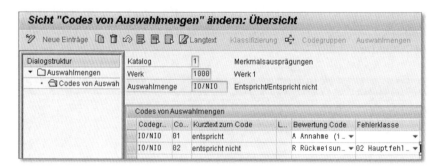

Abbildung 3.24 Auswahlmenge – Merkmalsausprägungen

Die Auswahlmenge zur Katalogart 3 (Verwendungsentscheide) verlangt folgende Angaben (siehe Abbildung 3.25 und Kapitel 7, »Prüfablauf«).

- ▶ **Codegruppe/Code (Felder »Cod.../Co...«)**
  Sie suchen über die Suchhilfe die entsprechenden Codes aus.

- ▶ **Bewertung Code**
  Sie definieren, ob dieser Code zur Annahme oder Rückweisung führen soll.

- ▶ **Qualitätskennzahl (Feld »Q«)**
  Sie geben die Qualitätskennzahl an, mit der das Prüflos abhängig von dem Code bewertet werden soll.

Optional können Sie folgende Angaben vorgeben:

▶ **Buchungsvorschlag (Feld »Buchungsvorschr....«)**
Besagt, wohin der Qualitätsprüfbestand gebucht werden soll.

▶ **Langzeitmerkmal berücksichtigen (Feld »Lan...«)**
Dieses Feld ist wichtig für die Buchung, wenn bei offener Langzeitprüfung
die Probemenge berücksichtigt werden soll

▶ **Mengenbuchung dunkel (Feld »M...«)**
Wird markiert, wenn die Buchung im Hintergrund stattfinden soll.

▶ **Folgeaktion (Feld »Folgeakt...«)**
Eintrag, wenn mit dem Verwendungsentscheid Funktionen angestoßen
werden sollen, z. B. Mail-Benachrichtigung oder ein Ausdruck

Abbildung 3.25 Auswahlmenge zum Verwendungsentscheid

3.7.5 Verzeichnis

Codegruppen und Auswahlmengen können über die Transaktion QS49 bzw.
QS59 in einer Übersicht dargestellt werden. Denken Sie bei der Selektion
daran, ein * (Sternchen) im Feld AUSWAHLMENGE mitzugeben, wenn Sie die
Suche nicht einschränken möchten. Sie markieren die Checkbox AUFLÖSENDE
ANZEIGE, damit Ihnen auch die Codes angezeigt werden. Über den Button ⚊
(Verzeichnis) erzeugen Sie eine Liste in der ausgewählten Sprache (siehe
Abbildung 3.26).

Transport von Langtexten	**[+]**
Sollten Sie sich für die Pflege im Customizing-Mandanten entschieden haben, beachten Sie, dass die Langtexte nicht an das Transportwesen angeschlossen sind. Möchten Sie Langtexte nutzen, haben Sie folgende Möglichkeiten:	

- die Pflege im Produktivsystem zulassen
- den Produktivmandanten kurzzeitig öffnen und die Texte in der Katalogbearbeitung pflegen
- die ALE-Verteilung einrichten

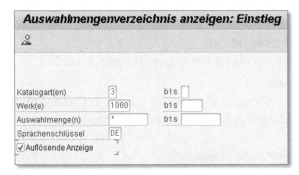

Abbildung 3.26 Verzeichnis

Nun sind Sie mit den Grunddaten vertraut und können sich der weiteren Prüfplanung zuwenden.

Logistik-Stammdaten müssen qualitätsspezifisch ausgeprägt werden. Wie das funktioniert, erfahren Sie in diesem Kapitel. Logistik-Stammdaten können dann modulübergreifend verwendet werden.

4 Logistik-Stammdaten

Sie müssen sicherstellen, dass Ihr Produktionsprozess eine gleichbleibende Qualität erzeugt. Um dies zu gewährleisten, wird während der gesamten logistischen Kette in den Produktionsprozess eingegriffen und stichprobenartig geprüft. In diesem Kapitel wird beschrieben, wie Sie die logistischen Daten aus der Sicht des Moduls Qualitätsmanagement einrichten und welche Wirkung Sie damit erzielen. Das wichtigste Objekt ist der Materialstamm, in dem die Aktivierung des Qualitätsprozesses vorgenommen wird. Aber auch mit den Qualitätsinformationssätzen in der Beschaffung und im Vertrieb, die eine Material-Lieferanten- bzw. Material-Kundenbeziehung darstellen, können Sie steuernd auf den Bestell- oder den Auslieferungsprozess eingreifen.

4.1 Materialstamm

Der Materialstamm ist der zentrale Stammdatensatz für sämtliche Abläufe im SAP-System. Jedes Modul bzw. jeder Bereich hat seine eigene Sicht auf den Materialstamm.

Die Materialien sind unterteilt in Materialarten, die bestimmen, mit welchen Sichten Sie arbeiten können. In der SAP-Auslieferung können Sie für alle Materialarten, die zum Herstellprozess benötigt werden, wie VERP (Verpackung), ROH (Rohstoffe), HALB (Zwischenprodukt) und FERT (Fertigprodukt), eine Sicht QUALITÄTSMANAGEMENT anlegen. Möchten Sie auch bei anderen Materialarten Prüfeinstellungen pflegen, müssen Sie die Materialart im Customizing erweitern.

Ist die Sicht QUALITÄTSMANAGEMENT bereits vorhanden, können Sie die Einstellungen der Qualitätsdaten über die Transaktion MM02 bzw. den Pfad LOGISTIK • QUALITÄTSMANAGEMENT • QUALITÄTSPLANUNG • LOGISTIK-STAMMDATEN • MATERIAL • ÄNDERN vornehmen und entsprechend pflegen. Ist die

Sicht QUALITÄTSMANAGEMENT zu dem gewünschten Material noch nicht vorhanden, müssen Sie diese erst anlegen. Dazu wählen Sie die Transaktion MM01 oder die Option ANLEGEN im gerade genannten Pfad aus. In der Auswahl der Sichten selektieren Sie die Sicht QUALITÄTSMANAGEMENT. Das System weist Sie darauf hin, dass das vorhandene Material erweitert wird.

Betrachten Sie das Register QUALITÄTSMANAGEMENT, sehen Sie die beiden Bereiche ALLGEMEINE DATEN und BESCHAFFUNGSDATEN (siehe Abbildung 4.1).

Abbildung 4.1 Allgemeine Daten im Materialstamm

Die Funktionen der Beschaffungsdaten werden in Kapitel 9, »Qualitätsmanagement in der Beschaffung«, ausführlich beschrieben. An dieser Stelle lernen Sie die Felder der allgemeinen Daten und die Prüfeinstellungen näher kennen:

▶ **Basismengeneinheit**
Die Mengeneinheit wird von der Logistik vorgegeben und sollte nicht verändert werden.

▶ **Ausgabemengeneinheit**
Das ist die Einheit, in der das Material vom Lager ausgegeben wird.

▶ **QM-Materialberechtigung**
Dieses Feld hat zwei Bedeutungen:

  ▷ Das Berechtigungsobjekt dient der Steuerung, wer die Prüfabwicklung durchführen darf.

  ▷ Über dieses Feld wird die digitale Signatur aktiviert (siehe Kapitel 8, »Weitere Funktionen in der Prüfabwicklung«).

▶ **WE-Bearbeitungszeit**
Das ist die Zeit, die benötigt wird, um das Material einzulagern und zu prüfen. Diese Zeit wird von der Disposition bei der Beschaffung berücksichtigt. Langwierige Prüfungen sollten hier unbedingt berücksichtigt werden, um einen Engpass in der Produktionsbereitstellung zu vermeiden.

Abstimmung mit der Einkaufssicht [!]

Dieses Feld wird auch in der Einkaufssicht angezeigt. Daher besteht Abstimmungs-
bedarf zwischen den Modulen MM und QM.

▶ **Berichtsschema**
Wenn Sie bei der Fehlererfassung aus der Prüfabwicklung heraus oder in
den Qualitätsmeldungen auf materialspezifische Fehlerkataloge zugreifen
möchten, können Sie hier Eintragungen vornehmen.

▶ **Werksspezifischer Materialstatus/Gültig ab**
Der Materialstatus bestimmt, welche Aktionen mit dem Material vorgenommen werden können. So können Sie die Beschaffung eines Materials
verhindern und nur noch auslaufen lassen.

▶ **Dokupflicht**
Ist bei einem Material dieses Kennzeichen aktiv, werden Sie aufgefordert,
bestimmte Aktionen im Verwendungsentscheid zu dokumentieren, z. B.
Annahme trotz rückgewiesener Merkmale, Änderung des Verwendungsentscheidcodes.

▶ **Buchen in Q-Bestand**
Sie aktivieren diese Funktion, wenn Sie nicht mit Prüflosen arbeiten möchten. Der Wareneingang wird in den Q-Bestand gebucht, ohne ein Prüflos
zu erzeugen. Dieses Feld wird nicht mehr angezeigt, wenn Sie die Prüfeinstellungen aktiviert haben.

Abstimmung mit der Einkaufssicht [!]

Dieses Feld wird auch in der Einkaufssicht und in der Arbeitsvorbereitung angezeigt
bzw. ausgeblendet, wenn Prüfarten aktiv sind.

▶ **Prüfintervall**
Hier hinterlegen Sie die Tage ab Wareneingangsdatum, nach dem eine *wie-
derkehrende Prüfung* erfolgt. Diese wird in Kapitel 13, »Wiederkehrende
Prüfung/MHD-Überwachung von Chargen«, beschrieben.

Über den Button PRÜFEINSTELLUNG in Abbildung 4.1 aktivieren Sie die verschiedenen Prüfarten.

4.1.1 Prüfeinstellung

Die Prüfeinstellungen bestimmen, wann ein Material zu prüfen ist. Die verschiedenen Prüfarten werden in Kapitel 7, »Prüfablauf«, vorgestellt. Sie soll-

ten die Prüfarten im Customizing so voreinstellen, dass in der Anwendung keine Änderungen an den Detaildaten vorgenommen werden müssen. Nur so stellen Sie sicher, dass der Ablauf für alle Materialien zum Ereignis immer identisch ist. Wenn Sie beispielsweise nur für eine Gruppe von Materialien den Qualitätsprüfbestand zum Ereignis »Wareneingang aus der Produktion« nutzen möchten, sollten Sie zwei Prüfarten verwenden. Nur in einer Prüfart ist das Kennzeichen QUALITÄTSPRÜFBESTAND aktiv. Die einzelnen Felder bzw. Kennzeichen variieren von Prüfart zu Prüfart, da einige Funktionen nicht in allen Abläufen relevant sind. So kann z. B. kein Q-Bestand in der Prüfart 03 aktiviert werden, denn dieses Los ist nicht bestandsrelevant. Schauen wir uns die einzelnen Kennzeichen an. Da es diesbezüglich immer wieder zu Rückfragen kommt, sollten Sie genau wissen, was Sie über das jeweilige Kennzeichen steuern.

[+] **Tipp für die spätere Fehlersuche**

Wenn Sie einmal ein Problem haben, das immer nur ein Material betrifft, sind es meist die Prüfeinstellungen, die für dieses Material anders konfiguriert sind.

Sobald Sie die Prüfeinstellungen aufrufen, öffnet sich ein Pop-up (siehe Abbildung 4.2), in dem Sie alle bisher zugeordneten Prüfarten sehen.

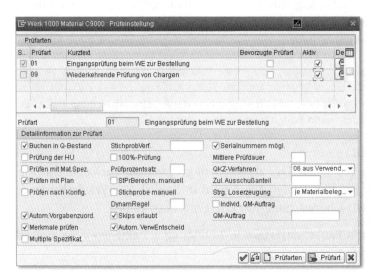

Abbildung 4.2 Prüfeinstellungen

Möchten Sie eine neue Prüfart zuordnen, erreichen Sie mithilfe des Buttons [Prüfarten] unten rechts, dass das Feld PRÜFART eingabebereit ist. Erst dann können Sie über die Suchhilfe die gewünschte Prüfart auswählen.

Mit dem Kennzeichen Aktiv aktivieren Sie die Prüfart. Wenn Sie die Prüfart nur zuordnen, ohne sie zu aktivieren, werden keine Prüflose erzeugt.

Das Kennzeichen Bevorzugte Prüfart sollten Sie setzen, wenn Sie eigene Prüfarten angelegt haben. Sie dürfen pro Prüflosherkunft immer nur eine Prüfart aktivieren, da das System ein Prüflos automatisch mit dieser einen Prüfart anlegt. Möchten Sie mit mehreren Prüfarten zu einem Ereignis arbeiten, müssen Sie eine Kundenerweiterung aktivieren (siehe Kapitel 23, »Unterstützende QM-Funktionen«).

Die Bedeutung der Felder im Bereich Detailinformation zur Prüfart werden im Folgenden kurz erläutert:

- **Checkbox »Buchen in Q-Bestand«**
  Bei Aktivierung dieses Kennzeichens wird die gesamte Prüflosmenge bei Loserzeugung in den Q-Bestand gebucht.

- **Checkbox »Prüfung der HU«**
  Wenn Sie die Bestände in einem Lagerort mit Handling Units (HU) verwalten, wird das Prüflos bei der Erzeugung der Handling Unit angelegt.

- **Checkbox »Prüfen mit Mat.Spez.«**
  Die Prüfung erfolgt mit einer Materialspezifikation.

- **Checkbox »Prüfen mit Plan«**
  Die Prüfung erfolgt mit einem Prüf- oder Arbeitsplan.

- **Checkbox »Prüfen nach Konfig.«**
  Die Prüfung erfolgt gegen die Vorgaben der Konfiguration aus dem Kunden- bzw. Fertigungsauftrag.

- **Checkbox »Autom. Vorgabenzuord.«**
  Die Prüfvorgaben werden automatisch bei Erzeugung des Loses zugeordnet. Zu diesem Zeitpunkt sollte genau ein gültiger Prüfplan zum Material vorliegen.

- **Checkbox »Merkmale prüfen«**
  Bei Aktivierung dieses Feldes werden Prüfmerkmale kontrolliert.

- **Checkbox »Multiple Spezifik.«**
  Bei Aktivierung dieses Feldes arbeiten Sie mit multiplen Spezifikationen (siehe Kapitel 8, »Weitere Funktionen in der Prüfabwicklung«).

- **Feld »Stichprobenverf.«**
  Hier geben Sie das Stichprobenverfahren an, wenn Sie ohne Plan prüfen.

- **Checkbox »100-%-Prüfung«**
  Setzen Sie dieses Kennzeichen, wenn Sie ohne Stichprobenverfahren immer eine 100-%-Prüfung durchführen möchten.

[!]

Übersteuerung

Beachten Sie, dass dieses Feld die Berechnung der Stichprobe anhand des Stichprobenverfahrens aus dem Plan übersteuert. Sie arbeiten dann ausschließlich mit einer 100 %-Prüfung, egal was der Prüfplan vorsieht.

▸ **Feld »Prüfprozentsatz«**
Hier geben Sie den prozentualen Anteil der Losmenge an, wenn Sie ohne Plan prüfen.

▸ **Checkbox »Stichpr. Berechn. manuell«**
Der Anstoß der Stichprobenberechnung soll manuell erfolgen. Das ist z. B. notwendig, wenn zum Zeitpunkt der Loserzeugung die genaue Losmenge oder Gebindezahl noch nicht bekannt ist.

▸ **Checkbox »Stichprobe manuell«**
Sie geben den Stichprobenumfang im Prüflos manuell ein. Das Kennzeichen wird nur bei einer Prüfung ohne Bezug zu einem Plan oder einer Materialspezifikation berücksichtigt.

▸ **Checkbox »Dynamisierungsregel«**
Sie möchten ein Skip/Lot-Verfahren einsetzen und prüfen ohne Plan.

▸ **Checkbox »Skips erlaubt«**
Setzen Sie dieses Kennzeichen, um einen Prüfverzicht zu erlauben. Ist dieses Kennzeichen nicht gesetzt, erfolgt kein Prüfverzicht, weder auf Los- noch auf Merkmalsebene – auch wenn die Prüfstufe dies vorsieht.

▸ **Checkbox »Autom. VerwEntscheid«**
Beim Anstoß des automatischen Verwendungsentscheids werden nur die Materialien mit diesem Kennzeichen berücksichtigt.

▸ **Checkbox »Serialnummern möglich«**
Setzen Sie dieses Kennzeichen, um die Serialnummern in das Prüflos zu übernehmen und die Ergebniserfassung zu den Serialnummern durchzuführen bzw. Teilbuchungen vorzunehmen.

▸ **Feld »Mittlere Prüfdauer«**
Mit der hier angegebenen Anzahl von Tagen errechnet das System den Endtermin im Prüflos. Dieses Datum hat informativen Charakter in der Prüflos- und Bedarfsliste, dient jedoch nicht der Beschaffungsdisposition. Dazu verwenden Sie die WE-Bearbeitungszeit.

▸ **Feld »QKZ-Verfahren«**
Hier bestimmen Sie, welches Verfahren zur Berechnung der Qualitätskennzahl herangezogen werden soll. Folgende Verfahren stehen zur Verfügung:

▷ Ausschussanteil im Los

▷ max. Ausschussanteil der Merkmale

▷ min. QKZ der Merkmale

▷ gewichtet aus Ausschussanteil Merkmale

▷ gewichtet aus QKZ der Merkmale

▷ aus Verwendungsentscheidcode

Die Verfahren werden im Customizing definiert. Zur Auswahl stehen zusätzlich verschiedene Funktionsbausteine, die individuell angepasst werden können.

Das am häufigsten verwendete Verfahren ist die Zuordnung der Qualitätskennzahl zum Verwendungsentscheidcode.

▶ **Feld »Zul. Ausschussanteil«**
Wenn Sie im Prozess keine hundertprozentige Qualität erreichen können, können Sie hier den Anteil vorgeben, der nicht bei der Berechnung der Qualitätskennzahl berücksichtigt werden soll.

▶ **Feld »Strg. Loserzeugung«**
Über diese Einstellung können Sie definieren, wann ein Prüflos erzeugt werden soll. Die verschiedenen Möglichkeiten sind von der Herkunft abhängig (siehe folgende Abschnitte »Prüflose zu Buchungen« und »Prüflose zu Lieferungen«).

▶ **Checkbox »Individ. QM-Auftrag«**
Pro Prüflos wird ein QM-Auftrag erzeugt, auf den die Prüfkosten abgerechnet werden.

▶ **Feld »QM-Auftrag«**
Angabe des QM-Auftrags, auf den die Prüfkosten abgerechnet werden

Im Folgenden werden die verschiedenen Varianten zur Steuerung der Loserzeugung erläutert. Wenn Sie die Funktion der Loserzeugung nutzen, können Sie unnötigen Prüfaufwand vermeiden. Wird beispielsweise eine Charge wiederholt geliefert, soll kein neues Prüflos entstehen. Ein Beispiel für die wiederholte Lieferung finden Sie in Kapitel 11, »Qualitätsmanagement im Wareneingang«.

Die Möglichkeiten zur Beeinflussung der Loserzeugung sind abhängig von der Prüflosherkunft. Die Prüflosherkunft entspricht dem SAP-Ereignis, zu dem das Prüflos erzeugt wird.

Prüflose zu Buchungen

Die Steuerung ist in folgenden Prüflosherkünften sehr ähnlich:

► Herkunft 01 – Wareneingang zur Bestellung

► Herkunft 04 – Prüfung beim WE aus der Produktion

► Herkunft 05 – Prüfung bei sonstigem Wareneingang

► Herkunft 08 – Prüfung bei einer Umlagerung

Ein neues Prüflos wird zum Ereignis »Wareneingang/Umbuchung« erzeugt, wenn sich der Schlüssel ändert. Haben Sie z. B. *Material, Charge und Lagerort* gewählt, wird pro Lagerort ein neues Prüflos erzeugt.

► **Je Materialbeleg, Material, Charge und Lagerort**
Bei jeder Wareneingangsbuchung wird ein Prüflos erzeugt, unabhängig davon, ob diese Charge wiederholt gebucht wird. Werden Teilbuchungen einer Charge zum Auftrag vorgenommen, wird bei jeder Buchung ein neues Prüflos erzeugt.

► **Je Material, Charge und Lagerort**
Wird eine Charge mehrmals gebucht, ist das Systemverhalten bei einer neuen Wareneingangsbuchung zu dieser Charge wie folgt:

▻ *Das letzte Prüflos zu der Kombination Material/Charge/Lagerort ist noch in Bearbeitung*: Die gebuchte Menge erhöht die Ist-Losmenge des bereits bestehenden Prüfloses.

▻ *Das letzte Prüflos zu Material/Charge/Lagerort ist abgeschlossen und angenommen*: Die Nachlieferung wird ohne Prüflos in den freien Bestand gebucht.

▻ *Das letzte Prüflos zu Material/Charge/Lagerort ist abgeschlossen und rückgewiesen*: Es wird ein neues Prüflos in den Q-Bestand gebucht.

[!] **Arbeiten ohne Charge**

Wenn Sie ohne Chargen arbeiten, wird nur das erste Mal ein Prüflos zu Material und Lagerort erzeugt! Diese Steuerung sollten Sie in diesem Fall eher meiden.

► **Je Bestellposition/Auftragsposition, Charge und Lagerort**
Pro Bestell- bzw. Auftragsposition wird ein Prüflos angelegt, wenn keine Chargen verwendet werden.

► **Je Materialbelegposition**
Die Materialbelegposition ist die kleinste Einheit einer Buchung. Unabhängig davon, ob sich das Material bzw. die Charge in einem Beleg wiederholt, wird zu jeder Position ein Prüflos angelegt.

▶ **Frühe Loseröffnung nur bei Herkunft 04**
Das Prüflos wird bereits bei Auftragsfreigabe mit der Auftragsmenge als Prüflosmenge eröffnet. Diese Menge bildet die Grundlage für die Stichprobenberechnung. Ist die Charge zu diesem Zeitpunkt bekannt, wird sie zusammen mit dem Lagerort in das Prüflos übernommen. Erfolgt zu einem späteren Zeitpunkt die Wareneingangsbuchung, erhöht sich jeweils die Ist-Losmenge. Wechselt der Lagerort oder die Charge, wird ein neues Prüflos angelegt.

Prüflose zu Lieferungen

Diese drei Prüflosherkünfte sind in ihrer Beeinflussung identisch:

▶ Herkunft 10 – Prüfg. bei Liefg. zum Kunden mit Auftrag

▶ Herkunft 11 – Prüfg. bei Liefg. zum Kund. ohne Auftrag

▶ Herkunft 12 – Prüfung bei Lieferung allgemein

Sie können Prüflose für jede Chargensplit- oder jede Hauptposition erzeugen. Die Lieferung verwendet einen Chargensplit, wenn zu einer Lieferposition mehrere Chargen ausgeliefert werden. Für diese Prüflose stehen Ihnen zwei Möglichkeiten der Loserzeugung zur Verfügung:

▶ **Je Chargensplitposition ein Prüflos**
Beim Kommissionieren werden die Chargen der Lieferung zugeordnet. Dabei wird zu jeder Charge, also zu jeder Chargensplitposition, ein Prüflos angelegt

▶ **Je Hauptposition ein Prüflos**
Zu jeder Lieferposition wird bei Anlage der Lieferung ein Prüflos angelegt. Beim Kommissionieren wird pro Chargensplitposition ein Teillos zu diesem Prüflos angelegt

Prüflose ohne Steuermöglichkeiten

Bei folgenden Prüflosherkünften ist keine Beeinflussung möglich:

▶ Herkunft 02 – Prüfung beim Warenausgang

▶ Herkunft 03 – Zwischenprüfung beim Produktionsauftrag

▶ Herkunft 06 – Prüfung bei einer Retoure vom Kunden

▶ Herkunft 07 – Audit-Prüfung eines Lieferanten

▶ Herkunft 09 – Wiederkehrende Prüfung von Chargen

▶ Herkunft 13 – Zwischenprüfung in der Serienfertigung

- Herkunft 15 – Prüfung von Proben
- Herkunft 17 – Prüfung aus externem System
- Herkunft 89 – Sonstige Prüfung

Diese Herkünfte werden gar nicht im Materialstamm zugeordnet:

- Herkunft 14 – Prüfung bei der Instandhaltung
- Herkunft 16 – Stabilitätsprüfungen

4.1.2 Massenpflege der Prüfeinstellung

Um mehrere Materialien gleichzeitig zu bearbeiten, können Sie die Massenpflege nutzen. Die Massenpflege der Prüfeinstellungen rufen Sie über die Transaktion QA08 bzw. den Pfad LOGISTIK • QUALITÄTSMANAGEMENT • QUALITÄTSPLANUNG • LOGISTIK-STAMMDATEN • MATERIAL • PRÜFEINSTELLUNG auf. Voraussetzung für diese Massenpflege ist das Vorhandensein der Q-Sicht im Materialstamm.

[+]

Massenpflege der Sicht »Qualitätsmanagement«

In der Transaktion MM50 (Erweiterbare Materialien) ist es auch möglich, den Materialstamm durch die Sicht QUALITÄTSMANAGEMENT zu erweitern. In der Transaktion MM17 (Massenpflege) können Sie die Felder in der Sicht Qualitätsmanagement pflegen.

Diese Transaktionen sollten immer in Absprache mit dem Materialstammverantwortlichen durchgeführt werden. Daher werden sie hier nicht beschrieben.

Selektion der Materialien

Im oberen Bereich der Selektion werden die Selektionsdaten der Materialien angegeben (siehe Abbildung 4.3).

Abbildung 4.3 Selektion zur Massenpflege

Zur Selektion der Materialien stehen Ihnen folgende Möglichkeiten zur Verfügung:

- **Materialart**
  Diese Selektion können Sie verwenden, wenn die Materialart über die Prüfart entscheidet.

▶ **Materialklasse**
Sie können über den Button KLASSENSELEKTION nach einer bestimmten Merkmalsausprägung der Materialklasse eine Gruppe von Materialien selektieren.

▶ **Material**
Sie geben ein Intervall von Materialnummern ein, oder Sie nutzen die Mehrfachselektion, um eine Liste von Materialien zu bearbeiten.

Diese Liste liegt Ihnen als Textdatei (CSV- oder TXT-Datei) vor. Klicken Sie auf den Button ⇨ neben der Eingabe der Materialnummer, öffnet sich das in Abbildung 4.4 gezeigte Pop-up. Über den Button 🗩 (Import aus Textdatei) können Sie nun die Textdatei angeben, die die gewünschten Materialien enthält. Das System zeigt Ihnen im Registerkopf die Anzahl der eingelesenen Materialnummern an.

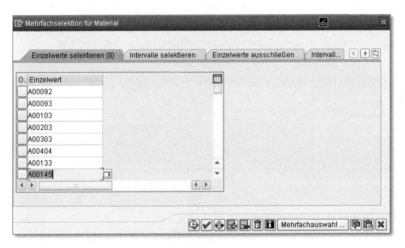

Abbildung 4.4 Mehrfachselektion für Material

Mit der Bestätigung der Liste der Materialien gelangen Sie wieder zurück auf das Selektionsbild.

Sie können in dieser Transaktion mehrere Funktionen aufrufen, die Sie jeweils über das entsprechende Register auswählen:

▶ **Register »Prüfart aktivieren«**
Abbildung 4.5 zeigt das Register PRÜFART AKTIVIEREN. Wenn Sie diese Funktion ausführen, wird die angegebene Prüfart den Details aus den Customizing-Voreinstellungen zugeordnet und aktiviert. Das Kennzeichen BEVORZUGTE PRÜFART bleibt inaktiv. Um diese Aktivierung vorzunehmen, sollten Sie die nachgenannten Checkboxen berücksichtigen:

▷ Das Kennzeichen Prüfart neu zuordnen aktivieren Sie, wenn Sie den Materialien diese Prüfart zuordnen möchten.

▷ Befinden sich Materialien im Q-Bestand, setzen Sie das Kennzeichen Aktivierung trotz Q-Bestand. Für all diese Mengen wird ein Prüflos der Prüfart 0800 je Material/Charge/Lagerort angelegt (Voreinstellung in der Werkseinstellung, siehe Abschnitt 2.2). Diese Prüfart arbeitet ohne Plan. Sie können die Prüfung im bisherigen System beenden und anschließend den Q-Bestand über das Prüflos entlasten.

▷ Nach der Selektion erhalten Sie eine Liste mit allen den Selektionskriterien entsprechenden Materialien. Sie markieren die gewünschten und verlassen mit Sichern die Transaktion.

▷ Wählen Sie das Kennzeichen Materialliste nicht anzeigen, werden alle Materialien sofort geändert.

▷ Um die Änderungen nachzuvollziehen, erzeugt das System einen Beleg, wenn Sie das Kennzeichen Änderungsbelege erzeugen setzen. Dieser Beleg kann auch in der Materialstammpflege angezeigt werden.

Abbildung 4.5 Prüfart aktivieren

▶ **Register »Prüfart deaktivieren«**
Auf dem Register Prüfart deaktivieren wird die angegebene Prüfart deaktiviert, das heißt, sie ist in den Prüfeinstellungen noch vorhanden, das Kennzeichen Aktiv ist aber nicht gesetzt.

▶ **Register »Einzelbearbeitung«**
Auf dem Register Einzelbearbeitung erhalten Sie als Ergebnis der Selektion eine Materialliste. In dieser Liste markieren Sie die gewünschten Materialien und pflegen für jedes einzelne die Prüfeinstellung (siehe Abschnitt 4.1.1, »Prüfeinstellung«).

▶ **Register »Massenbearbeitung«**
Wählen Sie das Register Massenbearbeitung, erscheint ein Popup mit den Prüfeinstellungen (siehe Abschnitt 4.1) und anschließend eine Materialliste. Die vorgenommenen Prüfeinstellungen gelten für alle Materialien, die Sie in der Liste markieren.

Diese Bearbeitungsvariante ist zu empfehlen, wenn Sie mit eigenen Prüfarten arbeiten, zu denen Sie das Kennzeichen BEVORZUGTE PRÜFART setzen müssen.

4.2 Q-Infosatz Beschaffung

Den Q-Infosatz Beschaffung verwenden Sie, wenn Sie Lieferanten systemunterstützt freigeben möchten. Nur wenn Sie im Materialstamm in den Beschaffungsdaten der Q-Sicht einen Steuerschlüssel gewählt haben, der eine Lieferfreigabe erfordert, benötigen Sie einen Q-Infosatz für jede Material-Lieferanten-Beziehung.

Sie gelangen zur Bearbeitung des Q-Infosatzes über die Transaktion QI01 bzw. den Pfad LOGISTIK • QUALITÄTSMANAGEMENT • QUALITÄTSPLANUNG • LOGISTIK-STAMMDATEN • Q-INFOSATZ BESCHAFFUNG • ANLEGEN.

Die einzelnen Funktionen sind in Registern sortiert.

▶ **Register »Freigabe«**
Die Freigabe (siehe Abbildung 4.6) erfolgt über die Felder FREIGABE BIS oder FREIGEGEBENE MENGE. Die bereits gelieferte Menge wird dann aufsummiert. Über den Button ⌣ (Rücksetzen bestellte Menge) kann die Menge zurückgenommen werden.

Ist das Freigabedatum überschritten oder ist die bereits gelieferte Menge größer als die Freigabemenge, kann keine Bestellung mehr angelegt werden bzw. kein Wareneingang mehr erfolgen. Der Anwender erhält eine entsprechende Fehlermeldung.

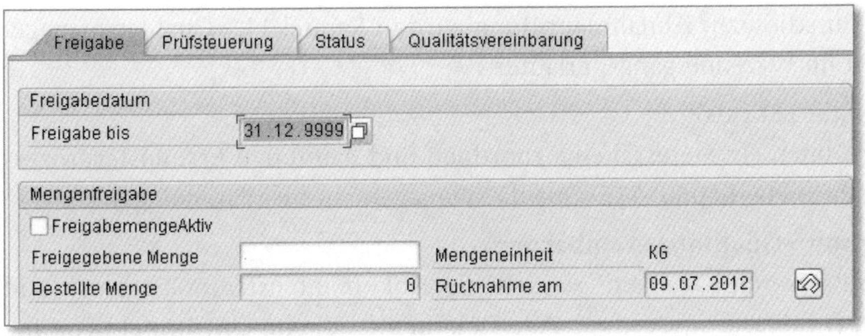

Abbildung 4.6 Q-Infosatz – Freigabe

▶ **Register »Prüfsteuerung«**
Die Funktion des QM-Systems wird in Kapitel 9, »Qualitätsmanagement in der Beschaffung«, beschrieben. Sie können das vorhandene QM-System (Feld VORH.QM-SYSTEM) und das Datum des nächsten Audits im Feld GÜLTIG BIS hinterlegen. Diese Daten können Sie in der Liste aus der Massenpflege überwachen, um die Wiederholungs-Audits zu planen (siehe Folgeabschnitt).

Wie Sie Abbildung 4.7 entnehmen können, stehen Ihnen für die Prüfsteuerung drei Möglichkeiten zur Verfügung:

▷ *Prüfung aktiv unabhängig von Lieferantenzertifizierung*: Abhängig von den Prüfeinstellungen im Materialstamm, wird zu der Wareneingangsbuchung ein Prüflos erzeugt.

▷ *Keine Prüfung*: Es wird kein Prüflos erzeugt, wenn dieser Lieferant dieses Material liefert, auch wenn aktive Prüfeinstellungen vorhanden sind.

▷ *Prüfung aktiv, wenn Lieferanten nicht zertifiziert*: Weist der Lieferant kein QM-System nach, wird jeder Wareneingang geprüft.

[+]

Funktion »Keine Prüfung«

Beachten Sie bei Auswertungen, dass die Prüflosmenge nicht zur Verfügung steht, wenn Sie mit dieser Funktion arbeiten.

Die Statistik der Prüflosübersicht, die Kennzahlen wie die Rückweisequote, Qualitätskennzahl oder Prüflosmenge darstellt, ist nur eingeschränkt verwendbar, da diese Kennzahlen aus den Prüflosen ermittelt werden. Überlegen Sie, ob die Skip-Steuerung für den Prüfverzicht besser geeignet ist. Diese Mengen werden in der Statistik mitgeführt.

Die Funktion zur Abnahmeprüfung wird in Kapitel 11, »Qualitätsmanagement im Wareneingang«, erläutert.

▶ **Register »Status«**
Sie können ein Statusschema zuordnen und damit den Erstmusterprozess starten (siehe Kapitel 11, »Qualitätsmanagement im Wareneingang«).

▶ **Register »Qualitätsvereinbarung«**
Qualitätsvereinbarungen werden als Dokumentenstamm angelegt und dem Q-Infosatz zugeordnet. Alle Dokumente, die im QM-Umfeld von Bedeutung sind, werden in Kapitel 6, »Dokumentenverwaltung«, betrachtet.

Für eine schnellere Bearbeitung der Q-Infosätze steht Ihnen die Sammelbearbeitung zur Verfügung.

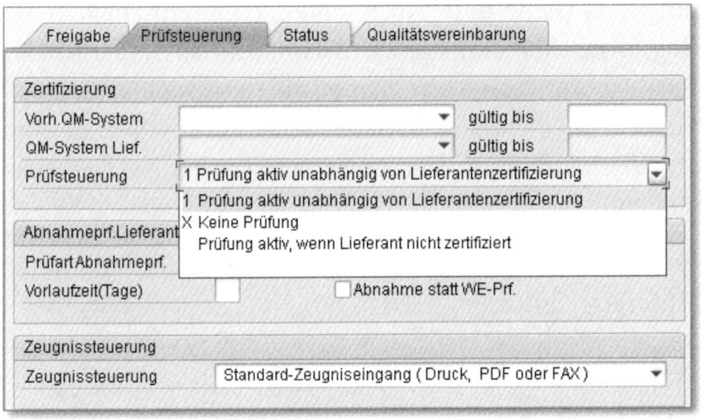

Abbildung 4.7 Q-Infosatz – Prüfsteuerung

Sammelbearbeitung

In Transaktion QI06 oder über den Pfad Logistik • Qualitätsmanagement • Qualitätsplanung • Logistik-Stammdaten • Q-Infosatz Beschaffung • Sammelbearbeitung können Sie mehrere Q-Infosätze gleichzeitig bearbeiten oder sich diese als Liste anzeigen lassen.

Um das Anlegen von Infosätzen zu erleichtern, steht Ihnen das Kennzeichen Nur für Einkaufsinfosätze (siehe Abbildung 4.8) zur Verfügung. Wenn Sie keine weiteren Einschränkungen vornehmen, werden alle Lieferanten-Material-Beziehungen bearbeitet, zu denen ein Einkaufsinfosatz vorliegt.

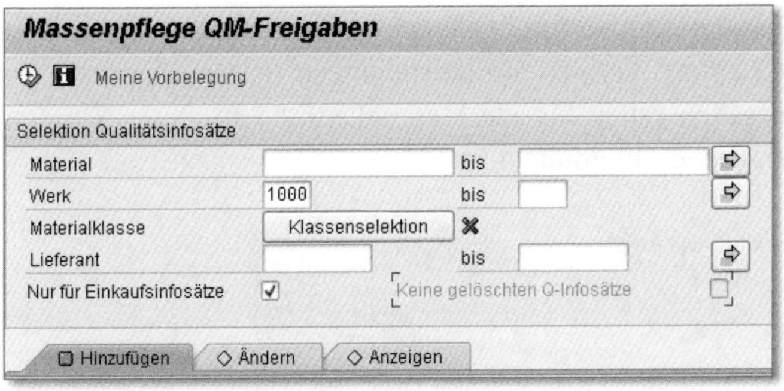

Abbildung 4.8 Q-Infosatz – Sammelbearbeitung

Bei der initialen Anlage der Infosätze ist die Funktion Nur für Einkaufsinfosätze für bestehende Lieferverhältnisse sehr zu empfehlen. Sie sollten jedoch überlegen, ob diese Funktion dauerhaft zweckmäßig ist, da es sich hierbei nicht mehr um eine selektive Freigabe nach Qualitätsgesichtspunkten handelt. Dies ist jedoch der eigentliche Sinn von Q-Infosätzen.

Mit der Wahl des Registers (siehe unten in Abbildung 4.8) entscheiden Sie über die Bearbeitungsform. Auf den Registern HINZUFÜGEN und ÄNDERN geben Sie die Feldinhalte vor, die angelegt oder geändert werden sollen. Das FREIGABEDATUM ist dabei ein Pflichtfeld. Nach der Selektion erhalten Sie eine Liste. Sie können über die Markierung der Zeilen entscheiden, welche Sätze bearbeitet werden sollen.

Wählen Sie das Register ANZEIGEN, können Sie keine Feldinhalte ändern. Sie erhalten nur die Q-Infosätze als Liste.

4.3 Q-Infosatz Vertrieb

Der Q-Infosatz Vertrieb gilt für einen Kunden bzw. eine Kunden-Material-Beziehung. Sie können Qualitätsvereinbarungen hinterlegen und die Prüflossteuerung bei Auslieferungen beeinflussen.

Abhängig vom Lieferungstyp im Auftrag, können Sie die Prüfloserzeugung der Prüfarten zur Herkunft 10, 11 oder 12, die Sie im Materialstamm aktiviert haben, steuern. Sie können beispielsweise für eine Musterlieferung ein Prüflos anlegen lassen, für eine Serienlieferung jedoch nicht. Geben Sie keinen Lieferungstyp an, gelten die Einstellungen generell.

Sie rufen den Q-Infosatz Vertrieb in der Transaktion QV51 über den Pfad LOGISTIK • QUALITÄTSMANAGEMENT • QUALITÄTSPLANUNG • LOGISTIK-STAMMDATEN • Q-INFOSATZ VERTRIEB • ANLEGEN auf, tragen im Einstiegsbild den Kunden und die Vertriebsorganisation ein und gelangen in das Detailbild. Über den Button VORGABEN KUNDE... können Sie Einstellungen für den Kunden vornehmen. Diese Vorgaben gelten für alle Materialien, die an diesen Kunden ausgeliefert werden (siehe Abbildung 4.9).

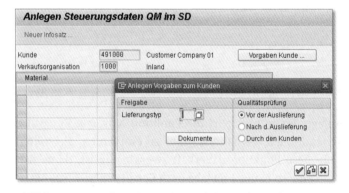

Abbildung 4.9 Q-Infosatz Vertrieb – Vorgaben zum Kunden

Sie entscheiden, wie die Prüfabwicklung erfolgt. Dazu stehen Ihnen drei Möglichkeiten zur Verfügung:

▶ **Vor der Auslieferung**
Es wird ein Prüflos angelegt. Der Warenausgang kann erst erfolgen, wenn das Prüflos mit einem positiven Verwendungsentscheid abgeschlossen wurde.

▶ **Nach der Auslieferung**
Es wird ein Prüflos angelegt. Der Verwendungsentscheid kann unabhängig vom Warenausgang erfolgen.

▶ **Durch den Kunden**
Es wird kein Prüflos angelegt.

Über den Button NEUER INFOSATZ... können Sie die Steuerungsdaten für ein Material vorgeben (siehe Abbildung 4.10). Die Angaben im Bildbereich ZUSATZINFORMATIONEN haben informativen Charakter und keine steuernde Wirkung. Über den Button DOKUMENTE können Sie Qualitätsvereinbarungen hinterlegen. Diese Dokumentenart wird in Kapitel 6, »Dokumentenverwaltung«, betrachtet.

Kleiner Leitfaden für die Einstellungen [+]

Die Einstellungen unterscheiden sich danach, ob die Materialien generell oder nur unter bestimmten Umständen prüfpflichtig sind.

▶ **Materialien, die generell prüfpflichtig sind**
Wenn Sie möchten, dass für ausgewählte Materialien unabhängig vom Kunden der Warenausgang erst nach Abschluss des Prüfloses erfolgen darf, aktivieren Sie nur die Prüfeinstellungen im Materialstamm. Sie benötigen dann keinen Q-Infosatz Vertrieb, da die Voreinstellung der Auswahl VOR DER AUSLIEFERUNG entspricht. Beispielsweise müssen immer vor dem Versand die Reinigungspapiere einer Tankwagenlieferung gecheckt werden.

▶ **Materialien, die nur bei bestimmten Kunden prüfpflichtig sind**
Wenn Sie möchten, dass für ausgewählte Materialien zu speziellen Kunden der Warenausgang erst nach Abschluss des Prüfloses erfolgen darf, müssen Sie für alle anderen Kunden, die auch mit diesem Material beliefert werden, einen Q-Infosatz mit der Kennzeichnung DURCH DEN KUNDEN anlegen. Beispielsweise fordert ein Kunde den Nachweis definierter Prüfmerkmale. Da erst bei der Lieferung der Kundenbezug vorhanden ist, wird ein Prüflos erzeugt.

Diese Stammdatenpflege ist sehr aufwendig. Leider kann die Systemvorgabe nicht geändert werden. Zur Vereinfachung können Sie auch eine Kundenerweiterung nutzen (siehe Kapitel 23, »Unterstützende QM-Funktionen«), die z. B. die Prüfloserzeugung nur zulässt, wenn ein Q-Infosatz existiert.

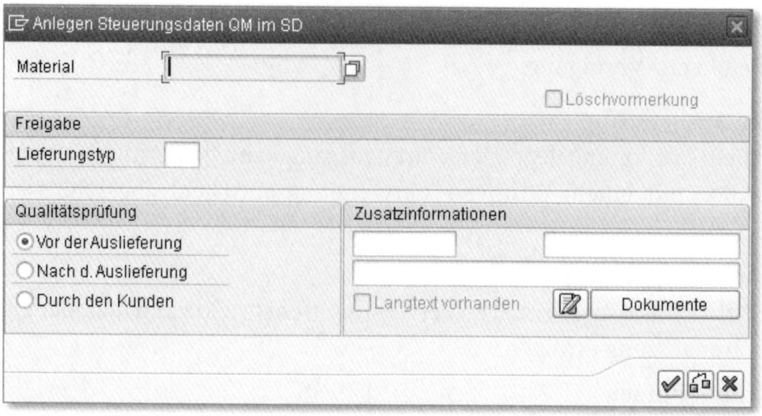

Abbildung 4.10 Q-Infosatz Vertrieb – Material

4.4 Arbeitsplatz

Ein Prüfarbeitsplatz ist im SAP-Sinn genauso ein Arbeitsplatz, wie er als Ressource in der Produktion verwendet wird. Er dient in QM hauptsächlich zur Selektion der Vorgänge, für die ein Mitarbeiter zuständig ist, sowie zur Zuordnung einer möglichen Fehlerauswahl im Customizing (siehe Kapitel 7, »Prüfablauf«). Dieser Arbeitsplatz kann auch mit Berechtigungen belegt werden, um zusätzliche Sicherheit dahin gehend zu gewährleisten, dass ein Mitarbeiter keine Eingaben an der falschen Stelle vornimmt.

Sie rufen die Anlage des Arbeitsplatzes in der Transaktion CRQ1 bzw. über den Pfad LOGISTIK • QUALITÄTSMANAGEMENT • QUALITÄTSPLANUNG • LOGISTIK-STAMMDATEN • ARBEITSPLATZ • ANLEGEN auf. Verwenden Sie den Arbeitsplatz nur zur Selektion der Vorgänge in der Ergebniserfassung, ist es ausreichend, nur das Register GRUNDDATEN zu pflegen (siehe Abbildung 4.11).

Sie tragen die Pflichteingaben ein. Das Feld VERANTWORTLICHER kann im PP-Customizing ergänzt werden. Dieses Feld ist oft ein Pflichtfeld, hat aber im Qualitätsmanagement keine steuernde Wirkung.

Wichtig ist der Eintrag im Feld PLANVERWENDUNG. Damit legen Sie fest, in welchem Plantyp (Prüfplan, Standardplan oder Arbeitsplan) der Arbeitsplatz verwendet werden kann. Wenn Sie 009 (alle Plantypen) eintragen, kann der Arbeitsplatz individuell in jedem Plan verwendet werden. Sie können die anderen Register ausblenden und die Pflichtfeldsteuerung beeinflussen, indem Sie im PP-Customizing eine eigene Arbeitsplatzart anlegen.

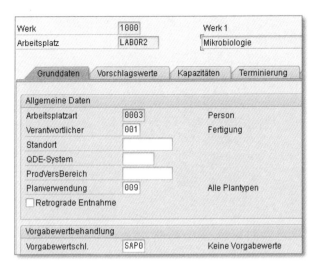

Abbildung 4.11 Arbeitsplatz – Grunddaten

Für den Arbeitsplatz, den Sie in der Prüfmittelverwaltung einsetzen, muss zusätzlich das Register KALKULATION aktiviert werden, in dem Sie die Kostenstelle angeben (siehe Abbildung 4.12), da die Abwicklung über den Instandhaltungsauftrag eine Kostenstelle erfordert.

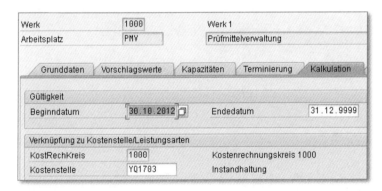

Abbildung 4.12 Arbeitsplatz – Kalkulation

Nun kennen Sie die wichtigsten Einstellungen im Materialstamm, mit denen Sie die Prüfabwicklung aktivieren, sowie die anderen Daten in der Logistik.

In diesem Kapitel werden die Plantypen mit ihrer Planverwendung beschrieben. Der Prüfplan ist das Herzstück von QM, deshalb werde ich ihn ausführlich erklären. Das Kapitel zeigt, wie der Prüfplan strukturiert und im Customizing ausgeprägt werden kann.

5 Prüfplanung

Die Prüfplanung nimmt eine zentrale Rolle im Modul QM ein, denn die Einstellungen in der Prüfplanung bestimmen den gesamten Ablauf Ihrer Qualitätsprozesse. Im Prüfplan werden alle Grunddaten, die ich in Kapitel 3, »Grunddaten«, beschrieben habe, verwendet.

In diesem Kapitel erläutere ich zunächst einige generelle Informationen zu Plantypen (siehe Abschnitt 5.1) und dann die für QM relevanten Details der Plantypen Prüfplan, Standardplan, Arbeitsplan/Linienplan und Planungsrezept. Die Plantypen IH-Anleitung und Equipmentplan werden in Kapitel 15 beschrieben. Im vorliegenden Kapitel gehe ich auf die Aspekte Materialspezifikation (siehe Abschnitt 5.6) und Engineering Workbench (siehe Abschnitt 5.7), auf allgemeine Funktionen (siehe Abschnitt 5.8), den Änderungsdienst (siehe Abschnitt 5.9) sowie die zentralen Customzing-Einstellungen (siehe Abschnitt 5.10) ein.

5.1 Plantypen

Pläne dienen dem Zusammenfassen von Arbeits- bzw. Prüfschritten mit allen Detailinformationen, die zum Ausführen dieser Schritte benötigt werden. Die verschiedenen Pläne werden durch Plantypen unterschieden, die in den diversen Bereichen verwendet werden.

Folgende Plantypen stehen zur Verfügung:

- **2 – Planungsrezept**
  Arbeitsplan aus der Prozessindustrie (Modul PP-PI, siehe Abschnitt 5.5)

- **A – IH-Anleitung**
  übergreifender Arbeitsplan für die Instandhaltung, inklusive der Prüfmit-

telverwaltung (Modul PM, siehe Kapitel 15, »Zeitgesteuerte Prüfung/Prüf-mittelverwaltung«)

▶ **E – Equipmentplan**
equipmentbezogener Arbeitsplan für die Instandhaltung, inklusive der Prüfmittelverwaltung (Modul PM, siehe Kapitel 15)

▶ **M – Standardlinienplan**
Vorgänge, die als Referenz in einen Linienplan eingebunden werden kön-nen (Modul PP – Serienfertigung, siehe Abschnitt 5.3)

▶ **N – Normalarbeitsplan**
Arbeitsplan aus der Produktionsplanung (Modul PP – Auftragsfertigung, siehe Abschnitt 5.4)

▶ **Q – Prüfplan**
Prüfplan für die Prüfabwicklung (Modul QM, siehe Abschnitt 5.2)

▶ **R – Linienplan**
Arbeitsplan aus der Produktionsplanung (Modul PP – Serienfertigung, siehe Abschnitt 5.4)

▶ **S – Standardplan**
Vorgänge, die als Referenz in einen Arbeits- oder Prüfplan eingebunden werden können (siehe Abschnitt 5.3)

In alle Plantypen bzw. Pläne können Sie Prüfungen integrieren, indem Sie den Vorgängen Prüfmerkmale zuordnen. Diese Prüfmerkmale können rein informativ sein, wenn Sie die Prüfungen z. B. auf die Auftragspapiere dru-cken.

Sie können aber auch bewirken, dass der nächste Arbeitsgang erst nach der erfolgreichen Rückmeldung der Prüfungen ausgeführt werden kann. Die Art des Prüfablaufs legen Sie selbst über die unterschiedlichen Ausprägungen der Prüfplanung fest.

Der grundsätzliche Aufbau eines Plans (und der verschiedenen Plantypen) ist immer identisch, auch wenn sich die Benutzeroberfläche für die Planpflege bei den Plantypen unterscheidet.

Als übergeordnetes Ordnungskriterium fungiert in allen Plantypen die Plangruppe mit einer eigenständigen Nummer, der Plangruppennummer. Sie dient dazu, Pläne logisch zusammenzufassen. Ein Plan identifiziert sich durch den Plangruppenzähler, z. B. werden alle Prüfpläne zu einem Material zusam-mengefasst.

Diese Pläne könnten z. B. sein:

▸ Prüfplan für den Wareneingang aus Produktion

▸ Prüfplan zum Wareneingang zur Bestellung, wenn beide Beschaffungs-
arten aktiv sind

▸ Prüfplan für Kundenretouren

▸ Prüfplan für die wiederkehrende Prüfung nach MHD-Ablauf

▸ lieferanten-/kundenspezifische Prüfpläne

Die am häufigsten genutzte Variante ist die, dass genau ein Plan in einer
Plangruppe enthalten ist. Die Suche eines Prüfplans erfolgt größtenteils über
die Materialnummer. Dadurch ist die Plangruppennummer meistens zweit-
rangig.

Der Prüfplan teilt sich in den Plankopf und beliebig viele Vorgänge, die an
einem Prüfplatz ausgeführt werden. Ein Vorgang wiederum enthält beliebig
viele Prüfmerkmale. Haben Sie dem Plan mehrere Materialien zugeordnet,
kann ein Prüfmerkmal auch materialspezifische Grenzwerte enthalten. Den
gesamten Aufbau werde ich schematisch und an einem Beispiel im nächsten
Abschnitt erläutern.

5.2   Prüfplan

Sie verwenden den Prüfplan, um alle Vorgaben zu einer Prüfung zusammenzufassen. Dazu stehen Ihnen alle Stammdaten zur Verfügung, die in Kapitel
3, »Grunddaten«, erklärt wurden. Abbildung 5.1 zeigt den Aufbau eines Prüfplans anhand eines Beispiels. Sie sehen hierbei, an welcher Stelle Sie die
Grunddaten zuordnen können, z. B. die Prüfmethode am Prüfmerkmal.

Flaschen als Verpackungsmaterial	[zB]

Sie sehen in Abbildung 5.1 einen schematischen Aufbau des Prüfplanes anhand
eines Beispiels. Es werden Flüssigkeiten in drei verschiedenen Flaschengrößen
abgefüllt. Die drei Flaschen unterscheiden sich nur in ihrer Größe. Demzufolge ist
auch die Prüfung identisch.

Sie legen also einen Prüfplan an und ordnen diesem die drei Flaschengrößen als
Material zu. Sie nehmen die erste Sichtprüfung direkt im Lager vor, die Laborprü-
fung ist im zweiten Vorgang enthalten. Hier sind alle zu prüfenden Merkmale aufgeführt. Da das Füllvolumen bei den drei Materialien unterschiedlich ist, sind die
unterschiedlichen Toleranzvorgaben als spezifische Merkmalsvorgaben ausgeprägt.

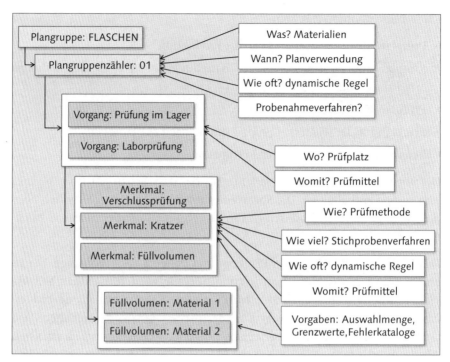

Abbildung 5.1 Prüfplan – Aufbau

5.2.1 Prüfplan anlegen

Um einen Prüfplan anzulegen, rufen Sie die Transaktion QP01/02 bzw. den Pfad LOGISTIK • QUALITÄTSMANAGEMENT • QUALITÄTSPLANUNG • PRÜFPLANUNG • PRÜFPLAN • ANLEGEN/ÄNDERN auf. Alternativ können Sie die Engineering Workbench in der Transaktion CWBQM nutzen, die in Abschnitt 5.7 erläutert wird. Neuere Funktionen aus dem Produktionslenkungsplan, der Stabilitätsstudie oder der multiplen Spezifikation sind nur in die Workbench integriert worden, sodass Sie in diesen Fällen entweder komplett oder abschließend mit der Workbench arbeiten müssen. Welchen Weg Sie nutzen, ist eine rein subjektive Entscheidung. Probieren Sie beide aus, und nutzen Sie die für Sie angenehmere Variante.

Um einen Prüfplan anzulegen, müssen Sie ein Gültigkeitsdatum wählen, zu dem der Plan angelegt wird. Dieses Datum ist wichtig für die Planzuordnung im Prüflos. Es muss sichergestellt sein, dass das Gültigkeitsdatum älter bzw. gleich dem Selektionsdatum im Prüflos ist.

Um einen Prüfplan anzulegen, wählen Sie eine dieser Alternativen (siehe Abbildung 5.2):

▶ **Sie geben Material und Werk an**

Das System vergibt die nächstfreie Plangruppennummer und ordnet das Material zu.

▶ **Sie geben Material, Werk und Plangruppe an**

Das System übernimmt die Plangruppennummer und ordnet das Material zu. Gibt es schon einen Prüfplan in der Plangruppe, wird ein neuer Plangruppenzähler vergeben.

▶ **Sie geben die Plangruppe an**

Das System übernimmt die Plangruppennummer ohne Materialzuordnung.

▶ **Sie machen keine Angaben**

Das System vergibt die nächstfreie Plangruppennummer ohne Materialzuordnung.

Abbildung 5.2 Prüfplan anlegen

Das Feld ÄNDERUNGSNUMMER wird in Abschnitt 5.9, »Änderungsdienst«, erklärt. Im Folgenden werde ich alle Elemente, die Sie in Abbildung 5.1 sehen, detailliert beschreiben.

Plankopf

Der Prüfplan besteht wie erwähnt aus Plankopf und beliebig vielen Vorgängen. Der Plankopf bestimmt, wann, was und wie oft geprüft wird.

Bei der Anlage eines Prüfplans füllen Sie zunächst die Felder im Plankopf aus (siehe Abbildung 5.3).

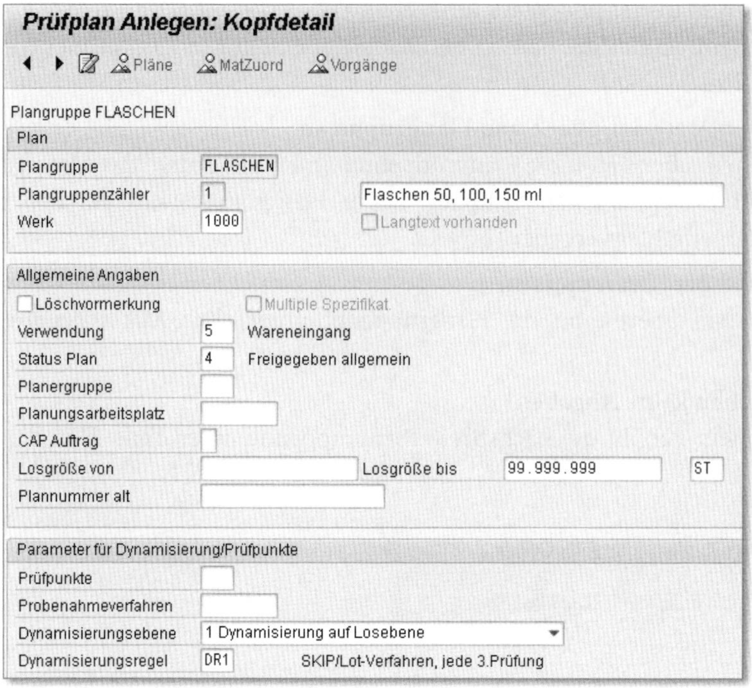

Abbildung 5.3 Prüfplan – Kopf

► **Feld »Kurztext«**

Dieser Text wird Ihnen in der Suchhilfe für Prüfpläne angezeigt, er sollte daher aussagekräftig sein. Wenn Sie im Einstiegsbild ein Material angegeben haben, schlägt das System den Materialkurztext als Bezeichnung vor (siehe das Feld neben dem Plangruppenzähler)

► **Feld »Verwendung«**

Über die Planverwendung findet die Zuordnung zur Prüfart statt. Folgende Planverwendungen sind in QM relevant und der angegebenen Prüfart im Customizing zugeordnet.

- ▷ 3 – Allgemein (Prüfart 89)
- ▷ 5 – Wareneingang (Prüfart 01, 04, 05, 07)
- ▷ 51 – WE Erstmuster (Prüfart 0101)
- ▷ 53 – WE Fremdbearbeitung (Prüfart 0130)
- ▷ 6 – Warenausgang (Prüfart 02, 06, 10, 11, 12)
- ▷ 9 – Materialprüfung (Prüfart 08, 09, 15, 16)

Diese Planverwendung können Sie im Customizing beliebig ergänzen bzw. ändern.

▶ **Feld »Status Plan«**

Nach Abschluss der Prüfplanung geben Sie den Plan über den Status frei. Sie können den Status mehrstufig setzen, um in Ruhe einen Prüfplan fertigzustellen. Das bedeutet z. B., Sie verwenden zuerst den Status ERSTELLUNGSPHASE und wenn Sie fertig sind, den Status FREIGEGEBEN. Nur freigegebene Prüfpläne werden einem Prüflos zugeordnet. Der Status ist zudem ein Berechtigungsobjekt. Mit seiner Hilfe können Sie sicherstellen, dass nur bestimmte Personen einen Prüfplan freigeben dürfen.

▶ **Feld »Losgröße von« und »Losgröße bis«**

Das System schlägt hier immer die Maximallosgröße vor. Diesen Vorschlag sollten Sie so stehen lassen, da der Inhalt der Prüfung nicht von der Losgröße abhängig ist. Wichtig ist die Mengeneinheit (letztes Feld in der Zeile). Diese muss in die Basismengeneinheit des Materials umrechenbar sein.

▶ **Feld »Plannummer alt«**

Sie können hier die Nummer eingeben, unter der dieser Plan in Ihrem bisher genutzten Q-System angelegt wurde.

▶ **Feld »Prüfpunkte«**

Möchten Sie mit Prüfpunkten oder Proben arbeiten, wählen Sie aus den vorhandenen Möglichkeiten aus. Die Arbeit mit Prüfpunkten erkläre ich in Kapitel 12, »Qualitätsmanagement in der Produktion«.

▶ **Feld »Probenahmeverfahren«**

Hier geben Sie ein Probenahmeverfahren an, wenn Sie als Prüfpunkt 200 (Prüfpunkt für physische Probe) gewählt haben.

▶ **Feld »Dynamisierungsebene«**

Sie legen fest, auf welcher Ebene Sie dynamisieren möchten:

▷ *Prüflos*: Die Prüfstufe ist abhängig von der Bewertung des Prüfloses. Damit können Sie ein Skip/Lot-Verfahren des gesamten Prüfloses abbilden.

▷ *Merkmal*: Einzelne Merkmale werden dynamisiert.

▶ **Feld »Dynamisierungsregel«**

Diese Angabe ist erforderlich, wenn Sie die Prüflosebene als Dynamisierung festgelegt haben. Die gesamte Funktion der Dynamisierung ist in Kapitel 8, »Weitere Funktionen in der Prüfabwicklung«, erläutert.

Sind alle Angaben erfolgt, können Sie über den Button 🔍 MatZuord in die Materialzuordnung wechseln, um alle Materialien, die mit diesen Vorgaben geprüft werden sollen, diesem Prüfplan zuzuordnen.

Materialzuordnung

In dem erscheinenden Pop-up (siehe Abbildung 5.4) werden die Materialien mit Angabe des Werkes dem Plangruppenzähler zugeordnet, die mit diesem Plan geprüft werden sollen.

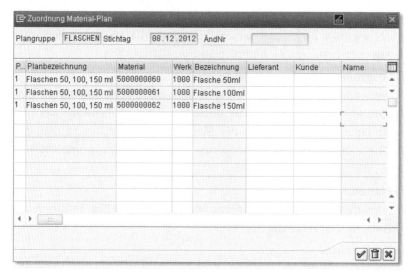

Abbildung 5.4 Prüfplan – Materialzuordnung

[+] Lieferantenspezifischer Prüfplan

Wenn Sie an dieser Stelle auch den Lieferanten angeben, haben Sie damit einen lieferantenspezifischen Prüfplan. Dieser Plan wird dem Prüflos zugeordnet, wenn beide Angaben, das Material und der Lieferant, zutreffen.

Wenn ein anderer Lieferant dieses Material liefert, muss entweder ein Prüfplan zu diesem Lieferanten oder ein Plan ohne Lieferant vorhanden sein, um die Prüfung durchführen zu können.

Möchten Sie ein Material aus diesem Prüfplan löschen, markieren Sie die entsprechende Zeile und klicken auf den Button 🗑 (Löschen). Schließen Sie die Materialzuordnung ab, indem Sie die Eingaben mit der ⏎-Taste bestätigen. Sind diese Angaben erfolgt, können die Vorgänge über den Button ⚒ Vorgänge angelegt werden.

Vorgang

Sie legen für alle Prüfungen, die an einem Arbeitsplatz durchgeführt werden, einen Vorgang an. Für die Prüfabwicklung sind im Allgemeinen nur die Angaben im Vorgang von Bedeutung (siehe Abbildung 5.5).

Prüfplan Ändern: Vorgangsübersicht

◀ ▶ 🖨 🗏 🗒 🗑 🔎 🖉 🗋 Ref. 🗒 Vorgang 👤 Prüfmerkmale 👤 FHM

Plangruppe FLASCHEN   Flaschen 50, 100, 150 ml   PlGrZ. 1
Folge   0

Vorgangsübersicht

Vor...	UVrg	Arbeitsp...	Werk	Ste...	Vorlage...	Beschreibung
0010		QS-003	1000	QM02		Prüfung im Lager
0020		QS-002	1000	QM02		Laborprüfung
0030			1000			

Abbildung 5.5 Prüfplan – Vorgang

Ich erläutere auch hier die wichtigsten Felder. Die anderen Felder werden im Modul QM nicht benötigt:

▶ **Feld »Vor...« (Vorgangsnummer)**
Das Intervall der Vorgangsnummerierung wird im Customizing eingerichtet. Standardmäßig ist dieses auf 10 eingestellt. Wenn Sie beim späteren Ändern des Prüfplans einen Vorgang zwischen dem Vorgang 0010 und 0020 platzieren möchten, wählen Sie eine Nummer, die zwischen 0010 und 0020 liegt. Das System sortiert diese beim erneuten Aufruf der Transaktion nach der Vorgangsnummer.

▶ **Feld »Arbeitsp...« (Arbeitsplatz)**
Der Arbeitsplatz ist der Prüfplatz, an dem die Prüfung erfolgt. Dieser dient der Selektion in der Ergebniserfassung bzw. der Probenaufteilung in der Probenahme. Der Arbeitsplatz ist ein Berechtigungsobjekt.

▶ **Feld »Ste...« (Steuerschlüssel)**
Über diesen Schlüssel definieren Sie, ob Sie Prüfzeiten rückmelden oder kalkulieren möchten. Das Druckkennzeichen ist dabei nur für Vorgänge im Arbeitsplan relevant. Folgende Schlüssel stehen Ihnen im Standard zur Auswahl:

▷ QM01 Prüfvorgang: Merkmale

▷ QM02 Prüfvorgang: Merkmale, drucken

▷ QM03 Prüfvorgang: Merkmale, kalkulieren

▷ QM04 Prüfvorgang: Merkmale, kalk., rückmelden

Einstellungen, die Sie vornehmen, wenn Sie die Prüfkosten erfassen möchten, erläutere ich in Kapitel 20, »Qualitätskosten«.

▶ **Feld »Beschreibung«**
Sie beschreiben den Prüfschritt als freien Text. Dieser wird in der Ergebniserfassung angezeigt.

Um zu den Prüfmerkmalen zu gelangen, markieren Sie einen Vorgang und klicken auf den Button [👤 Prüfmerkmale].

Prüfmerkmale

Sie ordnen alle Prüfmerkmale zu, die zu diesem Prüfschritt erfolgen sollen (siehe Abbildung 5.6). Auch hier haben Sie ein vorgeschlagenes Nummernintervall von 10.

Prüfplan ändern: Merkmalsübersicht

◀ ▶ 🖨 👤 FHM   Merkmale übernehmen .. 🔁 👤 Spez.Prüfmerkmalsvorgaben

| Plangruppe FLASCHEN | | Flaschen 50, 100, 150 ml | | PlGrZ 1 | | | | | | | | | |
| Vorgang | 0020 | Laborprüfung | | | | | | | | | | | |

🔲🔳 🔳🔲🔳 🔳🔳 Quan.Daten | 🔳 Katalog | 🔳 Stichprobe | Steuerkennzeichen... |

Prüfmerkmale

Me...	QN	QL	Stammp...	Werk	Version	V...	Kurztext Prüfmerkmal	Methode	We...	Version	Stichpro...	Maße...	N...	Untere Gre...	Obere Gre...	Auswahl...
10	☐	☑	F1	1000	1		Verschlußprüfung	IM-02	1000	1	SP-07					Y009
20	☐	☑	F3	1000	1		Kratzer				S221214A					
30	☑	☐	F2	1000	1		Füllvolumen				S121214A	ml	1	45,0	200,0	
40	☐	☐		1000					1000							

Abbildung 5.6 Prüfplan – Merkmal

Wenn Sie keine Stammprüfmerkmale verwenden, nutzen Sie nur das Feld KURZTEXT PRÜFMERKMAL, um das Merkmal zu spezifizieren. Sie werden aufgefordert, die Steuerkennzeichen zu setzen. Die Funktion der einzelnen Kennzeichen entnehmen Sie Kapitel 3, »Grunddaten«.

Wenn Sie ein vorhandenes Stammprüfmerkmal auswählen, ergänzen Sie nur noch die planspezifischen Daten, wie z. B.:

▸ Die Einträge in den Felder METHODE, WE... (Werk) oder VERSION sollten aus der Suchhilfe ausgewählt werden. Es werden Ihnen alle Versionen angezeigt, und Sie wählen die aktuell gültige aus.

▸ Der Eintrag im Feld STICHPRO... (Stichprobenverfahren) sollte auch aus der Suchhilfe ausgewählt werden, weil hier nur die Verfahren angeboten werden, die zu den Steuerkennzeichen des Merkmals passen.

▸ Die Auswahlmenge (Feld AUSWAHL...) ist meistens nicht planspezifisch, sodass sie aus dem Stammprüfmerkmal übernommen wird.

▸ Die Felder MASSE... (Maßeinheit) und N... (Nachkommastellen) sollten aus dem Stammprüfmerkmal übernommen und nicht überschrieben werden, damit die Ergebnisse später mit anderen Plänen verglichen werden können.

▸ Die Felder UNTERE GREN... und OBERE GREN... (untere und obere Grenze) können materialspezifisch angepasst werden.

Wenn Sie ein Stammprüfmerkmal mit dem Status REFERENZMERKMAL verwenden, können Sie die Prüfvorgaben nicht im Plan ändern, es sei denn, Sie heben die Referenz im Plan über den Button 🔓 (Entsperren) auf. Damit gehen Ihnen jedoch alle Funktionen des Referenzmerkmals verloren, die in Kapitel 3, »Grunddaten«, erläutert wurden.

Sie können die eben aufgeführten Details in der Merkmalstabelle in Abbildung 5.6 pflegen oder auch in den Detailbildern, die Sie über die Buttons über der Tabelle aufrufen können.

▶ **Detail »Allgemeine Daten« (🖾)**

Auf diesem Register sind allgemeine Informationen enthalten, wie z. B. die Felder GEWICHTUNG oder ERGEBNISDATENHERKUNFT (siehe Abbildung 5.7). Über die Ergebnisdatenherkunft werden verschiedene Funktionen gesteuert, wie z. B. die Ergebniskopie zur Übernahme von Ergebnissen aus dem Lieferantenzertifikat. Es kann dem Prüfer aber auch einfach als Information dienen, dass er die Ergebnisse aus dem Lieferantenzertifikat übernehmen soll.

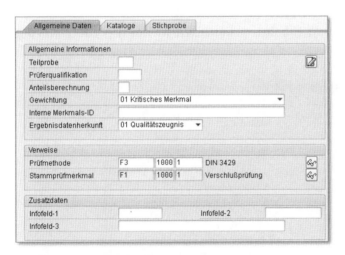

Abbildung 5.7 Merkmal – allgemeine Daten

▶ **Detail »Kataloge« (🖾 Kataloge)**

Auf dem Register KATALOGE weisen Sie die zu verwendende Auswahlmenge zu, wenn Sie mit Merkmalsausprägungen arbeiten (siehe Abbildung 5.8).

Wenn Sie mit der automatischen Fehlererfassung arbeiten, können Sie im unteren Bereich des Registers KATALOGE einen Fehlercode zuordnen, entweder im Feld ALLGEMEIN oder in den Feldern AN OBERER TOLERANZ und

AN UNTERER TOLERANZ (siehe Abbildung 5.9). Das System erstellt automatisch einen Fehler, wenn die Toleranz überschritten wurde.

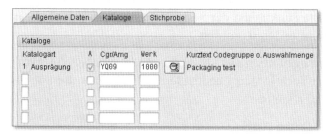

Abbildung 5.8 Merkmal – Kataloge

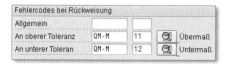

Abbildung 5.9 Merkmal – Fehlerkatalog

▸ **Detail »Quantitative Daten«** (Quan.Daten)
Dieses Register steht nur bei quantitativen Merkmalen zur Verfügung (siehe Abbildung 5.10).

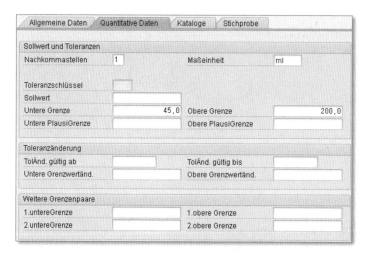

Abbildung 5.10 Merkmal – quantitative Daten

Neben den Feldern UNTERE GRENZE und OBERE GRENZE können Sie auch die Felder UNTERE PLAUSIGRENZE und OBERE PLAUSIGRENZE füllen. Gegen diese Plausibilitätsgrenzen wird bei der Ergebniserfassung geprüft, um Schreibfehler auszuschließen. Wird hier kein Eintrag vorgenommen, wird die prozentuale Abweichung aus dem Customizing der allgemeinen Werksdaten zur Plausibilitätsprüfung herangezogen. Alternativ zu den Grenzwerten können Sie auch Eingaben in den Feldern SOLLWERT und TOLERANZSCHLÜSSEL vornehmen. Toleranzschlüssel werden im Customizing zu jedem Soll-Wert hinterlegt. Es werden einige Toleranzschlüssel ausgeliefert, die der DIN-Norm entsprechen. Alle anderen Felder haben nur informativen Charakter.

▶ **Detail »Stichprobe«** (🔲 Stichprobe)
Wenn Sie in den Steuerkennzeichen zum Merkmal das Stichprobenverfahren aktiviert haben, füllen Sie im Register STICHPROBE zunächst das Feld STICHPROBENVERFAHREN (siehe Abbildung 5.11).

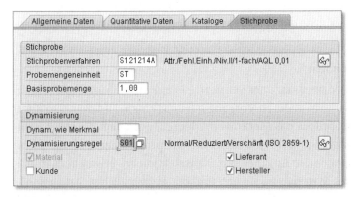

Abbildung 5.11 Merkmal – Stichprobe

Die Felder PROBEMENGENEINHEIT und BASISPROBEMENGE sind in diesen beiden Fällen wichtig:

▶ Sie prüfen zerstörend, d.h., die Probemenge bzw. das Probenstück wird nicht in den Bestand zurückgeführt. Das System soll die zu buchende Probemenge automatisch ermitteln.

▶ Sie möchten mehr Einzelwerte erfassen, als die Losmenge groß ist. Beträgt die Prüflosmenge z. B. nur ein Stück und die Basisprobemenge ist 1, können Sie nicht mehr als ein Ergebnis erfassen, da das System davon ausgeht, dass Sie ein Stück für die Prüfung benötigen. In einem solchen Fall sollten Sie als Basisprobemenge eine Teilmenge wie 0,01 nehmen, auch wenn das bei der Einheit ST (Stück) wenig sinnvoll erscheint.

Haben Sie im Plankopf als Dynamisierungsebene die Merkmalsebene ausgewählt, können Sie an dieser Stelle das Feld DYNAMISIERUNGSREGEL füllen. Die Dynamisierungskriterien werden Ihnen aus dem Customizing zur Prüflosherkunft angeboten.

[zB] **Dynamisierungskriterien**

Die Dynamisierungskriterien legen fest, anhand welcher Eigenschaften Prüfungen für die Dynamisierung zusammengefasst werden. Dynamisierungskriterien sind Schlüsselfelder für die Fortschreibung der Qualitätslage. Mit Bezug auf diese Schlüsselfelder verändert das System die Stichprobenumfänge dynamisch:

▸ Möchten Sie, dass jeder Lieferant separat dynamisiert wird, führen Sie das Skip/Lot-Verfahren pro Lieferant durch.

▸ Aufwendige Materialprüfungen sind unabhängig vom Lieferanten. Deshalb wird der Lieferant als Kriterium deaktiviert.

▸ Falls Sie mit der Herstellerabwicklung arbeiten, können Sie die Prüfstufen auf der Ebene des Herstellers führen.

Möchten Sie, dass eine Gruppe von Merkmalen immer zusammen dynamisiert wird, geben Sie das Leitmerkmal im Feld DYNAM. WIE MERKMAL an.

Merkmale übernehmen

Über den Button MERKMALE ÜBERNEHMEN… (siehe Abbildung 5.6) können Sie Merkmale aus einem anderen Vorgang oder aus einem anderen Plan übernehmen. Dazu müssen Sie das Merkmal markieren, nach dem die ausgewählten Merkmale eingefügt werden sollen. Im entsprechenden Pop-up (siehe Abbildung 5.12) geben Sie Angaben zur Planselektion an, etwa ein Material, um den Plan dieses Materials zu suchen und die Merkmale bereitzustellen.

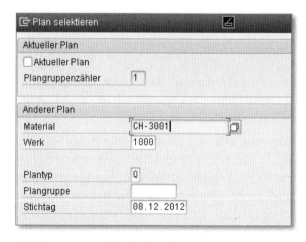

Abbildung 5.12 Merkmale übernehmen – Plan selektieren

Anschließend werden Ihnen alle Merkmale zur Übernahme angeboten (siehe Abbildung 5.13). Sie markieren die gewünschten Merkmale und bestätigen die Eingabe.

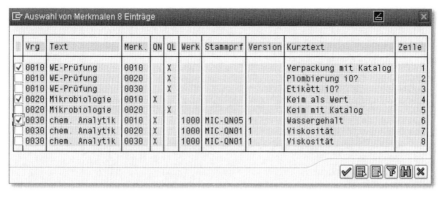

Abbildung 5.13 Merkmale übernehmen

Spezifische Merkmalsvorgaben

Sind mehrere Material-Plan-Zuordnungen vorhanden, können zu jedem Material spezifische Vorgaben hinterlegt werden. Das System prüft bei der Vorgabenzuordnung zuerst, ob spezifische Vorgaben vorhanden sind. Liegen keine spezifischen Vorgaben vor, werden die Vorgaben auf der Ebene des Prüfmerkmals herangezogen. Sie müssen also nicht zwingend zu jedem Material spezifische Vorgaben hinterlegen.

Um zu den spezifischen Vorgaben zu gelangen, klicken Sie den Button ⬚ Spez.Prüfmerkmalsvorgaben an. Neue Einträge nehmen Sie hier über die Funktion ZUORDNUNG EINFÜGEN (⬚) vor. Zur Auswahl stehen Ihnen alle Einträge aus der Materialzuordnung (siehe Abbildung 5.14).

Planzuordnungen			
Material	Materialkurztext	Werk	P...
5000000060	Flasche 50ml	1000	1
5000000061	Flasche 100ml	1000	1
5000000062	Flasche 150ml	1000	1

☞ Prüfplan ändern: Spez.Prüfmerkmalsvorgaben

Abbildung 5.14 Auswahl spezifischer Merkmalsvorgaben

Spezifische Merkmalsvorgaben zu Füllvolumen [zB]

In unserem Beispiel haben wir drei Materialien zugeordnet. Diese unterscheiden sich nur in ihrer Größe. Dementsprechend sind die Grenzwerte für das Füllvolumen unterschiedlich (siehe Abbildung 5.15).

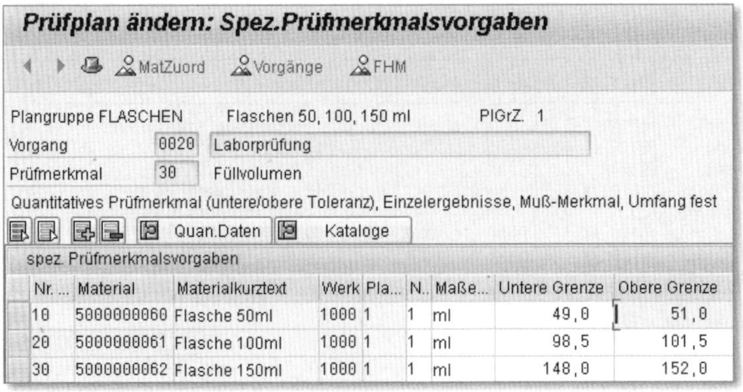

Abbildung 5.15 Spezifische Vorgaben

Prüfmittel

Prüfmittel werden dem Prüfplan zugeordnet, damit der Prüfer genau weiß, mit welchem Gerät die Prüfung durchzuführen ist. Jedem Prüfmerkmal kann genau ein Prüfmittel zugeordnet werden; jeder Prüfschritt, zu dem Sie ein Prüfmittel benötigen, kann also nur genau ein Merkmal sein. Zwischenstufen einer Prüfung, wie die Ein- oder Auswaage mit einer Analysenwaage, müssen Sie also als ein eigenständiges Prüfmerkmal anlegen. Die Prüfmittelverwaltung wird in Kapitel 15, »Zeitgesteuerte Prüfung/Prüfmittelverwaltung«, erklärt.

Wenn Sie mit einer Messmaschine prüfen, die nur einmal in Ihrem Unternehmen vorhanden ist, ordnen Sie diese direkt mit der Equipmentnummer zu. Messmittel, die austauschbar sind, wie z. B. Analysewaagen oder Messschieber, sollten entweder als Material oder Equipmentgruppe zugeordnet werden. Die korrekte Zuweisung erfolgt dann in der Ergebniserfassung.

Alle Prüfmittel, die Sie den Vorgangsmerkmalen zuordnen möchten, werden zuvor als Fertigungshilfsmittel über den Button [FHM] dem Vorgang zugeordnet. Sie können zwischen zwei Arten von Fertigungshilfsmitteln wählen:

▸ **Equipment**
   In diesen beiden Fällen wählen Sie das Equipment:
   ▸ wenn Sie genau ein Prüfmittel, z. B. eine Messmaschine, zuordnen möchten
   ▸ wenn Sie ein übergeordnetes Equipment zuordnen (Sie haben z. B. alle Messschieber als Gruppe angelegt und darunter die einzelnen Geräte zugeordnet.)

▶ **Material**

Sie wählen das Material, wenn Sie eine Gruppe von Prüfmitteln, z.B.
Messschieber, zuordnen möchten und diese Prüfmittel als Material der
Materialart Fertigungshilfsmittel angelegt haben.

Im Pop-up zur Zuordnung der Fertigungshilfsmittel geben Sie das Material an
oder wählen als FHM-Art das Equipment aus. Über den Button [Equipment]
geben Sie dieses dann ein (siehe Abbildung 5.16).

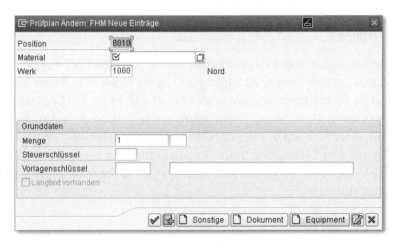

Abbildung 5.16 Zuordnung der Fertigungshilfsmittel

Alle zugeordneten Prüfmittel werden in einer Liste dargestellt (siehe Abbildung 5.17).

Abbildung 5.17 Fertigungshilfsmittel – Übersicht

Nun können Sie das Prüfmittel dem Merkmal zuordnen. Dazu rufen Sie die
Merkmalsübersicht auf und stellen sicher, dass in den Steuerkennzeichen des
Prüfmerkmals das Kennzeichen PRÜFMITTEL ZUORDNEN aktiv ist. Nun können
Sie aus der Liste der dem Vorgang zugeordneten Fertigungshilfsmittel das
gewünschte Prüfmittel aussuchen (siehe Abbildung 5.18).

Kurztext Prüfmerkmal	La...	Sp...	Stichpro...	Pr...	Basis...	Prüfmittel	Kurztext Prüfmittel
Außendurchmesser	✏	▯	S121214A	ST	1,00	10	Messchieber
	✏	▯		ST	1,00		

Abbildung 5.18 Merkmalsübersicht – Prüfmittel

Formelmerkmal

Formelmerkmale verwenden Sie, wenn Sie Berechnungen innerhalb eines Vorgangs durchführen möchten. Dazu stehen Ihnen alle Merkmale eines Vorgangs zur Verfügung.

In den Steuerkennzeichen des Prüfmerkmals, die Sie jederzeit über den Button STEUERKENNZEICHEN... (siehe Abbildung 5.6) aufrufen können, haben Sie das Merkmal als Formelmerkmal gekennzeichnet. Damit ist das Feld FORMEL in den quantitativen Daten eine Pflichteingabe (siehe Abbildung 5.19). Sie setzen das Kennzeichen FORMEL BERECHNEN, wenn das System die Eingabe der Formelparameter prüfen und in der Ergebniserfassung berechnen soll. Wenn das Kennzeichen nicht gesetzt wird, müssen Sie das Ergebnis über eine eigene Routine füllen.

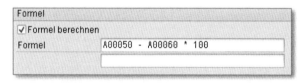

Abbildung 5.19 Formelangabe

Welche Variablen Ihnen zur Verfügung stehen, entnehmen Sie der Suchhilfe. Folgende Formelparameter werden am häufigsten verwendet:

- A0 (Messwert zum Einzelstück) bei Einzelwerterfassung
- C0 (Arithmet. Mittel der Messwerte z. Merkmal) als Mittelwert bei summarischer oder Einzelwerterfassung

Sie setzen diese Variable mit der Merkmalsnummer zusammen, z. B.:

- A00010 = Einzelwert des Merkmals 0010 aus dem Vorgang
- C00010 = Mittelwert des Merkmals 0010 aus dem Vorgang

Als Formel können Sie alle Rechenarten und Funktionen verwenden. Wenn Sie tiefer in die Berechnungsmöglichkeiten einsteigen möchten, klicken Sie auf den Link CHECK FORMULA in der ⌐F1⌐-Hilfe zum Feld FORMEL. Dort ist die Funktion detailliert beschrieben.

Sollten Sie Ihre gewünschten Anforderungen damit nicht abbilden können, können Sie die ausgelieferten Formeln jederzeit durch eigene Funktionsbausteine erweitern.

Berechnung des Trocknungsverlusts

Sie ermitteln aus der Einwaage (Merkmal 0050) und Auswaage (Merkmal 0060) den Trocknungsverlust (Merkmal 0070) als Doppelbestimmung.

Trocknungsverlust = (Einwaage – Auswaage) x 100

Die Hilfsmerkmale erhalten keine Prüfvorgaben, da hier keine Merkmalsbewertung gegen Grenzen erfolgt.

Sie stellen sicher, dass das Stichprobenverfahren bei allen drei Merkmalen identisch ist, bei diesem Beispiel *n = 2*, weil eine Doppelbestimmung durchgeführt werden soll.

Formel bei Einzelwerterfassung: *(A00050 – A00060) x 100*

Das System errechnet damit bei der Ergebniserfassung für das Merkmal 0070 aus den jeweils zwei Werten der Ein- und Auswaage auch zwei Einzelwerte Trocknungsverlust und bildet automatisch den Mittelwert.

Eingabeverarbeitung

Sie können Merkmale mit einer Eingabeverarbeitung verarbeiten. Damit haben Sie die Möglichkeit, den in der Ergebniserfassung eingegebenen Messwert nach bestimmten Regeln zu verarbeiten. Dieser Wert bleibt dabei als Originalwert erhalten. In Kapitel 7, »Prüfablauf«, finden Sie ein Beispiel.

Die Eingabeverarbeitung ist seit SAP ERP 6.0 aktiv und wurde in EHP 3 durch die Funktion 300 (Datum) erweitert. Ausgeliefert werden folgende Arten für die Eingabeverarbeitung:

▶ **100 – Eingabe wie Ausgabe**
Diese Eingabeverarbeitung können Sie verwenden, damit Messwerte mit der gleichen Anzahl von Nachkommastellen ausgegeben werden, wie eingegeben wurden. Dies ist sinnvoll, wenn z. B. ein Messgerät nur mit einer Genauigkeit von einer Nachkommastelle das Ergebnis anzeigt, in der Planung aber zwei Nachkommastellen vorgesehen sind.

▶ **200 – Ausgabe nach signifikanten Stellen**
Mit dieser Eingabeverarbeitung wird nach einer Anzahl von signifikanten Stellen gerundet.

▶ **300 – Datum**
Anstatt eines Messwertes soll ein Datum erfasst werden. Mit dieser Funktion wird der eingegebene Wert auf das richtige Datumsformat hin überprüft.

Diese Funktionen können Sie jederzeit mit eigenen Funktionsbausteinen erweitern. Ein Beispiel dazu finden Sie in Abschnitt 5.10, »Customizing«.

Sie aktivieren die Eingabeverarbeitung in den Steuerkennzeichen des Prüfmerkmals, die Sie über den Button STEUERKENNZEICHEN... aufrufen können. Mit der Aktivierung wird das Feld EINGABEVERARBEITUNG zum Pflichtfeld (siehe Abbildung 5.20).

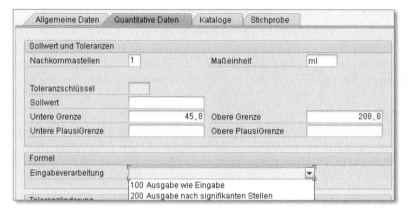

Abbildung 5.20 Eingabeverarbeitung

Prüfplan prüfen

Beim Sichern eines Prüfplans findet automatisch eine Planprüfung statt, bei der Sie das System auf Unstimmigkeiten hinweist. Die Planprüfung können Sie auch manuell über das Menü ZUSÄTZE • PLANPRÜFUNG starten. Sie erhalten dann ein Meldungsprotokoll, in dem die Fehler sortiert nach der Gewichtung aufgeführt sind (siehe Abbildung 5.21). Der Button 🖫 (Protokoll) zeigt Ihnen den Inhalt der Meldung an (siehe Abbildung 5.22).

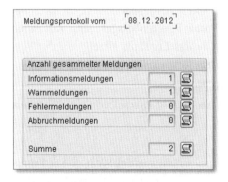

Abbildung 5.21 Meldungsprotokoll

Protokoll vom 08.12.2012

Exce	Arbeitsgebiet	M	Σ A	Zähler	P	Plangr.	P	Folge	Vrg	Meldungstext
○△○ v²	QP	212	1	1	C	FLASCH.	1	0	0010	Zum Vorgang sollten Prüfmerkmale gepflegt werden
○△○			• 1							

Abbildung 5.22 Protokolldetail

Sie erhalten *Warnmeldungen*, wenn bestimmte Funktionen nicht vollständig sind. Diese Warnmeldungen sollten Sie lesen und entsprechend reagieren. Typische Warnmeldungen sind diese:

▸ Der Steuerschlüssel verlangt Prüfmerkmale, es sind aber keine erfasst.

▸ Stammprüfmerkmale werden mehrmals in einem Plan verwendet. Das ist ein wichtiger Hinweis, da dieses Merkmal nicht auf einem Zeugnis ausgegeben werden kann.

▸ Zu einem quantitativen Merkmal wurde keine Maßeinheit erfasst.

▸ Sie haben die automatische Fehlererfassung aktiviert, jedoch keinen Fehlercode zugeordnet.

Sie erhalten *Fehlermeldungen*, wenn bestimmte Konstellationen von verwendeten Stammdaten nicht passen. Fehlermeldungen müssen Sie unbedingt korrigieren, da sie dazu führen, dass bei der Planzuordnung im Prüflos Probleme auftreten werden. Das wäre z. B. der Fall, wenn das Stichprobenverfahren nicht zu Prüfpunkten passt. Diese Situation tritt z. B. auf, wenn Sie die Kopfdaten ändern, ohne das Stichprobenverfahren anzupassen.

5.2.2 Prüfplan mit Vorlage anlegen

Möchten Sie einen vorhandenen Plan kopieren, klicken Sie im Einstiegsbild der Transaktion QP01 auf den Button `⌂ Vorlage` . Damit öffnet sich ein Popup zur Auswahl des Prüfplans. Hier können Sie Angaben machen, um den Plan zu selektieren, den Sie als Vorlage verwenden möchten (siehe Abbildung 5.23).

Das System selektiert den Plan anhand der Vorgaben und übernimmt die Felder aus der Vorlage in den neu anzulegenden Plan.

Materialzuordnung prüfen   **[!]**

Kontrollieren Sie unbedingt die Materialzuordnung in Ihrem neu angelegten Plan, da diese oft auch aus der Vorlage übernommen wird. Meistens möchten Sie aber andere Materialien mit dem neuen Prüfplan prüfen.

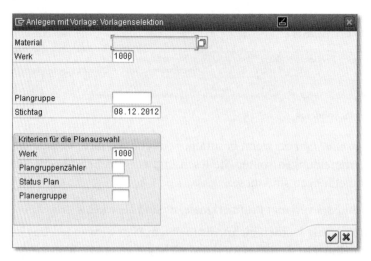

Abbildung 5.23 Anlegen mit Vorlage – Vorlagenselektion

5.2.3 Prüfplan ändern

Für die Planänderung verwenden Sie die Transaktion QP02. Unabhängig vom Status können jederzeit Änderungen an allen Feldern vorgenommen werden. Sie geben im Einstiegsmenü ein Datum im Feld STICHTAG vor, zu dem die Änderungen gültig sein sollen. Dazu können Sie ein Datum in der Zukunft wählen, um die Änderungen vorab zu planen.

5.3 Standardplan

Ein Standardplan ist ein Plan ohne Materialbezug, mit dem Sie wiederkehrende Vorgänge mit allen Merkmalen als Baustein anlegen und in einem anderen Plan referenzieren können. Änderungen an dem Standardplan wirken sich sofort auf alle Pläne aus, in denen der Standardplan als Referenz eingebunden ist.

[zB]

Standardplan für den Vorgang »Prüfung im Wareneingangslager«

Prüfungen, die sofort im Wareneingang stattfinden, wie z. B. die Prüfung auf unversehrte Verpackung oder korrekte Etiketten, werden bei jedem Prüflos stattfinden, gleichgültig, um welches Material es sich handelt. Daher kann für diesen gesamten Vorgang ein Standardplan verwendet werden.

Der Standardplan ist aus QM-Sicht analog zum beschriebenen Prüfplan aufgebaut, enthält jedoch keine Materialzuordnung. Entnehmen Sie die einzelnen Funktionen Abschnitt 5.2, »Prüfplan«. Die Komponentenzuordnung, die anstelle der Materialzuordnung im Bildschirm ersichtlich ist, ist bei der Prüfabwicklung nicht relevant.

Einen Standardplan können Sie über die Transaktion QP11/2 bzw. den Pfad Logistik • Qualitätsmanagement • Qualitätsplanung • Prüfplanung • Standardplan • Anlegen/Ändern bearbeiten.

5.3.1 Standardplan referenzieren

Ziel des Standardplans ist es, diesen als Referenz in einen anderen Plan einzubinden. Dadurch sind die Daten zu Vorgang und der Prüfmerkmale im Plan nicht änderbar, sondern werden nur angezeigt. Alle späteren Änderungen finden immer nur im Standardplan statt. Ich zeige die Funktionen der Referenz anhand eines Beispiels:

1. **Referenz anlegen**
   Um eine Referenz anzulegen, rufen Sie in der Transaktion QP02 in der Vorgangsübersicht das Menü Zusätze • Referenz • Referenz anlegen auf. Es öffnet sich das Bild zur Eingabe der Vorgangsdaten (siehe Abbildung 5.24).

Abbildung 5.24 Referenz anlegen

Hier machen Sie folgende Angaben:

▶ Im Feld Vorgang legen Sie fest, welcher Vorgang im aktuellen Plan gesetzt werden soll.

▶ Im Bereich Referenzierung geben Sie die Plangruppe des Standardplans in das Feld Plangruppe Verweis und den Plangruppenzähler in das Feld PlnGrZähler Verweis ein.

▷ Falls in dem Standardplan mehrere Vorgänge enthalten sind, werden diese in dem im Feld INTERVALL VRG vorgegebenen Intervall als Vorgansnummer in den aktuellen Plan eingefügt.

In der Vorgansübersicht wird Ihnen jetzt der Vorgang aus dem referenzierten Plan angezeigt (siehe Abbildung 5.25). Weitere Änderungen nehmen Sie jetzt immer nur im Standardplan vor.

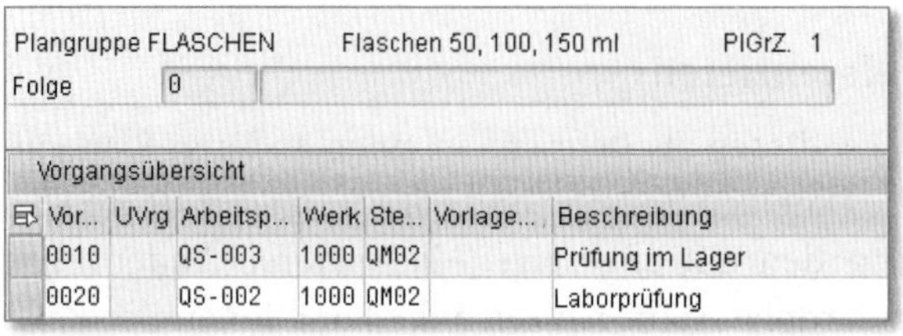

Plangruppe FLASCHEN		Flaschen 50, 100, 150 ml				PlGrZ. 1
Folge	0					

Vorgangsübersicht

Vor...	UVrg	Arbeitsp...	Werk	Ste...	Vorlage...	Beschreibung
0010		QS-003	1000	QM02		Prüfung im Lager
0020		QS-002	1000	QM02		Laborprüfung

Abbildung 5.25 Anzeige der Referenz

2. Referenz anzeigen

Wenn Sie wissen möchten, welcher Standardplan im aktuellen Prüfplan eingebunden ist, wählen Sie das Menü ZUSÄTZE • REFERENZ • ANZEIGEN.

3. Referenz aufheben

Sie können eine Referenz auch aufheben. Dadurch werden alle Vorgänge direkt in den aktuellen Plan eingebunden, und damit wirken sich Änderungen des Standardplans nicht mehr auf diesen Prüfplan aus. Um die Referenz aufzuheben, markieren Sie in der Vorgangsübersicht den referenzierten Vorgang und wählen im Menü ZUSÄTZE • REFERENZ • ENTSPERREN. Damit ist auch dieser Vorgang im Prüfplan änderbar.

5.3.2 Verwendung des Standardplans

Über die Transaktion CA90 bzw. den Pfad LOGISTIK • QUALITÄTSMANAGEMENT • QUALITÄTSPLANUNG • PRÜFPLANUNG • STANDARDPLAN • VERWENDUNGSNACHWEIS können Sie sich anzeigen lassen, in welchen Plänen die Standardpläne eingebunden sind.

5.4 Arbeitsplan/Linienplan

Der Arbeitsplan ist der Grundstammsatz der Produktionsplanung bzw. Fertigungssteuerung; der Linienplan wird in der Serienfertigung verwendet. Die QM-Funktionalität beider Pläne ist jedoch identisch, sodass der Linienplan hier nicht näher betrachtet wird.

In beide Pläne können Sie fertigungsbegleitende Prüfungen integrieren. Diese Prüfungen werden dem Prüflos der Prüfherkunft 03 bei Loseröffnung zugeordnet.

Prüfloserzeugung	[+]

Ob ein Prüflos erzeugt wird, steuern Sie nur über die Prüfeinstellungen im Materialstamm. Wenn Sie Merkmale im Arbeitsplan haben, aber die Prüfart der Herkunft 03 nicht aktiviert ist, wird kein Prüflos erzeugt!

Falls Sie umgekehrt die Prüfung aktivieren, jedoch keine Prüfmerkmale im Arbeitsplan zugeordnet haben, wird bei Auftragsfreigabe ein Prüflos ohne Merkmal angelegt.

Sie müssen sich bei der Planung überlegen, ob jeder Prüfschritt ein eigener Vorgang ist oder die Prüfungen zu einem vorhandenen Fertigungsschritt zugeordnet werden. Im letzteren Fall müssen Sie in Zusammenarbeit mit den Kollegen aus der Produktionsplanung (Modul PP) die Steuerschlüssel definieren, damit die Funktionen aus der Arbeitsplanung mit den Prüfmerkmalen zusammengefasst werden.

Wenn Sie möchten, dass der weitere Arbeitsschritt erst nach erfolgreicher Prüfung erfolgen darf, muss dieser Vorgang meilensteinrelevant sein. Sie können dafür z. B. den Steuerschlüssel PP04 verwenden (siehe Abbildung 5.26).

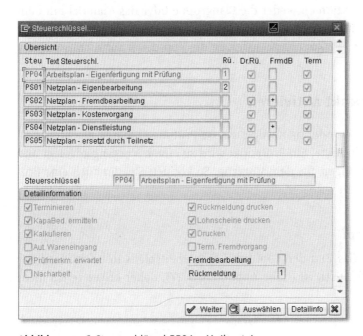

Abbildung 5.26 Steuerschlüssel PP04 – Meilenstein

Oft wird als letzter Arbeitsvorgang die Endkontrolle mit den Prüfmerkmalen erfasst. In diesem letzten Arbeitsvorgang sind dann auch die Prüfkosten als Soll-Kosten enthalten. Damit werden die Prüfkosten in den Produktkosten berücksichtigt, ohne die aufwendige Kostenerfassung zu nutzen.

[+]

> **Nutzung von Standardplänen**
>
> Um die Arbeitsplanung von der Qualitätsplanung getrennt zu halten, empfehle ich die Verwendung von Standardplänen (siehe Abschnitt 5.3). Dazu müssen Sie nur einmal die Referenz im Arbeitsplan herstellen. Jegliche weitere Änderung erfassen Sie nur noch im Standardplan und können somit die Planung des Arbeitsplans in der Arbeitsplanung getrennt von der Planung in der Qualitätsabteilung vornehmen.

Fertigungsbegleitende Prüfungen sind zumeist zeit- oder mengengesteuert: Sie machen stündlich einen Rundgang, oder Sie prüfen alle 1.000 Stück eine Stichprobe. Um dies abzubilden, verwenden Sie Prüfpunkte. Die genaue Vorgehensweise wird in Kapitel 12, »Qualitätsmanagement in der Produktion«, beschrieben, hier gehe ich nur auf die notwendigen Einstellungen im Arbeitsplan ein, wenn Sie mit Prüfpunkten arbeiten.

Einen Arbeitsplan können Sie über die Transaktion CA02 bzw. den Pfad LOGISTIK • QUALITÄTSMANAGEMENT • QUALITÄTSPLANUNG • PRÜFPLANUNG • ARBEITSPLAN • ARBEITSPLÄNE • NORMALARBEITSPLÄNE • ÄNDERN bearbeiten. Sie geben in der Selektion entweder die Plangruppe oder das Material mit dem Werk an. Falls das System nicht sofort in die Kopfdaten springt, können Sie über den Button 🔲 (Kopfdetail) jederzeit die Kopfdaten aufrufen.

5.5 Prüfpunkt aktivieren

Wenn Sie eine zeit- oder mengengesteuerte Prüfung abbilden möchten, verwenden Sie Prüfpunkte. Ein Prüfpunkt wird zu einem Vorgang angelegt und enthält alle Prüfungen aus dem Vorgang. So können Sie stündlich eine Prüfung aller Kriterien vornehmen.

5.5.1 Plankopf

Sie sehen, dass das Bild der Kopfdaten des Arbeitsplans mit dem des Prüfplans nahezu identisch ist (siehe Abbildung 5.27), daher erläutere ich nicht jedes Feld.

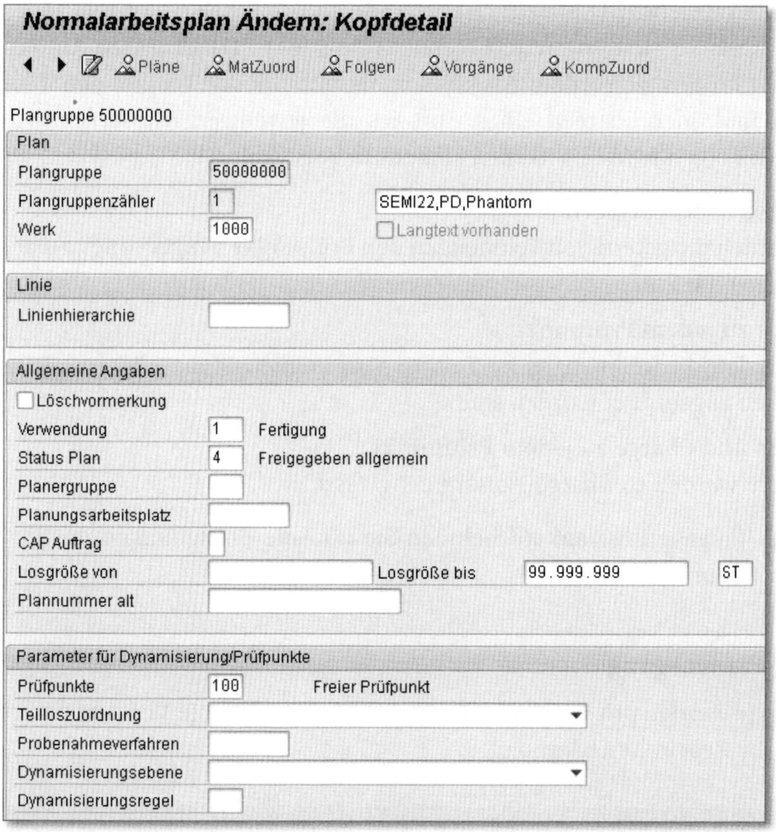

Abbildung 5.27 Normalarbeitsplan – Kopfdetail

Sie pflegen das Feld PRÜFPUNKTE und entscheiden hierbei, ob ein Prüfpunkt frei, das heißt nach Arbeitsanweisung manuell erzeugt wird, oder ob eine automatische Erzeugung der Prüfpunkte bei Loseröffnung anhand der Auftragsmenge bzw. der Durchlaufzeit stattfinden soll. Als freie Prüfpunkte stehen folgende Eingabemöglichkeiten zur Verfügung:

▶ 100 – Freier Prüfpunkt

▶ 110 – Prüfpunkt abhängig von Ereignis

▶ 120 – Prüfpunkt bezogen auf Arbeitsschicht

▶ 130 – Prüfpunkt bezogen auf Behälter

Diese Prüfpunkte unterscheiden sich in ihrer Identifikation. Wie Sie eigene Prüfpunktdefinition anlegen, erfahren Sie in Abschnitt 5.10, »Customizing«. Möchten Sie automatisch erzeugte Prüfpunkte erhalten, wählen Sie den Eintrag 150 (Generierter Prüfpunkt, Menge oder Zeit).

Neu ist für Sie vielleicht das Feld TEILLOSZUORDNUNG. Teillose sind Teile eines Prüfloses, denen Sie bestimmte Ergebnisse zuweisen. Da zu jedem Auftrag genau ein Prüflos zugeordnet ist, können Sie mithilfe der Teillose den Teilmengen und/oder Chargen eines Auftrags die jeweiligen Messergebnisse zuweisen. Folgende Möglichkeiten stehen zur Auswahl:

▶ **Teillose nicht vorgesehen**
Es werden die gefertigten Teilmengen den Prüfpunkten zugeordnet, zu denen auch die Prüfergebnisse erfasst werden.

▶ **Teillos zu jedem Prüfpunkt**
Es werden die Teilmengen zu Teillosen zusammengefasst, die den Prüfpunkten zugeordnet worden sind.

▶ **Teillos und Charge zu jedem Prüfpunkt**
Teillose werden zu Chargen zusammengefasst.

Nach der Eingabe im Plankopf nehmen Sie nun die Einstellungen im Vorgangsdetail vor.

5.5.2 Planvorgang

Prüfpunkte werden pro Vorgang erzeugt. Sie können daher je Vorgang unterschiedliche Regeln hinterlegen.

[zB]

> **Vorgänge mit unterschiedlicher Prüfpunktanzahl**
>
> Sie haben z. B. einen Vorgang für die Werkerselbstprüfung und einen weiteren für die Endkontrolle eingerichtet. Im ersten Prüfvorgang können Sie stündlich einen Prüfpunkt anlegen, während die Endkontrolle nur einmal durchgeführt wird, es also nur einen Prüfpunkt für diesen Vorgang gibt.

Im Vorgangsdetail definieren Sie die Bewertungsregel für den Prüfpunkt. Das Detailbild rufen Sie aus der Vorgangsübersicht per Doppelklick auf die gewünschte Vorgangsnummer auf. Um zu den QM-Daten zu gelangen, müssen Sie weit nach unten scrollen (siehe Abbildung 5.28).

Sie nehmen diese Einstellungen vor:

▶ **Feld »Erfassungssicht«**
Sie können die Einstellungen aus dem Customizing übersteuern, um ein anderes Register in der Ergebniserfassung als Einstieg festzulegen. Wenn Sie an dieser Stelle z. B. die Prüfung pro Serialnummer, also an einem Prüfling, vornehmen, können Sie als Start die prüflingsweise Erfassung einstellen.

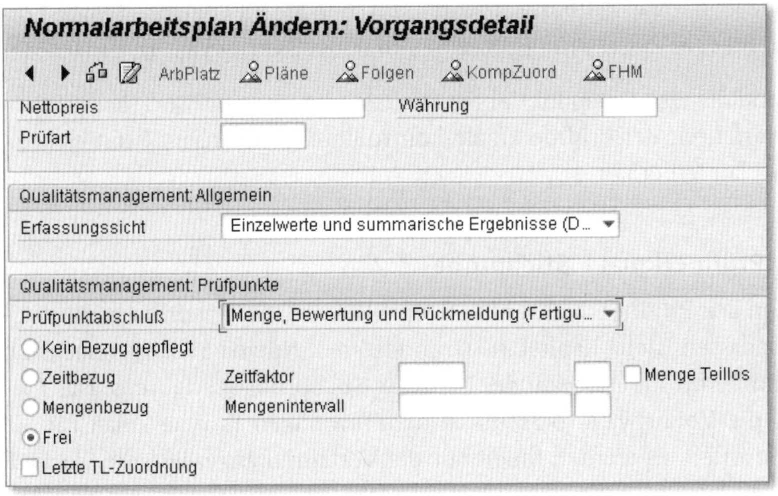

Abbildung 5.28 Vorgangsdetail

▸ **Feld »Prüfpunktabschluss«**

Mit dieser Einstellung bewirken Sie den Abschluss des Prüfpunktes in der Ergebniserfassung. Wurden alle Merkmale eines Prüfpunktes abgeschlossen, wird der gesamte Prüfpunkt abgeschlossen. Folgende Möglichkeiten stehen Ihnen dabei zur Verfügung (siehe auch Kapitel 12, »Qualitätsmanagement in der Produktion«):

▹ *Menge, Bewertung und Rückmeldung (Fertigung):* Sie müssen dem Prüfpunkt eine Menge und eine Bewertung zuordnen. Abhängig vom Steuerschlüssel des Vorgangs, wird ein Rückmeldekennzeichen (Teil-, End- oder keine Rückmeldung an den Auftrag) vorgeschlagen.

▹ *Menge, Bewertung (Fertigung):* Sie müssen dem Prüfpunkt eine Menge und eine Bewertung zuordnen. Das Rückmeldekennzeichen wird auf KEINE RÜCKMELDUNG gesetzt.

▹ *Bewertung:* Sie müssen den Prüfpunkt manuell bewerten.

▹ *Automatische Bewertung gemäß Prüfpunktdefinition:* Das Bewertungsbild des Prüfpunktes wird nach Abschluss der Prüfmerkmale nicht aufgerufen. Der Prüfpunkt wird anhand der Prüfpunktdefinition automatisch bewertet. Wird kein weiterer Prüfschritt benötigt und werden keine Mengen rückgemeldet, empfehle ich immer diese Einstellung, da sie den geringsten Aufwand bedeutet.

▸ **Feld »Prüfpunktbezug«**

Haben Sie sich im Kopfdetail für die Verwendung freier Prüfpunkte entschieden, wählen Sie auch in den Vorgangsdaten die Option FREI. Wenn Sie mit Mengen- bzw. Zeitbezug arbeiten, machen Sie hier entsprechende Vorgaben im Feld ZEITFAKTOR (z. B. 1 h) und MENGENINTERVALL (z. B. 100 ST).

Damit sind die QM-Daten im Vorgang vollständig. Jetzt müssen Sie die Stichprobenverfahren der Prüfmerkmale kontrollieren. Ansonsten kann es sein, dass der Plan fehlerhaft ist.

5.5.3 Prüfmerkmal – Stichprobe

Sie dürfen den Prüfmerkmalen nur Stichprobenverfahren zuordnen, die Prüfpunkte zulassen (siehe Kapitel 3, »Grunddaten«). Nutzen Sie am einfachsten die Suchhilfe für die Auswahl des richtigen Stichprobenverfahrens. Das System hat die Vorauswahl, passend zu dem jeweiligen Prüfmerkmal, für Sie schon getroffen. Es werden Ihnen nur die Verfahren angezeigt, die Sie auch verwenden dürfen.

5.6 Planungsrezept

Das Planungsrezept ist das Pendant zum Arbeitsplan in der Prozessindustrie. Nutzen Sie das Modul PP-PI, müssen Sie die Merkmale in das Planungsrezept einbinden. Leider steht Ihnen im Planungsrezept nicht die Funktion der Referenz eines Standardplans zur Verfügung, ansonsten sind die für QM relevanten Ebenen auch im Planungsrezept der Kopf, das Vorgangsdetail sowie die Prüfmerkmale – die Bildschirmmasken sehen jedoch etwas anders aus. Damit Sie auch hier alle Einstellungen finden, werde ich diese aufführen.

Sie rufen das Planungsrezept über die Transaktion C202 bzw. den Pfad LOGISTIK • QUALITÄTSMANAGEMENT • QUALITÄTSPLANUNG • PRÜFPLANUNG • PLANUNGSREZEPT • REZEPT UND MATERIALLISTE • ÄNDERN auf. Im Selektionsbild füllen Sie die Felder REZEPTGRUPPE (entspricht der Plangruppe) sowie MATERIAL und WERK und führen die Selektion aus. Springen Sie in der Bearbeitung des Rezepts auf das Register VORGÄNGE (siehe Abbildung 5.29), sehen Sie, dass die Arbeitsplätze im Planungsrezept Ressourcen heißen, es sich aber um dieselben Stammdatenobjekte handelt.

Um die QM-Daten im Rezeptkopf zu pflegen, wählen Sie das Register REZEPTKOPF (siehe Abbildung 5.30) und springen über den Button [Qualitätsmanagement] weiter in KOPF QUALITÄTSDATEN.

Abbildung 5.29 Planungsrezept – Register »Vorgänge«

Abbildung 5.30 Rezeptkopf

Haben Sie hier Ihre Daten gepflegt, gehen Sie wieder zurück in die Vorgangsübersicht auf dem Register VORGÄNGE, öffnen per Doppelklick auf die gewünschte Vorgangsnummer deren Detailbild und wechseln auf das Register ALLGEMEINE DATEN. Dort stehen Ihnen im Bereich QUALITÄTSMANAGEMENT Buttons zur Verfügung, mit denen Sie auf verschiedene Ebenen wechseln können (siehe Abbildung 5.31).

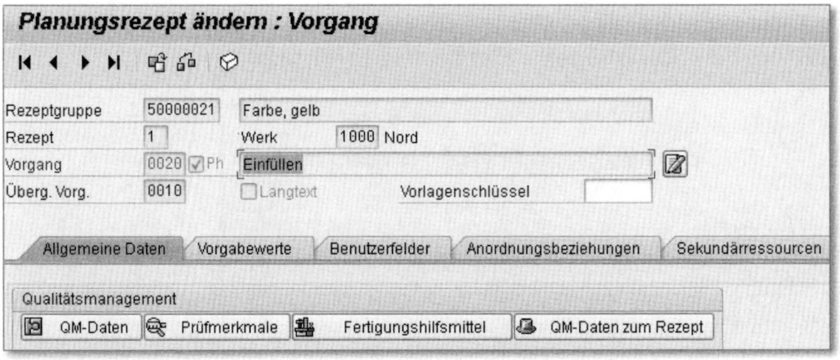

Abbildung 5.31 Vorgang – allgemeine Daten

Die Inhalte, die sich dahinter verbergen, habe ich bereits bezüglich des Prüf-bzw. Arbeitsplans erläutert.

5.7 Materialspezifikation

Materialspezifikationen, die werksübergreifend gelten, bieten auf den ersten Blick die gleichen Möglichkeiten wie ein Prüfplan. Bei genauerem Hinsehen werden Sie aber feststellen, dass ihnen wichtige Funktionen fehlen, die der Prüfplan bietet:

▸ Änderung der Steuerkennzeichen

▸ Nutzung von Planmerkmalen

▸ Zuordnung Arbeitsplatz

▸ keine Verwendung von Probenverwaltung

▸ keine Verwendung von unvollständigen Merkmalen

▸ Gruppenpläne

▸ Kopierfunktionen

Da diese Funktionen fehlen, verwende ich die Materialspezifikation nur, wenn die Vorgaben aus der Chargenklasse im Materialstamm als Prüfvorga-ben gelten sollen (siehe Kapitel 10, »Arbeit mit Chargen im Qualitätsmanage-ment«). Probieren Sie die Funktion jedoch selbst aus, vielleicht ist das Arbei-ten mit der Materialspezifikation für Sie einfacher als die Arbeit mit dem Prüfplan.

Sie rufen die Materialspezifikation über die Transaktion QS61 bzw. den Pfad Logistik • Qualitätsmanagement • Qualitätsplanung • Prüfplanung • Materialspezifikation • Bearbeiten auf und wählen über die Suchhilfe die gewünschten Stammprüfmerkmale aus (siehe Abbildung 5.32).

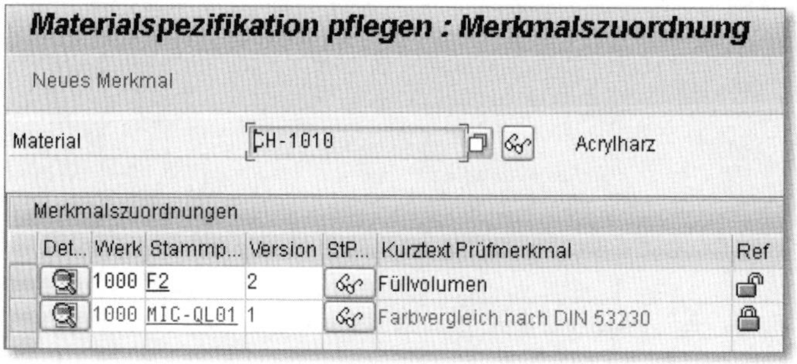

Materialspezifikation pflegen : Merkmalszuordnung

Neues Merkmal

Material   CH-1010   Acrylharz

Merkmalszuordnungen

Det...	Werk	Stammp...	Version	StP...	Kurztext Prüfmerkmal	Ref
🔍	1000	F2	2		Füllvolumen	
🔍	1000	MIC-QL01	1		Farbvergleich nach DIN 53230	🔒

Abbildung 5.32 Materialspezifikation

Nach Bestätigung der Eingabe öffnet sich ein Pop-up, um das Merkmal entsprechend den Steuerkennzeichen zu vervollständigen. Sie können dieses Pop-up auch jederzeit über den Button ▣ (Detail) aufrufen (siehe Abbildung 5.33). Sie pflegen hier Folgendes:

▶ bei einem qualitativem Merkmal das Feld CODEGRUPPE/AUSWAHLM.

▶ bei einem quantitativen Merkmal die Felder NACHKOMMASTELLEN, MASSEINHEIT, UNTERE und OBERE GRENZE. Diese Felder sind in der Abbildung nicht zu sehen, da es sich bei diesem Beispiel um ein qualitatives Merkmal handelt.

▶ die Felder STICHPROBENVERFAHREN und DATENHERKUNFT

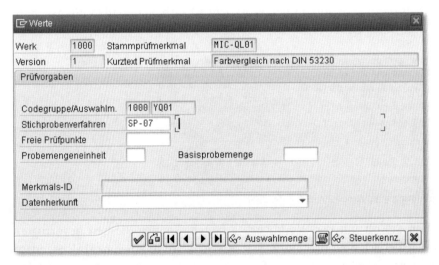

Abbildung 5.33 Detail zu qualitativem Merkmal

Wenn Sie sich für die Arbeit mit Materialspezifikationen entscheiden, denken Sie daran, dass Sie in den Prüfeinstellungen zum Material das Kennzeichen PRÜFEN MIT MATERIALSPEZIFIKATION setzen.

5.8 Engineering Workbench

Die Engineering Workbench bietet Ihnen die Möglichkeit, Prüf- und Standardpläne anzulegen und zu bearbeiten. Hier können Sie gleichzeitig mehrere Pläne bearbeiten und auch Massenänderungen durchführen.

Bestimmte Funktionen sind nur über diese Workbench aktivierbar. Diese sind in den jeweiligen Kapiteln näher beschrieben:

- *Produktionslenkungsplan*: Definition der Lenkungsmethoden (siehe Kapitel 21)
- *Stabilitätsstudie*: Zuordnung der Wartungsstrategie und -pakete (siehe Kapitel 16)
- *Multiple Spezifikation*: Pflege der Prüfvorgaben (siehe Kapitel 8)

Sie können die Workbench aber auch einfach als Informationsquelle nutzen, um sich die vorhandenen Pläne als Liste anzeigen zu lassen.

Sie rufen die Workbench über die Transaktion CWBQM bzw. den Pfad Logistik • Qualitätsmanagement • Qualitätsplanung • Prüfplanung • Prüfplan • Workbench auf und wählen im Pop-up einen Arbeitsbereich aus (siehe Abbildung 5.34). Dieser Arbeitsbereich wird im Customizing definiert und enthält die Inhalte, die in der Workbench bearbeitet werden können, z. B. Q_TSK_000000000010.

Abbildung 5.34 Arbeitsbereich auswählen

Wenn Sie oft mit der Workbench arbeiten, können Sie den bevorzugten Arbeitsbereich über den Button [⬆≣] (Als Standard übernehmen) als Standard festlegen. Dann wird dieser sofort vorgeblendet, wenn Sie die Transaktion aufrufen.

Wenn Sie die Workbench auch für die Pflege der Prüfmerkmale in Arbeitsplänen nutzen möchten, verwenden Sie die Transaktion CEWB. Sie müssen jedoch einen Arbeitsbereich im Customizing definieren, der auch die Bearbeitung der Prüfmerkmale beinhaltet (siehe Abschnitt 5.10, »Customizing«). Dieser Arbeitsbereich wird nicht ausgeliefert.

Selektion

Auch in der Workbench nehmen Sie Änderungen zu dem Gültigkeitsdatum vor, das Sie im Bereich Bearbeitung mit eingeben (siehe Abbildungen 5.35 und 5.36). Falls Sie den Änderungsdienst aktiviert haben, geben Sie die Änderungsnummer an dieser Stelle neben dem Datum an.

Um die Pläne zu selektieren, stehen Ihnen zwei Methoden zur Verfügung, zwischen denen Sie über die Buttons in der Mitte des Bildschirms wechseln können:

▶ **Button »Einfache Selektionskriterien«** (siehe Abbildung 5.35)
Bereitstellung der Pläne nach Material und Plannummer

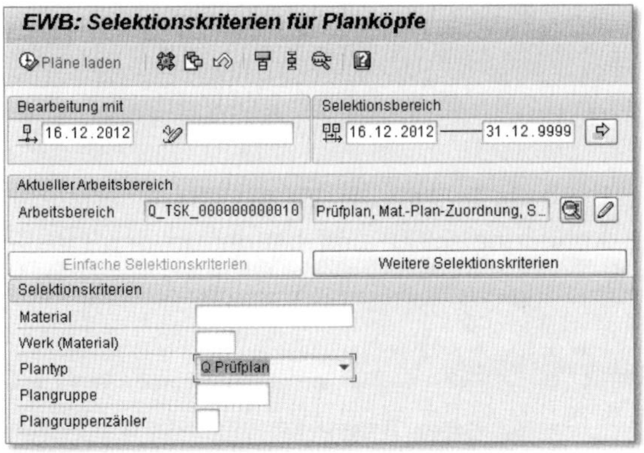

Abbildung 5.35 Workbench – einfache Selektion

▶ **Button »Weitere Selektionskriterien«** (siehe Abbildung 5.36)
Sie können Pläne bereitstellen, die bestimmte Inhalte enthalten. Dazu stehen Ihnen verschiedene Register zur Verfügung.

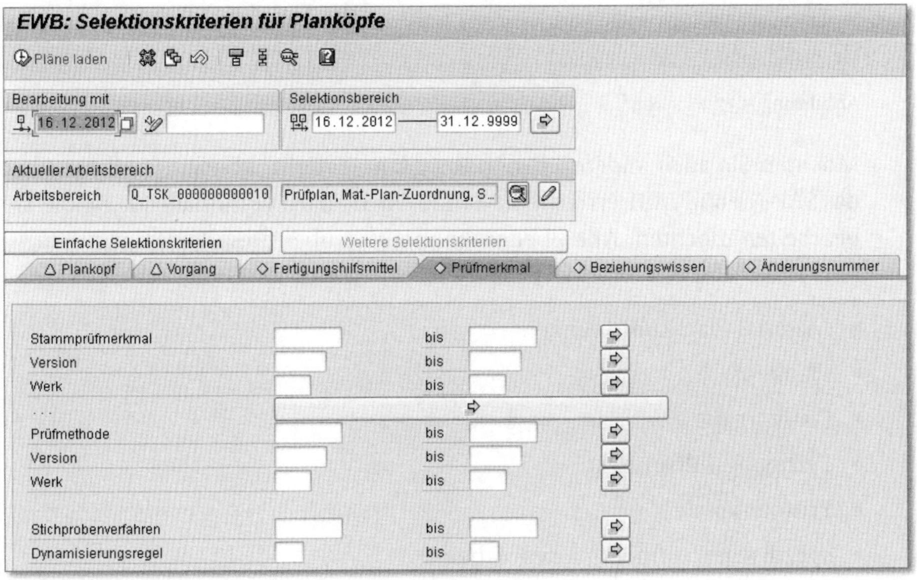

Abbildung 5.36 Workbench – weitere Selektionskriterien

Wenn Sie die Selektion ausführen, gelangen Sie abhängig vom ausgewählten Arbeitsbereich entweder zu den Planköpfen oder den Planvorgängen.

[+]

Prüfpläne suchen, die ein bestimmtes Merkmal enthalten

Möchten Sie sich alle Prüfpläne anzeigen lassen, die das Merkmal enthalten, geben Sie das entsprechende Merkmal auf dem Register PRÜFMERKMAL ein. Ihnen werden dabei aber auch alle anderen Merkmale angezeigt, die in diesen Plänen enthalten sind!

Planebenen bearbeiten

Sie sehen auf der Ebene Plankopf alle Inhalte des Plankopfes, unterteilt in verschiedene Register (siehe Abbildung 5.37), und können in der Tabelle direkt Änderungen vornehmen.

S...	Plangru...	P...	Kurztext Plan	L...	Losgröße von	Losgröße bis	M...
🔒	1	1	Lösungsmittel (Qualität A)	✏		99.999.999	KG
🔒	2	1	Test Rohstoff Qualitätsprüfung		0	99.999.999	KG
🔒	3	1	Test	✏		99.999.999	KG
🔒	FLASCHEN	1	Flaschen 50, 100, 150 ml	✏		99.999.999	ST
🔒	IP-006	1	Prüfplan für SAPcolor	✏		99.999.999	KG
🔒	IP-007	1	Prüfplan für SAPulat		0	99.999.999	KG
🔒	IP-008	1	Prüfplan für Kuppelprodukt	✏		99.999.999	KG
🔒	IP-009	1	Prüfplan für SAPcolor	✏		99.999.999	KG
🔒	IP-010	1	Prüfplan für abschliessende QM-Prüfung	✏		99.999.999	KG
🔒	IP-011	1	Retouren	✏		99.999.999	KG
🔒	STABI	1	Stabi	✏		99.999.999	KG
🔒	TEST	1		✏		99.999.999	KG

Abbildung 5.37 Plankopf

Möchten Sie auch andere Ebenen der Pläne ändern, können Sie diese über das SAP-Menü PLÄNE erreichen. Markieren Sie dazu vorher alle Pläne, die Sie bearbeiten möchten. Alle Ebenen können Sie über diese Funktionen aufrufen:

- Material-Plan-Zuordnungen
- Plankopf
- Planvorgang
- Fertigungshilfsmittel
- Prüfmerkmale
- spezifische Prüfmerkmalsvorgaben
- Wartungspakete

Drucken

Sie können alle Ebenen der Prüfpläne in Listform drucken. Dazu rufen Sie das Menü auf, z. B. über PLANKOPF • DRUCKEN, VORGANG • DRUCKEN – je nachdem, wo Sie sich gerade befinden. Sie erhalten die Liste so, wie Sie sie eingerichtet haben (siehe Abbildung 5.38). Es stehen die bekannten Funktionen zur Verfügung, um die Liste anzupassen.

EWB: Druckvorschau Vorgänge

P	P	Plangruppe	Gültig ab	Vrg	Steu	Kurztext Vorgang
1	Q	1	24.02.2010	0010	QM01	Prüfung Rohstoffe
1	Q	2	25.01.2011	0010	QM02	WE-Prüfung
1	Q	2	25.01.2011	0020	QM02	Mikrobiologie
1	Q	2	25.01.2011	0030	QM02	chem. Analytik
1	Q	3	17.10.2011	0010	QM02	WE-Prüfung
1	Q	3	17.10.2011	0020	QM02	Mikrobiologie
1	Q	3	17.10.2011	0030	QM02	chem. Analytik
1	Q	FLASCHEN	08.12.2012	0010	QM02	Prüfung im Lager

Abbildung 5.38 Druckvorschau zu Vorgängen

Sie können den Plan auch in Microsoft Word ausgeben, wenn Sie sich im Bereich PLANKOPF befinden. Dazu wählen Sie im Menü ZUSÄTZE • OPTIONEN das Register DRUCKEN aus (siehe Abbildung 5.39). Voraussetzung dafür ist, dass Sie im Customizing eine Vorlage angelegt haben, die Sie in das Feld VORLAGE ARBEITSANW. eingeben.

Abbildung 5.39 Einstellung zum Drucken

Wenn Sie diese Funktion nutzen möchten, beachten Sie die Dokumentation zu den Microsoft Word-Einstellungen im Customizing unter dem Pfad QUALITÄTSMANAGEMENT • QUALITÄTSPLANUNG • ENGINEERING WORKBENCH • DRUCKLAYOUT FÜR MS WORD FESTLEGEN.

Massenänderung

Sie können in allen Prüfplanbereichen in der Workbench Felder für ausgewählte Zeilen in einer Massenänderung verändern.

Felder, die in Abhängigkeit zu anderen Feldern stehen, können über diese Funktion nicht bearbeitet werden – wenn Sie z. B. das SPC-Kriterium setzen möchten, muss auch das Stichprobenverfahren angepasst werden. Daher ist die einfache Massenänderung nicht möglich. Für diese Felder ist es nur möglich, alle Änderungen direkt in der Tabelle vorzunehmen. Durch vorhergehendes Sortieren der Zeilen können Sie auch diese Änderungen relativ schnell umsetzen.

Um die Massenänderung durchzuführen, markieren Sie alle Zeilen und anschließend die Spalte, deren Inhalt geändert werden soll, und wählen im Menü ZUSÄTZE • MASSENÄNDERUNG. Im folgenden Pop-up geben Sie den neuen Spalteninhalt ein und bestätigen die Übernahme.

[zB]

Massenänderung

Der Steuerschlüssel soll in allen Vorgängen auf QM02 geändert werden. Sie wählen den Bereich der Planvorgänge aus und markieren alle Vorgänge mit dem Button ▦ (alle markieren) sowie die Spalte STEUERSCHLÜSSEL, indem Sie darauf klicken (siehe Abbildung 5.40).

Wenn Sie das Menü ZUSÄTZE • MASSENÄNDERUNG aufrufen, geben Sie im Pop-up den neuen Steuerschlüssel QM02 ein (siehe Abbildung 5.41). Mit dem Button ⊕ (Ausführen) übernehmen Sie alle Änderungen.

⚙ Vorgänge allgemein	Bearbeitungszeiten	Übergangszeiten	Steuerdaten	Zus

▦	S...	Plangru...	P...	H...	Vor...	Arbeitsp...	Werk	Ste...	Kurztext Vorgang
🔒		1	1	⚙	0010		1000	QM01	Ü fung Rohstoffe
🔒		IP-006	1	⚙	0010	RES-0310	1000	QM01	Prüfung Halbware
🔒		IP-007	1	⚙	0010	RES-0310	1000	QM01	Prüfung Halbware neu
🔒		IP-008	1	⚙	0010	RES-0300	1000	QM01	Wirkstoffabwicklung
🔒		IP-009	1	⚙	0010	RES-0310	1000	QM01	Wiederkehrende Prüfung

Abbildung 5.40 Massenänderung – Steuerschlüssel

🖉 EWB: Massenänderung Vorgänge
✓ Vorgänge

Steuerschlüssel	Neuer Wert		
	☐ Ersetze nur		

Abbildung 5.41 Massenänderung – neuer Inhalt

Wie Sie in Abbildung 5.41 sehen, können Sie auch nur den Inhalt eines bestimmten Wertes ändern. Wenn Sie nur den Steuerschlüssel QM01 durch QM02 ersetzen möchten – QM04 soll dabei unberührt bleiben –, markieren Sie das Feld ERSETZE NUR und geben im Feld daneben »QM01« ein.

5.9 Allgemeine Funktionen zum Prüfplan

Rund um den Prüfplan stehen verschiedene Funktionen zur Verfügung, die Ihnen die Arbeit erleichtern. Einige davon möchte ich vorstellen.

5.9.1 Ausdruck

Um einen Prüfplan zu drucken, steht Ihnen neben der schon beschriebenen Möglichkeit in der Workbench auch die Transaktion QP05/QP08 bzw. der Pfad Logistik • QUALITÄTSMANAGEMENT • QUALITÄTSPLANUNG • PRÜFPLANUNG • PRÜFPLAN • DRUCKEN zur Verfügung. Nach der Selektion erhalten Sie die Druckliste aus Abbildung 5.42. Diese Liste ist eine ABAP-Liste, die nicht angepasst werden kann.

```
Druckliste Plan

Druckliste Plan

Plantyp Q :   Prüfplan                                              FLASCHEN

Plangr.  FLASCHEN            PlGrZ. 1     Flaschen 50, 100, 150 ml
         LGr. von                  0     LGr. bis      99.999.999    ST
         Verwendung 5                    Status   4

 Vorgang     0010  ArbPlatz     QS-003
                   SteuSchl.    QM02       Prüfung im Lager
                   Rüstzeit        0           Maschine             0
 Vorgang     0020  ArbPlatz     QS-002
                   SteuSchl.    QM02       Laborprüfung
                                   0                                0

Merknr   QL QN Stver   Methode. Stprfmk. Kurzbeschreibung
Material           Lieferant   Kunde      Stl Einh
       AW-Mng./Sollwert       Tol.unt.  Toleranz oben...

0010     X    SP-07   F3       F1       Verschlußprüfung
         YQ09
0020     X    S221214A         F3       Kratzer
0030        X S121214A         F2       Füllvolumen
                                             1    ml
                               45,0          200,0
```

Abbildung 5.42 Druckliste zu Prüfplan

Eine andere Möglichkeit des Ausdrucks ist die Objektübersicht in der Prüfplanpflege von Transaktion QP02. Dazu wählen Sie im Pop-up, das Sie über das Menü SPRINGEN • OBJEKTÜBERSICHT aufrufen, eine im Customizing definierte Übersichtsvariante aus. Danach erhalten Sie eine druckbare Planübersicht (siehe Abbildung 5.43). In den Übersichtsvarianten können Sie im Customizing die für Sie wichtigen Inhalte zuordnen. Für jede Ebene steht Ihnen hierbei eine Zeile zur Verfügung.

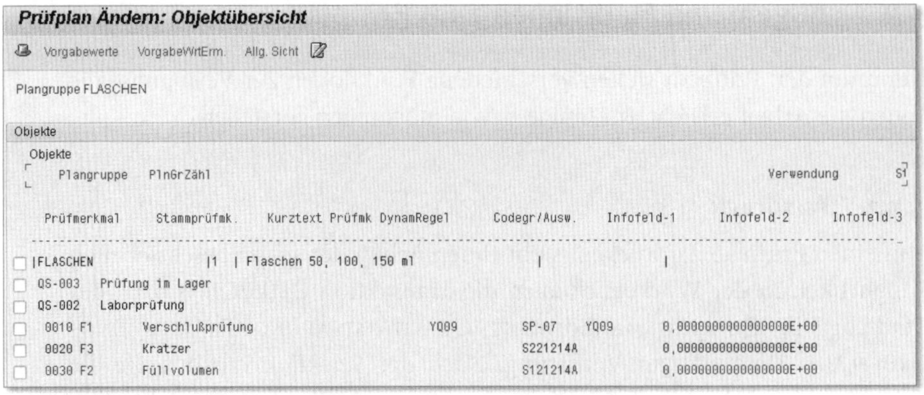

Prüfplan Ändern: Objektübersicht

Vorgabewerte   VorgabeWrtErm.   Allg. Sicht

Plangruppe FLASCHEN

Objekte

```
Objekte
  Plangruppe    PlnGrZähl                                           Verwendung        St
  Prüfmerkmal   Stammprüfmk.  Kurztext Prüfmk DynamRegel  Codegr/Ausw.  Infofeld-1    Infofeld-2    Infofeld-3
----------------------------------------------------------------------------------------------------------------
□ |FLASCHEN             |1 | Flaschen 50, 100, 150 ml           |             |
□ QS-003  Prüfung im Lager
□ QS-002  Laborprüfung
□ 0010 F1           Verschlußprüfung           YQ09    SP-07  YQ09   0,0000000000000000E+00
□ 0020 F3           Kratzer                            S221214A      0,0000000000000000E+00
□ 0030 F2           Füllvolumen                        S121214A      0,0000000000000000E+00
```

Abbildung 5.43 Objektübersicht

5.9.2 Änderungsbeleg

Sämtliche Änderungen, die an einem Plan vorgenommen wurden, können Sie sich in der Transaktion QP61 bzw. über den Pfad QM • QUALITÄTSPLANUNG • PRÜFPLANUNG • PRÜFPLAN • ÄNDERUNGSBELEGE anzeigen lassen. Sie wählen in der Selektion die Prüfplangruppe, die Sie auswerten möchten, den zu betrachtenden Zeitraum sowie die auszuwertenden Objekte und starten die Selektion (siehe Abbildung 5.44).

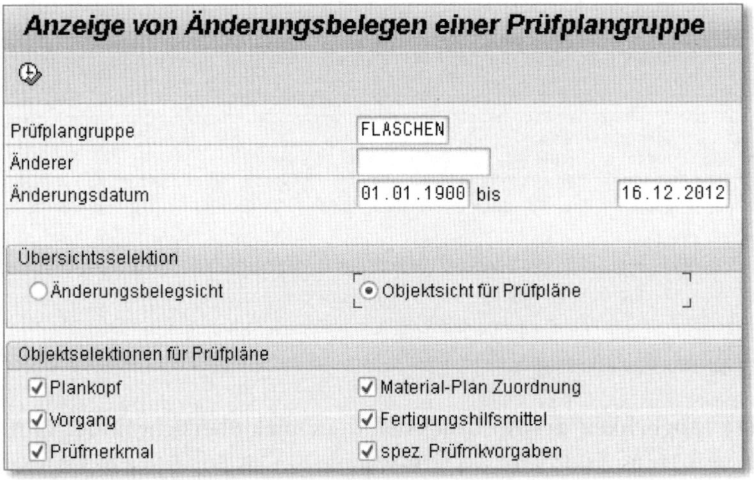

Anzeige von Änderungsbelegen einer Prüfplangruppe

Prüfplangruppe	FLASCHEN	
Änderer		
Änderungsdatum	01.01.1900 bis	16.12.2012

Übersichtsselektion

○ Änderungsbelegsicht   ⦿ Objektsicht für Prüfpläne

Objektselektionen für Prüfpläne

☑ Plankopf   ☑ Material-Plan Zuordnung
☑ Vorgang   ☑ Fertigungshilfsmittel
☑ Prüfmerkmal   ☑ spez. Prüfmkvorgaben

Abbildung 5.44 Änderungsbelege selektieren

Nach der Selektion werden Ihnen alle Änderungen in einer Liste angezeigt (siehe Abbildung 5.45).

| Plantyp | Q | | | | | | | | | |
| Plangruppe | FLASCHEN | | | | | | | | | |

Werk	Objekt	Position	Kurztext	Gültig Ab	Aktion	Änd.datum	Änderer	geändertes Objekt	Alter Wert	Neuer Wert
1000	Kopf		Flaschen 50, 100, 150 ml	08.12.2012	Angelegt	08.12.2012	YLZ			
	Materialzuordnung	5000000060	Flasche 50ml	08.12.2012	Angelegt	08.12.2012	YLZ			
	Materialzuordnung	5000000061	Flasche 100ml	08.12.2012	Angelegt	08.12.2012	YLZ			
	Materialzuordnung	5000000062	Flasche 150ml	08.12.2012	Angelegt	08.12.2012	YLZ			
	Vorgang	0010	Prüfung im Lager	08.12.2012	Angelegt	08.12.2012	YLZ			
	Vorgang	0020	Laborprüfung	08.12.2012	Angelegt	08.12.2012	YLZ			
	Prüfmerkmal	0020 - 0010	Verschlußprüfung	08.12.2012	Angelegt	08.12.2012	YLZ			
	Prüfmerkmal	0020 - 0020	Kratzer	08.12.2012	Angelegt	08.12.2012	YLZ			
	Prüfmerkmal	0020 - 0030	Füllvolumen	08.12.2012	Angelegt	08.12.2012	YLZ			
	Prüfmerkmal	0020 - 0030	Füllvolumen	08.12.2012	Geändert	16.12.2012	YLZ	Untere Toleranzgrenze	4,5000000000000E+01	5,0000000000000E+01

Abbildung 5.45 Liste der Änderungen

5.9.3 Fehlender Prüfplan

Sie haben in der Massenpflege der Prüfeinstellung viele Materialien für bestimmte Prüfungen aktiviert und möchten nun wissen, ob auch zu jedem Material ein Prüfplan vorhanden ist. Dazu wählen Sie die Transaktion QP06 bzw. den Pfad LOGISTIK • QUALITÄTSMANAGEMENT • QUALITÄTSPLANUNG • PRÜFPLANUNG • PRÜFPLAN • FEHLENDE ODER NICHT VERWENDBARE PRÜFPLÄNE. Sie geben in der Eingabemaske die gewünschten Materialien bzw. die Prüfart ein und führen die Selektion aus.

Das System wertet die Prüfeinstellungen der Materialien aus, die einen Prüfplan erfordern, und zeigt Ihnen in einer Liste alle Materialen ohne Prüfplan mit Angabe der Prüfart an (siehe Abbildung 5.46).

Fehlende/nicht verwendbare Prüfpläne zu Materialien

  Material   Prüfplan

```
Material          Werk Materialkurztext
Prüfart  Planverwendung Fehler bei Prüfplansuche

CH-1010           1000 Acrylharz
01       5             Kein Prüfplan vorhanden

CH-1020           1000 Additiv BG99
01       5             Kein Prüfplan vorhanden

CH-1410           1000 Ethylen Gas, C2H4
01       5             Kein Prüfplan vorhanden

CH-1440           1000 Pigment, blau
01       5             Kein Prüfplan vorhanden

R120              1000 RAW120,PD,Qualitätsprüfung
01       5             Kein Prüfplan vorhanden
```

Abbildung 5.46 Fehlende Prüfpläne

In der Transaktion QP07 (Fehlende oder nicht verwendbare Prüfpläne) werden die Materialien ausgewertet, zu denen bereits eine Bestellung ausgelöst wurde (siehe Abbildung 5.47).

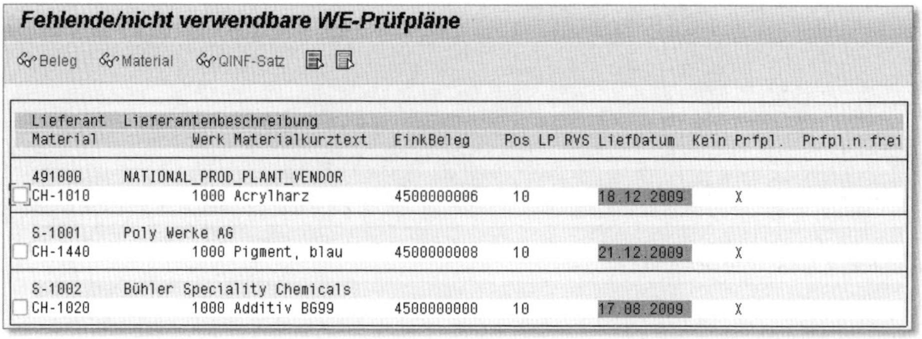

Abbildung 5.47 Fehlende Prüfpläne in der Beschaffung

5.10 Änderungsdienst

Möchten Sie Änderungen an Stammdatenobjekten planen und mit Angabe eines Grundes ändern, verwenden Sie den Änderungsdienst. (Im Genehmigungsprozess können Sie hierzu auch digitale Signaturen verwenden.)

Um eine Änderung zu beantragen, legen Sie eine Änderungsnummer mit Angabe eines Grundes an und ordnen dieser alle zu ändernden Objekte zu. Bei jeder Änderung der Stammdatenobjekte geben Sie die Änderungsnummer an. Damit sind alle Änderungen zu einer Nummer zusammengefasst und werden zum selben Tag gültig.

[+] **Änderung der Spezifikation oder Zeichnung**

Sie nehmen eine Änderung an einer Spezifikation bzw. an einer Zeichnung vor. Diese Änderung hat Auswirkungen auf die Stückliste, auf den Arbeitsplan und auf den Prüfplan. Sie möchten jedoch sicherstellen, dass der Prüfplan erst aktiv wird, wenn mit dem neuen Arbeitsplan gearbeitet wird. Dies ermöglicht der Änderungsdienst. Wenn Sie all diese Objekte in einer Änderungsnummer bearbeiten, werden diese alle zu einem Stichtag aktiv.

Änderungsnummer anlegen

Um eine Änderungsnummer anzulegen, rufen Sie die Transaktion CC01 bzw. den Pfad ANWENDUNGSÜBERGREIFENDE KOMPONENTEN • ÄNDERUNGSDIENST • ÄNDERUNGSNUMMER • ANLEGEN auf, behalten die Voreinstellung der Optionen ÄNDERUNGSSTAMM und OHNE FREIGABESCHLÜSSEL bei und bestätigen die Eingabe (siehe Abbildung 5.48).

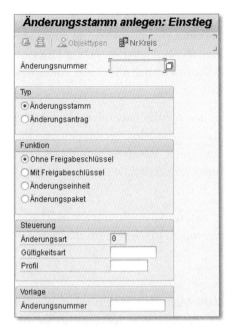

Abbildung 5.48 Änderungsnummer anlegen

In der nächsten Ansicht (siehe Abbildung 5.49) geben Sie eine Bezeichnung im Feld ÄNDERUNGSNUMMER ein. Wenn Sie ein externes System für diese Stammdatenänderungen nutzen, könnten Sie hier die Nummer als Referenz verwenden.

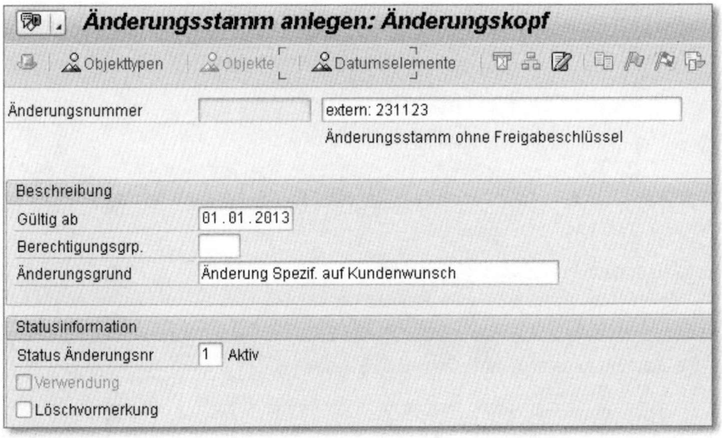

Abbildung 5.49 Änderungskopf

Darüber hinaus geben Sie das Datum im Feld GÜLTIG AB ein, an dem die Änderungen gültig sein sollen, und füllen das Feld ÄNDERUNGSGRUND. Mit dem

Feld STATUS ÄNDERUNGSNR können Sie verschiedene Stufen Ihres Freigabe-verfahrens abbilden: Beim Anlegen verwenden Sie beispielsweise einen Status, der die Änderungen noch nicht aktiviert. Nur eine berechtigte Person darf den Status nach Prüfung aller im Zusammenhang mit dieser Änderung bearbeiteten Stammdatenobjekte auf AKTIV setzen.

Haben Sie die Kopfdaten ausgefüllt, rufen Sie die Übersicht der Objekttypen über den Button [⚖ Objekttypen] auf. Hier aktivieren Sie alle Objekttypen, die mit der Änderungsnummer bearbeitet werden sollen. Wenn Sie nun einen Prüf-plan ändern, geben Sie im Einstiegsbild der Transaktion QP02 bzw. CWBQM die Änderungsnummer mit an.

Damit alle Planänderungen konsequent mit Änderungsnummer bearbeitet werden, sollten Sie die Felder im Customizing zu Pflichtfeldern machen.

Änderungen verfolgen

Sie können nun alle SAP-Objekte, wie z.B. Material oder Prüfplan, die mit einer Änderungsnummer vorgenommen wurden, verfolgen, wenn Sie die Transaktion CC03 oder die Änderungsbelege im Informationssystem in der Transkation CC07 aufrufen (siehe Abbildung 5.50).

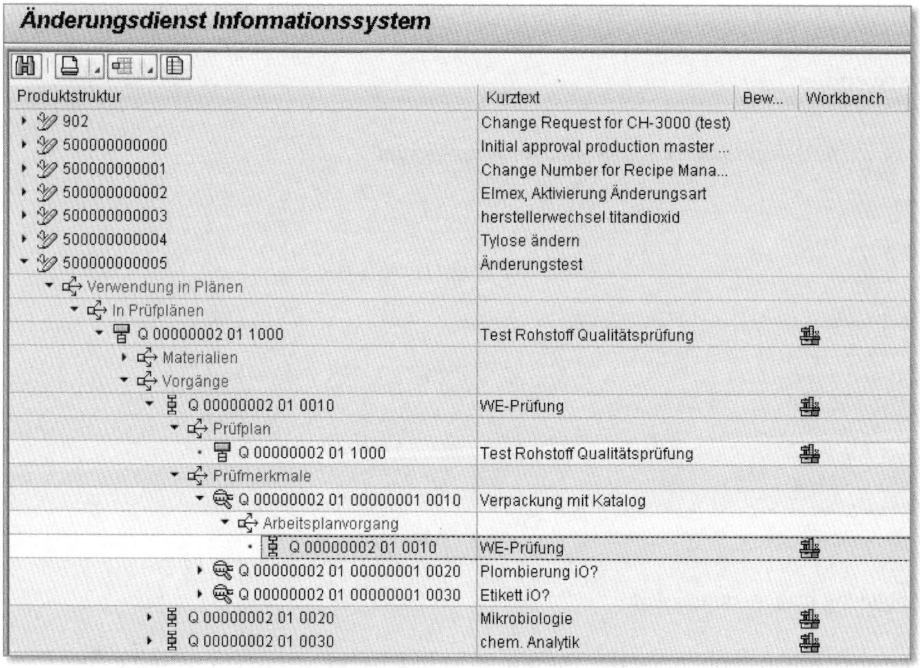

Abbildung 5.50 Auswertung der Änderungen

5.11 Customizing

Um mit Prüfplänen im Modul QM zu arbeiten, benötigen Sie grundsätzlich keine Einstellungen im Customizing. Sie können alle Funktionen sofort nutzen. Sie nutzen die im Folgenden erläuterten Customizing-Möglichkeiten daher nur für spezifische Einstellungen, ich führe die von mir am häufigsten verwendeten Funktionen auf. Diese erreichen Sie alle im Customizing über QUALITÄTSMANAGEMENT • QUALITÄTSPLANUNG • PRÜFPLANUNG • ALLGEMEIN.

▶ **Plantyp der Materialart zuordnen**
Wenn Sie eigene Materialarten verwenden, die Sie prüfen möchten, ordnen Sie den Plantyp Q der neuen Materialart zu.

▶ **Planverwendung definieren**
Möchten Sie die Planverwendungen erweitern, z. B. weil Sie die Prüfung eines Materials zu einer Bestellung anders aussteuern möchten als die Prüfung zu einem Wareneingang aus einem Auftrag, legen Sie neue Planverwendungen an. Im Anschluss wird diese neue Verwendung der gewünschten Prüfart zugeordnet. Dazu rufen Sie im Customizing den Pfad QUALITÄTSMANAGEMENT • QUALITÄTSPRÜFUNG • PRÜFLOSERÖFFNUNG • PRÜFART PFLEGEN auf. Im Detail zur Prüfart geben Sie die Planverwendung an.

▶ **Prüfpunkte definieren**
Möchten Sie mit freien Prüfpunkten arbeiten, möchten Sie meist auch die Identifikation des Prüfpunktes selbst festlegen. Dazu kopieren Sie am besten den Prüfpunkt 100 (Freier Prüfpunkt) und nehmen anschließend Anpassungen vor. Wichtig dabei sind die Vorgaben der sechs Benutzerfelder. Im Feld SCHLÜSSELWORT können Sie jeweils die Bezeichnung des Feldes wählen, im Feld FELD AKTIV geben Sie vor, ob dieses Feld aktiv ist. Felder mit numerischen Einträgen sind Mussfelder. Gemeinsam stellen diese Felder in der Reihenfolge ihrer Nummerierung eine eindeutige Identifizierung eines Prüfpunkts dar (siehe Abbildung 5.51). In dem Beispiel ist es Ihnen also freigestellt, ob eine Nummer bei der Prüfpunktanlage angegeben wird. Prüfer, Datum und Uhrzeit müssen dagegen angegeben werden.

Mit den in Abbildung 5.51 vorgenommenen Einträgen sieht die Identifikation des Prüfpunktes wie in Abbildung 5.52 aus.

Abbildung 5.51 Prüfpunkt definieren

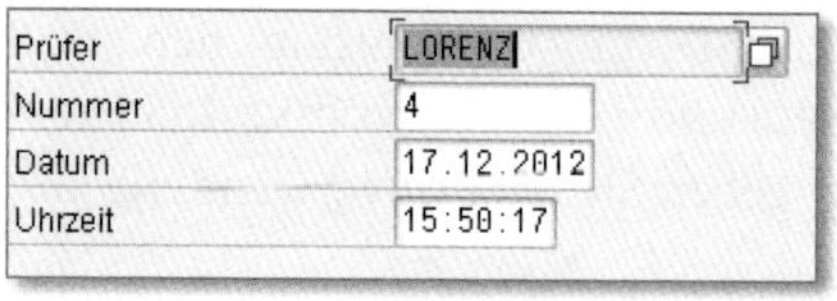

Prüfer	LORENZ
Nummer	4
Datum	17.12.2012
Uhrzeit	15:50:17

Abbildung 5.52 Prüfpunkt anlegen

▶ **Engineering Workbench**
Wie bei der Prüfplanpflege mit der Workbench in Abschnitt 5.7, »Enginee-ring Workbench«, bereits beschrieben, gibt es zwei Engineering Work-benchs, eine für die Bearbeitung der Prüfpläne und eine für die Arbeits-pläne. Sie müssen einen neuen Arbeitsbereich anlegen, wenn Sie einen Arbeitsplan mit Prüfmerkmalen bearbeiten möchten, z. B. weil Sie Vorga-ben für den Produktionslenkungsplan einpflegen möchten. Einen neuen Arbeitsbereich für Arbeitspläne müssen Sie im PP-Customizing PRODUK-TION • GRUNDDATEN • ENGINEERING WORKBENCH • ARBEITSBEREICHE BEARBEI-TEN anlegen, da der Arbeitsplan ein PP-Objekt ist. Sie legen einen neuen Arbeitsbereich an und geben im Detail an, welche Ebenen Sie mit der Workbench bearbeiten möchten (siehe Abbildung 5.53).

Sie kennen nun die Grundfunktionen eines Plans mit den verschiedenen Plantypen sowie deren Verwendung in den Prüflosen, und Sie haben das Grund-Customizing kennengelernt. Sie können nun Prüflose mit Prüfplänen bearbeiten.

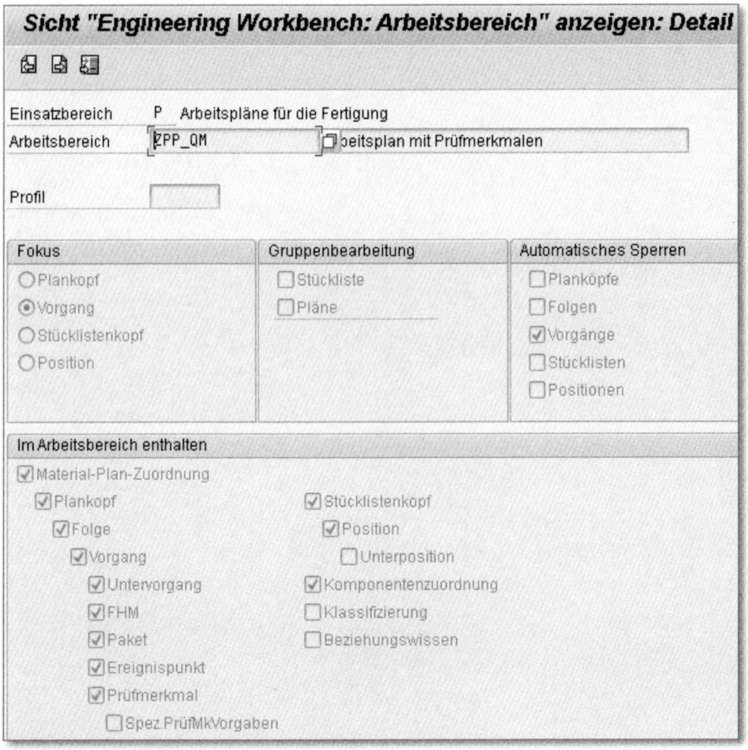

Abbildung 5.53 Arbeitsbereich für Workbench

In jedem Bereich des Qualitätsmanagements finden Sie Dokumente, seien es Vereinbarungen mit den Geschäftspartnern oder Arbeitsanweisungen. Dieses Kapitel zeigt auf, wie Sie die QM-Dokumentenverwaltung möglichst unkompliziert nutzen können.

6 Dokumentenverwaltung

Das SAP-System bietet die Möglichkeit, Ihre Dokumente zu verwalten. Sie sollten dabei jedoch nur die Dokumente in SAP abbilden, die Sie mit SAP-Objekten verbinden möchten. Da unter Umständen nicht jeder Mitarbeiter Ihrer Firma Zugriff auf das SAP-System hat, sollten allgemeine Arbeitsanweisungen oder das QM-Handbuch dort verbleiben, wo es jedem Mitarbeiter zugänglich ist, z. B. im Intranet Ihrer Firma.

Im SAP-System findet meist nur eine Verlinkung zu den eigentlichen Dokumenten statt. Um allen sicherheitsrelevanten Bestimmungen gerecht zu werden, sollten Sie ein Archivsystem an das SAP-System anbinden. Mit der Zuordnung der jeweiligen Datei zum Dokument wird dieses automatisch in dem angebundenen Archiv abgelegt. Sollten Sie kein Archiv nutzen, können Sie im SAP-System auch einen Link auf die auf Ihrem Netzlaufwerk abgelegten Dateien erstellen.

Um Dokumente voneinander zu unterscheiden und auch unterschiedlich auszusteuern, werden Dokumentenarten verwendet. Diese Dokumentarten können Sie zu SAP-Objekten zuordnen und damit in den verschiedenen Modulen verwenden. In diesem Kapitel stelle ich Ihnen den Dokumenteninformationssatz mit seinen Verknüpfungen zu folgenden SAP-Objekten vor:

- Materialstamm und deren Anzeige in der Ergebniserfassung, z. B. Zeichnungen
- Prüfmethoden, z. B. Analysenvorschriften
- materialspezifische Lieferbedingungen, z. B. Versandbedingungen
- Liefervereinbarungen zum Lieferanten, z. B. Spezifikationen
- Liefervereinbarungen zum Kunden, z. B. Erstmusterprüfbericht
- Qualitätsmeldungen, z. B. Fotos des Schadens

Dabei handelt es sich ausschließlich um Objekte, die im Modul Qualitätsmanagement verwendet werden. Daneben werden Dokumente auch in vielen anderen Bereichen verwendet. Dieses Thema wird ausführlich im Bereich der PLM-Funktionalitäten betrachtet.

6.1 Dokumenteninfosatz

Einen Dokumenteninfosatz können Sie immer losgelöst von einem SAP-Objekt anlegen. Dazu rufen Sie die Transaktion CV01N auf oder wählen den Pfad LOGISTIK • ZENTRALE FUNKTIONEN • DOKUMENTENVERWALTUNG • DOKUMENT • ANLEGEN. Anschließend wählen Sie die Dokumentenart aus und bestätigen die Eingabe. Damit gelangen Sie in das Bild des Dokumentes (siehe Abbildung 6.1). Sie füllen auf dem Register DOKUMENTDATEN das Feld BESCHREIBUNG mit dem Titel des Dokumentes und das Feld SACHBEARBEITER mit dem zuständigen Mitarbeiter und verlinken das Dokument mit der abgelegten Datei. Um die entsprechende Datei auszuwählen, klicken Sie den Button unter dem Bildbereich ORIGINALE an.

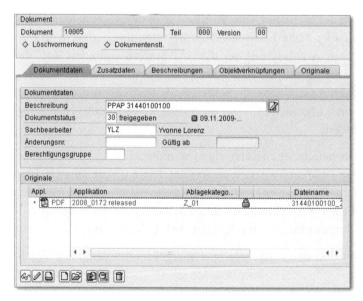

Abbildung 6.1 Dokument

Das Feld DOKUMENTSTATUS wird verwendet, um gültige und freigegebene Dokumente sichtbar zu machen. Sie definieren im Customizing der Dokumentenarten den Status und unter welchen Voraussetzungen dieser gesetzt werden darf. Im Standard wird folgender Ablauf ausgeliefert:

1. *IE – in Erstellung (nicht freigegeben)*: Der Status IE wird bei Anlage eines Dokumentes gewählt.

2. *FR – freigegeben (freigegeben zum Datum)*: Der Status FR wird gesetzt, wenn alles kontrolliert wurde. Bestimmte Felder, z. B. wie das Feld BESCHREIBUNG, sind dann nicht mehr änderbar.

3. *SP – gesperrt (nicht freigegeben)*: Der Status SP wird verwendet, wenn eine neue Version zu dem Dokument angelegt wird.

In Abbildung 6.1 sehen Sie, dass in diesem System abweichend vom Standard für den Status FREIGEGEBEN die 30 verwendet wird. Wie Sie den Status einrichten, erkläre ich in Abschnitt 6.8, »Customizing«.

Auf dem Register BESCHREIBUNGEN können Sie den Kurztext des Dokumentes mehrsprachig pflegen. Wenn mehrere Werke in verschiedenen Ländern auf dieselben Dokumente zugreifen, ist eine Übersetzung zu empfehlen. Sonst wird in Suchhilfen immer nur die Dokumentennummer angezeigt.

Auf dem Register OBJEKTVERKNÜPFUNGEN sehen Sie, mit welchem Objekt dieser Dokumenteninfosatz verknüpft ist (siehe Abbildung 6.2). Sie legen im Customizing zur Dokumentenart fest, zu welchem Dokument welches Objekt zugeordnet werden kann. Dementsprechend sieht dieses Register bei jeder Dokumentenart anders aus.

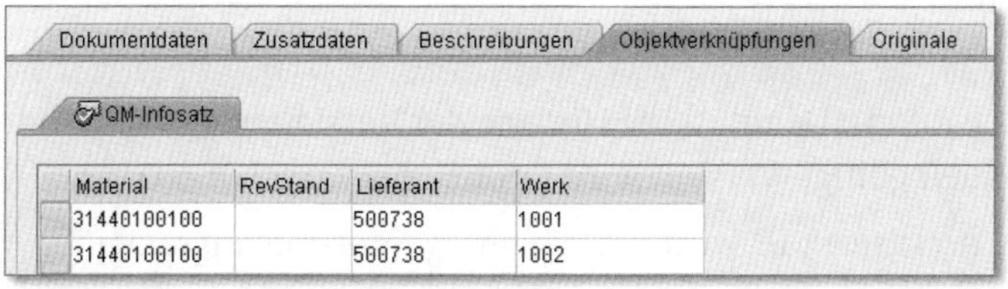

Abbildung 6.2 Objektverknüpfungen

Sie können die Objektverknüpfung von hier aus vornehmen, indem Sie die Tabelle ergänzen. Oder Sie ordnen die Dokumente den Objekten in der jeweiligen Anwendung zu (siehe Abschnitte 6.2 bis 6.7).

Wenn das Dokument eine Änderung erfährt, legen Sie eine neue Version an, um die Veränderung nachvollziehen zu können. Die bisher verwendete Version sperren Sie für die weitere Verwendung, indem Sie den Status SP setzen.

Um eine neue Version anzulegen, verwenden Sie ebenfalls die Transaktion CV01N wie beschrieben und geben die Nummer des zu ändernden Dokumentes an. Das System erkennt, dass es dieses Dokument schon gibt, und fragt Sie, ob Sie eine neue Version anlegen möchten. Wenn Sie dies bestätigen, wird die alte Version als Kopiervorlage verwendet, in die Sie Ihre Korrekturen eintragen können.

6.2 Materialstamm

Gibt es zu Materialien Konstruktionszeichnungen oder Spezifikationen für Packmittel, wie z. B. Faltschachteln, können Sie diese im Materialstamm als Dokumente zuordnen. Dokumente, die mit dem Materialstamm verknüpft sind, lassen sich während der Ergebniserfassung auf dem Bildschirm aufrufen. So können Sie sich in den Zeichnungen die Messpunkte mit den Toleranzen am Bildschirm anzeigen lassen, bevor Sie die Messungen vornehmen.

6.2.1 Dokument verknüpfen

Um ein Dokument mit einem Material zu verknüpfen, wählen Sie im Materialstamm, den Sie über den Pfad LOGISTIK • MATERIALWIRTSCHAFT • MATERIALSTAMM • MATERIAL • ÄNDERN • SOFORT erreichen, die Funktion ZUSATZDATEN aus. Dazu klicken Sie auf den Button ➪ Zusatzdaten .

Auf dem Register DOKUMENTDATEN (siehe Abbildung 6.3) können Sie das neue Dokument direkt eintragen oder über die Suchhilfe zum Dokument auswählen. Abhängig von Ihrer Auswahl, sehen Sie die bereits verknüpften Dokumente:

▶ Option ALLE VERSIONEN: Damit ist die Historie der Versionen gut nachvollziehbar. Die aktuell gültige Version wird farblich hervorgehoben.

▶ Option AKTUELLE VERSION: Es wird nur die gültige Version angezeigt.

Abbildung 6.3 Materialstamm – Dokumente

Unter der Tabelle finden Sie den Button 👓 (Anzeigen), mit dem Sie sich das Original, das heißt die dem Dokument zugeordnete Datei, auf dem Bildschirm anzeigen lassen können.

6.2.2 Anzeige in der Ergebniserfassung

In der Transaktion der Ergebniserfassung ist der Button 🔲 (Dokumente zum Material) rechts neben dem Material aktiv (siehe Abbildung 6.4), wenn zu dem Material aus dem Prüflos eine Dokumentenverknüpfung vorhanden ist.

Abbildung 6.4 Dokument in Ergebniserfassung

Wenn Sie diesen Button anklicken, öffnet sich sofort das verknüpfte Dokument (wenn nur eine Verknüpfung vorhanden ist) oder ein Pop-up (siehe Abbildung 6.4), in dem Ihnen alle verknüpften Dokumente angeboten werden. Per Doppelklick öffnen Sie das gewünschte Dokument im Bildschirm.

Nähere Informationen zur Ergebniserfassung erhalten Sie in Kapitel 7, »Prüfablauf«.

6.3 Prüfmethode

Die Bearbeitung der Prüfmethoden haben Sie in Kapitel 3, »Grunddaten«, kennengelernt. Die eigentlichen Methoden sind Vorschriften nach Regelwerken bzw. interne Arbeitsanweisungen, die in einem Ordner des Prüflabors abgelegt sind. Diese Arbeitsanweisungen oder Analysevorschriften können Sie in Form eines Dokumentes verwalten und den Methoden zuordnen.

In der Prüfmethodenbearbeitung, die Sie über die Transaktion QS32 oder den Pfad LOGISTIK • QUALITÄTSMANAGEMENT • QUALITÄTSPLANUNG • GRUNDDATEN • PRÜFMETHODE • BEARBEITEN aktivieren, können Sie die Dokumente über den Button 🔲 Dokumente aufrufen. In dem sich öffnenden Fenster können Sie die Dokumente nun zuordnen (siehe Abbildung 6.5).

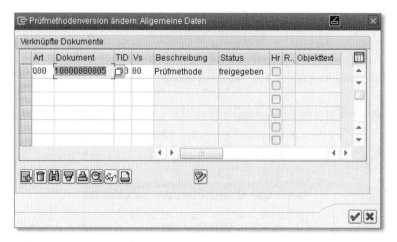

Abbildung 6.5 Dokument zu Prüfmethode zuordnen

Voraussetzung für diese Dokumentenzuordnung ist, dass Sie zuvor eine Dokumentenart mit der Objektverknüpfung QMTBDOC (Prüfmethode) anlegen. Diese wird im Standard nicht ausgeliefert. Wie das funktioniert, erfahren Sie in Abschnitt 6.8, »Customizing«.

Mit zugeordneten Dokumenten können Sie allgemeine Prüfanweisungen gut verwalten. Die Verwendung der Dokumente während der Ergebniserfassung wird leider nicht unterstützt.

6.4 Lieferbedingung

Sie können einem Material auch technische Lieferbedingungen in Form eines Dokumentes zuordnen. Für die Verwaltung der technischen Lieferbedingungen wird die Dokumentenart Q02 (Lieferbed./MM-PUR) ausgeliefert, die Sie sofort verwenden können.

Sie legen dazu ein Dokument wie beschrieben an und rufen die Q-Sicht im Materialstamm über den Pfad Logistik • Materialwirtschaft • Materialstamm • Material • Ändern • Sofort auf. Dort wählen Sie im Bereich Beschaffungsdaten einen QM-Steuerschlüssel, der die Funktion der technischen Lieferbedingungen benötigt, z. B. 0002 (Lieferfreigabe, Techn. Lieferbedingung, siehe Abbildung 6.6).

Mit Bestätigung der Eingabe verzweigen Sie auf das Register Dokumentdaten der Zusatzdaten im Materialstamm, um dort das Dokument zuzuordnen (siehe Abbildung 6.7).

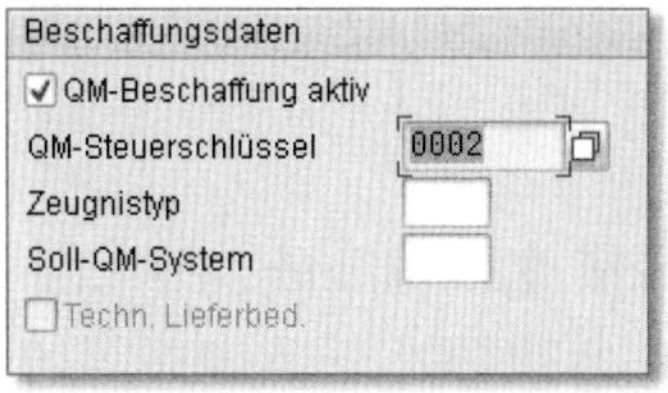

Abbildung 6.6 Beschaffungsdaten im Materialstamm

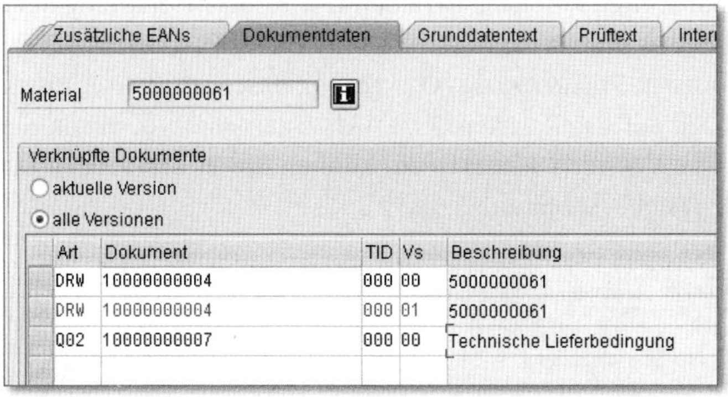

Abbildung 6.7 Technische Lieferbedingung zu Dokumentendaten

Wenn Sie mit dem Button ⟲ (Zurück) in der Menüzeile wieder zur Q-Sicht zurücknavigieren, ist das Kennzeichen TECHNISCHE LIEFERBED. aktiv (siehe Abbildung 6.8).

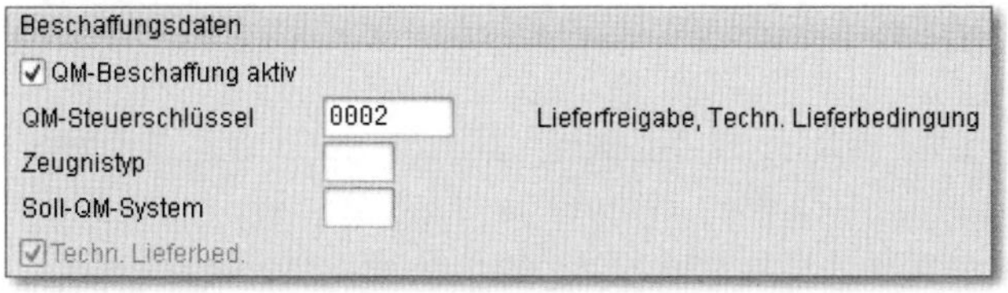

Abbildung 6.8 Beschaffungsdaten nach Dokumentenzuordnung

Nach dieser Zuordnung ist das Material vollständig und kann gesichert werden. Eine Aktivierung eines QM-Steuerschlüssels mit der Funktion TECHN. LIEFERFREIGABE, ohne ein Dokument zuzuordnen, ist somit nicht möglich.

6.5 Lieferantenvereinbarung

Sie treffen mit dem Lieferanten Vereinbarungen über die Qualität eines Materials, bevor Sie dieses serienmäßig bei ihm bestellen. Diese Vereinbarungen können Sie als Dokument der Dokumentenart Q01 (Q-Vereinb./MM-PUR) anlegen, dem Q-Infosatz Beschaffung zuordnen und damit verwalten (siehe Kapitel 4, »Logistik-Stammdaten«).

Wenn Sie sicherstellen möchten, dass das fragliche Material nur Lieferanten liefern, für die eine freigegebene Q-Vereinbarung hinterlegt ist, wählen Sie in den Beschaffungsdaten des Materialstamms (siehe Abbildung 6.6) einen Steuerschlüssel, in dem die Q-Vereinbarungsfunktion aktiv ist, z. B. 0003 (Lieferfreigabe, QM-Vereinbarung). Rufen Sie dazu den Q-Infosatz Beschaffung über die Transaktion QI02 bzw. den Pfad LOGISTIK • QUALITÄTSMANAGEMENT • QUALITÄTSPLANUNG • LOGISTIK-STAMMDATEN • Q-INFOSATZ BESCHAFFUNG • ÄNDERN auf, und wechseln Sie auf das Register QUALITÄTSVEREINBARUNG. Wenn Sie den Radiobutton ALLE VERSIONEN markieren, können Sie in der Tabelle Ihr Dokument zuordnen (siehe Abbildung 6.9).

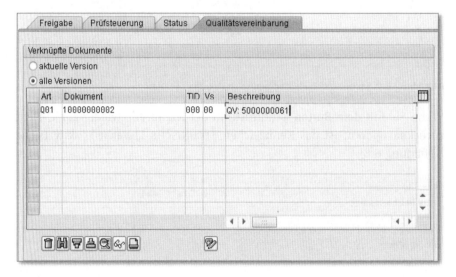

Abbildung 6.9 Dokument im Q-Infosatz Beschaffung

[+] **Auswirkung bei fehlender Q-Vereinbarung**

Wenn Sie im Materialstamm einen QM-Steuerschlüssel verwenden, der eine QM-Vereinbarung benötigt, ist die Zuordnung eines freigegebenen Dokuments im Q-Infosatz Beschaffung erforderlich.

Ohne diese Zuordnung erhält der Einkäufer beim Anlegen der Bestellung eine Fehlermeldung.

6.6 Kundenvereinbarung

Sie treffen natürlich auch mit dem Kunden Qualitätsvereinbarungen. Dazu stehen Ihnen die folgenden beiden Dokumentenarten zur Verfügung:

▶ Q03 – Q-Vereinbarung/SD

▶ Q04 – Lieferbedingung/SD

Ein Dokument der Dokumentenart Q03 können Sie im Kundenstamm in der Transaktion VD02 bzw. über den Pfad LOGISTIK • VERTRIEB • STAMMDATEN • GESCHÄFTSPARTNER • KUNDE • ÄNDERN • VERTRIEB hinterlegen. Um zu den Dokumenten zu gelangen, reicht es aus, wenn Sie die Debitorennummer eingeben. Die Eingabe der Vertriebsbereichsdaten ist nicht notwendig.

Über das Menü ZUSÄTZE • DOKUMENTE öffnet sich das Pop-up, in dem Sie das Dokument zuordnen können (siehe Abbildung 6.10).

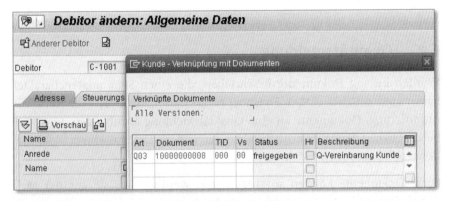

Abbildung 6.10 Debitor – Dokumente

Betrifft die Q-Vereinbarung ein ganz bestimmtes Material, nehmen Sie Ihre Zuordnung dagegen im Q-Infosatz Vertrieb vor; hierfür stehen Ihnen beide Dokumentenarten Q03 und Q04 zur Verfügung.

Sie rufen den Infosatz in der Transaktion QV51/2 bzw. über den Pfad LOGISTIK • QUALITÄTSMANAGEMENT • QUALITÄTSPLANUNG • LOGISTIK-STAMMDATEN • Q-INFOSATZ VERTRIEB • ANLEGEN/ÄNDERN auf.

Nachdem Sie die Felder KUNDE und VERKAUFSORGANISATION gefüllt und Ihre Eingabe bestätigt haben, öffnet sich das Pop-up ANLEGEN STEUERUNGSDATEN QM IM SD (siehe Abbildung 6.11). Über den Button DOKUMENTE öffnet sich ein Popup, in dem Sie die Dokumente zuordnen.

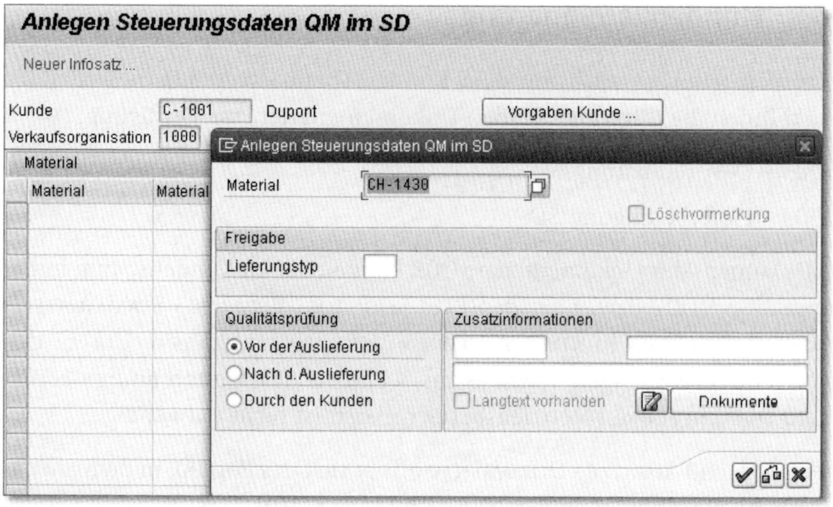

Abbildung 6.11 Q-Infosatz Vertrieb

6.7 Qualitätsmeldung

Wurden bislang Dokumente beschrieben, die einen Stammdatencharakter haben und oftmals einem Freigabeprozess unterliegen, gibt es auch die Anforderung, Dokumente an eine Qualitätsmeldung anzuhängen, wenn Sie beispielsweise Fotos, Schriftverkehr oder andere Dateien einem Reklamationsvorfall zuordnen möchten.

Diese Dokumente können so ausgesteuert werden, dass sie aus der Meldungsbearbeitung heraus angelegt werden können und damit sofort für alle Bearbeiter zur Verfügung stehen, die mit dem Reklamationsfall beschäftigt sind. Um dies zu erreichen, benötigen Sie eine Dokumentenart, die dem Objekt QMQMEL (Qualitätsmeldung) zugeordnet ist (siehe Abschnitt 6.8, »Customizing«).

Um Dokumente in der Qualitätsmeldung zu verwenden, aktivieren Sie im Customizing den Bildbereich VERKNÜPFTE DOKUMENTE (siehe Abbildung 6.12). In diesem Bereich können Sie direkt in der Meldungsbearbeitung Dokumente anlegen bzw. zuordnen.

Je nach Einstellung in der Dokumentenart (Feld DOKUMENT ANLEGEN in Abbildung 6.15) können Sie die Anlage des Dokuments beeinflussen:

1. Sie können das Dokument vorher anlegen und dann der Qualitätsmeldung zuordnen.

2. Sie können das Dokument im Bereich VERKNÜPFTE DOKUMENTE mit dem Button ⬚ (Anlegen) in der Meldungstransaktion anlegen. Leider kann hier keine Bezeichnung des Dokuments gepflegt werden.

3. Sie können im Bereich VERKNÜPFTE DOKUMENTE mit dem Button ⬚ in der Meldungstransaktion die Transaktion zur Anlage des Dokuments aufrufen. Kehren Sie in die Meldungsbearbeitung zurück, sind beide Objekte verknüpft.

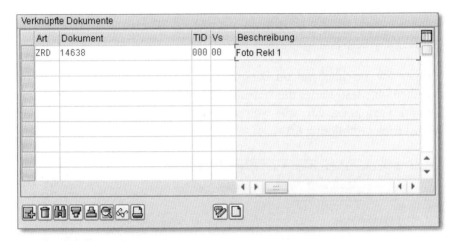

Abbildung 6.12 Verknüpfte Dokumente in Meldungsbearbeitung

6.8 Customizing

Das Customizing der Dokumentenarten sollte unbedingt in Absprache mit den anderen Modulen erfolgen, da alle Bereiche auf diesen Punkt zugreifen.

Ich zeige Ihnen nun, wie Sie die Dokumentenart für die Qualitätsmeldung anlegen und dabei auf die Felder verweisen, die für die Arbeit im Modul QM wichtig sind.

1. Rufen Sie folgenden Pfad im Customizing auf: QUALITÄTSMANAGEMENT • UMFELD • ZENTRALE • FUNKTIONEN • DOKUMENTARTEN DEFINIEREN.

2. Legen Sie eine neue Dokumentenart über den Button NEUE EINTRÄGE an, und geben Sie eine Dokumentenart und einen Dokumentenarttext an (siehe Abbildung 6.13).

3. Besprechen Sie mit der Basis, ob die Ablage in ein Ablagesystem erfolgt, und aktivieren Sie in diesem Fall die Checkbox ABLAGE KPRO.

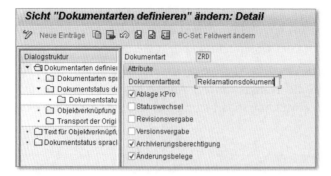

Abbildung 6.13 Neue Dokumentenart

4. Legen Sie anschließend im Bereich DOKUMENTENSTATUS DEFINIEREN die Reihenfolge fest, in der die Status angelegt werden, und geben Sie in der Spalte FREIGABEK. vor, mit welchem Status das Dokument freigegeben wird (siehe Abbildung 6.14).

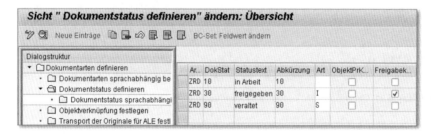

Abbildung 6.14 Dokumentenstatus definieren

5. Zum Schluss legen Sie die Objektverknüpfung fest (siehe Abbildung 6.15).

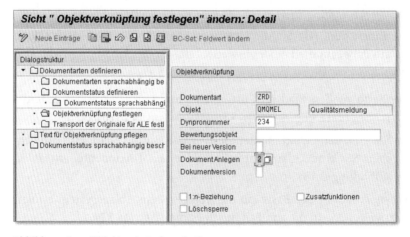

Abbildung 6.15 Objektverknüpfung festlegen

Im Feld DOKUMENT ANLEGEN bestimmen Sie hierbei die Möglichkeiten, ein Dokument aus der Qualitätsmeldung heraus anzulegen, die ich in Abschnitt 6.7, »Qualitätsmeldungen«, beschrieben habe:

- 0 – Anlegen nicht möglich (Möglichkeit 1)
- 1 – Einfache Anlage (Möglichkeit 2)
- 2 – Anlage über Transaktion (Möglichkeit 3)

Im Feld 1:N-BEZIEHUNG legen Sie fest, ob Sie das Dokument mehreren Objekten zuordnen möchten. Das ist beispielsweise für eine technische Lieferbedingung interessant, die Sie mehreren Materialien zuordnen möchten.

6.9 Objekte zum Dienst

Eine andere Variante, um Anlagen mit einem SAP-Objekt zu verknüpfen, ist die Funktion OBJEKTE ZUM DIENST. Alle Anlagen, die Sie einem SAP-Objekt zuordnen möchten, müssen vorher als Datei vorliegen. Diese Dateien werden direkt den SAP-Objekten zugeordnet und sind für die Bewegungsdaten, wie das Prüflos, die physische Probe oder die Qualitätsmeldung, geeignet. So können Sie in der Ergebniserfassung Messprotokolle zu einem Prüflos oder einer Probe ablegen. In der Meldungsbearbeitung entscheiden Sie, ob die Dateien zu der Meldung oder der Maßnahme gehören.

Tabelle 6.1 zeigt, in welcher Transaktion Sie für welche Objekte im Modul QM Dateien ablegen können.

SAP-Objekt	Transaktion
Prüflos	QA02 – Prüflosbearbeitung QE51N – Arbeitsvorrat Ergebnis QE01/11 – Ergebnisse erfassen
Physische Probe	QPR2 – Probe bearbeiten
Qualitätsmeldungen	QM02 – Meldung bearbeiten IQS21 – einfache Meldung IQS12 –Maßnahme bearbeiten
Maßnahmen	QM02 – Meldung bearbeiten IQS12 –Maßnahme bearbeiten

Tabelle 6.1 Dienste zum Objekt – Übersicht der QM-Objekte

Die Funktion OBJEKTE ZUM DIENST erreichen Sie über den Button [icon] (Dienste zum Objekt) auf der linken Seite der Titelzeile (siehe z. B. Abbildung 6.10). Sie können über diese Funktion Dateien ablegen oder Verknüpfungen erstellen. (Wenn Sie die Ablage nutzen möchten, sollten Sie in der SAP-Basis einstellen lassen, dass die Ablage auf ein Netzlaufwerk oder ein Archivsystem erfolgt, sonst werden alle Dateien auf der SAP-Datenbank abgelegt.)

Um eine Anlage zuzuordnen, wählen Sie nach einem Klick auf den Button [icon] die Optionen ANLEGEN • ANLAGE ANLEGEN. Starten Sie die Funktion in der Meldungsbearbeitung, werden Sie zuerst gefragt, zu welchem Objekt genau Sie die Anlage anlegen möchten. Neben der Qualitätsmeldung werden Ihnen auch alle Maßnahmen zur Auswahl angeboten. Sie können Ihre Datei nun aus dem Explorer auswählen.

Sobald Sie eine Anlage angelegt haben, können Sie die Anlagenliste über denselben Button aufrufen, denn nun ist die Funktion ANLAGENLISTE aktiv (siehe Abbildung 6.16). Leider sehen Sie in der Anwendung jedoch nicht, ob zu dem SAP-Objekt Anlagen vorhanden sind.

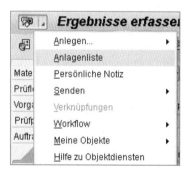

Abbildung 6.16 Funktion »Anlagenliste«

In einem Pop-up werden Ihnen anschließend alle Anlagen angezeigt (siehe Abbildung 6.17). Mit einem Doppelklick auf eine Anlage öffnen Sie die Datei in der jeweiligen Applikation. Um eine PDF-Anlage zu öffnen, benötigen Sie den Acrobat Reader.

Abbildung 6.17 Anlagenliste

Sie können mit den Objekten zum Dienst nicht nur Anlagen anlegen, sondern auch die Objekte versenden. Dazu wählen Sie SENDEN • OBJEKT MIT NOTIZ SENDEN. In einem sich dann öffnenden Pop-up können Sie einen Text erfassen und den EMPFÄNGER festlegen (siehe Abbildung 6.18). Wenn Sie im Feld EMPFÄNGERTYP den Typ SAP-ANMELDENAME verwenden, können Sie auf alle SAP-User zugreifen.

Abbildung 6.18 Objekt senden

Wenn Sie die Funktion [⬚] aktivieren, erhält der Empfänger sofort einen Hinweis auf seinem Bildschirm (siehe Abbildung 6.19).

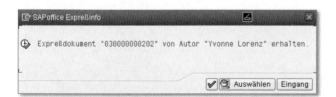

Abbildung 6.19 Expressdokument erhalten

Wandeln Sie den Empfängertyp in die Internetadresse um, sucht das System die E-Mail-Adresse aus dem Benutzerstamm. Sie können aber auch eine freie E-Mail-Adresse angeben. Das System versendet diese Mails, wenn es für den E-Mail-Versand eingerichtet ist.

Alle SAP-Mails können Sie im SAP-Arbeitsplatz in den Ordnern EINGANG bzw. AUSGANG verwalten. Sie rufen den Arbeitsplatz über die Transaktion SBWP oder den Pfad BÜRO • ARBEITSPLATZ auf. Öffnet der Empfänger diese Mail, kann er mit einem Klick auf das angehängte Objekt in die entsprechende SAP-Transaktion verzweigen. Abbildung 6.20 zeigt eine Mail, die aus der Ergebniserfassung heraus gesendet wurde.

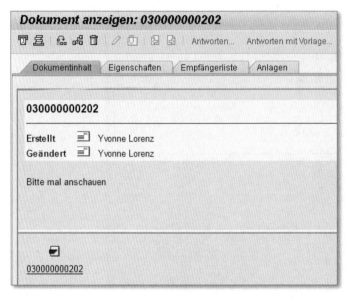

Abbildung 6.20 Mail aus der Funktion »Objekte zum Dienst«

Sie haben nun einen Überblick darüber erhalten, wie Sie Dokumente über die Dokumentenverwaltung organisieren können und den SAP-Objekten zuordnen. Alternativ steht Ihnen für die Bewegungsdaten die Funktion OBJEKTE ZUM DIENST zur Verfügung.

Teil II
Prüfungen und Prüfablauf

Dieses Kapitel beinhaltet alle Funktionen zur Prüfabwicklung. Diese sind in jedem QM-Prozess identisch, unabhängig von der Herkunft des Prüfloses.

7 Prüfablauf

Bei einer Prüfung im Qualitätsmanagement werden bestimmte Schritte immer wieder durchlaufen. Diese Schritte und ihre Abwicklung im SAP-System sind Thema dieses Kapitels.

Im Folgenden gebe ich Ihnen zunächst einen kurzen Überblick über den Gesamtprozess und erläutere dann die Prüfloserzeugung (aufgrund eines Ereignisses) mit der Stichprobenberechnung, die Funktionen im Prüflos, die Ergebnis- und Fehlererfassung sowie den Verwendungsentscheid (siehe Abschnitte 7.2 bis 7.6). Die Meldungsbearbeitung wird nicht in diesem Kapitel, sondern ausführlich in Kapitel 19, »Qualitätsmeldung«, behandelt.

Darüber hinaus erläutere ich zum Abschluss des Kapitels die Themen Langzeitprüfung (siehe Abschnitt 7.7), Serialnummern (siehe Abschnitt 7.8) und Prüfung mit Handling Units (siehe Abschnitt 7.9).

7.1 Übersicht über den Prüfablauf

Die Prüfabwicklung ist im SAP-System immer identisch, gleichgültig, um welche Art von Prüfung es sich handelt. Abbildung 7.1 zeigt ein Beispiel.

Die Eröffnung des Prozesses – die Prüflosanlage – erfolgt immer durch ein Ereignis, das automatisch durch eine Buchung oder manuell ausgelöst wird (siehe Abschnitt 7.2). Im Prüflos findet dann die Berechnung der Stichprobe statt, an der die Prüfung durchgeführt wird (siehe Abschnitt 7.3).

In der anschließenden Ergebniserfassung halten Sie dann alle Informationen fest, die Sie zu dem Prüfvorgang erfassen möchten: Messwerte, die Fehlerzahl, eine Ausprägung, aber auch Checklisten oder ein Datum – all diese Daten werden in den Prüfmerkmalen mit den verschiedenen Möglichkeiten der Ergebniserfassung und deren Bewertung erfasst (siehe Abschnitt 7.4).

Abweichungen von der Spezifikation können dabei als Fehler zum Prüflos erfasst werden (siehe Abschnitt 7.5). Diese Fehler erzeugen im Hintergrund eine Qualitätsmeldung der Meldungsart, die im Customizing der Prüfart zugeordnet ist (siehe Kapitel 19, »Qualitätsmeldung«), und stehen entweder zur weiteren Bearbeitung oder nur für Auswertungszwecke zur Verfügung.

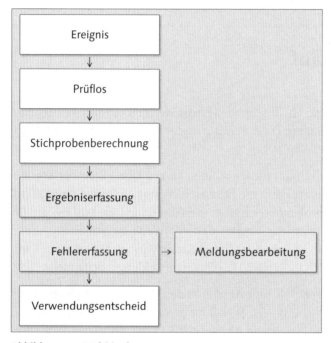

Abbildung 7.1 Prüfablauf

Den Abschluss des Prozesses bildet der Verwendungsentscheid (siehe Abschnitt 7.6). Handelt es sich um ein bestandsrelevantes Prüflos, wird über diese Funktion auch die Entlastung des Qualitätsprüfbestands vorgenommen.

Sie sehen, nur durch die Aktivierung bestimmter Funktionen in den Stammdaten bestimmen Sie den Umfang Ihrer Prüfungen. So können Sie frei pro Material entscheiden, wie detailliert Sie Ihre Qualitätsprozesse im SAP-System abbilden möchten.

Alle Prüfarten sind sofort verwendbar, ohne dass Sie Einstellungen im Customizing vornehmen müssen. Möchten Sie individuelle Vorgaben festlegen, sollten Sie die ausgelieferten Prüfarten als Kopiervorlage verwenden und eigene Prüfarten anlegen.

Unterscheiden sich die Abläufe der Prüfungen innerhalb eines Ereignisses, möchten Sie z. B. bei bestimmten Materialarten keinen Prüfplan verwenden, sollten Sie verschiedene Prüfarten verwenden, um den Ablauf besser unterscheiden zu können.

7.2 Ereignis der Prüfloserzeugung

Zu jedem SAP-Ereignis sind bereits vordefinierte Prüfarten eingerichtet, die Sie sofort verwenden können. *Ereignisse* werden in SAP *Prüflosherkunft* genannt. Nach den Prüflosherkünften können Sie Ihre Prüflose in allen Listen und Arbeitsvorräten selektieren. Der Nummernkreis der Prüfarten entspricht in den ersten zwei Ziffern der Herkunft, sodass über die Prüflosnummer schnell die Herkunft erkennbar ist.

In Tabelle 7.1 sind die ausgelieferten Prüfarten je Ereignis/Prüflosherkunft aufgelistet. Für die meisten Prüfarten ist zusätzlich auch eine manuelle Prüflosanlage möglich (Transaktion QA01), um z. B. Wiederholungsprüfungen durchzuführen. Manuell angelegte Prüflose sind niemals bestandsrelevant, die Funktion der Umbuchung entfällt bei diesen Losen.

Hk	Bezeichnung	Ereignis zur Los-erzeugung	Prüfart	Bezeichnung	Manuell über QA01
01	Warenein-gang	WE-Buchung zur Bestellung	01	Wareneingang zur Bestellung	ja
01	Warenein-gang	Erster WE zur Bestellung	0101	Wareneingangs-prüfung, Erstmuster	ja
01	Warenein-gang	WE zur Fremd-bearbeitg.	0130	Eingangsprüfung beim WE aus Fremd-bearb.	nein
02	Warenaus-gang	WA-Buchung	02	Warenausgangs-prüfung	ja
03	Produktion	Freigabe Auftrag	03	Prüfung in der Ferti-gung	nein
04	Warenein-gang aus Produktion	▸ Freigabe Auftrag ▸ WE zum Auftrag	04	Endprüfung beim WE aus der Produk-tion	ja
05	Sonstiger Warenein-gang	WE ohne Bezug bzw. WE Neben-produkt	05	Prüfung bei sonsti-gem Wareneingang	ja

Tabelle 7.1 Prüflosherkunft mit Prüfarten

Hk	Bezeichnung	Ereignis zur Los-erzeugung	Prüfart	Bezeichnung	Manuell über QA01
06	Retoure von Kunden	WE-Buchung Retoure	06	Prüfung bei einer Retoure vom Kunden	ja
07	Lieferanten-Audit	Manuell über QA01	07	Audit-Prüfung	ja
08	Umlagerung	Umbuchung in Q-Bestand	08	Prüfung bei einer Umlagerung	nein
08	Umlagerung	Aktivierung mit Transaktion QA08	0800	Prüflos mit Q-Bestand bei Aktivierung QM	nein
09	Wiederkehr. Prüfung	Terminüberwachung von Chargen	09	Wiederkehrende Prüfung	nein
10	Lieferung zum Kunden mit Kunden-auftrag	Anlage Lieferung bzw. Kommissionierung	10	Prüfg. bei Liefg. zum Kunden mit Auftrag	nein
11	Lieferung zum Kunden ohne Kun-denauftrag	Anlage Lieferung bzw. Kommissionierung	11	Prüfg. bei Liefg. zum Kund. ohne Auftrag	nein
12	Lieferung allgemein	Anlage Lieferung bzw. Kommissionierung	12	Prüfung bei Lieferung allgemein	nein
13	Serien-fertigung	Manuell über MFPR	13	Prüfung zum Serien-auftrag	nein
14	Instandhal-tung	Freigabe IH-Auftrag Terminüberwachung	14	Prüfung bei der Instandhaltung	nein
15	Proben-verwaltung	Manuelle Proben-anlage	15	Prüfung von Proben	nein
16	Stabilitäts-studie	Terminüberwachung	16	Prüfung zur Lager-bedingung (Stabi)	nein
16	Stabilitäts-studie	Anstoß aus Q-Meldung	1601	Anfangsuntersuchung (Stabi)	nein

Tabelle 7.1 Prüflosherkunft mit Prüfarten (Forts.)

Hk	Bezeichnung	Ereignis zur Los-erzeugung	Prüfart	Bezeichnung	Manuell über QA01
16	Stabilitäts-studie	Anstoß aus Q-Meldung	1602	Man. Prüflos zur Lagerbedingung	nein
17	Extern verur-sachte Prü-fung	Prüfung aus exter-nem System	17	Prüfung aus exter-nem System	nein
89	Sonstige	Manuell über QA01	89	Sonstige Prüfung	ja

Tabelle 7.1 Prüflosherkunft mit Prüfarten (Forts.)

Ein Prüflos beinhaltet alle Daten zu seiner Herkunft sowie Daten zur Plan-selektion bzw. seinem Zustand. Wenn Sie sich ein Prüflos anschauen (Trans-aktion QA03), sehen Sie im oberen Bereich des Prüfloses die wichtigsten Daten (siehe Abbildung 7.2), z. B.:

▸ Felder WERK und PRÜFLOS

▸ Felder MATERIAL mit REVISIONSSTAND (kleines Feld neben dem Feld MATE-RIAL) mit dem Button ⟨⟩ (Material anzeigen) zur Verzweigung in den Ma-terialstamm und dem Button ⟨⟩ (Dokumente zum Material) zur Verzwei-gung in die Ansicht der Dokumente, die dem Material zugeordnet sind.

▸ Felder CHARGE mit LAGERORT mit dem Button ⟨⟩ (Charge anzeigen) zur Verzweigung in den Chargenstamm

▸ Felder PRÜFLOSHERKUNFT, PRÜFART, SYSTEMSTATUS und ANWST

Abbildung 7.2 Prüflos allgemein

Anhand des Feldes SYSTEMSTATUS ist sofort der Bearbeitungszustand zu erkennen, da der Status bestimmte Vorgänge nicht zulässt. So ist es z. B. nicht möglich, Ergebnisse zu erfassen, wenn der Status nicht FREI ist. Tabelle 7.2 listet die möglichen Status mit deren Auswirkung auf.

Status	Bezeichnung	Beschreibung
BEND	Bestand vollständig entlastet	
BERF	Mengenbuchung erforderlich	Die Losmenge befindet sich im Q-Bestand.
DRPA	Prüfanweisung gedruckt	
DRPZ	Probeziehanweisung gedruckt	
ERG	Ergebnisse rückgemeldet	
EROF	Eröffnet	Es wurde noch keine Stichprobe berechnet! Das Los kann so nicht bearbeitet werden!
FEHL	Fehler wurden erfasst	
LSTO	Los storniert	
LZPR	Langzeitprüfung offen	
MKAG	Prüfmerkmale angelegt	
MKAN	Merkmale sind anzulegen	Plan konnte nicht zugeordnet werden.
PAKO	Prüfabschluss komplett	
PAKU	Prüfabschluss Kurzzeit	noch offene Langzeitmerkmale
PRÜF	Prüfung aktiv	
QLAK	Qualitätslage aktualisiert	
QLGE	Qualitätslage relevant	Zu diesem Prüflos wird eine Qualitätslage (Dynamisierung) fortgeschrieben.
STAK	Statistik aktualisiert	
STIP	Stichprobe ermittelt	
VE	Verwendungsentscheid getroffen	
VGZU	Plan/Spezifikation zugeordnet	
ZGPF	Zeugnisbestätigung fehlt	
ZGOK	Zeugniseingang bestätigt	

Tabelle 7.2 Übersicht über Prüflosstatus

Neben den allgemeinen Daten (siehe Abbildung 7.2) sind die folgenden Register und Daten im Prüflos zu finden:

▸ Register DATEN ZUR PRÜFLOSHERKUNFT mit Bezugsbelegen, Lieferanten und Kunden

▸ Register PRÜFLOSMENGEN mit Stichprobenumfang und Losmenge

▸ Register PRÜFVORGABEN mit dem zugeordneten Prüfplan und der Materialspezifikation

▸ Register VERWENDUNGSENTSCHEID mit dem Verwendungsentscheid, wenn dieser vorliegt

▸ Register KONTIERUNG mit dem QM-Auftrag, wenn Sie Prüfkosten erfassen

Das Hauptarbeitsinstrument eines Verantwortlichen im QM-Modul ist die Prüflosliste. Sie dient einerseits als Arbeitsvorrat, andererseits als Liste für Auswertungszwecke.

7.2.1 Prüflosliste

Während in der Ergebniserfassung nur Prüflose angezeigt werden, deren Status eine Ergebniserfassung zulässt, erscheinen in der Liste der Prüflose alle Lose. Wenn z. B. ein Prüfplan nicht zugeordnet werden konnte, wird dieses Los in der Ergebniserfassung fehlen. In der Prüflosliste kann überprüft werden, warum das Prüflos nicht erscheint.

Die Prüflosliste rufen Sie über die Transaktion QA32 oder den Pfad LOGISTIK • QUALITÄTSMANAGEMENT • QUALITÄTSPRÜFUNG • ARBEITSVORRAT • PRÜFUNG • DATEN ÄNDERN auf. Typische Selektionskriterien in der Prüflosliste sind das Datum der Loserzeugung, die Prüflosherkunft, das Material oder die Charge.

Wichtig ist der Bearbeitungsgrad des Prüfloses, den Sie in dem Bereich LISTEINSTELLUNGEN bestimmen können. Für Auswertungen werden Sie die Einstellung NUR PRÜFLOSE MIT VERWENDUNGSENTSCHEID SELEKTIEREN wählen. Ein hilfreiches Arbeitsinstrument ist das Feld BEZUGSFELD FÜR MONITOR (siehe Abbildung 7.3). Über dieses Feld steuern Sie die Ampelschaltung in der Prüflosliste. Bei Auswahl der Optionen STARTTERMIN bzw. ENDTERMIN werden Terminüberschreitungen mit einer roten Ampel dargestellt, bei Auswahl der Option OFFENE MENGEN erscheint eine rote Ampel, wenn die zu buchende Menge größer als null ist.

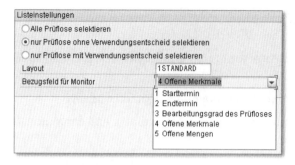

Abbildung 7.3 Selektion für Prüflosliste

In der Prüflosliste sind viele wichtige Informationen enthalten (siehe Abbildung 7.4), z. B. die folgenden:

▸ Feld PRÜFLOS: Die ersten beiden Ziffern entsprechen der Herkunft des Prüfloses.

▸ Feld ZU BUCHENDE MENGE: Das ist die Menge, die sich noch im Qualitätsprüfbestand befindet.

▸ Feld L... (offene Langzeitmerkmale): Anzahl der offenen Merkmale, die für die Langzeitprüfung vorgesehen sind

▸ Feld K... (offene Kurzzeitmerkmale): Anzahl der offenen Merkmale, die freigaberelevant sind. Das ist z. B. ein wichtiges Kriterium, wenn der Verwendungsentscheid von einer anderen Person als dem Prüfer getroffen wird. So ist auf einen Blick ersichtlich, bei welchen Prüflosen die Prüfung beendet ist.

▸ Feld SYSTEMSTATUS: Hier kann der Zustand des Prüfloses abgelesen werden, beim Eintrag EROF ist z. B. kein Prüfplan gefunden worden.

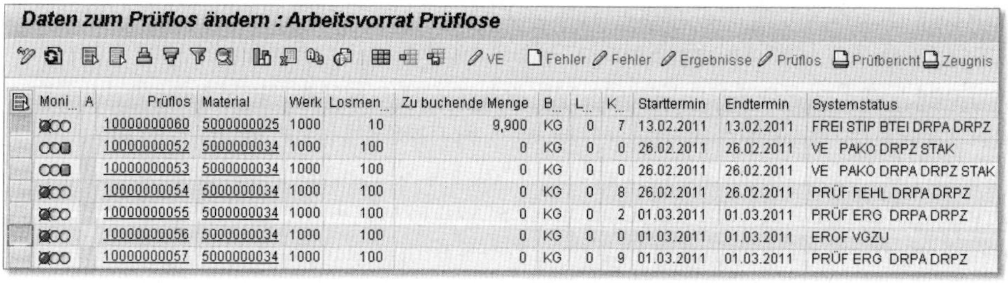

Daten zum Prüflos ändern : Arbeitsvorrat Prüflose

Moni	A	Prüflos	Material	Werk	Losmen	Zu buchende Menge	B	L	K	Starttermin	Endtermin	Systemstatus
⊗○○		10000000060	5000000025	1000	10	9,900	KG	0	7	13.02.2011	13.02.2011	FREI STIP BTEI DRPA DRPZ
○○⊞		10000000052	5000000034	1000	100	0	KG	0	0	26.02.2011	26.02.2011	VE PAKO DRPZ STAK
○○⊞		10000000053	5000000034	1000	100	0	KG	0	0	26.02.2011	26.02.2011	VE PAKO DRPA DRPZ STAK
⊗○○		10000000054	5000000034	1000	100	0	KG	0	8	26.02.2011	26.02.2011	PRÜF FEHL DRPA DRPZ
⊗○○		10000000055	5000000034	1000	100	0	KG	0	2	01.03.2011	01.03.2011	PRÜF ERG DRPA DRPZ
▮○○		10000000056	5000000034	1000	100	0	KG	0	0	01.03.2011	01.03.2011	EROF VGZU
⊗○○		10000000057	5000000034	1000	100	0	KG	0	9	01.03.2011	01.03.2011	PRÜF ERG DRPA DRPZ

Abbildung 7.4 Prüflosliste

Das Layout der Liste können Sie individuell nach Ihren Anforderungen gestalten.

7.2.2 Customizing

Unter QUALITÄTSMANAGEMENT • QUALITÄTSPRÜFUNG • PRÜFLOSERÖFFNUNG finden sich sämtliche Einstellungen rund um die Prüflose. Um eine neue Prüfart anzulegen, müssen Sie nacheinander drei Funktionen aufrufen. Diese werden im Folgenden erläutert.

1. **Funktion »Prüfart pflegen«**
   Sie kopieren eine vorhandene Prüfart und nehmen Ihre Anpassungen vor (siehe Abbildung 7.5).

   ▶ Sie entscheiden im Bereich DRUCKSTEUERUNG pro Prüfart, ob die Formulare sofort gedruckt werden.

   ▶ Sie füllen das Feld PLANVERWENDUNG zu, um gezielt die Prüfpläne auszusteuern.

   ▶ Sie definieren, welche Meldungsart bei der Fehlererfassung erzeugt wird.

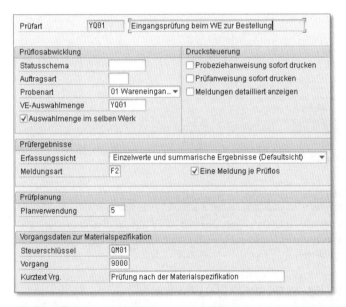

Abbildung 7.5 Prüfart anlegen

2. **Funktion »Prüflosherkunft pflegen und Prüfarten zuordnen«**
   Jede Prüfart muss einer Prüfherkunft zugeordnet werden. Die Prüflosherkünfte sind fest definiert und nicht erweiterbar. Es können mehrere Prüfarten zu einer Herkunft zugeordnet werden. Die Steuerung, welche Prüfart automatisch angelegt wird, richtet sich danach, welche Prüfart in den Prüfeinstellungen des Materials als bevorzugt gekennzeichnet ist.

Sie nehmen folgende Einstellungen vor, um die Prüfart der Herkunft zuzuordnen und die Einstellungen der Herkunft zu überprüfen (siehe Abbildung 7.6):

▷ Sie füllen das Feld NR (Nummernkreis).

▷ Sie klären die Verwendung von Plantyp und Status im Prüfplan (Felder PLNTYP und STATUS).

▷ Sie tragen das Dynamisierungskriterium im Feld DKR ein.

▷ Sie ordnen die Prüfarten einer Variante zu (siehe Abbildung 7.7).

Abbildung 7.6 Prüfarten zur Herkunft – Status in Prüfplan, Dynamisierung

Abbildung 7.7 Prüfarten zur Herkunft – Varianten

[+] **Variante 01**

Nur die Prüfart, die der Variante 01 zugeordnet ist, wird automatisch gezogen. Bei allen anderen muss in den Prüfeinstellungen im Materialstamm das Kennzeichen BEVORZUGT aktiviert werden.

3. **Funktion »Vorschlagswerte zur Prüfart festlegen«**

In dieser Funktion werden die Vorschlagswerte für die Details der Prüfeinstellungen im Materialstamm eingerichtet (siehe Abbildung 7.8). Diese Einstellungen sollten so vorgenommen werden, dass in der Anwendung keine Änderungen mehr erfolgen. Wenn Sie pro Material verschiedene Einstellungen in einer Herkunft benötigen, sollten Sie auch mehrere Prüfarten verwenden. Damit ist sichergestellt, dass alle Prüfabläufe einer Prüfart identisch sind. Die Erklärung der einzelnen Felder entnehmen Sie Kapitel 4, »Logistik-Stammdaten«.

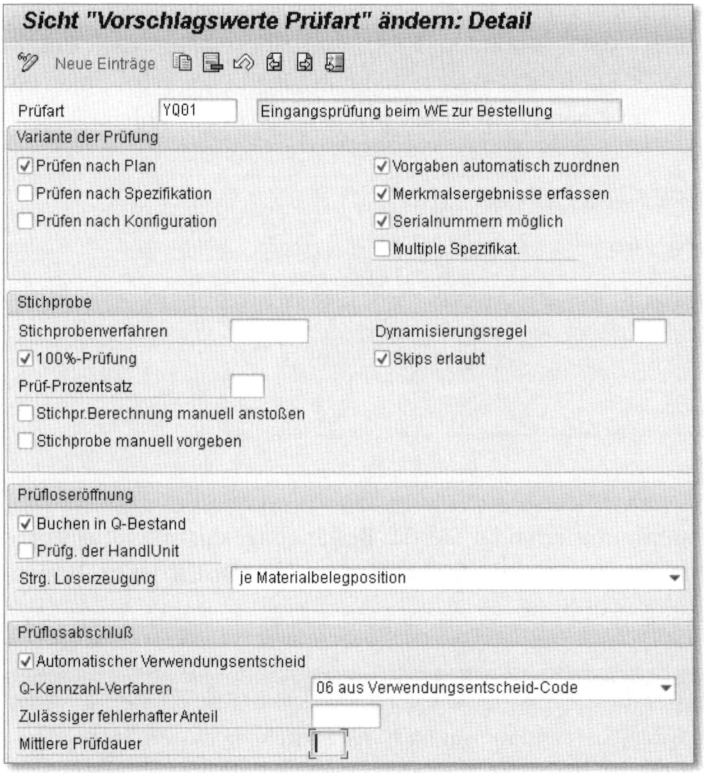

Abbildung 7.8 Vorschlagswerte zur Prüfart

7.3 Funktionen im Prüflos

An dieser Stelle möchte ich Ihnen einzelne Funktionen vorstellen, die Ihnen in der Prüflosbearbeitung zur Verfügung stehen. Als Arbeitsvorrat steht die Liste der Prüflose in der Transaktion QA32 bzw. über den Pfad LOGISTIK • QUALITÄTSMANAGEMENT • QUALITÄTSPRÜFUNG • ARBEITSVORRAT • PRÜFUNG • DATEN ÄNDERN bereit. Sie können die Prüflosbearbeitung von hier aus über den Button ⌀ Prüflos aufrufen. Beachten Sie, dass einige Funktionen inaktiv sind, wenn Sie diesen Weg wählen. In diesem Fall verwenden Sie die Transaktion QA02 über den Pfad LOGISTIK • QUALITÄTSMANAGEMENT • QUALITÄTSPRÜFUNG • PRÜFLOS • BEARBEITUNG • ÄNDERN, um diese Funktionen zu nutzen.

Planzuordnung

Sie möchten die Planzuordnung manuell vornehmen, weil Sie mehrere gültige Prüfpläne haben, oder weil das System bei Loseröffnung zum Stichtag

185

keinen gültigen Prüfplan finden konnte. In diesem Fall wählen Sie das Register PRÜFVORGABEN (siehe Abbildung 7.9) und klicken auf den Button ⬥ Plan/Spezifikation . Findet das System mehr als einen Plan, wird Ihnen ein Pop-up angezeigt, um einen Prüfplan per Doppelklick auszuwählen.

Abbildung 7.9 Prüfvorgaben

Nach der Planzuordnung erhalten Sie die Bestätigung, dass die Stichprobe anhand des Plans errechnet wurde. Sie können nun den Druck der Probezieh- und Prüfanweisung ausführen.

[+] **Stichtag**

Möglicherweise haben Sie den Prüfplan nach der Entstehung des Prüfloses angelegt. Das Datum der Loserzeugung wird vom System als Stichtag vorgeschlagen (siehe Abbildung 7.9). Sie müssen dann das Feld STICHTAG mit dem Tagesdatum überschreiben und anschließend den Button PLAN/SPEZIFIKATION anklicken.

Planänderung

Sie haben den Prüfplan nach der Loseröffnung geändert und möchten nach diesem aktualisierten Plan prüfen. Dazu rufen Sie das Menü PRÜFLOS • SPEZIELLE ÄNDERUNGEN • STICHPROBE ZURÜCKNEHMEN auf oder wählen direkt die Transaktion QAC3 (Stichprobenberechnung stornieren). Hier geben Sie das Prüflos an und sichern die Rücknahme. Anschließend ordnen Sie den Plan zu, wie es für die Planzuordnung beschrieben wurde.

Voraussetzung für dieses Vorgehen ist, dass Sie noch keine Ergebnisse erfasst haben.

Endtermin (aktuelle Bedarfsliste)

Der Endtermin errechnet sich aus der Prüfdauer, die in den Prüfeinstellungen hinterlegt ist. Sie können den Endtermin jederzeit manuell aktualisieren (siehe Abbildung 7.10).

Abbildung 7.10 Endtermin im Prüflos

Sie können den Endtermin auch für die Priorisierung Ihrer Prüflosbearbeitung verwenden, indem Sie in der Selektion der Prüflosliste das Feld BEZUGS-FELD FÜR MONITOR auf den Eintrag ENDTERMIN stellen (siehe Abbildung 7.3).

Auch in der aktuellen Bedarfs- und Bestandsliste (Transaktion MD04) ist für den Disponenten dieser Termin ersichtlich (siehe Abbildung 7.11).

Abbildung 7.11 Prüflos in der aktuellen Bedarfs- und Bestandsliste

Ist-Mengen-Korrektur

Wenn Sie während der Prüfung eine Mengenabweichung feststellen, kann diese Losmenge über den Button ISTMENGE KORRIGIEREN korrigiert werden. Typischerweise wird diese Mengenkorrektur im Wareneingang zur Bestellung genutzt, um z. B. Ergebnisse von Zählungen festzuhalten. Sie sollten diese Funktion bei Fehlbuchungen bevorzugen, wenn Sie Ihre Dynamisierungen nicht durcheinanderbringen möchten, da der Prüfstufenwechsel schon erfolgt ist.

In dem Pop-up, das sich öffnet, nehmen Sie die Änderung vor (siehe Abbildung 7.12). Es finden folgende Buchungen statt:

- Sie erhöhen die Angabe im Feld ISTLOSMENGE: Das System bucht die Differenzmenge mit der Bewegungsart 101 zur Bestellung aus dem Prüflos.

- Sie verringern die Angabe im Feld ISTLOSMENGE: Das System storniert die Differenzmenge mit Bewegungsart 102 zur Bestellung aus dem Prüflos.

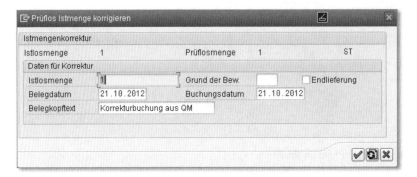

Abbildung 7.12 Ist-Mengen-Korrektur

Umlagerung an einen anderen Lagerort

Soll die gesamte Prüflosmenge an einen anderen Lagerort, z. B. ein Außenlager, umgelagert werden, ist das in der Transaktion QAC2 über den Pfad LOGISTIK • QUALITÄTSMANAGEMENT • QUALITÄTSPRÜFUNG • PRÜFLOS • BEARBEITUNG • LOSMENGE • UMLAGERN möglich. Sie geben den neuen Lagerort im Feld LORT BESTAND ein und können einen Kommentar im Feld BELEGKOPFTEXT eingeben (siehe Abbildung 7.13).

Abbildung 7.13 Losmenge umlagern

Prüflos stornieren

Prüflose, die durch eine Buchung, z. B. den Wareneingang zu einer Bestellung, entstanden sind, werden durch die Stornierung dieser Buchung nicht gelöscht, sondern storniert. Dies ist aber nur so lange möglich, wie das Los noch unbearbeitet ist.

Manuelle Prüflose stornieren Sie über das Menü PRÜFLOS • FUNKTIONEN • PRÜFLOS STORNIEREN. Über diesen Weg können Sie die Stornierung auch wieder rückgängig machen. Ein storniertes Prüflos ist am Status LSTO erkennbar.

Soll ein Prüflos nur vorübergehend nicht bearbeitet werden, kann dieses über denselben Weg auch gesperrt werden.

7.4   Ergebniserfassung

Das Wichtigste in der Prüfabwicklung ist die Ergebniserfassung. Alle Informationen zu einem Prüflos halten Sie in Prüfmerkmalen fest. Über die Steuerkennzeichen in den Prüfmerkmalen legen Sie die Art und Weise fest, wie die Ergebnisse erfasst werden.

Alle Merkmale durchlaufen diese Abfolge: Nach der Ergebniserfassung erfolgen die Ergebnisbewertung und anschließend deren Abschluss. Je nach Einstellung sind dies wirklich drei Schritte, die Sie manuell anstoßen, oder das Merkmal wird sofort bei Eingabe des Wertes automatisiert abgeschlossen.

Im Materialstamm können Sie für die Bestätigung des Users bei der Ergebniseingabe eine digitale Signatur aktivieren, die in Kapitel 8, »Weitere Funktionen in der Prüfabwicklung«, näher erläutert wird.

Je nach Branche, Ablauf oder persönlicher Vorliebe gibt es verschiedene Möglichkeiten und Funktionen bei der Ergebniserfassung, von denen ich einige hier beschreibe.

7.4.1   Ergebniserfassung im Arbeitsvorrat

Den Arbeitsvorrat, der für alle Gegebenheiten verwendet werden kann, rufen Sie über die Transaktion QE51N oder den Pfad LOGISTIK • QUALITÄTSPRÜFUNG • ARBEITSVORRAT • ERGEBNISERFASSUNG auf.

Sie können die Selektion der Prüflose nach folgenden Kriterien auf den entsprechenden Registern vornehmen, um die Ergebniserfassung im Arbeitsvorrat durchzuführen:

▸ Füllen Sie eines oder mehrere dieser Felder: MATERIAL, CHARGE, HERKUNFT, LIEFERANT und HERSTELLER.

▸ Füllen Sie das Feld PROBENUMMER, wenn Sie z. B. die Nummer scannen.

- Füllen Sie das Feld EQUIPMENT für die Lose aus der Instandhaltung bzw. Prüfmittelverwaltung.

- Füllen Sie das Feld PRÜFLOSNUMMER, wenn Sie z. B. die Nummer scannen

Sie können die Selektion darüber hinaus weiter einschränken bzw. die Aufbereitung der Anzeige beeinflussen (siehe Abbildung 7.14):

- **Daten eintragen**
  Tragen Sie die entsprechenden Daten in die Felder LOS ENTSTANDEN AM oder START DER PRÜFUNG/ENDE DER PRÜFUNG ein.

- **Feld »Maximale Trefferzahl«**
  Sie sollten dieses Feld leer lassen, da das Feld mit 50 vorbelegt ist und daher nur 50 Lose gelesen werden, auch wenn es mehr Lose zu bearbeiten gibt.

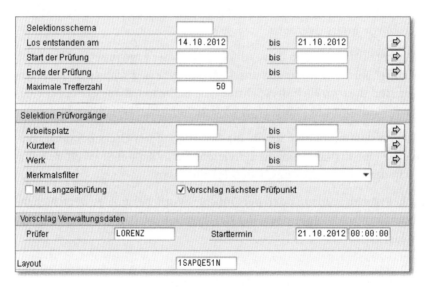

Abbildung 7.14 Selektion für Arbeitsvorrat

- **Feld »Arbeitsplatz«**
  Haben Sie in Ihren Vorgängen einen Arbeitsplatz zugeordnet, können Sie danach selektieren. So sieht z. B. der Lagermitarbeiter, der die logistische Prüfung im Wareneingang durchführt, nur die Prüfmerkmale, die er zu prüfen hat.

- **Feld »Merkmalsfilter«**
  Entsprechend der Eingabe in diesem Feld werden die Prüfmerkmale anhand des Status gefiltert. Folgende Optionen stehen zur Verfügung:

- *Offene Muss-Merkmale:* Merkmale im Status 1

- *Alle Merkmale:* Merkmale unabhängig von ihrem Bearbeitungsstand

- *Offene Merkmale:* Merkmale im Status 0 und 1

- *Bewertete, aber noch offene Merkmale:* Merkmale im Status 3

- *Merkmale an Subsystem übertragen:* Merkmale im Status 6

- **Feld »Mit Langzeitprüfung«**
  Haken Sie dieses Kennzeichen an, wenn Sie die Langzeitprüfung nutzen möchten (siehe Abschnitt 7.7).

- **Feld »Vorschlag nächster Prüfpunkt«**
  Es kann sofort ein neuer Prüfpunkt angelegt werden. Diese Einstellung ist wichtig für die Arbeit mit freien Prüfpunkten oder Probenerweiterung.

- **Felder »Prüfer« und »Starttermin«**
  Eingabe des Prüfers, wenn Sie mit Sammelbenutzern arbeiten, und des Prüfdatums, wenn Sie später die Ergebnisse erfassen

- **Feld »Layout«**
  Layoutvorgabe der Liste

Sie sollten die Möglichkeiten zur gezielten Einschränkung der Prüflosselektion kennen, um den Arbeitsvorrat übersichtlich zu gestalten. Ständig wiederkehrende Eingaben können Sie über die Funktion der Vorbelegung fixieren. Sie rufen den Button MEINE VORBELEGUNG auf, nehmen Ihre Einstellungen vor und sichern anschließend die Benutzervariante.

7.4.2   Benutzereinstellung

Diese Funktion – erreichbar über den Button BENUTZEREINSTELLUNGEN (🖾) – ermöglicht es Benutzern, Customizing-Voreinstellungen zu überschreiben, z. B. Schnellfunktionen aktivieren (siehe Abbildung 7.15). Auf der linken Seite sehen Sie die aktivierten Werkseinstellungen aus dem Customizing (🏭), in der mittleren Spalte können Sie die Funktion aktivieren (◼), rechts deaktivieren (◇). Die Einstellung, um die Prüfungen am schnellsten zu erfassen, ist folgende:

1. **Abschließen bei Weiter**
   Das Merkmal wird sofort abgeschlossen, wenn Sie die ⏎ -Taste drücken.

2. **Sprung auf nächstes Merkmal**
   Sie springen sofort in das nächste zu erfassende Merkmal.

3. **Sprung auf den nächsten zu prüfenden Vorgang**
   Sie springen sofort in den nächsten Vorgang.

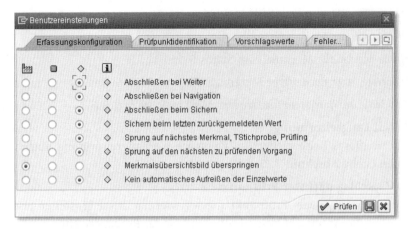

Abbildung 7.15 Benutzereinstellungen

Option »Kein automatisches Aufreißen der Einzelwerte«

Stört es Sie, dass Sie immer in der Ergebniserfassung zum ersten Prüflos landen, obwohl Sie ein ganz anderes bearbeiten möchten? Dann deaktivieren Sie die Funktion KEIN AUTOMATISCHES AUFREISSEN DER EINZELWERTE. Dadurch erhalten Sie nach dem Ausführen der Selektion die Liste der Prüflose und öffnen gezielt das gewünschte Los zur Ergebniserfassung.

7.4.3 Status der Merkmale

Nach dem Ausführen der Selektion des Arbeitsvorrats sehen Sie in einem Hierarchiebaum auf der linken Seite alle relevanten Prüflose (siehe Abbildung 7.16).

Anhand der Farbe der Prüflose erkennen Sie den Bearbeitungsstand. Nur blau hervorgehobene Prüflose müssen noch bearbeitet werden. Auf der Ebene des Prüfloses werden Ihnen die wichtigsten Daten angezeigt, wie das Material, der Lieferant oder der Hersteller. Darunter erscheinen die Vorgänge mit den Prüfmerkmalen. Sind diese schon abgeschlossen, können Sie anhand des Icons die Bewertung erkennen, z. B. Prüflos 10000000190. Sind für die Prüflose Prüfpunkte aktiv, sehen Sie unter dem Vorgang die Merkmale zu dem jeweiligen bewerteten Prüfpunkt, z. B. Prüflos 30000000202. Rechts erfolgt die Ergebniserfassung zu dem per Doppelklick aufgerufenem Prüflos, in der Abbildung Prüflos 10000000190. Jedes Prüfmerkmal weist einen Status auf. Der Status des Merkmals zeigt Ihnen die Bearbeitungsstände an, die in Tabelle 7.3 aufgeführt sind.

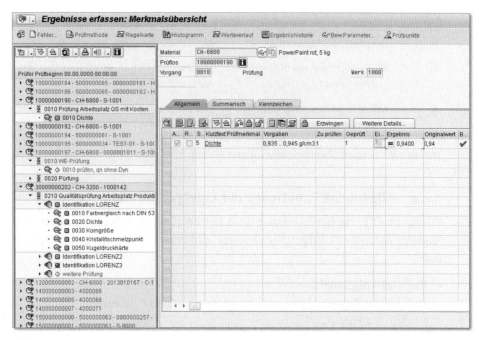

Abbildung 7.16 Merkmalsübersicht mit Hierarchiebaum

Status	Bezeichnung	Bemerkung
0	Kann bearbeitet werden	Steuerkennzeichen: Kann-Merkmal
1	Muss bearbeitet werden	Steuerkennzeichen: Muss-Merkmal
2	Bearbeitet	Ergebnis wurde eingegeben, es ist keine Funktion in den Benutzereinstellungen aktiv.
3	Bewertet	Ergebnis wurde bewertet.
4	Skip	Merkmal befindet sich aufgrund der Dynamisierung im Prüfverzicht.
5	Bearbeitung abgeschlossen	Merkmal ist abgeschlossen.
6	Merkmal an Subsystem übertragen	Erfassung findet im Subsystem statt, keine Erfassung möglich.
7	Fixiert (Bearbeitung nicht möglich)	keine Erfassung möglich

Tabelle 7.3 Übersicht über Prüfmerkmalstatus

Status	Bezeichnung	Bemerkung
9	Gesperrt für Auswertungen	Merkmal wird nicht ausgewertet.
A	Muss-Merkmal nach Annahme Leitmerkmal	Steuerkennzeichen: bedingtes Merkmal
B	Muss-Merkmal nach Rückweisung Leitmerkmal	Steuerkennzeichen: bedingtes Merkmal

Tabelle 7.3 Übersicht über Prüfmerkmalstatus (Forts.)

7.4.4 Allgemeine Funktionen der Ergebniserfassung

Häufig bzw. je nach Einstellung wird bei der Ergebniserfassung zuerst das Register ALLGEMEIN aufgerufen. Folgende Unterschiede weisen die Register auf:

▶ **Register »Allgemein«**
Auf diesem Register können Sie folgende Ebenen erfassen:

▷ summarische Ergebnisse in Form von Code, Fehlerzahl oder Mittelwert

▷ Einzelergebnisse, bei Eingabe öffnen sich so viele Zeilen, wie Ergebnisse erwartet werden

▶ **Register »Summarisch«**
Hier findet die Erfassung der summarischen Werte statt, Merkmale mit Einzelergebniserfassung werden nur angezeigt.

▶ **Register »Prüfling«**
Hier findet die Erfassung der Einzelwerte statt, Merkmale mit summarischer Erfassung werden nur angezeigt. Diese Erfassung nutzen Sie, wenn Sie mehrere Merkmale an einem Prüfling erfassen. Alle Ergebnisse sind dabei genau einem Prüfstück zugeordnet. Wenn Sie mit Serialnummern arbeiten, werden diese Nummern als PRÜFLING vorgeschlagen.

▶ **Register »Kennzeichen«**
Hier können ausschließlich die Kennzeichen bearbeitet werden.

Je nach Art des Prüfmerkmals unterscheidet sich auch die Art des Ergebnisses. Bitte lesen Sie dazu auch das Kapitel 3, »Grunddaten«. Folgende Arten von Prüfmerkmalen sind möglich:

▶ qualitative Merkmale mit Ausprägungscode oder Fehlerzahl

▶ quantitative Merkmale als Messwerterfassung

▸ Formelmerkmale

▸ Informationsmerkmale, wie z. B. Datum der Entnahme oder Charge einer Prüfsubstanz

Die Erfassungsmethode des Prüfmerkmals wird über die Steuerkennzeichen bestimmt, die Bewertung des Prüfmerkmals im Stichprobenverfahren. Ich stelle Ihnen im Folgenden die am häufigsten verwendeten Kombinationen von Prüfmerkmalen mit Bewertungsverfahren vor: Die folgenden Abbildungen 7.17 bis 7.23 sind Teile der rechten Seite von Abbildung 7.16 und beeinflusst durch die jeweiligen Einstellungen.

Qualitative Merkmale

Es können folgende Bewertungen für qualitative Prüfmerkmale verwendet werden:

▸ **QL, Summarische Erfassung mit Ausprägungscode, Bewertung fehlerhafter Einheiten** (siehe Abbildung 7.17)
Sie wählen im Feld ERGEBNIS den Code aus der Suchhilfe aus. Das System bewertet das Ergebnis gemäß der Codevorgabe. Weicht die geprüfte Anzahl von der Vorgabe ab, erfassen Sie die tatsächlich geprüfte Menge im Feld GEPRÜFT.

Abbildung 7.17 Bewertung Qualitativ_1

▸ **QL, Summarische Erfassung mit Fehlerzahl, Bewertung fehlerhafter Einheiten** (siehe Abbildung 7.18)
Sie erfassen die Anzahl der gefundenen Fehler im Feld ERGEBNIS. Das System bewertet das Merkmal entsprechend der Annahmezahl im Stichprobenverfahren. Weicht die geprüfte Anzahl von der Vorgabe ab, erfassen Sie die tatsächlich geprüfte Menge im Feld GEPRÜFT.

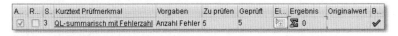

Abbildung 7.18 Bewertung Qualitativ_2

▸ **QL, Einzelwerterfassung, ohne Merkmalsausprägung, Bewertung fehlerhafter Einheiten**
Sie erfassen jeden einzelnen Wert A oder R direkt als Bewertung im Feld ERGEBNIS. Einen Mittelwert gibt es nicht.

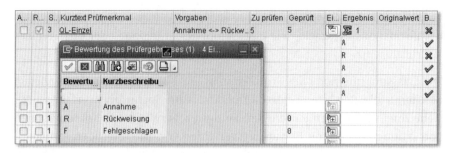

Abbildung 7.19 Bewertung Qualitativ_3

Quantitative Merkmale

Es können folgende Bewertungen für quantitative Prüfmerkmale verwendet werden:

▸ **QN, Summarische Erfassung, Grenzwerte, Bewertung fehlerhafter Einheiten** (siehe Abbildung 7.20)
Einzelwerte werden außerhalb des Systems zusammengefasst. Der Mittelwert wird erfasst und bewertet.

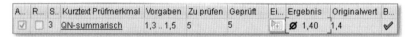

Abbildung 7.20 Bewertung Quantitativ_1

▸ **QN, Einzelwerterfassung, Grenzwerte, Bewertung Mittelwert im Toleranzbereich** (siehe Abbildung 7.21)
Die Einzelwerte werden erfasst. Der Mittelwert wird bewertet. Wenn Abweichungen nach oben und unten vorhanden sind, gleichen sich diese im Mittelwert aus.

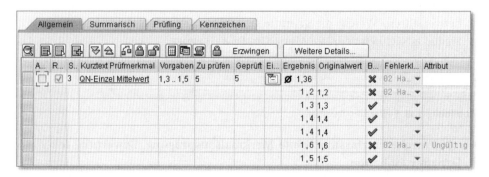

Abbildung 7.21 Bewertung Quantitativ_2

Möchten Sie einzelne Werte aus der Berechnung ausschließen, verwenden Sie das Attribut UNGÜLTIG. Es wird dann ein neuer gültiger Wert erwartet. Sie sehen in Abbildung 7.21, dass der Wert 1,6 als ungültig gekennzeichnet wurde. Dadurch konnte ein neuer Wert erfasst werden.

▶ **QN, Einzelwerterfassung, Grenzwerte, Bewertung fehlerhafter Einheiten** (siehe Abbildung 7.22)
Sie erfassen Einzelwerte. Das System zählt die fehlerhaften Einzelwerte und bewertet das Merkmal entsprechend der Annahmezahl im Stichprobenverfahren. Möchten Sie einzelne Werte aus der Berechnung ausschließen, verwenden Sie das Attribut UNGÜLTIG, wie beschrieben. Es wird dann ein neuer gültiger Wert erwartet.

A...	R...	S...	Kurztext Prüfmerkmal	Vorgaben	Zu prüfen	Geprüft	Ei...	Ergebnis	Originalwert	B...
☐	☑	3	QN-Einzel fehlerhafte Einheiten	1,3 .. 1,5	5	5	🖅	⌀ 1,40		✘
								1,2	1,2	✘
								1,4	1,4	✔
								1,5	1,5	✔
								1,6	1,6	✘
								1,3	1,3	✔

Abbildung 7.22 Bewertung Quantitativ_3

▶ **QN, summarische Erfassung, ohne Grenzwerte, Bewertung fehlerhafter Einheiten** (siehe Abbildung 7.23)
Sie erfassen den Mittelwert und bewerten das Merkmal manuell.

A...	R...	S...	Kurztext Prüfmerkmal	Vorgaben	Zu prüfen	Geprüft	Ei...	Ergebnis	Originalwert	B...
	☑	☐	3	QN-summarisch ohne Grenzen	Keine Vorgaben	5	5	🖅	⌀ 1,6	1,6	✔

Abbildung 7.23 Quantitativ_4

Formelmerkmale

Haben Sie in Ihrem Vorgang Formelmerkmale definiert, können Sie die Berechnung entweder manuell oder automatisch durchführen (lassen): Die manuelle Berechnung stoßen Sie nach der Bewertung der als Grundlage dienenden Prüfmerkmale über den Button ▦ (Formel auswerten) an; die automatische Berechnung wird beim Abschließen aller Merkmale vom System übernommen. Je nach Formelparameter (siehe Kapitel 5, »Prüfplanung«) werden die Einzel- oder die Mittelwerte berechnet.

Über den Button 🖉 (Formelanzeige) können Sie sich zur Kontrolle die Formel anzeigen lassen. In Abbildung 7.24 sehen Sie die Formel C00040 *(der Mittelwert des Merkmals 40) x 10*. Das Ergebnis ist 14.

Abbildung 7.24 Formelanzeige zum Merkmal

Weitere Funktionen

Oft möchten Sie Daten zu Prüflosen festhalten, für die keine Felder vorgesehen sind. Dafür können Sie auch Prüfmerkmale verwenden. Ich möchte Ihnen diese Möglichkeiten sowie viele weitere Funktionen vorstellen, die Ihnen die Ergebniserfassung in den Merkmalsdetails bietet.

Alle Buttons, die hier erwähnt werden, finden Sie über der Merkmalstabelle (siehe Abbildung 7.16):

▶ **Informationsmerkmal**
Möchten Sie nur Informationen festhalten, verwenden Sie dafür die Prüfbemerkung. Sie müssen jedoch immer auch im Feld ERGEBNIS einen Eintrag vornehmen oder einen Abschluss erzwingen, da das Ergebnis sonst nicht auf der Datenbank abgespeichert werden kann. Eine Möglichkeit, um dieses Ergebnis getrennt auszuwerten, ist eine eigene Merkmalsgewichtung zum Ausfiltern in Auswertungen.

▶ **Eingabeverarbeitung 300 (Datum)**
Die ausgelieferte Variante der Eingabeverarbeitung 300 (Datum) überprüft das im Feld ERGEBNIS eingegebene Datumsformat. Damit kann dieses Ergebnis in jeder eigenen Auswertung als Datum aufbereitet werden.

In Abbildung 7.25 wurde als Ergebnis 301012 für den 30.10.2012 eingegeben, wie am Feld ORIGINALWERT erkennbar ist. Durch Drücken der ⏎-Taste wurde das Datum automatisch in die Form JJJJMMTT umgewandelt.

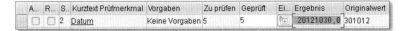

A...	R...	S..	Kurztext Prüfmerkmal	Vorgaben	Zu prüfen	Geprüft	Ei...	Ergebnis	Originalwert
☐	☐	2	Datum	Keine Vorgaben	5	5	🔲	20121030,0	301012

Abbildung 7.25 Eingabeverarbeitung des Datums

▶ **Nestnummer**

In bestimmten Fertigungsprozessen, wie z. B. in der Spritzgießerei, müssen Sie die Ergebnisse pro Nest festhalten. Im Feld PRÜFPOSITION haben Sie die Möglichkeit, diese Nummer festzuhalten (siehe Abbildung 7.26).

A...	R...	S..	Kurztext Prüfmerkmal	Vorgaben	Geprüft	Prü...	Ei...	Ergebnis
☐	☐	2	Durchmesser (Außen)	10,00 .. 10,20		10	🔲	10,14
☐	☐	2	Durchmesser (Außen)	10,00 .. 10,20		11	🔲	10,11
☐	☐	2	Durchmesser (Außen)	10,00 .. 10,20		12	🔲	10,12
☐	☐	2	Durchmesser (Außen)	10,00 .. 10,20		13	🔲	10,09

Abbildung 7.26 Nestnummer

▶ **Prüfbemerkung**

Sie können zu jedem Ergebnis eine Prüfbemerkung als Kurz- oder Langtext erfassen. Beachten Sie dabei immer, auf welcher Ebene Sie sind. Das ist wichtig für Auswertungen oder den Ergebnisbericht, die Ihnen entweder die Einzel- oder Mittelwerte anzeigen.

▶ **Merkmalsbewertung**

Je nach System- bzw. Benutzereinstellungen stoßen Sie die Merkmalsbewertung entweder über die Bestätigung der Eingabe mit der ⏎-Taste oder über den Button 🔓 (Bewerten) an.

Die Bewertung des eingegebenen Wertes findet anhand des Bewertungsmodus im Stichprobenverfahren statt. Ist ein automatisches Verfahren eingerichtet, wird automatisch das Kennzeichen A (Annahme) bzw. R (Rückweisung) gesetzt. Haben Sie dem Prüfmerkmal ein manuelles Bewertungsverfahren zugeordnet, erscheint ein Pop-up zur Auswahl der Bewertung. Nach der Bewertung ist das Ergebnis nicht mehr eingabebereit, der Status hat sich auf 3 (bewertet) geändert. Für eine Korrektur müssen Sie das Prüfmerkmal über den Button 🔓 (In Bearbeitung setzen) wieder auf den Status 2 (bearbeitet) setzen.

Manuelle Bewertung, obwohl die automatische gewählt ist   **[zB]**

Sie haben ein automatisches Verfahren ausgewählt. Trotzdem fordert das System Sie zu einer manuellen Bewertung auf. Überprüfen Sie daher die Steuerkennzeichen zum Prüfumfang. Ist keine feste Stichprobe gesetzt, kann das System nicht ermitteln, ob bereits alle Ergebnisse erfasst wurden.

▶ **Merkmalsattribut**

Über das Feld ATTRIBUT (siehe Abbildung 7.21) können Sie das Ergebnis z.B. folgendermaßen beeinflussen:

▷ < >: wenn der Wert nicht genau bestimmbar ist

▷ Ausreißer: wenn das Ergebnis nicht in der Statistik dargestellt werden soll

▷ Ungültig: wenn ein Messfehler vorliegt, das System erwartet stattdessen einen neuen Wert

▶ **Merkmalsabschluss**

Je nach System- bzw. Benutzereinstellungen stoßen Sie den Merkmalsabschluss entweder über die Bestätigung der Eingabe mit der ⏎-Taste an oder über den Button 🔒 (Abschließen). Das System bewertet dann auch automatisch das Prüfmerkmal, wenn der Status auf 2 (bearbeitet) war.

Der Status wechselt beim Merkmalsabschluss von 2 bzw. 3 auf 5. Ist das Vieraugenprinzip (ab EHP 3) bei Ihnen aktiviert, wird geprüft, ob der aktuelle Benutzer mit dem Erfasser identisch ist.

Je nach Steuerkennzeichen des Prüfmerkmals im Plan (Dokupflicht bzw. Dokupflicht bei Rückweisung) wird jetzt die Prüfbemerkung zur Pflichteingabe.

▶ **Merkmal wieder in Arbeit**

Stellen Sie nach der Bewertung bzw. dem Abschluss eine fehlerhafte Eingabe fest, können Sie das Merkmal über den Button 🔓 (In Bearbeitung setzen) wieder eingabebereit machen, um die Korrektur vorzunehmen. Haben Sie in den Steuerkennzeichen den Änderungsbeleg aktiviert, wird jetzt ein Änderungsbeleg erzeugt, der es Ihnen ermöglicht, nachzuvollziehen, wer wann was geändert hat.

Möchten Sie zu einem Merkmal, das sich im Status 4 (SKIP) befindet, Ergebnisse erfassen, können Sie das Merkmal über diese Funktion in den Bearbeitungsstatus bringen.

▶ **Abschluss erzwingen**

Können die Ergebnisse nicht vollständig erfasst werden, weil z.B. die Kapazität fehlt oder eine Messmaschine ausgefallen ist, kann der Abschluss über den Button 🔒 Erzwingen erzwungen werden.

▶ **Messmittelanbindung**

Sollen Ergebnisse direkt aus einer Messmaschine übernommen werden, ist meist ein Subsystem erforderlich. Enge SAP-Partner sind in diesem Bereich die Firmen IDOS Software AG und Dr. Eilebrecht SSE.

Zur Anbindung der Messmitteltreiber dienen die Infofelder im Prüfmerkmal. Die Übernahme der Messwerte erfolgt über einen Button im Merkmalsdetail. Dieser Button wird im User-Exit `QEEM0021` (User-Exit Zusatzfunktionen für User-Taste + US1) kundenspezifisch ausgeprägt und aktiviert (z. B. Button GET MEASURED DATA in Abbildung 7.27).

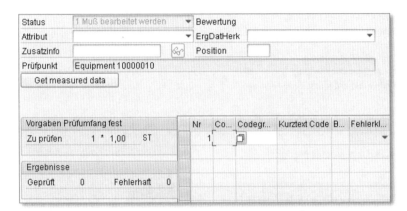

Abbildung 7.27 Messmittelanbindung

▸ **Erfassung Prüfmittel**
Das Prüfmittel, das Sie bei der Messung verwendet haben, können Sie im Feld ZUSATZINFO festhalten (siehe Abbildung 7.27). Als Suchhilfe stehen Ihnen hier alle angelegten Equipments zur Verfügung.

▸ **Ungeplantes Merkmal**
Sie haben jederzeit die Möglichkeit, zusätzliche Merkmale über den Button 🗗 (Zusätzliches Merkmal anlegen) in den Prüfvorgang einzufügen. Dabei stehen alle Stammprüfmerkmale zur Auswahl, die als vollständige Kopiervorlage oder Referenzmerkmal angelegt sind. Nachdem Sie das Merkmal ausgewählt haben, können Sie die Vorgaben anpassen (siehe Abbildung 7.28).

▸ **Prüfmethode anzeigen**
Über den Button 🗗 Prüfmethode öffnet sich ein Pop-up zur Anzeige des Langtextes der Prüfmethode (siehe Abbildung 7.29).

▸ **Erfassung im Subsystem**
Ist dem Arbeitsplatz, der in einen Prüfvorgang eingebunden ist, ein Subsystem zugeordnet, findet die Ergebniserfassung komplett in dem Subsystem statt. Die Merkmale sind im SAP-System zur Eingabe gesperrt (siehe Kapitel 8, »Weitere Funktionen in der Prüfabwicklung«).

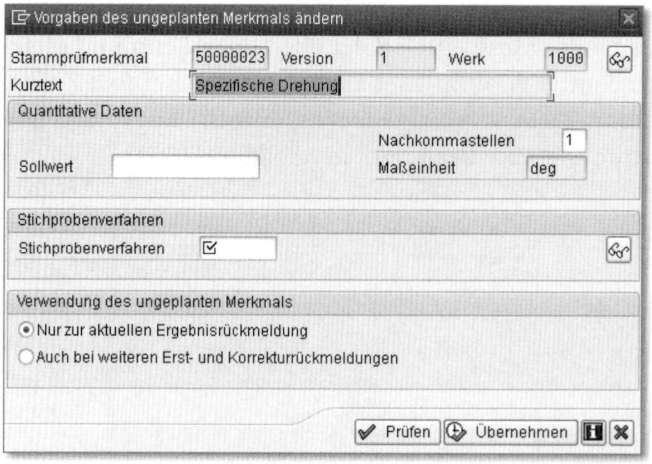

Abbildung 7.28 Ungeplantes Merkmal

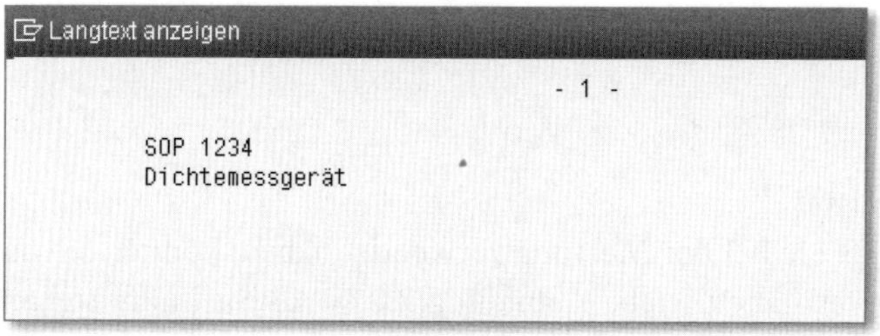

Abbildung 7.29 Langtext zur Prüfmethode

7.4.5 Varianten zur Ergebniserfassung

Neben dem allgemeinen Arbeitsvorrat stehen Ihnen noch andere Transaktionen für die Ergebniserfassung zur Verfügung. Ob Sie besser mit dem Arbeitsvorrat oder mit einer dieser Transaktionen arbeiten können, unterliegt zumeist subjektiven Entscheidungskriterien. Probieren Sie am besten alle Möglichkeiten aus, um die für Sie optimale Methode zu finden.

Sie erreichen die hier aufgeführten Varianten über den Pfad Logistik • Qualitätsprüfung • Arbeitsvorrat • Varianten der Ergebniserfassung.

▶ **Transaktion QA32 (Erfassung über die Liste der Prüflose)**
Diese Erfassung ist gut geeignet, wenn Sie nicht mit Proben oder Prüfpunkten arbeiten.

▶ **Transaktion QE72 (Erfassung losübergreifend)**
Wenn Sie zeitgleich mehrere Chargen analysieren, können Sie die Ergebnisse schneller erfassen. Diese Variante ist jedoch nur für die summarische

Erfassung zu empfehlen. In Abbildung 7.30 sehen Sie, dass Sie Einzelwerte erst über den Button 🗐 erfassen können.

Merkmale zu mehreren Prüflosen, vorgangsübergreifend

🗐 ✏️ ✂️ 🔒 ⊠Regelkarte 🗐STI-Auswertungen 🗐Ergebnishistorie

		Prüflos	10000000150	10000000151
		Material	C9000	C9000
		Charge	2012102601	2012102602
			◂ ▸	

|◂ ◂ ▸ ▸| 🗐 🔒 Und sichern

Vorgang	Merkmal	Vorgaben	Ergebnis	Ergebnis
0010	Ident-Prüfung Lösungsmittel	YQ03		
0010	Dichte	0,935 - 0,945 g/cm3	🗐	🗐
0010	Dichte	0,94 - 0,95 g/cm3	🗐	🗐

Abbildung 7.30 Tabellarische Erfassung

▶ **Transaktion QE71 (Erfassung zu Prüfpunkten)**
Alle Prüfpunkte stehen untereinander (siehe Abbildung 7.31). Die Ergebnisse sind direkt vergleichbar.

Material	11302163003	"Motor ""C"" 10W"		
Prüflos	130000007055			
SysSt	PRÜF FEHL			🗐
Vorgang	0090 Motor komplett montieren		Werk	1002
ArbPlatz	23204002 Montieren Motor (autom.)		Werk	1002

Erfassart		Mittelwert	Mittelwert	Fehlerhafte Einh.
Info		10,4 - 10,8 mm	2,80 - 3,50 …	
Zu prüfen		3	3	3
		◂ ▸ ⋯		

|◂ ◂ ▸ ▸| 🗐 🔒 Und sichern

Prüfer	Datum	Uhrzeit	Nummer	<4> Wellenvorstand A-Seite	Gehäuse v…	Verschlusslappen anliegend lt. Zeichnung
	26.10.2012	11:26:11		🗐	🗐	
KRETTEK	08.09.2012	21:32:24	1501	✔ 10,6	✔ 3,24	✔ 0
KRETTEK	08.09.2012	14:12:36	1501	✔ 10,6	✔ 3,26	✔ 0
KRAMMER	08.09.2012	13:36:41	3275	✔ 10,6	✔ 3,28	✔ 0
RAMMONAT	08.09.2012	06:22:21	1476	✔ 10,6	✔ 3,27	✔ 0
RAMA	08.09.2012	05:48:49	5059	✔ 10,6	✔ 3,26	✔ angenommen und abgeschlossen
RAMA	07.09.2012	22:14:15	5059	✔ 10,6	✔ 3,26	✔ 0
KRETTEK	07.09.2012	21:34:47	1501	✔ 10,6	✔ 3,30	✔ 0

Abbildung 7.31 Erfassung zu Prüfpunkten

▶ **Transaktion QE73 (Erfassung zum Stammprüfmerkmal)**
Sie erfassen zu genau einem Prüfmerkmal die Ergebnisse zu mehreren Prüflosen.

7.4.6 Customizing: Ergänzung der Attribute

Im Customizing unter QUALITÄTSPRÜFUNG • ERGEBNISERFASSUNG • ATTRIBUTE ERGÄNZEN können Sie Ihre eigenen Attribute erfassen. Wichtig ist dabei, zu entscheiden, ob diese Attribute als gültiges Ergebnis zählen. Ihnen steht eine begrenzte Auswahl an gültigen und ungültigen Kundenattributen zur Verfügung (siehe Abbildung 7.32).

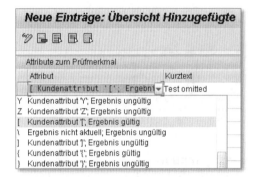

Abbildung 7.32 Neues Attribut

Notwendigkeit kundeneigener Attribute

Zum Beispiel muss es möglich sein, kein Ergebnis, aber eine Prüfbemerkung zu erfassen, etwa dann, wenn die Testplatte unbrauchbar geworden und der Testversuch nicht mehr wiederholbar ist. Dieses Prüfmerkmal darf nicht in den Auswertungen, z. B. in Mittelwertberechnungen berücksichtigt werden.

Ohne Ergebnisse pflegen Sie in dem Prüfmerkmal zur Dokumentation des Vorfalls die Prüfbemerkung, setzen das neue Attribut (z. B. test omitted) und erzwingen den Merkmalsabschluss. Dieses Attribut, wird in Auswertungen berücksichtigt.

7.4.7 Vorgangsabschluss

Ab SAP ERP 6.0 können Sie in der Ergebniserfassung vorgangsbezogen eine Bewertung erfassen und Folgeaktionen auslösen, wenn Sie die PA-PLM-Extension aktivieren. Damit verfügen Sie nach der Ergebnisbewertung über einen zusätzlichen Bewertungsschritt, z. B. eine Freigabe durch den Fachbereich.

Sie erfassen den Abschluss über den Button 🔒 (Vorgangsabschluss) neben der Vorgangsnummer. Sobald Sie den Abschluss erfasst haben, sehen Sie die Bewertung des Vorgangs im Objektbaum auf der linken Seite mit der Angabe (A für Annahme bzw. R für Rückweisung) vor der Vorgangsbezeichnung (siehe Abbildung 7.33). Zudem sehen Sie die Vorgangsbewertung auf dem

Register im Verwendungsentscheid (siehe Abschnitt 7.6). Damit haben Sie die vollständige Bearbeitung des Vorgangs gekennzeichnet.

Abbildung 7.33 Vorgangsabschluss

Über die Berechtigung der Codegruppe kann der Vorgangsabschluss nur ausgewählten Usern zugeordnet werden.

[+]

Vorgangsabschluss

Der Vorgangsabschluss hat einen rein informativen und keinen steuernden Charakter. Das heißt, Sie können ihn jederzeit durchführen, ohne Auswirkung auf die Ergebniserfassung oder das Treffen des Verwendungsentscheids.

Im Customizing unter QUALITÄTSPRÜFUNG • ERGEBNISERFASSUNG • EINSTELLUNGEN ZUM VORGANGSABSCHLUSS können Sie die Prüfarten pro Werk definieren, für die ein Vorgangsabschluss vorgenommen werden soll. Sie ordnen die Auswahlmenge zu, die beim Abschluss zur Verfügung steht (siehe Abbildung 7.34).

Sicht "Einstellungen zum Vorgangsabschluss" ändern: Übersicht

🖉 Neue Einträge 🗇 🖫 🖎 🖫 🖫 🖫

Einstellungen zum Vorgangsabschluss

Prüfart	Werk	VorgAbschluss ...	VE-AusMg	WerkAusMg	Werk	⊞
YQ04	1000	☑	01	1000	☐	▲
YQ09	1000	☐			☐	▼

Abbildung 7.34 Einstellungen zum Vorgangsabschluss

7.4.8 Ergebnisbericht drucken

Sie können jederzeit den Ergebnisbericht zu einem Prüflos drucken, er enthält alle Prüfmerkmale aus dem Prüflos. Liegen die Ergebnisse bereits vor, werden diese angedruckt.

Sie haben zwei Möglichkeiten, den Ausdruck zu starten, entweder aus der Liste der Prüflose heraus über den Button ⬚Prüfbericht oder über die Transaktion QGA3 bzw. den Pfad Logistik • Qualitätsmanagement • Qualitätsprüfung • Prüfergebnis • Drucken.

In der Selektion geben Sie vor, welche Details der Bericht enthalten soll. Diese Details können Sie über die Checkboxen aktivieren (siehe Abbildung 7.35). Haben Sie ein eigenes Formular angelegt, geben Sie dieses im Feld SAPScript Ausgang an.

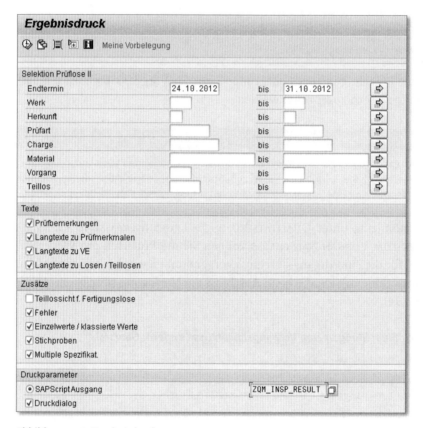

Abbildung 7.35 Ergebnisdruck

Möchten Sie in der Transaktion QA32 (Liste der Prüflose) nicht jedes Mal das Selektionsbild durchlaufen, legen Sie in der Transaktion QGA3 die Selektionsvariante I_TYP_## an. ## steht dabei für die Prüfart. Möchten Sie also einen Prüfbericht zu einem Prüflos mit der Prüfart 01 ausgeben, wird die Variante I_TYP_01 gelesen. Ist diese nicht vorhanden, erscheint das Selektionsbild auf dem Bildschirm.

Anpassung am Druckprogramm   **[+]**

Sind auch Anpassungen am Druckprogramm notwendig, weil Sie z. B. noch zusätzliche Daten ausgeben möchten, aktivieren Sie den dafür vorgesehenen User-Exit (siehe Kapitel 23, »Unterstützende QM-Funktionen«).

7.5 Fehlererfassung

Stellen Sie während der Prüfung Fehler fest, können Sie diese sofort erfassen. Fehler können Toleranzabweichungen von der Spezifikation sein, aber auch Auffälligkeiten außerhalb der Prüfung, wenn Sie z. B. die Lieferung nicht im vereinbarten Zustand erhalten haben.

Sie erfassen die Fehler mit einer Codierung – so haben Sie später eine gute Auswertungsmöglichkeit, Fehlerhäufigkeiten darzustellen – auf drei Ebenen:

▶ zum Prüflos

▶ zum Prüfvorgang

▶ zum Prüfmerkmal

Im Hintergrund wird beim Sichern eine Qualitätsmeldung in der Meldungsart erzeugt, die im Customizing der Prüfart zugeordnet ist. Entsprechend der Ebene werden die Daten in die Meldung übernommen. Ob Sie diese Qualitätsmeldung weiterbearbeiten, liegt in Ihrem Ermessen. Sie sollten aber jeden Fehler erfassen, um Wiederholungsfehler zu erkennen.

Verweigerung der Annahme der Lieferung   **[zB]**

Sehen Sie schon beim Abladen der Lieferung, dass Sie die Ware nicht annehmen werden, brechen Sie den Ausladevorgang ab. Sie sollten aber trotzdem den Wareneingang im System buchen und retournieren. Denn nur so stehen diese Daten für die Lieferantenbeurteilung zur Verfügung.

Es gibt viele Möglichkeiten, die Fehlererfassung anzustoßen:

▶ Aus der Liste der Prüflose in der Transaktion QA32, wenn es sich um einen allgemeinen Fehler handelt oder gar nicht mit Prüfmerkmalen gearbeitet wird. Dieser Fehler wird auf Losebene erzeugt (siehe Abschnitt 7.5.1).

▶ Direkt in der Ergebniserfassung, wenn der Fehler während der Prüfung auf Vorgangs- oder auf Merkmalsebene stattfindet (siehe Abschnitt 7.5.2).

▶ Im Verwendungsentscheid über den Button [Fehler...], dieser Fehler wird auf Losebene erzeugt.

7.5.1 Fehlererfassung aus der Liste der Prüflose

Diese Variante der Fehlererfassung können Sie z. B. verwenden, wenn ein Mitarbeiter aus dem Lager Fehler erfasst. Nach dem Anstoß der Fehlererfassung über einen der beiden Buttons ⬚Fehler ⬚Fehler (siehe Abbildung 7.4) tragen Sie die gewünschte BERICHTSART ein (siehe Abbildung 7.36).

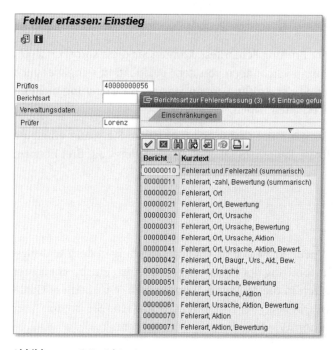

Abbildung 7.36 Berichtsart

Diese Berichtsart können Sie auch in Ihren eigenen Benutzerdaten als Parameter QFE hinterlegen, um das Feld vorzubelegen. Die Berichtsart steuert, welche Felder Ihnen im nächsten Bild zur Verfügung stehen, die Texte dazu sind selbsterklärend. Für die reine Fehlererfassung wählen Sie die Berichtsart 00000010 (Fehlerart und Fehlerzahl (summarisch)). Als Nächstes erhalten Sie ein Popup, in dem Sie die Ebene der Erfassung, z. B. zum Prüflos wählen. Nach Bestätigung der Eingabe gelangen Sie auf das Bild der Fehlerübersicht (siehe Abbildung 7.37).

Über die Berichtsart wird das Berichtsschema gefunden. Dieses enthält die Auswahl der verwendbaren Codegruppen. Ich beschreibe das Berichtsschema in Kapitel 19, »Qualitätsmeldung«.

Im Bild FEHLERÜBERSICHT ZUM PRÜFLOS wählen Sie nun aus dem Katalog die Fehlerart aus, erfassen die Fehlerzahl und eventuell einen den Fehler näher beschreibenden Text (siehe Felder FEHLERART, FEHLERZAHL und TEXT in Abbildung 7.37).

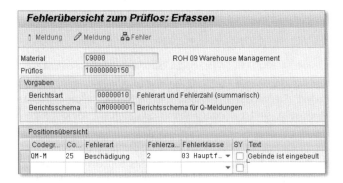

Abbildung 7.37 Fehlerübersicht

Der Fehlerart ist eine Fehlerklasse zugeordnet, die automatisch als Vorschlag eingefügt wird. Diese Klasse steht für Auswertungen zur Verfügung. Bei der Fehlerklasse KRITISCHER FEHLER kann auch eine Workflow-Anbindung aktiviert werden, um z. B. eine Mail zu erzeugen.

Sie haben jetzt drei Möglichkeiten der weiteren Bearbeitung:

1. Sie können ohne weitere Aktionen sichern und die Fehlererfassung verlassen: Das System erzeugt im Hintergrund eine Qualitätsmeldung. Wenn Sie diese Meldung nicht bearbeiten, wird sie automatisch mit dem Verwendungsentscheid abgeschlossen.

2. Sie aktivieren die Meldung über den Button ⬆ Meldung (Meldung aktivieren).

Abbildung 7.38 Meldung aktivieren

3. Dabei öffnet sich ein Pop-up, um weitere notwendige Angaben zu hinterlegen (siehe Abbildung 7.38). Die Meldung ist jetzt aktiv. Dadurch wird verhindert, dass sie mit dem Verwendungsentscheid abgeschlossen wird.

4. Sie springen über den Button ✎ Meldung (Meldung bearbeiten) in die Meldungsbearbeitung. Die Meldungsbearbeitung wird ausführlich in Kapitel 19, »Qualitätsmeldung«, erläutert. Auch damit wird die Meldung nicht mit dem Verwendungsentscheid abgeschlossen.

[+]

> **Sichern der Meldung?**
>
> Wenn Sie aus der Fehlererfassung in die Meldungsbearbeitung verzweigen, ist die Speicherfunktion deaktiviert. Sie verlassen das Bild mit Button ⏎ (Zurück). Erst wenn Sie die Ergebnisse sichern, sind auch der Fehler und damit die Meldung gesichert.

Zurück in der Liste der Prüflose können Sie mithilfe des Buttons 🔁 (Aktualisieren) sehen, dass sich der Status des Prüfloses auf FEHL geändert hat. Damit sind die fehlerhaften Prüflose in dieser Liste sofort erkennbar.

7.5.2 Fehlererfassung aus der Ergebniserfassung

Über die Auswahl des Buttons, mit dem Sie den Fehler erfassen, legen Sie die Ebene der Fehlererfassung fest (siehe Abbildung 7.39).

Abbildung 7.39 Fehlererfassung aus Ergebniserfassung

Klicken Sie auf den Button 🗋 Fehler... in der Button-Leiste, wird der Fehler zum Vorgang erfasst, klicken Sie auf den Button 🗋 (Feld F... (Fehler) in der Merkmalszeile) werden die Merkmalsdaten in die Meldung übernommen. Das kann wichtig sein: Wenn Sie z. B. dem Lieferanten das abweichende Merkmal aufzeigen möchten, benötigen Sie Detaildaten, die Sie nur über den Button 🗋 mitgeben können.

Der Ablauf der Fehlererfassung entspricht dem in Abschnitt 7.5.1 skizzierten. Wenn Sie einen Arbeitsplatz verwenden, können Sie diesem auch hier über das Customizing eine Berichtsart zuweisen. Die Abfrage nach der Berichtsart im Pop-up entfällt in diesem Fall.

Sie können in der Ergebniserfassung auch die automatische Fehlererfassung für rückgewiesene Merkmale nutzen. Hier stehen Ihnen zwei Möglichkeiten zur Verfügung:

▶ **Automatische Fehlererfassung mit hinterlegtem Code**
Haben Sie in den Steuerkennzeichen des Prüfmerkmals das Kennzeichen für die automatische Fehlererfassung aktiviert, legt das System beim Abschließen eines Merkmals mit der Bewertung *Rückweisung* im Hintergrund einen Fehler mit der Fehlerart an, die Sie dem Prüfmerkmal zugeordnet haben. Wenn Sie Fehlercodes allgemein gewählt haben, wird dieser Fehler generell bei einer Toleranzabweichung erzeugt. Haben Sie dagegen die Fehlercodes der oberen bzw. unteren Toleranz zugeordnet, wird dieser detaillierte Code spezifisch angelegt (siehe Abbildung 7.40).

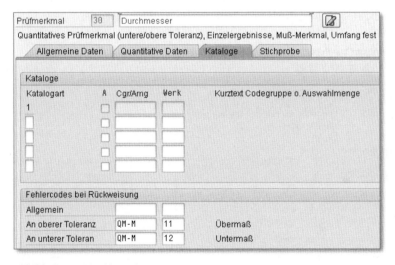

Abbildung 7.40 Fehlercodes

▶ **Automatische Fehlererfassung ohne hinterlegten Code**
Sie können die automatische Fehlererfassung auch aktivieren, ohne einen Code zu hinterlegen. Damit öffnet sich beim Abschließen des Merkmals automatisch das Pop-up zur Fehlererfassung. So können Sie die Funktion auch für qualitative Merkmale nutzen, zu denen eine Abweichung nicht im Vorfeld mit einem Code definiert werden kann.

[+] **Warnmeldung**

In dieser Konstellation weist Sie das System bei der Planprüfung jedoch immer darauf hin, dass die Fehlercodes noch fehlen, obwohl die Fehlererfassung aktiv ist. Dies ist nur eine Warnung, die Sie bestätigen können.

7.5.3 Customizing: Vereinfachte Fehlererfassung

Die Grundeinstellungen zur Fehlererfassung werden ausgeliefert und müssen nur wenig angepasst werden. Da Sie sicherlich mit eigenen Fehlercodes arbeiten, sollten Sie diese zunächst in einem Berichtsschema zusammenfassen (zum Berichtsschema lesen Sie Kapitel 19, »Qualitätsmeldung«). Zudem sollten Sie eine eigene Berichtsart definieren, die Ihr Berichtsschema und die Zuordnung der Berichtsart zu dem Arbeitsplatz in Ihrem Werk enthält. Auf diese Weise ist eine vereinfachte Fehlererfassung möglich.

Wählen Sie im Customizing QUALITÄTSMANAGEMENT • QUALITÄTSPRÜFUNG • QUALITÄTSMELDUNG • FEHLERERFASSUNG • BERICHTSART DEFINIEREN. Im Schritt FEHLERBERICHTSART DEFINIEREN kopieren Sie zunächst eine Berichtsart und tragen Ihr angelegtes Berichtsschema ein (siehe Abbildung 7.41).

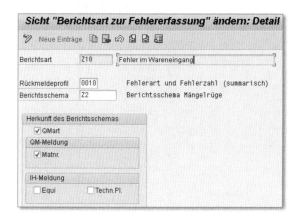

Abbildung 7.41 Berichtsart

Über den Bereich HERKUNFT DES BERICHTSSCHEMAS können Sie steuern, ob Sie mit materialspezifischen Fehlerarten arbeiten möchten. Mit der Einstellung aus der Abbildung sucht das System zuerst im Materialstamm, ob in der Q-Sicht ein Berichtsschema hinterlegt ist. Nur wenn kein Schema gefunden wird, übernimmt das System das hier erfasste Schema zur Meldungsart.

Anschließend ordnen Sie im Schritt BERICHTSART ZUM ARBEITSPLATZ ZUORDNEN diese neue Berichtsart dem Arbeitsplatz zu. Das Feld SUBSYS benötigen

Sie nur, wenn Sie Fehlerdatensätze mit einem Subsystem austauschen möchten (Abbildung 7.42).

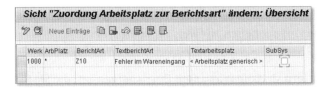

Abbildung 7.42 Zuordnung der Berichtsart zum Arbeitsplatz

Möchten Sie abhängig vom Vorgang andere Fehlerarten bereitstellen, müssen Sie mehrere Berichtsarten mit unterschiedlichen Berichtsschemata anlegen und diese Einträge den Arbeitsplätzen zuordnen. Dann stehen Ihnen in der Fehlererfassung zum Wareneingang andere Codes zur Verfügung als in der Fehlererfassung der Produktion.

7.6 Verwendungsentscheid

Den Abschluss eines jeden Prüfloses bildet der Verwendungsentscheid. Anhand von Codes treffen Sie die Entscheidung über den Einsatz des geprüften Materials.

Mit dem Verwendungsentscheid werden folgende Funktionen angestoßen bzw. beendet:

▸ Die Ergebniserfassung ist abgeschlossen. Eine Ergebniskorrektur ist nicht mehr möglich.

▸ Der Qualitätsprüfbestand wird entlastet.

▸ Wenn vorgesehen, werden Folgeaktionen angestoßen, die dem Verwendungsentscheidcode zugeordnet sind.

▸ Die Qualitätslage wird angepasst, wenn eine Dynamisierung hinterlegt ist.

▸ Die Qualitätskennzahl (QKZ) wird berechnet.

▸ Die Statistik wird fortgeschrieben.

▸ Die Meldung wird abgeschlossen, wenn eine Fehlererfassung erfolgt ist und die Meldung nicht bearbeitet oder aktiviert wurde.

▸ Die multiple Spezifikation wird ausgewertet und das Ergebnis an das Merkmal der Charge übergeben.

▸ Die Ergebnisse werden an die Charge übergeben, wenn Prüfmerkmale mit Chargenmerkmalen verknüpft sind.

Sie können den Verwendungsentscheid zu einem Prüflos über mehrere Wege anstoßen: aus dem Arbeitsvorrat der Ergebniserfassung per Doppelklick auf das Prüflos, über den Button _⃠ VE_ aus der Liste der Prüflose oder direkt über die Transaktion QA11. Falls noch nicht alle Merkmale abgeschlossen sind, sehen Sie einen blau hervorgehobenen Hinweis im oberen Bereich des Verwendungsentscheids.

Auf verschiedenen Registern sind die relevanten Daten aufgelistet, die Sie für die Entscheidung benötigen. Die beiden Register FEHLER und MERKMALE sind immer enthalten (siehe Abbildung 7.43), die anderen sind abhängig von der Art und Einstellung des Prüfloses.

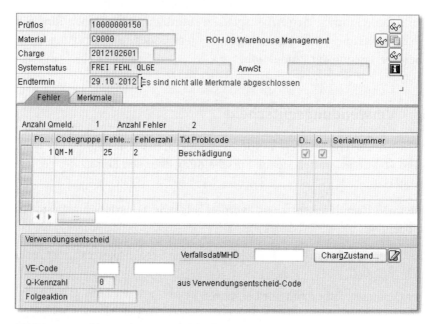

Abbildung 7.43 Verwendungsentscheid erfassen

Ich stelle mögliche Register kurz vor:

▸ Register FEHLER: Enthält alle erfassten Fehler.

▸ Auf dem Register MERKMALE können Sie zwischen zwei Anzeigen wählen:

  ▸ _Relevante Merkmale für Verwend.Entscheid:_ Es werden offene und rückgewiesene Merkmale angezeigt.

  ▸ _Alle Merkmale:_ Es werden alle Merkmale angezeigt.

▸ Register PHYSISCHE PROBEN: Anzeige der Proben mit deren Bewertung

▸ Register VORGANGSABSCHLUSS: Anzeige der Vorgänge mit deren Bewertung

▶ Register PRÜFPUNKTE: Anzeige der Prüfpunkte mit deren Bewertung

▶ Register EQUIPMENTS: Anzeige der Equipments mit deren Bewertung

▶ Auf dem Register PRÜFLOSBESTAND finden Sie zum einen eine Anzeige der bisher durchgeführten Bestandsbuchungen, wenn die Prüflosmenge im Qualitätsprüfbestand verwaltet wird. Zum anderen eine Anzeige der Handling Units, wenn dem Prüflos Handling Units zugeordnet sind.

▶ Register MULTIPLE SPEZIFIKATION: Vorschlag der Chargenbewertung, kann verändert werden

Ein Verwendungsentscheid wird mit dem Code eines Katalogs der Katalogart 3 abgeschlossen. Sie wählen den Code anhand der Suchhilfe aus (siehe Abbildung 7.44). Alle grün hinterlegten Codes führen zur Annahme, die roten zur Rückweisung. Das Icon ![icon] vor dem Kurztext signalisiert Ihnen, dass diesem Code eine Folgeaktion zugeordnet ist. Mit dem Icon ![icon] nach dem Text können nen Sie sich den Langtext anzeigen lassen. Wenn Sie mit dem Cursor über den Code fahren, wird Ihnen die zum Code hinterlegte QKZ angezeigt.

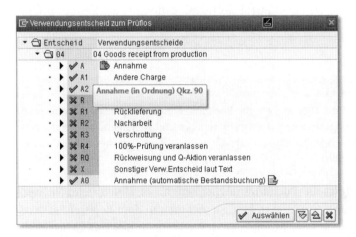

Abbildung 7.44 Auswahl des Verwendungsentscheidcodes

Folgende Prüfungen finden bei der Bestätigung des Codes mit der ⏎-Taste statt:

▶ Sind noch nicht alle Muss-Merkmale abgeschlossen, findet eine Sicherheitsabfrage statt, in der Sie den Prüfabschluss erzwingen können, wenn Sie die Berechtigung dazu haben.

▶ Ist die Dokupflicht in der QM-Sicht im Materialstamm aktiv, erscheint im Bild des Verwendungsentscheids der blau hervorgehobene Hinweis DOKU-PFLICHTIG, und Sie werden aufgefordert, Folgendes zu begründen,

> warum Sie den Verwendungsentscheid treffen möchten, obwohl offene Muss-Merkmale vorhanden sind

> warum Sie den Verwendungsentscheid treffen möchten, obwohl unbewertete Prüfpunkte bzw. Proben vorliegen

> warum Sie einen Verwendungsentscheid *mit Annahme* treffen möchten, aber Prüfmerkmale rückgewiesen wurden

▶ Handelt es sich um Chargen, können Sie an dieser Stelle das MHD/Verfallsdatum entweder erfassen oder bestätigen. Beim Sichern wird das Datum im Chargenstamm aktualisiert.

7.6.1 Qualitätsprüfbestand entlasten

Die Funktion der Umbuchungen aus dem Qualitätsprüfbestand gilt nur für bestandsrelevante Prüflose. Haben Sie zum Code in den Stammdaten einen Buchungsvorschlag hinterlegt und die automatische Mengenbuchung aktiviert, wird die Buchung beim Sichern des Verwendungsentscheids automatisch im Hintergrund durchgeführt. Falls nicht, fordert Sie das System auf, die Buchung vorzunehmen, indem das Register PRÜFLOSBESTAND aufgerufen wird.

[+] **Freigabe nur nach Verwendungsentscheid?**

Sie haben jederzeit die Möglichkeit, die Buchungen aus dem Qualitätsprüfbestand vor dem Verwendungsentscheid durchzuführen. Sie sind an keinen Status des Loses gebunden. So können Sie jederzeit Materialien vorab freigeben, wenn das Material dringend benötigt wird.

Abbildung 7.45 zeigt die Buchungsmöglichkeiten, die Ihnen beim Verwendungsentscheid zur Verfügung stehen. Sie nehmen in dem Register PRÜFLOSBESTAND die Aufteilung der Mengen zu der jeweiligen Bestandbuchung vor. Ist die Summe der Mengen größer als die zu buchende Menge, wird eine Fehlermeldung ausgegeben – ist sie kleiner, erhalten Sie eine Warnmeldung, dass das Prüflos nicht vollständig entlastet ist. Sie können die Buchung nach getroffenem Verwendungsentscheid jederzeit in der Transaktion QA12 (Verwendungsentscheid ändern) fortführen.

Sie können folgende Bestandsbuchungen aus dem Prüflos heraus anstoßen:

▶ **An frei**
Die Buchung erfolgt in den freien Bestand mit Angabe eines neuen Lagerortes, wenn auch eine Umlagerung stattfinden soll.

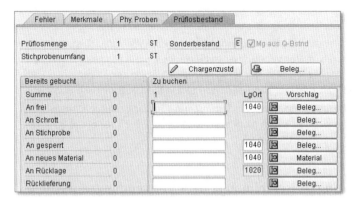

Abbildung 7.45 Prüflosbestand

- **An Schrott**
  Sie vernichten die Menge, die selbst verschuldet bei der Prüfung unbrauchbar geworden ist.

- **An Stichprobe**
  Sie buchen die Stichprobenmenge, die durch die Prüfung zerstört wurde. Ist das Steuerkennzeichen ZERSTÖRENDE PRÜFUNG in den Prüfmerkmalen gesetzt, wird hier die Probemenge vorschlagen, wenn die Prüfung beendet ist.

- **An gesperrt**
  Die Menge wird für die weitere Verwendung ausgeschlossen und steht einer späteren Rücklieferung, Vernichtung bzw. Nacharbeit zur Verfügung.

- **An neues Material**
  Haben Sie durch die Prüfung erhebliche Qualitätsunterschiede festgestellt, können Sie das Material hier verändern. Beachten Sie aber, dass sich dabei auch der Materialwert verändert. Oder Sie möchten nur eine Teilmenge einer Charge sperren. Ihre Arbeitsanweisungen lassen aber nicht zu, dass eine Charge zwei Bestandsarten aufweist. Dann können Sie hier die freizugebende Teilmenge an eine neue Charge buchen.

- **An Rücklage**
  Buchung des Rückstellmusters bzw. der Rückstellprobe in den gesperrten Bestand. Als Lagerort wird der Rückstelllagerort aus den Werkseinstellungen vorgeschlagen.

- **Rücklieferung**
  Die Menge wird sofort mit der Bewegungsart 122 an den Lieferanten zurückgeliefert. Damit ist sie nicht mehr im Bestand. Diesen Weg verwenden Sie vorzugsweise, wenn Sie die Anlieferung nicht angenommen haben.

[+]

Lagerort ist WM-geführt (Lagerverwaltung)

Wenn der Lagerort, an dem Sie die Buchung vornehmen, WM-geführt ist, beachten Sie, dass alle Buchungen im Verwendungsentscheid auch Umbuchungen in WM (SAP-Modul Warehouse Management) erfordern. Wenn Sie die gesamte Losmenge komplett in eine Bestandsart buchen, kann der Transport in WM automatisch erfolgen.

Bei jeder Teilmengenbuchung muss die Umbuchung in WM manuell angestoßen werden, da das System die Paletten nicht automatisch zuordnen kann. Sprechen Sie sich mit den WM-Verantwortlichen ab.

7.6.2 Customizing: Auswahlmenge dem Verwendungsentscheid zuordnen

Um im Verwendungsentscheid nur die Auswahl an Codes zur Verfügung zu haben, die in diesem Ereignis relevant sind, wird der Prüfart die Auswahlmenge zugeordnet. Dazu wählen Sie QM • QUALITÄTSPRÜFUNG • PRÜFLOSERÖFFNUNG • PRÜFART DEFINIEREN (siehe Abbildung 7.46).

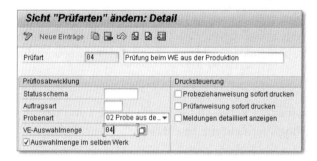

Abbildung 7.46 Zuordnung der Auswahlmenge zur Prüfart

In dem Feld AUSWAHLMENGE tragen Sie den entsprechenden Code ein. Wenn Sie das Kennzeichen AUSWAHLMENGE IM SELBEN WERK aktivieren, können Sie die Auswahlmenge pro Werk unterschiedlich ausprägen.

7.6.3 Sammel-Verwendungsentscheid

Um den Ablauf zu vereinfachen, können Sie mehrere Prüflose – vorausgesetzt alle Ergebnisse sind mit der Bewertung *Annahme* abgeschlossen worden – gleichzeitig abschließen. Dazu rufen Sie die Transaktion QA16 oder den Pfad LOGISTIK • QUALITÄTSMANAGEMENT • QUALITÄTSPRÜFUNG • ARBEITSVORRAT • PRÜFLOSABSCHLUSS • SAMMEL-VERWENDUNGSENTSCHEID auf.

Sie geben wie gewohnt Ihre Selektionskriterien zur Suche der Prüflose ein. Zum Beispiel haben Sie in einer Materialbelegbuchung mehrere Chargen erfasst, die Sie zusammen freigeben möchten. Dann würden Sie in der Selektion den Materialbeleg angeben. In den Feldern zum Verwendungsentscheid geben Sie die Auswahlmenge, das Werk, die Codegruppe und den Verwendungsentscheidcode an, der für alle ausgewählten Prüflose gelten soll (siehe Abbildung 7.47).

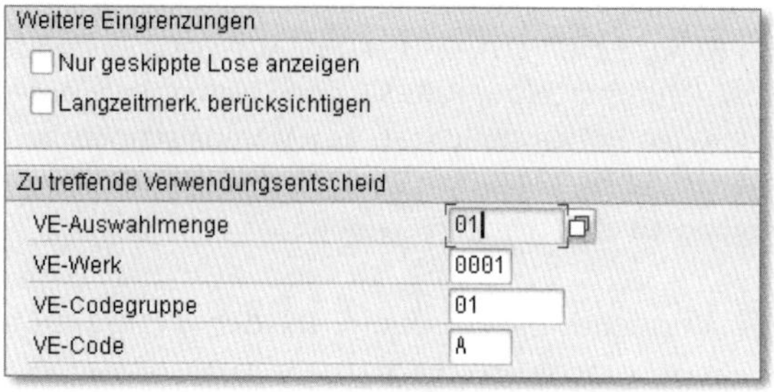

Abbildung 7.47 Sammel-Verwendungsentscheid

Nach der Selektion erhalten Sie die Liste der Sammel-Verwendungsentscheide (siehe Abbildung 7.48).

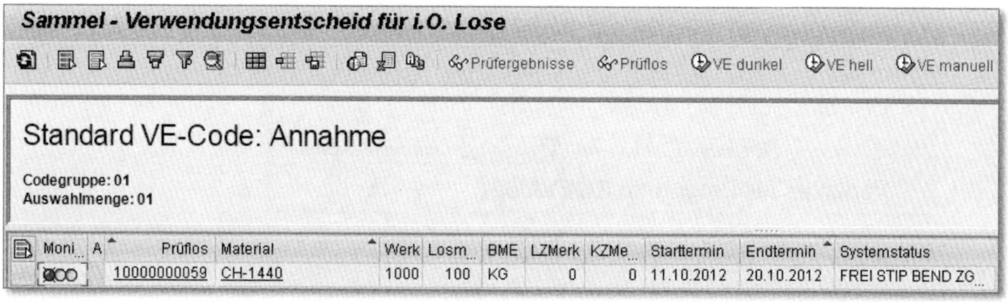

Abbildung 7.48 Liste der Sammel-Verwendungsentscheide

Hier markieren Sie alle gewünschten Prüflose und entscheiden mithilfe der Buttons über die Art des Verwendungsentscheids: ob dieser im Hintergrund stattfinden soll (VE dunkel) oder ob Sie eingreifen können möchten (VE hell).

Um die Buchungen im Hintergrund auszuführen, muss in der Auswahlmenge des Verwendungsentscheidcodes wie in Kapitel 3, »Grunddaten«, beschrieben das Kennzeichen MENGE DUNKEL gesetzt sein.

7.6.4 Automatischer Verwendungsentscheid (Allgemein)

Sie können Prüflose auch automatisch per Job abschließen lassen. Diese Funktion wird für Skip-Lose oder für abgeschlossene Lose ohne Fehler verwendet, um sich den Abschluss als zusätzlichen Schritt zu ersparen. Es werden hierbei keine Prüflose der Prüfart 03 und 14 berücksichtigt. Dafür steht die Funktion AUTOM. VERWENDUNGSENTSCHEID – AUFTRAG zur Verfügung (siehe Abschnitt 7.6.5).

[zB]

Verwendungsentscheid automatisch abschließen

Sie möchten nur jeden dritten Wareneingang eines bestimmten Lieferanten prüfen. Dazu setzen Sie im Prüfplan das Kennzeichen DYNAMISIERUNG AUF LOSEBENE und ordnen die entsprechende Dynamisierungsregel zu. Falls Sie ohne Plan prüfen, ordnen Sie die Dynamisierungsregel in den Prüfeinstellungen des Materialstamms zu. Die Prüflose, die nicht zur Prüfung anstehen, befinden sich im Status SKIP (Prüfverzicht). Diese Prüflose sollen automatisch abgeschlossen werden.

Sie rufen den automatischen Verwendungsentscheid in der Transaktion QA10 oder über den Pfad LOGISTIK • QUALITÄTSPRÜFUNG • ARBEITSVORRAT • PRÜFLOSABSCHLUSS • AUTOM. VERWENDUNGSENTSCHEID – ALLGEMEIN • ANSTOSS MANUELL auf. Sie können das Programm auch als Job einplanen. Hierzu wählen Sie die Transaktion QA17 (Planung der Jobs, siehe Abbildung 7.49).

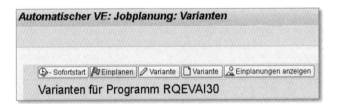

Abbildung 7.49 Jobeinplanung – automatischer Verwendungsentscheid

Sie legen über den Button ⬜ Variante pro Prüfart und Werk eine Selektionsvariante an. In diesem Bild geben Sie alle gewünschten Daten an (siehe Abbildung 7.50): die Felder WERK, PRÜFART und VE-CODE. Markieren Sie das Kennzeichen AUTOMAT. VE FÜR GESKIPPTE LOSE, werden die Prüflose im Status SKIP berücksichtigt. Markieren Sie das Kennzeichen AUTOMAT. VE FÜR ABGESCHLOSSENE LOSE, werden alle Prüflose, deren Ergebnisse mit der Bewertung *Annahme* abgeschlossen wurden und für die keine Fehler vorhanden sind, analog zum Sammel-Verwendungsentscheid abgeschlossen.

Nach dem Sichern der Variante kann diese über den Button 🏴Einplanen eingeplant werden.

Die Jobeinplanung sollte zentral in der IT-Abteilung durchgeführt werden, um diesen Job für eine gute Systemauslastung mit den anderen Jobs zu koordinieren.

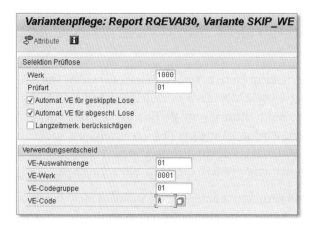

Abbildung 7.50 Selektionsvariante anlegen

Welche Prüflose werden beim automatischen Verwendungsentscheid betrachtet? [+]

In den Werkseinstellungen im Customizing (siehe Kapitel 2, »Grundeinstellungen im Customizing«) ist die Wartezeit der Prüflose vorgegeben, also die Zeit, die seit der Losentstehung verstrichen ist. Es werden nur die Prüflose berücksichtigt, die vor dieser Zeit entstanden sind.

7.6.5 Automatischer Verwendungsentscheid (Auftrag)

Mit dieser Funktion werden Prüflose der Prüfart 03 und 14 berücksichtigt. Der Ablauf ist identisch mit dem soeben beschriebenen. In der Selektion geben Sie jedoch den Status vor, den der Auftrag haben muss, um das Prüflos abzuschließen (siehe Abbildung 7.51).

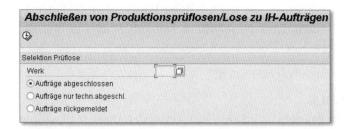

Abbildung 7.51 Automatischer Verwendungsentscheid – Auftrag

7.6.6 Verwendungsentscheid ändern

Sie haben die Möglichkeit, den Verwendungsentscheid mit oder ohne Historie zu ändern. Das heißt, Sie ändern den Verwendungsentscheidcode und damit auch die QKZ (Qualitätskennzahl). Falls Sie eine Folgeaktion zu dem neu zugeordneten Code aktiviert haben, wird diese beim Sichern durchlaufen.

Um den Verwendungsentscheid zu ändern, stehen Ihnen die beiden Transaktionen QA12 (Verwendungsentscheid ändern mit Historie) und QA14 (Verwendungsentscheid ändern ohne Historie) zur Verfügung. Je nachdem, welche Transaktion Sie wählen, wird der Langtext des Verwendungsentscheids zur Pflichteingabe. Ist Ihr Material als dokupflichtig gekennzeichnet, werden Sie bei einer Änderung immer aufgefordert, einen Grund anzugeben.

Den Verwendungsentscheid zurückzunehmen, ist im Standard nicht möglich. Sollte dies gewünscht sein, können Sie eine entsprechende Kundenerweiterung nutzen. Über diese Kundenerweiterung werden der Verwendungsentscheidcode und damit der Prüflosstatus zurückgenommen. Die Buchungen sind davon ausgeschlossen, da nicht sichergestellt ist, dass die Bestandssituation immer noch so vorliegt. Wie Sie mit Kundenerweiterungen arbeiten, lesen Sie in Kapitel 23, »Unterstützende QM-Funktionen«.

7.6.7 Customizing: Folgeaktion

Haben Sie im Code der Auswahlmenge eine Folgeaktion zugeordnet, wird diese beim Sichern des Verwendungsentscheids durchlaufen – gleichgültig, ob es sich um die Erfassung des Verwendungsentscheides oder eine Änderung dessen handelt.

Es werden einige Folgeaktionen ausgeliefert, die Sie jederzeit mit eigenen Aktionen ergänzen und im Customizing über QUALITÄTSMANAGEMENT • QUALITÄTSPRÜFUNG • PRÜFLOSABSCHLUSS • FOLGEAKTION DEFINIEREN zuordnen (siehe Abbildung 7.52) können. Als Vorlage dient Ihnen dabei die Folgeaktion EXAMPLE_L, die einen Funktionsbaustein beinhaltet, der als Vorlage dient.

Ausgeliefert werden diese Folgeaktionen:

▶ **MAIL/MAIL2/MAIL3**
Beim Aufruf dieses Bausteins wird eine Mail versendet. Diese Mail wird in dem Mail-Eingang der Person, die den Verwendungsentscheid trifft, angezeigt und kann von dort aus an weitere Personen gesendet werden.

▶ **QM_PM**
Diese Funktion ist für die Prüfmittelverwaltung relevant und wird dort beschrieben (siehe Kapitel 15).

▶ **QM_ST_***

Diese Funktion ist für die Stabilitätsstudie relevant und wird dort beschrieben (siehe Kapitel 16).

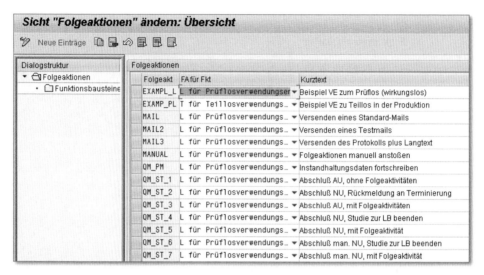

Abbildung 7.52 Folgeaktionen

7.7 Langzeitprüfung

Langzeitprüfungen sind Prüfungen, die für die Freigabe des Prüfloses nicht relevant sind und deren Ergebnisse unabhängig vom Verwendungsentscheid irgendwann später zu diesem Prüflos erfasst werden können. Zum Beispiel führen Sie einmal jährlich eine umfangreiche Materialprüfung durch. Dazu geben Sie das Material an ein externes Prüflabor. Die Ergebnisse sind nicht entscheidend für den Einsatz dieser Lieferung in der Fertigung. Oder Sie starten eine mikrobiologische Untersuchung. Da diese sehr zeitintensiv ist, geben Sie das Prüflos schon für die Produktion frei, wenn während der Kurzzeitprüfung keine Auffälligkeiten aufgetreten sind.

Voraussetzung für die Arbeit mit Langzeitprüfungen sind die beiden Steuerkennzeichen *Langzeitprüfung* und die Kennzeichnung des Prüfmerkmals als Muss-Merkmal. Der Ablauf der Langzeitprüfung ist in Abbildung 7.53 dargestellt. Zur einfacheren Darstellung ist die Fehlererfassung hier nicht aufgeführt.

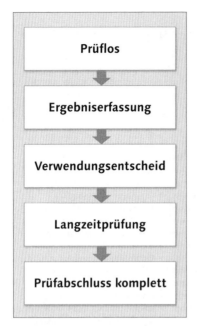

Abbildung 7.53 Schema der Langzeitprüfung

Ich erläutere kurz die einzelnen Schritte:

1. **Prüflos**
   Das Prüflos entsteht gemäß seiner Einstellungen manuell oder automatisch. Dem Prüflos wird der Prüfplan zugeordnet, und der Stichprobenumfang wird für dieses berechnet.

2. **Ergebniserfassung**
   Sie erfassen die Ergebnisse wie gewohnt. Sie sehen dem Prüfmerkmal in der Ergebniserfassung nicht an, ob es sich um ein Langzeitmerkmal handelt. Daher sollten Sie überlegen, ob Sie alle Langzeitmerkmale einem separaten Vorgang zuordnen.

3. **Verwendungsentscheid**
   Nachdem Sie alle Kurzzeitergebnisse erfasst haben, treffen Sie wie gewohnt den Verwendungsentscheid. Der Status des Prüfloses ändert sich (LZPR). In der Liste der Prüflose zeigt die Spalte die Anzahl der offenen Langzeitmerkmale an (siehe Abbildung 7.54).

4. **Langzeitprüfung**
   Möchten Sie nun die Ergebnisse für die Langzeitprüfung erfassen, müssen Sie darauf achten, in der Selektion der Transaktion QE51N (Arbeitsvorrat Ergebniserfassung) das Kennzeichen LANGZEITPRÜFUNG zu setzen.

Sobald Sie einen Vorgang mit einer Langzeitprüfung selektieren, erhalten Sie eine Sicherheitsabfrage, ob Sie eine Langzeitprüfung durchführen möchten. Diese bestätigen Sie, erfassen wie gewohnt die Ergebnisse und schließen diese ab.

5. **Prüfabschluss komplett**

Um das Prüflos komplett abzuschließen, rufen Sie die Transaktion QA12 (Verwendungsentscheid ändern) auf und klicken auf den Button PRÜFAB-SCHLUSS KOMPL (siehe Abbildung 7.55)

Damit ändert sich der Status des Prüfloses auf VE PAKO BEND STAK und ist von anderen abgeschlossenen Prüflosen nicht mehr zu unterscheiden.

Abbildung 7.54 Liste der Prüflose mit Langzeitmerkmal

Abbildung 7.55 Prüfabschluss komplett

7.8 Serialnummer

Sie verwenden in Ihrem Unternehmen Serialnummern und möchten diese in QM integrieren. Dabei können Sie einerseits die Ergebnisse zu einer Serialnummer erfassen. Zusätzlich können Sie bei Teilfreigaben die Serialnummern angeben, die freigegeben werden sollen.

Voraussetzung für die Ergebniserfassung zur Serialnummer ist das Kennzeichen SERIALNUMMER in den Prüfeinstellungen zum Material. Dem Material muss ein Serialnummernprofil in der Sicht VERTRIEB:ALLG.WERK zugeordnet werden.

Über den Button SERIALNUMMERN... können Sie nachvollziehen, welche Serialnummern zu dem Prüflos gehören (siehe Abbildung 7.56).

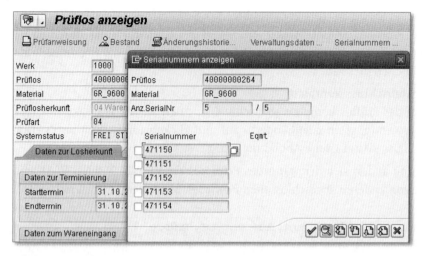

Abbildung 7.56 Serialnummer zum Prüflos

7.8.1 Ergebniserfassung zur Serialnummer

Haben Sie die Einzelwerterfassung aktiviert, werden die Serialnummern als Prüflingsnummern vorgeschlagen (siehe Abbildung 7.57).

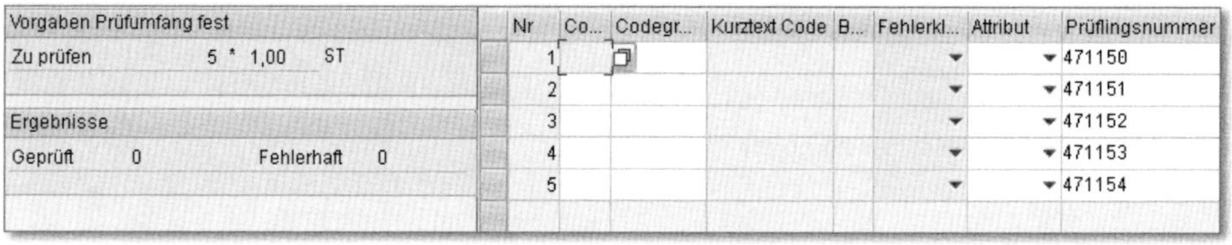

Vorgaben Prüfumfang fest				Nr	Co...	Codegr...	Kurztext Code	B...	Fehlerkl...	Attribut	Prüflingsnummer
Zu prüfen	5 * 1,00	ST		1					▼	▼	471150
				2					▼	▼	471151
Ergebnisse				3					▼	▼	471152
Geprüft	0	Fehlerhaft	0	4					▼	▼	471153
				5					▼	▼	471154

Abbildung 7.57 Serialnummer als Prüflingsnummer

7.8.2 Verwendungsentscheid zur Serialnummer

Wenn Sie im Verwendungsentscheid Teilfreigaben der Prüflosmenge vornehmen, müssen Sie immer angeben, welche Serialnummer freigegeben werden soll. Stellen Sie z. B. fest, dass ein Teil nicht den Spezifikationen entspricht und Sie diesen sperren müssen, treffen Sie wie beschrieben den Verwendungsentscheid, geben »1 Stück« in das Feld AN GESPERRT ein (siehe Abbildung 7.45) und sichern die Eingaben. Sie werden aufgefordert, die Serialnummern der jeweiligen Umbuchungsart zuzuordnen (siehe Abbildung 7.58).

Sie müssen beachten, welche Bewegung im Pop-up im Feld MATERIAL BELEG angezeigt wird. Im Beispiel wird die Bewegung QUALITÄT AN FREI aufgerufen.

Um die Zuordnung vorzunehmen, müssen Sie die Serialnummer löschen, die nicht in den Bestand AN FREI gebucht werden soll. Alle anderen Nummern markieren Sie anschließend und bestätigen die Eingabe.

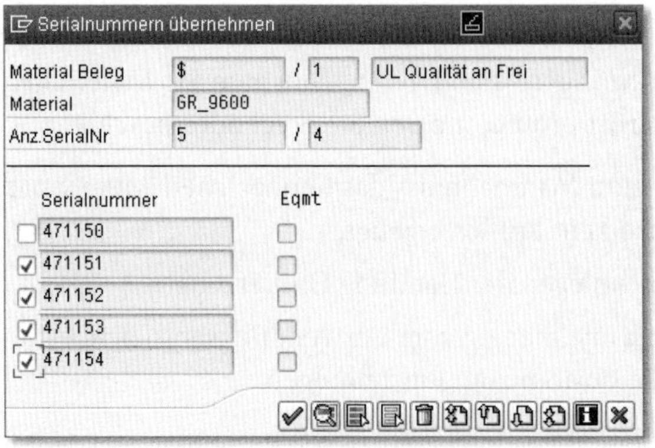

Abbildung 7.58 Serialnummer zu »Qualität an Frei«

7.8.3 Customizing: Serialnummernprofil

Sie stellen das Serialnummernprofil im Customizing über den Pfad VERTRIEB • GRUNDFUNKTIONEN • SERIALNUMMERN • SERIALNUMMERNPROFILE FESTLEGEN ein. Sie müssen darauf achten, dass neben den Funktionen aus den anderen Modulen der Eintrag QMSL (Prüflos pflegen) vorhanden ist (siehe Abbildung 7.59).

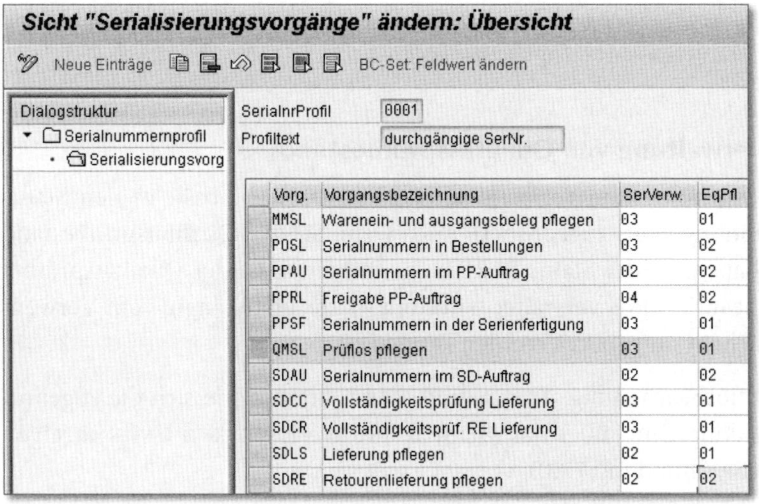

Abbildung 7.59 Serialnummernprofil

227

7.9 Prüfung mit Handling Unit

Besteht die Anforderung, die Bewegung einzelner Verpackungseinheiten im Lager zu verfolgen, wird oft das Handling-Unit-Management (HUM) verwendet.

Sie können die HU-Pflicht pro Lagerort aktivieren. Möchten Sie Materialien in einem HU-geführten Lagerort prüfen, müssen Sie Folgendes beachten:

▶ In den Prüfeinstellungen zum Material muss das Kennzeichen PRÜFEN DER HU gesetzt sein, sonst wird kein Prüflos erzeugt.

▶ Das Prüflos wird mit dem Anlegen der Handling Unit erzeugt.

▶ Die Bestandsbuchung kann unabhängig vom Verwendungsentscheid erfolgen. Beachten Sie dazu die Customizing-Einstellungen.

Tabelle 7.4 zeigt Ihnen die Warenbewegungen bzw. die Ereignisse, bei denen automatisch ein Prüflos zur Handling Unit erzeugt wird.

Warenbewegung/Ereignis	Prüflosherkunft
Verpacken in der Anlieferung (beim Wareneingang zur Bestellung)	01
Verpacken von Endprodukten aus der Produktion	04
Verpacken bei sonstigen Warenbewegungen (z. B. Auslieferung)	05
Verpacken bei Umlagerung	08

Tabelle 7.4 Erzeugung von Prüflos bei Handling Unit

7.9.1 Verwaltung von Qualitätsprüfbestand

Wurde das Prüflos durch die Handling Unit erzeugt, erhält es den Status HUM (Handling Units zugeordnet). Auch wenn Sie den Qualitätsprüfbestand aktiviert haben, ist der Status BERF nicht enthalten, da der Qualitätsprüfbestand nicht im Prüflos verwaltet wird und dieser unabhängig vom Verwendungsentscheid umgebucht werden kann.

In der Prüflosbearbeitung, Transaktion QA02, können Sie sich die zugeordneten Handling Units über das Menü SPRINGEN • HANDLING UNITS anzeigen lassen (siehe Abbildung 7.60).

Prüflos anzeigen
Prüfanweisung
Bestand
Änderungshistorie...
Werk 30
Prüflos 4000001
Material R1000.6
Charge 0000123
Prüflosherkunft 04 Ware
Prüfart 0401
Systemstatus FREI ST
Daten zur Losherkunft
Liste zugeordneter Handlingunits
Handling Unit Menge MEH
1000000139 198 KG
1000000140 198 KG
1000000141 198 KG
1000000142 198 KG
1000000143 198 KG
1000000144 198 KG
1000000145 198 KG
1000000146 198 KG

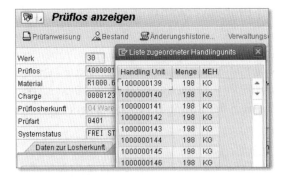

Abbildung 7.60 Handling Unit zum Prüflos

Im Verwendungsentscheid zu einem HU-geführten Prüflos wird Ihnen auf dem Register PRÜFBESTAND die Auflistung der Handling Units mit Angabe der Bestandsart angezeigt. In Abbildung 7.61 sehen Sie, dass sich einzelne Handling Units nicht mehr im Qualitätsprüfbestand befinden, eine ist sogar schon ausgeliefert worden. Das ist möglich, weil diese Buchung im Customizing zugelassen wurde.

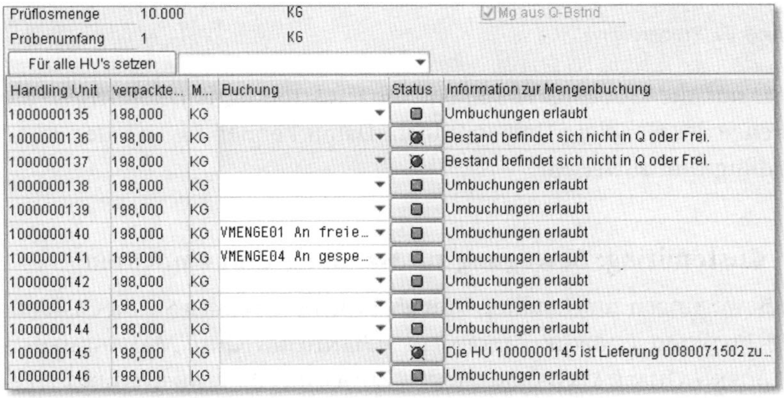

Prüflosmenge 10.000 KG
Probenumfang 1 KG
Mg aus Q-Bstnd
Für alle HU's setzen
Handling Unit verpackte... M... Buchung Status Information zur Mengenbuchung
1000000135 198,000 KG Umbuchungen erlaubt
1000000136 198,000 KG Bestand befindet sich nicht in Q oder Frei.
1000000137 198,000 KG Bestand befindet sich nicht in Q oder Frei.
1000000138 198,000 KG Umbuchungen erlaubt
1000000139 198,000 KG Umbuchungen erlaubt
1000000140 198,000 KG VMENGE01 An freie... Umbuchungen erlaubt
1000000141 198,000 KG VMENGE04 An gespe... Umbuchungen erlaubt
1000000142 198,000 KG Umbuchungen erlaubt
1000000143 198,000 KG Umbuchungen erlaubt
1000000144 198,000 KG Umbuchungen erlaubt
1000000145 198,000 KG Die HU 1000000145 ist Lieferung 0080071502 zu...
1000000146 198,000 KG Umbuchungen erlaubt

Abbildung 7.61 Handling Unit im Verwendungsentscheid

Sie können nun die Bestandsbuchung für jede Handling Unit einzeln oder für alle Handling Units dieselbe Bestandsbuchung vornehmen. Dazu klicken Sie auf den Button FÜR ALLE HU'S SETZEN.

Wo erfolgt die HU-Verwaltung ohne Verwendungsentscheid? [+]

Soll eine Handling Unit unabhängig vom Verwendungsentscheid bewegt werden, werden dafür die HU-Funktionalitäten genutzt, wie z. B. der HU-Monitor (Transaktion HUMO).

7.9.2 Probenzuordnung mit Probenverwaltung

Haben Sie die Probenverwaltung im Einsatz, können Sie die entnommene Probe einer Handling Unit zuordnen. Dazu selektieren Sie die Proben zur Probenahme in der Transaktion QPR4 oder über den Pfad LOGISTIK • QUALI-TÄTSMANAGEMENT • QUALITÄTSPRÜFUNG • PROBENVERWALTUNG • BEARBEITEN. Ist das Prüflos HU-geführt, wird Ihnen der Button HANDLING UNITS angezeigt (siehe Abbildung 7.62).

Abbildung 7.62 Probenahme

Wenn Sie nun die Probe markieren und die Funktion starten, können Sie die Probemenge der Handling Unit zuordnen. Damit können Sie zu jeder Probe die Handling Unit zuweisen.

7.9.3 Customizing: Bewegung zur Handling Unit einrichten

Um die Bewegungen zur Handling Unit einzurichten, wählen Sie im Customizing die Funktion LOGISTIK ALLGEMEIN • HANDLING UNIT MANAGEMENT • GRUNDLAGEN • QUALITÄTSMANAGEMENT • ZULÄSSIGE WARENBEWEGUNG PFLEGEN. In dieser Tabelle (siehe Abbildung 7.63) können Sie für jede Bewegungsart die Abhängigkeit von QM-Aktionen definieren:

▸ Feld »VE getroffen«
Die Bewegung darf erst stattfinden, wenn der Verwendungsentscheid getroffen ist. Wenn Sie dieses Kennzeichen der Bewegungsart 321 (Q an frei) zuordnen, können beispielsweise Teilmengen einer Charge freigegeben und in das Außenlager umgelagert werden. Eine Auslieferung zum Kunden kann nicht erfolgen.

▸ Feld »LzPrüfung inaktiv«
Eine aktive Langzeitprüfung kann Einfluss nehmen.

▶ **Feld »VE mit Annahme«**

Beispielsweise dürfen nur angenommene Prüflose an den Kunden versendet werden.

▶ **Feld »QK...«**

Abhängig von der ermittelten Qualitätskennzahl, kann die Einstellung erfolgen.

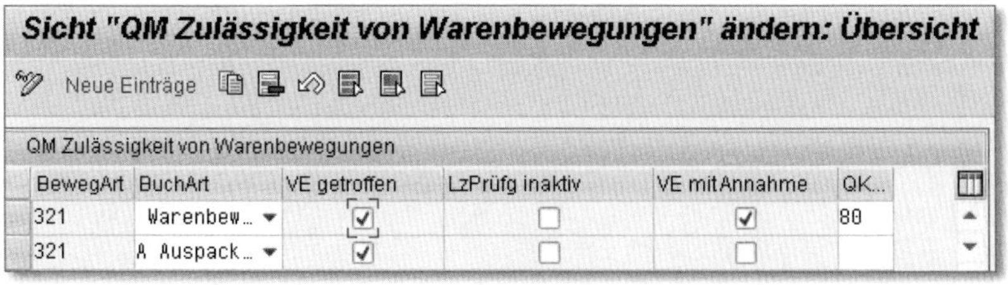

Sicht "QM Zulässigkeit von Warenbewegungen" ändern: Übersicht

🖉 Neue Einträge 📋 🖶 🖧 🖺 🖺 🖺

QM Zulässigkeit von Warenbewegungen

BewegArt	BuchArt	VE getroffen	LzPrüfg inaktiv	VE mit Annahme	QK...	
321	Warenbew... ▾	☑	☐	☑	88	▲
321	A Auspack... ▾	☑	☐	☐		▾

Abbildung 7.63 Customizing der Warenbewegung einer Handling Unit

Sie kennen nun den allgemeinen Prüfablauf, der grundsätzlich bei jeder Prüfart immer nach diesem Muster erfolgt.

Sie haben einige wichtige Informationen zur Arbeit in der Ergebniserfassung erhalten, wissen, dass Sie integriert Fehler erfassen können, und können Prüflose mit einem Verwendungsentscheid abschließen.

In diesem Kapitel stelle ich Ihnen Funktionen vor, die keinem bestimmten Prozess zuzuordnen und auch nicht unbedingt notwendig für den Prüfablauf, aber dennoch hilfreich sind. Sie können diese Funktionen überall integrieren.

8   Weitere Funktionen in der Prüfabwicklung

Es gibt weitere Funktionen, die die Prüfabwicklung vervollständigen. Diese stelle ich in diesem Kapitel vor:

▶ **Probenverwaltung** (siehe Abschnitt 8.1)
In der Prozessindustrie wird die Probenverwaltung sehr häufig verwendet, da hier aus der Prüflosmenge mehrere Proben gezogen und getrennt analysiert werden. Darüber hinaus bietet die Probenverwaltung die Möglichkeit, ein Etikett zur Kennzeichnung der Stichproben zu drucken und Rückstellmuster zu verwalten.

▶ **Dynamisierung** (siehe Abschnitt 8.2)
Sie haben einen Lieferanten, der Ihnen eine gleichbleibende Qualität zusichert, sodass Sie Ihre Wareneingangsprüfung reduzieren können. Die Dynamisierung bietet Ihnen die Möglichkeit, Regeln für eine solche Reduzierung zu definieren. Der manuelle Eingriff in die Qualitätslage erlaubt Ihnen hierbei, bei Auffälligkeiten die Routine zu unterbrechen.

▶ **Multiple Spezifikationen** (siehe Abschnitt 8.3)
Sie haben die Möglichkeit, mehrere Toleranzen vorzugeben. Das Ergebnis bestimmt die Verwendungsmöglichkeiten.

▶ **Anschluss eines Subsystems** (siehe Abschnitt 8.4)
Sie haben bereits ein CAQ-System, auf das Sie nicht verzichten möchten, oder Sie möchten die Ergebniserfassung nicht in SAP vornehmen. Dafür bietet SAP die QM-IDI-Schnittstelle an.

▶ **Formular** (siehe Abschnitt 8.5)
Sie erhalten eine Übersicht der Formulare, die Sie in der Prüfabwicklung nutzen können.

▶ **Ergebniskopie** (siehe Abschnitt 8.6)
Möchten Sie auf Ergebnisse aus Vorgängerprüflosen zurückgreifen, können Sie die Funktion der Ergebniskopie einsetzen.

▶ **Digitale Signatur** (siehe Abschnitt 8.7)
Die digitale Signatur gestattet Ihnen, bestimmte Schritte in QM zu signieren. Dafür stehen mehrere Methoden zur Verfügung.

8.1 Probenverwaltung

Möchten Sie Ergebnisse an mehreren Proben erfassen, müssen Sie diese getrennt kennzeichnen, um die Analyse auf das Gebinde zurückverfolgen zu können.

Sie stellen hierbei zu jedem Wareneingang bzw. der produzierten Charge ein Rückstellmuster zurück und bewahren dieses im gesetzlich vorgeschriebenen Zeitraum auf.

Zu jeder Probe kann ein Probenetikett ausgegeben werden. Sie können die Probenanzahl abhängig von der Anzahl der gelieferten Gebinde errechnen lassen. Im SAP-System werden drei Probentypen unterschieden:

1. **Entnahmeprobe**
Die Entnahmeprobe wird direkt aus einem Gebinde entnommen. Werden keine Mischproben definiert, erfolgt die Ergebniserfassung an jeder dieser Entnahmeproben.

2. **Mischprobe**
Die Entnahmeproben werden zu Mischproben zusammengeführt. Die Analyse wird an der Mischprobe durchgeführt.

3. **Rückstellmuster/Rückstellprobe**
Sie definieren eine Probemenge als Rückstellprobe. Diese Probe wird als Muster aufbewahrt, um gegebenenfalls Nachuntersuchungen durchführen zu können und damit die Aufbewahrungspflicht zu erfüllen.

Die Probentypen werden in Probenahmeanweisungen verwendet, diese Anweisungen sind wiederum Probenahmeverfahren zugeordnet. Die im Folgenden erläuterten Probenahmeverfahren werden im Anschluss im Kopfdetail dem Prüfplan zugeordnet (siehe Abschnitt 5.2.1). Die Stichprobenverfahren der Merkmale, die in einem solchen Prüfplan verwendet werden, müssen für die Probenverwaltung vorgesehen sein (siehe Abschnitt 3.3).

8.1.1 Probenahmeverfahren

Pro Probenahmeverfahren definieren Sie mindestens eine Probenahmeanweisung. Je nachdem, wie differenziert Sie die Probenverwaltung nutzen, ist es sinnvoll, mehrere Anweisungen anzulegen, um diese als Teilproben dem Prüfplan zuzuordnen.

In welchen Fällen benötigen Sie mehrere Probenahmeanweisungen?   [zB]

Betrachten wir zwei Beispiele, um diese Frage zu beantworten:

▸ **Der Probenschlüssel ist abhängig von der Gebindeeinheit:**
Mehrere Gebindeeinheiten = mehrere Anweisungen
Sie erhalten 1.000 kg. Wenn diese 1.000 kg in Big Bags geliefert werden, müssen Sie jedes Gebinde prüfen. Wird die Lieferung in 50-kg-Trommeln geliefert, verwenden Sie einen Berechnungsschlüssel. In diesem Fall legen Sie zwei Probenahmeanweisungen für die Gebindeeinheit kg und Big Bags an.

▸ **Sie möchten die Proben auf die Labore aufteilen:**
Mehrere Teilproben = mehrere Anweisungen
Dabei soll das chemische Labor die Entnahmeproben für die Identität erhalten, die Mikrobiologie jedoch nur Mischproben. In diesem Fall würden Sie zwei Probenahmeanweisungen jeweils für die Teilprobe 1 und Teilprobe 2 anlegen. Die Gebindeeinheit bleibt dabei leer.

Sie legen ein Probenahmeverfahren in der Transaktion QPV2 oder über den Pfad Logistik • Qualitätsmanagement • Qualitätsplanung • Grunddaten • Stichprobe • Probenahmeverfahren • Bearbeiten an (siehe Abbildung 8.1).

Abbildung 8.1 Probenahmeverfahren anlegen

Vergeben Sie hier einen Kurztext, und setzen Sie folgende Kennzeichen:

▸ **Gebindezahl berücksichtigen**
Sie setzen dieses Kennzeichen, wenn Sie die Probenanzahl berechnen möchten. Wenn Sie zusätzlich das Kennzeichen Erfassung der Gebindezahl muss erfolgen im Customizing in den Werkseinstellungen (siehe Kapitel 2, »Grundeinstellungen im Customizing«) gesetzt haben, muss die Gebindezahl im Wareneingang angegeben werden. Alternativ geben Sie die

Gebindezahl direkt in der Prüflosbearbeitung an, erst dann kann die Probenzahl berechnet und die Etiketten ausgedruckt werden.

▶ **Quittierungspflicht**
Mit diesem Kennzeichen machen Sie die Quittierung der Probenahme zur Pflicht. Erst nach der Quittierung können Ergebnisse zur Probe erfasst werden.

▶ **Sperrkennzeichen**
Sie setzen dieses Kennzeichen, wenn das Probenahmeverfahren nicht mehr verwendet werden soll. Eine sofortige Löschung ist wegen der Historie nicht möglich.

Nachdem Sie Ihre Eingaben gesichert haben, wird das Probenahmeverfahren angelegt.

Probenahmeanweisung

Nun können Sie die Probenahmeanweisungen anlegen. Dazu markieren Sie die soeben angelegte Zeile und klicken links im Menübaum auf den Punkt Probenahmeanweisung (siehe Abbildung 8.1). Es öffnet sich die Ansicht in Abbildung 8.2. Wenn Sie mehrere Anweisungen nutzen möchten, geben Sie im Bereich Probenahmeanweisung zu die Gebindeeinheit bzw. die Teilprobe an. Wenn Sie nur eine Probenahmeanweisung definieren, lassen Sie diese beiden Felder frei, damit die Anweisung bei jeder Gebindeeinheit und jeder Teilprobe gefunden wird.

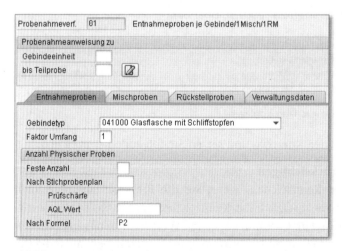

Abbildung 8.2 Entnahmeprobe

Anschließend pflegen Sie die einzelnen Register.

Register »Entnahmeproben«

Sie müssen zu jeder Anweisung immer mindestens eine Entnahmeprobe definieren. Auf dem Register ENTNAHMEPROBEN tragen Sie folgende Angaben ein:

▶ **Feld »Gebindetyp«**
Die Angabe der Gebindetypen dient als Vorgabe für den Probenehmer. Sie werden auf der Probeziehanweisung angedruckt und können im Customizing erweitert werden.

▶ **Feld »Faktor Umfang«**
Mit diesem ganzzahligen Faktor wird der Probenumfang einer Entnahmeprobe ermittelt. Der Prüfumfang der physischen Probe, der im Prüfmerkmal im Prüfplan angegeben wird (siehe Kapitel 5, »Prüfplanung«), wird dabei mit diesem Faktor multipliziert. Soll der Prüfumfang z.B. 50 ml betragen, wird mit dem Faktor 3 ein Gesamtprobenumfang von 150 ml errechnet. Dieser Faktor ist also nur wichtig, wenn Sie dem Probenehmer exakt die Probemenge vorgeben, anderenfalls ist der Faktor einfach immer 1.

Im Bereich ANZAHL PHYSISCHER PROBEN geben Sie die Art der Probenermittlung an. Ihnen stehen hier ähnliche Funktionen zur Verfügung wie im Stichprobenverfahren:

▶ Im Feld FESTE ANZAHL geben Sie eine Anzahl von Proben vor.

▶ Füllen Sie das Feld NACH STICHPROBENPLAN, müssen Sie ebenfalls eine Prüfschärfe bzw. den AQL-Wert angeben (siehe Kapitel 3, »Grunddaten«).

▶ Im Feld NACH FORMEL geben Sie eine Formel an. Alle Grundrechenarten stehen Ihnen hierbei zur Verfügung. Dabei können Sie die Formelparameter P1 (Losmenge) und P2 (Gebindezahl) verwenden. Sie können also z.B. P2 angeben, wenn Sie pro Gebinde eine Entnahmeprobe möchten, wie im Beispiel zum einfachen Verfahren.

Register »Mischproben«

Mischproben definieren Sie nur dann, wenn die Analyseergebnisse zur Mischprobe erfasst werden sollen. Sobald Sie eine Mischprobe definiert haben, können Sie zu den Entnahmeproben keine Ergebnisse mehr erfassen. Möchten Sie zu beiden Probentypen Ergebnisse erfassen, müssen Sie mit Teilproben arbeiten. Das erläutere ich im weiteren Verlauf dieses Abschnitts anhand eines Beispiels.

Auf dem Register MISCHPROBEN tragen Sie dieselben Angaben ein wie auf dem Register der ENTNAHMEPROBEN (siehe Abbildung 8.3). Als Formelparameter steht Ihnen hier noch der Formelparameter P3 (Anzahl Entnahmeproben) zur Verfügung.

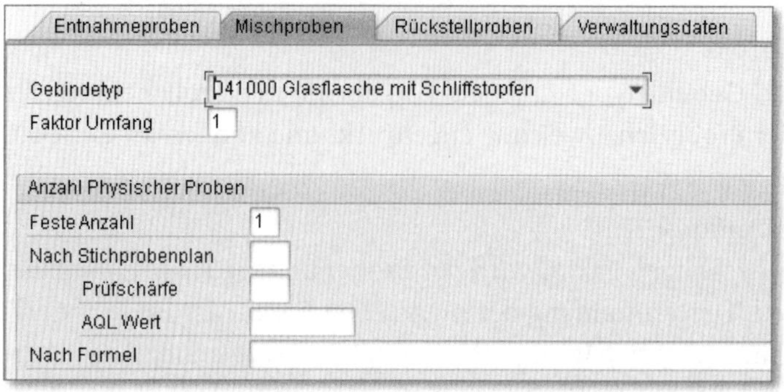

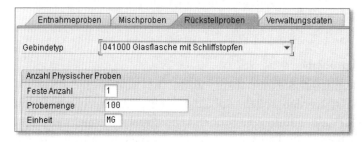

Abbildung 8.3 Mischmuster

Register »Rückstellproben«

Falls Sie mit Teilproben und damit mit mehreren Probenahmeanweisungen arbeiten, sollten Sie beachten, dass Sie nur eine Rückstellprobe benötigen. Sie pflegen das Register RÜCKSTELLPROBEN daher nur in einer Probenahmeanweisung. Abbildung 8.4 können Sie entnehmen, dass Sie auf diesem Register direkt die Menge angeben, die als Rückstellprobe aufbewahrt werden soll. Achten Sie dabei darauf, dass die Mengeneinheit in die Basismengeneinheit des Materials umrechenbar ist, dem Sie später das Probenahmeverfahren zuordnen. Wenn Sie hier z. B. 100 mg angeben, aber ein Packmittel prüfen möchten, das in Stückzahl (ST) geliefert wird, wird die Probenberechnung fehlerhaft sein.

Abbildung 8.4 Rückstellmuster

Beispiel: einfaches Verfahren

Das ganz einfache Verfahren habe ich bereits anhand der Abbildungen 8.2 bis 8.4 illustriert. Dieses Verfahren kann sofort allen Prüfplänen zugeordnet werden. Die Stichprobenverfahren müssen gegebenenfalls ersetzt werden, da diese im Bereich der Prüfpunkte den Verweis auf die Probenverwaltung benötigen (siehe Kapitel 3, »Grunddaten«).

Beim einfachen Verfahren gibt es nur eine Probenahmeanweisung. Diese enthält Folgendes:

▸ *Entnahmeproben = P2*
Pro Gebinde wird eine Probe erzeugt.

▸ *Mischprobe = 1*
Alle Entnahmeproben werden zu einer Mischprobe gemischt.

▸ *Rückstellmuster = 100 mg*

Dieses Verfahren können Sie für Rohstoffe verwenden, zu denen Sie jedes Gebinde prüfen, aber die Ergebnisse im System nur einmal erfassen. Alle Prüfungen aus dem Prüfplan nehmen Sie an der Mischprobe vor.

Beispiel: Verfahren mit Teilproben

Sie nehmen an der zu untersuchenden Charge eines Rostoffs im Wareneingang zu einer Bestellung folgende Untersuchungen in unterschiedlichen Laboren vor:

1. Übernahme der Merkmalswerte aus dem Lieferantenzertifikat

2. Identitätsprüfungen an jedem Gebinde

3. chemische Analytik an Mischproben

4. mikrobiologische Prüfungen an Mischproben

Möchten Sie diese Proben sofort auf die Labore verteilen, also vier unabhängige Proben erzeugen, verwenden Sie vier Probenahmeanweisungen, denen die Teilproben 1–4 zugeordnet sind (siehe Feld BIS in Abbildung 8.5).

Probenahmeverf.	VL-ROH	Vorlage Rohstoffe						

Probenahmeanweisungen								
bis...	L...	Gebin...	F...	P...	Formel 1	Proben...	Anz...	Meng...	M...
001	▨	Z06	1	1					
002	▨	Z02	1		P2		1	100,0...	G
003	▨	Z00	1		IF P2 = 1 THEN 1 ELSE SQRT(P2)+1	1			
004	▨	Z01	1		IF P2 = 1 THEN 1 ELSE SQRT(P2)+1	1			

Abbildung 8.5 Übersicht über Probenahmeanweisung

Um die Teilproben im Ausdruck besser unterscheiden zu können, wurde der Gebindetyp (siehe Feld GEBIN...) verwendet und das Customizing dazu erweitert. Für den Gebindetyp Z06 (Zeugnisübertragung) wird kein Probenetikett gedruckt, da hier physisch keine Probe erforderlich ist.

Betrachten wir die einzelnen Teilproben genauer:

- Teilprobe 1 (Feld BIS...) enthält eine Entnahmeprobe mit fester Anzahl (Feld P... = 1.).
- Teilprobe 2 enthält eine Entnahmeprobe mit der Formel P2 (Feld FORMEL1). Es wird also pro Gebinde eine Entnahmeprobe bereitgestellt. Zusätzlich ist hier die Rückstellprobe von 100 mg definiert (Felder ANZ... bis M...).
- Teilprobe 3 enthält eine Entnahmeprobe mit der Formel *IF P2 = 1 THEN 1 ELSE SQRT(P2)+1*. Diese besagt Folgendes: Wenn nur ein Gebinde geliefert wird, ist die Anzahl der Entnahmeprobe = 1, werden mehrere Gebinde geliefert, wird die Anzahl der Entnahmeproben aus der Wurzel der Gebindezahl errechnet. Es gibt ein Mischmuster (Feld PROBEN...).
- Teilprobe 4 ist identisch mit Teilprobe 3.

Die Teilproben werden den Merkmalen im Prüfplan zugeordnet. Dabei muss darauf geachtet werden, dass pro Vorgang (siehe Abbildung 8.6) immer dieselbe Teilprobennummer zugeordnet wird (siehe Abbildung 8.7).

Vorgangsübersicht						
Vor...	UVrg	Arbeitsp...	Werk	Ste...	Vorlage...	Beschreibung
0010		QKA001	1000	QM02		Analysenzertifikat Hersteller
0020		QKA001	1000	QM02		Gebindeproben
0030		QKA001	1000	QM02		Mischproben

Abbildung 8.6 Vorgangsübersicht

Prüfmerkmale									
Me...	Vorschl...	QN	QL	Stammp...	Werk	Version	V...	Kurztext Prüfmerkmal	Teilprobe
100		☐	☑	B0000001	1000	1		Beschreibung	1
200		☐	☑	I0000054	1000	1		Identität HPLC	1
300		☐	☑	I0000055	1000	1		Identitätsreaktion a auf Chlorid	1
400		☐	☑	A0000023	1000	1		Aussehen der Lösung	1

Abbildung 8.7 Teilprobennummer in Prüfmerkmalsübersicht

Wenn Sie unterschiedliche Teilprobennummern in einem Vorgang verwenden, kann die Probenberechnung nicht korrekt erfolgen und Sie erhalten einen Fehler in der Prüflosbearbeitung.

Wenn Sie jetzt einen Wareneingang buchen, erfassen Sie die Ergebnisse pro Teilprobe:

▶ *Teilprobe 1*: Sie übernehmen die Merkmalswerte aus dem Lieferantenzertifikat zu der einen Entnahmeprobe.

▶ *Teilprobe 2*: Pro Gebinde erhalten Sie eine Entnahmeprobe, an der Sie Ergebnisse zu der Identitätsprüfung erfassen.

▶ *Teilprobe 3*: Sie erfassen die Ergebnisse der chemischen Analytik an der einen Mischprobe.

▶ *Teilprobe 4*: Sie erfassen die Ergebnisse der Mikrobiologie zu der einen Entnahmeprobe.

8.1.2 Ablauf der Probenahme

Die Berechnung der Proben erfolgt bei der Zuordnung des Prüfplans zum Prüflos. Die Proben werden durch eine fortlaufende Nummer identifiziert und sind in einer Probenahme zusammengefasst.

Wenn Sie in den Prüfeinstellungen die automatische Vorgabenzuordnung aktiviert haben (siehe Kapitel 4, »Logistik-Stammdaten«), wird der Plan automatisch dem Prüflos zugeordnet. Der Probenehmer erhält dann die Probeziehanweisung, die die Probenahmenummer mit allen Proben und deren Verteilung an die Prüfplätze enthält.

Probenahme quittieren

Ist im Probenahmeverfahren (siehe Abbildung 8.1) die Quittierungspflicht aktiviert, ist die Quittierung der Probenahme zwingend erforderlich, bevor Sie Ergebnisse erfassen können. Sie rufen dazu Transaktion QPR4 oder den Pfad QUALITÄTSMANAGEMENT • QUALITÄTSPRÜFUNG • PROBENVERWALTUNG • PROBENAHME • BEARBEITEN auf.

Probenahmenummer ermitteln	[+]

Zur Quittierung benötigen Sie die Probenahmenummer, die Sie einem der Probenetiketten oder der Probeziehanweisung entnehmen können. (Die Formulare werden in Abschnitt 8.5 erläutert.) Falls Sie nicht mit der Probeziehanweisung arbeiten oder Ihnen diese gerade nicht vorliegt, können Sie die Nummer auch der Prüflosbearbeitung entnehmen. Dazu rufen Sie Transaktion QA03 auf und begeben sich auf das Register STICHPROBE. Über den Button [Proben...] werden die Proben zu dem Prüflos angezeigt. Die Spalte Pr.nahme enthält die benötigte Nummer (siehe Abbildung 8.8).

Pr.nahme	Phy.Probe	Art	Typ	Probenstatus	Werk	Material	Charge
689	100007949	Z1	1	EROF ETDR	1000	1653	0000003822
689	100007950	Z1	1	EROF ETDR	1000	1653	0000003822
689	100007951	Z1	2	EROF ETDR	1000	1653	0000003822

Abbildung 8.8 Übersicht über die Proben aus dem Prüflos

Sie geben die Probenahmenummer ein, die auf Ihrer Probeziehanweisung gedruckt ist, und erhalten eine Liste mit allen Proben (siehe Abbildung 8.9).

Probenahme bearbeiten

Probenahme 000000000689
Angelegt am 18.12.2012 um 15:28:43 von DAW
Freigabe am 00.00.0000 um 00:00:00 von
Material 1653 Werk 1000
Prüflos 010000000919

Pr.nahme	Phy.Probe	Art	Probentyp	Probenstatus	Werk	Material	Charge	Menge	PrME
689	100007949	Z1	1	EROF ETDR	1000	1653	0000003822	0,005	ST
689	100007950	Z1	1	EROF ETDR	1000	1653	0000003822	0,005	ST
689	100007951	Z1	2	EROF ETDR	1000	1653	0000003822	0,010	ST

Abbildung 8.9 Probenahme bearbeiten

Anhand des Feldes Probenstatus können Sie den Zustand der Proben erkennen:

▸ EROF: Probe ist noch nicht quittiert.

▸ ETDR: Etikett wurde bereits gedruckt.

▸ FREI: Probe ist quittiert.

▸ SPER: Probe wurde gesperrt.

▸ AUFB: Probe wurde aufbewahrt.

Wenn Sie die Probenahme quittieren möchten, markieren Sie alle Proben auf einmal und klicken auf den Button Freigeben. Es öffnet sich ein Fenster, um die Daten der Probenahme zu bestätigen bzw. zu ergänzen (siehe Abbildung 8.10). Damit wird die Quittierung der Probenahme beendet.

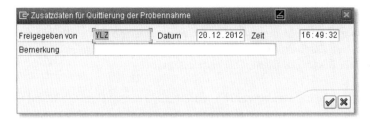

Abbildung 8.10 Quittierung der Probenahme

Folgende Funktionen können Sie zusätzlich in der Transaktion QPR4 ausführen:

▶ **Etiketten drucken**
Sie haben die Möglichkeit, den Etikettendruck sofort bei Anlage des Prüfloses anzustoßen, wenn Sie im Customizing der Probenart das Kennzeichen SOFORTDRUCK gesetzt haben. Sie können beim Bearbeiten der Probenahme den Etikettendruck jederzeit manuell über den Button ⊟ Etikett anstoßen. Der Probenstatus ändert sich dann auf ETDR.

▶ **Zuordnung der Probe zur Handling Unit (HU)**
Falls Sie in Ihrer Firma mit Handling Units (HU) – der Gebindeverwaltung in der Lagerverwaltung – arbeiten und die Probe der jeweiligen Handling Unit zuordnen möchten, lesen Sie Kapitel 7, »Prüfablauf«.

▶ **Probe sperren**
Falls ein Gebinde so stark beschädigt ist, dass Sie keine Analyse vornehmen können, können Sie die Probe über den Button ⊟ Sperren sperren. Der Probenstatus ändert sich auf SPER.

▶ **Probe entsperren**
Die Sperrung einer Probe können Sie über den Button ⊟ Entsperren auch wieder zurücknehmen. Der Probenstatus ändert sich auf FREI.

Rückstellproben aufbewahren

Es ist gesetzlich vorgeschrieben, wie lange Sie Rückstellproben der Rohstoffe und Fertigprodukte aufbewahren müssen. Diese Rückstellproben werden in einem separaten Lagerbereich aufbewahrt. Wenn Sie die Aufbewahrung der Rückstellproben im Modul QM abbilden möchten, definieren Sie die Regalstruktur zunächst im Customizing als Aufbewahrungsorte.

Bestand der aufbewahrten Proben   **[+]**

Durch die Aufbewahrung der Rückstellproben erfolgt keine Bestandsveränderung.

> Wenn Sie Ihre Rückstellproben auch bestandsmäßig verwalten möchten, buchen Sie im Verwendungsentscheid die Probemenge an die Bestandsart AN RÜCKLAGE (siehe Abschnitt 7.6). Dadurch findet die Umbuchung in den gesperrten Bestand auf den Lagerort für Rücklagen (siehe Abschnitt 2.2) statt.

Um die Rückstellproben aufzubewahren, rufen Sie Transaktion QPR7 oder den Pfad LOGISTIK • QUALITÄTSMANAGEMENT • QUALITÄTSPRÜFUNG • PROBEN-VERWALTUNG • PHYSISCHE PROBE • AUFBEWAHRUNGSDATEN PFLEGEN auf. In der Selektion geben Sie im oberen Bereich SELEKTION PHYSISCHER PROBEN die Daten zur Findung der Proben an, z. B. tragen Sie im Feld PROBENTYP »3« ein, damit Sie nur Rückstellproben selektieren (siehe Abbildung 8.11).

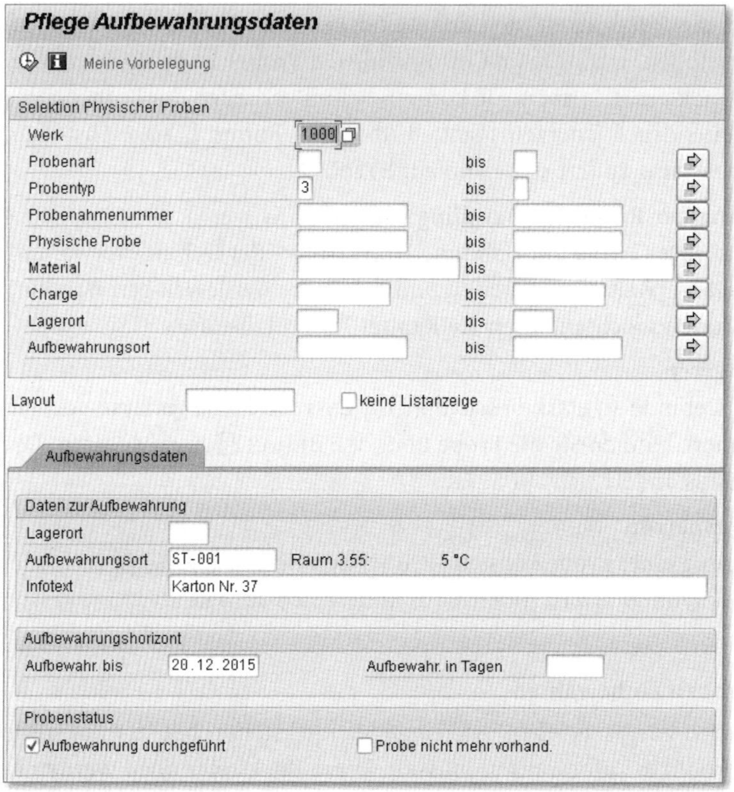

Abbildung 8.11 Aufbewahrung durchführen

Im unteren Bereich im Register AUFBEWAHRUNGSDATEN nehmen Sie die Angaben vor, die Sie den Proben zuordnen:

▶ Das Feld AUFBEWAHRUNGSORT dient der Standortangabe der Probe.

▶ Im Feld INFOTEXT können zusätzliche Informationen angegeben werden.

▶ Die Felder AUFBEWAHR. BIS sowie AUFBEWAHR. IN TAGEN dienen der Angabe eines Datums oder einer Frist. Ich empfehle, ein Datum anzugeben, damit später alle Rückstellproben mit abgelaufenem Datum besser zu finden sind.

▶ Im Bereich PROBENSTATUS können Sie angeben, dass die Probe jetzt aufbewahrt wird.

Nach der Selektion sehen Sie alle ausgewählten Proben (siehe Abbildung 8.12). Durch das Sichern werden die Daten aus der Selektion in den Proben verändert.

Abbildung 8.12 Aufbewahrung – Massenpflege

Über die Transaktion QPR3 oder den Pfad LOGISTIK • QUALITÄTSMANAGEMENT • QUALITÄTSPRÜFUNG • PROBENVERWALTUNG • PHYSISCHE PROBE • ANZEIGEN können Sie sich die Probendaten im Detail anschauen. Sie sehen auf dem Register PROBENAUFBEWAHRUNG die gerade vorgenommenen Angaben (siehe Abbildung 8.13).

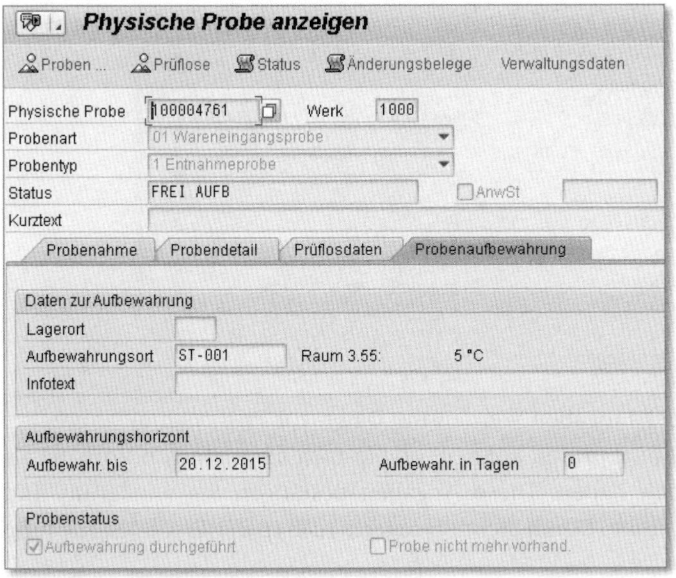

Abbildung 8.13 Physische Probe – Probenaufbewahrung

Wenn Sie die Proben vernichten, führen Sie dieselbe Aktion aus (siehe die Erläuterung zu Abbildung 8.11), aktivieren dabei aber nur das Feld PROBE NICHT MEHR VORHANDEN.

Probenahme erweitern

Ist es notwendig, ein Nachmuster zu ziehen, weil Sie z. B. eine Analyse bestätigen müssen, haben Sie die Möglichkeit, die Probenahme zu erweitern. Dazu rufen Sie die Transaktion QPR1 oder den Pfad LOGISTIK • QUALITÄTSMANAGEMENT • QUALITÄTSPRÜFUNG • PROBENVERWALTUNG • PHYSISCHE PROBE • ANLEGEN auf.

In dem Selektionsbild geben Sie die Probenahmenummer ein und wählen die Option ERWEITERN PROBENAHME. Wenn Sie eine Probe zur Hand haben, markieren Sie den Radiobutton NEUE PROBE MIT VORLAGE und geben die Nummer in das Feld PHYSISCHE PROBE ein (siehe Abbildung 8.14).

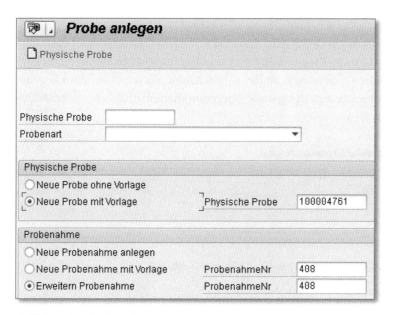

Abbildung 8.14 Probe anlegen

Bei Bestätigung der Eingaben werden die Daten zur Probenahme angezeigt, damit Sie noch einmal prüfen können, ob Sie auch den richtigen Vorgang als Vorlage ausgewählt haben. Diese Angaben bestätigen Sie wiederum und sichern die neue Probe. Damit steht diese jetzt auch in der Ergebniserfassung zur Verfügung.

8.1.3   Customizing

Die Einstellungen zur Probenverwaltung finden Sie über den Pfad QUALITÄTS-
MANAGEMENT • QUALITÄTSPRÜFUNG • PROBENVERWALTUNG. Hier können Sie
die bereits erwähnten Einstellungen vornehmen:

▸ **Probenart definieren**
Wenn Sie möchten, dass die Probenetiketten sofort bei Anlage des Prüflo-
ses ausgedruckt werden, aktivieren Sie die Checkbox ETIKETTENDRUCK SO-
FORT ANSTOSSEN für die entsprechende Probenart (siehe Abbildung 8.15).
Diese Probenart ordnen Sie dann der entsprechenden Prüfart zu (siehe Ka-
pitel 7, »Prüfablauf«).

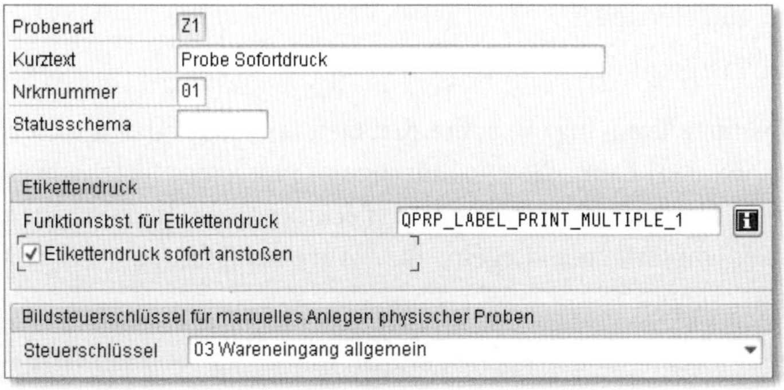

Abbildung 8.15 Probenart

▸ **Probengebinde definieren**
Sie können die Liste der Gebindetypen erweitern, die Sie in der Probenahmeanweisung zuordnen. Die Einträge haben keinen steuernden Charakter.

▸ **Aufbewahrungsort der Proben pflegen**
Sie geben die Regalstruktur Ihres Rückstellmusterlagers an. Diese Einträge
haben keinen steuernden Charakter.

8.2   Dynamisierungen/Qualitätslage

Wenn Sie bestimmte Prüfungen in einem zeitlichen Intervall, die gesamte
Wareneingangsprüfung in einem Skip/Lot-Verfahren durchführen und nur
stichprobenartig prüfen oder nach einem Stichprobenplan in reduzierter/
normaler/verschärfter Prüfung prüfen möchten, können Sie mit Dynamisierungen arbeiten. Die Voraussetzung dafür ist der Einsatz von Dynamisierungsregeln und deren Zuordnung im Prüfplan oder Materialstammsatz
(siehe Kapitel 3, »Grunddaten«, bzw. Kapitel 5, »Prüfplanung«).

Ist die Dynamisierung aktiv, wird zu jedem Prüflos als Bewegungssatz die Qualitätslage fortgeschrieben. Die Qualitätslage beinhaltet die erreichte Prüfstufe und zeigt die folgende an, mit der das Prüflos bzw. Prüfmerkmal eröffnet wird.

Die Dynamisierungskriterien legen Sie im Customizing zur Prüflosherkunft fest, sie können jedoch im Prüfplan überschrieben werden. Folgende Kriterien stehen als Auswahl zur Verfügung:

▶ 001 – Material

▶ 002 – Material und Kunde

▶ 003 – Material und Lieferant

▶ 004 – Material und Hersteller

▶ 005 – Material, Lieferant und Hersteller

Bei einem Prüflos im Wareneingang sollte der Lieferant und/oder der Hersteller mitgeführt werden, damit die Qualitätslage pro Lieferant fortgeschrieben wird. Wenn ein Lieferant beispielsweise schlechtere Qualität liefert, werden aufgrund der hinterlegten Regeln die Warenanlieferungen dieses Lieferanten verstärkt geprüft.

Die Qualitätslagen werden auf der Ebene geführt, die Sie im Prüfplan festgelegt haben: Prüfen Sie auf *Losebene*, möchten Sie den Losumfang des gesamten Prüfloses beeinflussen bzw. einen Prüfverzicht – einen Skip – auslösen; prüfen Sie auf *Merkmalsebene*, möchten Sie nur einzelne Merkmale des Prüfloses dynamisieren. Beide Möglichkeiten werden im Folgenden erläutert.

8.2.1 Dynamisierung auf Losebene

Schauen wir uns die Veränderung der Qualitätslage auf *Losebene* anhand eines Beispiels an. Die Dynamisierungsregel DR3 ist so eingerichtet, dass jeder dritte Wareneingang geprüft wird.

Die Qualitätslage rufen Sie in der Transaktion QDL3 bzw. über den Pfad LOGISTIK • QUALITÄTSMANAGEMENT • QUALITÄTSPRÜFUNG • QUALITÄTSLAGE • ANZEIGEN auf. Sie geben den Lieferanten und das Material an und führen die Selektion aus (siehe Abbildung 8.16).

Sie sehen, dass mit dem Prüflos 10000000155 der letzte Verwendungsentscheid getroffen wurde. Da dieser *mit Annahme* bewertet wurde, wechselt die Angabe im Feld NÄCHSTE STUFE auf 20, die Skip-Stufe. Das erkennen Sie daran, dass im Feld PRÜFUNG S. ÄNDERUNG eine 0 enthalten ist.

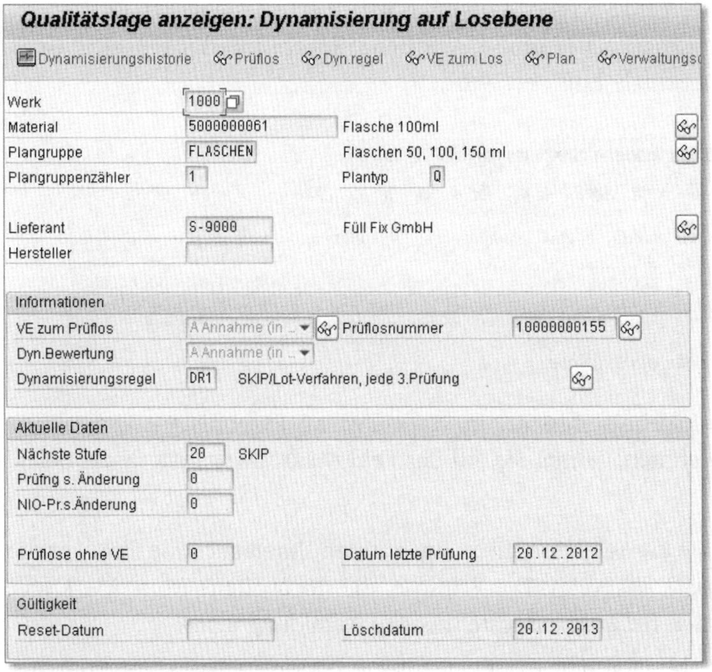

Abbildung 8.16 Qualitätslage anzeigen

Prüflos im Skip – Prüfverzicht

Das nächste Prüflos befindet sich im Skip, das heißt im Prüfverzicht. Das erkennen Sie einerseits am Prüflosstatus SKIP (siehe Abbildung 8.18). Andererseits wird aber auch die Prüfstufe auf dem Register der Prüflosbearbeitung (Register STICHPROBE) in der Transaktion QA03 angezeigt (siehe Abbildung 8.17).

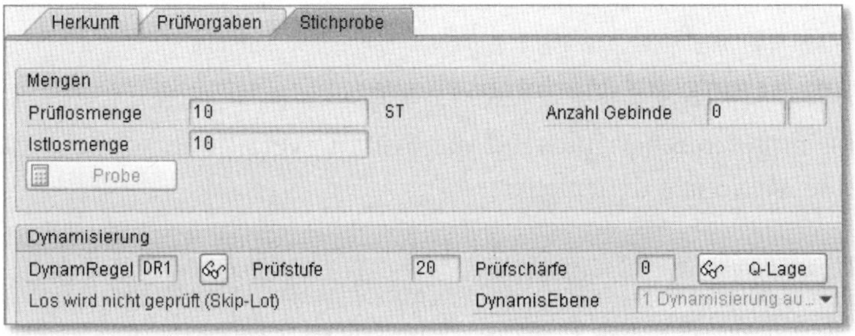

Abbildung 8.17 Prüflos – Dynamisierung

Die entsprechenden Prüflose sind über den Status SKIP in der Liste der Prüflose gut zu erkennen, die Sie über die Transaktion QA32 aufrufen (siehe

Abbildung 8.18, Feld SYSTEMSTATUS). Zusätzlich sehen Sie in den Spalten L... (offene Langzeitmerkmale) und K... (offene Kurzzeitmerkmale) eine 0, da keine Muss-Merkmale ermittelt wurden.

	Moni	A	Prüflos	Material	Werk	Losmen	B.	L.	K	Starttermin	Systemstatus
			10000000166	5000000061	1000	100	ST	0	0	21.12.2012	FREI SKIP DRPA DRPZ QLGE
			10000000164	5000000061	1000	10	ST	0	1	20.12.2012	FREI STIP DRPA DRPZ QLGE
			10000000163	5000000061	1000	10	ST	0	0	20.12.2012	VE PAKO DRPA DRPZ STAK

Daten zum Prüflos ändern : Arbeitsvorrat Prüflose

Abbildung 8.18 Liste der Prüflose

Wenn Sie die Ergebniserfassung im Arbeitsvorrat Ergebnisse – Transaktion QE51N – vornehmen, achten Sie auf das Feld MERKMALSFILTER in der Selektion.

▸ Schränken Sie die Selektion nicht ein, werden Ihnen auch die Skip-Lose in der Prüflosliste angezeigt. Die Prüflose, die noch offene Muss-Merkmale haben, werden hellblau dargestellt (siehe Abbildung 8.19).

▸ Wählen Sie dagegen den Merkmalsfilter 0 (Offene Muss-Merkmale) aus, erscheint das Skip-Prüflos gar nicht im Arbeitsvorrat.

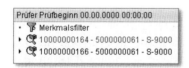

Prüfer Prüfbeginn 00.00.0000 00:00:00
- Merkmalsfilter
▸ 10000000164 - 5000000061 - S-9000
▸ 10000000166 - 5000000061 - S-9000

Abbildung 8.19 Prüflose im Arbeitsvorrat ohne Merkmalsfilter

Skip-Prüflose sollten mit einem automatischen Verwendungsentscheid abgeschlossen werden (siehe Kapitel 7, »Prüfablauf«).

8.2.2 Dynamisierung auf Merkmalsebene

Oft wird nicht im gesamten Prüflos auf die Prüfung verzichtet, sondern es werden einzelne Merkmale dynamisiert.

[zB] **Einzelne Merkmale dynamisieren**

Zum Beispiel müssen Sie zu jedem Gebinde die Identitätsprüfung vornehmen, die mikrobiologische Analyse können Sie jedoch stichprobenartig durchführen. Oder Sie müssen einmal im Jahr eine Materialprüfung vornehmen. Auch wenn die Materialprüfung vielleicht gar nicht von Ihnen im Haus durchgeführt wird, können Sie ein Merkmal Materialprüfung als »Merkzettel« anlegen und so dynamisieren, dass es einmal im Jahr prüfpflichtig wird, sie also daran erinnert werden. Damit sparen Sie sich die manuelle Überwachung

Dynamisieren Sie ein bestimmtes Merkmal, wird die Qualitätslage auf Prüfmerkmalsebene geführt. Das bedeutet, dass Sie bei der Selektion der Prüfstufe zusätzlich das Prüfmerkmal angeben müssen. Nur wenn sich alle Merkmale eines Prüfloses im Skip-Status befinden, wird dieser Status auch an das Prüflos übergeben.

Zusammenfassen von Merkmalen [+]

Werden mehrere Merkmale in einem Plan mit einer Dynamisierungsregel angelegt, wird jedes dieser Merkmale einzeln dynamisiert. Das heißt, wenn ein einzelnes Merkmal rückgewiesen wird, werden die Prüfstufen im nächsten Prüflos unterschiedlich sein. Wenn wir uns die mikrobiologische Analyse vorstellen, ist dieser Ablauf wenig sinnvoll, da die Merkmale dieser Analyse immer zusammen überprüft werden.

Wenn Sie möchten, dass eine Merkmalsgruppe immer zusammen dynamisiert wird, verwenden Sie die Funktion der Merkmalsabhängigkeit. Sie legen ein Merkmal als übergeordnetes Merkmal an. Die folgenden Merkmale erhalten keine Dynamisierungsregel, sondern im Feld DYNAM. WIE MERKMAL wird auf das vorangegangene Merkmal referenziert (siehe Abbildungen 8.20 und 8.21).

Die Bewertung des übergeordneten Merkmals, hier das Merkmal 100, ist ausschlaggebend für die Bestimmung der nächsten Prüfstufe, die für alle untergeordneten Merkmale gilt.

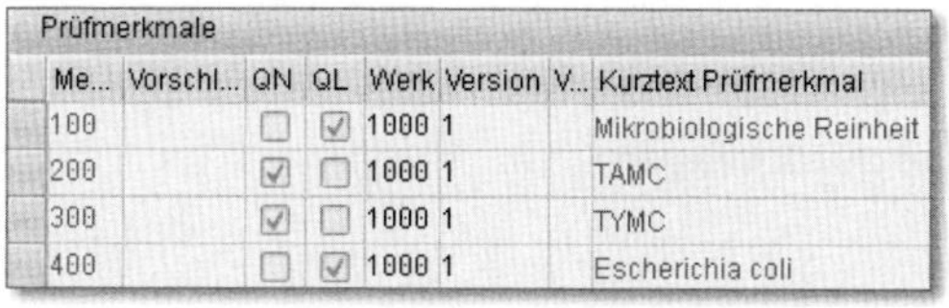

Abbildung 8.20 Prüfmerkmale mit übergeordnetem Merkmal

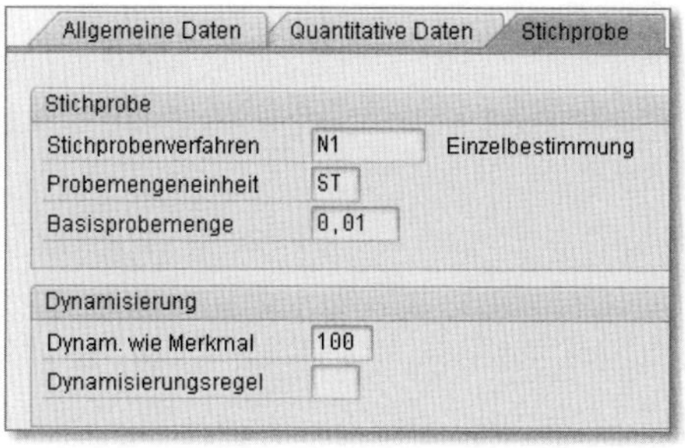

Abbildung 8.21 Planmerkmal – Dynamisierung

8.2.3 Qualitätslage ändern

Manchmal ist es notwendig, die vom System ermittelte Qualitätslage manuell zu ändern. Etwa dann, wenn Sie in der Produktion einen Fehler an einem Packmittel festgestellt haben und sicherstellen möchten, dass die nächste Anlieferung auf diesen Fehler hin untersucht wird. Sie haben mehrere Möglichkeiten, um die Q-Lage zu ändern:

▶ **Einzelpflege**
Sie rufen die Transaktion QDL2 auf, selektieren wie beschrieben die Qualitätslage über den Lieferanten und das Material und ändern das Feld NÄCHSTE STUFE (siehe Abbildung 8.16).

▶ **Aktivitäten in Qualitätsmeldung**
Die Funktionen ZURÜCKSETZEN und VERSCHÄRFEN werden als Funktionen in der Aktivitätenleiste der Q-Meldung angeboten. Die Funktion wird im nächsten Abschnitt erläutert (siehe auch Kapitel 19, »Qualitätsmeldung«).

8.2.4 Liste der Qualitätslagen

Möchten Sie zeitgleich mehrere Qualitätslagen bearbeiten oder einen Überblick über bestehende Qualitätslagen erhalten, arbeiten Sie am einfachsten mit der Liste der Qualitätslagen. Dazu rufen Sie Transaktion QDH1 bzw. den Pfad LOGISTIK • QUALITÄTSMANAGEMENT • QUALITÄTSPRÜFUNG • QUALITÄTSLAGE • LISTE BEARBEITEN auf. Im Einstiegsbild können Sie die Selektion eingrenzen. Wichtig ist, den Zeitraum im Feld ERSTELLDATUM PRÜFLOS anzugeben, um das System nicht zu strapazieren (siehe Abbildung 8.22).

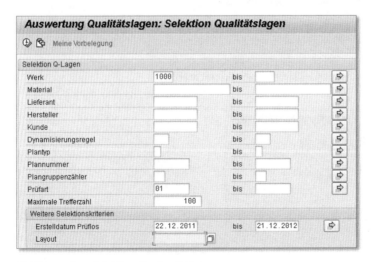

Abbildung 8.22 Selektion der Qualitätslagen

Nach der Selektion wird Ihnen eine Liste der gefundenen Qualitätslagen mit Detailangaben angezeigt (siehe Abbildung 8.23).

Abbildung 8.23 Liste der Qualitätslagen

Über die Buttonleiste dieser Liste können Sie verschiedene Funktionen anstoßen, u.a. die folgenden:

▶ **Qualitätslage zurücksetzen**

Mit der Funktion ZURÜCKSETZEN setzen Sie die Qualitätslage wieder auf die Anfangsprüfstufe zurück. Sie erinnern sich, dass in der Dynamisierungsregel eine Prüfstufe als Anfangsprüfstufe gekennzeichnet ist? Mit dieser Prüfstufe beginnt die Zählung, und auf diese wird die Qualitätslage auch zurückgesetzt, wenn der Reset-Zeitraum erreicht ist.

Mit der Funktion ZURÜCKSETZEN können Sie manuell eingreifen und alle markierten Qualitätslagen zurücksetzen.

▶ **Qualitätslage verschärfen**

Mit der Funktion VERSCHÄRFEN lösen Sie den niO-Fall (nicht in Ordnung) für die Prüfstufe aus, in der sich das Material gerade befindet. Diese Funktion ist gleichzusetzen mit der Rückweisung des Verwendungsentscheids bzw. des Merkmals. Sie verwenden diese Funktion, wenn Sie außerhalb der Prüflosabwicklung die Prüfstufen beeinflussen möchten.

Prüfstufen verschärfen [zB]

Sie stellen eine Auffälligkeit an einem Kaufteil während der Produktion fest. Da Sie von dem Lieferanten mehrere Materialien beziehen, befürchten Sie, dieses Problem könnte auch die anderen Materialien betreffen. Um sicherzustellen, dass die nächsten Warenanlieferungen geprüft werden, wird für alle Qualitätslagen dieses Lieferanten die Funktion ausgelöst.

▶ **Historie aufrufen**

Möchten Sie im Detail sehen, wie sich die Prüfstufen verändert haben, wählen Sie die Historie. Hier ist das jeweilige Prüflos mit Angabe der Prüfstufe aufgeführt. In Abbildung 8.24 sehen Sie eine Dynamisierungsregel, nach der in jedem fünften Prüflos ein bestimmtes Merkmal geprüft wird.

Sie sehen, dass alle Prüflose angenommen wurden. Es ist genau der vorgegebene Rhythmus eingehalten worden.

Erstelldatum	Prüflos	H	Losme...	M...	S	S	Stu...	Text Prüfstufe	S...	Dyn-Bewertung
09.07.2012	40000000526	04	6.000	ST	X		1	prüfen	1	Annahme
12.07.2012	40000000557	04	6.000	ST	X		2	skip		Annahme
12.07.2012	40000000558	04	6.000	ST	X		2	skip		Annahme
13.07.2012	40000000577	04	6.000	ST	X		2	skip		Annahme
24.07.2012	40000000651	04	6.000	ST	X		2	skip		Annahme
24.07.2012	40000000652	04	6.000	ST	X		1	prüfen	1	Annahme

Abbildung 8.24 Dynamisierungshistorie

8.3 Multiple Spezifikation

Multiple Spezifikationen sind unterschiedliche Prüfvorgaben für ein Prüf-merkmal im Bereich des Qualitätsmanagements. Diese unterschiedlichen Spezifikationen können beispielsweise durch Kundenanforderungen, Arznei-buch, Anforderungen von Behörden, länderspezifische Vorgaben oder interne Anforderungen zustande kommen.

Während der Prüfabwicklung erfassen Sie ein Ergebnis zu einem Prüfmerk-mal. Anhand der hinterlegten Spezifikationen/Grenzwerte prüft das System die Charge auf Eignung für die verschiedenen Spezifikationen und schlägt eine Bewertung vor, die mit dem Verwendungsentscheid an die Chargenklas-sifizierung übergeben wird.

Nun hat die Charge die entsprechende Eigenschaft, z. B. geeignet für Land US, in einem Chargenmerkmal. Dieses Merkmal kann in der Chargenfindung für den nächsten Arbeitsschritt herangezogen werden. Das kann ein Prozess- bzw. Fertigungsauftrag oder eine Auslieferung sein.

[zB] **Beispiel mit Länderschlüssel**

Sie haben eine zweistufige Produktion. Aus den Rohstoffen produzieren Sie ein Zwischenprodukt, ein Bulk. Dieses ist die Vorstufe für die Fertigproduktvarianten der verschiedenen Länder.

Für ein Fertigprodukt für das Land A gelten engere Toleranzgrenzen als für ein Fertigprodukt für das Land B, und Sie müssen sicherstellen, dass Sie für die Abfüllung nur Bulk-Chargen verwenden, die für das jeweilige Land geeignet sind. Liegt das Ergebnis der Untersuchung außerhalb der Toleranz von Land A, aber innerhalb der von Land B, wird die Charge entsprechend bewertet:

▸ nicht zulässig für Land A
▸ zulässig für Land B

Wird nun der Prozessauftrag für ein Fertigprodukt für Land A eröffnet, wird diese Charge in der Chargenfindung nicht angezeigt.

8.3.1 Voraussetzung für die multiple Spezifikation

Um die multiple Spezifikation nutzen zu können, müssen Sie Einstellungen im Customizing vornehmen und die Stammdaten entsprechend vorbereiten.

Customizing

Beachten Sie auch die Beschreibung in den Mandanteneinstellungen in Kapitel 2, »Grundeinstellungen im Customizing«. Im Customizing-Pfad QUALITÄTSMANAGEMENT • QUALITÄTSPLANUNG • PRÜFPLANUNG • MULTIPLE SPEZIFIKATIONEN • OBJEKTTYPEN FÜR MULTIPLE SPEZIFIKATIONEN DEFINIEREN sehen Sie, dass die Objekte LAND, KUNDE und ARZNEIBUCH schon eingerichtet sind (siehe Abbildung 8.25). Diese Objekte können Sie sofort verwenden.

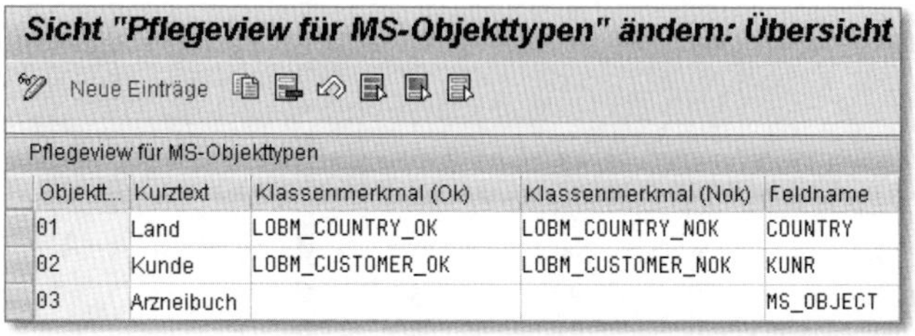
Sicht "Pflegeview für MS-Objekttypen" ändern: Übersicht

Neue Einträge

Pflegeview für MS-Objekttypen

Objektt...	Kurztext	Klassenmerkmal (Ok)	Klassenmerkmal (Nok)	Feldname
01	Land	LOBM_COUNTRY_OK	LOBM_COUNTRY_NOK	COUNTRY
02	Kunde	LOBM_CUSTOMER_OK	LOBM_CUSTOMER_NOK	KUNR
03	Arzneibuch			MS_OBJECT

Abbildung 8.25 Objekttyp für multiple Spezifikation

Im nächsten Customizing-Punkt OBJEKTE FÜR MULTIPLE SPEZIFIKATIONEN DEFINIEREN prägen Sie die Objekte aus, die Sie im Prüfplan spezifizieren möchten (siehe Abbildung 8.26).

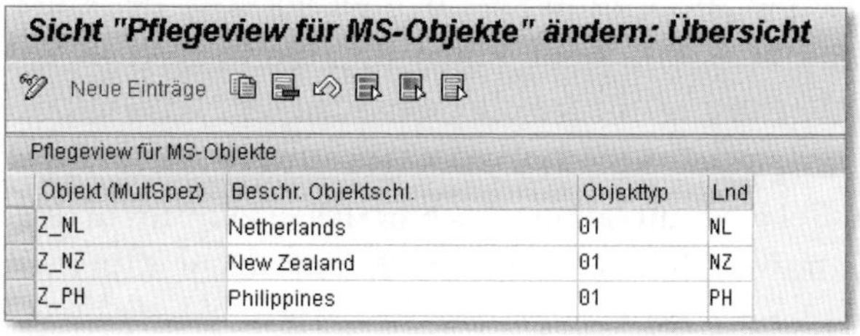
Sicht "Pflegeview für MS-Objekte" ändern: Übersicht

Neue Einträge

Pflegeview für MS-Objekte

Objekt (MultSpez)	Beschr. Objektschl.	Objekttyp	Lnd
Z_NL	Netherlands	01	NL
Z_NZ	New Zealand	01	NZ
Z_PH	Philippines	01	PH

Abbildung 8.26 Pflege der Objekte

Wenn Sie mit dem Objekttyp 01, dem Länderschlüssel, arbeiten möchten, pflegen Sie für jedes der benötigten Länder einen Eintrag in dieser Liste.

Chargenklasse

Ich gehe davon aus, dass Sie bereits die Chargenklassifizierung nutzen. Wenn Sie sich mit dem Thema der multiplen Spezifikation beschäftigen, haben Sie auch die Standardchargenmerkmale wie MHD/Verfallsdatum und Herstelldatum im Einsatz, nach denen die Chargenbereitstellung erfolgt.

Die Chargenklasse der zu bewertenden Charge muss mindestens die beiden Merkmale aus dem Customizing (siehe Abbildung 8.25) enthalten, z. B. LOBM_COUNTRY_OK und LOBM_COUNTRY_NOK. Sie rufen die Chargenklasse in der Transaktion CL02 bzw. über den Pfad ANWENDUNGSÜBERGREIFENDE KOMPONENTEN • KLASSENSYSTEM • STAMMDATEN • KLASSENVERWALTUNG auf und ordnen die Merkmale der Klasse zu (siehe Abbildung 8.27).

Abbildung 8.27 Chargenklasse

Prüfplan

Die Vorgaben für die multiple Spezifikation können Sie nicht in der einfachen Prüfplanpflege festlegen. Dafür steht Ihnen die Workbench in der Transaktion CWBQM zur Verfügung, die Sie über den Pfad LOGISTIK • QUALITÄTSMANAGEMENT • QUALITÄTSPLANUNG • PRÜFPLANUNG • PRÜFPLAN • WORKBENCH aufrufen (siehe Kapitel 5, »Prüfplanung«). Als Erstes setzen Sie auf dem Register QUALITÄTSMANAGEMENT im Plankopf das Kennzeichen MULTIPLE SPEZIFIKATION (siehe Abbildung 8.28).

Anschließend rufen Sie die Materialzuordnungen über das Menü PLÄNE • MATERIAL-PLAN-ZUORDNUNG auf. Dort legen Sie für jede Spezifikation Ihres Objektes einen Eintrag an (siehe Abbildung 8.29, Hinweis: die Felder OBJEKT und OBJEKTTYP befinden sich ganz hinten in der Tabelle und sind normalerweise beim Aufruf der Transaktion nicht zu sehen). Wichtig dabei ist, dass immer ein Eintrag ohne den Objektschlüssel enthalten ist, da der Plan über diesen Eintrag dem Prüflos zugeordnet wird.

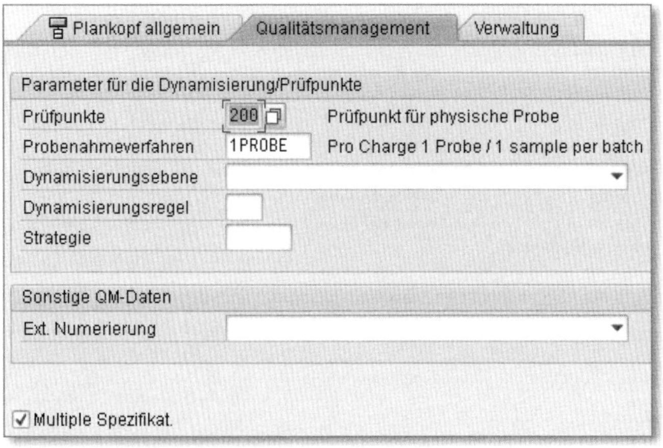

Abbildung 8.28 Workbench – Plankopf

Abbildung 8.29 Material-Plan-Zuordnung – multiple Spezifikation

Haben Sie diese Einträge vorgenommen, rufen Sie das Menü PLÄNE • MERK-
MALE auf und markieren dort das Merkmal, das Sie unterschiedlich ausprägen
möchten. Anschließend springen Sie in PLÄNE • SPEZIFISCHE PRÜFMERKMALS-
VORGABEN ab und geben dort die Toleranzen für die Objekte, hier Länder, vor
(siehe Abbildung 8.30).

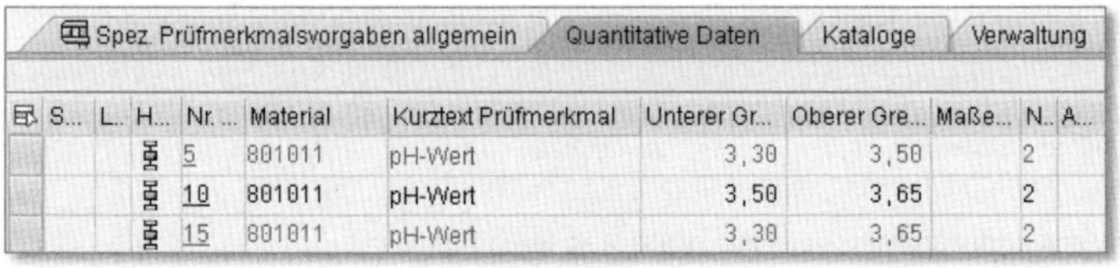

Abbildung 8.30 Spezifische Merkmalsvorgaben

Prüfeinstellungen im Material

In den Prüfeinstellungen muss das Kennzeichen MULTIPLE SPEZIFIKATION aktiviert werden (siehe Abbildung 8.31), damit die Bewertung des Ergebnisses
anhand der multiplen Spezifikation erfolgt.

Abbildung 8.31 Prüfeinstellung

8.3.2 Prüfablauf

Nach diesen Einstellungen in den Stammdaten erscheint in der Ergebniserfassung ein neues Register MULTIPLE SPEZIFIKATION, auf dem bei der Bewertung des Prüfmerkmals auch die Bewertung der multiplen Spezifikationen
vorgenommen wird. Dieser Bewertungsvorschlag kann bei Bedarf mithilfe
der Buttons AUSWAHL ANNEHMEN und AUSWAHL RÜCKWEISEN (🖉🖉) überschrieben werden. Wenn Sie nach dem Ergebnisabschluss den Verwendungsentscheid aufrufen, sehen Sie, dass Sie auf dem Register MULTIPLE SPEZIFIKA-
TION auch noch die Möglichkeit haben, den Vorschlag zu überschreiben
(siehe Abildung 8.32).

Abbildung 8.32 Verwendungsentscheid zur multiplen Spezifikation

Erst wenn Sie den Verwendungsentscheid abschließen, wird die Bewertung
an die Charge übergeben. Um diese Übergabe zu überprüfen, sehen Sie sich
die Charge über den Pfad LOGISTIK • ZENTRALE FUNKTIONEN • CHARGENVER-
WALTUNG • CHARGE • ANZEIGEN an. Auf dem Register KLASSIFIZIERUNG sehen
Sie die Eignung der Charge für die definierten Länder, entsprechend der
Bewertung im Verwendungsentscheid (siehe Abbildung 8.33).

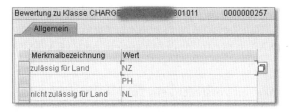

Abbildung 8.33 Chargenbewertung

Mit dieser Bewertung können Sie die Chargen nun manuell der weiteren Verarbeitung zuordnen, oder Sie definieren eine Chargenfindung. Wie Sie solche Strategien anlegen, ist nicht Bestandteil meines Buches.

8.4 Subsystem – Schnittstelle QM-IDI

Im Modul Qualitätsmanagement ist eine komplett eingerichtete Schnittstelle vorhanden, die es Ihnen ermöglicht, die Messdaten in einem anderen System zu erfassen.

Mit der QM-IDI-Schnittstelle (Inspection Data Interface in Quality Management) verfügt QM über eine offene Schnittstelle zu externen Systemen, die für den Austausch von Qualitätsdaten der Prüfabwicklung konzipiert wurde. Das externe System wird von QM mit Vorgaben der Qualitätsprüfung versorgt, führt die Qualitätsprüfung selbstständig durch und überträgt die Ergebnisdaten zurück an das SAP-System. Diese Schnittstelle wird auch verwendet, um komplette CAQ-Systeme anzubinden, was Ihnen die Möglichkeit gibt, Ihr bisher verwendetes CAQ-System weiter zu nutzen und in den logistischen Prozess von SAP zu integrieren.

Bevor Sie sich entschließen, ein neues CAQ-System einzuführen und an Ihr SAP-System anzuschließen, sollten Sie jedoch genau überlegen, ob Sie die Prozesse nicht direkt in SAP abbilden können. Erst wenn Sie sich sicher sind, dass Sie die für Ihr Unternehmen unbedingt benötigten Funktionen nicht im SAP-System abbilden können, sollten Sie über den Einsatz einer weiteren Software in Ihrem Haus entscheiden. Während meiner Projekttätigkeit habe ich mehrere LIMS- und andere CAQ-Systeme abgelöst, ohne dass der Kunde auf Funktionen verzichten musste. Im Gegenteil: Alle waren begeistert von der Integration, durch die sofort auf Daten aus anderen Bereichen zugegriffen werden kann.

Die Integration ist aber nur ein Argument, um alle Möglichkeiten auszuschöpfen, die das SAP-System bietet: Ein Subsystem bedeutet immer Schnittstellen, die betreut werden müssen. Zudem müssen Sie das Subsystem mit logistischen Daten abgleichen. Manches Mal ist es einfacher und kostengünstiger, fehlende Funktionen in SAP zu programmieren, als ein neues CAQ-System anzuschaffen.

Ich möchte Ihnen die Möglichkeiten vorstellen, ein Subsystem anzubinden. Die beiden gerade erläuterten Modelle sind in den Abbildungen 8.34 und 8.35 dargestellt.

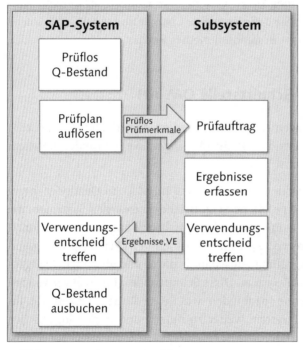

Abbildung 8.34 Subsystem – Prüfplanung in SAP

Abbildung 8.34 zeigt die Erfassung der Messdaten im Subsystem. Das Prüflos wird im SAP-System erzeugt, und alle Merkmale sind zugeordnet. Das Subsystem selektiert die dafür vorgesehenen Vorgänge und erzeugt im Subsystem einen Auftrag, um dort die Ergebnisse zu erfassen. Nach Abschluss der Prüfung werden die Messergebnisse an SAP übergeben.

Abbildung 8.35 zeigt die komplette Qualitätsabwicklung im Subsystem. Um die definierte Schnittstelle zu nutzen, muss formal derselbe Ablauf wie bei der reinen Erfassung der Messwerte eingehalten werden. Die Prüfpläne mit ihren Merkmalen sind im Subsystem ausgeprägt.

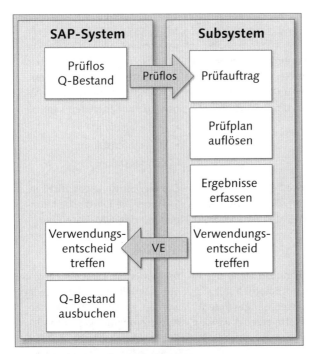

Abbildung 8.35 Prüfplanung im Subsystem

Im SAP-System wird ein genereller Prüfplan mit nur einem Prüfmerkmal angelegt und dieser wird allen Materialien zugeordnet. Bei der Übergabe an das Subsystem werden die eigentlichen Prüfmerkmale zugeordnet. Der erfolgreiche Prüfabschluss wird an das SAP-System rückgemeldet.

Für den Fall, dass Sie sich nicht sicher sind, wie Sie das Subsystem anbinden sollen, stelle ich beide Möglichkeiten mit ihren Auswirkungen in Tabelle 8.1 einander gegenüber.

Funktion	Erfassung der Messdaten im Subsystem	Komplette Abwicklung im Subsystem
Stammdaten	Alle Prüfstammdaten liegen in SAP vor und werden mit dem Prüflos an das Subsystem übergeben. Das Subsystem verfügt über keine Stammdaten. Dort findet die reine Ergebniserfassung statt.	Alle Prüfstammdaten liegen im Subsystem vor. In SAP wird nur ein Dummy-Prüfplan mit einem Merkmal angelegt, um die vordefinierte Schnittstelle nutzen zu können.

Tabelle 8.1 Gegenüberstellung der Möglichkeiten der Anbindung

Funktion	Erfassung der Messdaten im Subsystem	Komplette Abwicklung im Subsystem
Weitere Schnittstellen	Es ist kein regelmäßiger Abgleich der Stammdaten notwendig, da alle benötigten Daten über die Schnittstelle zum Prüflos übergeben werden.	Es ist ein regelmäßiger Abgleich der logistischen Stammdaten notwendig, damit die Prüfplanung darauf zugreifen kann. ▶ Materialstamm ▶ Lieferantenstamm ▶ Kundenstamm
Auswertung	Die Ergebnisse liegen in SAP vor. Damit können alle logistischen mit den QM-Daten im SAP-System verknüpft werden.	Die Ergebnisse liegen nicht in SAP vor. Die logistischen können mit den QM-Daten nur außerhalb beider Systeme verknüpft werden.
Zeugnis	Ein Zeugnis kann zur Lieferung im SAP-System automatisch mit allen Ergebnissen der gesamten Produktionskette erzeugt werden.	Im Subsystem kann ein Zeugnis nur manuell bei Bedarf erzeugt werden, da der Zeitpunkt der Auslieferung der geprüften Charge unbekannt ist. Außerdem können nur Ergebnisse des ausgelieferten Produktes angedruckt werden, da der Chargenverwendungsnachweis nicht vorhanden ist.
Chargen-verwendung	Alle verbuchten Chargen während der Produktion werden fortgeschrieben. Damit kann während der Prüfabwicklung, Auswertung und Zeugniserstellung auf Vorchargen zugegriffen werden, z. B. auf Daten aus dem Rohstoff.	Die Chargen werden immer nur einzeln als Prüflos übergeben. Daher ist es nicht möglich, zu verfolgen, welche Chargen für die Herstellung verwendet wurden.
Reklamation	Aus der Prüfabwicklung heraus kann eine Qualitätsmeldung erzeugt werden, die auf alle logistischen Daten zugreifen kann, wie z. B. auf die Bestellung.	Eine Reklamation kann immer nur losgelöst von den SAP-Belegen betrachtet werden.

Tabelle 8.1 Gegenüberstellung der Möglichkeiten der Anbindung (Forts.)

Für welche Variante Sie sich entscheiden, hängt von den Gegebenheiten ab. Variante 1 würde eher für eine Betriebsdatenerfassung (BDE) Anwendung finden, während Variante 2 die Anbindung eines kompletten Qualitätssystems bedeutet.

8.4.1 Technik der Schnittstelle

Es werden Funktionsbausteine für die Übertragung der Prüfvorgaben und die Rückmeldung der Prüfergebnisse von SAP zur Verfügung gestellt. Diese Funktionsbausteine können von Nicht-SAP-Systemen aus aufgerufen werden und laufen anschließend im QM-System ab. Zu diesem Zweck wird das SAP-Interface Remote Function Call (RFC) verwendet.

Schnittstelle und Übergabestrukturen	[+]
Die bekannten CAQ-Systeme verfügen über eine zertifizierte Schnittstelle zu der SAP-QM-IDI-Schnittstelle. Daher ist der Aufbau der Übergabestrukturen bekannt. Wenn Sie sich über die Inhalte informieren möchten, nutzen Sie die Hilfe im Customizing. Dort finden Sie den Verweis auf die RFC-Funktionsbausteine und in diesen die Strukturen.	

Um das Subsystem anzusprechen, müssen Sie es im Customizing einrichten. Dazu wählen Sie den Pfad QUALITÄTSMANAGEMENT • QUALITÄTSPRÜFUNG • SUBSYSTEME • QUALITÄTSPRÜFUNG ÜBER DIE SCHNITTSTELLE QM-IDI ABWICKELN. Hier legen Sie einen neuen Eintrag an (siehe Abbildung 8.36) und prägen ihn entsprechend den Vorgaben aus dem Subsystem aus.

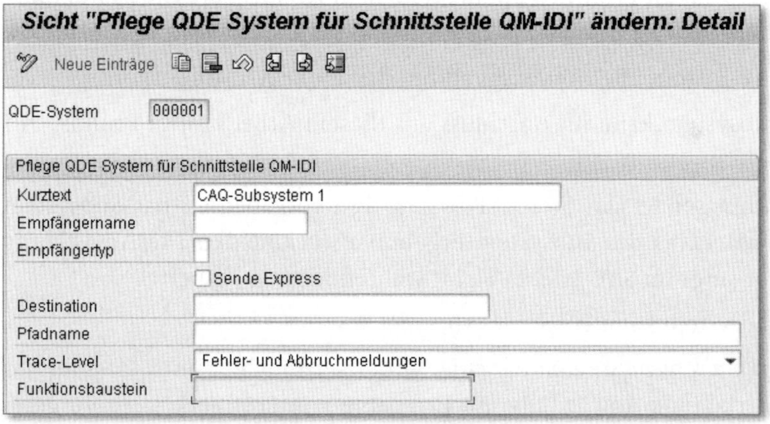

Abbildung 8.36 Subsystem anlegen

Dieses System ordnen Sie anschließend dem Arbeitsplatz zu, der zu dem Vorgang mit der externen Prüfung gehört. Dazu steht das Feld QDE-SYSTEM im

Arbeitsplatzdetail in der Transaktion CRQ2 auf dem Register GRUNDDATEN zur Verfügung (siehe Abbildung 8.37).

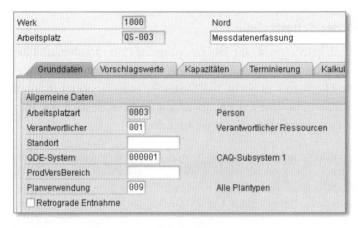

Abbildung 8.37 Subsystem im Arbeitsplatz

8.4.2 Ablauf

Der Ablauf der Prüflosübergabe an das Subsystem ist gut in der SAP-Online-Hilfe dokumentiert. Die folgende Schrittfolge beruht auf dieser Darstellung. Es werden folgende Schritte durchlaufen:

1. Das Subsystem ergreift die Initiative. Es fordert vom SAP-System den Arbeitsvorrat an Prüflosen an, die an einem Arbeitsplatz zur Bearbeitung anstehen.

2. Das SAP-System übermittelt daraufhin den aktuellen Arbeitsvorrat.

3. Das Subsystem kann im Anschluss aus diesem Arbeitsvorrat Prüflose zur Bearbeitung anfordern.

4. Daraufhin sendet das SAP ERP-System Prüfvorgaben an das Subsystem und wartet, bis das Subsystem Ergebnisse rückmeldet. Die Abwicklung des Vorgangs im SAP-System bleibt währenddessen gesperrt.

5. Das Subsystem kann Folgendes rückmelden:

    ▶ *Merkmalsergebnisse zum Vorgang*: Voraussetzung hierfür ist, dass für das Material eine Abwicklung mit Erfassung von Prüfmerkmalen vorgesehen ist.

    ▶ *Merkmalsergebnisse zum Prüfpunkt*: Voraussetzung hierfür ist, dass im Plankopf eine Abwicklung mit Prüfpunkten vorgesehen ist.
    Bei einer Rückweisung des Merkmals kann das SAP-System automatisch

Fehlerdaten fortschreiben. Voraussetzung hierfür ist, dass dies im Plan vorgesehen ist und dass Sie die automatische Fehlererfassung mit Findung der Fehlerart für das Prüfmerkmal eingerichtet haben.

▷ *Verwendungsentscheide zu Prüflosen:* Das SAP-System protokolliert dabei die Übertragungsvorgänge. Für die Schnittstelle wird von SAP ein Anwendungslog geschrieben. Sie können sich die Protokolle mit dem Report `RQEIFML10` ansehen und mit dem Report `RQEIFML20` löschen. Stellen Sie sicher, dass die Protokolle regelmäßig gelöscht werden, damit keine unnötigen Daten aufbewahrt werden.

8.5 Formulare

Zur Unterstützung der Prüfabwicklung können Sie diverse Formulare verwenden. Diese Formulare werden in einer Standardvariante ausgeliefert und können sofort verwendet werden. Möchten Sie Anpassungen am Layout vornehmen, kopieren Sie die Formulare und vollziehen Ihre Änderungen. Wenn Sie zusätzliche Daten lesen und ausgeben möchten, müssen Sie auch das Druckprogramm kopieren und anpassen.

Folgende Formulare stehen Ihnen in SAPscript und seit EHP 3 auch als PDF (als SAP Interactive Forms by Adobe) zur Verfügung:

▶ **Probenetikett**
Das Probenetikett können Sie in der Probenverwaltung nutzen. Es wird zu jeder physischen Probe ein Etikett ausgegeben. Der Ausdruck erfolgt entweder automatisch bei Prüfloserzeugung oder wird in der Transaktion QPR4 (siehe Abschnitt 8.1.2) angestoßen.

▶ **Probeziehanweisung**
Die Probeziehanweisung enthält alle Angaben zum Stichprobenumfang bzw. der Proben eines Prüfloses. Wenn Sie keine Probenverwaltung nutzen, können Sie Probenahmetexte im Prüfmerkmal hinterlegen. Im Probenahmeverfahren stehen Ihnen Langtexte zum Probenahmeverfahren bzw. zur Probenahmeanweisung zur Verfügung. Der Ausdruck erfolgt entweder automatisch bei Prüfloserzeugung oder wird in der Transaktion QP02 angestoßen.

▶ **Prüfanweisung**
Die Prüfanweisung enthält alle Merkmale eines Prüfplans mit Detailangaben, die über das Druck-Steuerkennzeichen im Prüfmerkmal für den Druck vorgesehen sind (siehe Abschnitt 3.6.2).

> *Kein Druck:* Prüfmerkmal wird generell nicht gedruckt.

> *Druck:* Prüfmerkmal wird generell gedruckt.

> *Kein Druck bei Skip:* Prüfmerkmal wird nur gedruckt, wenn es auch zu prüfen ist.

Der Ausdruck erfolgt entweder automatisch bei Prüfloserzeugung oder wird in der Transaktion QP02 angestoßen.

▶ **Ergebnisbericht**
Der Ergebnisbericht enthält alle Informationen zu einem Prüflos. Er kann jederzeit unabhängig vom Zustand des Prüfloses ausgedruckt werden (siehe Kapitel 7, »Prüfablauf«).

Customizing: Druckeinstellung

Sie können die Druckeinstellungen zu den automatisch erzeugten Formularen benutzerabhängig einrichten. Denken Sie daran, dass der Ausdruck meistens sofort bei Loserzeugung stattfindet und Sie den Druck daher für den Benutzer einrichten, der die Buchung vornimmt und dadurch das Prüflos erzeugt.

Sie rufen die Funktion im Customizing über den Pfad QUALITÄTSMANAGEMENT • QUALITÄTSPRÜFUNG • DRUCKSTEUERUNG, FORMULARE, AUSGABEPROGRAMME FESTLEGEN oder die Transaktion CQ85 auf. Wenn Sie mit eigenen Formularen arbeiten möchten, ordnen Sie diese im Bereich FORMULARE zu (siehe Abbildung 8.38).

Abbildung 8.38 Druckerbestimmung

Sie haben zwei Möglichkeiten, den Ausdruck auf einen Drucker zu leiten. In dem Feld AUSGBESTIMMUNG definieren Sie, welche Steuerung aktiv ist:

▶ **01 – Ausgabegerät aus Benutzerstamm**
Sie können zu jedem User ein Ausgabegerät für jedes Formular zuordnen (Feld AUSGABEGERÄT). Mit der Markierung der Spalte SOFORT aktivieren

Sie, dass das Formular sofort bei Erstellung ausgegeben wird (siehe Abbildung 8.39). Wenn Sie den automatischen Druck wünschen, muss diese Funktion aktiv sein, sonst werden die Ausdrucke nur in den Spool gestellt, das heißt in die Druckauftragsbereitstellung.

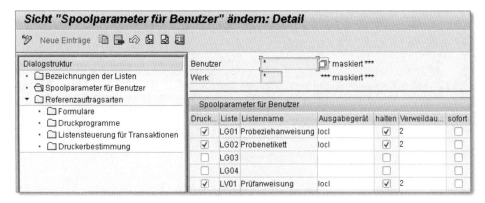

Abbildung 8.39 Druckereinstellungen für Benutzer

▶ **02 – Ausgabegerät aus Drucksteuerung für den Benutzer**
Möchten Sie nicht für jeden Benutzer einen Drucker angeben, können Sie im Bereich DRUCKERBESTIMMUNG auch festlegen, dass der in den Benutzereinstellungen hinterlegte Drucker verwendet werden soll.

Wenn Sie für den Ergebnisbericht ein eigenes Formular und Druckprogramm verwenden möchten, können Sie die Vorgaben dafür nur über eine Kundenerweiterung vornehmen. Beachten Sie dazu das Beispiel-Coding im User-Exit QSS10001 (Möglichkeit zum Aufruf eines abweichenden Druck-Reports).

8.6 Ergebniskopie

Seit SAP ERP 6.0 steht Ihnen die Funktion der Ergebniskopie zur Verfügung. Damit können Sie Ergebnisse aus einem Prüflos in ein anderes übernehmen. Sie können dafür eine freie Losselektion verwenden oder über den Chargenverwendungsnachweis ein Prüflos vom System suchen lassen. Sie können in dieser Funktion auch eigendefinierte Logiken verwenden, z. B. Dateien des externen Labors auslesen und als Messergebnis in das Prüflos übertragen.

Um die Ergebniskopie zu aktivieren, müssen Sie zuerst überprüfen, ob Sie die Business Function EA-PLM-PLM-Extension aktiviert haben. Ist das der Fall, sehen Sie im Customizing einen neuen Unterpunkt unter QUALITÄTSMANAGE-

MENT • QUALITÄTSPRÜFUNG • EINSTELLUNG FÜR DIE ERGEBNISKOPIE VORNEHMEN. Wenn Sie dieses Menü aufrufen, wird Ihnen eine Tabelle angezeigt, in der Sie jede Prüfart und jedes Werk angeben, in denen die Ergebniskopie aktiv sein soll (siehe Abbildung 8.40).

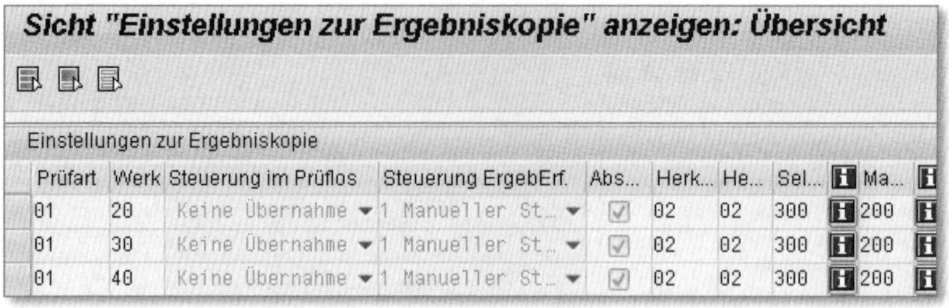

Sicht "Einstellungen zur Ergebniskopie" anzeigen: Übersicht

Einstellungen zur Ergebniskopie

Prüfart	Werk	Steuerung im Prüflos	Steuerung ErgebErf.	Abs...	Herk...	He...	Sel...		Ma...	
01	20	Keine Übernahme	1 Manueller St...	☑	02	02	300		200	
01	30	Keine Übernahme	1 Manueller St...	☑	02	02	300		200	
01	40	Keine Übernahme	1 Manueller St...	☑	02	02	300		200	

Abbildung 8.40 Einstellung zur Ergebniskopie

Sie können in den Feldern STEUERUNG IM PRÜFLOS und STEUERUNG ERGEB.ERF. angeben, wie die Übernahme erfolgt. Ihnen stehen dabei folgende Möglichkeiten zur Verfügung:

- *Leer (keine Übernahme)*: Es ist keine Übernahme vorgesehen.
- *1 (Manueller Start der Übernahme)*: Die Ergebniskopie wird immer manuell gestartet.
- *2 (Automatische Übernahme bei Einstieg in die Ergebniserfassung)*: Die Ergebniskopie startet automatisch im Hintergrund bei Anlage des Prüfloses bzw. beim Einstieg in die Ergebniserfassung.
- *3 (Manuelle und automatische Übernahme)*: Die Ergebniskopie startet automatisch im Hintergrund, kann aber auch manuell gestartet werden.

Als Selektion der Prüflose und als Mapping der Prüfmerkmale stehen mehrere Varianten zur Verfügung. Da diese Varianten im Customizing ausreichend dokumentiert sind, verzichte ich hier auf eine weitere Erläuterung:

- **Varianten der Selektion:**
  - 100 – Wiederkehrende Prüfung zur Charge
  - 110 – Wiederholprüfung zum Equipment
  - 120 – Wiederholprüfung zur physischen Probe
  - 130 – Wiederholprüfung zum technischen Platz
  - 200 – Daten aus Prüfungen zum Vorprodukt
  - 300 – Freie Selektion des Prüfloses

▶ **Mapping**

  ▷ 100 – Verwendung des Planschlüssels

  ▷ 200 – Stammprüfmerkmal und Methode

  ▷ 300 – Merkmals-ID

Folgende Voraussetzungen müssen für die Übernahme der Ergebnisse erfüllt sein:

▶ Alle Merkmale, die übernommen werden sollen, müssen die im Feld HERK... (Herkunft) angegebene Ergebnisdatenherkunft haben (siehe Abbildung 8.40).

▶ Die Kombination Stammprüfmerkmal/Prüfmethode muss in beiden Prüflosen übereinstimmen.

▶ Die Maßeinheit bzw. die Auswahlmengen müssen identisch sein.

[zB]

Freie Selektion des Prüfloses

Sie nutzen Umlagerungen von Werk an Werk und möchten die Ergebnisse aus dem Ausgangswerk in Ihr Prüflos übernehmen. Da die Kopie nur für einzelne Vorgänge gelten soll, wird die Ergebniskopie manuell angestoßen. Das Prüflos wird frei selektiert.

Die Ergebniserfassung in der Transaktion QE51N bzw. QE01 haben Sie bereits in Kapitel 7, »Prüfablauf«, kennengelernt. Über das Menü BEARBEITEN • ERGEBNISKOPIE wird Ihnen ein Pop-up zur Eingabe des Prüfloses angezeigt. Nach Bestätigung der Eingabe wählen Sie den Vorgang aus, aus dem die Daten übernommen werden sollen (siehe Abbildung 8.41).

Abbildung 8.41 Auswahl des Vorgangs

Alle Ergebnisse aus dem angegebenen Los werden mit der Ergebnisdatenherkunft aus dem Customizing übertragen und abgeschlossen (siehe Abbildung 8.42).

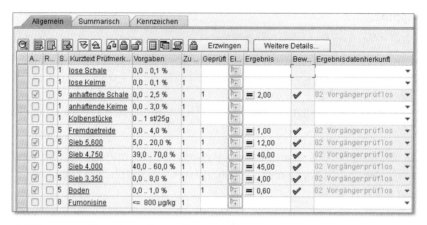

Abbildung 8.42 Übernahme der Ergebnisse

8.7 Digitale Signatur im Prüfablauf

Zur Unterstützung des Nachweises freigaberelevanter Vorgänge kann die digitale Signatur genutzt werden. Die digitale Signatur stellt sicher, dass bestimmte Transaktionen von einem Benutzer durchgeführt werden, der sich per Passwort oder ID-Card ausweisen kann. Diese Unterschrift wird in einem Protokoll mit dem Namen des Unterzeichners sowie mit Datum und Uhrzeit kommentiert.

Sie können die Signatur in folgenden Prüfschritten nutzen:

1. Quittierung der Probenahme

2. Ergebniserfassung

3. Treffen des Verwendungsentscheids

Zur Aktivierung der Signatur füllen Sie das Feld QM-MatBerechtigung in der Sicht Qualitätsmanagement im Materialstamm (siehe Abbildung 8.43).

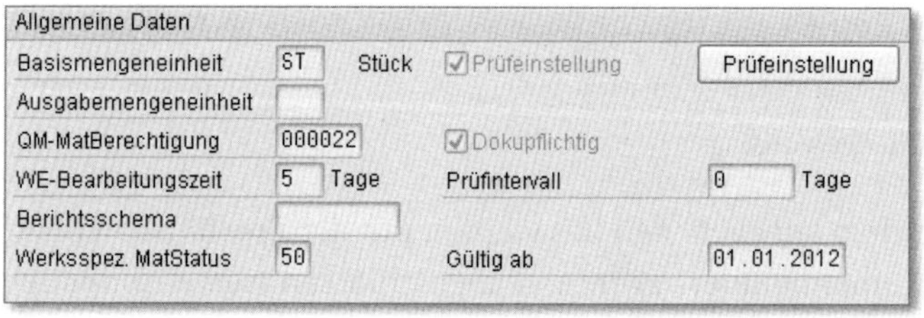

Allgemeine Daten				
Basismengeneinheit	ST	Stück	☑ Prüfeinstellung	Prüfeinstellung
Ausgabemengeneinheit				
QM-MatBerechtigung	000022		☑ Dokupflichtig	
WE-Bearbeitungszeit	5	Tage	Prüfintervall	0 Tage
Berichtsschema				
Werksspez. MatStatus	50		Gültig ab	01.01.2012

Abbildung 8.43 Sicht »Qualitätsmanagement« im Materialstamm

Folgende Möglichkeiten der Berechtigungsgruppen zur Aktivierung der digitalen Signatur werden im Standard ausgeliefert:

▶ 000020 – Digitale Signatur grundsätzlich

▶ 000021 – Digitale Signatur bei Ergebniserfassung

▶ 000022 – Digitale Signatur bei Verw.Entscheid

▶ 000023 – Digitale Signatur bei der Probenahme

▶ 000030 – Prüflosgenehmigung und Digitale Signatur

Im Customizing stellen Sie über den Pfad QUALITÄTSMANAGEMENT • UMFELD • ZENTRALE FUNKTIONEN • BERECHTIGUNGSVERWALTUNG • BERECHTIGUNGSGRUPPEN UND DIGITALE SIGNATUR DEFINIEREN die SIGNATURMETHODE ein (siehe Abbildung 8.44). Die einfachste Methode ist SYSTEMSIGN. MITTELS AUTORISIERUNG. Es ist auch möglich, einen Chipkartenleser anzubinden.

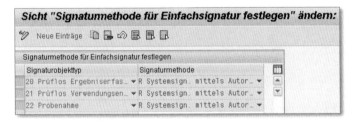

Abbildung 8.44 Signaturmethode zum Objekttyp

Wenn Sie die Signaturmethode mittels Autorisierung ausgewählt haben, werden Sie in der jeweiligen Anwendung aufgefordert, Ihr Passwort einzugeben (siehe Abbildung 8.45).

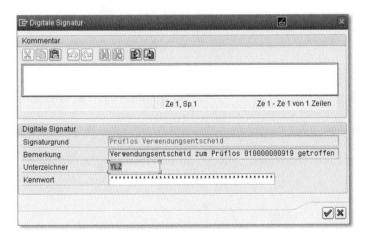

Abbildung 8.45 Digitale Signatur

Digitale Signaturen können Sie in der Transaktion DSAL oder über den Pfad ANWENDUNGSÜBERGREIFENDE KOMPONENTEN • ÄNDERUNGSDIENST • AUSWERTUNGEN • PROTOKOLL ZUR DIGITALEN SIGNATUR auswerten. Sie wählen die Anwendung und den Zeitraum aus und führen die Selektion aus (siehe Abbildung 8.46).

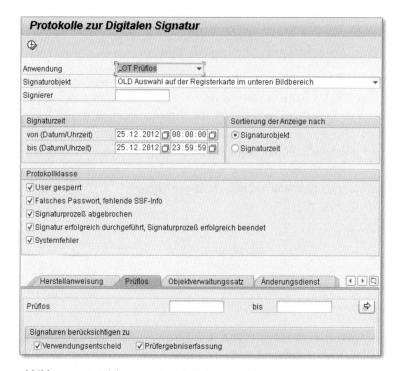

Abbildung 8.46 Selektion im Protokoll der digitalen Signatur

Anschließend erhalten Sie eine Übersicht über alle Objekte (siehe Abbildung 8.47).

Abbildung 8.47 Protokoll

Nun kennen Sie weitere Funktionen, die Sie im Prüfablauf nutzen können.

In diesem Kapitel lernen Sie die Möglichkeiten kennen, in den Beschaffungsprozess einzugreifen. Sie können so den Einkauf in der Lieferantenauswahl und -freigabe unterstützen.

9 Qualitätsmanagement in der Beschaffung

In der Lieferantenauswahl spielen verschiedene Faktoren eine Rolle. Neben dem Preis und dem Lieferverhalten wirken sich auch Erkenntnisse aus der Qualitätssicherung, wie z. B. dem Lieferanten-Audit, direkt auf die Lieferantenauswahl aus.

Für den ganzen Prozess der Lieferantenfreigabe von der Muster- bis zur Serienlieferung steht Ihnen im SAP-System die Erstmusterabwicklung zur Verfügung. Diese wird in Kapitel 11, »Qualitätsmanagement im Wareneingang«, beschrieben.

Die Lieferantenfreigabe wird über den Qualitätsinformationssatz Beschaffung gesteuert, der in Kapitel 4, »Logistik-Stammdaten«, dargestellt wurde.

Durch die Integration der QM-Funktionalität in den gesamten logistischen Prozess können Sie direkt auf den Beschaffungsprozess einwirken. Wie stark dabei der Einkauf beeinflusst wird, entscheiden Sie selbst über die Auswahl der Steuerschlüssel. Die Zuordnung erfolgt im Materialstamm, sodass Sie gezielt sensible Materialien aussteuern können.

In diesem Kapitel stelle ich Ihnen die Funktionen aus dem Bereich Beschaffungsdaten im Materialstamm auf der Q-Sicht vor. Der QM-Steuerschlüssel mit seinen vielfältigen Möglichkeiten bildet dabei das zentrale Element.

Darüber hinaus zeige ich Ihnen Sperrfunktionen für einen Lieferanten, der seine Waren z. B. permanent in einer Qualität liefert, die Sie nicht akzeptieren (siehe Abschnitt 9.2). Die Zeugnisabwicklung zum Lieferanten mit den Mahnfunktionen führe ich anhand eines Beispiels vor (siehe Abschnitt 9.4).

Um die Vorgaben zur Beschaffung von Materialien differenziert zu den Lieferanten vorzunehmen, können Sie das QM-System verwenden. Sie geben im Materialstamm vor, welches QM-System erforderlich ist. Nur die Lieferanten dürfen dieses Material liefern, die dieses QM-System nachgewiesen haben. Auch diese Möglichkeiten betrachte ich in diesem Kapitel.

9.1 Beschaffungsdaten im Materialstamm

Um den Materialstamm zu bearbeiten, rufen Sie die Transaktion MM02 über den Pfad LOGISTIK • MATERIALWIRTSCHAFT • MATERIALSTAMM • MATERIAL • ÄNDERN • SOFORT auf. Pflegen Sie anschließend den Bereich BESCHAFFUNGSDATEN auf dem Register QUALITÄTSMANAGEMENT (siehe Abbildung 9.1).

Abbildung 9.1 Beschaffungsdaten

Die einzelnen Felder haben folgende Funktionen (wenn Sie zuvor das Kennzeichen QM-BESCHAFFUNG AKTIV aktiviert haben):

▶ **QM-Steuerschlüssel**
Sie steuern an dieser Stelle, welche Bedingungen in der Beschaffung gelten. Wie die Beschaffungsbedingungen beeinflusst werden, wird im Steuerschlüssel definiert.

Folgende Beeinflussungen sind möglich:

▷ Technische Liefervereinbarungen erforderlich

▷ Qualitätsvereinbarung erforderlich

▷ Freigabe erforderlich

▷ Zeugnis erforderlich

▷ Rechnung sperren

[+] **Kennzeichen »QM-Beschaffung aktiv« aktivieren**

Die Aktivierung des Kennzeichens QM-BESCHAFFUNG AKTIV gilt werksübergreifend. Wird ein Material in mehreren Werken beschafft, sind die hier beschriebenen Einstellungen in jedem Werk vorzunehmen. Soll die Lieferfreigabe nur in einem Werk erfolgen, muss in dem anderen Werk der Steuerschlüssel 0000 (keine Funktion) gewählt werden. Es ist nicht möglich, eine Bestellung in dem Werk anzulegen, in dem das Kennzeichen QM-BESCHAFFUNG AKTIV aktiviert ist, aber keine Angaben zum QM-Steuerschlüssel vorgenommen wurden.

▶ **Zeugnistyp**
  Wird ein Steuerschlüssel mit Zeugnispflicht ausgewählt, ist auch das Feld
  ZEUGNISTYP ein Pflichtfeld.

▶ **Soll-QM-System**
  Möchten Sie sicherstellen, dass nur auditierte Lieferanten mit einer bestimmten Bewertung dieses Material liefern können, können Sie die Audit-
  Note als QM-System anlegen. Nur Lieferanten, die mindestens dieses System nachweisen, dürfen das Material liefern.

> **Auswirkungen bei Änderung der Beschaffungsdaten**   **[+]**
>
> Änderungen an den Beschaffungsdaten im Materialstamm wirken sich immer erst
> auf Einkaufsbelege aus, die nach der Änderung erstellt werden. Das ist besonders
> bei langlebigen Lieferplänen zu beachten! Hier muss die bestehende Position been-
> det und eine neue eingefügt werden, damit die Daten aus dem Materialstamm in
> den Lieferplan übernommen werden können.

9.2 Sperrfunktion

Unter Umständen soll der Einkäufer darauf hingewiesen werden, dass bei
einem Lieferanten nur noch bedingt oder gar nicht mehr bestellt werden
darf. Um den Einkäufer hiervon in Kenntnis zu setzen, können Sie einen Lieferanten komplett oder nur die Lieferant/Materialbeziehung sperren bzw.
einen Sperrvermerk setzen.

Den Lieferanten sperren Sie in der Transaktion MK05 bzw. über den Pfad LO-
GISTIK • MATERIALWIRTSCHAFT • EINKAUF • STAMMDATEN • LIEFERANT • EINKAUF •
SPERREN. Hier wählen Sie eine SPERRFUNKTION aus der Suchhilfe aus (siehe
Abbildung 9.2). Die Sperrfunktion können Sie im Customizing anpassen.

Abbildung 9.2 Lieferant sperren

Möchten Sie dagegen nur sicherstellen, dass bestimmte Materialien nicht von diesem Lieferanten geliefert werden, nehmen Sie die Sperre im Q-Infosatz vor. Dazu wählen Sie die Transaktion QI02 oder den Pfad LOGISTIK • QUALITÄTSMANAGEMENT • QUALITÄTSPLANUNG • LOGISTIK-STAMMDATEN • Q-INFOSATZ BESCHAFFUNG • ÄNDERN.

Auf dem Register FREIGABE stehen Ihnen dieselben Sperrfunktionen wie bei der Lieferantensperre zur Verfügung. Daneben können Sie einen freien Text als SPERRGRUND hinterlegen (siehe Abbildung 9.3).

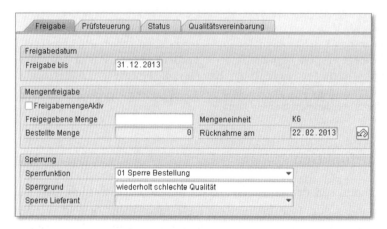

Abbildung 9.3 Material/Lieferant sperren

Folgende Sperrfunktionen werden ausgeliefert:

- 01 – Sperre Bestellung
- 02 – Sperre Anfrage und Bestellung
- 03 – Sperre Anfrage, Bestellung, Wareneingang
- 04 – Sperre Bezugsquellenfindung

Damit wird in der jeweiligen SAP-Anwendung eine Meldung ausgegeben, z. B. wenn Sie eine Bestellung anlegen. Den Typ der Meldung richten Sie im Customizing ein (in den Details zum Steuerschlüssel): Bei einer Fehlermeldung ist keine weitere Bearbeitung der Bestellung möglich. Eine Warnung hingegen weist den Anwender nur auf den Zustand hin, er kann den Vorgang aber weiter bearbeiten.

Die ausgelieferten Sperrfunktionen können Sie im Customizing nach Ihren Bedürfnissen anpassen. Dazu wählen Sie den Pfad QUALITÄTSMANAGEMENT • QM IN DER LOGISTIK • QM IN DER BESCHAFFUNG • LIEFERSPERRE DEFINIEREN. Sie können den Kurztext hier entsprechend ändern und in den Steuerkennzeichen bestimmen, für welche Anwendung die Funktion aktiv ist (siehe Abbildung 9.4).

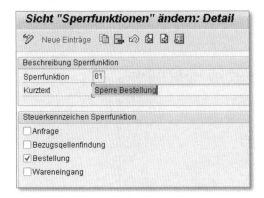

Abbildung 9.4 Customizing der Liefersperre

9.3 QM-Steuerschlüssel

Sie können sofort mit den ausgelieferten Steuerschlüsseln arbeiten und diese im Materialstamm zuordnen:

- ▶ 0000 – Keine Funktion aktiv, Info-Meldung
- ▶ 0001 – Lieferfreigabe
- ▶ 0002 – Lieferfreigabe, Techn. Lieferbedingung
- ▶ 0003 – Lieferfreigabe, QM-Vereinbarung
- ▶ 0004 – Lieferfreigabe, TL, QV
- ▶ 0005 – Lieferfreigabe, Zeugnis
- ▶ 0006 – Lieferfreigabe, TL, QV, Zeugnis
- ▶ 0007 – Lieferfreigabe, Rechnungssperre

Sie sollten jedoch überlegen, ob Sie die Steuerschlüssel so verwenden oder eigene anlegen möchten, weil Sie die vorgegebene Kombination vielleicht nicht benötigen.

Eigener Steuerschlüssel [zB]

Sie möchten die erweiterte Zeugnisabwicklung nutzen, um die mitgelieferten Zertifikate vom Lieferanten zu verwalten – Sie möchten jedoch nicht die Lieferanten im System freigeben. Dann benötigen Sie einen Steuerschlüssel, in dem nur die Zeugnisabwicklung aktiviert ist.

Sie richten eigene Steuerschlüssel über den Pfad QUALITÄTSMANAGEMENT • QM IN DER LOGISTIK • QM IN DER BESCHAFFUNG • STEUERSCHLÜSSEL DEFINIEREN ein. Für die neuen Steuerschlüssel verwenden Sie den Kundennamensraum (Beginn mit Z bzw. Y) und aktivieren jeweils die benötigte Funktion (siehe Abbildung 9.5).

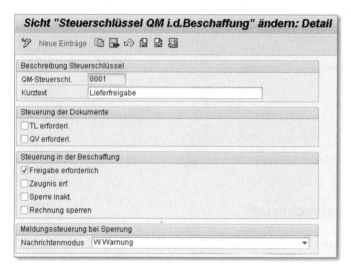

Abbildung 9.5 Detailsicht des QM-Steuerschlüssels

Die einzelnen Funktionen stelle ich Ihnen gern vor:

► **Technische Liefervereinbarungen erforderlich (TL erforderl.)**
Eine technische Liefervereinbarung ist aus SAP-Sicht ein Dokument, das dem Material zugeordnet wird. Wird ein Steuerschlüssel gewählt, der eine technische Lieferbedingung erfordert, werden Sie aufgefordert, diese sofort zu hinterlegen. Dazu verzweigt das System direkt in die Dokumentenzuordnung.

Die ausgelieferte Dokumentenart für diese Funktion lautet Q02 (Lieferbed./MM-PUR). Vor Aktivierung des Steuerschlüssels sollte daher bereits ein freigegebenes Dokument zu diesem Material im System vorliegen.

Die hier zugeordneten Dokumente finden sich dann unter den Zusatzdaten im Materialstamm (siehe Kapitel 6, »Dokumentenverwaltung«). Anschließend ist das Feld TECHN. LIEFERBED. aktiviert (siehe Abbildung 9.1).

[+] **Liefervereinbarungen zuordnen**

Liefervereinbarungen, die Sie mit Lieferanten getroffen haben, ordnen Sie als Dokument dem Q-Infosatz Beschaffung zu.

▶ **Qualitätsvereinbarung erforderlich (QL erforderl.)**
Eine Qualitätsvereinbarung ist aus SAP-Sicht ein Dokument, das dem Material und Lieferanten im Q-Infosatz Beschaffung zugeordnet wird. Die ausgelieferte Dokumentenart ist Q01 (Q-Vereinb./MM-PUR). Die Zuordnung wird in Kapitel 4, »Logistik-Stammdaten«, beschrieben.

▶ **Freigabe erforderlich**
Wurde ein Steuerschlüssel ausgewählt, der eine Lieferfreigabe enthält, ist ein gültiger Q-Infosatz notwendig, um eine Bestellung mit dem Material/Lieferanten anlegen zu können (siehe Kapitel 4).

▶ **Zeugnis erforderlich (Zeugnis erf.)**
Wird ein Steuerschlüssel gewählt, der ein Zeugnis erwartet, ist auch der ZEUGNISTYP anzugeben. Über den Zeugnistyp wird gesteuert, wie das System reagieren soll, wenn kein Zeugnis der Lieferung beigelegt wurde.

▶ **Rechnung sperren**
Mit diesem Kennzeichen wird die Rechnung vom Lieferanten mit dem Sperrgrund »Q – Qualität« versehen, solange sich die gelieferte Ware im Q-Bestand befindet, das heißt noch kein Verwendungsentscheid getroffen wurde.

9.4 Zeugnisabwicklung im Wareneingang

Lassen Sie sich nicht von der Bezeichnung *Zeugnis* abschrecken! Wenn der Lieferant mit der Lieferung zur Bestellung Dokumente jeglicher Art mitliefern soll und Sie den Eingang dieser Papiere überwachen müssen, sollten Sie die Zeugnisabwicklung aktivieren.

Über den Arbeitsvorrat der Zeugnisse können Sie Folgendes vornehmen:

▶ einen Zeugniseingang schon vorab zur Bestellung bestätigen

▶ bequem den Zeugniseingang bestätigen, indem Sie einen Status setzen

▶ das eingescannte Original zum Zeugnis zuordnen

▶ das Zeugnis anmahnen und in einer Folgestufe eskalieren lassen

Mithilfe dieser Möglichkeiten haben Sie jederzeit eine gute Übersicht über noch offene Vorfälle.

Oftmals hat das tatsächliche Vorhandensein eines Dokumentes keine Auswirkung auf die Verwendung des gelieferten Materials. Sie können daher selbst bestimmen, wie tief das Fehlen eines Zeugnisses in den logistischen Prozess eingreift. Die Steuerung hierzu erfolgt über die Einstellung in den Zeugnistypen.

Ausgeliefert werden folgende Zeugnistypen, die sich der Bezeichnung nach an die gültige Norm anlehnen:

- E21 – Werksbescheinigung "2.1" EN 10204
- E22 – Werkszeugnis "2.2" EN 10204
- E23 – Werksprüfzeugnis "2.3" EN 10204
- E31A – Abnahmeprüfzeugnis "3.1.A" EN 10204
- E31B – Abnahmeprüfzeugnis "3.1.B" EN 10204
- E31C – Abnahmeprüfzeugnis "3.1.C" EN 10204
- E32 – Abnahmeprüfprotokoll "3.2" EN 10204

Die Steuerung dieser Zeugnistypen, die ich im folgenden Abschnitt erläutere, sollten Sie in jedem Fall vor der Nutzung überprüfen bzw. nach Ihren Wünschen einrichten oder am besten eigene Typen im Kundennamensraum anlegen.

9.4.1 Customizing: Zeugnistyp einrichten

Um neue Zeugnistypen anzulegen, wählen Sie im Customizing den Pfad QUALITÄTSMANAGEMENT • QM IN DER LOGISTIK • QM IN DER BESCHAFFUNG • ZEUGNISABWICKLUNG DEFINIEREN.

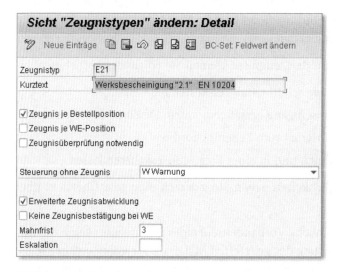

Abbildung 9.6 Zeugnistyp – Detail

In den Detaildaten aktivieren Sie diese Funktionen (siehe Abbildung 9.6):

▶ **Feld »Zeugnis je Bestellposition«**
In diesem Fall wird ein Zeugnis zu einer Bestellposition erwartet. Bedenken Sie die Auswirkungen:

  ▶ Beim Chargensplit können Sie die Zeugnisse nicht zur Charge ablegen.

  ▶ Bei Lieferplänen können Sie die Zeugnisse nicht zum Wareneingang ablegen.

▶ **Feld »Zeugnis je WE-Position«**
Erfolgt der Wareneingang zur Bestellung in Teillieferungen, wird zu jedem Wareneingang ein Zeugnis erwartet.

▶ **Feld »Zeugnisüberprüfung notwendig«**
Vor Abschluss des Prüfloses mit dem Verwendungsentscheid muss die Zeugnisüberprüfung explizit bestätigt werden.

▶ **Feld »Steuerung ohne Zeugnis«**
Sie haben mehrere Möglichkeiten, um zu entscheiden, was geschieht, wenn bei der Wareneingangsbuchung kein Zeugnis beiliegt, z. B.:

  ▶ *Fehler*
  Der Wareneingang ist nicht erlaubt, z. B. nehmen Sie einen Tankwagen nicht ohne Reinigungszertifikat an.

  ▶ *Status im Prüflos*
  Muss vor der Verwendung des Materials aus dem Prüflos das Zeugnis vorliegen, ist der Eingang vor dem Abschluss des Prüfloses mit dem Verwendungsentscheid zu bestätigen.

Soll das Zeugnis gar keine Auswirkungen haben, bleibt es bei einer Warnung.

▶ **Feld »Erweiterte Zeugnisabwicklung«**
Mit diesem Kennzeichen wird mit jeder WE- bzw. Bestellposition ein Zeugnissatz im System angelegt. In diesem Zeugnissatz kann separat von der Prüfabwicklung der Zeugniseingang verfolgt werden. Hier können Sie die eingescannten Lieferantenzertifikate ablegen.

▶ **Feld »Keine Zeugnisbestätigung bei WE«**
Ist dieses Kennzeichen aktiv, müssen Sie bei der Wareneingangsbuchung den Zeugniseingang nicht bestätigen.

▶ **Feld »Mahnfrist«**
Anzahl der Tage, nach denen eine Mahnung an den Lieferanten versendet wird, wenn ein Zeugnis erwartet wird.

▶ **Feld »Eskalation«**

Anzahl der Tage, in denen eine Eskalationsmahnung an den Lieferanten versendet wird.

[+]

> **Kann ich die Zeugnisabwicklung nur mit Prüflosen nutzen?**
>
> Nein, auch wenn Sie keine Prüflose im Wareneingang erzeugen, können Sie die Zeugnisabwicklung zur Verfolgung der Dokumente nutzen.
>
> Beachten Sie die Steuerung OHNE ZEUGNIS (siehe Abbildung 9.6).Wenn Sie in diesem Feld die Eingabe OHNE LOS: SPERRBESTAND aktiviert haben, wird die Liefermenge in den WE-Sperrbestand gebucht.

Nun haben Sie die steuernden Funktionen im Customizing kennengelernt, jetzt stelle ich Ihnen die erweiterte Zeugnisabwicklung in der Anwendung vor.

9.4.2 Zeugnis zu einer Bestellung ablegen

Oft wird ein Zeugnis schon vor der Lieferung per E-Mail oder Fax an die Qualitätsabteilung versendet. Mit der Funktion ZEUGNIS ZU EINER BESTELLUNG ERFASSEN kann schon vor dem Wareneingang der Zeugniseingang zur Bestellung bestätigt werden.

Wählen Sie dazu in der Transaktion QC51 oder über den Pfad LOGISTIK • QUALITÄTSMANAGEMENT • QUALITÄTSZEUGNIS • EINGANG • ERFASSEN die gewünschte Bestellung aus, und bearbeiten Sie dazu die Zeugnisdaten (siehe Abschnitt 9.4.3).

9.4.3 Zeugnis im Arbeitsvorrat überwachen

Die gängigste Methode, um den Zeugniseingang zu überwachen, ist die Arbeit mit dem Arbeitsvorrat. Diesen rufen Sie in der Transaktion QC55 oder über den Pfad LOGISTIK • QUALITÄTSMANAGEMENT • QUALITÄTSZEUGNIS • EINGANG • ARBEITSVORRAT auf. Sie erhalten das in Abbildung 9.7 dargestellte Selektionsbild.

Um eine Übersicht über fehlende Zeugnisse zu erhalten, wählen Sie im Feld STATUS ZEUGNISEINGANG den Status 1 (Zeugnis erwartet) aus. Die Selektion kann z. B. über Lieferant oder Material weiter eingegrenzt werden.

Nach der Selektion erhalten Sie eine Liste, aus der Sie gezielt z. B. über Material/Charge oder Bestellnummer das gesuchte Zeugnis auffinden können (siehe Abbildung 9.8). Markieren Sie die gewünschte Zeile, und verzweigen Sie über den Button ⏿ Zeugnis in das Detailbild.

Arbeitsvorrat Qualitätszeugnisse in der Beschaffung

Meine Vorbelegung

Selektion Qualitätszeugnis

Zeugnis		bis	⇨
Status Zeugniseingang	1	bis	⇨

Selektion Beschaffungsdaten

Einkaufsbeleg		bis	⇨
Position		bis	⇨
Materialbeleg		bis	⇨
Position		bis	⇨
Materialbelegjahr		bis	⇨

Abbildung 9.7 Arbeitsvorrat – Zeugnisse

Arbeitsvorrat Qualitätszeugnisse in der Beschaffung

Zeugnis   Zeugnis   Mahnungen

	Exce	Zeugni	ZTyp	EinkBeleg	Pos	Material	Werk	Charge	Lieferant	MJ	MatBeleg	Pos	Buch.dat.
	●○○	11	Z01	4500000005	10	21	1000	0000000028	Q1	20...	5000000017	1	25.07.2011
	●○○	16	Z01	4500000011	10	21	1000	0000000060	Q1	20...	5000000035	1	29.07.2011
	●○○	17	Z01	4500000011	10	21	1000	0000000061	Q1	20...	5000000038	1	29.07.2011
	●○○	18	Z01	4500000026	20	A10040	1000	0000000108	100008	20...	5000000055	2	08.08.2011

Abbildung 9.8 Arbeitsvorrat – Liste

Möchten Sie das eingescannte oder elektronisch übermittelte Zeugnis im System hinterlegen, wählen Sie aus dem Menü Bearbeiten • Original ablegen.

Es öffnet sich ein Fenster, um die Datei aus dem Explorer auszusuchen. Wählen Sie hier die Dokumentenart QMICERTPDF (siehe Abbildung 9.9).

Archivdokument von lokaler Datei einlesen

Name der Datei	C:\21_0000000060.pdf
Dokum.art	QMICERTPDF

Übertragen ✖

Abbildung 9.9 Original ablegen

Anschließend ändern Sie den Status im Detailbild manuell auf 5 (abgelegt) und kontrollieren das Datum des Zeugniseingangs (siehe Abbildung 9.10).

Abbildung 9.10 Zeugnisdetail

[+]

> **Ablage der Originale**
>
> Damit die Dateien nicht in der SAP-Datenbank abgelegt werden, sollte ein Content-Server angeschlossen sein, der die abgelegten Dokumente aufnimmt. Sprechen Sie hierüber mit Ihrem SAP-Basis-Betreuer.

Nach dem Sichern verzweigen Sie wieder in die Liste. Über den Button ⬚ (Auffrischen) verschwindet die Zeile mit dem soeben bearbeiteten Zeugnis, da dieses mit dem neuen Status nicht mehr den Selektionskriterien entspricht.

9.4.4 Zeugnis mahnen

Ist die Mahnfrist, die im Customizing des Zeugnistyps hinterlegt ist, seit dem Wareneingang überschritten, kann mit der Funktion ZEUGNIS MAHNEN eine Mahnung an den Lieferanten versendet werden. Ist auch die Eskalationsfrist erreicht, wird das Formular mit einer verschärften Formulierung erstellt.

Die Mahnung wird aus dem Arbeitsvorrat heraus erstellt. Wichtig sind dabei die Felder im unteren Selektionsbildschirm (siehe Abbildung 9.11):

- ► Optionen PDF-AUSGABE und SAP-SCRIPT-AUSGABE: Hier geben Sie Ihr angepasstes Formular an.
- ► Option DRUCK MAHNUNGEN OHNE LISTE: Alle Formulare werden sofort ausgedruckt. Dies ist für den Hintergrundjob geeignet.
- ► Option MIT DRUCKDIALOG: Nach Anstoß des Ausdrucks können Sie im Druckmenü den Drucker auswählen oder in die Bildschirmansicht verzweigen.

Abbildung 9.11 Zeugnis mahnen

Aus der Liste des Arbeitsvorrats heraus stoßen Sie den Mahndruck über den Button 🖨 Mahnungen an. Ist der Druckdialog markiert, werden Sie aufgefordert, einen Drucker anzugeben. Tun Sie dies nicht, wird der Drucker aus den Benutzereinstellungen verwendet und der Ausdruck sofort angestoßen. Abbildung 9.12 zeigt das SAP-Standardformular.

Abbildung 9.12 Mahnformular

Nach dem ausgeführten Mahnen ändert sich der Status des Zeugnisses auf 3 (Zeugnis angemahnt) bzw. 4 (eskaliert, siehe Abbildung 9.13).

[+]

Mahnen als Job

Soll der Mahnlauf als Job eingerichtet werden, installieren Sie im Selektionsbild eine Selektionsvariante und richten einen Job mit dem Programm RQCPRM10 ein.

Wichtig: Haben Sie ein eigenes Formulardesign, muss das neue Formular in der Selektion berücksichtigt werden.

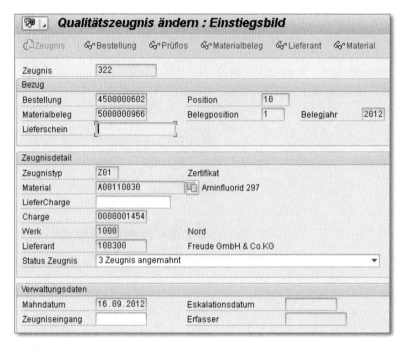

Abbildung 9.13 Status nach Mahnen

9.4.5 Beispiel: Zeugnis muss vor Verwendungsentscheid bestätigt sein

Betrachten wir ein Beispiel: Sie möchten sicherstellen, dass das Material erst verwendet werden kann, wenn ein Zeugnis zum Wareneingang vorliegt.

Den Zeugniseingang überwachen Sie im Arbeitsvorrat. Der Verwendungsentscheid zu einem bestimmten Prüflos kann nicht getroffen werden, solange das Zeugnis noch nicht vorliegt. Sobald es vorliegt, wird der Zeugniseingang sofort bestätigt und anschließend der Verwendungsentscheid getroffen.

Im Materialstamm ist der Zeugnistyp für dieses Beispiel mit folgenden Einstellungen eingerichtet:

- Zeugnis je Bestellposition
- Zeugnis je WE-Position
- Erweiterte Zeugnisabwicklung
- Keine Zeugnisbestätigung bei WE
- Steuerung ohne Zeugnis: mit Los-Status

Im Folgenden wird dargestellt, wie die einzelnen Schritte abgewickelt werden:

▶ **Schritt 1: Wareneingang**

Sie buchen den Wareneingang zu einer Bestellung in der Bestandsführung mit der Transaktion MIGO bzw. über den Pfad LOGISTIK • MATERIALWIRTSCHAFT • BESTANDSFÜHRUNG • WARENBEWEGUNG • WARENBEWEGUNG.

▶ **Schritt 2: Überwachung im Arbeitsvorrat**

Sie rufen den Arbeitsvorrat der Zeugnisse wie beschrieben mit der Transaktion QC55 auf. Die Selektion erfolgt über den Status 1 (Zeugnis erwartet). Der soeben gebuchte Wareneingang ist in der Liste enthalten (siehe Abbildung 9.8).

▶ **Schritt 3: Verwendungsentscheid kann nicht getroffen werden**

Sie rufen den Verwendungsentscheid in der Transaktion QA11 bzw. über den Pfad LOGISTIK • QUALITÄTSMANAGEMENT • QUALITÄTSPRÜFUNG • PRÜFLOS • VERWENDUNGSENTSCHEID • ERFASSEN auf. Es wird eine Fehlermeldung ausgegeben, dass der Status des Prüfloses einen Verwendungsentscheid nicht zulässt (siehe Abbildung 9.14).

Abbildung 9.14 Verwendungsentscheid erfassen

▶ **Schritt 4: Zeugniseingang**

Da das Zeugnis nun vorliegt, kann der Eingang bestätigt werden. Dazu ist im Menü der Transaktion QA11 die Funktion BEARBEITEN • ZEUGNISEINGANG BESTÄTIGEN zu wählen (siehe Abbildung 9.15).

Abbildung 9.15 Zeugnisbestätigung im Verwendungsentscheidzeugnis

Der Status des Prüfloses ändert sich von ZGPF (Zeugnisbestätigung fehlt) auf ZGOK (Zeugniseingang bestätigt).

▶ **Schritt 5: Verwendungsentscheid**

Mit diesem Status ist es nun möglich, den Verwendungsentscheid wie gewohnt zu treffen.

9.4.6 Beispiel: Zeugnis muss nicht bestätigt sein

Im zweiten Beispiel erwarten Sie zwar zu jedem Wareneingang ein Zeugnis, jedoch ist der Eingang nicht entscheidend für die Verwendung des Materials. Er kann also irgendwann später erfolgen. Der Zeugniseingang wird im Arbeitsvorrat überwacht, der Verwendungsentscheid zum Prüflos kann sofort getroffen werden – obwohl das Zeugnis noch nicht vorliegt. Das Zeugnis wird angemahnt, anschließend der Eingang bestätigt und das Original zugeordnet.

Im Materialstamm ist für dieses Beispiel ein Zeugnistyp mit folgenden Einstellungen eingerichtet:

▶ Zeugnis je WE-Position

▶ Erweiterte Zeugnisabwicklung

▶ Keine Zeugnisbestätigung bei WE

▶ Steuerung ohne Zeugnis: Warnung

Im Folgenden wird dargestellt, wie die einzelnen Schritte abgewickelt werden:

▶ **Schritt 1: Wareneingang**
Sie buchen den Wareneingang zu einer Bestellung in der Bestandsführung mit der Transaktion MIGO bzw. über den Pfad LOGISTIK • MATERIALWIRTSCHAFT • BESTANDSFÜHRUNG • WARENBEWEGUNG • WARENBEWEGUNG.

▶ **Schritt 2: Überwachung im Arbeitsvorrat**
Sie rufen den Arbeitsvorrat der Zeugnisse mit der Transaktion QC55 auf. Die Selektion erfolgt über den Status 1 (Zeugnis erwartet). Der soeben gebuchte Wareneingang ist in der Liste enthalten (siehe Abbildung 9.8).

▶ **Schritt 3: Verwendungsentscheid**
Sie rufen den Verwendungsentscheid in der Transaktion QA11 bzw. über den Pfad LOGISTIK • QUALITÄTSMANAGEMENT • QUALITÄTSPRÜFUNG • PRÜFLOS • VERWENDUNGSENTSCHEID • ERFASSEN auf und können die Transaktion wie gewohnt bearbeiten, da der Verwendungsentscheid zugelassen ist.

▶ **Schritt 4: Zeugnis anmahnen**
Sie mahnen das Zeugnis an. Dazu rufen Sie den Arbeitsvorrat mit der Transaktion QC55 auf. Die Selektion erfolgt über den Status 1 (Zeugnis erwartet).

Sie geben in das Selektionsbild Ihr Mahnformular ein und setzen das Kennzeichen AUSDRUCK OHNE LISTE (siehe Abbildung 9.10). Der Status des Zeugnisses ändert sich auf 3 (angemahnt), und das Mahndatum ist identisch mit dem Tagesdatum (siehe Abbildung 9.12).

▶ **Schritt 5: Zeugniseingang**

Sie bestätigen den Zeugniseingang, indem Sie wieder den Arbeitsvorrat aufrufen und von dort über den Button oder per Doppelklick in das Detail wechseln, um die Angaben vorzunehmen.

▶ **Schritt 6: Original ablegen**

Sie legen das Original wie beschrieben ab. Nach dem Auffrischen der Liste ist die Zeile mit dem bearbeiteten Zeugnis verschwunden.

9.5 QM-System

Ist im Materialstamm das Feld QM-SYSTEM (Soll-QM-System) aktiviert, dürfen nur Lieferanten mit einem nachgewiesenen System (Ist-QM-System) dieses Material liefern. Das im Audit nachgewiesene System geben Sie im Lieferantenstamm (wenn es für alle Materialien gilt, die der Lieferant liefert) bzw. im Q-Infosatz ein (wenn das QM-System nur für einzelne Materialien nachgewiesen wurde). Zu dem QM-System wird eine Gültigkeit hinterlegt. Nach Ablauf der Gültigkeit ist ein Wiederholungs-Audit fällig, um die Einhaltung der gleichbleibenden Qualität zu bestätigen. Nach dem erfolgreichen Audit verlängern Sie die Gültigkeit in den Stammdaten.

Folgende QM-Systeme werden ausgeliefert, können aber jederzeit im Customizing ergänzt werden.

▶ 9001 – ISO 9001 mit Zertifikat

▶ 9002 – ISO 9002 mit Zertifikat

▶ 9003 – ISO 9003 mit Zertifikat

9.5.1 Nachweis des QM-Systems

Zum Nachweis des QM-Systems im Lieferantenstamm gehen Sie folgendermaßen vor: Der Lieferantenstamm wird über die Transaktion MK02 oder den Pfad LOGISTIK • MATERIALWIRTSCHAFT • EINKAUF • STAMMDATEN • LIEFERANTEN • EINKAUF • ÄNDERN aufgerufen. Auf dem Register STEUERUNG wird das QM-System hinterlegt (siehe Feld QM-SYSTEM BIS in Abbildung 9.16).

Zum Nachweis des QM-Systems im Q-Infosatz gehen Sie folgendermaßen vor: Der Q-Infosatz wird über die Transaktion QI02 oder den Pfad LOGISTIK • QUALITÄTSMANAGEMENT • QUALITÄTSPLANUNG • LOGISTIK-STAMMDATEN • Q-INFOSATZ BESCHAFFUNG • ÄNDERN aufgerufen. Auf dem Register PRÜFSTEU-

ERUNG wird das QM-System hinterlegt (siehe Feld VORH. QM-SYSTEM in Abbildung 9.17).

Referenzdaten

Lokationsnr. 1		Lokationsnr. 2		Prüfziffer	
Auskunftsnummer		Ltz.ext.Prüfung			
Branche		Bahnhof			
Stan.Carrier Cd		SpdFraGruppe		DienstlSchmGr	
Transportzone				Stat.Gr.Dienstl	
LEB relevant					
Ist-QM-System	1080	QM-System bis	31.12.2012		
Externer Herst.					

Abbildung 9.16 Lieferantenstamm

Qualitätsinfo-Satz ändern

Verwaltungsdaten... Status Statusverwaltung Änderungsbelege EK-Infosatz

Material	CH-6210	GranuSAP blau, 100 kg
Revisionsstand		
Lieferant	S-9000	Füll Fix GmbH
Werk	1000	Nord
☐ Löschvormerkung		

Freigabe   Prüfsteuerung   Status   Qualitätsvereinbarung

Zertifizierung

Vorh.QM-System	1080 ISO 9001, ohne Zertifikat, Auditnote >80 ▾	gültig bis	31.12.2012
QM-System Lief.	▾	gültig bis	

Abbildung 9.17 Q-Infosatz

9.5.2   Customizing: QM-System

Sie können ein QM-System über den Pfad QUALITÄTSMANAGEMENT • QM IN DER LOGISTIK • QM IN DER BESCHAFFUNG • QM-SYSTEM DEFINIEREN einrichten. Über den Button NEUE EINTRÄGE legen Sie ein neues QM-System in der Liste der ausgelieferten QM-Systeme an (siehe Abbildung 9.18).

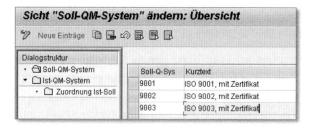

Sicht "Soll-QM-System" ändern: Übersicht

Neue Einträge

Dialogstruktur
- Soll-QM-System
- ▾ Ist-QM-System
  - Zuordnung Ist-Soll

Soll-Q-Sys	Kurztext
9001	ISO 9001, mit Zertifikat
9002	ISO 9002, mit Zertifikat
9003	ISO 9003, mit Zertifikat

Abbildung 9.18 Soll-QM-System

Im Anschluss definieren Sie das Ist-QM-System (siehe Abbildung 9.19). Hier wird auch die Audit-Note im Feld BEWERTUNG vermerkt. Damit ist eine Abstufung innerhalb der QM-Systeme möglich, so kann ein Lieferant z. B. nur mit einer Audit-Note >80 zugelassen werden.

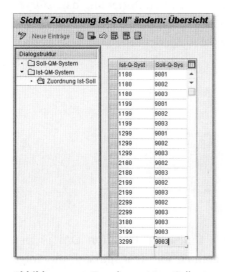

Sicht "Ist-QM-System" ändern: Übersicht

Neue Einträge

Dialogstruktur
- Soll-QM-System
- Ist-QM-System
  - Zuordnung Ist-Soll

Ist-Q-Syst	Z	Bewertung	Kurztext
1080		80	ISO 9001, ohne Zertifikat, Auditnote >80
1099		100	ISO 9001, ohne Zertifikat, Auditnote >99
1180		80	ISO 9001, mit Zertifikat, Auditnote >80
1199		100	ISO 9001, mit Zertifikat, Auditnote >99
1299	✓	100	ISO 9001, mit Zertifikat, Prüfverzicht
2080		80	ISO 9002, ohne Zertifikat, Auditnote >80
2099		100	ISO 9002, ohne Zertifikat, Auditnote >99
2180		80	ISO 9002, mit Zertifikat, Auditnote >80
2199		100	ISO 9002, mit Zertifikat, Auditnote >99
2299	✓	100	ISO 9002, mit Zertifikat, Prüfverzicht
3080		80	ISO 9003, ohne Zertifikat, Auditnote >80
3099		100	ISO 9003, ohne Zertifikat, Auditnote >99
3180		80	ISO 9003, mit Zertifikat, Auditnote >80
3199		100	ISO 9003, mit Zertifikat, Auditnote >99
3299	✓	100	ISO 9003, mit Zertifikat, Prüfverzicht

Abbildung 9.19 Ist-QM-System

Zu jedem Soll-QM-System wird jetzt ein Ist-QM-System zugeordnet. Dazu wählen Sie im Hierarchiebaum den Punkt ZUORDNUNG IST-SOLL (siehe Abbildung 9.20). Ein Lieferant darf das Unternehmen nur dann beliefern, wenn sein Ist-QM-System dem Soll-QM-System zugeordnet ist, das im Materialstamm aktiviert wurde.

Sicht " Zuordnung Ist-Soll" ändern: Übersicht

Neue Einträge

Dialogstruktur
- Soll-QM-System
- Ist-QM-System
  - Zuordnung Ist-Soll

Ist-Q-Syst	Soll-Q-Sys
1180	9001
1180	9002
1180	9003
1199	9001
1199	9002
1199	9003
1299	9001
1299	9002
1299	9003
2180	9002
2180	9003
2199	9002
2199	9003
2299	9002
2299	9003
3180	9003
3199	9003
3299	9003

Abbildung 9.20 Zuordnung Ist zu Soll

Beispiel: Zuordnung des Soll-QM-Systems

Im Materialstamm ist hinterlegt, dass das Soll-QM-System 9003 erforderlich ist (siehe Abbildung 9.21).

Abbildung 9.21 Erforderliches Soll-QM-System

Im Lieferantenstamm ist das QM-System 1080 mit einer Gültigkeit bis 10.10.2013 hinterlegt (siehe Abbildung 9.16). Wie in Abbildung 9.20 zu sehen ist, ist das Ist-QM-System 1080 nicht dem Soll-System 9003 zugeordnet. In der Bestellung wird deshalb darauf hingewiesen, dass dieser Lieferant das Material nicht liefern darf (siehe Abbildung 9.22).

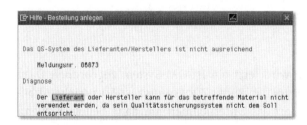

Abbildung 9.22 Fehlermeldung in Bestellung

Wird nun im Q-Infosatz zu der Lieferanten-Material-Beziehung das Ist-QM-System 3199 dokumentiert (siehe Abbildung 9.23), wird dagegen eine Bestellung zugelassen, da dieses System im Customizing dem Soll-QM-System 9003 zugeordnet ist (siehe Abbildung 9.20).

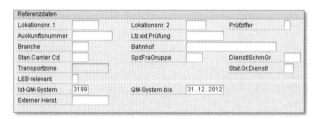

Abbildung 9.23 Dokumentiertes Ist-QM-System

Sie kennen nun die Möglichkeiten, die Ihnen die Funktion QM IN DER BESCHAFFUNG bietet. Überlegen Sie zusammen mit dem Einkauf, ob einige davon für Ihren Ablauf hilfreich sind.

Verwalten Sie Ihren Bestand in Chargen, können Sie den gesamten Materialfluss verfolgen. In diesem Kapitel lernen Sie, wie Sie die Funktionen der Chargenverwaltung in der Prüfabwicklung nutzen können.

10 Arbeit mit Chargen im Qualitätsmanagement

Eine Charge ist eine Menge eines Materials mit gleichen Eigenschaften, die in einem zusammenhängenden Produktionsprozess hergestellt wurde. Die Charge wird durch eine Chargennummer identifiziert. Diese Nummer ist entweder eine fortlaufende interne Nummer, oder Sie nutzen eine eigene Logik, um die Nummerierung festzulegen.

Wenn Sie auch Ihre Rohstoffe und Packmittel in Chargen verwalten, können Sie den gesamten logistischen Prozess vom Wareneingang der Rohstoffe bis zur Auslieferung zum Kunden verfolgen.

Die Arbeit mit Chargen bietet verschiedene Vorteile: Über den Chargenverwendungsnachweis können Sie einerseits alle Buchungen auflösen und im Fall einer Auffälligkeit schnell sehen, in welche Fertigproduktchargen die Rohstoffchargen eingeflossen sind. Wenn Sie eine berechtigte Kundenreklamation erhalten, können Sie andererseits sofort abrufen, in welchen weiteren Auslieferungen diese Charge ausgeliefert wurde, um gegebenenfalls eine Rückrufaktion zu starten.

Der Nachteil an der Arbeit mit Chargen ist natürlich der erhebliche Mehraufwand in der Materialwirtschaft. Bei jeder Buchung, sei es eine Entnahme, Eingangsbuchung oder auch nur eine Umlagerung, ist die Charge anzugeben. Somit ist eine korrekte Etikettierung Pflicht.

In diesem Kapitel möchte ich Ihnen zeigen, welche Bedeutung die Arbeit mit Chargen im Modul QM hat. Ich erkläre Ihnen, wie die Prüfergebnisse an die Charge übergeben werden können, damit Sie auf diese in der Chargenfindung zugreifen können.

Am Ende werde ich die Rückverfolgung über den Chargenverwendungsnachweis vorstellen.

10.1   Chargenanlage

Die Chargenpflicht wird im Materialstamm für ein Material aktiviert, z. B. in der Einkaufssicht oder der Arbeitsvorbereitung. Sie kann nicht mehr zurückgenommen werden, wenn zu dem Material bereits Chargen angelegt wurden, das heißt wenn mindestens eine Buchung erfolgt ist.

Die Chargenebene wird einmal pro Mandant im Customizing festgelegt und sollte nicht mehr verändert werden. Folgende Möglichkeiten stehen Ihnen zur Verfügung:

▸ **Werksebene**
Die Angabe WERKSEBENE im Customizing gibt an, dass Chargen eindeutig auf Material-/Werksebene geführt werden. Dieselbe Chargennummer kann auch für andere Kombinationen Material/Werk vergeben werden. Die Beispiele zeigen, dass hier keine Stoffgleichheit vorliegt.

❶ Werk 0001 Material X Charge 1

❷ Werk 0002 Material X Charge 1

❸ Werk 0001 Material Y Charge 1

▸ **Materialebene**
Die Angabe MATERIALEBENE im Customizing gibt an, dass Chargen eindeutig auf Materialebene geführt werden. Dieselbe Chargennummer kann auch für ein anderes Material vergeben werden, ❶ und ❷ sind z. B. stoffgleich:

❶ Werk 0001 Material X Charge 1

❷ Werk 0002 Material X Charge 1

❸ Werk 0001 Material Y Charge 1

▸ **Mandantenebene zu einem Material**
Die Angabe MANDANTENEBENE ZU EINEM MATERIAL im Customizing gibt an, dass Chargen eindeutig zu genau einem Material geführt werden. Das bedeutet, dieselbe Charge kann für alle Materialien unabhängig vom Werk nur einmal vorkommen. Beispiel ❶ und ❷ sind auch hier stoffgleich:

❶ Werk 0001 Material X Charge 1

❷ Werk 0002 Material X Charge 1

❸ Werk 0001 Material Y Charge 2 (Charge 1 ist nicht möglich)

Sie haben mehrere Möglichkeiten, Chargen anzulegen. Meist wird die Charge im Wareneingang aus der Beschaffung heraus beim ersten Buchen automatisch angelegt. Sie können die Charge aber auch in der Bestellung anlegen, wenn Sie vom Lieferanten genau eine Charge bestellen. Im Auftrag der Produktion kann die Charge bei der Auftragsfreigabe oder bei ersten Wareneingangsbuchungen erzeugt werden. Darüber hinaus können Sie eine Charge auch jederzeit manuell anlegen.

10.2 Chargeneigenschaften

Systemeigenschaften der Charge werden automatisch mitgeführt; sie sind jederzeit im Chargenstamm einsehbar bzw. auch änderbar. Die Chargenklassifizierung bietet die Möglichkeit, selbst Eigenschaften zu definieren, die Sie für die Findung von geeigneten Chargen benötigen. Die Arbeit mit der Chargenklasse beschreibe ich in Abschnitt 10.3.

Um die Details einer Charge anzusehen oder zu ändern, rufen Sie die Transaktion MSC2N bzw. den Pfad LOGISTIK • ZENTRALE FUNKTIONEN • CHARGENVERWALTUNG • CHARGE • ÄNDERN auf und geben in der Selektion die Materialnummer und die Charge ein. Sie sehen mehrere Register (siehe Abbildung 10.1).

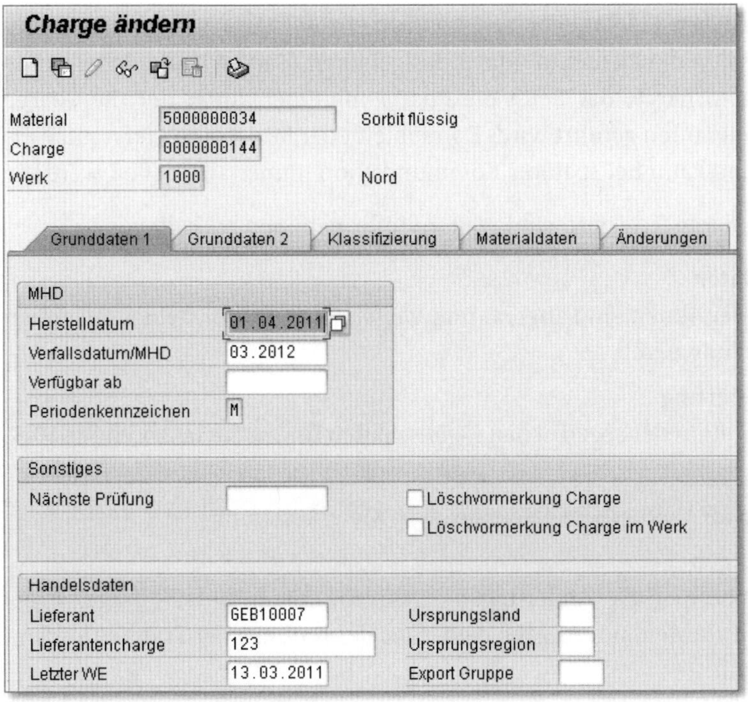

Abbildung 10.1 Chargenstamm

Auf dem Register GRUNDDATEN 1 finden Sie die wichtigsten Daten:

▸ **Herstelldatum**
Datum, an dem die Charge produziert wurde. Dieses Datum kann manuell eingegeben werden, oder es handelt sich um das Datum des ersten Wareneingangs.

▸ **Verfallsdatum/MHD**
Datum, bis zu dem die Eigenschaften der Charge garantiert sind. Die Darstellung richtet sich nach dem Periodenkennzeichen (J – Jahr, M – Monat, T – Tag und W –Woche).

▸ **Periodenkennzeichen**
Das Periodenkennzeichen wird an dieser Stelle angezeigt, damit Sie das Feld VERFALLSDATUM/MHD richtig interpretieren. Das Periodenkennzeichen wird im Materialstamm gepflegt (siehe Abschnitt 10.2.1, »Haltbarkeitsdaten«).

▸ **Nächste Prüfung**
Datum, an dem die wiederkehrende Prüfung zu dieser Charge eröffnet wird (siehe Kapitel 13, »Wiederkehrende Prüfung/MHD-Überwachung von Chargen«).

▸ **Handelsdaten**
Hier werden die Lieferantendaten festgehalten. Ganz wichtig dabei ist die Lieferantencharge, das heißt die Chargennummer, unter der die Charge beim Lieferanten geführt wird. Damit bleibt der Bezug zum Lieferanten erhalten und kann bei späterer Kommunikation immer angegeben werden.

Auf den anderen Registern sind weitere Informationen enthalten:

▸ **Grunddaten 2**
Hier stehen Ihnen ein Langtext und weitere Informationsfelder zur freien Verwendung bereit.

▸ **Klassifizierung**
Die Definition der spezifischen Eigenschaften finden Sie in Abschnitt 10.3.

▸ **Materialdaten**
Anzeige der Haltbarkeitsdaten aus dem Materialstamm

▸ **Änderungen**
Sie können hier alle Änderungen verfolgen, die an dieser Charge vorgenommen wurden, mit Angabe des Users, des Datums, der Transaktion und dem Inhalt.

Haltbarkeitsdaten

Wenn Ihr Material innerhalb eines bestimmten Zeitraums seine Eigenschaften verliert, führen Sie ein Verfalls- bzw. Mindesthaltbarkeitsdatum (MHD) mit. Sie können im Materialstamm vorgeben, wie lange ein Material haltbar ist. Das System errechnet dann anhand des Herstelldatums selbstständig die Haltbarkeit.

Sie rufen die Pflege der Haltbarkeitsdaten in der Sicht ALLG. WERKSDATEN/ LAGERUNG 1 im Materialstamm über die Transaktion MM02 bzw. den Pfad LOGISTIK • MATERIALWIRTSCHAFT • MATERIALSTAMM • MATERIAL • ÄNDERN • SOFORT auf (siehe Abbildung 10.2).

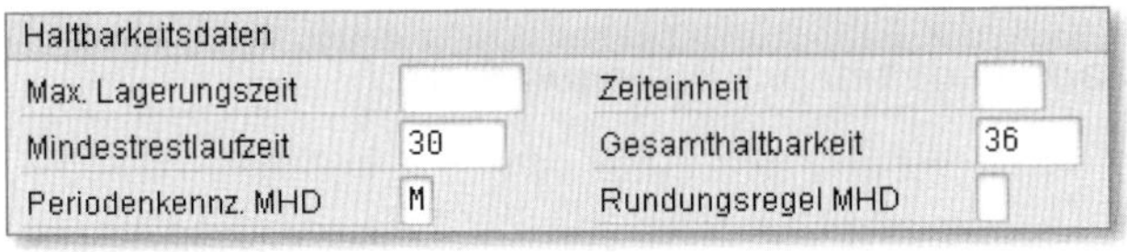

Abbildung 10.2 Haltbarkeitsdaten im Materialstamm

Wenn Sie Lagerungszeiten angeben möchten, pflegen Sie die Felder MAX. LAGERUNGSZEIT und ZEITEINHEIT. Diese Felder sind nur informativ.

In den Feldern MINDESTRESTLAUFZEIT und PERIODENKENN. MHD wird die Zeit angegeben, die die Charge mindestens noch haltbar sein muss, damit diese im Wareneingang angenommen wird. Durch diese Angabe wird vermieden, dass Unternehmen Chargen erhalten, die demnächst ablaufen. In Abbildung 10.2 beträgt die Mindestrestlaufzeit 30 Monate.

Die Gesamthaltbarkeit ist die Zeit, die das Material garantiert haltbar ist (sie wird in der Einheit des MHD-Periodenkennzeichens angegeben). Die Gesamthaltbarkeit errechnet sich automatisch bei Anlage der Charge auf Grundlage des Herstelldatums.

MHD-Berechnung [zB]

Sie haben im Materialstamm die Haltbarkeit wie in Abbildung 10.2 gepflegt, also Periodenkennzeichen = M und Gesamthaltbarkeit = 36.
Wird am 04.02.2013 eine Charge produziert, ist diese bis zum 04.02.2016 haltbar. Die Darstellung des Datums im System wird aber 02.2016 sein.

Im Feld RUNDUNGSREGEL MHD können Sie Angaben vornehmen, ob das Datum manipuliert werden soll. Folgende Regeln stehen dabei zur Verfügung:

▶ (leer) – keine Rundung

▶ - – Anfang der gewählten Periode (Woche, Monat oder Jahr)

▶ + – Ende der gewählten Periode (Woche, Monat oder Jahr)

▶ F – Anfang der folgenden Periode (Woche, Monat, Jahr)

Möchten Sie mit der Funktion zur Überprüfung der Haltbarkeitsdaten arbeiten, müssen Sie im Customizing über den Pfad LOGISTIK ALLGEMEIN • CHARGENVERWALTUNG • MINDESTHALTBARKEITSDATUM (MHD) • MINDESTHALTBARKEITSPRÜFUNG EINSTELLEN die Prüfung pro Werk aktivieren. Pro Bewegungsart definieren Sie, wie das MHD an das System übergeben werden soll (siehe Abbildung 10.3).

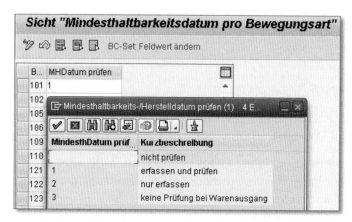

Abbildung 10.3 Customizing – MHD pro Bewegungsart

Betrachten wir ein Beispiel zur Angabe der Haltbarkeitsdaten beim Wareneingang zur Bestellung: Bei der Buchung des Wareneingangs werden für die Charge die Lieferantencharge und das Herstelldatum angegeben (siehe Abbildung 10.4).

Abbildung 10.4 Wareneingang zur Bestellung – Chargendaten

Das System berechnet automatisch das MHD (siehe Abbildung 10.5).

Abbildung 10.5 MHD in Charge

10.3 Chargenklasse im Qualitätsmanagement

Um die für Sie wichtigen Eigenschaften einer Charge zu klassifizieren, steht Ihnen die Chargenklasse zur Verfügung. Sie können alle Merkmale in einer Klasse zusammenfassen und diese dem Material zuordnen. Ausgelieferte Standardmerkmale können Sie jederzeit beliebig erweitern.

Merkmale, die in einer Chargenklasse ausgeprägt sind, stehen in allen Anwendungen zum Abruf zur Verfügung. Sie können Ihren Bestand z. B. gezielt nach einer Merkmalsausprägung abfragen, nur Chargen mit bestimmter Ausprägung für die Produktion sensibler Materialien zulassen oder die Auslieferung an Kunden mit engerer Spezifikation steuern. Chargenmerkmale können auch in der Zeugnisvorlage ausgewählt werden.

Möchten Sie eine eingeschränkte Freigabe von Chargen abbilden, können Sie das Standardmerkmal LOBM_UDCODE (Verwendungsentscheid) nutzen, um die Charge beim Treffen des Verwendungsentscheides zu bewerten. Der Verwendungsentscheidcode wird automatisch an die Charge übergeben. Mit diesem Code können Sie Chargen für die Auslieferung bzw. die weitere Verwendung bereitstellen.

Merkmale, die Sie im Rahmen einer Prüflosabwicklung prüfen, können Sie direkt an die Charge übergeben. Die Prüfvorgaben kommen dann aus der Klassifizierung (siehe folgenden Beispielkasten sowie die Abschnitte 10.3.1, »Stammdaten für die Übergabe der Prüfwerte an die Charge«, und 10.3.2, »Prüfablauf«).

Merkmal an Charge übergeben – Wirkstoffgehalt eines Rohstoffes [zB]

Der Wirkstoffgehalt eines Rohstoffes beeinflusst die Menge der Einwaage für das Fertigprodukt. Damit der Wirkstoffgehalt immer innerhalb der Spezifikation liegt, muss bei einem hohen Wirkstoffgehalt die Einwaage entsprechend verringert werden und umgekehrt.

Der Wirkstoffgehalt wird während der Wareneingangsprüfung bestimmt, mit dem Verwendungsentscheid an die Charge übergeben und steht in der Produktion zur Einwaage zur Verfügung.

10.3.1 Stammdaten für die Übergabe der Prüfwerte an die Charge

Um Ergebnisse aus der Prüflosabwicklung an die Charge zu übergeben, sind einige Voraussetzungen zu schaffen. Die Bearbeitung der Stammprüfmerkmale, der Materialspezifikation, des Prüfplans und der Prüfeinstellungen wurden bereits in Kapitel 3, »Grunddaten«, erläutert, deshalb weise ich hier nur auf die Besonderheiten hin:

▸ **Klassenmerkmal**

Ein Klassenmerkmal wird in der Transaktion CT04 oder über den Pfad AN-WENDUNGSÜBERGREIFENDE KOMPONENTEN • KLASSENSYSTEM • STAMMDATEN • MERKMALVERWALTUNG angelegt.

Sie wählen einen Namen aus und sollten hierbei einen einheitlichen Namensbereich einhalten, damit Sie Ihre Merkmale schnell in der Suchhilfe finden (z. B. mit *Z** beginnen, siehe Abbildung 10.6).

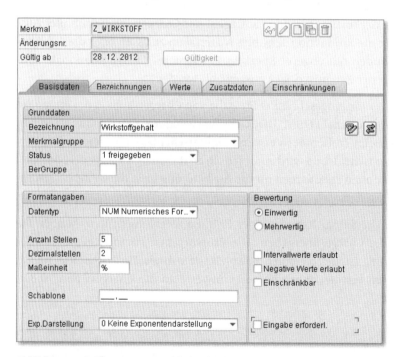

Abbildung 10.6 Allgemeines Merkmal anlegen

Auf dem Register BASISDATEN geben Sie eine Bezeichnung und einen Datentyp an. Wenn Sie hier den Eintrag NUM NUMERISCHES FORMAT wählen, müssen Sie auch die Felder ANZAHL STELLEN, DEZIMALSTELLEN und MASS-EINHEIT pflegen. Schließlich wählen Sie im Bildbereich BEWERTUNG die Option EINWERTIG, damit immer genau ein Wert erfasst werden kann.

Auf dem Register Werte erfassen Sie den maximalen Wertebereich des Merkmals (siehe Abbildung 10.7). Die materialspezifische Ausprägung folgt später.

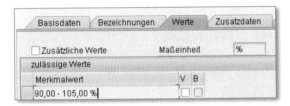

Abbildung 10.7 Allgemeines Merkmal auf dem Register »Werte«

▶ **Zuordnung Merkmal zur Chargenklasse**
Sie pflegen die Chargenklasse in der Transaktion CL02 oder über den Pfad Anwendungsübergreifende Komponenten • Klassensystem • Stammdaten • Klassenverwaltung. Die Chargenklasse ist eine Klasse der Klassenart 023. Diese enthält alle Merkmale, die für die Abbildung Ihres logistischen Prozesses wichtig sind. Hier wird jetzt das neu angelegte Merkmal Z_WIRKSTOFF zugeordnet (siehe Abbildung 10.8).

Klasse	Z_CHARGE				
Klassenart	023 Charge				
Änderungsnummer					
Gültig ab	28.12.2012	Gültigkeit			

Basisdaten	Schlagwörter	Merkmale	Texte

Merkmal	Bezeichnung	Date...	A...	D...	Einheit
LOBM_UDCODE	Verwendungsentscheid	CHAR	13	0	
LOBM_VFDAT	Verfallsdatum, Mindesthaltbark	DATE	10	0	
LOBM_HSDAT	Datum, an dem die Charge herge	DATE	10	0	
Z_WIRKSTOFF	Wirkstoffgehalt	NUM	5	2	%

Abbildung 10.8 Chargenklasse

Oft werden nicht alle Merkmale bei allen Materialien ausgeprägt, um den Aufwand der Stammdatenpflege gering zu halten. Es ist also möglich, eine Chargenklasse allen chargengeführten Materialien zuzuordnen und immer nur einzelne, das Material betreffende Merkmale auszuprägen.

▶ **Materialklassifizierung**
Um die Chargen eines Materials mit den Merkmalen der Klasse auszuprägen, muss die Klasse dem Material zugeordnet sein. Wenn Sie die Spezifikation als Prüfvorgabe nutzen möchten, geben Sie im Materialstamm in

der Transaktion MM02 in der Sicht Klassifizierung die Chargenklasse an und pflegen dort den materialspezifischen Grenzwert (siehe Abbildung 10.9).

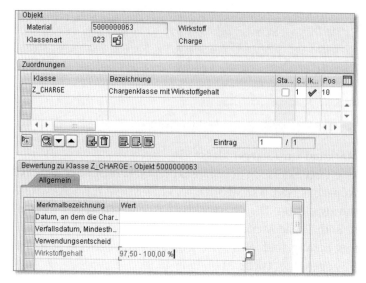

Abbildung 10.9 Klassifizierung im Materialstamm

- **Verknüpfung Stammprüfmerkmal mit Klassenmerkmal**
  Im Einstiegsbild der Prüfmerkmalsanlage wird neben dem Stammprüfmerkmal auch das Klassenmerkmal angegeben (siehe Abbildung 10.10).

Abbildung 10.10 Prüfmerkmal mit Klassenmerkmal verknüpfen

Alle relevanten Angaben werden aus dem Klassenmerkmal übernommen. Das Stammprüfmerkmal ist automatisch ein Referenzmerkmal (siehe Kapitel 3, »Grunddaten«). Bestimmte Steuerkennzeichen, wie z. B. der untere und obere Grenzwert, können nicht mehr geändert werden. Als Toleranzvorgaben wird das Intervall aus dem Klassenmerkmal vorgeschlagen.

- **Materialspezifikation**
  Um die Funktion zu erhalten, dass als Prüfvorgaben die Angaben aus der Klassifizierung im Materialstamm gezogen werden, muss eine Materialspezifikation angelegt werden. Diese rufen Sie über die Transaktion QS61

bzw. den Pfad LOGISTIK • QUALITÄTSMANAGEMENT • QUALITÄTSPLANUNG • PRÜFPLANUNG • MATERIALSPEZIFIKATION • BEARBEITEN auf.

Automatisch werden alle Merkmale aus der Chargenklasse, die mit einem Prüfmerkmal verknüpft sind, hier angezeigt (siehe Abbildung 10.11). Da das Prüfmerkmal ein Referenzmerkmal ist, werden die quantitativen Daten angezeigt.

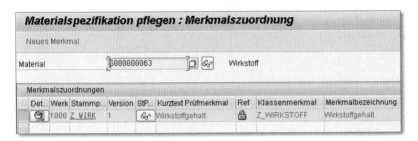

Abbildung 10.11 Materialklassifizierung

▶ **Prüfeinstellung**
Aktivieren Sie in den Prüfeinstellungen des Materials zu der Prüfart, zu der Sie das Merkmal prüfen, das Kennzeichen PRÜFEN MIT MAT.SPEZ.

▶ **Pflege Prüfplan**
Sie können das Stammprüfmerkmal nun optional einem Vorgang im Prüfplan zuordnen. Wenn Sie das Merkmal nicht dem Prüfplan zuordnen, hängt das System das Merkmal aus der Materialspezifikation bei Prüfloserzeugung an den letzten Vorgang an. Das ist für die Ergebniserfassung nicht immer gewünscht, daher empfehle ich generell die Einbindung in den Prüfplan.

Sie sehen in Abbildung 10.12, dass als Prüfvorgaben die Grenzwerte aus dem Klassenmerkmal angezeigt werden. Da das Stammprüfmerkmal ein Referenzmerkmal und dadurch gesperrt ist, können die Grenzwerte nicht angepasst werden.

Material	5000000063	Wirkstoff		PlGrZ.	1							
Vorgang		0010	WE-Prüfung									

Quan.Daten | Kataloge | Stichprobe | Steuerkennzeichen...

Prüfmerkmale

Me...	Vorschl...	QN	QL	Stammp...	Werk	Version	V...	Kurztext Prüfmerkmal	N...	Maße...	Untere Gre...	Obere Gre.
20		☑	☐	MIC-QN01	1000	1		Viskosität	1	mPa.s	18,0	22,0
30		☑	☐	Z_WIRK	1000	1		Wirkstoffgehalt	2	%	90,00	105,00
40		☐	☐		1000							

Abbildung 10.12 Prüfplan mit Prüfmerkmal

10.3.2 Prüfablauf

Wird in der in Abschnitt 10.3.1 beschriebenen Stammdatenkonstellation ein Prüflos erzeugt, werden alle Prüfmerkmale aus dem Prüfplan zur Prüfung bereitgestellt. Die Merkmalswerte aus der Klassifizierung im Materialstamm (siehe Abbildung 10.9) werden als Vorgaben an das Prüflos übergeben (siehe Spalte VORGABEN in Abbildung 10.13).

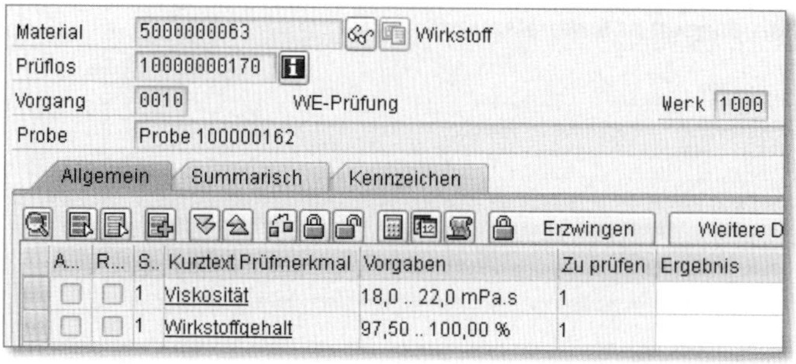

Abbildung 10.13 Prüfvorgaben

Nach dem Abschließen der Ergebnisse werden die dafür vorgesehenen Ergebnisse an die Charge übergeben. Nach dem Treffen des Verwendungsentscheids wird zusätzlich der Verwendungsentscheidcode an das Klassenmerkmal LOBM_UDCODE (Verwendungsentscheid) der Charge übergeben.

Sie können die Werte jederzeit in der Transaktion MSC3N anschauen (siehe Abbildung 10.14).

Abbildung 10.14 Charge – Klassifizierung nach Verwendungsentscheid

Beachten Sie, dass bei sich wiederholenden Prüfungen derselben Charge diese Werte immer überschrieben werden.

10.4 Auswertung

Um nach Chargen mit speziellen Kriterien zu suchen, stehen Ihnen verschiedene Möglichkeiten zur Verfügung.

10.4.1 Stammdaten suchen

Wenn Sie wissen möchten, welchen Materialien eine Chargenklasse zugeordnet ist, rufen Sie z. B. die Transaktion CL24N oder den Pfad ANWENDUNGS-ÜBERGREIFENDE KOMPONENTEN • KLASSENSYSTEM • ZUORDNUNG • OBJEKTE/KLASSEN EINER KLASSE ZUORDNEN auf. Geben Sie dann die Chargenklasse an, und bestätigen Sie die Eingabe. Sie erhalten nun eine Liste, in der alle Materialien aufgeführt sind, denen die selektierte Chargenklasse zugeordnet ist (siehe Abbildung 10.15).

Selektion			
Klasse	YQ_BATCH	Chargenklasse	
Klassenart	023	Charge	
Änderungsnr		Gültig ab	28.12.2012

Zuordnungen			
Material	Objekttyp	S..	Ikone
1000000000	Mat	1	✔
5000000055	Mat	1	✔
100000010000	Mat	1	✔
100000011001	Mat	1	✔
100000011002	Mat	1	✔
100000011003	Mat	1	✔
100000011021	Mat	1	✔
100000011022	Mat	1	✔
100000011023	Mat	1	✔
100000011024	Mat	1	✔
100000020000	Mat	1	✔

Abbildung 10.15 Materialien zu Chargenklasse zugeordnet

10.4.2 MHD-Liste

Möchten Sie wissen, welche Chargen im freien Bestand und kurz vor dem Ablauf des Verfallsdatums/MHD sind, rufen Sie die Transaktion MB5M oder den Pfad LOGISTIK • ZENTRALE FUNKTIONEN • CHARGENVERWALTUNG • WERKZEUGE • TERMINÜBERWACHUNG • MHD-LISTE auf. In der Selektion geben Sie an, welche Restlaufzeit Sie betrachten möchten (siehe Abbildung 10.16).

Abbildung 10.16 MHD-Liste – Selektion

In der Ergebnisliste (siehe Abbildung 10.17) werden alle Chargen im freien Bestand angezeigt, die innerhalb dieser Zeit ablaufen (diese werden grün dargestellt) bzw. schon abgelaufen sind (diese werden rot dargestellt).

Abbildung 10.17 MHD-Liste mit Angabe der Restlaufzeit

10.4.3 Chargenverwendungsnachweis

Über den Chargenverwendungsnachweis werden alle Chargen angezeigt, die in einem Fertigprodukt verarbeitet wurden. Dieser Nachweis kann in zwei Richtungen gestartet werden:

▶ **Top-down-Analyse**
Mit dieser Auswahl sehen Sie alle Chargen, die in die ausgewählte Charge eingeflossen sind, bis zur Bestellung des gelieferten Rohmaterials zurück.

▶ **Bottom-up-Analyse**
Sie sehen alle Produkte bis zur Auslieferung an den Kunden.

Voraussetzung für das Fortschreiben der Chargendaten ist die Aktivierung des Chargenverwendungsnachweises im Werk. Diese Aktivierung nehmen Sie im Customizing über den Pfad LOGISTIK ALLGEMEIN • CHARGENVERWALTUNG • CHARGENVERWENDUNGSNACHWEIS • CHARGENVERWENDUNGSNACHWEIS EINRICHTEN vor.

Sie rufen den Chargenverwendungsnachweis dann in der Transaktion MB56 oder über den Pfad LOGISTIK • ZENTRALE FUNKTIONEN • CHARGENVERWALTUNG • CHARGENVERWENDUNG • ANZEIGEN auf. In der Selektion füllen Sie neben den Feldern MATERIALNUMMER, WERK und CHARGE auch das Feld AUFLÖSUNGSTIEFE und geben die Art der Auflösung an (siehe Abbildung 10.18). Die Auflösungstiefe definiert die Ebenen, wie weit der Nachweis aufgelöst wird.

Chargenverwendungsnachweis anzeigen

Ausgangspunkt der Auflösung	
Materialnummer	10030004
Werk	20
Charge	0000107604

Art der Auflösung
○ Top-Down-Analyse
⊙ Bottom-Up-Analyse

Einstellungen	
Auflösungstiefe	7
zulässige Werke	

Abbildung 10.18 Selektion des Chargenverwendungsnachweises

Bei der TOP-DOWN-ANALYSE in Abbildung 10.19 werden die in das Produkt eingegangenen Rohstoffe mit ihren Bestellungen angezeigt.

Abbildung 10.19 Top-down-Analyse

Wählen Sie die Option BOTTOM-UP-ANALYSE, sehen Sie Folgeaufträge, in die die Charge eingeflossen ist, Umlagerungen, Umbuchungen und die Auslieferungen (siehe Abbildung 10.20).

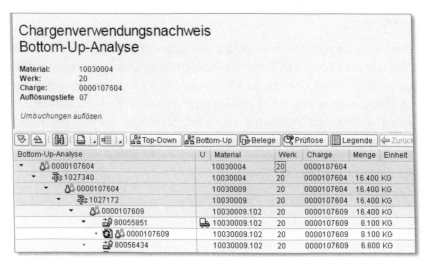

Abbildung 10.20 Bottom-up-Analyse

Die Art des Belegs, wie Auftrag, Bestellung oder Auslieferung, erkennen Sie jeweils am Icon vor der Belegnummer:

▶ Bestellung (🔲 4500000499)

▶ Charge (⚗ 0000001232)

▶ Auftrag (⚙ 805590)

▶ Auslieferung (🚛 80028890)

▶ Umbuchung (eine Auslieferung oder eine Materialumbuchung 🚛)

Wie Sie anhand der Abbildungen 10.19 und 10.20 sehen, werden die Analysen im Standard als hierarchische Baumstruktur angezeigt. Wenn Sie lieber mit Listen arbeiten, können Sie im Selektionsbild im Bildbereich DARSTELLUNGSFORM die Option HIERARCHISCHE LISTE wählen (nicht zu sehen in Abbildung 10.18). Als Ergebnis erhalten Sie dann eine Liste, in der jeweils die entsprechende Spalte, wie Auftrag, Bestellung oder Auslieferung, gefüllt ist (siehe Abbildung 10.21). Zeile 6 zeigt eine Umbuchung an ein neues Material, Werk bzw. eine Charge an.

Top-Down-Analyse

L	T...	U	Werk	Charge	Auftrag	Einkaufsbeleg	Menge	B...	Empf.Mat	Werk	Empf.Charg
4	B		20	0000106622		4500050638	2.700	KG			
3	C		20	0000107318	1027168		189	KG			
4	A		20	0000107318	1026978		15.189	KG			
5	C		20	0000000001	1026978		51	ST			
6	C	🚚	10	0000000001			24.400	ST	ZUS005	20	0000000001

Abbildung 10.21 Top-down-Analyse als Liste

10.4.4 Batch Information Cockpit

Das Batch Information Cockpit bietet Ihnen eine Plattform, auf der Sie alle Details einer Charge in einer Transaktion sehen können. Sie können Chargen nach bestimmten Merkmalsausprägungen suchen, sich sofort den Bestand dazu anzeigen lassen oder den Chargenverwendungsnachweis starten.

[+]

Chargenselektion

Bedenken Sie, dass immer alle Chargen angezeigt werden, die seit SAP-Start entstanden sind. Daher spielen die Selektionskriterien hier eine große Rolle.

Um alle Cockpit-Funktionen zu testen, sollten Sie sich Zeit nehmen. Haben Sie das Cockpit richtig kennengelernt, wird es jedoch schnell Ihr ständiges Werkzeug sein.

Sie rufen das Cockpit über die Transaktion BMBC oder den Pfad LOGISTIK • ZENTRALE FUNKTIONEN • CHARGENVERWALTUNG • CHARGENVERWENDUNG • BATCH INFORMATION COCKPIT auf.

Über den Button NEUSTART wechseln Sie die Darstellungsvariante (siehe Abbildung 10.22). Entscheiden Sie sich für die Option SAP-STANDARD, können Sie die folgende Beschreibung gut nachvollziehen.

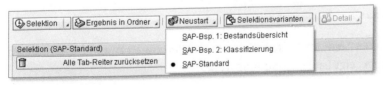

Abbildung 10.22 Darstellungsvariante wählen

Wenn Sie Chargen mit einer bestimmten Merkmalsausprägung suchen, geben Sie auf dem Register KLASSIFIZIERUNG die Selektionsklasse ein und können dann den Merkmalswert, wie hier den Wirkstoffgehalt, angeben (siehe Abbildung 10.23) und die Selektion ausführen.

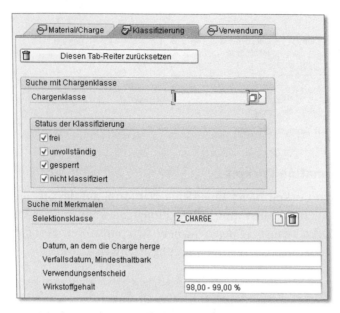

Abbildung 10.23 Selektion nach Merkmalswert

Wenn Sie nur Chargen eines bestimmten Materials sehen möchten, geben Sie das Material auf dem Register MATERIAL/CHARGE an. Interessieren Sie nur die Chargen, die Sie aktuell im Bestand haben, geben Sie auf dem Register BESTAND den Wert X in das Feld KEINE NULLBESTANDSZEILEN ein (siehe Abbildung 10.24).

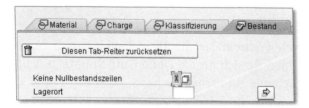

Abbildung 10.24 Nur Chargen mit Bestand

Auf der linken Seite im Hierarchiebaum werden Ihnen nun die gefundenen Chargen angezeigt (siehe Abbildung 10.25).

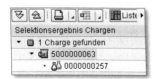

Abbildung 10.25 Selektionsergebnis

Über den Button ⌕ (Bestand anzeigen) in der Buttonleiste können Sie sich den Bestand der selektierten Chargen unten auf der linken Seite unter SELEKTIONSERGEBNIS BESTAND anzeigen lassen. Es werden die Ebenen Material (🗐), Werk (🏭), Lagerort (⊞) und Charge (🧪) angezeigt (siehe Abbildung 10.26).

Schauen Sie sich das Material 17 aus Abbildung 10.26 an: Es werden nur die Chargen 1200484 und 1200535 mit Bestand aufgeführt, da nur diese den Selektionsbedingungen entsprochen haben. Es werden auch auf den Ebenen Lagerort und Werk nur diese Chargenbestände angezeigt. Aber auf der Ebene Werk sehen Sie den Gesamtbestand des Materials. Diese Darstellung ist Ihnen sicher aus der Bestandsliste in der Transaktion MMBE bekannt.

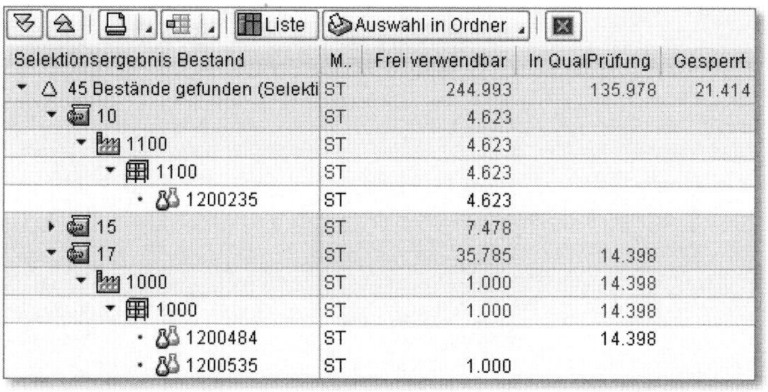

Selektionsergebnis Bestand	M..	Frei verwendbar	In QualPrüfung	Gesperrt
▾ △ 45 Bestände gefunden (Selekti	ST	244.993	135.978	21.414
▾ 🗐 10	ST	4.623		
▾ 🏭 1100	ST	4.623		
▾ ⊞ 1100	ST	4.623		
· 🧪 1200235	ST	4.623		
▸ 🗐 15	ST	7.478		
▾ 🗐 17	ST	35.785	14.398	
▾ 🏭 1000	ST	1.000	14.398	
▾ ⊞ 1000	ST	1.000	14.398	
· 🧪 1200484	ST		14.398	
· 🧪 1200535	ST	1.000		

Abbildung 10.26 Bestandsanzeige

Sie kennen nun die Funktionen in der Prüfabwicklung, die durch das Einsetzen von Chargen in der logistischen Kette relevant sind.

Vertrauen ist gut, Kontrolle ist besser. Nur mit einer systematischen Wareneingangsprüfung können Sie die Qualität der angelieferten Ware sicherstellen.

11 Qualitätsmanagement im Wareneingang

In diesem Kapitel lernen Sie die Prüfabwicklung der verschiedenen Varianten des Wareneingangs aus der Fremdbeschaffung kennen. Diese Varianten steuern Sie über die unterschiedlichen Prüfeinstellungen zum Material.

In Abschnitt 11.1 stelle ich Ihnen die am häufigsten verwendete Prüfung vor, die Prüfung zur Bestellung von gelieferten Materialien, die Sie in Ihrem Standardprozess einsetzen.

Zur Freigabe eines Lieferanten für ein Material stelle ich Ihnen in Abschnitt 11.2 die Erstmusterabwicklung vor. Mit deren Hilfe können Sie den Stand der Lieferbeziehung jederzeit am Status des Qualitätsinformationssatzes verfolgen.

Stellt der Lieferant Ihnen vor der eigentlichen Lieferung ein Muster der Charge zur Verfügung, können Sie die Funktion der Abnahmeprüfung nutzen, die in Abschnitt 11.3 erläutert wird.

Eine andere Variante ist der Wareneingang aus einer Fremdbearbeitung, wenn ein Produktionsschritt außerhalb stattfindet (verlängerte Werkbank). Informationen hierzu finden Sie in Abschnitt 11.4.

Wenn Sie Rohstoffe von einem Zwischenhändler beziehen, möchten Sie im Qualitätsmanagement nicht den Lieferanten betrachten, sondern den Hersteller. In diesem Fall könnten Sie die Herstellerabwicklung einsetzen, die in Abschnitt 11.6 betrachtet wird.

Manchmal ist es unumgänglich, auch Wareneingänge ohne Bezug einzubuchen, wenn es sich z. B. um Nebenprodukte aus der Produktion handelt. Aus QM-Sicht ist das ein sonstiger Wareneingang, der in Abschnitt 11.5 erläutert wird.

11.1 Wareneingangsprüfung

Um gleichbleibende Qualität zu gewährleisten, müssen Sie schon im Wareneingang eingreifen und die zu einer Bestellung ankommende Lieferung überprüfen. Sie aktivieren dazu im Materialstamm die Prüfeinstellungen einer Prüfart zur Herkunft 01 (siehe Kapitel 4, »Logistik-Stammdaten«). Sie sollten auch den Qualitätsprüfbestand aktivieren, damit das Material erst nach der abgeschlossenen Prüfung mit anschließender Freigabe in der Produktion oder zur Auslieferung verwendet werden kann.

Sobald der Wareneingang zu der Bestellung gebucht wird, erfolgt im Qualitätsmanagement die Prüfung, ob ein Prüflos erzeugt werden soll. Über die *Steuerung der Loserzeugung* in den Prüfeinstellungen können Sie die Entstehung von Prüflosen beeinflussen. Folgende Möglichkeiten gibt es:

▶ **Es wird kein Prüflos erzeugt**
  Hierfür können unterschiedliche Gründe vorliegen:

  ▷ Es wird kein Prüflos erzeugt, weil im Customizing für die verwendete Bewegungsart QM deaktiviert wurde.

  ▷ Es wird kein Prüflos erzeugt, weil im Q-Infosatz zu Lieferanten und Material die Option KEINE PRÜFUNG aktiviert ist (siehe Kapitel 4).

  ▷ Es wird kein Prüflos erzeugt, da der Schlüssel der Loserzeugung bereits vorhanden ist (siehe Kapitel 4).

  ▷ Es wurde im Q-Infosatz die Option ABNAHMEPRÜFUNG STATT WE-PRÜFUNG gewählt.

[zB]

Schlüssel zur Loserzeugung ist bereits vorhanden

Es erfolgt eine Teillieferung zu einer Charge, die schon angeliefert wurde. Wenn das vorangegangene Prüflos noch nicht mit einem Verwendungsentscheid abgeschlossen wurde, wird die aktuelle Liefermenge zur Prüflosmenge addiert und entsprechend in den Q-Bestand gebucht, wenn die Prüfeinstellung dies vorsieht.

Ist das Prüflos mit einem positiven Verwendungsentscheid abgeschlossen, wird die Liefermenge in den freien Bestand gebucht.

▶ **Es wird ein Prüflos erzeugt**
  Auch hierfür können unterschiedliche Gründe vorliegen:

  ▷ Es wird ein Prüflos erzeugt, da der Schlüssel der Loserzeugung neu ist (siehe Kapitel 4), z. B. eine neue Charge angeliefert wird. Die Buchung erfolgt in den Q-Bestand, wenn es die Prüfeinstellung vorsieht.

▷ Es wird ein Prüflos erzeugt, obwohl der Schlüssel der Loserzeugung bereits vorhanden ist, denn das vorangegangene Prüflos wurde rückgewiesen. Die Buchung erfolgt in den Q-Bestand, wenn es die Prüfeinstellung vorsieht.

▷ Es wird ein Prüflos im Status SKIP erzeugt, wenn die Prüfstufe dies vorsieht (siehe Kapitel 8, »Weitere Funktionen in der Prüfabwicklung«). Die Buchung erfolgt dann in den Q-Bestand, wenn die Prüfeinstellung dies vorsieht.

▷ Es wird ein Prüflos der Prüfart Erstmuster (im Standard 0101) erzeugt, weil der Status im Q-Infosatz ein Erstmuster erfordert. Die Buchung erfolgt in den Q-Bestand, wenn es die Prüfeinstellung vorsieht.

Loserzeugung pro Charge, Material und Lagerort mit offenem und abgeschlossenem Prüflos [zB]

Die Möglichkeiten, die Loserzeugung im Wareneingang zur Bestellung zu beeinflussen, sind in Kapitel 4, »Logistik-Stammdaten«, aufgeführt. Ein Beispiel zur Auswirkung dieser Einstellungen stelle ich hier kurz vor:

▸ **Loserzeugung mit offenem Prüflos**
Der erste Wareneingang zur Charge 20130101 erzeugt ein Prüflos über 100 kg. Es wird dann ein zweiter Wareneingang zur Charge 20130101 über 50 kg gebucht. Dieser erhöht die Menge des Prüfloses, das aus dem ersten Wareneingang entstanden ist, auf 150 kg.

▸ **Loserzeugung mit abgeschlossenem Prüflos**
Der erste Wareneingang zur Charge 20130101 erzeugt ein Prüflos über 100 kg. Das Prüflos wird rückgewiesen. Es wird ein zweiter Wareneingang zur Charge 20130101 über 50 kg gebucht. Dieser erzeugt ein neues Prüflos. Dieses Prüflos wird angenommen. Es wird ein dritter Wareneingang zur Charge 20130101 über 75 kg gebucht. Diese Menge wird sofort in den freien Bestand gebucht.

Die Art der Loserzeugung *Loserzeugung pro Charge, Material und Lagerort* sollten Sie also nur wählen, wenn Sie auch Chargen verwenden. Anderenfalls wird nur dann ein Prüflos erzeugt, wenn das Material das erste Mal gebucht wird.

Anstoß einer Reklamation

Ergibt die Prüfung, dass die vereinbarte Spezifikation nicht eingehalten wurde, können Sie aus der Wareneingangsprüfung heraus einen Fehler anlegen, der eine Q-Meldung erzeugt. Aus dieser Meldung heraus können Sie über die Workflow-Funktionen Informationen an definierte Mitarbeiter versenden und auch die Rücklieferung abwickeln.

Die Funktionen der Meldung werden in Kapitel 19, »Qualitätsmeldung«, vorgestellt.

Bestellentwicklung

Das Prüflos ist immer mit der Bestellung verknüpft (siehe Abbildung 11.1).

Abbildung 11.1 Prüflosanzeige

Sie können aus der Prüflosanzeige in der Transaktion QA03 oder über den Pfad LOGISTIK • QUALITÄTSMANAGEMENT • QUALITÄTSPRÜFUNG • PRÜFLOS • BEARBEITUNG • ANZEIGEN per Doppelklick auf den Einkaufsbeleg oder über den Button [&] (Anzeigen) in die Anzeige der Bestellung verzweigen und sich hier auf Positionsebene die Entwicklung auf dem Register BESTELLENTWICK-LUNG anschauen (siehe Abbildung 11.2).

K	B.	Materialbel.	Pos	Buch.dat.	Σ	Menge	Bezugsnebenkoste	B.	Σ	Betrag Hauswähr	HWä	Σ	M
WE	101	5000000112	1	02.01.2013		10	0	ST		10,00	EUR		
WE	122	4900000260	1	02.01.2013		10-	0	ST		10,00-	EUR		
WE	101	5000000111	1	02.01.2013		10	0	ST		10,00	EUR		
Vorgang Wareneingang					▪	**10**		**ST**	▪	**10,00**	**EUR**	▪	

Abbildung 11.2 Bestellentwicklung

Wenn Sie z. B. eine Lieferung komplett oder teilweise an den Lieferanten zurückgeliefert haben, wird dies in der Bestellentwicklung mit der Bewegungsart 122 angezeigt.

11.2 Erstmusterabwicklung

Die Erstmusterabwicklung können Sie verwenden, wenn Sie neue Lieferanten für Ihren Rohstoff suchen bzw. wenn Sie prüfen möchten, ob das neue Material für Ihre Produktion geeignet ist.

Abbildung 11.3 zeigt schematisch den Ablauf einer Erstmusterabwicklung mit einem zweistufigen Status (Erstmuster/Serie). Sie eröffnen die Lieferbeziehungen im System, indem Sie das Statusschema im Q-Infosatz Beschaffung zuordnen. Der erste Wareneingang in der Kombination Material/Lieferant erzeugt ein Erstmusterprüflos unabhängig von der gelieferten Menge. Sie schließen dieses Prüflos mit einem Verwendungsentscheid ab. Erst danach ist ein erneuter Wareneingang möglich. Diese Abwicklung sollten Sie dementsprechend nur verwenden, wenn sichergestellt ist, dass Sie ausreichend Zeit für die Erstmusterprüfung bis zur nächsten Lieferung haben.

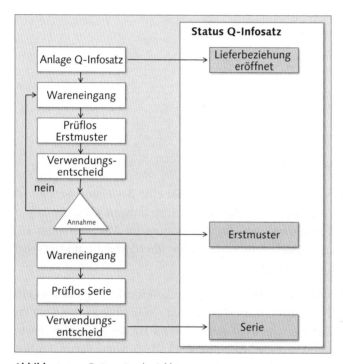

Abbildung 11.3 Erstmusterabwicklung

Um ein Erstmusterprüflos erzeugen zu können, aktivieren Sie in den Prüfeinstellungen im Materialstamm in der Transaktion MM02 die beiden Prüfarten 0101 und 01, in der Prüfart 01 setzen Sie zudem das Kennzeichen BEVORZUGTE PRÜFART (siehe Abbildung 11.4). Dann setzen Sie in der Sicht QUALITÄTS-MANAGEMENT den QM-Steuerschlüssel auf LIEFERFREIGABE (siehe Kapitel 4, »Logistik-Stammdaten«).

Anschließend legen Sie, wie ebenfalls in Kapitel 4 beschrieben, in der Transaktion QI01 oder über den Pfad LOGISTIK • QUALITÄTSMANAGEMENT • QUALITÄTSPLANUNG • LOGISTIK-STAMMDATEN • Q-INFOSATZ BESCHAFFUNG • ANLEGEN einen Q-Infosatz zu dem Material und dem Lieferanten an und ordnen ein Statusschema auf dem Register STATUS zu. Damit erzeugen Sie die in Abbildung 11.5 dargestellte Statussituation. Unter STATUS ERREICHT finden Sie die Angabe LIEFERBEZIEHUNG ERÖFFNET.

Prüfarten				
S...	Prüf...	Kurztext	Bevorzugte Prüfart	Aktiv
☐	01	Eingangsprüfung beim WE zur Bestellung	☑	☑
☑	0101	Erstmusterprüfung beim WE zur Bestellung	☐	☑

Abbildung 11.4 Kennzeichen »Bevorzugte Prüfart« aktivieren

Freigabe	Prüfsteuerung	Status	Qualitätsvereinbarung

Statusverwaltung	
Statusschema	ZQM_P_01 ☐ 001
Status erreicht	Lieferbeziehung eröffnet
mit Prüflos	0
Angestrebt	Erstmuster
mit Prüflos	0
☐ Weitere Status	

Abbildung 11.5 Q-Infosatz anlegen

Erst nach der Anlage der Stammdaten dürfen Sie eine Bestellung oder einen Lieferplan anlegen. Nur dann sind die neuen Einstellungen wirksam. Legen Sie einen Einkaufsbeleg schon vor der Aktivierung im Materialstamm an, wird der QM-Steuerschlüssel nicht in den Beleg übernommen, und es wird kein Erstmusterprüflos angelegt.

Der erste Wareneingang nach Aktivierung der Lieferbeziehung eröffnet ein Prüflos der Prüfart Erstmuster. Das erkennen Sie am Eintrag ERSTMUSTER im Feld ANGESTREBT. Darunter im Feld MIT PRÜFLOS ist die soeben erzeugte Prüflosnummer enthalten (siehe Abbildung 11.6). Solange dieses Prüflos noch nicht abgeschlossen ist, kann zu diesem Material von dem Lieferanten kein weiterer Wareneingang gebucht werden.

Freigabe	Prüfsteuerung	Status	Qualitätsvereinbarung

Statusverwaltung	
Statusschema	ZQM_P_01 0001
Status erreicht	Lieferbeziehung eröffnet
mit Prüflos	0
Angestrebt	Erstmuster
mit Prüflos	10000000175
☐ Weitere Status	

Abbildung 11.6 Status des Q-Infosatzes – erster Wareneingang

Wird das Erstmusterprüflos rückgewiesen, erzeugt der nächste Wareneingang erneut ein Prüflos der Prüfart Erstmuster. Über die Liste der Prüflose
haben Sie eine gute Übersicht, wie viele Musterlieferungen notwendig
waren, bis die Qualität die Serienreife erreichte (siehe Abbildung 11.7). Wird
das Erstmusterprüflos angenommen, verändert sich der Status. Sie sehen jetzt
im Feld STATUS ERREICHT den Eintrag ERSTMUSTER (siehe Abbildung 11.8) .

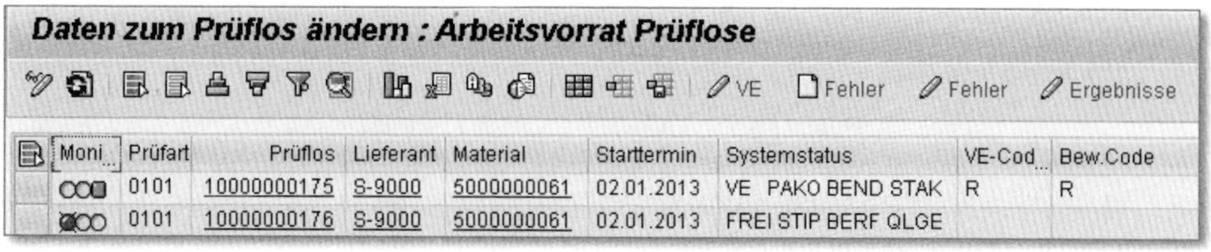

Abbildung 11.7 Prüflos »Erstmuster«

Abbildung 11.8 Status des Q-Infosatzes – Wareneingang nach angenommenem Erstmuster

Sie können den Status eines Materials jederzeit manuell auf ERSTMUSTER
zurücksetzen, um den Prozess erneut zu starten.

Customizing: Statusschema anlegen

Das dreistufige Statusschema QM_P_001 wird ausgeliefert. Dieses bildet den
Ablauf Erstmuster/Nullserie/Serie ab. Wenn Sie jedoch nur zwei Stufen wie
in Abbildung 11.3 verwenden möchten, definieren Sie ein eigenes Schema.
Dazu rufen Sie im Customizing über den Pfad QUALITÄTSMANAGEMENT • QM
IN DER LOGISTIK • QM IN DER BESCHAFFUNG • STATUS DER LIEFERBEZIEHUNG
DEFINIEREN die Funktion STATUSSCHEMATA PFLEGEN auf.

Um ein neues Statusschema anzulegen, nehmen Sie das Schema QM_P_001
als Kopiervorlage und löschen den Eintrag NULLSERIE (siehe Abbildung 11.9),
indem Sie den Eintrag markieren und den Button LÖSCHEN verwenden.

Statusschema	ZQM_P_01	QM: Ersmuster / Serie
Pflegesprache	DE	Deutsch

Anwenderstatus								
Ord...	Status	Kurztext	LTex...	Initial...	Niedrig...	Höchst...	Posi...	Prior...
1	0001	Lieferbeziehung eröffnet	☐	☑	1	2	1	1
2	0002	Erstmuster	☐	☐	2	3	1	1
3	0003	Serie	☐	☐	1	3	1	1

Abbildung 11.9 Statusschema anlegen

Anschließend ordnen Sie in der Funktion ZUORDNUNG LIEFERSTATUS ZU PRÜFART die Prüfarten dem jeweiligen Folgestatus zu (siehe Abbildung 11.10). Damit legen Sie die Prüfart fest, die angelegt wird, wenn der Folgestatus erwartet wird. Wenn der Status ERSTMUSTER (Status 0002) erreicht ist und der Status SERIE (Status 0003) angestrebt ist (siehe Abbildung 11.8), würde in diesem Beispiel ein Prüflos der Prüfart 01 erzeugt werden.

Zuordnung Anwenderstatus (Lieferbeziehung) zu Prüfart				
StatSchema	Folgestatus	Kurztext	Herkunft	Prüfart
ZQM_P_01	0001	Lieferbeziehung eröffnet		
ZQM_P_01	0002	Erstmuster	01	0101
ZQM_P_01	0003	Serie	01	01

Abbildung 11.10 Zuordnung des Anwenderstatus zur Prüfart

Dieses Statusschema können Sie nun im Q-Infosatz verwenden.

11.3 Abnahmeprüfung

Sie können die Funktion der Abnahmeprüfung nutzen, um unabhängig vom Wareneingang Prüflose zu einer Bestellung zu erzeugen und vorab die Qualität zu überprüfen. Dabei können Sie entscheiden, ob Sie die Abnahmeprüfung zusätzlich zur Wareneingangsprüfung oder stattdessen durchführen. Im Fall, dass Sie sich für die Abnahme- statt der Wareneingangsprüfung entscheiden, definieren Sie im QM-Steuerschlüssel die Auswirkung auf den Wareneingang bei Rückweisung des Abnahmeloses. Folgende Möglichkeiten stehen zur Auswahl:

▸ Neues Prüflos anlegen
▸ Wareneingang nicht erlaubt
▸ Keine Auswirkung

Diese Einstellung nehmen Sie im Customizing über den Pfad QUALITÄTSMA-NAGEMENT • QM IN DER LOGISTIK • QM IN DER BESCHAFFUNG • STEUERSCHLÜS-SEL DEFINIEREN vor (siehe Abbildung 11.11).

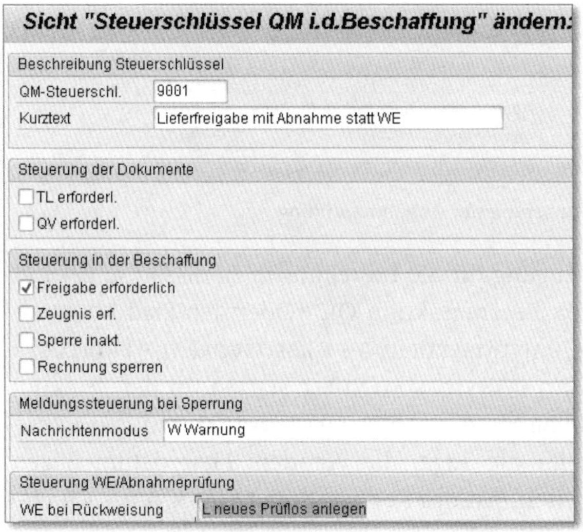

Abbildung 11.11 Abnahmeprüfung im QM-Steuerschlüssel

Sie müssen sich vorab überlegen, welche Prüfart Sie als Abnahmeprüfart verwenden möchten. Da die Abnahmeprüfung die Wareneingangsprüfung in meinem Beispiel ersetzen soll, wird hier auch die Prüfart 01 verwendet. Wenn Sie unabhängig von der Abnahmeprüfung ein Prüflos zum Wareneingang eröffnen möchten, sollten Sie zur Unterscheidung eine andere Prüfart verwenden.

Die Aktivierung der Abnahmeprüfung findet im Q-Infosatz in der Transaktion QI01 oder über den Pfad LOGISTIK • QUALITÄTSMANAGEMENT • QUALITÄTS-PLANUNG • LOGISTIK-STAMMDATEN • Q-INFOSATZ BESCHAFFUNG • ANLEGEN auf dem Register PRÜFSTEUERUNG statt. Sie ordnen die Prüfart, die als Abnahmeprüfung gilt, im Feld PRÜFARTABNAHMEPRF. zu und setzen das Kennzeichen ABNAHME STATT WE-PRF. Damit bestimmen Sie, dass keine Wareneingangsprüfung stattfinden soll, wenn es bereits ein Abnahmeprüflos zu der Bestellung gibt (siehe Abbildung 11.12).

Auch bei dieser Funktion ist es wichtig, dass der Einkaufsbeleg erst nach dieser Aktivierung angelegt wird. Wenn das Vorabmuster zu einer bestimmten Charge geliefert wird, sollte diese Charge bereits in der Bestellung angegeben werden, damit auch das Prüflos und der Wareneingang genau diese Charge verwenden.

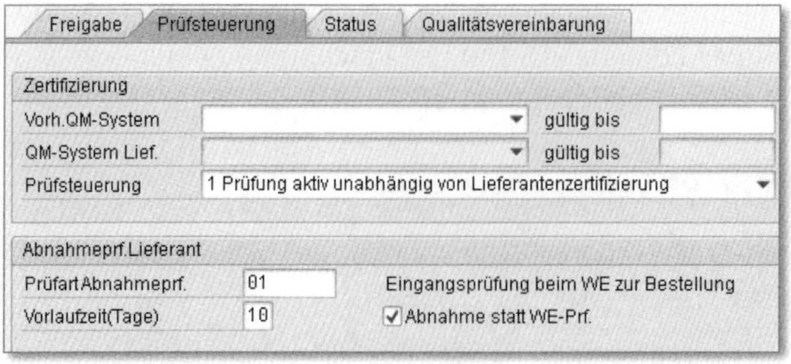

Abbildung 11.12 Q-Infosatz – Aktivierung der Abnahmeprüfung

Sie können nun die Loserzeugung für die Bestellungen zu diesen so gekenn-zeichneten Materialien über die Transaktion QI07 oder den Pfad LOGISTIK • QUALITÄTSMANAGEMENT • QUALITÄTSPRÜFUNG • ARBEITSVORRAT • PRÜFLOSER-ÖFFNUNG • ABNAHMEPRÜFUNG • ANSTOSS MANUELL starten. In der Selektion (siehe Abbildung 11.13) füllen Sie die Felder LIEFERDATUM und den ERÖFF-NUNGSHORIZONT(T), das heißt die Tage, die vor dem Lieferdatum liegen. Wenn Sie mit Chargen arbeiten, hat das Kennzeichen PRÜFEN OHNE CHARGE große Bedeutung. Es steuert, dass Abnahmelose auch dann erzeugt werden können, wenn im Einkaufsbeleg keine Charge angegeben ist.

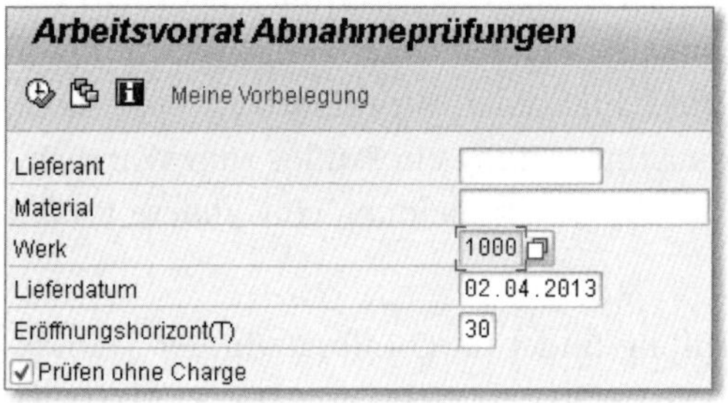

Abbildung 11.13 Loseröffnung für Abnahmeprüfung

Nach der Selektion erhalten Sie eine Liste, in der alle gefundenen Bestellun-gen aufgeführt sind (siehe Abbildung 11.14).

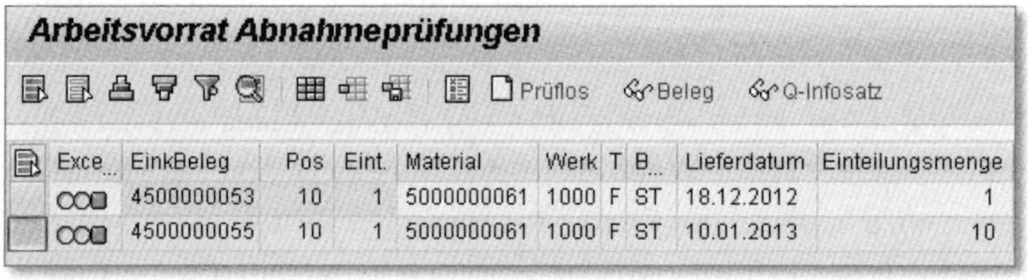

Abbildung 11.14 Arbeitsvorrat der Abnahmeprüfung

Sie markieren die gewünschte Bestellung, bestätigen die Losanlage mit dem Button ☐ Prüflos und sichern anschließend diese Einstellung. Das so erzeugte Prüflos können Sie nun wie gewohnt bearbeiten und abschließen. Mit dem beschriebenen Steuerschlüssel (siehe Abbildung 11.11) geschieht beim Wareneingang zu dieser Bestellung jetzt Folgendes:

▶ Wenn Sie das Abnahmeprüflos annehmen, wird beim Wareneingang kein Prüflos erzeugt.

▶ Wenn Sie das Abnahmeprüflos rückweisen, wird beim Wareneingang ein bestandsrelevantes Prüflos erzeugt

▶ Ist das Abnahmeprüflos noch offen, wird beim Wareneingang kein Prüflos erzeugt.

Wenn Sie regelmäßig mit Abnahmeprüfungen arbeiten, können Sie die Loseröffnung auch als Job über denselben Pfad in der Transaktion QA51 einrichten.

11.4 Wareneingangsprüfung aus der Fremdbearbeitung

Gibt es in Ihrer Produktion Arbeitsschritte, die außerhalb in Form einer Fremd- oder Lohnbearbeitung abgewickelt werden, müssen Sie auch die Qualität dieser externen Tätigkeit überwachen. Auch an dieser Stelle können Sie Prüflose verwenden.

11.4.1 Voraussetzung

Sie lernen nun die Stammdaten kennen, die Voraussetzung dafür, um im Wareneingang zum fremdbearbeiteten Vorgang ein Prüflos zu erzeugen:

▶ **Arbeitsplan: Prüfart zum fremdbearbeiteten Vorgang**
Sie erkennen den Vorgang zur Fremdbearbeitung an seinem Steuerschlüssel. Sprechen Sie sich immer mit der Arbeitsplanung ab, bevor Sie Einstellungen an den PP-Stammdaten vornehmen, da diese meist ausschließlich in der Verantwortung der Produktionsplanung liegen.

Sie geben in dem fremdbearbeiteten Vorgang im Arbeitsplan bzw. im Planungsrezept eine Prüfart zur Prüflosherkunft 01 an. Im SAP-Standard wird dafür die Prüfart 0130 verwendet.

Gibt es innerhalb eines Plans oder Auftrags mehrere fremdbearbeitete Vorgänge, können die Prüflose durch ihre Prüfart unterschieden werden.

Dadurch, dass Sie in der Prüfart eine Planverwendung festlegen (siehe Kapitel 7, »Prüfablauf«), können Sie das System veranlassen, für unterschiedliche Fremdbearbeitungsvorgänge bei der Prüfloseröffnung verschiedene Prüfpläne auszuwählen. Diese Prüfpläne unterscheiden sich in der Planverwendung. Sie müssten in diesem Fall weitere Prüfarten zur Fremdbearbeitung definieren.

Je nachdem, ob Sie das Modul PP (Produktionsplanung) oder PP-PI (Produktionsplanung in der Prozessindustrie) im Einsatz haben, pflegen Sie die Objekte Arbeitsplan bzw. Planungsrezept.

▶ *Modul PP*: Um den *Arbeitsplan* zu ändern, rufen Sie die Transaktion CA02 bzw. den Pfad LOGISTIK • PRODUKTION • STAMMDATEN • ARBEITSPLÄNE • ARBEITSPLÄNE • NORMALARBEITSPLÄNE • ÄNDERN auf, füllen die Felder MATERIAL oder PLANGRUPPE und führen die Selektion aus. Sie gelangen zur Vorgangsübersicht. Per Doppelklick auf die Vorgangsnummer rufen Sie das Bild VORGANGSDETAIL auf. Dort geben Sie im Bereich FREMDBEARBEITUNG die Prüfart ein (siehe Abbildung 11.15).

Abbildung 11.15 Vorgangsdetail – Fremdbearbeitung

▶ *Modul PP-PI*: Um das *Planungsrezept* zu ändern, rufen Sie die Transaktion C202 bzw. den Pfad LOGISTIK • PRODUKTION • PROZESS • STAMMDATEN • PLANUNGSREZEPTE • REZEPT UND MATERIALLISTE • ÄNDERN auf, geben auch hier Material oder Plangruppe ein und führen die Selektion aus. Sie gelangen wieder in die Vorgangsübersicht und rufen per Doppelklick auf die Phasennummer das Bild VORGANGSDETAIL auf. Dort geben Sie auf dem Register ALLGEMEINE DATEN im Bereich FREMDBEARBEITUNG die Prüfart ein. Die Daten hier sind identisch mit Abbildung 11.15 aus dem Arbeitsplan.

▶ **Materialstamm**

Sie aktivieren die Prüfarten, die Sie im Vorgang zum Fertigmaterial hinterlegt haben, zu dem Fertigmaterial, zu dem Sie den Plan geändert haben.

▶ **Prüfplan**

Wenn Sie mit der Prüfart 0130 in einem Vorgang des Plans arbeiten, legen Sie einen Prüfplan für das Fertigmaterial mit der Planverwendung 53 an. Wenn Sie mehrere Fremdvorgänge mit verschiedenen Prüfarten verwenden, legen Sie pro Prüfart einen Prüfplan in der Planverwendung an, die der Prüfart zugeordnet ist.

Alle Prüfeinstellungen nehmen Sie immer am zu fertigenden Material vor, obwohl es sich nur um einen Prozessschritt in der Herstellung des Materials handelt, dieses Material bei Prüfloserzeugung also physisch noch nicht vorhanden ist. Die Zuordnung der Planverwendung zur Prüfart wurde in Kapitel 7, »Prüfablauf«, beschrieben.

11.4.2 Ablauf der Fremdbearbeitung

Bei der Freigabe des Produktionsauftrags wird eine Bestellanforderung (BANF) erzeugt. Diese ist im Vorgangsdetail des Auftrags zu sehen (siehe Abbildung 11.16).

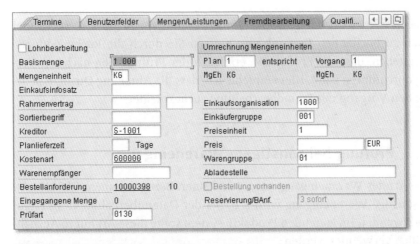

Abbildung 11.16 Produktionsauftrag/Vorgang/Fremdbearbeitung

Diese BANF wird vom Einkauf in eine Bestellung umgewandelt, um den logistischen Prozess der Fremdbearbeitung anzustoßen. Die Bestellung enthält dabei kein Material, sondern der Kurztext des Fremdbearbeitungsvorgangs wird als Bestelltext übernommen.

Wird das bearbeitete Material von dem Lohnbearbeiter zurückgeliefert, wird die Dienstleistung als Wareneingang gebucht. Dabei erzeugt das System ein Prüflos zum Fertigmaterial des Produktionsauftrags (siehe Abbildung 11.17).

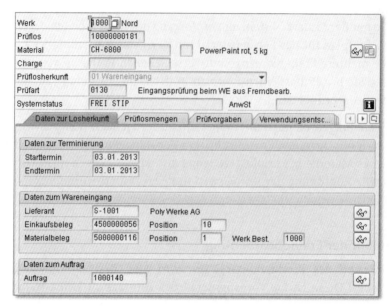

Abbildung 11.17 Prüflos zur Fremdbearbeitung

Dieses Prüflos wird wie gewohnt bearbeitet und abgeschlossen. Da es hier keinen zu buchenden Bestand gibt, müssen Sie durch die Rückmeldungen sicherstellen, dass die Produktion erst nach der Prüfung den nächsten Vorgang durchführen kann. Hier empfehle ich, dass die Abteilung Qualitätssicherung den Vorgang der Fremdbearbeitung zurückmeldet.

11.5   Prüfung bei sonstigem Wareneingang

Diese Art des Wareneingangs erfordert keinen Bezug zu einem SAP-Objekt. Der sonstige Wareneingang wird z. B. bei der Datenübernahme des Bestandes verwendet. Im laufenden Produktivsystem sollte diese Art nur in Ausnahmefällen verwendet werden.

Wenn Sie den Wareneingang ohne Bezug nicht vermeiden können, aber eine Prüfung vornehmen möchten, verwenden Sie die Prüfart zur Prüflosherkunft 05. Sie können auch hier die Buchung in den Q-Bestand vornehmen. Bedenken Sie immer, dass Sie in diesem Fall in QM nur den Bezug zum Materialbeleg, aber keinen Bezug zum Lieferanten haben (siehe Abbildung 11.18). Sie können daher keine Auswertungen zum Lieferanten vornehmen. Eine Reklamation würde nicht automatisch den Lieferanten übernehmen.

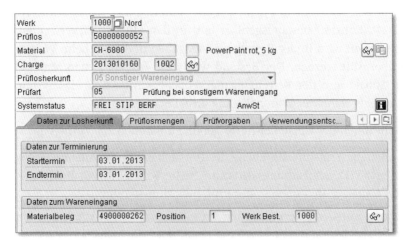

Abbildung 11.18 Prüflos der Herkunft 05

Auch in der Produktion kann es zu dieser Art des Wareneingangs kommen, nämlich wenn Sie ein Nebenprodukt zu einem Auftrag verbuchen. Sie planen die Produktion eines Fertigmaterials, und hierbei entsteht zusätzlich ein weiteres bestandsgeführtes Material. Ein einfaches Beispiel hierfür wäre die Trennung des Ausgangsmaterials in mehrere Komponenten.

Auch hier verwenden Sie die Prüfart zur Prüflosherkunft 05. Im Standard ist das die Prüfart 05. Hier bleibt der Bezug zum Auftrag erhalten.

11.6 Herstellerabwicklung

Sie beziehen Ihre Rohstoffe bzw. Kaufteile bei einem Zwischenhändler und müssen die Qualität im Wareneingang überwachen. Aus Sicht der Qualitätsabteilung ist jedoch nicht der Händler interessant, sondern der Hersteller, also der Ort, an dem das Kaufteil bzw. der Rohstoff produziert wurde. Ein weiteres Beispiel wäre die Lieferung aus verschiedenen Herstellwerken oder Produktionslinien. Sobald eine neue Linie oder ein Werk das benötigte Material produziert, muss vor der ersten Lieferung erneut die Qualität überprüft werden. Daher ist der Bezug zum Hersteller notwendig. Der Händler darf nur Produkte von Herstellern liefern, die von Ihnen freigegeben wurden.

In diesem Fall verwenden Sie die Herstellerteileabwicklung. Alle Hersteller werden im System angelegt und dem Lieferanten, dem Händler als Partnerrolle zugeordnet. Zu jeder Material-Hersteller-Beziehung wird ein Herstellerteil als Materialstamm angelegt.

Systemtechnisch wird nur das firmeneigene Material, also das spezifizierte Kaufteil bzw. Rohstoff bestandsgeführt und in den Stücklisten verwendet. Das Herstellerteil wird in der Bestellung angegeben und kann beim Wareneingang überprüft werden. Der Bestand wird zum firmeneigenen Material verbucht. Sobald also der Wareneingang gebucht wurde, sieht das System genauso aus, als wenn der Wareneingang direkt erfolgte.

In QM steht Ihnen der Hersteller für folgende Funktionen zur Verfügung:

▶ Sie können die Prüfstufe auf Ebene des Herstellers führen, indem Sie den Hersteller als Dynamisierungskriterium (siehe Kapitel 3, »Grunddaten«, und 8, »Weitere Funktionen in der Prüfabwicklung«) führen.

▶ Sie können mit herstellerbezogenen Prüfplänen arbeiten, wenn Sie den Hersteller als Lieferant in der Material-Plan-Zuordnung angeben.

▶ Sie können über den Q-Infosatz zum Herstellerteil den Hersteller freigeben.

11.6.1 Customizing

Wenn Sie mit Herstellerteilenummern arbeiten möchten, müssen Sie im Customizing über den Pfad Logistik Allgemein • Materialstamm • Globale Einstellungen vornehmen das Kennzeichen Herstellerteilenummer setzen (siehe Abbildung 11.19). Nur dann sind die Felder zur Angabe des Herstellerprofils im Materialstamm sichtbar.

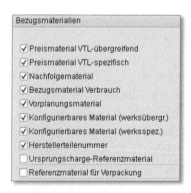

Abbildung 11.19 Customizing – allgemeine Steuerzeichen im Materialstamm

Anschließend legen Sie ein Profil für Herstellerteilenummern (HTN-Profile) über den Pfad Materialwirtschaft • Einkauf • Materialstamm • Herstellerteileprofil definieren an (siehe Abbildung 11.20).

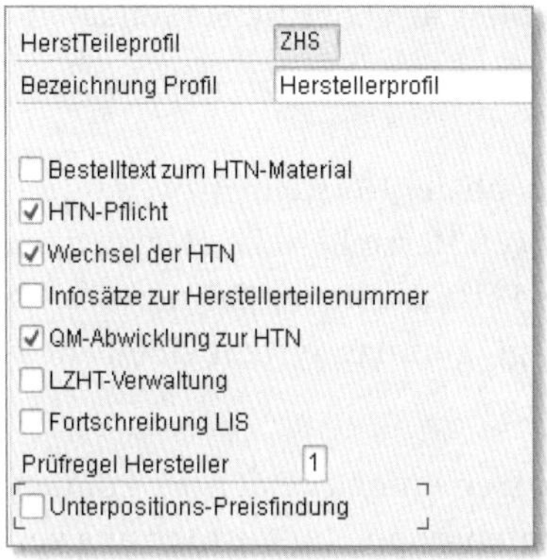

Abbildung 11.20 Herstellerteileprofil

Sie sollten die Auswirkungen der folgenden Kennzeichen kennen:

▸ **HTN-Pflicht**
Wenn Sie dieses Kennzeichen setzen, muss in der Bestellung und im Lieferplan anstelle der Materialnummer das HTN-Material angegeben werden. Dieses Kennzeichen sollten Sie immer setzen, um nicht dem Einkäufer die Entscheidung zu überlassen, ob der Hersteller angegeben wird.

▸ **Wechsel der HTN**
Wenn Sie dieses Kennzeichen setzen, darf das HTN-Material innerhalb des Beschaffungsprozesses geändert werden. Wenn Ihnen der Händler erst nach Auslösen der Bestellung den korrekten Hersteller benennt, können Sie die Bestellung entsprechend ändern.

▸ **QM-Abwicklung zur HTN**
Wenn Sie dieses Kennzeichen setzen, können Qualitätsinfosätze nur für HTN-Materialien und nicht für das bestandsgeführte Material angelegt werden. Außerdem wird dann bei der Dynamisierung und bei der Prüfplanauswahl der Hersteller als weiteres Kriterium herangezogen.

▸ **LZHT-Verwaltung**
Wenn Sie dieses Kennzeichen setzen, ordnen Sie alle zugelassenen Herstellermaterialien dem Lieferanten in der Liste der zulässigen Herstellerteile zu (siehe Abbildung 11.25). Das System prüft bei der Eingabe eines HTN-Materials in der Bestellung, ob das Material in der Liste der zulässigen Herstellerteile enthalten ist. So können Sie z. B. sicherstellen, dass das Material nur aus bestimmten Werken geliefert werden darf.

Diese Option erfordert die zusätzliche Verwaltung der Listen der zulässigen Herstellerteile. Alternativ können Sie die Hersteller über den Q-Infosatz freigeben, wie Sie das bereits in Kapitel 4, »Logistik-Stammdaten«, kennengelernt haben.

▶ **Prüfregel Hersteller**
Wenn Sie hier 1 angeben, prüft das System, ob der Hersteller bzw. das Herstellerwerk, das Sie in der Liste der zulässigen Herstellerteile eingeben, im Hersteller- bzw. Lieferantenstammsatz als Partner mit der Partnerrolle HS definiert ist. Falls der Partner nicht vorliegt, gibt das System eine Fehlermeldung aus.

Um die Lieferanten von den Herstellern besser unterscheiden zu können, können Sie für die Hersteller eine eigene Kontengruppe im Customizing verwenden. Kontengruppen legen Sie immer in Zusammenarbeit mit dem Einkauf im Customizing an.

Um die Hersteller als Partnerrolle HR dem Zwischenhändler zuordnen zu können, müssen Sie über den Pfad Materialwirtschaft • Einkauf • Partnerfindung • Partnerrollen • Zulässige Partnerrollen pro Kontengruppen festlegen einen Eintrag der Partnerrolle zur Kontengruppe vornehmen (siehe Abbildung 11.21).

Rolle	Bezeichnung	Gruppe	Bedeutung
HR	Hersteller	MNFR	Hersteller (ext. NrVergabe).

Abbildung 11.21 Zuordnung der Partnerrolle zur Kundengruppe

11.6.2 Stammdaten

Folgende Stammdaten müssen Sie bei der Herstellerabwicklung pflegen:

▶ **Materialstamm bestandsgeführtes Material**
Möchten Sie den Prozess der Herstellerfreigabe nutzen, pflegen Sie den QM-Steuerschlüssel 0001 (Lieferfreigabe) in der Sicht Qualitätsmanagement in Transaktion MM02. In der Sicht Einkauf im Materialstamm des bestandsgeführten Materials geben Sie das Herstellerteileprofil an (siehe Abbildung 11.22).

Abbildung 11.22 Materialstamm/Einkaufssicht – Herstellerdaten

▶ **Hersteller**

Sie legen alle Hersteller unter der dafür vorgesehenen Kontengruppe als Lieferant im System an. Dazu geben Sie in der Transaktion MK01 bzw. über den Pfad LOGISTIK • MATERIALWIRTSCHAFT • EINKAUF • STAMMDATEN • LIEFERANT • EINKAUF • ANLEGEN die Kontengruppe vor und pflegen die Adressdaten des Herstellers.

▶ **Partner Lieferant**

Sie ordnen alle Hersteller als Partnerrolle HR dem Lieferantenstammsatz des Großhändlers zu (siehe Abbildung 11.23).

Kreditor	H-0001	Großhandel
Einkaufsorg	1000	Einkaufs-Org. 1000

Partnerrollen			
P...	Bezeichnung	Nummer	Name
BA	Bestelladresse	H-0001	Großhandel
HR	Hersteller	HERS1	Hersteller A
HR	Hersteller	HERS2	Hersteller B
LF	Lieferant	H-0001	Großhandel
RS	Rechnungssteller	H-0001	Großhandel

Abbildung 11.23 Partnerrolle »Lieferant«

▶ **Herstellerteil**

Das Herstellerteil verbindet das bestandsgeführte Material mit dem Hersteller. Dafür wird im Standard die Materialart HERS ausgeliefert. Sie pflegen bei dieser Materialart nur die Sicht EINKAUF und geben folgende Angaben an (siehe Abbildung 11.24):

Abbildung 11.24 Herstellerteil – Einkaufssicht

> Materialkurztext

> bestandsgeführtes Material (Feld BestGef Material)

> Herstellerteilenummer
(Die Nummer, wie sie beim Lieferanten geführt wird. Diese kann bei Bestellungen ausgedruckt werden.)

> Hersteller

▶ **Liste der zulässigen Herstellerteile**
Dieser Stammsatz ist optional. Er wird nur dann zur Pflicht, wenn Sie im Herstellerteileprofil das Kennzeichen LZHT-Verwaltung aktiviert haben (siehe Abschnitt 11.6.1). Sie geben in der Transaktion MP01 bzw. über den Pfad Logistik • Materialwirtschaft • Einkauf • Stammdaten • Zul. Herstellerteile • Pflegen das bestandsgeführte Material an und rufen damit die Liste auf (siehe Abbildung 11.25).

Liste der zulässigen Herstellerteile pflegen: Einstieg

BstGef. Mat.	5000000065		Sorbitol			

HTN-Material	Hersteller	Werk	Gültig ab	Gültig bis	Revi...	Ges...
5000000067			01.01.2013	31.12.2013		
5000000068			01.01.2013	31.12.2013		

Abbildung 11.25 Liste der zulässigen Herstellerteile

Sie geben in der Spalte HTN-Material alle Herstellerteilenummern an und versehen diese Einträge in den Feldern Gültig ab und Gültig bis mit einem Zeitraum, in dem die Hersteller freigegeben sind.

▶ **Q-Infosatz zum Herstellerteil**
Wenn Sie die Hersteller freigeben möchten, legen Sie zu jedem Herstellerteilematerial und Lieferanten auch einen Q-Infosatz an und pflegen das Freigabe bis-Datum (siehe Abbildung 11.26).

Abbildung 11.26 Q-Infosatz zum Herstellerteil

▶ **Prüfplan**

Sie legen den Prüfplan zu dem bestandsgeführten Material an. Möchten Sie mit herstellerbezogenen Prüfplänen arbeiten, geben Sie in der Material-Plan-Zuordnung den Hersteller als Lieferant an (siehe Abbildung 11.27).

Abbildung 11.27 Zuordnung der Hersteller zum Prüfplan

11.6.3 Beschaffung von Herstellerteilematerialien

Betrachten wir nun den Beschaffungsprozess von Herstellerteilen. Sie legen zunächst wie gewohnt eine Bestellung mit dem Großhändler als Lieferant in der Transaktion ME21N bzw. über den Pfad LOGISTIK • MATERIALWIRTSCHAFT • EINKAUF • BESTELLUNG • ANLEGEN • LIEFERANT BEKANNT an.

Versuchen Sie, das bestandsgeführte Material einzugeben, erhalten Sie in der Bestellbearbeitung die Fehlermeldung aus Abbildung 11.28, wenn im Herstellerteileprofil das Kennzeichen HTN-PFLICHT gesetzt ist.

Abbildung 11.28 Fehlermeldung

Sie müssen als Material das Herstellermaterial angeben. Dann werden die Herstellerdaten aus dem Stammsatz gezogen. Auf dem Register MATERIAL-DATEN können Sie diese Angaben kontrollieren (siehe Abbildung 11.29).

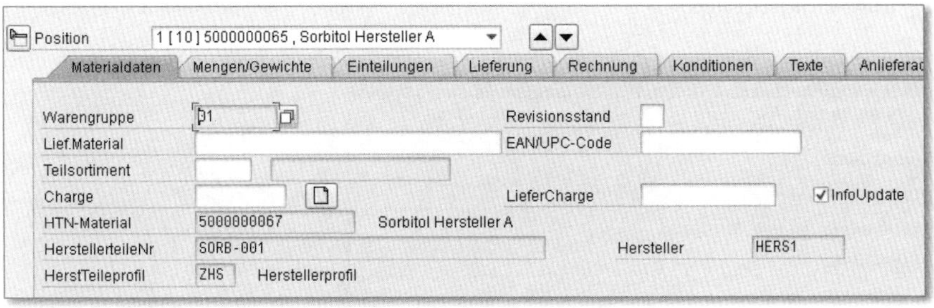

Abbildung 11.29 Bestellposition – Herstelldaten

Die Daten werden auch auf der Bestellung angedruckt (siehe Abbildung 11.30). Die Darstellung richtet sich nach Ihren Formulareinstellungen.

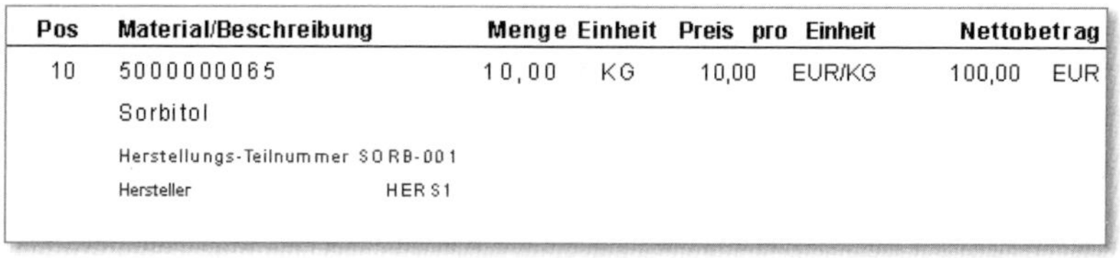

Pos	Material/Beschreibung	Menge	Einheit	Preis	pro	Einheit	Nettobetrag
10	5000000065	10,00	KG	10,00		EUR/KG	100,00 EUR
	Sorbitol						
	Herstellungs-Teilnummer SORB-001						
	Hersteller HERS1						

Abbildung 11.30 Ausdruck der Bestellung

Nun buchen Sie in der Transaktion MIGO oder über den Pfad LOGISTIK •
MATERIALWIRTSCHAFT • BESTANDSFÜHRUNG • WARENBEWEGUNG • WARENBEWE-
GUNG den Wareneingang zu dieser Bestellung.

Auf dem Register MATERIAL können Sie den Hersteller aus der Bestellung mit
dem der Lieferung abgleichen, wenn die Materialbezeichnung den Hersteller
enthält (siehe Abbildung 11.31).

Abbildung 11.31 Wareneingang – Register »Material«

In dem Fall, dass das Material von einem anderen Hersteller als vorgesehen
geliefert wurde, kann das HTN-MATERIAL geändert werden.

Um eine Liste der Herstellerteilematerialien zu dem bestandsgeführten Material zu erhalten, rufen Sie mit der [F4]-Taste die Suchhilfe auf und wählen das
Register SUCHHILFE ZUR HERSTELLERTEILENUMMER aus (siehe Abbildung
11.32). Das bestandsgeführte Material ist bereits enthalten, Sie führen also
nur die Selektion aus.

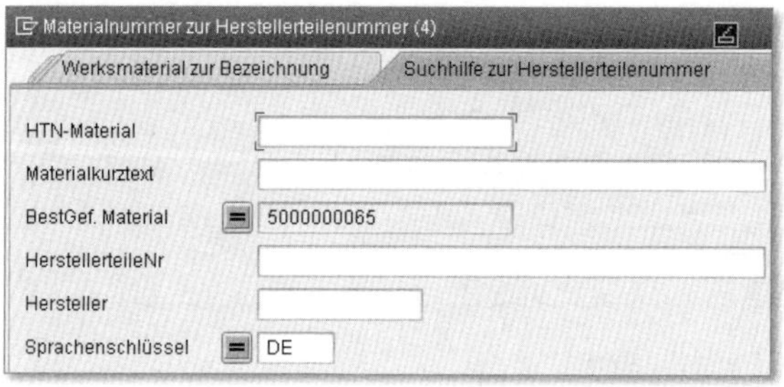

Abbildung 11.32 Suchhilfe zur Herstellerteilenummer

Als Ergebnis erhalten Sie eine Liste aller Materialien (siehe Abbildung 11.33) und können die gesuchte Herstellermaterialnummer mit einem Doppelklick übernehmen.

HTN-Mat.	Materialkurztext	BstGef. Mat.	HTNr	Herstell	Sprac
5000000067	SORBITOL HERSTELLER A	5000000065	SORB-001	HERS1	DE
5000000068	SORBITOL HERSTELLER B	5000000065	SORB-002	HERS2	DE
5000000069	SORBITOL HERSTELLER C	5000000065	SORB-003	HERS3	DE

Abbildung 11.33 Liste der gefundenen Materialien

Wenn Sie ein Material auswählen, zu dem keine Freigabe, also kein gültiger Q-Infosatz vorliegt, gibt das System bei der Prüfung der Daten die Fehlermeldung aus Abbildung 11.34 aus. Damit werden Fehleingaben vermieden.

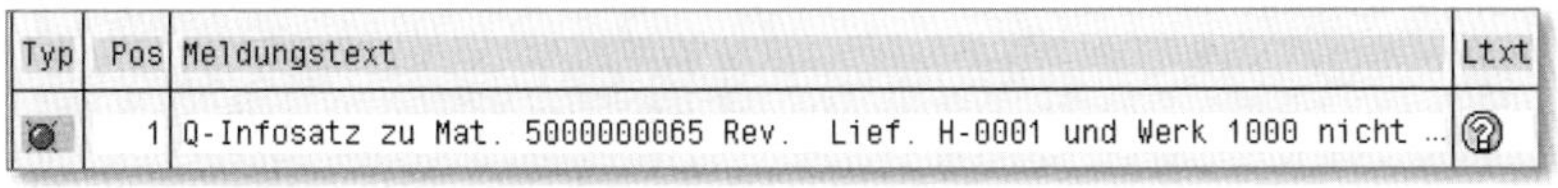

Typ	Pos	Meldungstext	Ltxt
☼	1	Q-Infosatz zu Mat. 5000000065 Rev. Lief. H-0001 und Werk 1000 nicht ...	⑦

Abbildung 11.34 Fehlermeldung

Das erzeugte Prüflos enthält alle Herstellerangaben (siehe Abbildung 11.35).

Abbildung 11.35 Prüflos mit Herstellerangaben

335

Der Bestand wird jedoch auf dem firmeneigenen Material geführt. Sie sehen in Abbildung 11.36, dass die soeben erzeugte Charge 0000000161 im Bestand des Materials 5000000065 geführt wird.

Abbildung 11.36 Bestandsübersicht

Sie kennen nun die verschiedenen Varianten des Wareneingangs. Manches der hier vorgestellten Prozesse wirkt vielleicht aufwendig. Bedenken Sie jedoch, dass Sie die Detaillierung selbst bestimmen. Probieren Sie es einfach aus. Sie haben dafür sicherlich ein Testsystem!

Prüfungen während der Produktion, die Werkerselbstprüfung oder die Inprozesskontrolle (IPC, In-Process-Control), sind genauso wichtig wie die Prüfungen zur Endfreigabe des Fertigproduktes. Diese Prüfungen sind in den Produktionsprozess integriert.

12 Qualitätsmanagement in der Produktion

Während der Produktion finden regelmäßig Prüfungen statt, um die gleichbleibende Qualität der Erzeugnisse sicherzustellen. Diese Prüfungen sind zu unterschiedlichen Zeitpunkten und Prüfstellen vorgesehen. Entweder prüfen Sie am Anfang der Produktion, ob die Maschine korrekt eingestellt ist, und überwachen dann kontinuierlich in einem Zeitintervall die weitere Produktion, oder Sie stellen den Bulk-Ansatz so lange ein, bis die Eigenschaften der vorgegebenen Spezifikation entsprechen. Diese produktionsbegleitenden Prüfungen werden in Abschnitt 12.2 erläutert.

Am Ende der Produktion gibt die Qualitätsabteilung die Fertigprodukte frei. Dafür steht die Funktion des Q-Bestandes analog zum Wareneingang zur Bestellung bereit. Informationen zur Prüfung beim Wareneingang aus der Produktion erhalten Sie in Abschnitt 12.3. Die Prüfabwicklung zur Serienfertigung werde ich in Abschnitt 12.4 vorstellen.

Begriff »Produktion« [+]
Ich verwende den Begriff *Produktion* in diesem Buch für den Schritt in der logistischen Kette, in dem (aus einer oder mehreren Komponenten) auf Grundlage eines Prozess- bzw. Fertigungsauftrags ein neues Material erzeugt wird. Mit Produktion kann unter dieser Voraussetzung auch eine Montage, ein Umfüllen oder ein Nachbearbeiten gemeint sein.
Dementsprechend verwende ich auch den Begriff *Produktionsauftrag*. Damit ist der Fertigungs- oder der Prozessauftrag gemeint.

12.1 Vorüberlegung

Möchten Sie das Modul QM auch in der Produktion einsetzen, müssen Sie entscheiden, ob Sie Prüflose der Herkunft 03 (Produktionsbegleitende Prüfung) oder 04 (Wareneingang aus der Produktion) oder beide Herkünfte nutzen. Prüflose der Herkunft 03 verwenden Prüfmerkmale aus dem Arbeitsplan bzw. aus dem Planungsrezept. Prüflose der Herkunft 04 verwenden einen eigenen Prüfplan.

Um zu einer Entscheidung hinsichtlich der Herkunftsverwendung zu kommen, überlegen Sie als Erstes, ob Sie den Q-Bestand verwenden möchten. (Wenn Sie ihn verwenden möchten, bedeutet das, dass jede Wareneingangsbuchung aus der Produktion in den Q-Bestand gebucht und durch die Qualitätsabteilung freigegeben wird. Erst danach kann das Produkt ausgeliefert werden.) Beantworten Sie diese Frage mit »Ja«, müssen Sie die Herkunft 04 verwenden, weil nur Prüfarten der Herkunft 04 bestandsrelevant sein können.

Nun überlegen Sie, ob Sie die produktionsbegleitende Prüfung in einem separaten Vorgang, aber in dasselbe Prüflos aufnehmen oder ein weiteres Prüflos der Herkunft 03 erzeugen. Das Hauptentscheidungsargument, das sich in meinen Projekten diesbezüglich herauskristallisiert hat, ist die Frage, wer für die Planung der produktionsbegleitenden Prüfung verantwortlich ist: Ist es die Arbeitsvorbereitung, werden die Prüfmerkmale sofort in den Arbeitsplan aufgenommen. Ist es jedoch die Qualitätsabteilung, wird ein separater Prüfplan bevorzugt, damit dieser eigenverantwortlich bearbeitet werden kann.

12.2 Produktionsbegleitende Prüfung

Die produktionsbegleitende Prüfung verwenden Sie, um die Prüfschritte während der Produktion abzubilden. Voraussetzung hierfür ist das Aktivieren einer Prüfart der Herkunft 03 sowie das Einbinden von Prüfmerkmalen in den Arbeitsplan bzw. in das Planungsrezept. (Diese Stammdaten werden in den Kapiteln 4, »Logistik-Stammdaten«, und 5, »Prüfplanung«, erläutert.)

Ein Prüflos der Herkunft 03 ist immer genau einem Produktionsauftrag zugeordnet, es besteht demnach eine 1:1-Beziehung, und es ist nicht bestandsrelevant. Sie können daher keine Q-Bestände darüber verwalten.

Oft wird eine produktionsbegleitende Prüfung, z. B. die Werkerselbstprüfung, nur auf dem Papier dokumentiert. Wenn Sie hier trotzdem die Funktionen des Systems nutzen möchten, können Sie in den Prüfmerkmalen in den Steuerkennzeichen im Bereich ERGEBNISRÜCKMELDUNG das Kennzeichen KEINE ERFASSUNG setzen (siehe Abbildung 12.1 und Abschnitt 3.6.2). Damit können Sie die Prüfmerkmale aus dem Arbeitsvorgang entweder auf die Auftragspapiere drucken oder eine separate Prüfanweisung genau zu diesem Produktionsauftrag ausgeben. So sparen Sie das Auslegen einer neutralen Arbeitsanweisung, die die Prüfungen enthält, da alle notwendigen Prüfungen immer in den Arbeitspapieren enthalten sind.

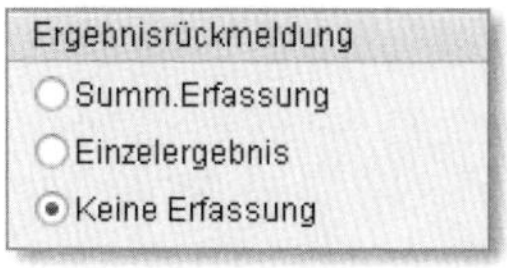

Abbildung 12.1 Steuerkennzeichen Prüfmerkmal – Ergebnisrückmeldung

Eine andere Möglichkeit der Qualitätsprüfung in der Produktion ist das Ausgeben einer Fehlersammelkarte. Sie legen alle Fehler, die in einem Arbeitsvorgang vorkommen können, als attributive Prüfmerkmale an und geben die Prüfanweisung als Fehlersammelkarte aus. Um die handschriftliche Erfassung der Fehler zu vereinfachen, können Sie das Formular der Prüfanweisung anpassen (siehe Kapitel 8, »Weitere Funktionen in der Prüfabwicklung«).

An dieser Stelle können Sie auch die Software anderer Hersteller nutzen, die die Fehlersammelkarte ausdruckt und anschließend die handschriftlichen Daten aus der Karte einliest und an das SAP-Prüflos zurückgibt.

Ich möchte Ihnen nun den Prüfabwicklungsablauf der produktionsbegleitenden Prüfung vorstellen. Ich gehe auf die Arbeit mit Prüfpunkten (siehe Abschnitt 12.2.2) ein und stelle Ihnen die Funktion der Regelkarte vor (siehe Abschnitt 12.2.3).

12.2.1 Loserzeugung

Das Prüflos entsteht bei Freigabe eines Auftrags. Es wird der Arbeitsplan verwendet, der zum Zeitpunkt des Selektionsdatums der Stammdaten gültig ist. Sie können sich jederzeit den Produktionsauftrag anschauen:

▶ wenn Sie das Modul PP-PI verwenden in der Transaktion COR2/3 oder über den Pfad LOGISTIK • PRODUKTION-PROZESS • PROZESSAUFTRAG • PROZESSAUFTRAG • ÄNDERN/ANZEIGEN

▶ wenn Sie das Modul PP nutzen, verwenden Sie die Transaktion CO02/3 bzw. den Pfad LOGISTIK • PRODUKTION • FERTIGUNGSSTEUERUNG • AUFTRAG • ÄNDERN/ANZEIGEN.

Sie sehen das zugeordnete Prüflos auf dem Register ZUORDNUNG (siehe Abbildung 12.2).

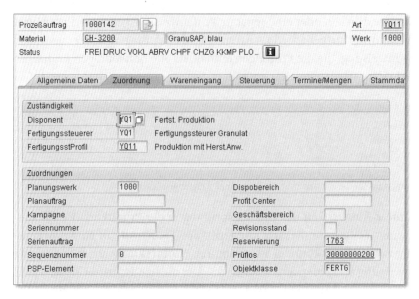

Abbildung 12.2 Auftrag anzeigen – Zuordnung

In der Praxis stellt sich häufig die Frage, warum die im Arbeitsplan vorhandenen Prüfmerkmale nicht im Prüflos enthalten sind. Der Grund hierfür ist meist, dass der Arbeitsplan bereits zum Zeitpunkt der Auftragsanlage gelesen wurde, aber die Prüfmerkmale erst danach in den Arbeitsplan aufgenommen wurden. Es lässt sich hier leicht Abhilfe schaffen: Solange an einem Produktionsauftrag noch keine Aktivitäten systemtechnisch erfasst wurden, ist es möglich, die Stammdaten nachzulesen. Damit wird der Status des Auftrags zurückgesetzt, das bereits angelegte Prüflos gelöscht und bei erneuter Auftragsfreigabe ein neues Prüflos angelegt.

Die Stammdaten können Sie in der Auftragsbearbeitung neu zuordnen. Dazu wählen Sie das Menü AUFTRAG • FUNKTIONEN • NACHLESEN STAMMDATEN. Die folgende Sicherheitsabfrage »Achtung Statusinformation! Wollen Sie den Vorgang trotzdem ausführen?« bestätigen Sie mit dem Button JA. Im nächsten Pop-up (siehe Abbildung 12.3) bestätigen Sie den Vorgang dann mit dem Button WEITER.

Anschließend können Sie das aktuelle Tagesdatum im Feld AUFLÖSUNGSDATUM eingeben (siehe Abbildung 12.4). Nun wird der Arbeitsplan zu diesem Datum gelesen. Bei erneuter Freigabe des Auftrages wird ein neues Prüflos erzeugt. Dieses sollte die gewünschten Prüfmerkmale enthalten.

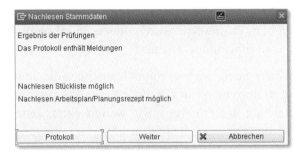

Abbildung 12.3 Warnung beim Nachlesen der Stammdaten

Abbildung 12.4 Datum zur Auflösung der Stammdaten

Halten Sie Rücksprache mit der Produktion   [!]

Diese Zurücksetzen-Funktion sollte nur in Absprache mit der Produktion durchgeführt werden, da nach dem Einlesen der Stammdaten bereits Änderungen an dem Auftrag vorgenommen worden sein könnten, die mit dem Zurücksetzen des Status verloren gehen. Außerdem werden bei erneuter Freigabe auch die Auftragspapiere neu gedruckt und liegen dann doppelt vor!

Sie sollten ein Prüflos der Herkunft 03 immer erst nach der technischen Beendigung des Auftrags abschließen. Am einfachsten verwenden Sie dafür den Job zum automatischen Abschluss (siehe Kapitel 7, »Prüfablauf«).

12.2.2 Prüfung mit Prüfpunkten

Die häufigste Art der produktionsbegleitenden Prüfung ist die zeit- oder mengengesteuerte Prüfung. Hierbei kontrollieren Sie je nach Arbeitsanweisung z. B. in einem stündlichen Rundgang, bestimmte Parameter. Dafür werden im SAP-System sogenannte Prüfpunkte verwendet, das heißt, zu jedem Vorgang werden beliebig viele Prüfpunkte mit den im Vorgang enthaltenen Merkmalen erzeugt. Das Aktivieren der Prüfpunkte wurde Ihnen in Abschnitt »Arbeitsplanung« in Kapitel 5, »Prüfplanung«, erläutert.

Sie können auch Prüfpunkte verwenden, um bei Prüfpunktabschluss die integrierte Auftragsrückmeldung zu nutzen. Wenn z. B. der nächste Vorgang im Auftrag erst auf die Rückmeldung der Prüfergebnisse warten muss, kann sofort nach Abschluss der Ergebniserfassung die Rückmeldung zum Vorgang erfasst werden. Sie müssen dazu nicht die Transaktion der Rückmeldung im Modul PP aufrufen. Welche Möglichkeiten es hier gibt, erfahren Sie auf den nächsten Seiten.

Wenn Sie aus einem Auftrag heraus mehrere Chargen erzeugen, können Sie über die Verwendung von *Teillosen* die Ergebnisse eines Prüfpunktes genau einem Teillos zuordnen.

Anzahl der Prüfpunkte

Sie können die Anzahl der Prüfpunkte vom System anhand der Menge oder Durchlaufzeit des Auftrags berechnen und sofort bei Prüfloserzeugung anlegen lassen. Sie sollten bei einer zeitabhängigen Prüfpunktberechnung berücksichtigen, dass ein Zwischenstopp in der Produktion den Zeitplan durcheinanderbringen kann und daher einige Prüfpunkte vielleicht nicht benötigt werden. Zwischenprüfungen sind jederzeit über das Anlegen weiterer Prüfpunkte möglich.

Daher bevorzuge ich meistens die Möglichkeit der *freien Prüfpunkte*, die ich im Folgenden erläutere. Das bedeutet, dass der Anwender die Prüfpunkte in dem Intervall anlegt, das in der externen Arbeitsanweisung vorgegeben ist.

Am einfachsten funktioniert das Anlegen neuer Prüfpunkte meines Erachtens in der Transaktion QE51N oder über den Pfad LOGISTIK • QUALITÄTSMANAGEMENT • QUALITÄTSPRÜFUNG • ARBEITSVORRAT • ERGEBNISERFASSUNG. In der Selektion aktivieren Sie die Funktion VORSCHLAG NÄCHSTER PRÜFPUNKT (siehe Abbildung 12.5).

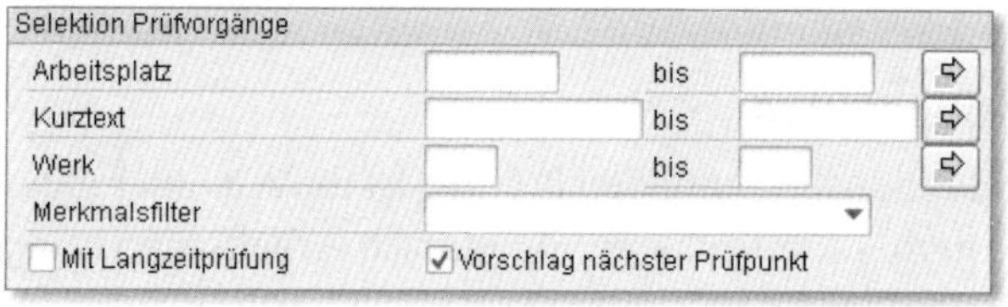

Abbildung 12.5 Arbeitsvorrat zur Ergebniserfassung – Selektion

Alternativ können Sie auch die anderen Arten der Ergebniserfassung wie in Kapitel 7, »Prüfablauf«, aufgeführt, verwenden.

Als Ergebnis wird Ihnen in der Liste der zu bearbeitenden Prüflose unter dem Vorgang der Eintrag WEITERE PRÜFUNG angezeigt (siehe Abbildung 12.6).

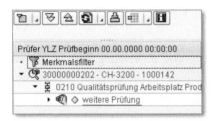

Abbildung 12.6 Prüflos mit anzulegendem Prüfpunkt

Wenn Sie mit der Maus auf diesen Eintrag klicken, öffnet sich das Menü zur Anlage eines neuen Prüfpunktes mit den Feldern, die im Customizing für diese Prüfpunktart definiert wurden (siehe Kapitel 5, »Prüfplanung«).

Prüfpunktidentifikation [zB]

In dem in Abbildung 12.7 dargestellten Beispiel sind die Felder DATUM und UHRZEIT mit den aktuellen Daten vorbelegt, können jedoch überschrieben werden, wenn die Ergebnisdaten erst zu einem späteren Zeitpunkt erfasst werden.

Als weitere Identifikation ist der Name des Prüfers anzugeben (Feld PRÜFER), da nicht alle Mitarbeiter der Produktion einen eigenen Systemzugang haben, sowie die laufende Nummer der Prüfung (Feld NUMMER).

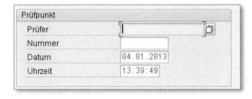

Abbildung 12.7 Prüfpunktidentifikation

Wurden alle Prüfmerkmale eines Prüfpunktes abgeschlossen, wird der Prüfpunkt abhängig von den Einstellungen im Planvorgang bewertet. Folgende Optionen hierfür stehen zur Verfügung:

▸ Menge, Bewertung und Rückmeldung (Fertigung)

▸ Menge, Bewertung (Fertigung)

▸ Bewertung

▶ automatische Bewertung gemäß Prüfpunktdefinition
(Das Bewertungsbild des Prüfpunktes wird hierbei nach Abschluss der Prüfmerkmale nicht aufgerufen, und der Prüfpunkt wird anhand der Prüfpunktdefinition automatisch bewertet.

Wird kein weiterer Prüfschritt benötigt und sollen keine Mengen rückgemeldet werden, empfehle ich diese Einstellung, da sie den geringsten Aufwand bedeutet.)

Die einzelnen Funktionen der Rückmeldung und Bewertung beschreibe ich näher:

▶ **Rückmeldung**
Sie setzen im Pop-up des Prüfpunktabschlusses das Rückmeldekennzeichen ENDRÜCKMELDUNG, wenn die Prüfung beendet ist, und das Kennzeichen TEILRÜCKMELDUNG, wenn es sich um eine Teilmenge handelt (siehe Abbildung 12.8).

Abbildung 12.8 Prüfpunktabschluss

Alle getätigten Rückmeldungen können Sie in der Auswertungstransaktion des Moduls PP-PI, Transaktion COOISPI, oder über den Pfad LOGISTIK • PRODUKTION-PROZESS • PROZESSAUFTRAG • AUSWERTUNGEN • AUFTRAGSINFOSYSTEM • PROZESSAUFTRAGSINFORMATIONSSYSTEM einsehen. Im Modul PP verwenden Sie die Transaktion COOIS oder den Pfad LOGISTIK • PRODUKTION • FERTIGUNGS-

STEUERUNG • INFOSYSTEM • AUFTRAGSINFORMATIONSSYSTEM. Die selektierten Rückmeldungen werden in einer Liste dargestellt, die in beiden Transaktionen relativ identisch aussieht (siehe Abbildung 12.9).

Abbildung 12.9 Rückmeldungen im Auftragsinfosystem

▶ **Menge**
Sie geben die Gutmenge (Feld GUTMENGE) an, die bei diesem Vorgang entstanden ist, und können neben der Ausschuss- und Nacharbeitsmenge (Felder AUSSCHUSS und NACHLASS) auch eine Ursache (Feld URSACHE) für die Abweichung erfassen (siehe Abbildung 12.8).

▶ **Bewertung**
Als Bewertung des Prüfpunktes wird der Code vorgeschlagen, der bei der Prüfpunktdefinition im Customizing angegeben wurde, den Sie jedoch auch überschreiben können. Über den Button [Bewertung] (siehe Abbildung 12.8) öffnet sich die Auswahlmenge, und Sie können wie beim Verwendungsentscheid einen Code per Doppelklick auswählen (siehe Abbildung 12.10).

Abbildung 12.10 Prüfpunkt bewerten

▶ **Teilloszuordnung**
Wenn Sie im Plankopf oder in den allgemeinen Werkseinstellungen definiert haben, dass Sie mit Teillosen arbeiten, müssen Sie je nach Einstellung beim ersten oder späteren Prüfpunkt auch ein Teillos anlegen und können diesem die Charge zuordnen. Dazu werden Sie entweder automatisch aufgefordert, oder Sie klicken auf den entsprechenden Button TEILLOS (siehe Abbildung 12.8).

Damit öffnet sich das Pop-up zur Anlage des Teilloses (siehe Abbildung 12.11), in dem Sie eine kurze Beschreibung festhalten können.

Abbildung 12.11 Teillos anlegen

Sie können auch sofort in dem neuen Teillos eine neue Charge anlegen und diese miteinander verbinden. Dazu klicken Sie zuerst in dem Pop-up der Prüfpunktbewertung den Button [Teillos] an (siehe Abbildung 12.8).

In der nun folgenden Teilloszuordnung können Sie über den Button [Charge] eine neue Charge anlegen. Damit öffnet sich das Fenster CHARGE ANLEGEN zur Eingabe der neuen Chargennummer (siehe Abbildung 12.12).

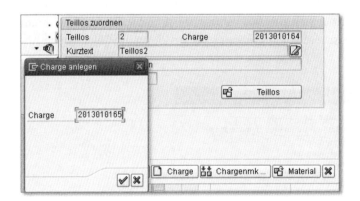

Abbildung 12.12 Neue Charge anlegen

Sie können die Teillose jederzeit als Übersicht in der Transaktion des Verwendungsentscheides (Transaktion QA11/12) oder über den Pfad LOGISTIK • QUALITÄTSMANAGEMENT • QUALITÄTSPRÜFUNG • PRÜFLOS • VERWENDUNGSENTSCHEID • ERFASSEN/ÄNDERN anzeigen lassen. Dazu klicken Sie auf den Button TEILLOSE. Die Übersicht zeigt Ihnen die Chargenzuordnung sowie die Prüfpunkte, die zu dem jeweiligen Teillos gehören (siehe Abbildung 12.13). Die Ergebnisse der Prüfpunkte können Sie sich über den Button 🔍 (Detail) anzeigen lassen.

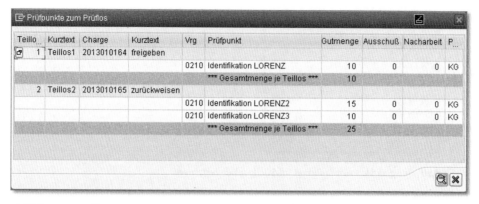

Abbildung 12.13 Übersicht über Teillose

Die Bewertung der schon abgeschlossenen Prüfpunkte sehen Sie im Arbeitsvorrat der Ergebniserfassung anhand der Icons: Grün steht dabei für einen angenommenen Prüfpunkt und Rot für den rückgewiesenen. Reißen Sie den rückgewiesenen Prüfpunkt auf, wird der Grund der Rückweisung – nämlich das rückgewiesene Merkmal – angezeigt (siehe Abbildung 12.14).

Abbildung 12.14 Bewertung der Prüfpunkte

Prüfungen ausschalten

Möchten Sie nicht zu jedem Prüfpunkt alle Prüfmerkmale bewerten, können Sie mit der Prüfhäufigkeit im Stichprobenverfahren arbeiten.

Wenn Sie im Stichprobenverfahren der Transaktion QDV2 (siehe Kapitel 3, »Grunddaten«) angeben, dass dies für die Prüfpunkte gelten soll, können Sie im Fenster FESTE STICHPROBE – hier wird der Stichprobenumfang definiert – auch die Prüfhäufigkeit angeben (Bildbereich VORGABE FÜR PRÜFINTERVALL in Abbildung 12.15).

Abbildung 12.15 Prüfhäufigkeit im Stichprobenverfahren

[zB]

Prüfhäufigkeit 3

Wenn Sie im Stichprobenverfahren die Prüfhäufigkeit 3 festlegen, werden für das Merkmal bei jedem dritten Prüfpunkt Ergebnisse erwartet. Die Merkmale in den Prüfpunkten dazwischen befinden sich im Status SKIP (Prüfverzicht).

12.2.3 Regelkarte

Sie können einzelne Prüfmerkmale als SPC-Merkmale (statistische Prozesskontrolle) kennzeichnen. Damit steht Ihnen die Funktion der Regelkarte zur Verfügung.

Erfassen Sie in der Produktion ausreichend Messdaten, können Sie zur Darstellung der Messwerte sowie der statistischen Kennzahlen eine Regelkarte nutzen. Die Regelkarte zeigt Ihnen die Warn- und Eingriffsgrenzen des Prüfmerkmals an. Diese Grenzen können Sie anhand der erfassten Daten errechnen lassen oder manuell angeben. Mithilfe der erfassten Daten können Sie zudem eine Aussage zur Prozessfähigkeit Ihres Herstellprozesses treffen.

Sie können die Regelkarte auch zur Darstellung von Trends verwenden, z. B. in der Mikrobiologie.

SAP liefert die gängigsten Regelkartenarten jeweils für summarische und Einzelwerterfassung bzw. Proben aus:

- Shewhart-Karte für x-quer
- Shewhart-Karte für s
- Shewhart-Karte für np/Proben/USA
- Shewhart-Karte für u/USA
- Shewhart-Karte für c/USA
- Shewhart-Karte für x-quer/s

- Annahmekarte für x-quer
- Annahmekarte für x-quer/s
- IR-Karte/n=1/k=2/USA
- Gleitende Mittelwertkarte
- EWMA-Mittelwertkarte
- EWMA-Mittelwertkarte/USA

Stammdaten zu SPC-Merkmalen

Die Art der Regelkarte ordnen Sie im Stichprobenverfahren zu, in der Transaktion QDV2 oder über den Pfad LOGISTIK • QUALITÄTSMANAGEMENT • QUALITÄTSPLANUNG • GRUNDDATEN • STICHPROBE • STICHPROBENVERFAHREN • ÄNDERN. Wenn Sie im ersten Bild als Bewertungsmodus SPC-PRÜFUNG angeben, werden Sie aufgefordert, im Bereich ZUORDNUNGEN die Regelkartenart zu bestimmen (siehe Abbildung 12.16).

Abbildung 12.16 Zuordnung der Regelkarte im Stichprobenverfahren

Um eine Regelkarte im Prüfmerkmal zu aktivieren, setzen Sie im Prüfplan in den Steuerkennzeichen des Prüfmerkmals das Kennzeichen SPC-MERKMAL.

Schauen wir uns einen Prüfplan in der Transaktion QP03 oder über den Pfad LOGISTIK • QUALITÄTSMANAGEMENT • QUALITÄTSPLANUNG • PRÜFPLAN • ANZEIGEN an. Diese Darstellung ist im Arbeitsplan bzw. im Planungsrezept identisch. Über die Vorgangsübersicht gelangen Sie in die Prüfmerkmale und können über den Button STEUERKENNZEICHEN die Kennzeichen überprüfen (siehe Abbildung 12.17).

Abbildung 12.17 Steuerkennzeichen »SPC-Merkmal«

349

Auf dem Register STICHPROBE pflegen Sie die SPC-Daten (siehe Abbildung 12.18).

Abbildung 12.18 Detail zur Stichprobe im Planmerkmal

Zu einem SPC-Merkmal können Sie im Feld STICHPROBENVERFAHREN nur Stichprobenverfahren zuordnen, die mit einer SPC-Regelkarte bewertet werden. Zudem müssen Sie die Ebene der Regelkarte im Feld SPC-KRITERIUM festlegen. Zu diesem Schlüssel kann die Regelkarte geführt werden:

- Planmerkmal
- Planmerkmal/Material
- Planmerkmal/Prüflos
- Stammprüfmerkmal
- Stammprüfmerkmal/Material
- Planmerkmal/Material/Arbeitsplatz
- Planmerkmal/Material/Lieferant
- Planmerkmal/Material/Hersteller
- Planmerkmal/Einkaufsbeleg
- Planmerkmal/Material/Kunde
- Planmerkmal/Mat./Kundenauftraggeber
- Planmerkmal/Kundenauftrag
- Planmerkmal/Equipment, Techn. Platz
- Stammprüfmerkmal/Equipm., Techn.Platz

Wenn Sie beispielsweise den Schlüssel PLAN- ODER STAMMPRÜFMERKMAL verwenden, wird die Regelkarte materialübergreifend angelegt.

Arbeit mit Regelkarten

Sie können sich die Regelkarte jederzeit über den Button ![Regelkarte] in der Ergebniserfassung anzeigen lassen, z. B. in der Transaktion QE51N (siehe Abbildung 12.19).

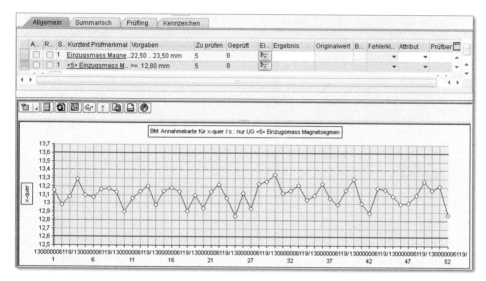

Abbildung 12.19 Regelkarte in Ergebniserfassung

Auf der Regelkarte stehen Ihnen verschiedene Funktionen zur Verfügung, die Sie über die Button-Leiste oberhalb des Koordinatensystems in Abbildung 12.19 erreichen:

▸ **Regelgrenzen berechnen**
Berechnung der Grenzen über den Button [⊞] .

▸ **Regelgrenzen eingeben**
Über den Button [⊞] können Sie die manuelle Eingabe der Grenzen vornehmen (siehe Abbildung 12.20), wenn die Einstellung in der Regelkarte dies vorsieht (siehe Überschrift »Customizing« am Ende von Abschnitt 12.2).

Abbildung 12.20 Eingabe der Regelgrenzen

▸ **Kennwerte anzeigen**
Über den Button [⚒] rufen Sie die Anzeige der Kennzahlen zur Prozessfähigkeit auf (siehe Abbildung 12.21).

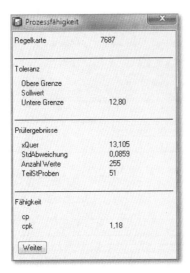

Abbildung 12.21 Prozessfähigkeit

▶ **Grafikeinstellungen**

Wenn Sie mit der rechten Maustaste in die Grafik klicken, erreichen Sie die Grafikeinstellungen (siehe Abbildung 12.22), mit denen Sie die Einstellungen verändern können. Über den Button SPEICHERMODUS können Sie diese Einstellungen benutzerspezifisch oder unternehmensweit abspeichern.

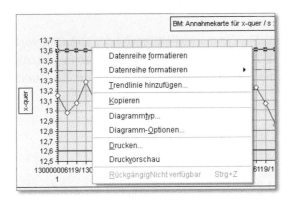

Abbildung 12.22 Kontextmenü zur Grafik

Wenn Sie die automatische Fehlererfassung im Prüfmerkmal (siehe Kapitel 3, »Grunddaten«) aktiviert haben, wird bei Verletzung der Eingriffsgrenzen eine Q-Meldung erzeugt. Aus dieser Meldung heraus können Sie über die Workflow-Funktionen Informationen an definierte Mitarbeiter versenden. Die Funktionen der Meldung werde ich in Kapitel 19, »Qualitätsmeldung«, vorstellen.

Sie können sich Regelkarten auch außerhalb der Ergebniserfassung anzeigen lassen. Dazu wählen Sie die Transaktion QGC1/2/3 oder den Pfad LOGISTIK • QUALITÄTSMANAGEMENT • QUALITÄTSPRÜFUNG • INFOSYSTEM QUALITÄTSREGEL-KARTE • ZUM PRÜFLOS/ZUM PLANMERKMAL/ZUM STAMMPRÜFMERKMAL. Im Selektionsbild geben Sie die gewünschten Daten an (siehe Abbildung 12.23).

Qualitätsregelkarten zum Planmerkmal

Meine Vorbelegung

Plan

Plantyp	N Normalarbeitsplan
Plangruppe	50010486
Plangruppenzähler	
Stichtag	04.01.2013

Planselektion

Qualitätsregelkarten

SPC-Kriterium		bis	
Regelkartenart		bis	
Status der Regelkarten	3	bis	
Erstelldatum		bis	
Arbeitsplatz		bis	

Abbildung 12.23 Selektion der Regelkarte

Anschließend erhalten Sie eine Liste der SPC-Merkmale aus dem gefundenen Plan, in der Sie das gewünschte SPC-Merkmal markieren und mit dem Button ✓ (Weiter) bestätigen (siehe Abbildung 12.24).

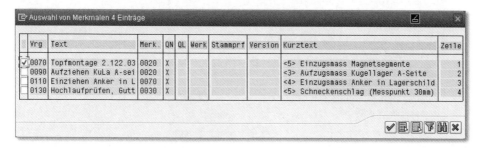

Auswahl von Merkmalen 4 Einträge

Vrg	Text	Merk.	QN	QL	Werk	Stammprf	Version	Kurztext	Zeile
0070	Topfmontage 2.122.03	0020	X					<5> Einzugsmass Magnetsegmente	1
0090	Aufziehen KuLa A-sei	0020	X					<3> Aufzugsmass Kugellager A-Seite	2
0110	Einziehen Anker in L	0070	X					<4> Einzugsmass Anker in Lagerschild	3
0130	Hochlaufprüfen, Gutt	0030	X					<5> Schneckenschlag (Messpunkt 30mm)	4

Abbildung 12.24 Auswahl der SPC-Merkmale

Sie erhalten eine Liste aller Regelkarten, die den Selektionskriterien entsprechen. Aus dieser Liste heraus können Sie folgende Funktionen ausführen:

▸ Aufruf der einzelnen Regelkarten

▸ Aktivieren der Regelkarten

▸ Abschließen der Regelkarten

▸ Sichern der Änderungen

Customizing

Wenn Sie die Funktion der ausgelieferten Regelkarten ändern und z. B. Eingriffsgrenzen frei eingeben möchten, sollten Sie eine vorhandene Regelkarte kopieren und an dieser Kopie die gewünschten Änderungen vornehmen. Dazu rufen Sie den Pfad QUALITÄTSMANAGEMENT • QUALITÄTSPLANUNG • GRUNDDATEN • STICHPROBE, SPC • STATISTISCHE PROZESSLENKUNG • REGELKARTENART DEFINIEREN im Customizing auf.

[+] **Dokumentation**

Aus Platzgründen ist es leider nicht möglich, an dieser Stelle alle Funktionen ausführlich zu erklären, darum werde ich nur einige wichtige Punkte bezüglich des Customizings herausgreifen. Lesen Sie bei Bedarf die ausführliche Dokumentation im Customizing, die in dem oben genannten Pfad hinterlegt ist, durch.

Sie erhalten eine Liste mit allen Regelkarten. Per Doppelklick auf einen Eintrag rufen Sie das Detailbild auf. Im Detail der Regelkarte ist der Merkmalstyp enthalten, der z. B. besagt, ob die Regelkarte für Einzelergebnisse zulässig ist (siehe Abbildung 12.25).

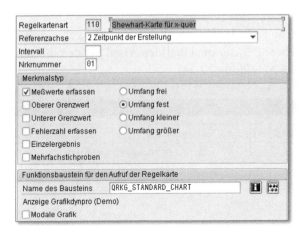

Abbildung 12.25 Detail der Regelkarte

Eine Regelkarte kann mehrere Spuren beinhalten, so können Sie z. B. neben der Mittelwertkarte auch die Karte der Standardabweichung darstellen. Sie legen in jeder Spur die Berechnungsmethode fest. Sie rufen die Spur auf, indem Sie im linken Menübaum auf die Spuren klicken (siehe Abbildung 12.26). Im Detailbild der Spur, das Sie über den Button 🔍 aufrufen, können Sie festlegen, ob die Grenzen änderbar sind und sofort eingeblendet werden (siehe Abbildung 12.27).

Sicht "Spuren der Regelkarte" ändern: Übersicht
Neue Einträge
Dialogstruktur
Regelkarten
Spuren der Regelkarte
Regelkartenart
410
Annahmekarte für x-quer / s
Spur
Kurztext
Text Grafik
1
Mittelwerte
x-quer
2
Standardabweichungen
s

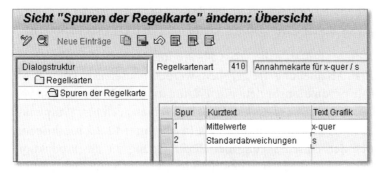

Abbildung 12.26 Spuren der Regelkarte

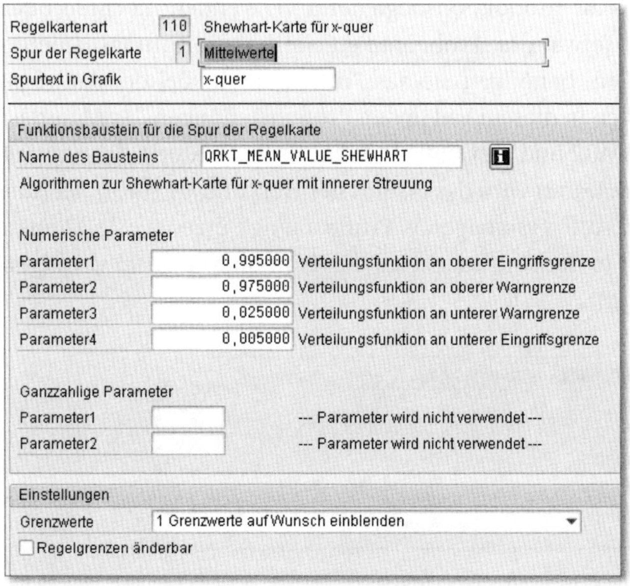

Regelkartenart
110
Shewhart-Karte für x-quer
Spur der Regelkarte
1
Mittelwerte
Spurtext in Grafik
x-quer
Funktionsbaustein für die Spur der Regelkarte
Name des Bausteins
QRKT_MEAN_VALUE_SHEWHART
Algorithmen zur Shewhart-Karte für x-quer mit innerer Streuung
Numerische Parameter
Parameter1
0,995000
Verteilungsfunktion an oberer Eingriffsgrenze
Parameter2
0,975000
Verteilungsfunktion an oberer Warngrenze
Parameter3
0,025000
Verteilungsfunktion an unterer Warngrenze
Parameter4
0,005000
Verteilungsfunktion an unterer Eingriffsgrenze
Ganzzahlige Parameter
Parameter1
--- Parameter wird nicht verwendet ---
Parameter2
--- Parameter wird nicht verwendet ---
Einstellungen
Grenzwerte
1 Grenzwerte auf Wunsch einblenden
Regelgrenzen änderbar

Abbildung 12.27 Detail der Regelkartenspur

Auch bei der Arbeit mit Regelkarten gilt Folgendes: Aktivieren Sie die SPC-Funktion, und verfolgen Sie die automatischen Berechnungen der Regelkarte am Anfang immer mit. Ändern sich Ihre Anforderungen, justieren Sie die Details im Customizing nach.

12.3 Prüfung beim Wareneingang aus der Produktion

Die Prüfung beim Wareneingang aus der Produktion ist der Prüflosherkunft 04 zugeordnet. Da zu einem Produktionsauftrag mehrere Prüflose vorhanden sein können, ist es nicht möglich, die Prüflose aus der Auftragsbearbeitung zu sehen. Sie können den Auftrag nur im Prüflos sehen und mit oder ohne Prüf-plan arbeiten. Zur Bestandsverwaltung können Sie den Q-Bestand nutzen.

Sie stellen mit dieser Prüfart sicher, dass alle Produkte aus der Produktion erst durch die Qualitätsabteilung freigegeben werden. Zusätzlich können Sie diese Prüfart als produktionsbegleitende Prüfung nutzen. In diesem Fall ver-zichten Sie auf ein Prüflos der Herkunft 03. Sie können auch hier Prüfpunkte aktivieren und die gleichen Funktionen, wie in Abschnitt 12.2.2 beschrieben, nutzen – unter der Einschränkung der Rückmeldung an die Produktion. Damit ist es also nicht möglich, einen direkten systemtechnischen Einfluss auf den Produktionsprozess zu nehmen.

Wenn Sie das Prüflos als produktionsbegleitend verwenden möchten oder Ausdrucke aus QM (etwa das Probenetikett) mit den Auftragspapieren gedruckt werden sollen, benötigen Sie das Prüflos bereits bei der Auftrags-freigabe. Sie verwenden in diesem Fall in den Prüfeinstellungen des Materials in der Transaktion MM02 und hier im Feld STRG. LOSERZEUGUNG den Eintrag FRÜHE LOSERÖFFNUNG. Damit wird das Prüflos der Herkunft 04 sofort bei Auf-tragsfreigabe mit der Auftragsmenge als Prüflosmenge erzeugt. Sie können die Mengen jederzeit in der Prüflosanzeige der Transaktion QA03 verfolgen (siehe Abbildung 12.28).

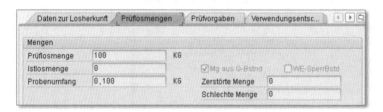

Abbildung 12.28 Prüflosmengen bei Prüfloseröffnung

Alle Wareneingangsbuchungen zu diesem Auftrag erhöhen die Ist-Losmenge im Prüflos. Sie sehen nach der ersten Teilbuchung zum Auftrag in Abbildung 12.29, dass jetzt auch ein Eintrag im Feld ZU BUCHEN steht und Sie über den Button [Mat.Belege] die zu dem Prüflos gehörenden Belege einsehen kön-nen.

[+]   **Frühe Loseröffnung mit mehreren Chargen**

Es ist möglich, aus einem Produktionsauftrag mehrere Chargen zu produzieren. Ein Grund dafür ist z. B. die Vorgabe, dass eine Charge immer nur an einem Tag abge-füllt werden darf. In diesem Fall sollten Sie beachten, dass sobald eine neue Charge verbucht wird, auch ein neues Prüflos angelegt wird.

Abbildung 12.29 Prüflosmengen nach erster Teilmengenbuchung

Wichtig für den Abschluss eines Prüfloses der Herkunft 04 ist, dass dieser Abschluss nach dem technischen Abschluss des Auftrags erfolgt, also nach allen Wareneingangsbuchungen. Falls das nicht so ist, erfolgen nach einem positiven Verwendungsentscheid alle Buchungen direkt in den freien Bestand. Ein negativer Verwendungsentscheid würde ein neues Prüflos eröffnen.

Ebenso ist es wichtig, dass das Prüflos überhaupt abgeschlossen wird. Wenn Sie z. B. den Q-Bestand gar nicht nutzen oder Sie die Langzeitprüfungen durchgeführt, den Prüfabschluss aber nicht auf KOMPLETT gesetzt haben, bleibt der Vorgang im Qualitätsmanagement offen. Diese Situation verhindert das kaufmännische Abschließen des Produktionsauftrags.

12.4 Prüfung zum Serienauftrag

Die Serienfertigung wird eingesetzt, wenn das gleiche Material kontinuierlich an einer Linie produziert wird. Eine Serie läuft dabei, solange die Fertigungsversion gültig ist. Grundlage für die Serienfertigung im Modul PP ist entweder ein Normalarbeitsplan oder auch ein Linienplan.

Möchten Sie in einer Serie produktionsbegleitend prüfen, eröffnen Sie in der Transaktion MFPR oder über den Pfad LOGISTIK • QUALITÄTSMANAGEMENT • QUALITÄTSPRÜFUNG • ARBEITSVORRAT • PRÜFLOSERÖFFNUNG • PRÜFLOSE ZUR SERIENFERTIGUNG ein Prüflos und selektieren entsprechend Ihren Wünschen.

Da das System so eingestellt ist, dass nur Prüflose zu Materialien erzeugt werden können, zu denen kein offenes Prüflos vorliegt, wählen Sie im Bereich SELEKTION DER VERSIONEN die Variante QM AKTIV, KEIN OFFENES PRÜFLOS (siehe Abbildung 12.30).

Anschließend erhalten Sie eine Liste mit allen Materialien, die den Selektionsbedingungen entsprechen, und können von hier aus über den Button ☐ Prüflos anlegen das Prüflos anlegen (siehe Abbildung 12.31).

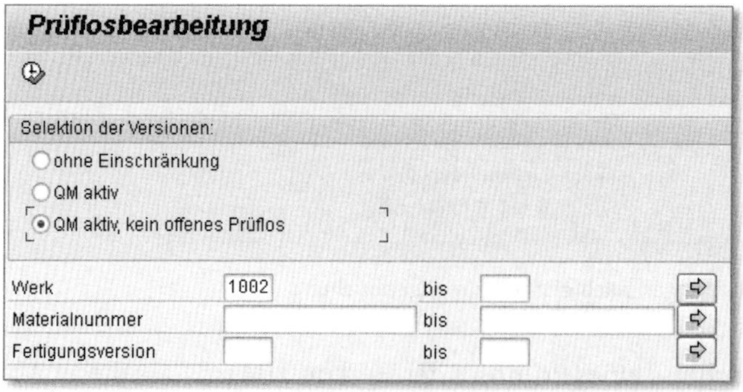

Prüflosbearbeitung

Selektion der Versionen:
- ohne Einschränkung
- QM aktiv
- QM aktiv, kein offenes Prüflos

Werk	1002	bis		⇨
Materialnummer		bis		⇨
Fertigungsversion		bis		⇨

Abbildung 12.30 Selektion des Prüfloses zur Serienfertigung

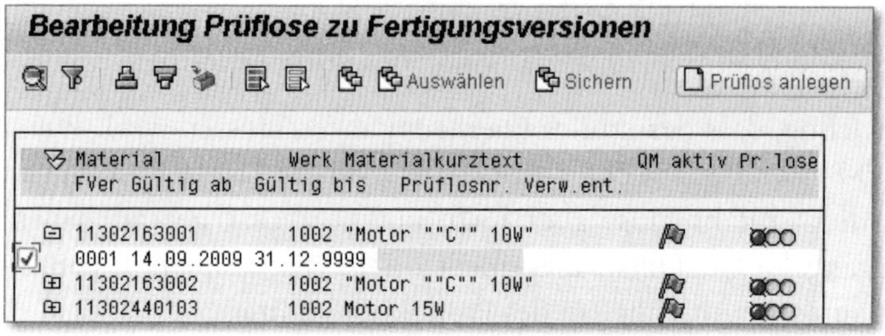

Bearbeitung Prüflose zu Fertigungsversionen

Auswählen   Sichern   Prüflos anlegen

| Material | Werk | Materialkurztext | QM aktiv | Pr.lose |
| FVer Gültig ab | Gültig bis | Prüflosnr. | Verw.ent. | | |

11302163001   1002 "Motor ""C"" 10W"
0001 14.09.2009 31.12.9999
11302163002   1002 "Motor ""C"" 10W"
11302440103   1002 Motor 15W

Abbildung 12.31 Prüflöseröffnung zur Fertigungsversion

Sobald sich in den Vorgaben seitens der Arbeitsplanung oder im Qualitätswesen etwas ändert, schließen Sie das laufende Prüflos ab und eröffnen über den soeben beschriebenen Weg ein neues Los.

Wie Sie in Abbildung 12.31 sehen, ist das Datum der Fertigungsversion in der Spalte GÜLTIG AB enthalten. Zu diesem Datum wird auch der Arbeitsplan aufgelöst. Wenn Sie Änderungen am Arbeitsplan zu einem späteren Zeitpunkt durchführen, muss immer auch dieses Datum im Materialstamm aktualisiert werden. Dazu wählen Sie die Transaktion MM02 und die Sicht ARBEITSVORBEREITUNG. Über den Button [FertVersion] können Sie das Datum in der Spalte GÜLTIG AB ändern (siehe Abbildung 12.32). In dem sich öffnenden Fenster ÜBERSICHT FERTIGUNGSVERSIONEN geben Sie das Datum der Änderungen ein.

Wenn Sie jetzt die Transaktion MFPR aufrufen, erscheint das neue Datum in der Spalte GÜLTIG AB, und bei Loseröffnung wird der geänderte Arbeitsplan herangezogen (siehe Abbildung 12.33).

Wie alle Anpassungen an Stammdaten aus anderen Bereichen sollte diese Änderung nur in Absprache mit den zuständigen Abteilungen erfolgen.

Abbildung 12.32 Materialstamm – Arbeitsvorbereitung

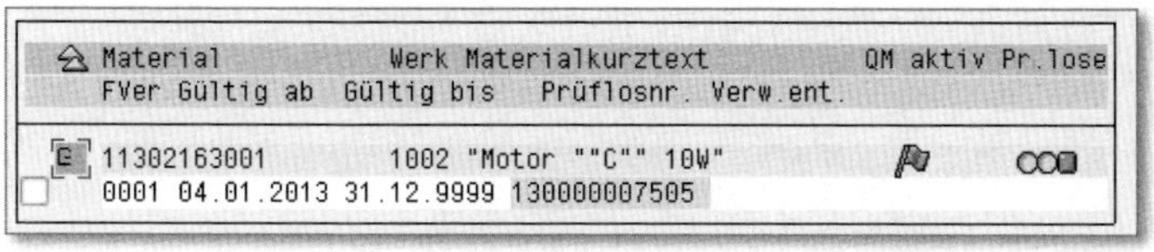

```
⚏ Material          Werk Materialkurztext       QM aktiv Pr.lose
  FVer Gültig ab  Gültig bis   Prüflosnr. Verw.ent.

🗒 11302163001         1002 "Motor ""C"" 10W"        ⚑      ⚏⚏⚏
☐    0001 04.01.2013 31.12.9999 130000007505
```

Abbildung 12.33 Lose zur Fertigungsversion

Sie kennen nun die Funktionen, mit denen Sie das Modul Qualitätsmanagement in den Produktionsprozess integrieren können. Testen Sie diese Funktionen. Sie können auch einzelne Materialien herausgreifen und erst einmal Erfahrungen sammeln, ehe Sie das Modul übergreifend einführen.

Mit Intervallprüfungen haben Sie ein Instrument, Chargen in regel-
mäßigen Abständen zu kontrollieren, um auch bei längerer Lagerung
dieser Chargen die Qualität zu überwachen. Sie können diese Art der
Prüfung auch nutzen, um rechtzeitig vor Ablauf des Verfallsdatums
eine Prüfung auszulösen.

13 Wiederkehrende Prüfung/ MHD-Überwachung von Chargen

Die wiederkehrende Prüfung ist eine Intervallprüfung von Chargen. Das bedeutet, dass in einem vorgegebenen Intervall Prüflose der Prüflosherkunft 09 erzeugt werden, um zu prüfen, ob sich die Eigenschaften dieser Charge verändert haben.

Sie können die Funktion der wiederkehrenden Prüfung auch dazu nutzen, rechtzeitig vor Ablauf des MHD/Verfallsdatums ein Prüflos auszulösen. So können Sie beurteilen, ob die Verfallszeit verlängert werden kann. Alternativ können Sie Chargen, die das MHD/Verfallsdatum erreicht haben, automatisch sperren. Nur wenn sich abgelaufene Chargen im gesperrten oder Q-Bestand befinden, ist sichergestellt, dass diese nicht verwendet oder ausgeliefert werden. Diese Funktionen der Terminüberwachung werden in Abschnitt 13.3, »Funktionen der Terminüberwachung und Einplanung als Job«, erläutert. Zuvor werde ich die Voraussetzung in den Stammdaten beschreiben.

Ich möchte Ihnen im folgenden Abschnitt eine andere Möglichkeit der Überwachung des MHD/Verfallsdatums vorstellen.

13.1 Manuelle MHD-Überwachung außerhalb des Qualitätsmanagements

Möchten Sie das Überschreiten des MHD/Verfallsdatums von Chargen ohne das Modul QM überwachen, können Sie die MHD-Liste in der Transaktion MB5M verwenden, die Ihnen bereits in Kapitel 10, »Arbeit mit Chargen im Qualitätsmanagement«, vorgestellt wurde.

Wenn Ihre Chargen im Lager mit dem SAP ERP-Modul Warehouse Management (WM) verwaltet werden, steht Ihnen zusätzlich die MHD-Kontroll-Liste in der Transaktion LX27 über den Pfad LOGISTIK • LOGISTICS EXECUTION • INFO-SYSTEM • LAGER • BESTAND • MINDESTHALTBARKEITSDATUM – KONTROLLLISTE zur Verfügung. Im Selektionsbild geben Sie die zu betrachtende Restlaufzeit vor und führen die Selektion aus. In Abbildung 13.1 sollen alle Chargen angezeigt werden, die innerhalb der nächsten zehn Tage ablaufen werden.

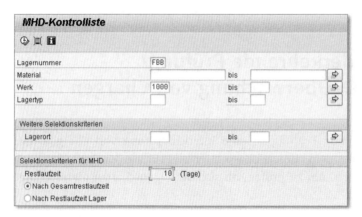

Abbildung 13.1 MHD-Kontrollliste – Selektion

In der erzeugten Liste werden alle Chargen aufgeführt, die in diesem Zeitraum ablaufen werden bzw. schon abgelaufen sind – samt Angabe der Bestandsarten. Sie sehen beispielsweise in Abbildung 13.2, dass sich die Charge 1200217 der Materialnummer 1595 bereits im gesperrten Bestand befindet, da in der Spalte B (Bestandsart) ein S enthalten ist.

```
Übersicht Artikel mit kritischem MHD

Material         Werk LNr
Charge     RestL. ges. MHD ges.   LOrt Typ Lagertypbezeichnung   Gesamtbestand BME Lagerplatz  B S

454             1000 FBB
0000000125        5- 31.12.2012 1000 999 Differenzen                     116 ST  LOST&FOUND
0000000125        5- 31.12.2012 1000 HRL Hochregallager                  525 ST  HL-C-24-30

* 454
                                                                         641 ST

1638            1000 FBB
0000000481       66- 31.10.2012 1000 HRL Hochregallager                6.504 ST  HL-C-45-30
0000000481       66- 31.10.2012 1000 HRL Hochregallager               10.368 ST  HL-E-05-20
0000000481       66- 31.10.2012 1000 KDX Kardex                          188 ST  X-15-20

* 1638
                                                                      17.060 ST

1695            1000 FBB
1200217           5- 31.12.2012 1000 999 Differenzen                     825 ST  LOST&FOUND  S
1200217           5- 31.12.2012 1000 HRL Hochregallager               25.200 ST  HL-C-24-40
```

Abbildung 13.2 Liste zum Mindesthaltbarkeitsdatum

Der Nachteil dieser Liste und der Liste aus Transaktion MB5M ist einerseits die Notwendigkeit der manuellen Überwachung. Zudem müssen Sie in Bezug auf die aussagekräftigere Liste aus dem Modul WM, in der alle Bestandsarten angezeigt werden, immer beachten, dass diese nur die Bestände in den WM-verwalteten Lagerorten anzeigt. Außenläger müssen aber auch betrachtet werden und werden oft nicht mit WM verwaltet. Daher kann es passieren, dass diese in Ihrer Überwachung nicht berücksichtigt werden.

13.2 Voraussetzung für die MHD-Überwachung im Qualitätsmanagement

Um Chargen im Modul QM zu überwachen, starten Sie das Programm RQAAAS10, das sich alle Chargen im freien Bestand anschaut und gegebenenfalls eine Aktion auslöst. Dieses Programm rufen Sie entweder manuell in der Transaktion QA07 auf, oder Sie legen einen Job an, der das Programm in regelmäßige Zeitabständen startet. Als Voraussetzung muss in den Prüfeinstellungen der chargengeführten Materialien eine Prüfart der Herkunft 09 aktiviert werden. Das gilt auch dann, wenn Sie über den Job gar kein Prüflos anlegen, sondern die Chargen nur sperren möchten.

Das Programm, gibt folgende Restriktionen vor:

▶ Das Programm betrachtet nur Chargen, deren MHD/Verfallsdatum und das Datum der nächsten Prüfung nicht in der Vergangenheit liegen. Bevor Sie die Überwachung der Chargen regelmäßig verwenden, müssen Sie bei Nutzungsbeginn der Funktion alle aktuell abgelaufenen Chargen manuell in den Sperrbestand buchen, da diese sonst unberührt bleiben.

▶ Das Programm kontrolliert nur Chargen im freien Bestand, die sich in keinem Sonderbestand befinden und nicht in Handling Units (HU) verwaltet werden.

| Sonderbestand | [+] |

Was tun Sie aber, wenn Sie Sonderbestände verwenden, wie z. B. Kundeneinzel- oder Lieferantenbeistellbestände? Sie können die Chargen dann nur manuell kontrollieren (siehe Abschnitt 13.1, »Manuelle MHD-Überwachung außerhalb des Qualitätsmanagements«), oder Sie kopieren das Programm RQAAAS10 zur Chargen-überwachung und Ihre Entwicklungsabteilung passt es entsprechend an.

Wie bei allen Prüfarten müssen Sie überlegen, ob Sie mit einem Prüfplan pro Material oder einem Prüfplan pro Materialgruppe arbeiten bzw. auf einen

Prüfplan verzichten möchten. Der Prüfart 09, die im SAP-Standard ausgeliefert wird, ist die Planverwendung 9 zugeordnet.

Wenn Sie die Probenverwaltung mit Berechnung der Probenanzahl auf Grundlage der Gebindezahl nutzen, sollten Sie beachten, dass die Gebindezahl des Restbestandes dem System nicht bekannt ist. Möchten Sie also eine gebindeabhängige Probenberechnung verwenden, müssen Sie in der Prüflosbearbeitung (Transaktion QA02) die Gebindezahl und Gebindeeinheit manuell eintragen. Erst danach kann die Berechnung der Proben durch das System erfolgen, und erst damit werden die Etiketten ausgegeben.

Prüfintervall

Das System erzeugt Prüflose nicht abhängig vom MHD/Verfallsdatum, sondern abhängig vom Datum der nächsten Prüfung in der Charge (siehe Feld NÄCHSTE PRÜFUNG in Abbildung 13.4). Dieses Datum wird auf Grundlage des Feldes PRÜFINTERVALL (im Materialstamm auf der Sicht QUALITÄTSMANAGEMENT) bei Chargenanlage abhängig vom Herstelldatum errechnet (siehe Abbildung 13.3).

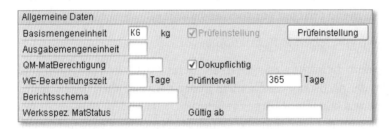

Abbildung 13.3 Materialstamm – Prüfintervall

Wenn Sie mit diesem Programm der wiederkehrenden Prüfung das MHD/Verfallsdatum kontrollieren möchten, sollten Sie das Prüfintervall an die Gesamthaltbarkeit anlehnen. So liegen beide Daten nahe beieinander, und Sie können rechtzeitig vor dem tatsächlichen Ablauf überprüfen, ob die Charge noch verwendbar ist. Für eine regelmäßige Prüfung geben Sie das Intervall an, in dem Sie Lagerprüfungen durchführen möchten, z. B. 90 Tage. Das System erzeugt dann alle 90 Tage ein Prüflos.

[zB] **Prüfintervall – Gesamthaltbarkeit**

Wenn die Gesamthaltbarkeit bei 36 Monaten liegt, sollten Sie als Prüfintervall 1.094 Tage (3 x 365 Tage – 1) angeben. Damit würde das System bei Chargenanlage abhängig vom Herstelldatum die Gesamthaltbarkeit– also das MHD/Verfallsdatum mit Tagesdatum + 36 Monate – und das nächste Prüfdatum in der Charge um einen Tag kleiner errechnen.

Schwieriger ist es, wenn Sie im Wareneingang zur Bestellung gar nicht das MHD/ Verfallsdatum anhand des Herstelldatums ermitteln, sondern das MHD/Verfallsdatum vom Lieferanten übernehmen. Bisher habe ich an dieser Stelle immer mit einem User-Exit zur Chargenanlage gearbeitet. Dieser füllt das Feld NÄCHSTE PRÜFUNG mit dem Vortagesdatum des MHD/Verfallsdatums und übergibt es an die Charge.

Das Datum der nächsten Prüfung finden Sie in der Charge in Transaktion MSC2N oder über den Pfad LOGISTIK • ZENTRALE FUNKTIONEN • CHARGENVERWALTUNG • CHARGE • ÄNDERN (siehe Abbildung 13.4). Sie können es jederzeit ändern. Dieses Datum wird ausschließlich für die Funktion der wiederkehrenden Prüfung in QM verwendet.

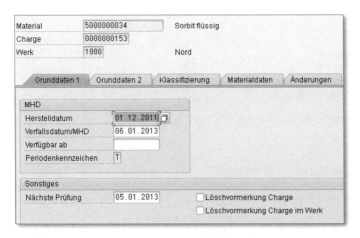

Abbildung 13.4 Charge – Datum der nächsten Prüfung

13.3 Funktionen der Terminüberwachung und Einplanung als Job

Sie können die Terminüberwachung jederzeit manuell über die Transaktion QA07 oder den Pfad LOGISTIK • QUALITÄTSMANAGEMENT • QUALITÄTSPRÜFUNG • ARBEITSVORRAT • PRÜFLOSERÖFFNUNG • TERMINÜBERWACHUNG • ANSTOSS MANUELL starten.

Hierbei müssen Sie zunächst eine Selektion vornehmen (siehe Abschnitt 13.3.1). Diese können Sie direkt ausführen oder als Selektionsvariante ablegen und anschließend als Job einplanen (siehe Abschnitt 13.3.2, »Beispiel

Prüfablauf«). In beiden Fällen wird Ihnen abschließend ein Protokoll angezeigt (siehe Abschnitt 13.3.3).

13.3.1 Selektion vornehmen

In der Selektion (siehe Abbildung 13.5) geben Sie die zu betrachtenden Materialien bzw. Chargen an und definieren die Tätigkeit des Programms.

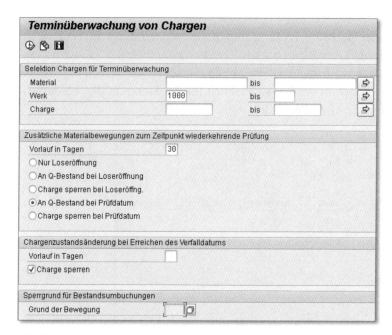

Abbildung 13.5 Selektion zur Terminüberwachung von Chargen

Im Einzelnen sind hierbei folgende Bildbereiche zu pflegen.

▶ **Bereich »Selektion Chargen für Terminüberwachung«**
In diesem Bereich können Sie Materialien als Intervall oder auch als Liste
in der Mehrfachselektion angeben (wie in Kapitel 4, »Logistik-Stammdaten«, bezüglich der Massenaktivierung der Prüfeinstellungen beschrieben).

▶ **Bereich »Zusätzliche Materialbewegungen zum Zeitpunkt wiederkehrende Prüfung«**
In diesem Bereich stehen folgende Optionen zur Verfügung:

▸ *Vorlauf in Tagen*
Sie geben den Zeitraum in Tagen an, in dem vor Erreichen des Datums
der nächsten Prüfung die ausgewählte Aktion ausgeführt werden soll.

▷ *Nur Loseröffnung*
Ein Prüflos wird eröffnet.

▷ *An Q-Bestand bei Loseröffnung*
Ein Prüflos wird eröffnet und der Bestand in den Q-Bestand umgebucht.

▷ *Charge sperren bei Loseröffnung*
Ein Prüflos wird eröffnet und der Bestand in den Sperrbestand umgebucht.

▷ *An Q-Bestand bei Prüfdatum*
Ist kein offenes Prüflos vorhanden, wird ein Prüflos eröffnet und der Bestand in den Q-Bestand umgebucht. Gibt es bereits ein offenes Prüflos, wird nur der Bestand in diesem Prüflos verändert.

▷ *Charge sperren bei Prüfdatum*
Ist kein offenes Prüflos vorhanden, wird ein Prüflos eröffnet und der Bestand in den Sperrbestand umgebucht. Gibt es bereits ein offenes Prüflos, wird nur der Bestand in diesem Prüflos verändert.

▶ **Bereich »Chargenzustandsänderung bei Erreichen des Verfallsdatums«**
In diesem Bereich stehen folgende Optionen zur Verfügung:

▷ *Vorlauf in Tagen*
Sie geben die Anzahl der Tage an, in denen vor Erreichen des MHD/Verfallsdatums der Zustand der Charge geändert werden soll.

▷ *Charge sperren*
Ist die Chargenzustandsverwaltung im Werk aktiv, wird der Zustand der Charge auf den Status NICHT FREI geändert.

Ist die Chargenzustandsverwaltung im Werk nicht aktiv, wird der Chargenbestand in den gesperrten Bestand gebucht.

▶ **Sperrgrund bei Bestandsumbuchungen**
Sie können einen Sperrgrund angeben, der im Materialbeleg ausgewertet werden kann

Nach der Selektion wird ein Protokoll angezeigt, das ich in Abschnitt 13.3.3 beschreibe.

13.3.2 Selektionsvarianten anlegen

Im Allgemeinen sollte die Chargenüberwachung automatisiert im Hintergrund erfolgen. Dazu lassen Sie die Funktion von Ihrer IT-Abteilung als Job mit den vorher definierten Selektionsvarianten – also Ihrer spezifischen Ausprägung der Funktion – einplanen.

Eine Selektionsvariante legen Sie an, indem Sie die Felder in der Transaktion QA07 ausfüllen (siehe Abschnitt 13.3.1, »Selektion vornehmen«) und anschließend den Button 🖬 (Sichern) anklicken. Sie gelangen zum Bild VARI-ANTENATTRIBUTE und vergeben hier einen Namen und eine Bedeutung der Variante (siehe Abbildung 13.6). Dann sichern Sie Ihre Einstellungen. indem Sie den Button 🖬 (Sichern) anklicken.

Abbildung 13.6 Selektionsvariante anlegen

Sie können den Job nun in der Transaktion QA05 (Planung der Jobs) im selben Pfad wie die Terminüberwachung einplanen (siehe Abbildung 13.7), indem Sie über den Button 🗐Einplanen den Zeitpunkt angeben, an dem der Job laufen soll und ihn periodisch einplanen. Das System vergibt dafür einen fest definierten Namen. Das Einrichten eines Jobs sollte generell in Ihrer IT-Abteilung zentral vorgenommen werden, damit alle Jobs abgestimmt zu einer Zeit laufen, in der die Systemlast nicht so hoch ist.

Abbildung 13.7 Job einplanen

Alternativ können Sie das Programm RQAAAS10 direkt in der Jobverwaltung einrichten und dafür einen eigenen Namen verwenden, mit dem Sie die Jobs besser den einzelnen Abteilungen zuordnen können.

13.3.3 Protokoll

Für jeden Durchlauf des Programms wird ein Protokoll erstellt. Wenn Sie die Transaktion der Chargenüberwachung manuell starten, sehen Sie dieses Protokoll als Ergebnis im Bildschirm. Sie können sich vorangegangene Protokolle auch in der Transaktion QA07L (Protokoll) im bekannten Pfad anschauen.

Sie können den Job so einrichten, dass das Protokoll als Information für die Qualitätsabteilung automatisch ausgedruckt oder als Mail versendet wird. In Abbildung 13.8 sehen Sie ein Protokoll als Beispiel.

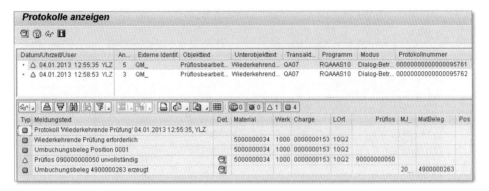

Abbildung 13.8 Protokoll einer wiederkehrenden Prüfung

Folgende Inhalte sind ersichtlich:

▶ Es wurden Prüflose erzeugt.

▶ Es wurden Umbuchungen vorgenommen.

▶ Ein Prüflos ist unvollständig, weil der Prüfplan für dieses Material in der der Prüfart zugeordneten Planverwendung fehlt.

In dem Fall, dass die Umbuchung nicht erfolgreich war, weil z. B. das Material zu diesem Zeitpunkt in Bearbeitung war oder keine Chargen zur Bearbeitung gefunden wurden, wird ein Hinweis ausgegeben, dass die Umbuchung nicht erfolgreich war.

13.4 Beispiel: Prüfablauf

Sie haben eine Charge vorliegen, zu der das Prüfdatum in der Zukunft liegt (siehe Abbildung 13.9). Der freie Bestand ist größer null.

Sie starten die Terminüberwachung mit der Selektion, wie in Abbildung 13.5 angegeben, und erhalten ein Protokoll darüber, dass ein Prüflos angelegt wurde (siehe Abbildung 13.10).

Die Charge befindet sich weiterhin im freien Bestand (siehe Abbildung 13.11).

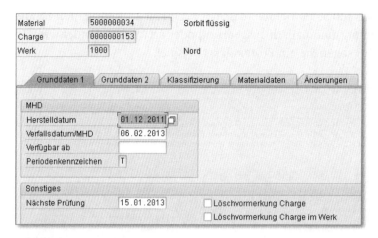

Abbildung 13.9 Charge anzeigen

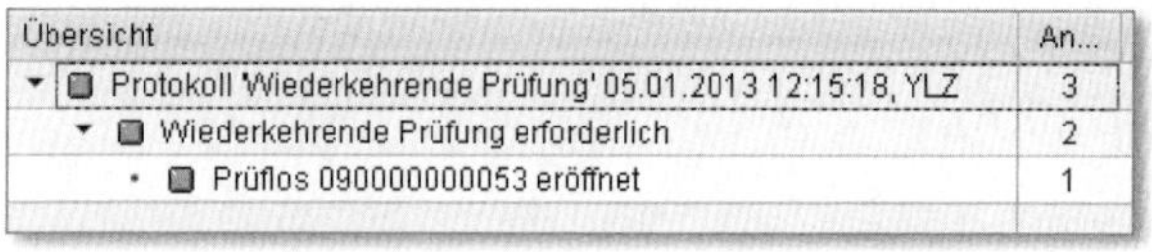

Übersicht	An...
▼ ▣ Protokoll 'Wiederkehrende Prüfung' 05.01.2013 12:15:18, YLZ	3
▼ ▣ Wiederkehrende Prüfung erforderlich	2
• ▣ Prüflos 090000000053 eröffnet	1

Abbildung 13.10 Protokoll zu angelegtem Prüflos

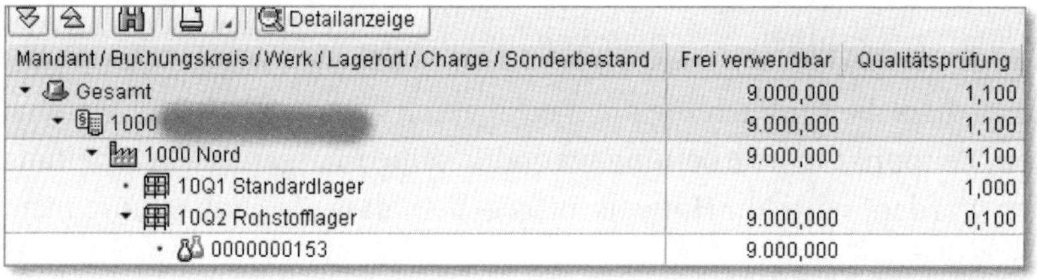

Mandant / Buchungskreis / Werk / Lagerort / Charge / Sonderbestand	Frei verwendbar	Qualitätsprüfung
▼ 🗄 Gesamt	9.000.000	1,100
▼ 📟 1000 ▓▓▓▓▓▓	9.000.000	1,100
▼ 📑 1000 Nord	9.000.000	1,100
• ▦ 10Q1 Standardlager		1,000
▼ ▦ 10Q2 Rohstofflager	9.000.000	0,100
• 🧪 0000000153	9.000.000	

Abbildung 13.11 Bestandsübersicht

Das entstandene Prüflos bearbeiten Sie wie alle anderen Prüflose. Als Information, dass Prüflose angelegt wurden, können Sie die automatische Ausgabe der Probezieh- oder Prüfanweisung verwenden (siehe Kapitel 7, »Prüfablauf«).

Die Prüfung der betrachteten Charge ist noch nicht abgeschlossen, wenn der Zeitpunkt der Prüfung erreicht ist. Die Terminüberwachung wird wieder angestoßen und mit denselben Selektionskriterien gestartet. Dieses Mal wird nur die Umbuchung vorgenommen (siehe Abbildung 13.12). Sie sehen, dass das Prüflos, das beim letzten Job entstanden ist, geändert wurde. Damit befindet sich die Charge nun im Q-Bestand (siehe Spalte QUALITÄTSPRÜFUNG in Abbildung 13.13).

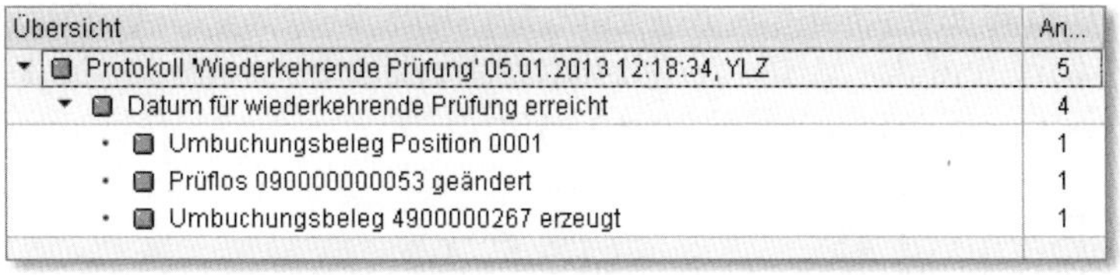

Übersicht	An...
▼ 🔲 Protokoll 'Wiederkehrende Prüfung' 05.01.2013 12:18:34, YLZ	5
▼ 🔲 Datum für wiederkehrende Prüfung erreicht	4
• 🔲 Umbuchungsbeleg Position 0001	1
• 🔲 Prüflos 090000000053 geändert	1
• 🔲 Umbuchungsbeleg 4900000267 erzeugt	1

Abbildung 13.12 Protokoll nach Umbuchung

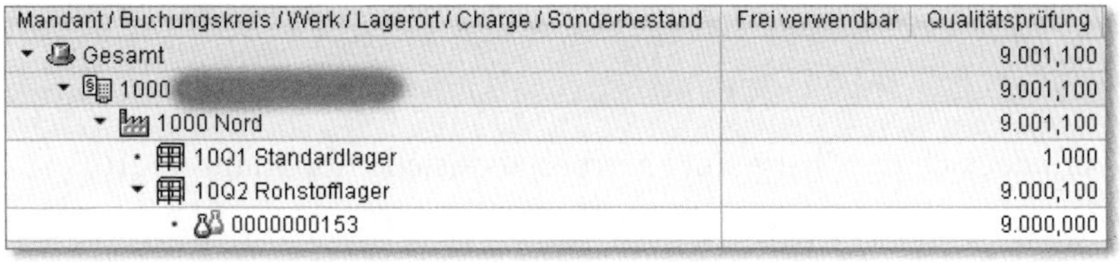

Mandant / Buchungskreis / Werk / Lagerort / Charge / Sonderbestand	Frei verwendbar	Qualitätsprüfung
▼ 🗄 Gesamt		9.001,100
▼ 🗄 1000 ▬▬▬▬▬▬		9.001,100
▼ 🗄 1000 Nord		9.001,100
• 🗄 10Q1 Standardlager		1,000
▼ 🗄 10Q2 Rohstofflager		9.000,100
• 🗄 0000000153		9.000,000

Abbildung 13.13 Bestandsübersicht nach Umbuchung

Nach der Ergebniserfassung treffen Sie wie gewöhnlich den Verwendungsentscheid in der Transaktion QA11 und entlasten den Q-Bestand. Ist die
Charge weiterhin einsetzbar, ändern Sie an dieser Stelle das MHD/Verfallsda-
tum.

Beim Sichern des Verwendungsentscheids berechnet das System nun automatisch das Datum im Feld NÄCHSTE PRÜFUNG anhand des Prüfintervalls (365
Tage, siehe Abbildung 13.3) auf ein Jahr später. Sie sehen in Abbildung 13.14
auch, dass der Eintrag im Feld VERFALLSDATUM/MHD unverändert geblieben
ist. Dies ist darauf zurückzuführen, dass in diesem Beispiel keine Änderung
des Verfallsdatum/MHD in der Transaktion QA11 vorgenommen wurde.

Abbildung 13.14 Charge – neues Prüfdatum

Wenn die Terminüberwachung nun wieder mit denselben Selektionskriterien gestartet wird und das MHD/Verfallsdatum erreicht ist, greift die Funktion der Chargensperre (siehe Abbildung 13.15).

Übersicht	An...
▼ ☐ Protokoll 'Wiederkehrende Prüfung' 05.01.2013 12:32:33, YLZ	4
▼ ☐ Verfalldatum für Charge erreicht	3
· ☐ Umbuchungsbeleg Position 0001	1
· ☐ Umbuchungsbeleg 4900000269 erzeugt	1

Abbildung 13.15 Protokoll zur Chargensperre

Jetzt befindet sich die Charge im Sperrbestand (siehe Abbildung 13.16).

Mandant / Buchungskreis / Werk / Lagerort / Charge / Sonderbestand	Frei verwendbar	Gesperrt	Qualitätsprüfung
▼ 🝙 Gesamt		9.011,000	1,100
▼ 🝙 1000		9.011,000	1,100
▼ 🝙 1000 Nord		9.011,000	1,100
· 🝙 10Q1 Standardlager			1,000
▼ 🝙 10Q2 Rohstofflager		9.011,000	0,100
· 🝙 0000000153		9.000,000	

Abbildung 13.16 Bestandsübersicht nach Chargensperre

Sie haben nun die Funktionen zur Terminüberwachung der Chargen kennengelernt. Standardmäßig werden dem Anwender bei der weiteren Verwendung bzw. Auslieferung einer Charge mit überschrittenem MHD/Verfallsdatum nur Warnungen ausgegeben, die leicht umgangen werden können. Sie müssen Ihre Chargen also überwachen!

In diesem Kapitel zeige ich Ihnen, wie Sie Prüfungen zu einer Lieferung abbilden und sicherstellen, dass der Warenausgang erst nach erfolgreichem Abschluss der Prüfung gebucht werden kann.

14 Prüfung zur Lieferung

Manchmal ist es notwendig, eine Auslieferung noch einmal zu prüfen, bevor die Ware versendet wird: zum einen, weil ein Kunde wiederholt seine Lieferpapiere bemängelt hat und Sie diese Auslieferungen temporär kontrollieren möchten, zum anderen weil Sie kundenspezifische Prüfungen abbilden möchten, Sie aber erst zum Zeitpunkt der Lieferung wissen, welche Chargen der Kunde erhält. Da diese Prüfungen kostenintensiv sind, werden sie nicht pauschal bei allen Chargen durchgeführt, sondern erst zur Lieferung. In beiden Fällen sollten Sie ausreichend Zeit für die Lieferungsbearbeitung einplanen. Daher sollten Sie sich unbedingt vor der Aktivierung dieser Prüfung mit dem Versand abstimmen.

Sie haben zwei Möglichkeiten, diese Prüfung abzubilden: einmal durch das Erzeugen eines Prüfloses beim Warenausgang (siehe Abschnitt 14.1) oder beim Erstellen der Lieferung (siehe Abschnitt 14.2).

14.1 Warenausgangsprüfung

Ein Warenausgang kann eine Auslieferung oder auch eine Entnahme zu einem Auftrag sein. Die Warenausgangsprüfung wird über ein Prüflos der Herkunft 02 abgebildet, das bei der Buchung eines Warenausgangs aus dem Materialbeleg zu jeder Charge entsteht.

Bei Buchung des Warenausgangs zu einer Lieferung hat das Prüflos nur den Bezug zum Materialbeleg und zum Kunden (siehe Abbildung 14.1, Bereiche DATEN ZUM WARENEINGANG und DATEN ZUM WARENAUSGANG). Ist das Prüflos aus einer Buchung zum Auftrag entstanden, enthält es den Materialbeleg und den Auftrag (siehe Abbildung 14.2, Felder MATERIALBELEG und AUFTRAG).

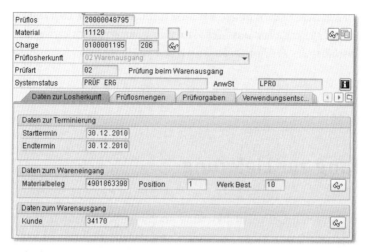

Abbildung 14.1 Prüflos mit Bezug zum Kunden

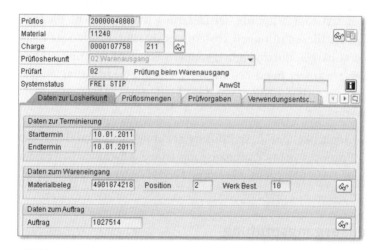

Abbildung 14.2 Prüflos mit Bezug zum Auftrag

Die Prüfart der Herkunft 02 erfordert keinen Q-Infosatz Vertrieb, jedoch kann mit ihr auch nicht aktiv in die Lieferung eingegriffen werden. Der Verwendungsentscheid hat hier gar keine Auswirkung auf die Auslieferung, da diese schon verbucht ist.

[+] **Prüflos zur Auslieferung**

Wenn Sie die Prüfart 02 zu einem Material aktivieren, weil Sie zu einer Auslieferung ein Prüflos erhalten möchten, müssen Sie bedenken, dass eine Warenausgangsbuchung auch bei einer Nacharbeit zu diesem Material stattfinden könnte. Wenn Sie bei der Entnahme der Komponente zum Nacharbeitsauftrag kein Prüflos erzeugen möchten, müssen Sie die Bewegungsart 261 für QM im Customizing über den Pfad Qualitätsmanagement • Qualitätsprüfung • Prüfloseröffnung • Prüfung bei einer Warenbewegung deaktivieren.

Der Ablauf der Prüfung ist identisch mit allen Abläufen, die Sie bisher kennengelernt haben. Der Prüfart 02 ist die Planverwendung 6 zugeordnet. Wenn Sie Fehler erfassen, wird eine Q-Meldung mit Kundenbezug angelegt. Nach der Ergebniserfassung treffen Sie den Verwendungsentscheid.

14.2 Prüfung zur Lieferung

Das System erzeugt automatisch ein Prüflos, wenn im Vertriebsmodul SD eine Lieferung für ein prüfrelevantes Material angelegt wird. Sie können ein Prüflos im System folgendermaßen anlegen:

- mit Bezug zu einem Kundenauftrag (Prüflosherkunft 10)
- ohne Bezug zu einem Kundenauftrag (Prüflosherkunft 11)
- als Lieferung allgemein (Prüflosherkunft 12)

Ich verwende immer die Prüflosherkunft 12, damit wird generell ein Prüflos erzeugt. Unabhängig davon, ob ein Bezug zum Kundenauftrag vorliegt.

Das Prüflos zur Lieferung ist nicht bestandsrelevant, da die zu liefernden Waren einer Verbrauchsbuchung entsprechen.

Über den Q-Infosatz Vertrieb können Sie kunden- oder materialspezifisch steuern, ob das Prüflos vor oder nach Versand der Lieferung erzeugt oder ob die Qualitätsprüfung vom Kunden durchgeführt wird.

14.2.1 Voraussetzung

Um mit der Prüfung zur Lieferung zu arbeiten, müssen Sie die Voraussetzungen im Customizing und im Materialstamm schaffen und den Q-Infosatz Vertrieb anlegen.

Customizing

Über den Pfad Qualitätsmanagement • Qualitätsprüfung • Prüfloseröffnung • Prüfung beim Versand • Prüflosherkunft zur Lieferart zuordnen ordnen Sie im Customizing die Prüflosherkunft (Feld Herkunft) der Lieferart (Feld LFArt) zu (siehe Abbildung 14.3).

Abbildung 14.3 Zuordnung der Prüflosherkunft zur Lieferart

Im Bereich PRÜFART ZUM LIEFERTYP ZUORDNEN ist die Prüfart (Feld PRÜFART) der Herkunft (Feld HERKUNFT) zugeordnet (siehe Abbildung 14.4).

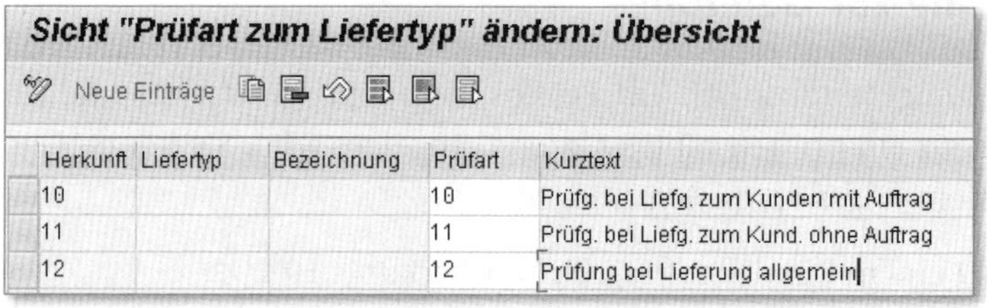

Sicht "Prüfart zum Liefertyp" ändern: Übersicht

Herkunft	Liefertyp	Bezeichnung	Prüfart	Kurztext
10			10	Prüfg. bei Liefg. zum Kunden mit Auftrag
11			11	Prüfg. bei Liefg. zum Kund. ohne Auftrag
12			12	Prüfung bei Lieferung allgemein

Abbildung 14.4 Prüfart zum Liefertyp

Hier können Sie Eintragungen vornehmen, wenn Sie abhängig vom Liefertyp die Prüfarten bestimmen möchten, um z. B. die Erstmusterprüfung zum Kunden abzubilden. Folgende Liefertypen werden Ihnen im Standard angeboten:

▶ E – Ersatz

▶ M – Muster

▶ S – Serie

Diese Liefertypen werden in der Lieferung bestimmt. Wenn Sie nicht mit Liefertypen arbeiten, bleibt an dieser Stelle das Feld LIEFERTYP leer. Da in diesem Fall in der Lieferung das Feld LIEFERTYP auch leer ist, wird genau die hier angegebene Prüfart zur Prüfloserzeugung verwendet. Lassen Sie dagegen an dieser Stelle das Feld PRÜFART zu der Herkunft leer, die Sie der Lieferart zugeordnet haben (siehe Abbildung 14.3), kann das System kein Prüflos erzeugen.

Prüfeinstellungen im Materialstamm

Die zweite Voraussetzung, um mit der Prüfart zur Lieferung zu arbeiten, ist die Aktivierung der Prüfart 10, 11 oder 12 im Materialstamm in der Transaktion MM02.

Wichtig ist hier die Steuerung der Loserzeugung. Ihnen stehen zwei Optionen zur Verfügung:

▸ **Anlage je Chargensplitposition**
Zu jeder Charge wird ein Prüflos angelegt. Da die Charge erst durch das Kommissionieren bekannt ist, erfolgt die Prüfloseröffnung verzögert.

▸ **Anlage je Hauptposition**
Bei Anlage einer Lieferposition wird sofort ein Prüflos angelegt. Da die Charge erst durch das Kommissionieren bekannt ist, erfolgt die Zuordnung der Charge in das Prüflos verzögert. Werden zu einer Position mehrere Chargen ausgeliefert – wird also ein Chargensplit durchgeführt –, wird im Prüflos pro Charge ein Teillos angelegt.

Erst jetzt können die Ergebnisse im jeweiligen Teillos des Prüfloses erfasst werden.

Sobald die Prüfart aktiv ist, wird zu jeder Lieferung des Materials ein Prüflos angelegt, unabhängig davon, an welchen Kunden geliefert wird.

Q-Infosatz Vertrieb

Den Q-Infosatz Vertrieb, den Sie in der Transaktion QV52 bearbeiten, haben Sie bereits in Kapitel 4, »Logistik-Stammdaten«, und bei der Dokumentenzuordnung in Kapitel 6, »Dokumentenverwaltung«, kennengelernt. Ich erläutere Ihnen nun an einem Beispiel die Auswirkungen der Einstellungen im Q-Infosatz.

Haben Sie keinen Q-Infosatz Vertrieb zu dem für die Prüfung zur Lieferung vorgesehenem Material und dem Kunden angelegt, wird ein Warenausgang in der Lieferung immer erst nach positivem Abschluss des Prüfloses erlaubt. Wenn Sie dieses Vorgehen nicht oder nur bei bestimmten Kunden wünschen, müssen Sie den Q-Infosatz Vertrieb ausprägen.

Sie haben generell die Möglichkeit, die Steuerung für den Kunden oder für die Beziehung Kunde/Material vorzunehmen. Soll eine Änderung des Vorgehens generell für den Kunden gelten, ist es am einfachsten, in der Bearbeitung des Q-Infosatzes (Transaktion QV52) die Einstellungen pauschal zum Kunden über den Button VORGABEN KUNDE... vorzunehmen. Die Steuerung, ob überhaupt ein Prüflos angelegt wird, findet im Materialstamm statt.

Die Steuerung zu der Beziehung Kunde/Material nehmen Sie über den Button NEUER INFOSATZ... vor.

In Abbildung 14.5 sehen Sie die Steuerungsmöglichkeiten hinsichtlich der Frage, wann eine Qualitätsprüfung stattfinden soll.

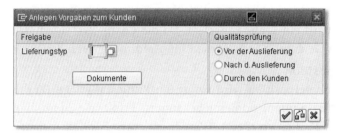

Abbildung 14.5 Steuerungsmöglichkeiten

Sie können zwischen folgenden Optionen wählen:

▶ **Vor der Auslieferung**
Es wird generell ein Prüflos erzeugt. Wenn der Warenausgang vor dem Verwendungsentscheid gebucht werden soll, erscheint eine Fehlermeldung (siehe Abbildung 14.6).

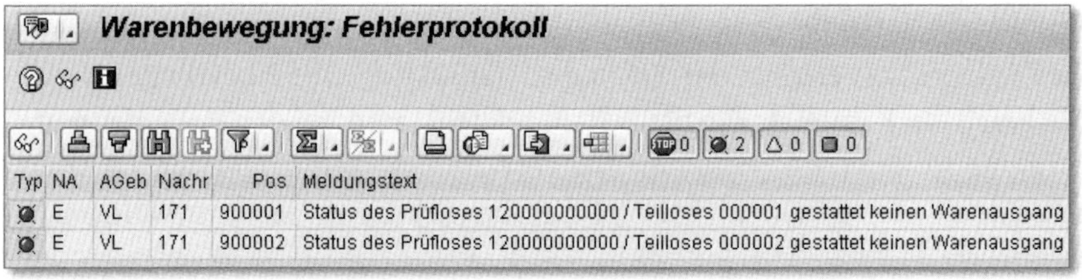

Warenbewegung: Fehlerprotokoll

Typ	NA	AGeb	Nachr	Pos	Meldungstext
◉	E	VL	171	900001	Status des Prüfloses 120000000000 / Teilloses 000001 gestattet keinen Warenausgang
◉	E	VL	171	900002	Status des Prüfloses 120000000000 / Teilloses 000002 gestattet keinen Warenausgang

Abbildung 14.6 Fehlermeldung beim Warenausgang

▶ **Nach der Auslieferung**
Es wird generell ein Prüflos erzeugt, jedoch kann der Abschluss des Prüfloses unabhängig vom Warenausgang erfolgen. Diese Einstellung könnte z. B. für die Temperaturüberwachung während der Auslieferung oder für mikrobiologische Untersuchungen verwendet werden.

▶ **Durch den Kunden**
Es wird kein Prüflos erzeugt. Diese Einstellung wird für alle Kunden genutzt, die ein prüfpflichtiges Material einkaufen, bei denen jedoch keine Prüfung notwendig ist.

[+] **Kundenspezifische Prüfung**

Bedenken Sie Folgendes: Wenn Sie nur bei einem Kunden eine kundenspezifische Prüfung aktivieren möchten, müssen Sie für alle anderen Kunden, die auch dieses Material beziehen, den Q-Infosatz so einrichten, damit bei diesen anderen Kunden kein Prüflos erzeugt wird.

14.2.2 Prüfablauf

Je nach Steuerung der Loserzeugung wird das Prüflos sofort bei Anlage der Lieferung oder nach der Kommissionierung angelegt. Die Lieferung wird im Modul SD angelegt. Wenn Sie die Schritte mitverfolgen möchten, können Sie das in der Transaktion VL03N bzw. über den Pfad LOGISTIK • VERTRIEB • VERSAND UND TRANSPORT • AUSLIEFERUNG • ANZEIGEN.

Loserzeugung je Hauptposition

Betrachten wir zunächst die Loserzeugung für Hauptpositionen. Im Positionsdetail der Lieferung auf dem Register ABWICKLUNG können Sie die Zuordnung des Prüfloses kontrollieren (siehe Abbildung 14.7).

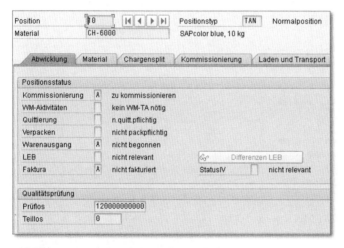

Abbildung 14.7 Prüflos in der Lieferung

Das Prüflos hat u.a. den Status CHER (Chargenzuordnung erforderlich, siehe Abbildung 14.8). Das Prüflos hat daneben noch andere Status, die an dieser Stelle aber nicht näher beschrieben werden, da sie abhängig von Ihren Prüfeinstellungen sind. Wenn Sie zu diesem Zeitpunkt Ergebnisse erfassen wollten, erhielten Sie eine Statusfehlermeldung.

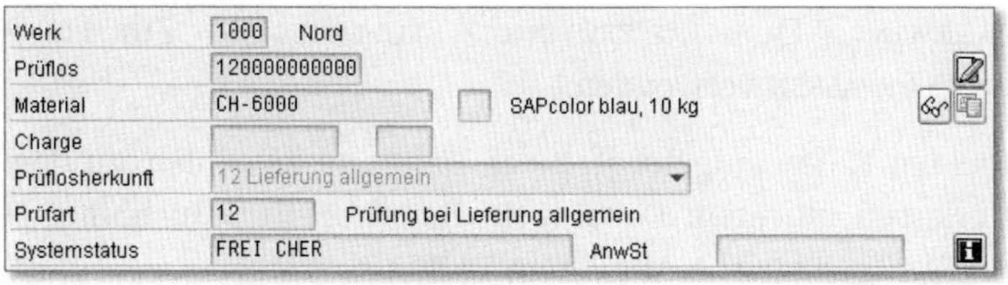

Werk	1000	Nord			
Prüflos	120000000000				
Material	CH-6000			SAPcolor blau, 10 kg	
Charge					
Prüfloserkunft	12 Lieferung allgemein				
Prüfart	12	Prüfung bei Lieferung allgemein			
Systemstatus	FREI CHER		AnwSt		

Abbildung 14.8 Status des Prüfloses

Wenn die Lieferung kommissioniert wird und mehrere Chargen der Position zugeordnet werden (siehe Abbildung 14.9), entstehen im Prüflos Teillose, denen jeweils eine Charge zugeordnet ist.

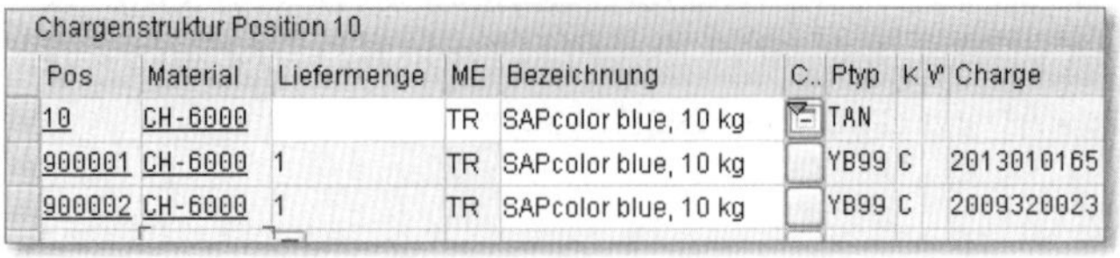

Chargenstruktur Position 10								
Pos	Material	Liefermenge	ME	Bezeichnung	C..	Ptyp	K V	Charge
10	CH-6000		TR	SAPcolor blue, 10 kg		TAN		
900001	CH-6000	1	TR	SAPcolor blue, 10 kg		YB99	C	2013010165
900002	CH-6000	1	TR	SAPcolor blue, 10 kg		YB99	C	2009320023

Abbildung 14.9 Chargensplit in der Lieferung

Sie können das im Positionsdetail der Chargensplitposition nachvollziehen. Abbildung 14.10 zeigt im Positionsdetail zu Position 900002, dass das Feld TEILLOS gefüllt ist. Der Status des Prüfloses hat sich nun auf CHZU (Chargen zugeordnet) aktualisiert.

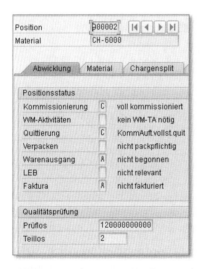

Abbildung 14.10 Teillos in Lieferung

Sie können jetzt Ergebnisse zu den Teillosen erfassen. Dazu klicken Sie z. B. auf den Button ✎ Ergebnisse aus der Liste der Prüflose in der Transaktion QA32. Sie können aber auch die Transaktion QE14 über den Pfad LOGISTIK • QUALITÄTSMANAGEMENT • QUALITÄTSPRÜFUNG • PRÜFERGEBNIS • ZUR LIEFERUNG IM VERTRIEB • ERFASSEN verwenden.

Sie werden in beiden Fällen aufgefordert, das Teillos auszuwählen, zu dem Sie Ergebnisse erfassen möchten. Dabei steht Ihnen die F4-Suchhilfe im Feld TEILLOS zur Verfügung (siehe Abbildung 14.11).

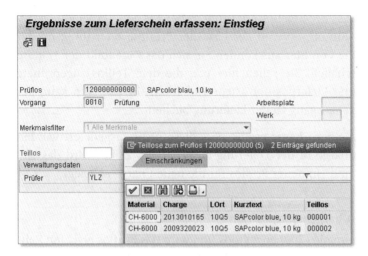

Abbildung 14.11 Ergebnisse zum Lieferschein

Abbildung 14.12 Detail der Teillose im Verwendungsentscheid

Nach dem Abschluss der Ergebniserfassung treffen Sie den Verwendungsentscheid über den Button ✎ VE in der Liste der Prüflose oder direkt in der Transaktion QA11. Von hier aus können Sie sich das Detailbild der Teillose noch einmal anschauen. Sie sehen hier u.a. die dem Teillos zugeordnete Charge, Menge und Lieferposition (siehe Abbildung 14.12). Nun kann der Versand den Warenausgang zu der Lieferung buchen.

Falls die Prüfung einer Charge ergibt, dass diese nicht ausgeliefert werden kann, wird die Charge in der Lieferung ausgetauscht. Dabei wird das alte Prüflos storniert und ein neues Prüflos für die neue Charge angelegt.

Loserzeugung je Chargensplitposition
Bei der Loserzeugung je Chargensplitposition wird das Prüflos erst zum Zeitpunkt der Kommissionierung erzeugt. Die Chargenzuordnung ist dann sofort gegeben, und der Ablauf ist mit dem soeben beschriebenen identisch.

[+] **Fehlererfassung**

Alle Fehler, die Sie während dieser Prüfung erfassen, erzeugen im Hintergrund eine Q-Meldung mit Kundenbezug (siehe Kapitel 19, »Qualitätsmeldung«).

Sie kennen nun die Möglichkeiten, um in die Lieferungsabwicklung einzugreifen. Sie müssen hier natürlich eng mit dem Versand zusammenarbeiten, da dies nur sinnvoll ist, wenn der Warenausgang zeitnah gebucht wird.

Oft werden Prüfungen zeitgesteuert ausgelöst, sei es in der Prüfmittel-verwaltung oder bei Monitoring-Prüfungen. Ich stelle Ihnen in diesem Kapitel die hierfür benötigten Stammdaten vor und zeige Ihnen den Ablauf einer internen und externen Kalibrierprüfung.

15 Zeitgesteuerte Prüfung/Prüfmittel-verwaltung

Prüf- und Messmittel, die Sie bei Ihren Prüfungen einsetzen, werden entsprechend gesetzlicher Richtlinien einer regelmäßigen Wartung und Kalibrierung unterzogen. Diese Prüfungen werden in einem definierten Zeitraum fällig und oft von einem externen Dienstleister vorgenommen.

Zum Beispiel findet das Monitoring in der pharmazeutischen Produktion, in der z. B. die Luft und die Entnahmestellen von Wasser und anderen Medien auf Keimfreiheit hin untersucht werden, in einem zeitgesteuerten Rhythmus statt. Einige Prüfungen müssen täglich durchgeführt werden, andere wöchentlich. Diese Anforderung kann über eine Prüfart abgebildet werden, in diesem Fall die zeitgesteuerte Prüfung.

Zur Prüfmittelverwaltung werden Elemente aus der Instandhaltung (EAM, Enterprise Asset Management, ehemals Plant Maintenance, PM) verwendet. Hierbei ist das Prüfobjekt nicht das Material, sondern ein Equipment oder ein anderes technisches Objekt. Alle für die Prüfmittelverwaltung notwendigen Stammdaten werden in Abschnitt 15.1 erläutert

Die Ermittlung der Fälligkeit der Prüfmittelkalibrierung kann über die Zeit oder über die Häufigkeit der Einsätze des Prüfmittels zu einer Prüfung erfolgen. Da in meiner langjährigen Tätigkeit immer nur die Ermittlung anhand der Zeit gefordert war (siehe Beispiel), werde ich nur deren Ablauf vorstellen (siehe Abschnitt 15.2).

Der Abschnitt 15.3 enthält einige Listen, die Sie bei der täglichen Arbeit unterstützen. Den Abschluss bilden die Customizing-Einstellungen in Abschnitt 15.4.

15.1 Stammdaten/Voraussetzung

Abbildung 15.1 zeigt die Vernetzung der Stammdaten in der Prüfmittelverwaltung.

Abbildung 15.1 Stammdaten

Alle Prüf- und Messmittel bzw. Monitoring-Punkte werden als *Equipments* angelegt. Das Equipment ist einem *Arbeitsplatz* zugeordnet, auf dessen Kostenstelle alle anfallenden Kosten abgerechnet werden.

Die Prüfungen werden im *Arbeitsplan* hinterlegt, dafür steht Ihnen der Equipmentplan oder die IH-Anleitung zur Verfügung.

▸ **Equimentplan**
Der Equipmentplan ist genau einem Equipment zugeordnet, das heißt, er ist für einen Monitoring-Punkt sehr gut geeignet.

▸ **IH-Anleitungen**
Für Prüf- und Messmittel jedoch, bei denen sich Gruppenpläne z. B. für alle Messschieber anbieten, werden IH-Anleitungen verwendet, die allein betrachtet keinem Objekt zugeordnet sind.

Im Wartungsplan werden diese drei Stammsätze – Equipment, Arbeitsplatz und Arbeitsplan – zusammengeführt und mit einem Zeitintervall versehen.

Auch wenn Sie die eigentliche Prüfung nicht im System abbilden, weil diese nur extern durchgeführt wird oder weil die Messdaten in einem externen Protokoll erfasst werden, sollten Sie dem Arbeitsplan mindestens ein Prüfmerkmal zuordnen. Nur dann wird ein Prüflos erzeugt, und der Ablauf der Prüfung ist identisch mit allen anderen Abläufen im Modul QM. Das ist von großem Vorteil, da der Mitarbeiter, der für die Prüf- und Messmittelverwaltung zuständig ist, meistens auch andere Prüflose im Modul QM bearbeitet und dementsprechend bereits mit den Transaktionen vertraut ist.

Alternativ können Sie auch die Aufträge in den IH-Transaktionen ausführen, die ich hier aber nicht beschreiben werde. Als erstes möchte ich das Equipment erläutern, das das Objekt der Prüfung darstellt.

15.1.1 Equipment

Ein Equipment legen Sie in der Transaktion IE01/02 bzw. über den Pfad LOGISTIK • QUALITÄTSMANAGEMENT • PRÜFMITTELVERWALTUNG • PRÜFMITTEL • EQUIPMENT • ANLEGEN/ÄNDERN an. Im Einstiegsbild geben Sie im Feld EQUIPMENTTYP den Eintrag Q- PRÜF- UND MESSMITTEL an.

Sie können an dieser Stelle eine Nummer vorgeben, wenn Sie für Gerätegruppen eine sprechende Nummer verwenden möchten (wenn z. B. alle Laborgeräte mit einer 5 anfangen sollen). Sie können den Nummernkreis so einstellen, dass er genau der von Ihnen verwendeten Nummer entspricht, die auf dem Messgerät sichtbar ist. Bedenken Sie dabei aber, dass diese Nummer einmalig ist und auch bei Verschrottung des Gerätes nicht neu vergeben werden darf. Sie können auch eine interne laufende Nummer verwenden und geben die Nummer, die auf dem Gerät sichtbar ist, im Feld INVENTARNUMMER ein.

Wenn Sie im ersten Bild der Transaktion die Eingabe des Equipmenttyps bestätigen, gelangen Sie auf das Register ALLGEMEIN (siehe Abbildung 15.2), auf dem Sie die Herstelldaten pflegen. All diese Daten sind nur informativ.

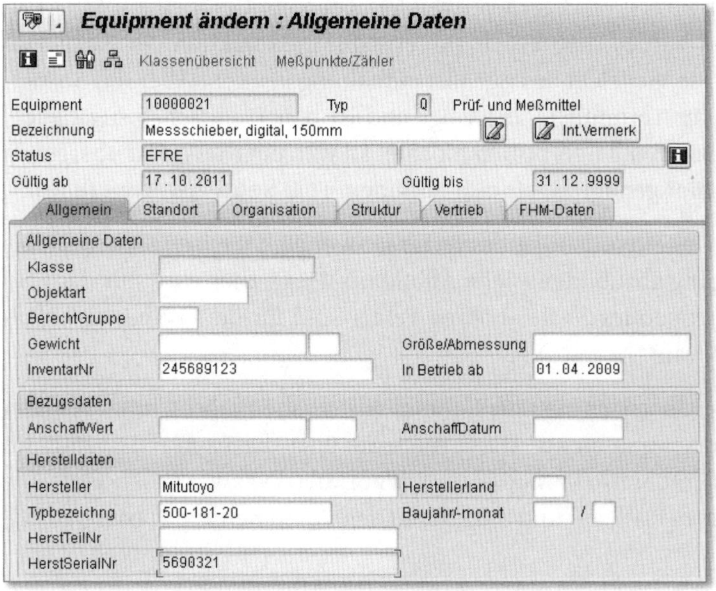

Abbildung 15.2 Equipment – allgemeine Daten

Auf dem Register STANDORT geben Sie an, wo das Equipment eingesetzt wird (siehe Abbildung 15.3). Das Feld STANDORTWERK ist ein Pflichtfeld, alle anderen Angaben dienen der Auffindung des Messgerätes und müssen nicht ausgeprägt werden. Diese Informationen werden in den Termin- und Auftragslisten angezeigt. So können Sie in den Listen gut nach diesen Feldern filtern und alle Geräte aus einer Abteilung immer komplett zusammen überprüfen.

Abbildung 15.3 Equipment – Standort

Die Felder STANDORT und BETRIEBSBEREICH sind Tabellen im Customizing, die Sie beliebig erweitern können. Sie sollten sich diesbezüglich immer mit der Instandhaltung absprechen, da diese SAP-Objekte gemeinsam verwendet werden.

Das Feld SORTIERFELD wird gern verwendet, wenn ein Gerät einem Mitarbeiter übergeben wurde. Theoretisch gibt es dafür die Funktion der Partnerzuordnung, die Sie vielleicht aus der Instandhaltung kennen. Aber das Sortierfeld wird in der Terminliste angezeigt und ist daher einfacher zugänglich, wenn man z. B. schnell überprüfen möchte, an wen ein Messgerät übergeben wurde. Auch hier genügt es, einfach nach dem Feld SORTIERFELD zu filtern.

Das Register ORGANISATION ist das letzte notwendige Register, um die Prüfmittelverwaltung abzubilden (siehe Abbildung 15.4). Hier wird nur das Feld PLANUNGSWERK gepflegt. Alle anderen Felder sind für die Prüfmittelverwaltung nicht relevant.

Wenn Sie eine Übersicht über die Equipments erhalten möchten, verwenden Sie die Liste der Equipments. Diese rufen Sie über die Transaktion IE05 im Pfad LOGISTIK • QUALITÄTSMANAGEMENT • PRÜFMITTELVERWALTUNG • PRÜFMITTEL • EQUIPMENT • LISTE auf und selektieren den Equipmenttyp Q (siehe Abbildung 15.5).

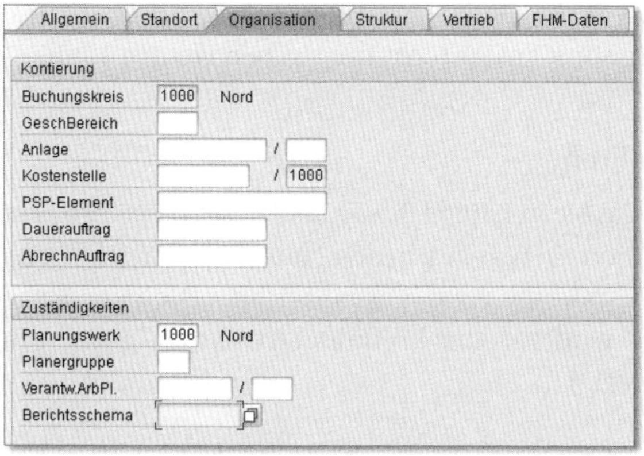

Abbildung 15.4 Equipment – Organisation

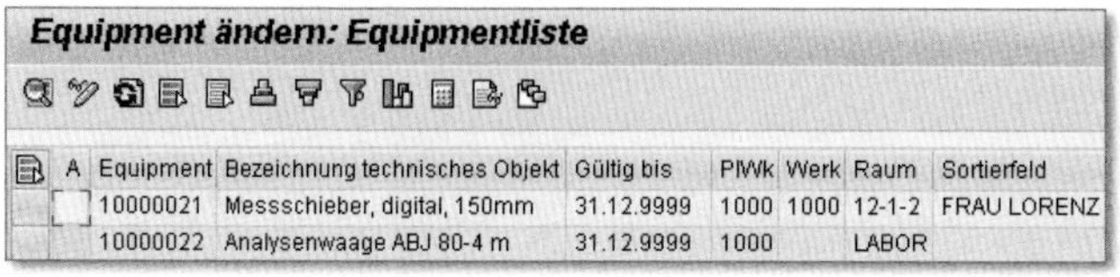

Abbildung 15.5 Equipmentliste

Sie können nun Ihren Prüfplan ergänzen, indem Sie das Prüfmittel zum Prüfmerkmal zuordnen, wie ich es in Kapitel 5, »Prüfplanung«, beschrieben habe.

15.1.2 Arbeitsplatz

Den Arbeitsplatz haben Sie bereits in Kapitel 4, »Logistik-Stammdaten«, kennengelernt. Sie bearbeiten ihn in der Transaktion CRQ2. Im Zusammenhang
mit der Prüfmittelverwaltung ist zusätzlich relevant, dass auf dem Register
KALKULATION die entsprechende Kostenstelle für die Abrechnung der Kalibrierprüfung hinterlegt werden muss (siehe Abbildung 15.6).

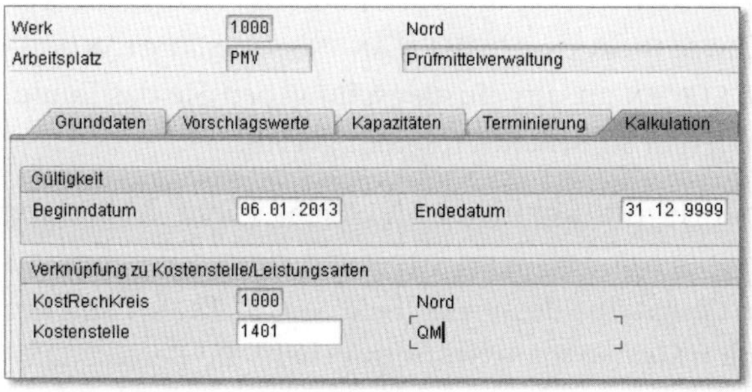

Abbildung 15.6 Kostenstelle des Arbeitsplatzes

Das Feld Kostenstelle muss auch gefüllt sein, wenn Sie keine Kosten erfassen möchten, da der Auftrag sonst später nicht freigegeben werden kann.

15.1.3 Stichprobenverfahren

Das Stichprobenverfahren, das Sie in Kapitel 3, »Grunddaten«, kennengelernt haben und in der Transaktion QDV2 bearbeiten, muss im Bereich Prüfpunkte mit der Option Instandhaltung gekennzeichnet werden (siehe Abbildung 15.7). Meistens wird für die Prüfmittelverwaltung genau ein Stichprobenverfahren angelegt.

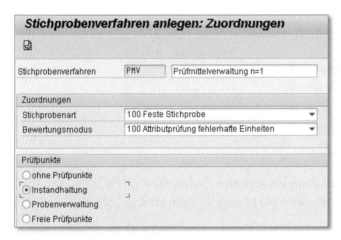

Abbildung 15.7 Stichprobenverfahren – Instandhaltung

15.1.4 Equipmentplan

Wie erwähnt, ist der Equipmentplan genau einem Equipment zugeordnet. Im Übrigen ist der Aufbau des Plans identisch mit allen anderen Arbeits- und Prüfplänen, die in Kapitel 5, »Prüfplanung«, vorgestellt wurden. Sie legen den Plan in der Transaktion IA01 bzw. über den Pfad Logistik • Qualitätsmanagement • Prüfmittelverwaltung • Kalibrierplanung • Arbeitsplanung • Equipmentarbeitsplan • Anlegen an. Im Einstiegsbild geben Sie das Equipment vor, für das der Plan gelten soll (siehe Abbildung 15.8).

Als Erstes gelangen Sie nun in die Kopfdaten des Plans (siehe Abbildung 15.9). Als Text des Plangruppenzählers wird der Kurztext des Equipments vorgeschlagen. Pflegen Sie den Status des Plans (Feld Status Plan). Soll der Plan sofort gelten, verwenden Sie den Status 4 (freigegeben). Im Bereich QM-Daten pflegen Sie im Feld Prüfpunkte den Eintrag 300 (Equipment).

Equipmentplan anlegen: Einstieg

Plan

Equipment   10000021

Benutzervorgaben
Profil
Änderungsnummer
Stichtag   06.01.2013

Abbildung 15.8 Equipmentplan anlegen

Equipmentplan anlegen: Kopf Allgemeine Sicht

Vorgang   Plan

Equipment 10000021   Messschieber, digital, 150mm
Plangruppe 14   Messschieber, digital, 150mm

Plangruppe   14
Plangruppenzähler   1 Messschieber, digital, 150mm
Planungswerk   1000

Zuordnungen zum Plankopf
Arbeitsplatz   /
Verwendung
Planergruppe
Status Plan   4
Anlagenzustand
Wartungsstrategie
Baugruppe
☐ Löschvormerkung

QM-Daten
Prüfpunkte   300
Ext. Numerierung

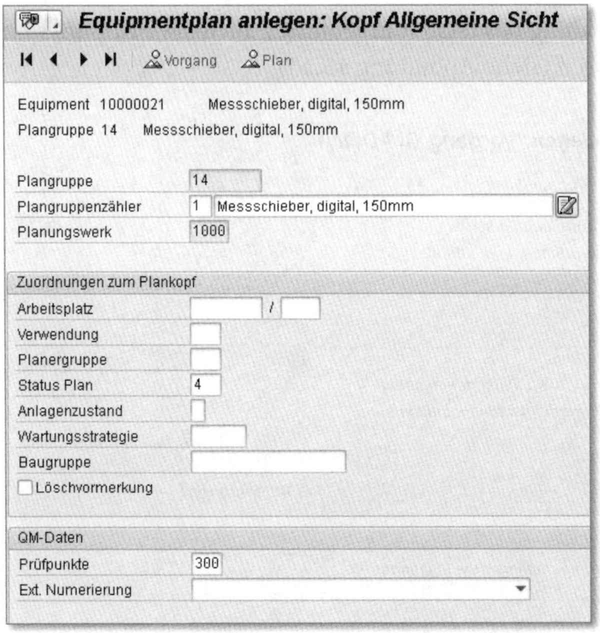

Abbildung 15.9 Equipmentplan – Kopfdaten

In der Vorgangsübersicht, die Sie über den Button Vorgang aufrufen, legen Sie den Prüfvorgang an und über das Feld STEU (Steuerschlüssel) fest, ob der Prüfvorgang intern oder extern durchgeführt wird (siehe Abbildung 15.10).

Anschließend pflegen Sie die QM-Daten sowie – bei extern durchgeführten Prüfungen – auch die Daten der Fremdbearbeitung im Detailbild des Vorganges.

Sie verzweigen in das Vorgangsdetail per Doppelklick auf die Vorgangsnummer und springen über das Menü VORGANG • QM-DATEN in den QM-Daten in die Bewertung des Prüfpunktes. Um den Ablauf zu vereinfachen, können Sie als Bewertung des Prüfpunktes die automatische Bewertung einstellen.

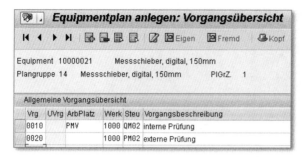

Abbildung 15.10 Equipmentplan – Vorgangsübersicht

Damit wird bei Rückmeldung des letzten Ergebnisses auch der Prüfpunkt im Hintergrund abgeschlossen (siehe Abbildung 15.11).

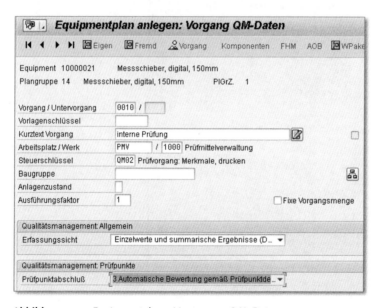

Abbildung 15.11 Equipmentplan – Vorgang zu QM-Daten

Die Daten der Fremdbearbeitung erreichen Sie auch aus dem Vorgangsdetail über das Menü VORGANG • FREMDBEARBEITUNG (siehe Abbildung 15.12). Hier pflegen Sie die Felder BESTELLMENGE und BESTELLMNG. EINHEIT sowie KOSTENART, WARENGRUPPE und EINKÄUFERGRUPPE. Wenn Sie einen festen Dienstleister für die Kalibrierung haben, tragen Sie diesen im Feld KREDITOR ein. Welchen Inhalt Sie in diesen Feldern eintragen müssen, sprechen Sie mit Ihrer Einkaufs- und Ihrer Controllingabteilung ab.

Die Übersicht der Prüfmerkmale zum Vorgang erreichen Sie über den Button Prüfmk unter der Tabelle der Vorgänge in der Vorgangsübersicht (nicht zu sehen in Abbildung 15.10). Die Pflege der Prüfmerkmale ist identisch mit der in Kapitel 5, »Prüfplanung«, beschriebenen. Sie legen hier mindestens ein Prüfmerkmal mit dem für die Instandhaltung vorgesehenen Stichprobenverfahren an.

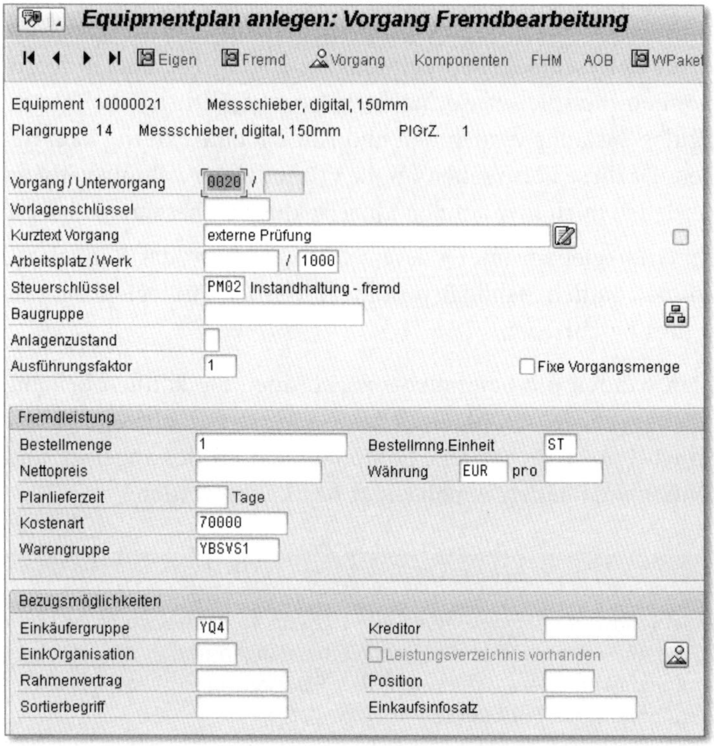

Abbildung 15.12 Equipmentplan – Vorgang zur Fremdbearbeitung

15.1.5 IH-Anleitung

Die IH-Anleitung erreichen Sie über die Transaktion IA05 bzw. über den Pfad LOGISTIK • QUALITÄTSMANAGEMENT • PRÜFMITTELVERWALTUNG • KALIBRIERPLANUNG • ARBEITSPLANUNG • ANLEITUNG • ANLEGEN. Das Einstiegsbild können Sie ohne Eingaben sofort bestätigen. Das System legt dann automatisch eine neue Plangruppe an, so wie Sie es von der Prüfplananlage kennen. Sie pflegen den Plankopf, die Vorgangs- und Prüfmerkmalsdaten genauso wie im Equipmentplan.

15.1.6 Wartungsplan

Es gibt zwei verschiedene Arten von Wartungsplänen.

▶ **Einzelzyklusplan**
Im Einzelzyklusplan wird genau ein Zeitintervall definiert, in dem alle Vorgänge des Arbeitsplans fällig werden.

▶ **Strategieplan**
In einem Strategieplan können Sie Wartungspakete, also Zeitpunkte definieren und diese den einzelnen Vorgängen zuordnen. So haben Sie die Möglichkeit, zu unterschiedlichen Zeitpunkten andere Prüfungen durchführen zu können. Beispielsweise möchten Sie halbjährlich eine interne Überprüfung des Zustands vornehmen und jährlich eine externe Kalibrierung anstoßen. Da diese Form selten für die Prüfmittelverwaltung verwendet wird, werde ich mich hier auf den Einzelzyklusplan beschränken.

Sollte Sie der Strategieplan interessieren, lesen Sie bitte das Kapitel 16, »Stabilitätsstudie«. In den Stabilitätsprüfungen werden Strategiepläne verwendet und dort beschrieben.

Im Wartungsplan werden die Equipments zugeordnet. Sie können beliebig viele Objekte zuordnen, ich empfehle jedoch, immer nur ein Equipment zuzuordnen. So wird für jedes einzelne Equipment ein Prüflos angelegt, und die Prüflose können unabhängig voneinander bearbeitet werden.

[+] **Mehrere Equipments zuordnen**

Eine Ausnahme ist jedoch die Überwachung eines gesamten Messsystems. In diesem Fall sollten Sie alle Einzelobjekte als Equipments anlegen und in einem Wartungsplan zusammenfassen. Sie erhalten dann bei Fälligkeit ein Prüflos mit allen zugeordneten Equipments als Prüfpunkte.

Den Wartungsplan legen Sie in der Transaktion IP41 oder über den Pfad LOGISTIK • QUALITÄTSMANAGEMENT • PRÜFMITTELVERWALTUNG • KALIBRIERPLANUNG • WARTUNGSPLANUNG • WARTUNGSPLAN • EINZELZYKLUSPLAN ANLEGEN an. Als WARTUNGSPLANTYP verwenden Sie den Typ PM – WARTUNGSAUFTRAG (siehe Abbildung 15.13). Sie bestätigen die Eingabe und gelangen in das Bild zur Anlage des Wartungsplans.

Abbildung 15.13 Wartungsplan anlegen

Auf dem Register ZYKLEN WARTUNGSPLAN geben Sie den ZYKLUS an, z. B. 1 JHR für die jährliche Überprüfung (siehe Abbildung 15.14).

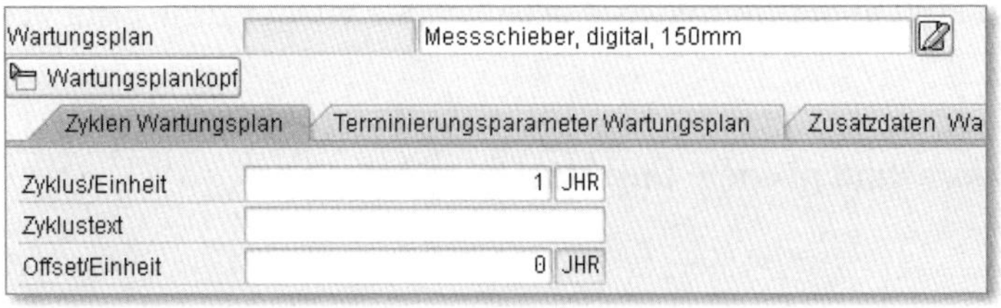

Abbildung 15.14 Wartungsplan – Zyklus

In den Positionen (Bereich unter der Zyklusangabe) ordnen Sie das Equipment zu und pflegen den Bereich PLANUNGSDATEN (siehe Abbildung 15.15). Im Bereich ARBEITSPLAN ordnen Sie jetzt entweder den Equipmentplan mit dem Typ E oder die IH-Anleitung mit dem Typ A zu, jeweils mit Angabe der Plangruppe und des Plangruppenzählers.

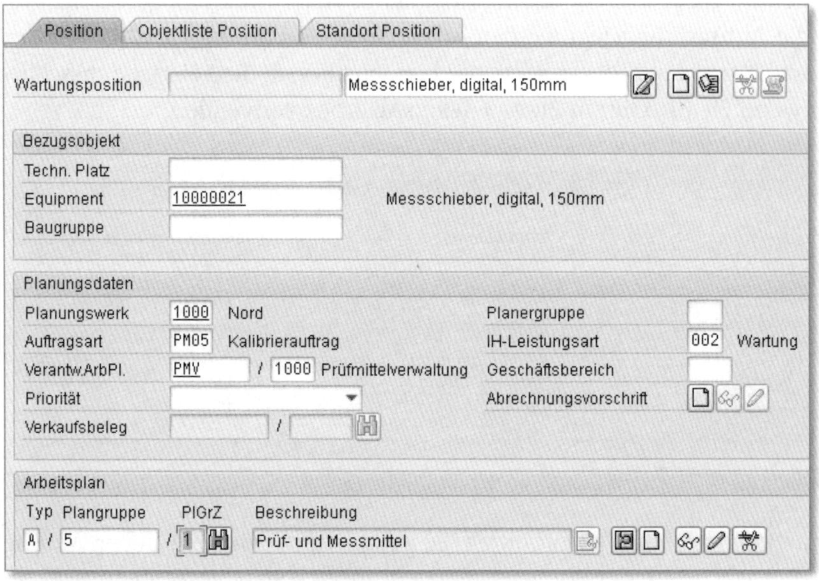

Abbildung 15.15 Wartungsplan in der Position

Über den Button ⬜ neben dem Eintrag ABRECHNUNGSVORSCHRIFT legen Sie die Abrechnungsvorschrift an. Diese kann z. B. besagen, dass die Abrechnung über die Kostenstelle erfolgt. Dazu geben Sie in der Spalte TYP KST und in der Spalte ABRECHNUNGSEMPFÄN... die Kostenstelle an (siehe Abbildung 15.16). Auch hier gilt, dass diese Angaben eingetragen werden müssen – auch wenn Sie keine Kosten rückmelden möchten. Wenn Sie jedoch Kosten erfassen müssen, müssen Sie diese Einstellungen mit der Controllingabteilung besprechen.

Mit dem grünen Pfeil in der Buttonleiste gelangen Sie wieder zurück auf das Hauptbild.

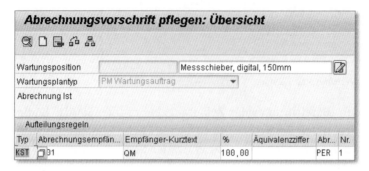

Abbildung 15.16 Abrechnungsvorschrift

Auf dem Register TERMINIERUNGSPARAMETER WARTUNGSPLAN geben Sie vor, wie die Aufträge angelegt werden sollen (siehe Abbildung 15.17). Über den Bereich TERMINIERUNGSKENNZEICHEN können Sie z. B. die Feiertage ausschließen, wenn Sie die Option ZEIT – FABRIKKALENDER verwenden.

Zyklen Wartungsplan	Terminierungsparameter Wartungsplan	Zusatzdaten Wartungsplan
Terminermittlung	**Abrufsteuerung**	**Terminierungskennzeichen**
VF verspätete Erledigung ☐ %	Eröffnungshorizont ☐ %	⦿ Zeit
Toleranz (+) ☐ %	Abrufintervall ☐ TAG	○ Zeit - stichtagsgenau
VF verfrühte Erledigung ☐ %	☑ Erledigungspflicht	○ Zeit - Fabrikkalender
Toleranz (-) ☐ %		
Streckungsfaktor 1,00	**Start Terminierung**	
Fabrikkalender ☐	Zyklusstart 01.01.2012	

Abbildung 15.17 Terminierungsparameter für Wartungsplan

Ist das Kennzeichen ERLEDIGUNGSPFLICHT aktiviert, wird ein neuer Auftrag erst angelegt, wenn der vorangegangene Auftrag abgeschlossen wurde.

Über das Feld ERÖFFNUNGSHORIZONT definieren Sie, wie viele Tage im Voraus ein Auftrag erzeugt wird. Das Feld ABRUFINTERVALL bestimmt den Zeitraum, für den das System bei der Wartungsplanterminierung Wartungsabrufe erzeugt. Wenn Sie ein Abrufintervall angeben, werden für diesen Zeitraum wartende Abrufe erzeugt. Da Sie bei der Anlage des Wartungsplans für ein Prüf- und Messmittel nicht wissen, welche Lebensdauer dieses Mittel hat, wird das Abrufintervall an dieser Stelle nicht genutzt. Ohne diese Angabe werden solange der Wartungsplan aktiv Abrufe erzeugt.

15.1.7 Terminierung

Um die Überwachung für einen Wartungsplan anzustoßen, wird dieser Wartungsplan terminiert. Dazu rufen Sie die Transaktion IP10 oder den Pfad LOGISTIK • QUALITÄTSMANAGEMENT • PRÜFMITTELVERWALTUNG • KALIBRIERPLANUNG • WARTUNGSPLANUNG • TERMINIERUNG auf. Geben Sie den Wartungsplan ein und bestätigen die Eingabe, gelangen Sie zur Terminierung. Dort aktivieren Sie die Terminierung über den Button STARTEN. Es öffnet sich ein Fenster zur Eingabe des Startdatums (siehe Abbildung 15.18). Geben Sie hier als Startdatum das Datum der letzten Prüfung an, und bestätigen Sie dies mit dem Button ✔ (Weiter), damit das System bei einer jährlichen Prüfung genau ein Jahr später einen Prüfauftrag erzeugt.

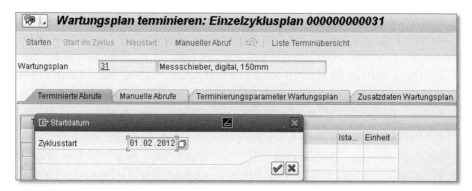

Abbildung 15.18 Terminierung starten

Auf dem Register TERMINIERTE ABRUFE erscheint anschließend ein neuer Eintrag (siehe Abbildung 15.19).

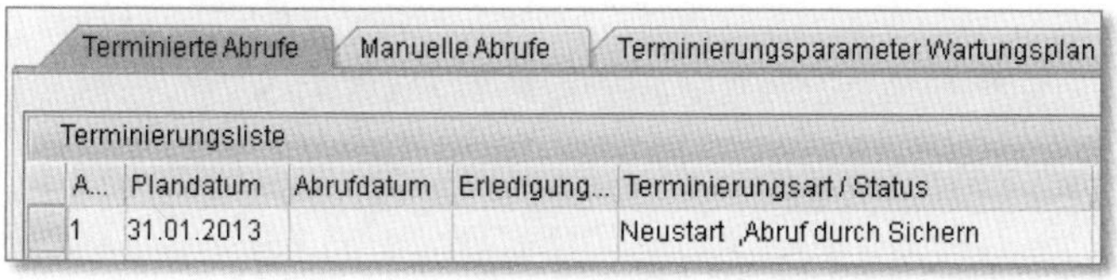

Terminierte Abrufe	Manuelle Abrufe	Terminierungsparameter Wartungsplan

Terminierungsliste

A...	Plandatum	Abrufdatum	Erledigung...	Terminierungsart / Status
1	31.01.2013			Neustart ,Abruf durch Sichern

Abbildung 15.19 Terminierte Abrufe

Mit dem Sichern der Terminierung entsteht ein Kalibrierauftrag.

15.1.8 Terminüberwachung

Um die Terminüberwachung automatisiert im Hintergrund einzurichten, nutzen Sie den Punkt TERMINÜBERWACHUNG im selben Pfad in Transaktion IP30. Diesen Report lassen Sie von der Jobverwaltung im Hintergrund einrichten. Dazu legen Sie eine Selektionsvariante an, in der Sie den Wartungs-plantyp angeben. Damit ist diese Terminüberwachung gut von denen der Instandhaltung abgegrenzt. Das Anlegen einer Selektionsvariante habe ich in Kapitel 13 in Abschnitt 4 erläutert. Für jedes Selektionsbild lassen sich so Varianten zur Selektion verwalten.

15.2 Ablauf der Prüfung

Über die Terminierung entsteht ein Auftrag der Auftragsart PM05 (Kalibrier-auftrag). Bei Freigabe des Auftrags wird im Hintergrund ein Prüflos der Her-kunft 14 angelegt.

Enthält der Auftrag einen Fremdarbeitsvorgang, wird auch eine Bestellanfor-derung angelegt. Haben Sie den Kreditor vorgegeben, können Sie automati-siert eine Bestellung anlegen, sonst legt der Einkauf manuell eine Bestellung an. Diese Bestellung können Sie als Begleitpapier nutzen, wenn Sie das Prüf-mittel zur Kalibrierprüfung versenden. Als Bestelltext wird die Vorgangsbe-schreibung aus dem Plan übertragen (siehe Abbildung 15.10).

Die Prüfergebnisse erfassen Sie am besten im Arbeitsvorrat zur Ergebniser-fassung in der Transaktion QE51N. Über das Register EQUIPMENT/ TECHN.PLATZ können Sie gezielt Prüflose zu einzelnen Equipments selektie-ren, indem Sie im Feld EQUIPMENT eine Angabe eintragen und das Kennzei-chen NUR LOSE ZU EQUIPMENTS aktivieren (siehe Abbildung 15.20).

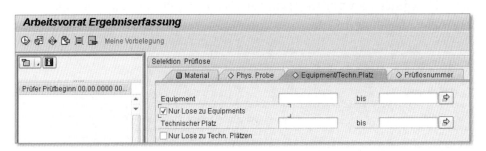

Abbildung 15.20 Ergebniserfassung zur Selektion

Sie können nun die Ergebnisse wie in Kapitel 4, »Logistik-Stammdaten«, beschrieben, erfassen. Nach Abschluss der Ergebnisse wird automatisch auch der Prüfpunkt abgeschlossen. Sie rufen im Anschluss den Verwendungsent-scheid über einen Doppelklick auf das Prüflos auf (siehe Abbildung 15.21).

Merkmalsfilter
140000000000 - 4000060
0010 interne Prüfung Arbeitsplatz Prüfmittelverwaltung
Equipment 10000021
0010 Prüfmittel iO?

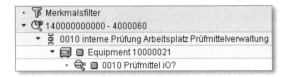

Abbildung 15.21 Ergebnisse abschließen

Im Anschluss an den Verwendungsentscheid laufen Folgeaktionen ab.

Als Erstes öffnet sich ein Fenster, in dem Sie den Status des Equipments ändern können (siehe Abbildung 15.22). Sie sehen die Spalten AKTUELLER STATUS und VORSCHLAG. Der Vorschlag zur Statusänderung ist abhängig von der Bewertung des Prüfpunktes. Das Feld STRECKUNGSFAKTOR bestimmt, ob das Zeitintervall zur nächsten Terminierung angepasst werden soll.

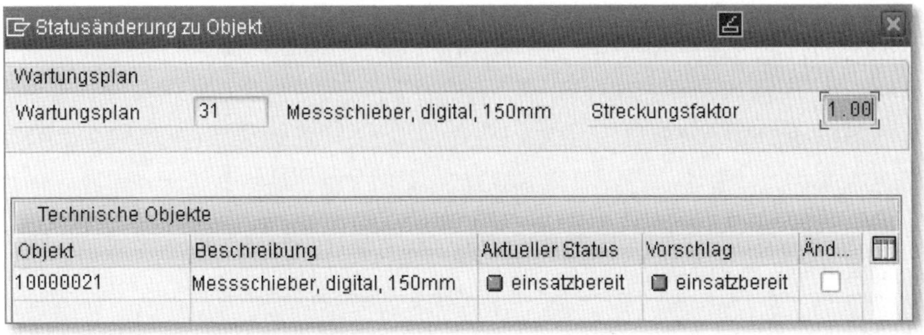
Statusänderung zu Objekt
Wartungsplan
Wartungsplan
31
Messschieber, digital, 150mm
Streckungsfaktor
1.00
Technische Objekte
Objekt
Beschreibung
Aktueller Status
Vorschlag
Änd...
10000021
Messschieber, digital, 150mm
einsatzbereit
einsatzbereit

Abbildung 15.22 Statusbeibehaltung bei Annahme

Streckungsfaktor [zB]

Der Zustand des Messgerätes ist grenzwertig. Sie möchten daher nicht ein ganzes Jahr bis zur nächsten Prüfung warten, sondern das Prüfmittel schon nach einem halben Jahr erneut testen. Sie geben als Streckungsfaktor dann 0,5 ein.

Sie haben nun die Möglichkeit, den Vorschlag aus Abbildung 15.22 anzunehmen oder abzulehnen:

- **Annahme**
  Möchten Sie den Vorschlag annehmen, müssen Sie dies nur bestätigen, indem Sie auf den Button ✔ (Weiter) klicken.
- **Rückweisung**
  Möchten Sie den Vorschlag nicht annehmen, markieren Sie das Kennzeichen ÄND. Im Pop-up wird daraufhin eine Statusänderung von EINSATZBEREIT auf NICHT EINSATZBEREIT vorgeschlagen (siehe Abbildung 15.23).

Abbildung 15.23 Statusänderung bei Rückweisung

Status im Equipment

Den Status im Equipment können Sie in der Equipmentbearbeitung in der Transaktion IE02/03 einsehen (siehe Abbildung 15.24).

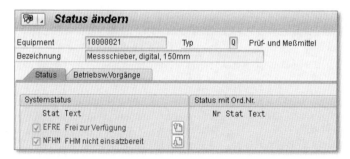

Abbildung 15.24 Status im Equipment

Eine Veränderung des Status ist nur mit einem neuen Prüflos möglich. Wurde das Prüfmittel repariert, legen Sie in der Terminierung in der Transaktion IP10 einen manuellen Abruf über den Button MANUELLER AUFRUF an und durchlaufen den ganzen Ablauf noch einmal. Ist bei der wiederholten Prüfung das Prüfmittel in Ordnung, ändern Sie den Status wieder auf EINSATZBEREIT.

15.3   Listen

Als Arbeitsinstrument stehen Ihnen mehrere Listen zur Verfügung:

▶ **Prüflosliste**
Die Prüflosliste rufen Sie über die Transaktion QA32 auf. In der Spalte KURZTEXT DES PRÜFOBJEKTES ist der Kurztext des Equipments enthalten (siehe Abbildung 15.25).

Daten zum Prüflos ändern : Arbeitsvorrat Prüflose

Moni...	A	Prüflos	Kurztext des Prüfobjektes	Starttermin	Werk
	⊙⊙▫	140000000000	Messschieber, digital, 150mm	31.01.2013	1000
	⊙⊙▫	140000000001	Messschieber, digital, 150mm	06.01.2013	1000
	⊙⊙▫	140000000002	Messschieber, digital, 150mm	06.01.2013	1000

Abbildung 15.25 Liste der Prüflose

▶ **Terminliste**

In der Wartungsterminliste, die Sie in der Transaktion IP24 oder über den Pfad LOGISTIK • QUALITÄTSMANAGEMENT • PRÜFMITTELVERWALTUNG • KALIBRIERPLANUNG • WARTUNGSPLANUNG • TERMINLISTE aufrufen, sehen Sie je nach Selektion alle kommenden Aufträge. Sie sehen in Abbildung 15.26, dass der Wartungsplan 21 immer neue Abrufe (Spalte ABRUFNR.) erzeugt hat, obwohl es noch offene Aufträge gibt. Das liegt daran, dass das Kennzeichen ERLEDIGUNGSPFLICHT in den Terminierungsparametern nicht aktiv ist (siehe Abbildung 15.17).

Wartungsterminübersicht Listform: Liste Wartungsterminübersicht

Wartungsposition   Wartungspläne

A	W-Pos	Wartungsplan	WPos-Beschreibung	Abrufnr.	Startdatum	Auftrag	Raum	Sortierfeld
	181	21	Vierteljährliche Prüfung	1	19.01.2011	4000041		
	181	21	Vierteljährliche Prüfung	2	13.04.2011			
	181	21	Vierteljährliche Prüfung	3	12.07.2011			
	181	21	Vierteljährliche Prüfung	4	10.10.2011			
	181	21	Vierteljährliche Prüfung	5	08.01.2012			
	221	31	Messschieber, digital, 150mm	1	31.01.2013	4000060	12-1-2	FRAU LORENZ
	221	31	Messschieber, digital, 150mm	2	31.01.2014		12-1-2	FRAU LORENZ
	221	31	Messschieber, digital, 150mm	90.000.000	06.01.2013	4000061	12-1-2	FRAU LORENZ
	221	31	Messschieber, digital, 150mm	90.000.001	06.01.2013	4000062	12-1-2	FRAU LORENZ

Abbildung 15.26 Terminliste

Sie können in der Terminliste die Standortfelder des Equipments einblenden lassen und damit gezielt im Vorfeld und abteilungsweise alle Prüfmittel rechtzeitig zur Überprüfung anfordern.

15.4 Customizing

Um die Prüfabwicklung wie beschrieben durchzuführen, sind im Customizing nur die Einstellungen zum Planungswerk notwendig, wenn Sie ein anderes Werk verwenden, als in der Erstinstallation enthalten ist. Dazu wählen Sie im Customizing den Pfad INSTANDHALTUNG UND KUNDENSERVICE • INSTAND-

Haltungs- und Serviceabwicklung • Instandhaltungs- und Serviceaufträge • Funktionen und Einstellungen der Auftragsarten • Auftragsarten den Planungswerken zuordnen.

Hier ordnen Sie Ihrem Planungswerk (Spalte PlWk) die Auftragsart PM05 (Spalte Art) zu bzw. legen einen neuen Eintrag mit diesen Angaben an (siehe Abbildung 15.27).

Sicht "Zulässige Auftragsarten pro IH-Planungswerk" ändern: Übersicht
Neue Einträge
BC-Set: Feldwert ändern
PlWk
Name 1
Art
Text Auftragsart
1000
Nord
PM05
Kalibrierauftrag

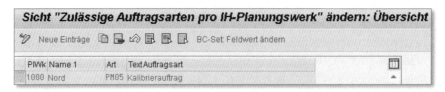

Abbildung 15.27 Auftragsart dem Planungswerk zuordnen

Im Menüpunkt Prüfarten Instandhaltungs- u. Serviceauftragsarten zuordnen im selben Pfad ordnen Sie der Auftragsart PM05 im Planungswerk eine Prüfart der Prüfherkunft 14 zu, im SAP-Standard ist das die Prüfart 14 (siehe Abbildung 15.28).

Sicht "Pruefarten PM/SM-Auftragsarten zuordnen"
Werk
Art
Prüfart
1000
PM05
14

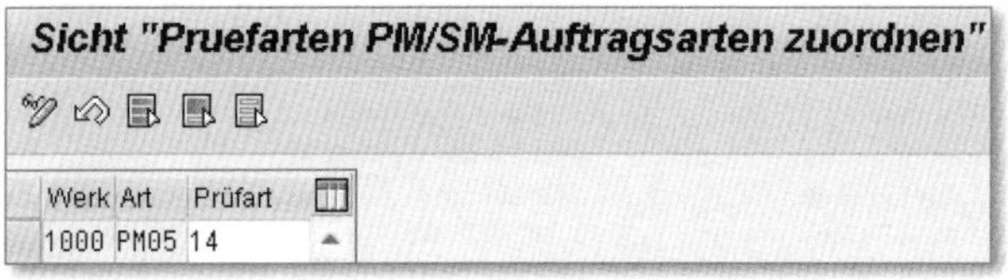

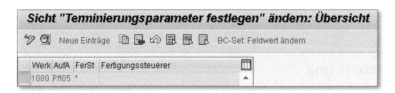

Abbildung 15.28 Prüfart der Auftragsart zuordnen

Um die Terminierung durchführen zu können, kopieren Sie den Eintrag vom Werk 0001 zu Ihrem Werk über den Customizing-Pfad Instandhaltung und Kundenservice • Instandhaltungs- und Serviceabwicklung • Instandhaltungs- und Serviceaufträge • Terminierung • Terminierungsparameter einstellen (siehe Abbildung 15.29).

Sicht "Terminierungsparameter festlegen" ändern: Übersicht
Neue Einträge
BC-Set: Feldwert ändern
Werk
AufA
FerSt
Fertigungssteuerer
1000
PM05
*

Abbildung 15.29 Terminierungsparameter festlegen

Sie haben nun die Voraussetzungen im Customizing geschaffen, um die Prüfmittelverwaltung reibungslos abzubilden.

15.5 Ausblick/Alternativen

Sie kennen nun die Grundabläufe der Prüfmittelverwaltung und können natürlich auch nur Teilbereiche verwenden, wenn Ihnen die Darstellung hier zu umfangreich erscheint.

Einige Firmen verwenden z. B. nur die Equipmentliste und geben im Sortierfeld das nächste Prüfdatum ein; im Langtext des Equipments werden die durchgeführten Prüfungen als Historie festgehalten. Über die Liste der Equipments haben Sie so eine Übersicht, die Sie manuell überwachen. Andere Firmen lassen den QM-Part weg und schließen nur die Aufträge ab. So wird die Funktion der Terminierung genutzt, das heißt der automatischen Auftragserstellung, und Sie überwachen die Prüfmittel über die Auftragsliste.

Aber Sie können auch noch einen Schritt weiter als hier gezeigt gehen und bei Auffälligkeiten eine Meldung anlegen. So haben Sie in der Meldungsübersicht eine Equipmenthistorie. Sie sehen, die Möglichkeiten sind vielfältig.

Langzeitstudien, um die Veränderung der Materialeigenschaften unter verschiedenen klimatischen Bedingungen, zu erfassen, werden als Stabilitätsstudien im SAP-System abgebildet. In diesem Kapitel wird eine vollständige Studie vorgestellt.

16 Stabilitätsstudie

Eine Stabilitätsprüfung oder -studie wird in verschiedenen Branchen zur Festlegung oder zum Nachweis der Haltbarkeit gefordert. Bei einer solchen Studie wird der Einfluss unterschiedlicher Bedingungen, wie z. B. Temperatur, Helligkeit oder Feuchtigkeit, auf ein Präparat, ein Material oder eine Charge über einen festgelegten Zeitraum verfolgt und untersucht. Dabei wird eine Charge unter verschiedenen klimatischen Bedingungen über einen längeren Zeitraum gelagert und zu festgelegten Zeitpunkten kontrolliert.

Sie schaffen mit der Durchführung von Stabilitätsstudien die Voraussetzung für die Marktzulassung eines neuen Präparats oder nutzen die Studie als Kontrollinstrument. Ebenso kann eine Studie im Entwicklungsstadium eines neuen Materials, das noch nicht im System angelegt ist, eingesetzt und eine Studie ohne Materialbezug angelegt werden.

Im SAP-System läuft eine Stabilitätsstudie folgendermaßen ab: Wie beschrieben, werden Elemente aus der Instandhaltung mit dem Prüfplan verknüpft (siehe Abschnitt 16.1). In einer Qualitätsmeldung vom Typ »Stabilitätsstudien« wird der gesamte Ablauf der Prüfung überwacht. Die Prüfung selbst wird mit Prüflosen durchgeführt (siehe Abschnitt 16.3). Ergänzt wird das Kapitel mit Customizing-Einstellungen, um das System zu individualisieren (siehe Abschnitt 16.2), sowie mit Auswertemöglichkeiten in Abschnitt 16.4.

Für Qualitätsmeldungen vom Typ »Stabilitätsstudien« werden zwei Meldungsarten im SAP-Standard ausgeliefert, je nachdem, ob Sie mit oder ohne Materialbezug arbeiten: QR (StabiStudie o.Mat.) und QS (StabiStudie m.Mat.). In der Rezeptverwaltung steht Ihnen zudem noch die Meldungsart QT (StabiStudie Trial) für die *Versuchsverwaltung* zur Verfügung, die einen direkten Versuchsbezug ermöglicht. Sie können Stabilitätsstudien zum Versuch über eine Maßnahme im Versuchsmonitor oder direkt über die entsprechende Meldungstransaktion anlegen.

Die Funktion der Stabilitätsstudie ist völlig autark. Das bedeutet, dass keine anderen Module beteiligt sind. Es finden zu keiner Zeit Bestandsveränderungen oder Umlagerungen statt.

[+] **Beispiel in diesem Kapitel**

Das diesem Kapitel zugrunde liegende Beispiel wird sich auf eine Meldung mit Materialbezug beziehen, das ist die im Modul QM am häufigsten verwendete Art der Stabilitätsstudie.

Der Prüfplan sieht einen Vorgang vor, der in einer dreijährigen Studie verwendet werden soll. Es soll nach 6, 12, 18, 24 und 36 Monaten jeweils ein Prüflos zur Lagerbedingung erzeugt werden.

Nach der Anfangsuntersuchung werden für zwei Lagerbedingungen Proben eingelagert. Zu den in einem Terminplan hinterlegten Zeitpunkten werden über die Laufzeit der Studie Prüflose zu jeder Lagerbedingung eröffnet. Die Entnahme der jeweils geprüften Probemenge verringert die Menge in der Lagerbedingung.

Sind alle Prüflose abgeschlossen, wird die gesamte Studie abgeschlossen und die verbliebene Probemenge ausgelagert. Als Unterstützung steht die Auslagerungsliste zur Verfügung, die alle Proben zu den Lagerbedingungen auflistet.

Der gesamte Ablauf wird über die Aktivitätenleiste gesteuert, die nach Ausführen einer Aktivität den Anwenderstatus verändert. Ich werde zu jedem einzelnen Schritt die Veränderung erwähnen.

16.1 Stammdaten

Da die Stabilitätsstudie ohne Beteiligung anderer Module auskommt, müssen die Prüfarten nicht wie sonst üblich im Materialstamm aktiviert werden – auch wenn die Prüflose Materialbezug haben.

Es werden drei Prüfarten während der Stabilitätsstudie verwendet:

▸ **16 – Prüfung zur Lagerbedingung (Stabi)**
Das sind die Prüflose, die geplant nach einem vorgegebenen Intervall zu einer Lagerbedingung erzeugt werden.

▸ **1601 – Anfangsuntersuchung (Stabi)**
Mit der Anfangsuntersuchung wird die Fähigkeit der Charge für eine Stabilitätsstudie geprüft.

▶ **1602 – Man. Prüflos zur Lagerbedingung (Stabi)**
Sie haben mit dieser Prüfart jederzeit die Möglichkeit, zwischen den be-
rechneten Zeitpunkten manuelle Prüflose zu erzeugen.

Zunächst möchte ich Ihnen die Besonderheiten an den Ihnen bereits bekannten Stammdaten erläutern, die für die Stabilitätsstudie von Bedeutung sind.

16.1.1 Prüfplan

Für die notwendige Anfangsuntersuchung, die Sie in Abschnitt 16.3.1 kennenlernen, wird ein Prüfplan verwendet, wie er in Kapitel 5, »Prüfplanung«,
vorgestellt wurde. Dieser Prüfplan benötigt keinen Materialbezug. Sie können z. B. denselben Plan wie bei der Freigabeprüfung verwenden.

Für die Prüfung zur Lagerbedingung (siehe Abschnitte 16.2, »Customizing«,
und 16.3.2, »Stabilitätsplanung«) benötigen Sie einen Prüfplan mit einer
Wartungsstrategie. In der Standardinstallation wird die Strategie QSTABI ausgeliefert, die in Abschnitt 16.1.2, »Wartungsstrategie«, vorgestellt wird. Sie
können jederzeit eigene Strategien anlegen. Nur mit einer Wartungsstrategie
ist es möglich, einzelne Vorgänge unterschiedlichen Zeitpunkten, das heißt
den Wartungspaketen, zuzuordnen und damit zu einzelnen Zeitpunkten verschiedene Prüfungen abzubilden.

Die Zuordnung der Wartungspakete zu den Vorgängen sind nur in der Engineering Workbench – zu erreichen in der Transaktion CWBQM oder über
den Pfad LOGISTIK • QUALITÄTSMANAGEMENT • STABILITÄTSSTUDIE • STABILITÄTS-
PLANUNG • PRÜFPLANUNG • WORKBENCH – enthalten. Sie können in der Workbench den gesamten Prüfplan anlegen, oder Sie legen einen Prüfplan in der
einfachen Planbearbeitung von Transaktion QP02 an und ordnen später die
Strategie in der Workbench zu.

Den Plankopf rufen Sie auf, wie in Kapitel 5, »Prüfplanung«, beschrieben. Im
Register QUALITÄTSMANAGEMENT aus Abbildung 16.1 füllen Sie das Feld STRA-
TEGIE.

Für jeden von Ihnen angelegten Vorgang rufen Sie über das Menü PLÄNE •
WARTUNGSPAKETE die Übersicht über die Wartungspakte auf und ordnen die
Pakete dem Vorgang zu. Sie bestimmen damit, welche Prüfungen zu welchem
Zeitpunkt stattfinden werden. In unserem Beispiel werden einem Vorgang
die Wartungspakete 6, 12, 18, 24 und 36 Monate zugeordnet (siehe Abbil-
dung 16.2).

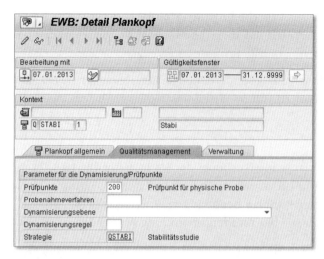

Abbildung 16.1 Wartungsstrategie im Plankopf

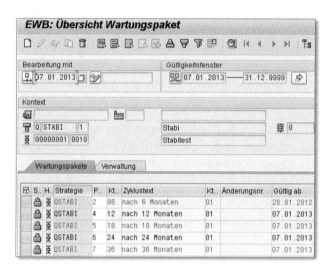

Abbildung 16.2 Wartungspaket

16.1.2 Wartungsstrategie

Zur Verwendung in der Stabilitätsstudie wird die Strategie QSTABI-(Stabilitätsstudie) ausgeliefert. Diese enthält als Wartungspakete die Zeitpunkte, auch T-Points genannt, einer gängigen fünfjährigen Studie und ist daher sehr gut ohne Änderungen einsetzbar. Sie rufen diese Strategie in der Transaktion IP11 oder über den Pfad LOGISTIK • QUALITÄTSMANAGEMENT • STABILITÄTS-STUDIE • STABILITÄTSPLANUNG • STRATEGIE • BEARBEITEN auf (siehe Abbildung 16.3).

Wartungsstrategien anzeigen: Übersicht
Dialogstruktur
Wartungsstrategien
Pakete
Name | Bezeichnung
A | kalendergenaue Terminierung
B | stichtagsgenaue Terminierung
C | fabrikkalendergenaue Termin.
D | leistungsabhängige Termin. KM
QSTABI | ...bilitätsstudie

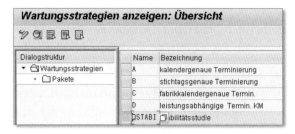

Abbildung 16.3 Wartungsstrategie

Wenn Sie den Eintrag QSTABI auf der rechten Seite markieren und den Ordner PAKETE auf der linken Seite per Doppelklick auswählen, sehen Sie alle in der Strategie enthaltenen Wartungspakete.

Wenn diese Zeitpunkte zu Ihrer Prüfung passen, können Sie also sofort eine Stabilitätsstudie starten und diese Strategie im Prüfplan verwenden (siehe Abbildung 16.4).

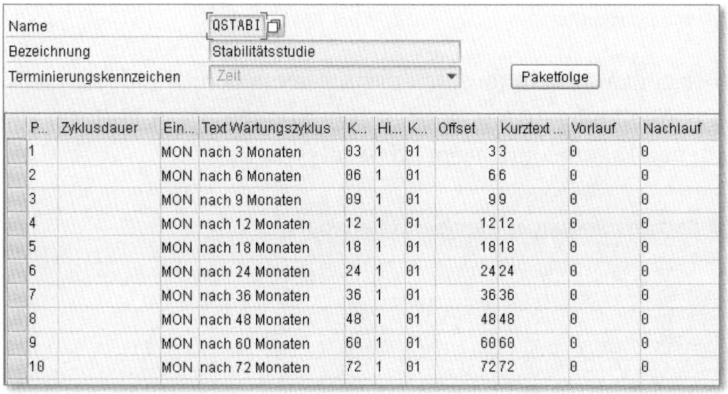

Name QSTABI
Bezeichnung Stabilitätsstudie
Terminierungskennzeichen Zeit
Paketfolge
P... | Zyklusdauer | Ein... | Text Wartungszyklus | K... | Hi... | K... | Offset | Kurztext ... | Vorlauf | Nachlauf
1 | MON | nach 3 Monaten | 03 | 1 | 01 | 3 | 3 | 0 | 0
2 | MON | nach 6 Monaten | 06 | 1 | 01 | 6 | 6 | 0 | 0
3 | MON | nach 9 Monaten | 09 | 1 | 01 | 9 | 9 | 0 | 0
4 | MON | nach 12 Monaten | 12 | 1 | 01 | 12 | 12 | 0 | 0
5 | MON | nach 18 Monaten | 18 | 1 | 01 | 18 | 18 | 0 | 0
6 | MON | nach 24 Monaten | 24 | 1 | 01 | 24 | 24 | 0 | 0
7 | MON | nach 36 Monaten | 36 | 1 | 01 | 36 | 36 | 0 | 0
8 | MON | nach 48 Monaten | 48 | 1 | 01 | 48 | 48 | 0 | 0
9 | MON | nach 60 Monaten | 60 | 1 | 01 | 60 | 60 | 0 | 0
10 | MON | nach 72 Monaten | 72 | 1 | 01 | 72 | 72 | 0 | 0

Abbildung 16.4 Wartungspakete

Falls Sie Anpassungen vornehmen müssen, sollten Sie eine neue Wartungsstrategie anlegen und die Wartungspakete individuell ausprägen.

16.2 Customizing

Zur Lagerung der Stabilitätsproben (siehe Abschnitt 16.3, »Ablauf«) verwenden Sie Aufbewahrungsorte, die Ihre Raum- und Regalstruktur sowie Ihre Lagerbedingungen für die verschiedenen klimatischen Bedingungen abbilden. Zur näheren Beschreibung des Präparats können Sie eigene Primärpackmittel definieren.

Diese Grunddaten sollten Sie vor Beginn einer Stabilitätsstudie bestimmen. Sie legen sie im Customizing über den Pfad QUALITÄTSMANAGEMENT • STABILITÄTSSTUDIE • GRUNDDATEN an. All diese Einträge finden in tabellarischer Form statt.

Klicken Sie in den Grunddaten auf den Punkt PRIMÄRPACKMITTEL DEFINIEREN, erhalten Sie die Ansicht aus Abbildung 16.5. Diese Liste können Sie nun beliebig ergänzen.

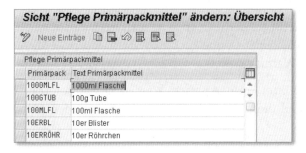

Abbildung 16.5 Primärpackmittel

Mit einem Klick auf LAGERBEDINGUNGEN DEFINIEREN in den Grunddaten wird die Ansicht aus Abbildung 16.6 angezeigt. Hier können Sie in Listform alle Ihre verschiedenen Lagerbedingungen erfassen.

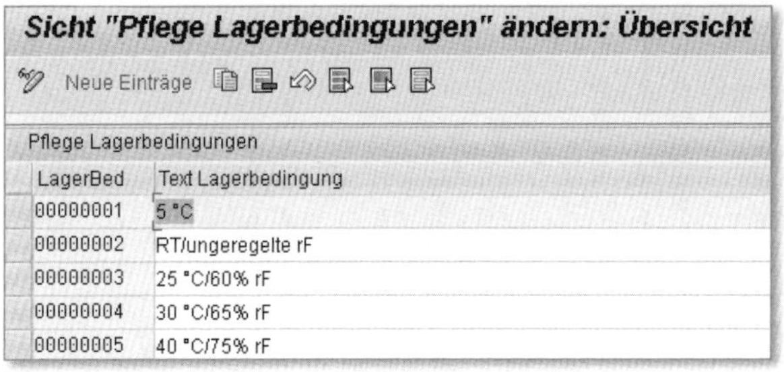

Sicht "Pflege Lagerbedingungen" ändern: Übersicht

✎ Neue Einträge 🗋 🖫 ✍ 🖫 🖫 🖫

Pflege Lagerbedingungen	
LagerBed	Text Lagerbedingung
00000001	5 °C
00000002	RT/ungeregelte rF
00000003	25 °C/60% rF
00000004	30 °C/65% rF
00000005	40 °C/75% rF

Abbildung 16.6 Lagerbedingung

Die Aufbewahrungsorte pflegen Sie im Customizing über den Pfad QUALITÄTSMANAGEMENT • QUALITÄTSPRÜFUNG • PROBENVERWALTUNG • AUFBEWAHRUNGSORT FÜR PROBEN PFLEGEN (siehe Abbildung 16.7). Je nachdem wie detailliert Sie die Proben verwalten, legen Sie Aufbewahrungsorte dafür in Listform an (z. B. *Labor1* oder *Schrank3 im Labor1*).

Indem Sie die Stammdaten gepflegt und die Primärpackmittel, Lagerbedingung und Aufbewahrungsort definiert haben, haben Sie die Voraussetzungen für eine erfolgreiche Stabilitätsstudie geschaffen.

AufBewOrt	KurztextAufbewOrt	
ST-001	Raum 3.55:	5 °C
ST-002	Raum 1.01:	RT/ungeregelte rF
ST-003	Raum 3.51:	25 °C/60% rF
ST-004	Raum 3.51:	30 °C/65% rF
ST-005	Klimaschrank G174:	40 °C/75% rF

Abbildung 16.7 Aufbewahrungsort

16.3 Ablauf

Viele Prozessschritte in der Stabilitätsstudie werden mithilfe von Aktivitäten aus der Aktivitätenleiste durchlaufen und durch Maßnahmen dokumentiert. Zusätzlich wird ein Anwenderstatus gesetzt, um die Reihenfolge der Aktivitäten zu regeln. Erst wenn der vorgesehene Status erreicht ist, kann die nächste Aktion ausgeführt werden.

Die Aktivitätenleiste befindet sich rechts auf dem Bildschirm der Meldungsbearbeitung. Mit einem Mausklick wird die Funktion hinter der Aktivität ausgelöst. Jede ausgeführte Aktivität wird als Maßnahme dokumentiert (siehe Abbildung 16.8).

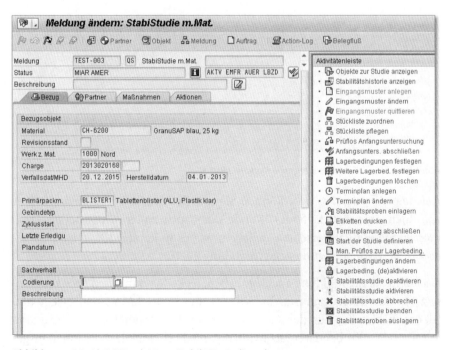

Abbildung 16.8 Aktivitätenleiste – Stabilitätsstudie anlegen

Sie eröffnen eine Stabilitätsstudie, indem Sie eine Qualitätsmeldung anlegen. Dazu wählen Sie die Transaktion QST01 oder den Pfad LOGISTIK • QUALITÄTS-MANAGEMENT • STABILITÄTSSTUDIE • STABILITÄTSSTUDIE • ANLEGEN. Zur späteren weiteren Bearbeitung der Stabilitätsstudie verwenden Sie die Transaktion der Meldungsbearbeitung (Transaktion QM02).

Zum Anlegen geben Sie eine Nummer an, unter der die Studie geführt wird (Feld MELDUNG). Im Feld MELDUNGSART wählen Sie QS (StabiStudie m. Material) und bestätigen die Eingabe. Sie gelangen nun in die Meldungsbearbeitung und ordnen auf dem Register BEZUG das Material und das Werk zu (Felder MATERIAL und WERK Z. MAT. in Abbildung 16.9). Der Anwenderstatus wird automatisch vom System vergeben und lautet aktuell AKTV (Stabilitätsstudie aktiv) sowie EMAZ (Eingangsmuster anzulegen) und wird im Feld links neben dem Button ![icon] (Anwenderstatus setzen) angezeigt.

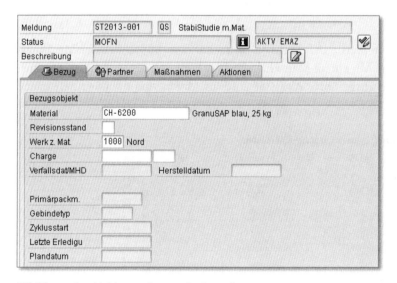

Abbildung 16.9 Meldung anlegen – Register »Bezug«

Auf dem Register PARTNER können Sie mit der Studie verbundene Partner zuordnen, wie z. B. Lieferant, Kunde oder auch andere Mitarbeiter. Dazu müssen Sie ein Partnerschema anlegen, wie es in Kapitel 19, »Qualitätsmeldung«, beschrieben wird (siehe Abbildung 16.10).

Nachdem Sie die Meldung angelegt haben, legen Sie nun einen Probendatensatz für das Eingangsmuster an, wie es der Status EMAZ nahegelegt hat. Hierzu wählen Sie aus der Aktivitätenleiste die Aktivität EINGANGSMUSTER ANLEGEN. Der Probendatensatz beinhaltet die Probenmenge, die Ihnen insgesamt für die Studie zur Verfügung steht.

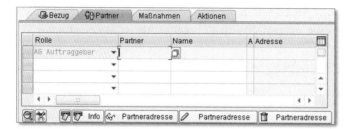

Abbildung 16.10 Meldung anlegen – Partner

In dem sich öffnenden Pop-up geben Sie die Menge ein (Feld PROBEMENGE), weisen das Primärpackmittel zu (Feld PRIMÄRPACKM.) und bestätigen dies mit dem Button [Und Meldung ändern] (siehe Abbildung 16.11).

Abbildung 16.11 Eingangsmuster anlegen

Damit sichert das System die Meldung und öffnet diese sofort wieder. Der Status hat sich nun folgendermaßen geändert:

▸ AKTV – Stabilitätsstudie aktiv

▸ EMAN – Eingangsmuster angelegt

▸ LBZD – Lagerbedingungen festzulegen

Sie haben nun die erste Probe – die Eingangsprobe – für die Stabilitätsstudie erfasst.

Zu jeder Aktivität rund um die Qualitätsmeldung wird vom System eine Maßnahme angelegt. Auf dem Register MASSNAHMEN können Sie genau ablesen, welcher Mitarbeiter zu welchem Zeitpunkt welche Aktion ausgeführt hat.

Anhand von Abbildung 16.12 sehen Sie z. B., dass die Mitarbeiterin YLZ am 07.01.2013 – wie gerade dargestellt – das Eingangsmuster angelegt hat.

Abbildung 16.12 Maßnahme

Anschließend quittieren Sie die Probe mit der Aktivität EINGANGSMUSTER QUITTIEREN. Im sich öffnenden Pop-up können Sie die Anzahl der Etiketten (Feld ANZ. ETIKETTEN) angeben und anschließend über den Button ⊞ Und Meldung ändern wieder sichern (siehe Abbildung 16.13).

Abbildung 16.13 Eingangsprobe quittieren

Der Anwenderstatus EMAN (Eingangsmuster angelegt) ändert sich nun zu EMFR (Eingangsmuster freigegeben). Wenn Sie mit einer Stabilitätsstückliste arbeiten und Sie weitere Materialien zuordnen möchten, können Sie diese jetzt zuordnen. Dieser Schritt ist optional und wird eher selten verwendet.

16.3.1 Anfangsuntersuchung

Die Eignung der Eingangsprobe für eine langjährige Stabilitätsstudie beweisen Sie durch eine Anfangsuntersuchung. Ohne eine abgeschlossene Anfangsuntersuchung können Sie keine Studie starten.

Da Sie häufig eine soeben produzierte und auch geprüfte Charge für eine Studie verwenden werden, können Sie die Ergebnisse aus dem Produktionsprüflos mit der Ergebniskopie, die ich in Kapitel 8, »Weitere Funktionen in der Prüfabwicklung«, vorgestellt habe, in das Prüflos für die Anfangsuntersuchung übernehmen. Ein Prüflos der Prüfart 1601 (Anfangsuntersuchung) legen Sie über die Aktivität PRÜFLOS ANFANGSUNTERSUCHUNG an.

In dem sich öffnenden Pop-up lassen Sie die vorgeschlagene Prüfart stehen und geben im Bereich PRÜFPLAN den Prüfplan an, mit dem Sie die Anfangsuntersuchung durchführen möchten (siehe Abbildung 16.14). Klicken Sie anschließend den Button ☐ Prüflos an, um ein Prüflos zu der angegebenen physischen Probe anzulegen.

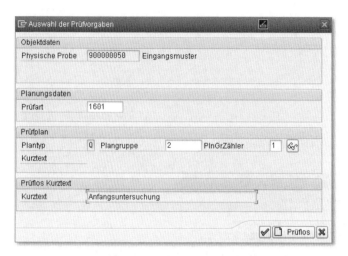

Abbildung 16.14 Prüfvorgaben für Anfangsuntersuchung

Es werden Ihnen nun alle Prüfmerkmale aus dem Prüfplan zur Übernahme vorgeschlagen, die gewünschten Merkmale werden über die Zeilenmarkierung markiert. Sie können in den ausgewählten Merkmalen auch die Toleranzvorgaben ändern (siehe Abbildung 16.15). Anschließend bestätigen Sie Ihre Auswahl mit dem Button ✔ (Übernehmen). Möchten Sie alle Merkmale übernehmen, klicken Sie auf den Button ✔ Alle übernehmen .

Im Anschluss daran erweitert sich der Anwenderstatus um den Eintrag AUER (Anfangsuntersuchung eröffnet).

Sie bearbeiten nun wie gewohnt das Prüflos, erfassen die Ergebnisse und treffen den Verwendungsentscheid in den geläufigen Transaktionen, z. B. Transaktion QE51N. Sie werden dabei bemerken, dass die in der Stabilitätsstudie verwendeten Codes für den Verwendungsentscheid Folgeaktivitäten anstoßen (siehe Abbildung 16.16).

Über diese Codes können Sie entscheiden, ob die Studie weitergeführt oder abgebrochen werden soll, weil die Charge ungeeignet ist. Wählen Sie den Code 0010, wird die Studie weitergeführt, und der Anwenderstatus der Meldung wird von AUER (Anfangsuntersuchung eröffnet) auf AUAB (Anfangsuntersuch. Abgeschlossen) geändert.

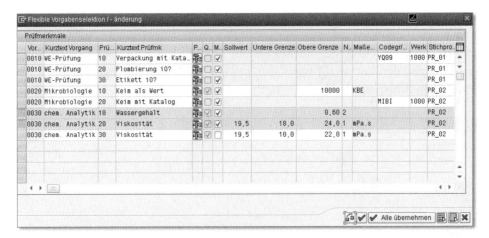

Abbildung 16.15 Vorgaben für Anfangsuntersuchung

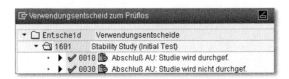

Abbildung 16.16 Verwendungsentscheidcode für die Anfangsuntersuchung

16.3.2 Stabilitätsplanung

Nachdem die Anfangsuntersuchung abgeschlossen wurde, legen Sie die Lagerbedingungen (siehe Abschnitt 16.2) und den Terminplan fest. Dazu wählen Sie die Aktivität LAGERBEDINGUNGEN FESTLEGEN.

Daraufhin werden Ihnen alle im System hinterlegten Lagerbedingungen angeboten. Sie geben zu jeder Lagerbedingung, die Sie in dieser Studie betrachten möchten, die gewünschte Menge an. Alle in dieser Studie nicht benötigten Lagerbedingungen bleiben leer (siehe Abbildung 16.17).

Sie markieren die Lagerbedingungen und sichern diese mit dem Button [🖫 Und Meldung ändern]. Daraufhin wird der Anwenderstatus um den Status LBDE (Lagerbedingungen festgelegt) ergänzt.

Über die Aktivität WEITERE LAGERBEDINGUNG FESTLEGEN in der Aktivitätenleiste können Sie später weitere Lagerbedingungen festlegen. Für die neu hinzugefügten Lagerbedingungen müssen Sie die Terminplanung erneut durchlaufen.

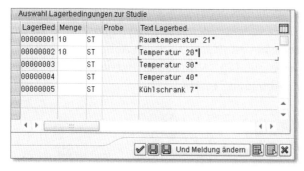

Abbildung 16.17 Lagerbedingung festlegen

Mit der Aktivität LAGERBEDINGUNG LÖSCHEN beenden Sie die Prüfloseröffnung zu dieser Lagerbedingung. Für die definierten Lagerbedingungen müssen Sie die Terminplanung durchlaufen. Mit der Aktivität TERMINPLAN ANLEGEN legen Sie zu der Stabilitätsstudie genau einen Wartungsplan an, in dem Sie im Folgeschritt die Prüfpläne mit den Wartungspaketen zuordnen. Die Nummer des Wartungsplans ist identisch der Meldungsnummer.

Im ersten Pop-up, dargestellt in Abbildung 16.18, definieren Sie die Wartungsstrategie und legen im Feld ABRUFINTERVALL fest, wie lange die Studie laufen soll. Da der diesem Beispiel zugrunde liegende Plan (siehe Abbildung 16.2) vorsieht, dass nach 36 Monaten eine Prüfung erfolgt, darf die Studie nicht nach 36 Monaten beendet sein. Deshalb wird ein Abrufintervall von 37 Monaten angegeben. Die Prüfart 16 wird vom System vorgeschlagen.

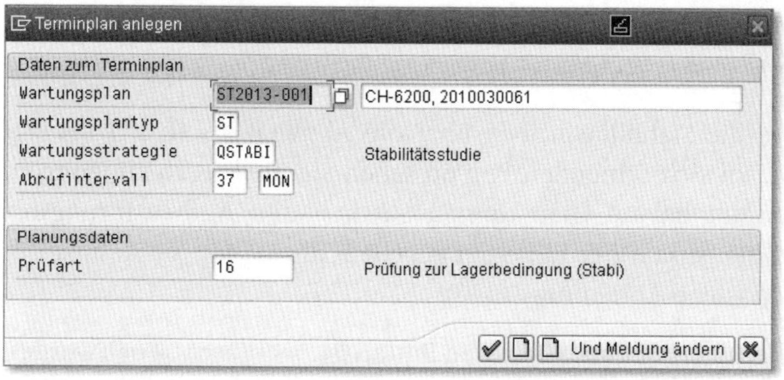

Abbildung 16.18 Terminplan anlegen

Mit einem Klick auf den Button [Und Meldung ändern] wird im Hintergrund ein Wartungsplan angelegt, der dieselbe Nummer wie die Meldung hat. Pro Lagerbedingung wurde eine Wartungsposition erzeugt.

Der Anwenderstatus wird auf TPAN (Terminplan angelegt) aktualisiert.

Nun wird der Wartungsplan geändert und mit Paketen versorgt. Dazu wählen Sie die Aktivität TERMINPLAN ÄNDERN. Jeder Wartungsplanposition wird ein Prüfplan zugeordnet. Hierbei sind nur Pläne mit der in Abbildung 16.18 eingegebenen Wartungsstrategie zulässig. Automatisch werden so die Wartungspakete aktiviert (siehe Abbildung 16.19).

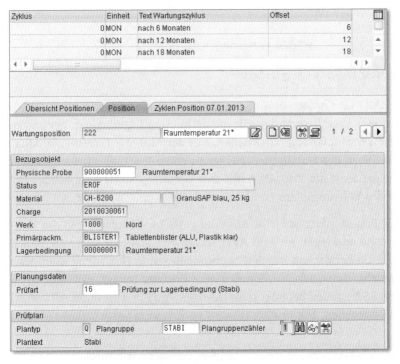

Abbildung 16.19 Prüfplan in Wartungsplanposition

Nun lagern Sie die Stabilitätsproben über die Aktivität STABILITÄTSPROBEN EINLAGERN ein. Im sich öffnenden Pop-up sehen Sie die Lagerbedingungen, die Sie ausgewählt haben. Hier können Sie nun den Aufbewahrungsort zuordnen und die Anzahl der Etiketten angeben, die Sie für die Kennzeichnung benötigen (siehe Abbildung 16.20).

Nach dem Sichern der Meldung über den Button [🔲 Und Meldung ändern] werden die Etiketten gedruckt und der neue Anwenderstatus SPEL (Stabilitätsproben eingelagert) gesetzt.

Zur Unterstützung der Verbringung der Proben zu den einzelnen Lagerbedingungen können Sie die Einlagerungsliste verwenden, in der die Probemenge zu den Lagerbedingungen aufgeführt sind (siehe Abbildung 16.21). Den Ausdruck können Sie über das Druckersymbol [🖨] anstoßen.

StabiProben zu Lagerbedingungen einlagern

LagerBed	Text Lagerbed.	Status	Menge		Einlagerd.	Aufbewahrungsort	Anz. Etiketten
00000001	Raumtemperatur ...	EROF	10	ST	07.01.2013	LABOR1	10
00000002	Temperatur 20°	EROF	10	ST	07.01.2013	LABOR1	10

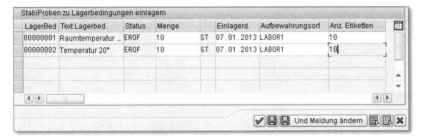

Abbildung 16.20 Stabiproben einlagern

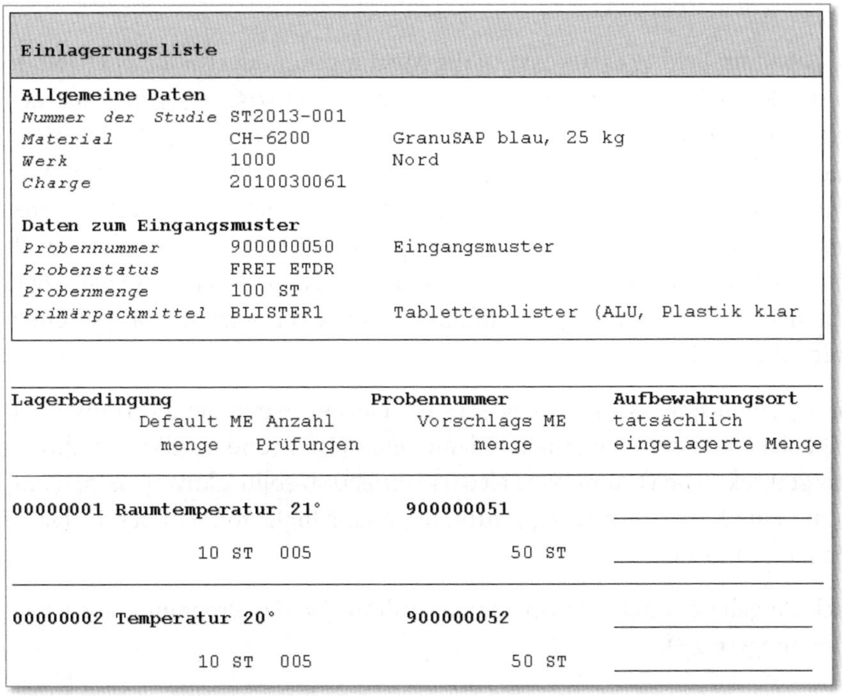

Einlagerungsliste

Allgemeine Daten

Nummer der Studie	ST2013-001	
Material	CH-6200	GranuSAP blau, 25 kg
Werk	1000	Nord
Charge	2010030061	

Daten zum Eingangsmuster

Probennummer	900000050	Eingangsmuster
Probenstatus	FREI ETDR	
Probenmenge	100 ST	
Primärpackmittel	BLISTER1	Tablettenblister (ALU, Plastik klar

Lagerbedingung	Default menge	ME	Anzahl Prüfungen	**Probennummer**	Vorschlags menge	ME	**Aufbewahrungsort** tatsächlich eingelagerte Menge
00000001 Raumtemperatur 21°				**900000051**			
	10	ST	005		50	ST	
00000002 Temperatur 20°				**900000052**			
	10	ST	005		50	ST	

Abbildung 16.21 Einlagerungsliste

Mit der Aktivität TERMINPLANUNG ABSCHLIESSEN wird die Terminplanung abgeschlossen und der Anwenderstatus aktualisiert. Der Anwenderstatus wird von TPAN (Terminplan angelegt) auf TPAB (Terminplan abgeschlossen) geändert.

In der Aktivität START DER STUDIE DEFINIEREN setzen Sie das Startdatum, ab dem das System die Zeitpunkte für die Wartungspakete berechnet. Sie geben hier den Zyklusstart vor und sichern die Meldung über den Button [Und Meldung ändern] (siehe Abbildung 16.22). Das System setzt daraufhin den Anwenderstatus STRT (Start der Studie definieren).

Abbildung 16.22 Zyklusstart definieren

Nun können Sie die Terminierung in der Transaktion IP30 bzw. über den Pfad LOGISTIK • QUALITÄTSMANAGEMENT • STABILITÄTSSTUDIE • STABILITÄTSPLANUNG • TERMINPLAN • TERMINÜBERWACHUNG starten und erzeugen damit Prüflose zu jedem Zeitpunkt.

Sie geben im Feld WARTUNGSPLAN die Meldungsnummer an, da beide Nummern identisch sind. Im Feld INTERVALL FÜR ABRUFOBJEKTE geben Sie den Zeitraum an, in dem Sie Prüflose erzeugen möchten. Sie planen die Terminierung als Job ein und erzeugen kontinuierlich und eine gewisse Zeit im Voraus Prüflose, in dem Sie das Feld INTERVALL FÜR ABRUFOBJEKTE entsprechend pflegen. Sie sollten bedenken, dass zum Zeitpunkt der Loserzeugung der jeweils gültige Prüfplan herangezogen wird. Wenn Sie also beispielsweise nach zwei Jahren eine Planänderung durchführen, haben die letzten Prüflose einen anderen Plan als die ersten.

Die Option SOFORT STARTEN FÜR ALLE ist relevant, wenn Sie die Transaktion hell ablaufen lassen. Sie erhalten dann keine Liste, sondern die Ausführung erfolgt direkt. Die Option INCL. NEUTERMINIERUNG sollte aktiviert sein, damit immer eine Neuterminierung stattfindet, unabhängig von den bereits bestehenden Prüflosen.

Nach Eingabe der Selektionsparameter führen Sie das Programm aus (siehe Abbildung 16.23).

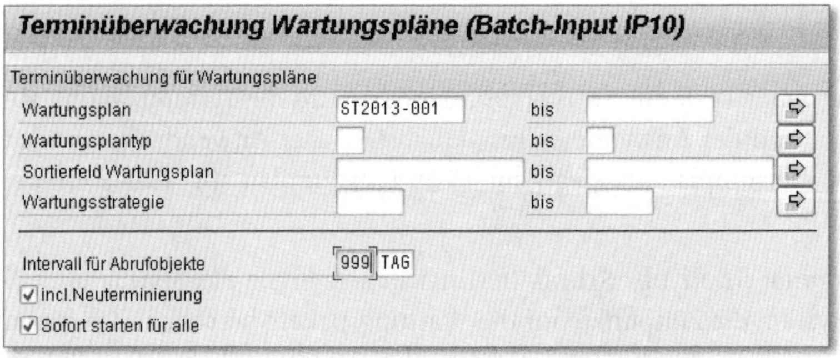

Terminüberwachung Wartungspläne (Batch-Input IP10)

Terminüberwachung für Wartungspläne

Wartungsplan	ST2013-001	bis	⇨
Wartungsplantyp		bis	⇨
Sortierfeld Wartungsplan		bis	⇨
Wartungsstrategie		bis	⇨

Intervall für Abrufobjekte 999 TAG
☑ incl.Neuterminierung
☑ Sofort starten für alle

Abbildung 16.23 Terminüberwachung

Als Ergebnis erhalten Sie im Protokoll die Information, dass die Wartungspakete innerhalb des Intervalls für Abrufobjekte abgerufen sind (siehe Abbildung 16.24).

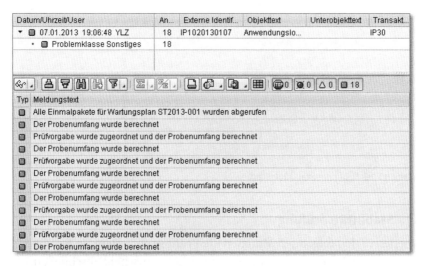

Abbildung 16.24 Protokoll der Terminierung

Sie sehen auch in der Liste der Prüflose in der Transaktion QA32, selektiert mit der Prüflosherkunft 16, dass Prüflose für den gesamten Zeitraum entstanden sind (siehe Abbildung 16.25).

Abbildung 16.25 Liste der Prüflose

Im Feld KURZTEXT des Prüfloses sehen Sie das Wartungspaket und die Lagerbedingung. Wenn Sie in das Detail des Prüfloses mit einem Doppelklick verzweigen, sehen Sie auch die Details der Stabilitätsstudie (siehe Abbildung 16.26).

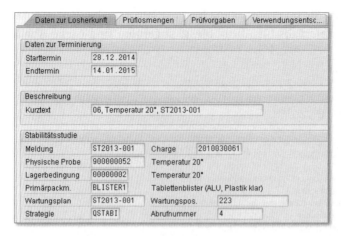

Abbildung 16.26 Prüflos – Stabilitätsstudie

16.3.3 Stabilitätsprüfung

Sie arbeiten in den folgenden Monaten die Prüflose ab, indem Sie Ergebnisse erfassen und die Prüflose mit einem Verwendungsentscheid abschließen.

Wenn die Ergebnisse der Prüfungen wie erwartet vorliegen, verwenden Sie den Code 0020 zur Weiterführung der Studie (siehe Abbildung 16.27). Da beim letzten Prüflos die Studie beendet werden soll, verwenden Sie dort den Code 0050.

Abbildung 16.27 Verwendungsentscheidcode

Über die Aktivität LAGERBEDINGUNG ÄNDERN können Sie die verbrauchte Probemenge reduzieren, in dem Sie im Popup, das Abbildung 16.20 ähnelt, die noch verbleibende Restmenge eintragen.

Sind alle Prüflose abgeschlossen, beenden Sie die Studie in der Meldungsbearbeitung über die Aktivität STABILITÄTSSTUDIE BEENDEN. Damit ändert sich der Status der Studie von AKTV (Stabilitätsstudie aktiv) auf ENDE (Stabilitätsstudie beendet).

Um die Restmenge der Stabilitätsproben auszulagern, können Sie die Auslagerungsliste verwenden, die Sie über den Button 🖨 | (Drucken) ausgeben. In der Auslagerungsliste wird Ihnen die verbliebene Restmenge je Lagerbedingung zum Auslagern angezeigt. Mit der Aktivität Stabilitätsproben auslagern beenden Sie die Studie.

16.4 Auswertung

Mithilfe der Aktivität Objekte zur Studie anzeigen sehen Sie den Belegfluss mit allen Proben und Prüflosen (siehe Abbildung 16.28). Per Doppelklick können Sie in die jeweilige Detailanzeige verzweigen.

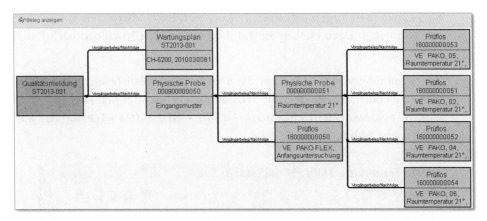

Abbildung 16.28 Objekte zur Studie

Die Funktion Stabilitätshistorie anzeigen liefert Ihnen alle Prüfergebnisse, registerweise sortiert nach der Anfangsuntersuchung und den Lagerbedingungen (siehe Abbildung 16.29).

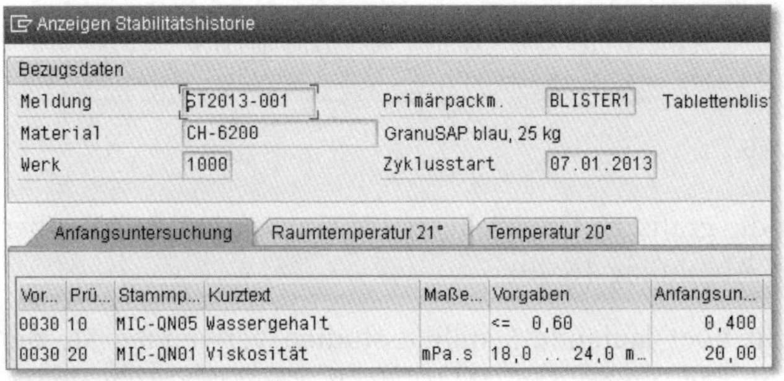

Abbildung 16.29 Stabilitätshistorie

Die Spalten auf dem Register Lagerbedingung zeigen in jeder Spalte ein Wartungspaket, das heißt den Zeitpunkt der Prüfung (siehe Abbildung 16.30)

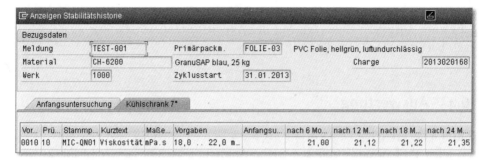

Abbildung 16.30 Stabilitätshistorie Lagerbedingung

Sie können diese Ergebnisse auch an Microsoft Excel übergeben, um sie dort zu verarbeiten. Dazu klicken Sie auf den Button 🔁 (Download nach Excel) im Pop-up.

Zur Terminüberwachung können Sie neben der Prüflosliste auch die Terminliste verwenden, die Sie über die Transaktion QST06 oder den Pfad LOGISTIK • QUALITÄTSMANAGEMENT • STABILITÄTSSTUDIE • INFOSYSTEM • TERMINLISTE aufrufen (siehe Abbildung 16.31).

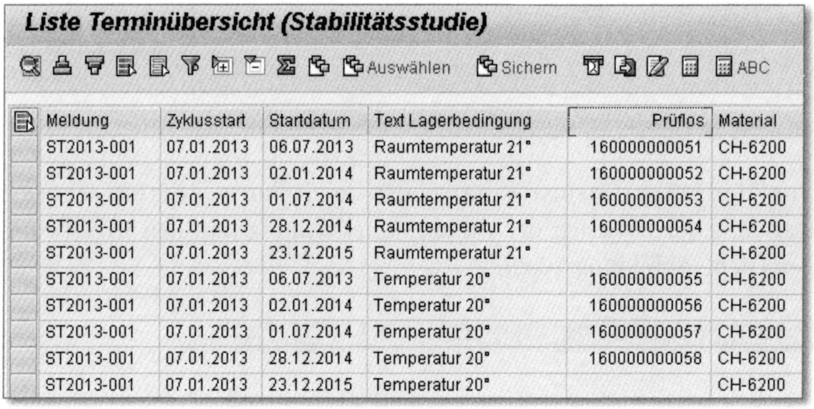

Liste Terminübersicht (Stabilitätsstudie)

Meldung	Zyklusstart	Startdatum	Text Lagerbedingung	Prüflos	Material
ST2013-001	07.01.2013	06.07.2013	Raumtemperatur 21°	160000000051	CH-6200
ST2013-001	07.01.2013	02.01.2014	Raumtemperatur 21°	160000000052	CH-6200
ST2013-001	07.01.2013	01.07.2014	Raumtemperatur 21°	160000000053	CH-6200
ST2013-001	07.01.2013	28.12.2014	Raumtemperatur 21°	160000000054	CH-6200
ST2013-001	07.01.2013	23.12.2015	Raumtemperatur 21°		CH-6200
ST2013-001	07.01.2013	06.07.2013	Temperatur 20°	160000000055	CH-6200
ST2013-001	07.01.2013	02.01.2014	Temperatur 20°	160000000056	CH-6200
ST2013-001	07.01.2013	01.07.2014	Temperatur 20°	160000000057	CH-6200
ST2013-001	07.01.2013	28.12.2014	Temperatur 20°	160000000058	CH-6200
ST2013-001	07.01.2013	23.12.2015	Temperatur 20°		CH-6200

Abbildung 16.31 Terminliste

Oder Sie verwenden die grafische Übersicht in der Transaktion QST05 über denselben Pfad (siehe Abbildung 16.32).

Als einfache Übersicht über laufende Stabilitätsstudien verwenden Sie die Liste der Meldungen in der Transaktion QM10, die in Kapitel 22, »Qualitätslenkung/Auswertung«, vorgestellt wird.

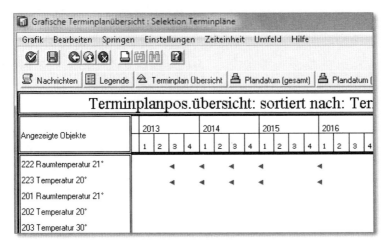

Abbildung 16.32 Grafische Terminliste

Die Stabilitätsstudie ist eine Art der Qualitätsmeldung. Sie können daher alle Meldungsfunktionen nutzen, die ich in Kapitel 19, »Qualitätsmeldung«, vorstellen werde. Sie können die Aktivitäten erweitern oder Feldbeeinflussungen vornehmen.

Ich möchte Ihnen gern weitere Ereignisse vorstellen, bei denen Sie die Prüfabwicklung nutzen können. Den Hauptteil wird dabei die Prüfung von Retouren einnehmen. Dieses Kapitel bildet den Abschluss der Prüfabwicklung. Damit kennen Sie alle Prüflosherkünfte.

17   Sonstige Prüfungen

Dieses Kapitel umfasst alle Prüfungen, die noch nicht in den vorangegangenen Kapiteln erwähnt wurden. Sie lernen nun die Prüfungen aus Umbuchungen in den Q-Bestand kennen, um bei Auffälligkeiten außerhalb der geplanten Prüfung das Material zu prüfen (siehe Abschnitte 17.1 und 17.2).

Das Hauptaugenmerk liegt in diesem Kapitel auf den Retouren. Ich werde Ihnen die unterschiedliche Abwicklung mit dem Retourensperrbestand und dem Q-Bestand vorstellen (siehe Abschnitt 17.3).

Darüber hinaus erwähne ich die Prüfloserzeugung zu vorhandenen Proben (siehe Abschnitt 17.5), die alte Audit-Abbildung über Prüflose (siehe Abschnitt 17.4) sowie die Prüfung, wenn Sie Proben aus einem externen System übernehmen (siehe Abschnitt 17.6). Damit haben Sie alle Prüfarten kennengelernt und können selbst einschätzen, welche Prüfarten für Sie wichtig sind, das heißt, welche Sie näher betrachten bzw. nutzen möchten.

17.1   Prüflos mit Q-Bestand bei Aktivierung des Qualitätsmanagements

Liegen zum Zeitpunkt der Prüfartenaktivierung Q-Bestände vor, können Sie die Prüfarten nicht im Materialstamm in der Transaktion MM02 aktivieren. Q-Bestände können vorliegen, wenn Sie eine Datenübernahme aus dem Altsystem vorgenommen haben oder weil Sie die Buchung in den Q-Bestand bisher ohne das Modul QM genutzt haben.

Können die laufenden Prüfungen vor der Bestandsübernahme nicht beendet werden, können Sie die Transaktion QA08 bzw. den Pfad LOGISTIK • QUALITÄTSMANAGEMENT • QUALITÄTSPLANUNG • LOGISTIK-STAMMDATEN • MATERIAL •

PRÜFEINSTELLUNG nutzen, um für diese offenen Prüfungen Prüflose zu erzeugen. Diese Transaktion habe ich in Kapitel 4, »Logistik-Stammdaten«, vorgestellt.

Voraussetzung für diese Funktion ist die Pflege der Option PRÜFART Q-BESTAND auf dem Register PRÜFLOSERÖFFNUNG in den allgemeinen Werkseinstellungen des Customizings. Wenn Sie auf dem Register PRÜFART AKTIVIEREN die Funktion AKTIVIERUNG TROTZ Q-BESTAND aufrufen, werden pro Charge und Lagerort Prüflose von der im Customizing hinterlegten Prüfart erzeugt. Im SAP-Standard wird dafür die Prüfart 0800 genutzt (siehe Abbildung 17.1).

Abbildung 17.1 Aktivierung trotz Q-Bestand

Prüflose dieser Prüfart verwenden standardmäßig keinen Prüfplan, da davon ausgegangen wird, dass die Prüfung im Altsystem stattfindet (siehe Abbildung 17.2).

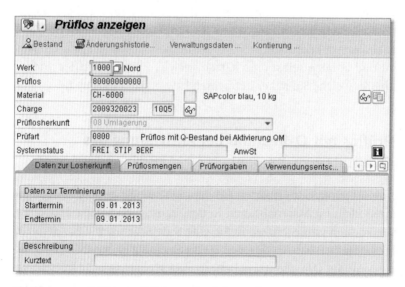

Abbildung 17.2 Prüflos zur Aktivierung im Q-Bestand

Sobald die Prüfung im Altsystem abgeschlossen wurde, treffen Sie im SAP-System den Verwendungsentscheid und entlasten damit den Q-Bestand.

17.2   Prüfung bei einer Umlagerung

Treten außerhalb der Prüfung Probleme auf, können Sie das problembehaftete Material separieren und in den Q-Bestand buchen. Damit wird noch kein neuer Bedarf in der Disposition ausgelöst, wie es bei der Buchung an den gesperrten Bestand der Fall wäre.

Bei dieser Buchung in den Q-Bestand wird ein Prüflos der Herkunft 08 (Umlagerung) erzeugt (siehe Abbildung 17.3). Zur Abbildung der Maßnahmenverfolgung, die zur Lösung des Problems ablaufen, können Sie eine Q-Meldung verwenden.

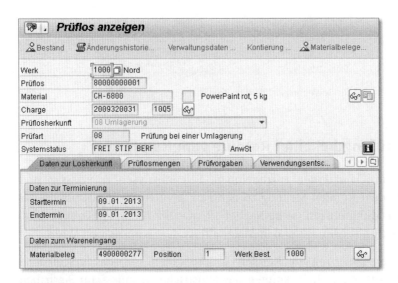

Abbildung 17.3 Prüflos zur Umlagerung

Umbuchung und Umlagerung in den Q-Bestand   [zB]

Die Produktionsmitarbeiter stellen während der Abfüllung in der Nachtschicht fest, dass sich einige Flaschen einer Charge nicht luftdicht verschließen lassen. Da in der Nachtschicht die Qualitätsabteilung nicht besetzt ist, wird die Charge in den Q-Bestand gebucht und eine andere Charge verwendet, um die Produktion fortzuführen.

Ein weiteres Beispiel dieser Prüfart ist die Umlagerung. Sie lassen eine Lieferung direkt an ein Außenlager anliefern, und erst bei Anlieferung am Produktionsort findet die Wareneingangsprüfung statt. Sie erzeugen ein Prüflos und können entscheiden, ob Sie dafür auch den Q-Bestand verwenden.

Beachten Sie, dass die Prüflosherkunft 08 vielen internen Bewegungen zugeordnet ist und bei jeder dieser Bewegung ein Prüflos entstehen würde. Meistens ist das nicht gewünscht, daher sollten Sie zu allen Bewegungsarten, zu denen Sie kein Prüflos wünschen, die Qualitätsprüfung deaktivieren. Dazu rufen Sie die Funktion QUALITÄTSPRÜFUNG FÜR EINE BEWEGUNGSART DEAKTI-VIEREN über den Pfad QUALITÄTSMANAGEMENT • QUALITÄTSPRÜFUNG • PRÜFLOS-ERÖFFNUNG • PRÜFUNG BEI EINER WARENBEWEGUNG im Customizing auf.

Hier markieren Sie für alle Bewegungsarten, zu denen Sie kein Prüflos benötigen, die Spalte QM NICHT AKTIV (siehe Abbildung 17.4).

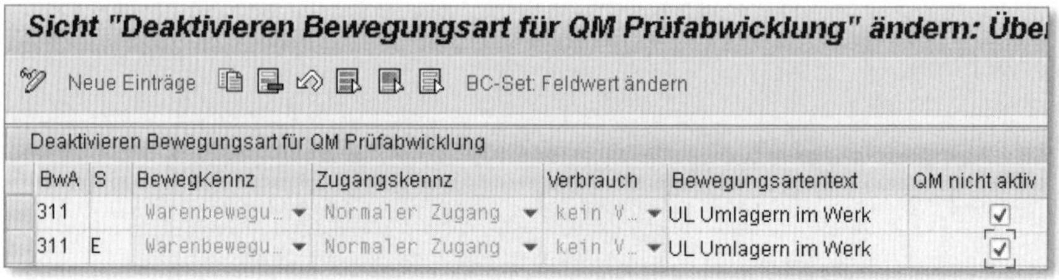

Abbildung 17.4 QM für Bewegungsart deaktivieren

17.3 Prüfung bei einer Retoure vom Kunden

Um Kundenreklamationen aufzunehmen, Fehleranalysen zu erfassen und gegenüber dem Kunden Stellung zu nehmen, können Sie die Funktion der Qualitätsmeldung nutzen (siehe Kapitel 19, »Qualitätsmeldung«). Im vorliegenden Abschnitt geht es um den Materialfluss der retournierten Ware.

Wenn Sie eine Lieferung vom Kunden zurücknehmen, kann das verschiedene Gründe haben. Zum einen können das logistische Gründe sein: Sie haben z. B. zu viel oder etwas Falsches geliefert, oder Sie nehmen die Ware aus Kulanz zurück, weil der Kunde die bestellte Menge nicht mehr möchte. Zum anderen ist es möglich, dass der Kunde die Lieferung aus Qualitätsgründen zurückschickt.

Werden die Rücklieferungen von der Qualitätsabteilung begutachtet, können Sie auch hier zur Dokumentation der Fehleranalyse Prüflose verwenden.

Sie haben zwei Möglichkeiten, die rückgelieferten Materialien zu vereinnahmen:

▶ **Sie buchen das Material in den Retourensperrbestand**
Damit nehmen Sie das Material unter Vorbehalt an. Das bedeutet, dass die Menge in Ihrem System erfasst ist. Wertmäßig gehört diese Menge jedoch dem Kunden. Erst nach der Prüfung überführen Sie die Menge in Ihren eigenen Bestand, schicken sie zurück oder verschrotten sie.

▶ **Sie buchen das Material in den Qualitätsprüfbestand**
Die kaufmännische Klärung mit dem Kunden ist bereits bei Anlieferung abgeschlossen. Das Material wird mengen- und wertmäßig in Ihr System eingebucht.

Aus Gründen der Anwenderfreundlichkeit sollte die zweite Variante mit Q-Bestand den Vorzug erhalten. Hier ist die Absprache mit den Abteilungen Controlling und Vertrieb dringend einzuhalten.

17.3.1 Retoure mit Prüflosen im Retourensperrbestand

Der Retourenprozess ist ein Prozess aus dem Vertriebsmodul SD, den ich hier als solchen nicht näher beschreiben möchte.

Sie legen einen Auftrag der Auftragsart *Retoure* und daraus eine Lieferung an. Wenn Sie zu dieser Lieferung den Wareneingang mit der Bewegungsart 651 (WL WarenRück Retoure) buchen, entsteht ein Prüflos der Prüflosherkunft 06 (Retoure vom Kunden), wenn Sie die Prüfart dazu, z. B. Prüfart 06, aktiviert haben. Ein Prüflos können Sie sich immer in der Transaktion QA03 anschauen (siehe Abbildung 17.5).

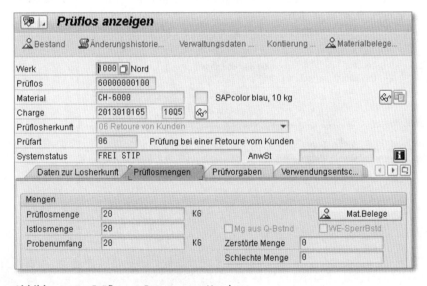

Abbildung 17.5 Prüflos zur Retoure vom Kunden

Das Prüflos enthält die angelieferte Menge, die sich jetzt im Retourensperrbestand befindet (siehe Abbildung 17.6). Sie sehen zudem, dass dieses Prüflos nicht bestandsrelevant ist, da die Auswahl MG AUS Q-BESTAND nicht aktiv ist (siehe Abbildung 17.5).

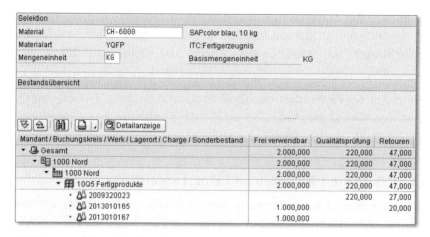

Abbildung 17.6 Bestandsübersicht

Sie bearbeiten das Prüflos nun so, wie Sie es vorgesehen haben. Wenn Sie einen Prüfplan verwenden, erfassen Sie Ergebnisse und schließen das Prüflos mit dem Verwendungsentscheid ab.

In Abbildung 17.7 sehen Sie, dass das Register BESTAND nicht vorhanden ist. Sie können die Buchung aus dem Retourenbestand aus dieser Transaktion heraus daher nicht anstoßen.

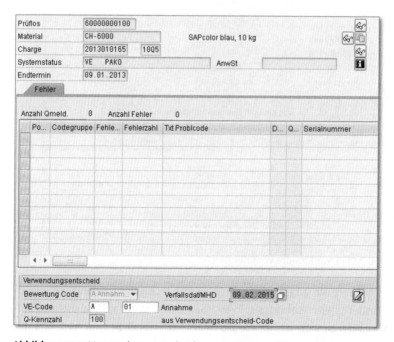

Abbildung 17.7 Verwendungsentscheid zum Retourenprüflos

Diese Buchung müssen Sie stattdessen im Anschluss an den Verwendungsentscheid manuell durchführen. Dazu wählen Sie die Transaktion MIGO oder
den Pfad LOGISTIK • MATERIALWIRTSCHAFT • BESTANDSFÜHRUNG • WARENBEWE-
GUNG • WARENBEWEGUNG.

Sie geben die BEWEGUNGSART 453 ein und füllen die Felder WERK, MATERIAL,
CHARGE, LAGERORT und MENGE IN EME in den Registern MENGE, MATERIAL
und WO und sichern den Beleg (siehe Abbildung 17.8).

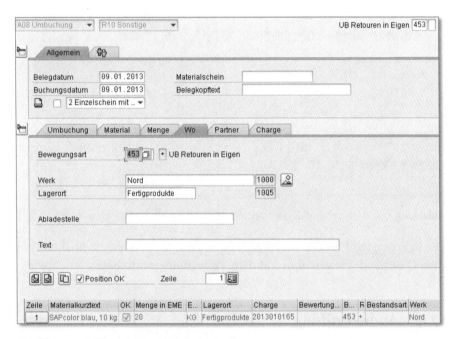

Abbildung 17.8 Umbuchung der Retoure an eigen

Sie haben nun den Bestand in Ihren Werksbestand überführt und können
diesen wieder ausliefern, oder Sie vernichten die Menge, wenn diese nicht
mehr verwendbar ist.

17.3.2 Retoure mit Prüflosen im Qualitätsprüfbestand

Möchten Sie die Retouren über den Q-Bestand abbilden, stellen Sie Ihre
Retourenlieferung so ein, dass Sie als Bewegungsart 655 (+ WL Retoure
Qual.) verwenden. Diese Einstellungen werden im SD-Customizing vorge-
nommen.

Bei der Wareneingangsbuchung zu dieser Lieferung entsteht ein Prüflos zur
Herkunft 05 (Sonstiger Wareneingang), wenn die Prüfart im Materialstamm

aktiv ist. In Abbildung 17.9 sehen Sie ein Prüflos als Beispiel. Hier wurde eine kundeneigene Prüfart verwendet, um die Prüflose besser voneinander unterscheiden zu können.

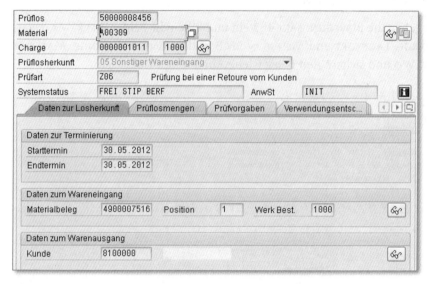

Abbildung 17.9 Retourenprüflos der Herkunft 05

Die so erzeugten Prüflose sind bestandsrelevant. Sie können die Buchung aus dem Q-Bestand wie gewohnt mit dem Verwendungsentscheid vornehmen.

17.4 Audit-Prüfung

Bevor es das Audit-Management gab, das ich Ihnen in Kapitel 21, »Audit-Management, FMEA und Produktionslenkungsplan«, vorstelle, wurden Audits über Prüflose der Herkunft 07 (Audit) abgebildet. Diese Prüflose sind materialbezogen. Das bedeutet, Sie müssen für die verschiedenen Audit-Arten Dummy-Materialien anlegen, die nie beschafft oder bestandsgeführt werden. Sie dienen einzig und allein der Audit-Verwaltung.

Sie legen also z. B. ein Material für das System-Audit Lieferant an und aktivieren in diesem Material die Prüfart 07 (siehe Abbildung 17.10). Sie sehen, dass für diese Prüfart nur die Angaben zum Prüfplan und zum QKZ-Verfahren relevant sind.

Den Prüfplan legen Sie in der Ihnen nun schon bekannten Transaktion QP01 an. Für den Prüfplan nutzen Sie die Planverwendung 5 (Wareneingang). Die

Audit-Fragen werden über Prüfmerkmale abgebildet. Jede einzelne Frage, die Sie mit einer Codierung (z. B. bestanden/Maßnahmen erforderlich/nicht bestanden) versehen, ist ein qualitatives Prüfmerkmal. Die einzelnen Fragen bzw. Prüfmerkmale werden in den Vorgängen gruppiert (siehe Abbildung 17.11).

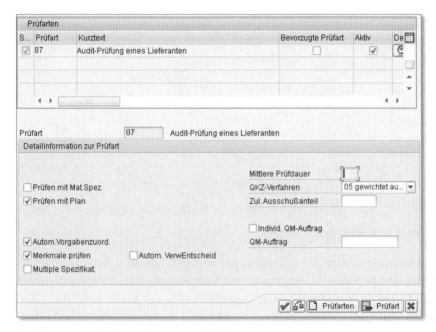

Abbildung 17.10 Prüfeinstellungen zum Audit

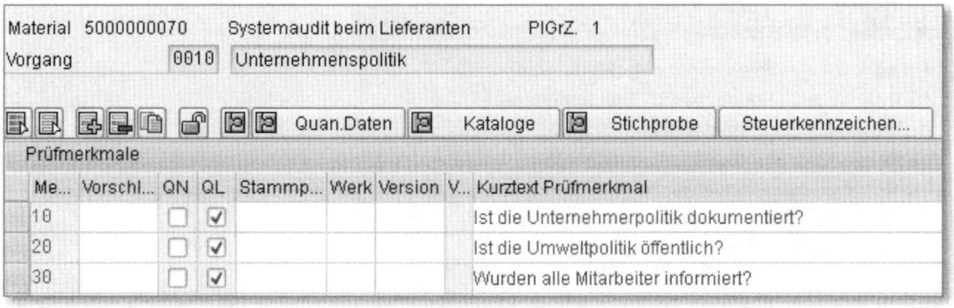

Abbildung 17.11 Audit-Fragenliste als Prüfplan

Sie legen jetzt in der Transaktion QA01 oder über den Pfad LOGISTIK • QUALI-TÄTSMANAGEMENT • QUALITÄTSPRÜFUNG • PRÜFLOS • BEARBEITUNG • ANLEGEN ein Prüflos zum Material und der Herkunft 07 an. Auf dem Register HER-KUNFT füllen Sie das Feld LIEFERANT aus (siehe Abbildung 17.12). Der Prüf-plan wird dann automatisch zugeordnet.

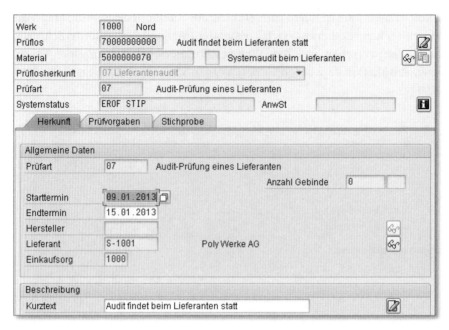

Abbildung 17.12 Audit-Prüflos anlegen

Sie beantworten nun die Fragen in der Ergebniserfassung von Transaktion QE51N und beenden das Audit mit dem Verwendungsentscheid (siehe Abbildung 17.13). Dafür steht Ihnen die Auswahlmenge der Audit- Prüfart zur Verfügung. Anhand des ausgewählten Codes wird die Qualitätskennzahl ermittelt.

Entscheid	Verwendungsentscheide
07	07 Vendor audit (Lieferantenaudit)
✔ A	Bestanden
✔ A1	Bestanden mit Auflagen
✘ R	Nicht bestanden
✘ R1	Wiederholung des Audits
✘ X	Sonstiger Entscheid

Abbildung 17.13 Auswahlmenge zum Audit des Verwendungsentscheids

Diese Qualitätskennzahl wird in der Lieferantenbeurteilung als Teilkriterium Audit herangezogen. Die Funktion der Lieferantenbeurteilung stelle ich Ihnen in Kapitel 22, »Qualitätslenkung/Auswertung«, ausführlich vor.

Sollten sich aus einem Audit Maßnahmen ableiten, können Sie diese in einer Qualitätsmeldung verfolgen (siehe Kapitel 19, »Qualitätsmeldung«). Dazu sollten Sie eine eigene Meldungsart verwenden.

17.5 Prüfung von Proben

Wenn Sie die Probenverwaltung in Ihrem System einsetzen, können Sie Prüflose auch manuell für eine oder mehrere existierende physische Proben erzeugen. Alle Prüflose, die so erzeugt wurden, haben die Prüflosherkunft 15 und sind nicht bestandsrelevant. Sie können die manuelle Prüfung von Proben z. B. verwenden, um Nachuntersuchungen aufgrund einer Kundenreklamation oder wiederholende Prüfungen an Ihren Rückstellmustern vorzunehmen. Der Prüfplan für diese Probenart hat die Planverwendung 9 (Materialprüfung).

17.5.1 Voraussetzung

Um ein Prüflos zur physischen Probe anlegen zu können, müssen folgende Voraussetzungen vorliegen:

▶ Eine Prüfart zur Herkunft 15 muss im Materialstamm aktiv sein.

▶ Die Probemenge muss größer als null sein.

▶ Es darf kein offenes Prüflos zu der physischen Probe existieren.

▶ Das Kennzeichen PROBE NICHT MEHR VORHANDEN bzw. das Löschkennzeichen darf nicht gesetzt sein.

Sie können sich die Details einer physischen Probe jederzeit in der Transaktion QPR3 anzeigen lassen und in der Transaktion QPR2 ändern. Diese Transaktionen rufen Sie über den Pfad LOGISTIK • QUALITÄTSMANAGEMENT • QUALITÄTSPRÜFUNG • PROBENVERWALTUNG • PHYSISCHE PROBE • ÄNDERN auf (siehe Abbildung 17.14).

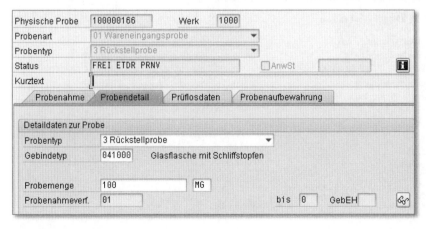

Abbildung 17.14 Physische Probe

17.5.2 Prüfloserzeugung

Möchten Sie zu einer einzelnen Probe ein Prüflos anlegen, können Sie das direkt in der Probenbearbeitung (Transaktion QPR2) über das Menü PHYSISCHE PROBE • FUNKTIONEN • PRÜFLOS ANLEGEN tun. Im Anschluss können Sie sich über den Button ⏣ Prüflose anzeigen lassen, welche Prüflose zu dieser Probe existieren (siehe Abbildung 17.15).

Abbildung 17.15 Prüflose zur Probe

Möchten Sie mehrere Prüflose gleichzeitig anlegen, verwenden Sie die Transaktion QPR5 oder den Pfad LOGISTIK • QUALITÄTSMANAGEMENT • QUALITÄTSPRÜFUNG • PROBENVERWALTUNG • PHYSISCHE PROBE • PRÜFLOSE ANLEGEN. In der Selektion stellen Sie Ihre Vorgaben ein, um die richtigen Proben auszuwählen. Dafür dienen neben den Feldern MATERIAL und CHARGE auch die Felder ART DER PHYSISCHEN PROBE (z. B. 01 für Proben aus dem Wareneingang) und PROBENTYP (z. B. 3 für Rückstellmuster, siehe Abbildung 17.16).

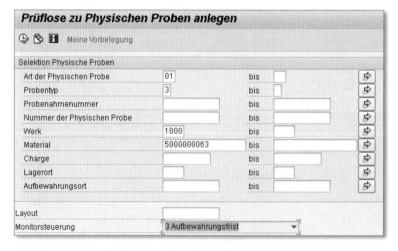

Abbildung 17.16 Selektion zur Anlage der Prüflose zu Proben

Im Feld MONITORSTEUERUNG können Sie die Ampelfunktion der Liste beeinflussen. Jeweils abhängig von dem ausgewählten Bezugsobjekt (in Abbildung 17.16 sehen Sie an dieser Stelle die AUFBEWAHRUNGSFRIST), erscheint die Ampel in verschiedenen Farben:

Betrachten wir das Bezugsobjekt *Prüfloseröffnung*:

► *Rot*: Die Prüfloseröffnung zur physischen Probe ist nicht möglich, weil:

  ▻ das letzte Prüflos zur Probe noch abgeschlossen ist

  ▻ die physische Probe kein Material kennt

  ▻ zur physischen Probe kein Probenumfang gepflegt ist

  ▻ die Mengeneinheit der physischen Probe sich nicht in die Basismengeneinheit des Materials umrechnen lässt

► *Gelb*: Die Prüfloseröffnung zur physischen Probe ist nicht möglich, weil:

  ▻ die physische Probe nicht den Status FREI hat

  ▻ keine Prüfart zur Herkunft 15 gepflegt ist

  ▻ die Prüfart 15 im Materialstamm nicht aktiv ist

► *Grün*: Die Prüfloseröffnung zur physischen Probe ist erlaubt.

Betrachten wir das Bezugsobjekt *Status*:

► *Rot*: Die physische Probe hat den Status GESPERRT.

► *Gelb*: Die physische Probe hat den Status ERÖFFNET.

► *Grün*: Die physische Probe hat den Status FREI.

Betrachten wir das Bezugsobjekt *Aufbewahrungsfrist*:

► *Rot*: Das Aufbewahrungsdatum ist überschritten.

► *Gelb*: Das Aufbewahrungsdatum ist das aktuelle Datum.

► *Grün*: Das Aufbewahrungsdatum ist noch nicht erreicht.

Nach der Selektion erhalten Sie eine Liste, in der die Proben angezeigt werden (siehe Abbildung 17.17). In dem Beispiel habe ich als Bezugsobjekt die Aufbewahrungsfrist gewählt. Daher sehen Sie die Ampelfarben abhängig von dem Aufbewahrungsdatum in der Spalte BIS.

Sie markieren die gewünschten Proben und legen über den Button [Prüflose] die Prüflose an. Als Ergebnis erhalten Sie ein Protokoll, in dem ersichtlich ist, ob das System Prüflose angelegt hat bzw. aus welchem Grund dies nicht möglich war (siehe Abbildung 17.18).

Prüflose zu Physischen Proben anlegen
Prüflos
Prüflose
Phys. Probe
Report

A	Phy.Probe	Prüflos	Art	T	Material	Charge	bis	Aufbew.ort
	100000106	10000000105	01	3	5000000034	0000000152	31.01.2013	LABOR1
	100000009	10000000052	01	3	5000000034	20110226	30.03.2013	LABOR1
	100000014	10000000053	01	3	5000000034	20110226	31.01.2015	LABOR1

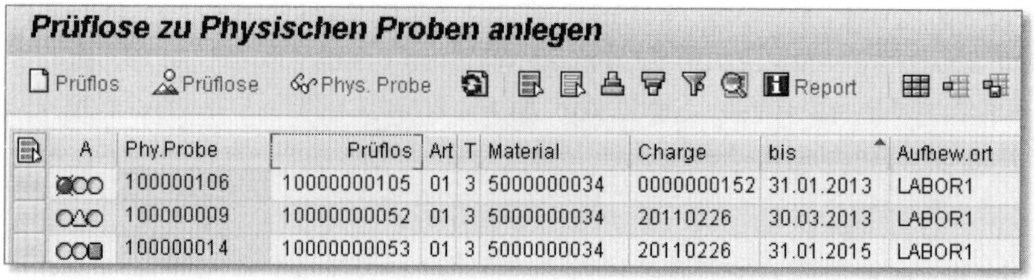

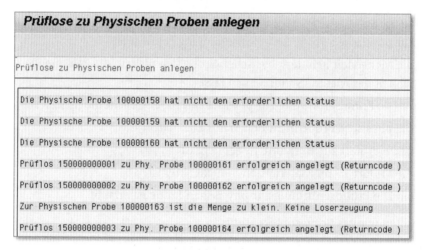

Abbildung 17.17 Liste zu Prüflosen anlegen

Prüflose zu Physischen Proben anlegen
Prüflose zu Physischen Proben anlegen
Die Physische Probe 100000158 hat nicht den erforderlichen Status
Die Physische Probe 100000159 hat nicht den erforderlichen Status
Die Physische Probe 100000160 hat nicht den erforderlichen Status
Prüflos 150000000001 zu Phy. Probe 100000161 erfolgreich angelegt (Returncode)
Prüflos 150000000002 zu Phy. Probe 100000162 erfolgreich angelegt (Returncode)
Zur Physischen Probe 100000163 ist die Menge zu klein. Keine Loserzeugung
Prüflos 150000000003 zu Phy. Probe 100000164 erfolgreich angelegt (Returncode)

Abbildung 17.18 Protokoll zur Prüflosanlage

Sie erfassen die Ergebnisse zu diesen Prüflosen wie gewohnt, z. B. in der Transaktion QE51N, und schließen die Prüfung mit einem Verwendungsentscheid ab.

17.6 Prüfung aus externem System

Prüflose der Herkunft 17 werden angelegt, wenn Sie ein externes Lagerverwaltungssystem (SAP EWM) als federführendes System nutzen. Die Qualitätsprüfungen mit der Ergebniserfassung werden im ERP-System durchgeführt. Dazu verwenden Sie die Funktion der Quality Inspection Engine (QIE), die die Prüflose an das ERP-System übergibt.

[+]

Quality Inspection Engine (QIE)

Mit der *Quality Inspection Engine* (QIE) von SAP können Sie Qualitätsprüfungen beim kombinierten Einsatz verschiedener SAP-Lösungen der SAP Business Suite

oder auch von Nicht-SAP-Anwendungen durchführen. Andere Systeme, sogenannte Konsumentensysteme, liefern der QIE dazu Daten. Von der QIE können Sie
Prüfanforderungen an das Qualitätsmanagement im ERP-System weiterleiten, um
hier weitere Funktionen zu nutzen (Quelle: SAP-Online-Hilfe unter der URL
http://help.sap.com).

Ich beschreibe an einem Beispiel, wie Sie mit der QIE als federführendem
System Qualitätsprüfungen erzeugen. Die Ergebniserfassung führen Sie im
vorliegenden ERP-System durch.

17.6.1 Voraussetzung

In SAP EWM wird durch die Anlieferung von prüfpflichtigen Materialien ein
Prüflos erzeugt. Die QIE erzeugt im SAP ERP-System ein Prüflos der Herkunft
17, wenn folgende Voraussetzungen gegeben sind (Quelle: SAP-Online-Hilfe
unter *http://help.sap.com*):

▶ Eine Prüfart ist für Prüflosherkunft 17 (Extern verursachte Prüfung) aktiv.

▶ Sie haben im Customizing des Qualitätsmanagements den IMG-Abschnitt
  KOMMUNIKATION MIT QUALITY INSPECTION ENGINES im Pfad QUALITÄTSMA-
  NAGEMENT • UMFELD • WERKZEUGE bearbeitet.

▶ Im QIE-Customizing ist das ERP-System als externes System definiert.

▶ Sie haben in der QIE in der Prüfregel definiert, dass die Prüfung in einem
  externen System stattfindet, und als Attribut die Prüfart angegeben.

▶ Sie haben in beiden Systemen die Codes für den Verwendungsentscheid
  angelegt.

Wenn Sie mit Proben arbeiten möchten, beachten Sie folgende Einschränkungen bei der Erzeugung physischer Proben zu Prüflosen der Herkunft 17
(Extern verursachte Prüfung):

▶ Die Prüfart muss die Probenart 10 (Probe aus externer Prüfung) enthalten.

▶ Der Prüfplan benötigt kein Probenahmeverfahren, sondern nur eine entsprechende Prüfpunktfeldkombination für den Prüfpunkttyp »physische
  Probe«.

▶ Proben werden aus dem externen System vorgegeben und können nur
  dort angelegt, geändert und storniert werden. Sie können im vorliegenden
  System keine Proben manuell anlegen, auch nicht im Zuge der Ergebniserfassung.

17.6.2 Ablauf

Zur besseren Veranschaulichung werden im Folgenden die einzelnen Schritte in den Systemen dargestellt (Quelle: SAP-Online-Hilfe unter der URL *http://help.sap.com*):

1. Das System legt auf Basis der Daten aus SAP EWM in der QIE einen Prüfbeleg mit oder ohne Proben an.

2. Sie geben in der QIE den Prüfbeleg und damit automatisch auch vorhandene Proben frei.

3. Das System sendet eine entsprechende PI-Nachricht an das SAP ERP-System.

4. Das System legt auf Basis der Daten aus der QIE im SAP ERP-System ein Prüflos mit bzw. ohne physische Proben an. Das Prüflos wird zur Herkunft 17 (Extern verursachte Prüfung) angelegt, die Proben erhalten die Probenart 10 (Probe aus externer Prüfung).

5. Das System ordnet einen Prüfplan zu. Wenn in der QIE ein Plan vorgegeben wurde, verwendet das System diesen. Wurde kein Plan vorgegeben, verwendet das System die Funktionen des Qualitätsmanagements, um einen Plan zu ermitteln.

6. Stichproben werden ermittelt.

Das Prüflos steht nun im ERP-System zur Verfügung.

1. Sie führen die Ergebniserfassung und Bewertung im SAP ERP-System durch.

2. Sobald Sie die Ergebniserfassung im SAP ERP-System begonnen haben, setzt das System im korrespondierenden Prüfbeleg der QIE einen entsprechenden Status, sodass dort die Neuberechnung der Stichprobe nicht mehr möglich ist.

3. Im SAP ERP-System treffen Sie den Verwendungsentscheid.

4. Das System überträgt die Informationen zum Prüfentscheid an den Prüfbeleg und die Proben in der QIE. Das bedeutet, das System überträgt den Verwendungsentscheid des Prüfloses und bei einer Prüfung mit Proben eine Bewertung der physischen Proben.

17.6.3 Funktionsumfang

Das externe System ist das federführende System für Änderungen, das heißt, Sie können Änderungen nur vom externen System aus durchführen. Dadurch bestehen für Prüflose der Herkunft 17 im ERP-System im Qualitätsmanagement folgende Einschränkungen (Quelle: SAP-Online-Hilfe unter der URL *http://help.sap.com*):

▶ Sie können entsprechende Prüflose nicht manuell anlegen.

▶ Sie können die Ist-Menge in entsprechenden Prüflosen nicht korrigieren.

▶ Sie können für entsprechende Prüflose keine Mengen umbuchen.

▶ Sie können für entsprechende Prüflose die Stichprobenberechnung nicht zurücknehmen.

▶ Sie können entsprechende Prüflose nicht ändern, außer in den folgenden Fällen:

  ▹ War die Planermittlung nicht erfolgreich, können Sie manuell einen Plan zuordnen.

  ▹ Nach der manuellen Planzuordnung können Sie die Stichprobenberechnung manuell anstoßen.

  ▹ Sie können den Benutzerstatus und das Datum ändern. Diese Änderungen werden jedoch nicht an das externe System weitergegeben, wie z. B. an die QIE.

  ▹ Sie können den Kurztext ändern.

▶ Sie können entsprechende Prüflose nicht stornieren.

▶ Entsprechende Prüflose sind nicht bestandsrelevant.

▶ In den Prüfeinstellungen stehen Ihnen einige Felder nicht zur Verfügung.

17.7 Sonstige Prüfung

Den Abschluss der Prüflosherkünfte bildet die Herkunft 89 (Sonstige Prüfung). Diese Prüfart können Sie für alle Prüfungen verwenden, die Sie »zwischendurch« durchführen möchten und die keinen Bezug zu SAP-Belegen haben.

Sonstige Prüfungen sind immer manuelle Prüfungen, die nicht bestandsrelevant sind. Sie aktivieren die Prüfart, die der Herkunft 89 zugeordnet ist, im Materialstamm und legen das Prüflos manuell in der Transaktion QA01 bzw. über den Pfad LOGISTIK • QUALITÄTSMANAGEMENT • QUALITÄTSPRÜFUNG • PRÜF-LOS • BEARBEITUNG • ANLEGEN an.

Im Einstiegsbild füllen Sie die Felder MATERIAL, WERK und PRÜFLOSHERKUNFT aus und bestätigen die Eingabe (siehe Abbildung 17.19).

Abbildung 17.19 Prüflos manuell anlegen

Sie geben nun die Prüflosmenge an, und falls Sie die Gebindezahl für die Probenberechnung benötigen, füllen Sie auch das Feld ANZAHL GEBINDE samt Gebindeeinheit. Alle anderen Felder können Sie zur Hinterlegung von weiteren Informationen verwenden, wie z. B. zum Lieferanten oder Kunden (siehe Abbildung 17.20).

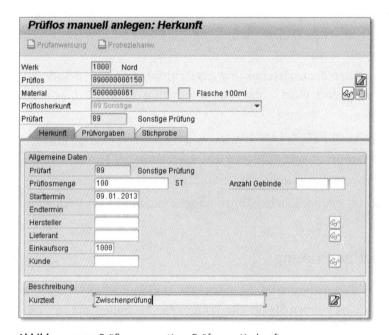

Abbildung 17.20 Prüflos zu sonstiger Prüfung – Herkunft

Der Prüfplan zur sonstigen Prüfung hat die Planverwendung 3 (Universell).

Auch dieses Prüflos bearbeiten Sie in der Ergebniserfassung und schließen es mit einem Verwendungsentscheid ab.

Jetzt kennen Sie alle Ereignisse, zu denen Sie Prüflose erzeugen können. Sie sehen, Sie können die Funktionen der Qualitätssicherung komplett in die logistische Kette integrieren und dadurch eine hohe Sicherheit in der Herstellung Ihrer Produkte erreichen.

Teil III
Prüfergebnis und Kundenkommunikation

In diesem Kapitel erläutere ich Ihnen die Erstellung eines Zeugnisses, auch Zertifikat oder Werksbescheinigung genannt. Grundlage dafür ist die Zeugnisvorlage. Ich werde Ihnen verschiedene Möglichkeiten der Ausgabe vorstellen.

18 Zeugnis

Um dem Kunden die Qualität des gelieferten Produkts zu bescheinigen, können Sie die Funktion der Zeugniserstellung im SAP-System nutzen. Im Sprachgebrauch der Qualitätssicherung finden sich neben dem Zeugnis unter anderem auch die Begriffe Zertifikat oder Werksbescheinigung; all diese Bezeichnungen werden im SAP-System unter *Zeugnis* vereinheitlicht.

In einer Zeugnisvorlage (siehe Abschnitt 18.1) definieren Sie die Merkmale, die auf dem Zeugnis ausgegeben werden sollen. Als Datengrundlage dienen hierfür entweder Stammprüfmerkmale oder Klassenmerkmale. Zudem legen Sie die Datenherkunft fest und können dabei, wenn der Chargenverwendungsnachweis aktiv ist, auf Ergebnisse aus der gesamten logistischen Kette zugreifen. Wenn der Chargenverwendungsnachweis bei Ihnen nicht aktiviert ist oder Sie komplett ohne Chargen arbeiten, können die Ergebnisse nur aus einem Prüflos zur Lieferung gelesen werden. Alternativ können Sie Bescheinigungen ohne Prüfergebnisse ausgeben.

Sie können Zeugnisse entweder automatisch zu einer SD-Lieferung erzeugen und mit den anderen Lieferpapieren ausgeben, oder Sie können sie jederzeit manuell ohne Bezug zu einer Lieferung erzeugen. Die manuelle Ausgabe wird in Abschnitt 18.2 und die automatische Ausgabe zur SD-Lieferung in Abschnitt 18.3 behandelt.

Um Zeugnisse automatisch ausgeben zu können, werden die Zeugnisvorlagen einem vorher definierten Kriterium zugeordnet, wie z. B. dem Kunden oder Material. So können Sie Zeugnisse auch kundenindividuell gestalten. Ein Zeugnis wird zum Zeitpunkt der Ausgabe mit der zum angegebenen Stichtag gültigen Vorlage und allen Daten aus der Prüfung erstellt. Das heißt, wenn Sie Änderungen an der Vorlage vornehmen, sieht der Wiederholungsdruck eines Zeugnisses eventuell (ungewollt) anders als das Original aus. Wenn Sie dies vermeiden möchten, beachten Sie den Stichtag der Zeugnisvorlage in Abschnitt 18.3.

Zeugnisse werden sprachabhängig in der Kommunikationssprache des Kunden ausgegeben.

18.1 Zeugnisvorlage

Eine Zeugnisvorlage umfasst sämtliche Merkmale, die ausgegeben werden sollen. Wie viele Zeugnisvorlagen Sie benötigen, hängt davon ab, wie viele verschiedene Anforderungen Sie abdecken müssen. Die Zeugnisvorlagen unterscheiden sich im Allgemeinen nur durch die unterschiedlichen Merkmale, die ausgegeben werden. Das Layout der Zeugnisses bleibt gleich. Möchten Sie nur mit einer Werksbescheinigung arbeiten, ist eine Zeugnisvorlage ausreichend, da Sie hier keine Prüfmerkmale ausgeben.

Wenn Sie jedoch Prüfergebnisse ausgeben, werden Sie wahrscheinlich pro Prüfplan eine Zeugnisvorlage anlegen. Möchten Sie die Ergebnisse auch kundenspezifisch bescheinigen, werden Sie auch mehrere Vorlagen benötigen. Das ist z. B. der Fall, wenn Sie für den einen Kunden mehr Prüfmerkmale oder zusätzlich die Prüfvorgaben ausweisen möchten und für den anderen nicht.

Sie legen eine Zeugnisvorlage in der Transaktion QC01 oder über den Pfad LOGISTIK • QUALITÄTSMANAGEMENT • QUALITÄTSZEUGNIS • AUSGANG • ZEUGNISVORLAGE • ANLEGEN an. Im Einstiegsbild geben Sie einen Namen für die Zeugnisvorlage und einen Zeugnistyp an (siehe Abbildung 18.1). Das Feld ZEUGNISTYP ist ein Pflichtfeld. Es hat keine steuernde Wirkung und dient nur als Ordnungskriterium.

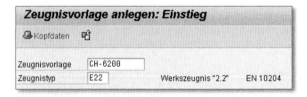

Abbildung 18.1 Zeugnisvorlage anlegen – Einstieg

18.1.1 Kopfdaten

Wenn Sie Ihre Eingaben im Einstiegsbild bestätigen, gelangen Sie in das Kopfbild der Zeugnisvorlage (siehe Abbildung 18.2).

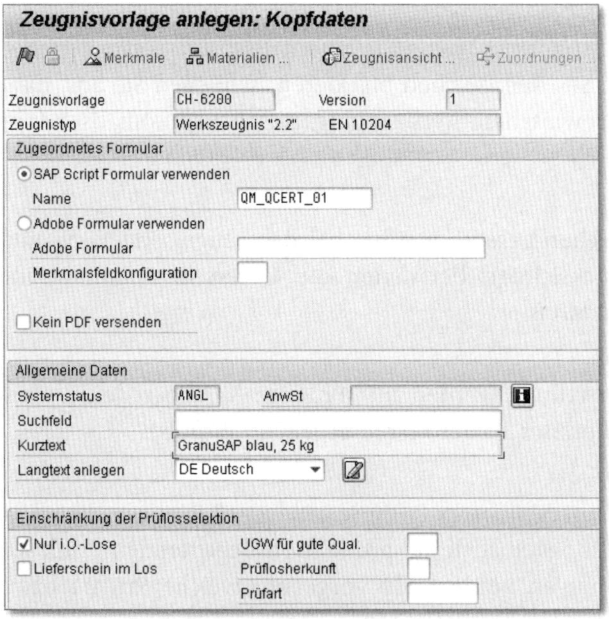

Abbildung 18.2 Zeugnisvorlage – Kopfdaten

Hier pflegen Sie folgende Daten:

▶ **Bereich »Zugeordnetes Formular«**
Sie entscheiden, ob Sie ein SAPscript- oder SAP Interactive Forms by Adobe-Formular verwenden und ordnen entsprechend das SAP- Standardformular oder Ihr angepasstes Formular zu. Ausgeliefert wird das Formular QM_QCERT_01 sowohl als SAPscript-Formular als auch als SAP Interactive Forms by Adobe-Formular. Wenn Sie letzteres verwenden, füllen Sie auch das Feld MERKMALSFELDKOMBINATION, um die Textelemente aus dem Customizing bereitzustellen.

▶ **Bereich »Allgemeine Daten«**
Der Eintrag im Feld KURZTEXT steht Ihnen später in den Suchhilfen zur Findung der Zeugnisvorlagen zur Verfügung und sollte daher aussagekräftig sein. Über den Button ✎ können Sie individuelle Texte in das Zeugnis aufnehmen, wenn Sie dies in Ihrem Formular vorsehen. Wenn Sie das Zeugnis mehrsprachig ausgeben, achten Sie darauf, auch den Langtext in diesen Sprachen zu pflegen. Dazu wählen Sie eine andere Sprache im Bereich LANGTEXT ANLEGEN und verwenden dann erneut den Button ✎.

▶ **Bereich »Einschränkung der Prüflosselektion«**
Im Bereich EINSCHRÄNKUNG DER PRÜFLOSSELEKTION stehen Ihnen folgende Felder zur Verfügung:

> ▶ *Nur i.O.Lose*
> Diese Einstellung ist wichtig, wenn Sie automatisch Zeugnisse generie-
> ren. Indem Sie dieses Kennzeichen markieren, schließen Sie aus, dass
> Prüflose mit rückgewiesenem Verwendungsentscheid automatisch ver-
> sendet werden.

> ▶ *Lieferschein im Los*
> Ist dieses Kennzeichen gesetzt, werden bei der Zeugniserstellung nur
> die Prüflose berücksichtigt, bei denen die Lieferscheinnummer im
> Prüflossatz vorhanden ist.

> ▶ *UGW für gute Qual.*
> Bei der Zeugniserstellung werden nur Prüflose herangezogen, deren
> Qualitätskennzahl größer als der hier angegebene Wert ist.

> ▶ *Prüflosherkunft/Prüfart*
> Zu einer Charge kann es mehrere Prüflose geben, z. B. gibt es neben den
> Prüflosen zur Endfreigabe auch die produktionsbegleitenden Prüflose.
> In diesen Einstellungen können Sie vorgeben, welche Prüfart bzw.
> Prüflosherkunft verwendet werden soll.

18.1.2 Merkmalsdaten

In den Merkmalsdaten legen Sie alle Merkmale fest, die Sie dem Kunden
bescheinigen möchten. Möchten Sie nur eine allgemeine Bescheinigung, die
die Qualität belegt, wie z. B. ein CoC (Certificate of Conformity) ausgeben,
geben Sie keine Merkmale an.

Über den Button 🔲 Merkmale gelangen Sie in die Merkmalsübersicht, in der
Sie die Merkmale mit deren Herkunft angeben (siehe Abbildung 18.3).

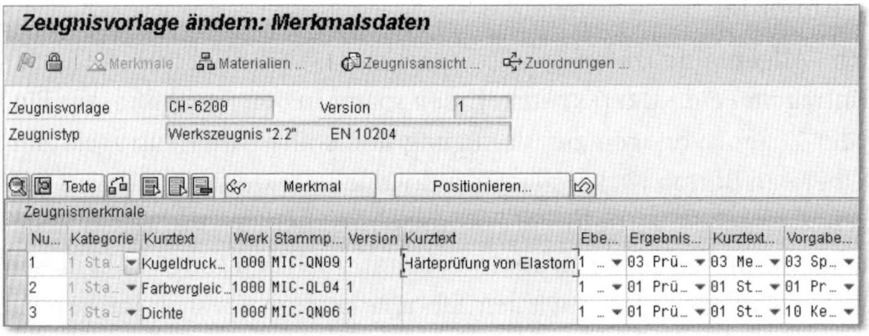

Abbildung 18.3 Zeugnisvorlage – Merkmalsdaten

Um ein Merkmal anzulegen, geben Sie in der Tabelle ZEUGNISMERKMALE eine
Nummer an, mit der Sie die Reihenfolge der Ausgabe bestimmen. Sie legen

die Kategorie der Merkmale und die Merkmale selbst fest. Alle Stammprüfmerkmale oder Klassenmerkmale aus der Material- oder Chargenklasse stehen Ihnen zur Verfügung.

Version der Stammprüfmerkmale	**[+]**

Wenn Sie verschiedene Versionen der Stammprüfmerkmale verwenden, sollte die
Auswahl der Stammprüfmerkmale (Spalte STAMMP...) über die [F4]-Suchhilfe erfolgen, damit Sie aus der Liste der gefundenen Stammprüfmerkmale die korrekte Version auswählen können. Vergleichen Sie die hier angegebene Version mit der des
Prüfplans. Nur bei Übereinstimmung werden die Ergebnisse korrekt ausgegeben.

Als Eingabeerleichterung können Sie über das Menü ZUSÄTZE • MERKMALE
AUS PLAN alle Stammprüfmerkmale aus einem Prüfplan übernehmen.

Um eine Übersicht über die Darstellungsmöglichkeiten zu erhalten, arbeiten
Sie am Anfang am besten mit der Detailübersicht, die Sie per Doppelklick auf
die Merkmalszeile erreichen (siehe Abbildung 18.4).

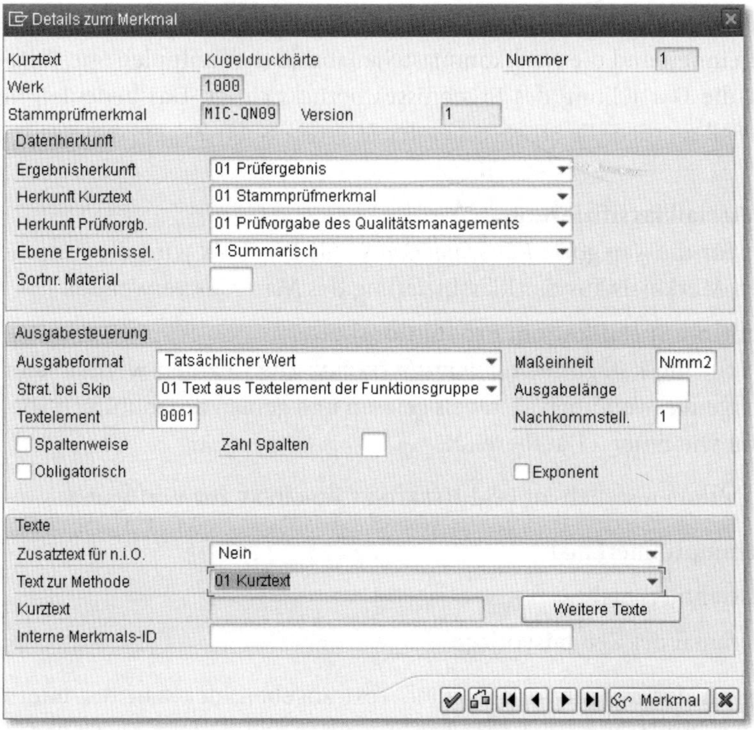

Abbildung 18.4 Zeugnisvorlage – Details zum Merkmal

Da die Inhalte dieser Felder entscheidend sind, stelle ich sie einzeln vor.

Bereich »Datenherkunft«

Im Feld ERGEBNISHERKUNFT legen Sie fest, von wo das Ergebnis gelesen werden soll. Die hier angebotenen Herkünfte können im Customizing angepasst bzw. erweitert werden:

▶ **01 – Prüfergebnis**
Gilt nur für die Kategorie *Stammprüfmerkmal*: Das Ergebnis kommt aus dem Prüflos zum Material des erstellten Zeugnisses.

▶ **02 – Chargenklassifizierung**
Gilt nur für die Kategorie *Klassenmerkmal:* Als Ergebnis wird die Ausprägung der Charge des erstellten Zeugnisses verwendet.

▶ **03 – Prüfung/Charge aus Klassenmerkmal und Produktionskette**
Gilt für die Kategorien *Klassenmerkmal* und *Stammprüfmerkmal*: Das Ergebnis kommt aus den Prüflosen der Vorgängerchargen der Charge des erstellten Zeugnisses.

▶ **11 – Multiple Spezifikation**
Gilt nur für die Kategorie *Stammprüfmerkmal*: Ergebnisausgabe wie unter 01. Wurde eine multiple Spezifikation zu diesem Merkmal gefunden, werden die Einheit und die Nachkommastellenanzahl der multiplen Spezifikation für die Darstellung des Ergebnisses berücksichtigt. Das bedeutet, in diesem Fall werden die entsprechenden Werte aus der Zeugnisvorlage ignoriert.

▶ **12 – Materialklassifizierung**
Gilt nur für die Kategorie *Klassenmerkmal:* Als Ergebnis wird die Ausprägung des Merkmals aus der Klassifizierung des Materials verwendet.

▶ **13 – Multiple Spezifikation, Produktionskette**
Gilt nur für die Kategorie *Stammprüfmerkmal*: Die Chargen werden über den Chargenverwendungsnachweis gelesen und gemäß der multiplen Spezifikation wie unter 11 aufbereitet.

Folgende Optionen stehen im Feld HERKUNFT KURZTEXT zur Verfügung:

▶ 01 – Stammprüfmerkmal

▶ 02 – Klassenmerkmal

▶ 03 – Merkmal der Zeugnisvorlage

Sie können in der Zeugnisvorlage einen Text angeben, der statt der intern verwendeten Prüfloskurztexte angedruckt werden soll. Diesen Text pflegen Sie sprachabhängig über den Button [Texte] in der Merkmalsübersicht (siehe Abbildung 18.3). Es öffnet sich ein Popup zur Pflege der Texte. In der

Spalte SPRACHE geben Sie die Sprache des Textes vor, in der Sie Zeugnisse erstellen möchten (siehe Abbildung 18.5).

Abbildung 18.5 Merkmalstext in Zeugnis

Im Feld HERKUNFT PRÜFVORGB. stehen Ihnen die gleichen Optionen wie im Feld ERGEBNISHERKUNFT zur Verfügung, die jedoch etwas anders benannt sind. Wenn Sie keine Vorgaben ausgeben möchten, wählen Sie die Option 10 (keine Vorgaben), die für das Feld ERGEBNISHERKUNFT nicht zur Verfügung steht.

- ▶ 01 – Prüfvorgabe des Qualitätsmanagements
- ▶ 02 – Chargenspezifikation
- ▶ 03 – Spezif. zu Material aus Produktionskette
- ▶ 10 – Keine Vorgaben
- ▶ 11 – Multiple Spezifikation
- ▶ 13 – Multiple Spezifikation, Produktionskette

Im Feld EBENE ERGEBNISSEL. legen Sie fest, bis zu welcher Ebene die Ergebnisse selektiert werden sollen:

- ▶ 1 – Summarisch
- ▶ 2 – Mittelwert der Stichprobe/Prüfpunkt
- ▶ 3 – Urwert

Beachten Sie dabei, wie Sie die Ergebnisse erfasst haben. Wenn Sie z. B. ein qualitatives Merkmal als Einzelwert erfassen, wird kein Mittelwert gebildet. Auf der summarischen Ebene wird demnach kein Ergebnis gefunden.

Im Feld SORTNR. MATERIAL (Sortiernummer Material) können Sie eine Eingabe vornehmen, wenn Sie sich bei Daten aus der Produktionskette auf ein ganz bestimmtes Material aus der Materialliste in der Zeugnisvorlage beziehen möchten.

Bereich »Ausgabesteuerung«

Sie können folgende Angaben vornehmen, um das Format des Ergebnisses zu beeinflussen:

▶ **Ausgabeformat**
Sie definieren, ob Sie den tatsächlichen Wert oder nur pauschale Angaben eintragen möchten, wie z. B. innerhalb der Toleranz. Dazu stehen Ihnen vorgegebene Eingabemöglichkeiten zur Verfügung.

▶ **Strategie bei Skip**
Wenn das Merkmal in dem gelesenen Prüflos geskipt, also auf die Prüfung verzichtet wurde, können Sie hier angeben, wie sich das System bei der Ausgabe verhalten soll. Die Vorgaben können im Customizing erweitert werden:

  ▷ 01 – Text aus Textelement der Funktionsgruppe

  ▷ 02 – Wert des Chargenmerkmals

  ▷ 03 – Grenzwerte aus Prüfvorgabe oder Charge

▶ **Textelement**
Sie geben das Textelement vor, das bei der Ausgabe verwendet wird. Dieses Textelement wird im SAPscript-Formular ausgeprägt. Für das SAP Interactive Forms by Adobe-Formular müssen zusätzlich Einstellungen im Customizing vorgenommen werden.

▶ **Maßeinheit**
Die Maßeinheit aus dem Merkmal wird vorgeschlagen. Sie können diese Maßeinheit überschreiben, wenn die vorgeschlagene und die neue Einheit ineinander umgerechnet werden können. Es wird automatisch der umgerechnete Wert angedruckt. Sie haben z. B. das Ergebnis in mm gemessen, es soll aber in cm ausgegeben werden.

▶ **Ausgabelänge**
Wenn Sie in diesem Feld eine Ausgabelänge eingeben, können quantitative Daten nur ausgegeben werden, wenn die vom System ermittelte Ausgabelänge eines Wertes kleiner oder gleich der angegebenen Ausgabelänge ist. Passt eine Zahl nicht in die angegebene Ausgabelänge, werden anstelle der Zahl Sterne ausgegeben.

Auf diese Weise verhindern Sie, dass Daten auf dem Zeugnis mehr Platz beanspruchen, als Sie dafür vorgesehen haben, und sich dadurch möglicherweise das Layout des Zeugnisses verändert. Beachten Sie jedoch, dass bei Exponentialdarstellung zusätzliche Stellen für den Exponenten benötigt werden.

▶ **Nachkommastellen**
Sie können den Vorschlag aus dem Stammprüfmerkmal hier überschreiben.

▶ **Spaltenweise**
Mithilfe dieses Kennzeichens ermöglichen Sie für dieses Merkmal eine spaltenweise Ausgabe der Merkmalsergebnisse.

▶ **Zahl Spalten**
Mithilfe dieses Kennzeichens legen Sie fest, in wie vielen Spalten die Werte des Merkmals ausgegeben werden sollen. Meine Empfehlung hierzu wäre die Anpassung des Formulars, und dieses Feld leer zu lassen. So erhalten Sie keine unerwünschten Effekte bei der Zeugnisausgabe.

▶ **Obligatorisch**
Sie legen fest, dass das Merkmal ein Pflichtmerkmal ist. Wird es nicht gefunden, wird das gesamte Zeugnis nicht erstellt.

Bereich »Texte«

Sie können Angaben zur Ausgabe weiterer Texte vornehmen:

▶ **Zusatztext für niO**
Wenn das Ergebnis außerhalb der Vorgaben liegt, ist es in manchen Fällen erforderlich, auf dem Zeugnis auf diesen Sachverhalt hinzuweisen. Mithilfe dieses Feldes steuern Sie, ob und in welchen Fällen dies geschehen soll, z. B. wenn der Wert kleiner als die Spezifikation ist.

▶ **Text zur Methode**
Sie können angeben, ob die Methode als Kurz- oder Langtext oder gar nicht berücksichtigt wird.

▶ **Kurztext**
Hier können Sie den Text zum Merkmal pflegen, wenn Sie in der Zeugnisvorlage einen abweichenden Text drucken möchten. Der Button WEITERE TEXTE führt Sie zu Abbildung 18.5, in der Sie weitere Sprachen pflegen können (siehe Erläuterung zum Feld HERKUNFT KURZTEXT).

▶ **Interne Merkmals-ID**
In diesem Feld können Sie eine zusätzliche Merkmalsbezeichnung hinterlegen. Diese Bezeichnung dient der Identifikation eines Merkmals beim elektronischen Austausch von Merkmalswerten.

18.1.3 Material

Sie können in einem Zeugnis auf Ergebnisse aus verwendeten Komponenten (Rohstoffe wie Zwischenprodukte) zurückgreifen, wenn Sie den Chargenverwendungsnachweis aktiviert haben. Dazu öffnen Sie über das Menü SPRINGEN • MATERIAL bzw. über den Button ⟨🔧 Materialien ...⟩ ein Pop-up, in dem Sie alle Materialien angeben, die zur Selektion der Prüfmerkmale herangezogen werden sollen (siehe Abbildung 18.6).

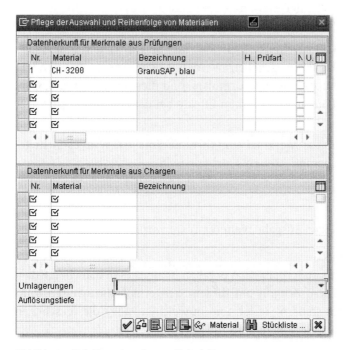

Abbildung 18.6 Zeugnisvorlage – Materialien

In der oberen Tabelle DATENHERKUNFT FÜR MERKMALE AUS PRÜFUNGEN geben Sie die Materialien ein, aus deren Prüflosen die Ergebnisse gelesen werden sollen. Gegebenenfalls machen Sie auch hier Angaben zur Prüfherkunft und Prüfart, wenn Sie die Selektion einschränken möchten. Die untere Tabelle DATENHERKUNFT FÜR MERKMALE AUS CHARGEN ist relevant, wenn die Merkmale aus der Chargenklasse gelesen werden.

Die weiteren Angaben bestimmen die Ebenen des Chargenverwendungsnachweises:

▶ **Umlagerungen**
Wenn Sie das Kennzeichen UMLAGERUNGEN setzen, werden bei der Auswertung der Materialliste zur Zeugniserstellung auch Umlagerungen be-

rücksichtigt. Wenn Sie das Kennzeichen nicht setzen, werden nur Chargen selektiert, die über Fertigungsaufträge, Prozessaufträge oder Fertigungsversionen miteinander in Verbindung stehen.

Umlagerungen [zB]

Das Zeugnis soll für Produkt A, Charge X aus Werk 0002 ausgestellt werden. Charge X wurde im Werk 0001 aus den Komponenten K1 (Charge Kx) und K2 (Charge Ky) hergestellt.

Um ein Zeugnis mit den Ergebnissen aus den Komponenten K1 und K2 und dem im Werk 0001 hergestellten Produkt A zu erstellen, nehmen Sie das Produkt A und die Komponenten K1 und K2 in die Liste der Materialien auf und aktivieren das Kennzeichen UMLAGERUNGEN.

▶ **Auflösungstiefe**
Über die AUFLÖSUNGSTIEFE können Sie festlegen, wie viele Stufen maximal aufgelöst werden. Wenn Sie in diesem Parameter nichts eingeben, wird die gesamte Verwendung der vorgegebenen Charge mit maximal 99 Auflösungsstufen aufgelöst.

Mit dem Button ☑ werden alle Eingaben übernommen und Sie gelangen zurück in die Merkmalsübersicht. Ist Ihre Zeugnisvorlage komplett, wird sie über das Menü BEARBEITEN • VORLAGE FREIGEBEN oder den Button ⚑ (Vorlage freigeben, siehe Abbildung 18.3) freigegeben. Damit ändert sich der Status der Zeugnisvorlage auf FREI. Nur freigegebene Vorlagen können verwendet werden.

18.1.4 Zeugnisvorlage zuordnen

Um eine Vorlage automatisch zum Material auszugeben, wird die Zeugnisvorlage zugeordnet. Sie wählen dazu die Transaktion QC15 oder den Pfad LOGISTIK • QUALITÄTSMANAGEMENT • QUALITÄTSZEUGNIS • AUSGANG • ZEUGNISVORLAGE • ZUORDNUNG • ANLEGEN und im nächsten Schritt die Ebene der Zuordnung (siehe Abbildung 18.7). Die Ebene und auch die Reihenfolge der Zuordnung können im Customizing unter dem Pfad QUALITÄTSMANAGEMENT • QUALITÄTSZEUGNIS • VORLAGENFINDUNG • ZUGRIFFSFOLGE ZUR VORLAGENFINDUNG FESTLEGEN verändert werden. Das System sucht die passende Zuordnung in den Ebenen immer von oben nach unten. Soll ein Zeugnis zu einem Material/Kunden ausgegeben werden, prüft das System als erstes, ob eine Zeugnisvorlage zu MATERIAL/KUNDE vorliegt. Wird kein Eintrag gefunden, geht das System eine Ebene tiefer und sucht die Vorlage zum Material. Wird das System dort auch noch fündig, greift die Zuordnung zur Warengruppe.

Schlüsselkombination
Material/Kunde
Material
Warengruppe

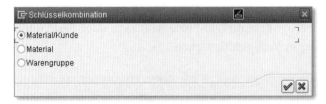

Abbildung 18.7 Zuordnung zu Material/Kunde

[zB]

Werksbescheinigung plus Materialzeugnis

Sie können eine allgemeine Zeugnisvorlage, z. B. die Werksbescheinigung der Warengruppe, zuordnen und zusätzlich für ausgewählte Materialien eine eigene Zeugnisvorlage definieren. Mit den oben genannten Einstellungen wird das System zuerst die materialspezifische Vorlage finden und nur nach der Vorlage zur Warengruppe suchen, wenn auf Ebene Kunde/Material oder Material keine Vorlage hinterlegt ist.

Anschließend ordnen Sie die Vorlage tabellarisch zu (siehe Abbildung 18.8).

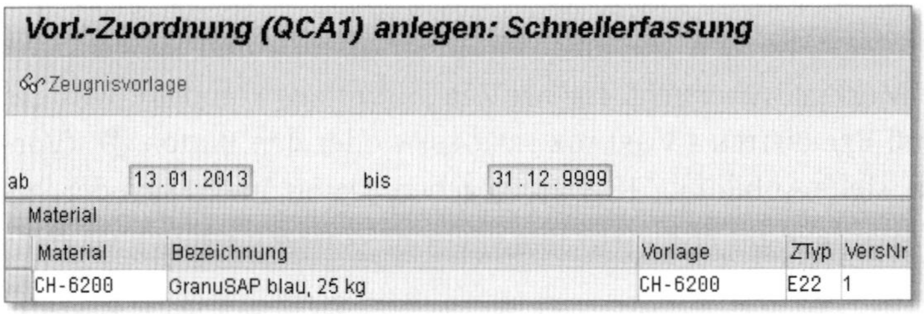

Vorl.-Zuordnung (QCA1) anlegen: Schnellerfassung
Zeugnisvorlage
ab 13.01.2013 bis 31.12.9999
Material
Material Bezeichnung Vorlage ZTyp VersNr
CH-6200 GranuSAP blau, 25 kg CH-6200 E22 1

Abbildung 18.8 Zeugnisvorlage zuordnen

Nun haben Sie die Grundvoraussetzungen für die Erstellung eines Zeugnisses geschaffen. Die verschiedenen Möglichkeiten der Zeugnisausgabe beschreibe ich in den folgenden Abschnitten.

18.2 Manuelle Ausgabe

Sie können Zeugnisse jederzeit manuell ausgeben. Dafür stehen Ihnen folgende Transaktionen zur Verfügung:

- Liste der Prüflose (Transaktion QA32). Über den Button Zeugnis rufen Sie die Funktion ZEUGNIS zum Prüflos auf.
- Pfad LOGISTIK • QUALITÄTSMANAGEMENT • QUALITÄTSZEUGNIS • AUSGANG • ZEUGNISERSTELLUNG und hier ZUM PRÜFLOS (Transaktion QC21), ZUR

CHARGE (Transaktion QC22) oder MIT MULTIPLEN SPEZIFIKATIONEN (Transaktion QCMS).

In der jeweiligen Transaktion geben Sie das Prüflos bzw. die Charge an, zu der Sie das Zeugnis ausgeben möchten (siehe Abbildung 18.9).

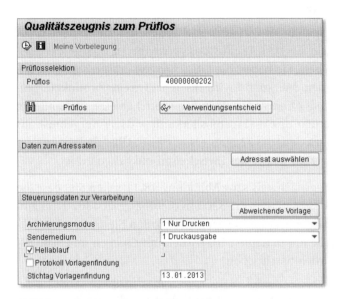

Abbildung 18.9 Zeugnis zum Prüflos

Über den Button ADRESSAT AUSWÄHLEN können Sie die Adresse zum Kunden bestimmen. In Abbildung 18.10 sehen Sie die Möglichkeiten der Adressangabe. Die hier gewählte Option wird in den Ausdruck übernommen.

Abbildung 18.10 Adressat auswählen

Im Bereich STEUERUNGSDATEN ZUR VERARBEITUNG können Sie über den Button ABWEICHENDE VORLAGE eine andere Zeugnisvorlage auswählen, wenn nicht die zugeordnete verwendet werden soll.

Wenn Sie seit Entstehen des Prüfloses Änderungen an der Vorlage vorgenommen haben, ist das Feld STICHTAG VORLAGENFINDUNG wichtig. Bei einem

Nachdruck können Sie über diesen Stichtag sicherstellen, dass die zum Zeitpunkt des Verwendungsentscheids gültige Zeugnisvorlage verwendet wird.

18.2.1 Beispiel: Zeugnisausgabe mit Werten über die Produktionskette

Sie haben ein chargengeführtes Fertigmaterial produziert und möchten auf dem Zeugnis Merkmale aus dem Prüflos der verwendeten Charge des Zwischenproduktes ausgeben. Sie haben die Einstellungen entsprechend Abbildung 18.3 vorgenommen. Merkmal 1 wird aus dem Zwischenprodukt (*Ergebnisherkunft = 03 Prüfung / Charge aus Produktionskette*) gelesen, die anderen beiden Merkmale werden direkt (Ergebnisherkunft = 01 Prüfergebnis) aus dem Material gelesen, zu dem das Zeugnis erstellt wird. Über die Materialzuordnung in Abbildung 18.6 wurde das Zwischenprodukt zugeordnet.

Im Chargenverwendungsnachweis saus Abbildung 18.11 sehen Sie, dass die Charge 2013010164 des Materials CH-3200 in die Charge 2013020168 eingegangen ist. Den Chargenverwendungsnachweis rufen Sie in der Transaktion MB56 auf. Ich habe ihn in Kapitel 10, »Arbeit mit Chargen im Qualitätsmanagement«, ausführlich beschrieben.

Abbildung 18.11 Chargenverwendungsnachweis zu Charge 2013020168

In Abbildung 18.12 und Abbildung 18.13 sehen Sie jeweils die Ergebnisse zu den Prüfmerkmalen der verwendeten Chargen.

Es sollen das Merkmal *Kugeldruckhärte* aus dem Zwischenprodukt der Charge 2013010164 und die Merkmale *Farbvergleich* und *Dichte* aus dem Endprodukt der Charge 2013020168 auf dem Zeugnis ausgegeben werden.

Wenn Sie nun das Zeugnis (siehe Abbildung 18.14) ausgeben, sehen Sie die Ergebnisse abhängig von der gewählten Ergebnisherkunft zu den Merkmalen aus der Zeugnisvorlage (siehe Abbildung 18.3) mit Angabe der Nummer:

► **Merkmal 1 – Kugeldruckhärte**
   Das Ergebnis wird aus dem Prüflos der Vorcharge gezogen, und der Kurztext kommt aus der Zeugnisvorlage, weil als Kurztext 03 (Merkmal der

Zeugnisvorlage) angegeben wurde. Statt dem Prüfmerkmalskurztext (Kugeldruckhärte) wird der Zeugnistext (Härteprüfung von E), der in Abbildung 18.5 eingetragen wurde, ausgegeben. (Hinweis: Das SAP-Standardformular gibt nur die ersten 18 Zeichen des Textes aus.)

▶ **Merkmal 2 – Farbvergleich**
Das Prüfmerkmal *Farbvergleich* ist ein qualitatives Merkmal und hat daher keine Vorgaben. Das Ergebnis kommt aus dem Prüflos des Zeugnismaterials der Charge 2013020168.

▶ **Merkmal 3 – Dichte**
Das Ergebnis zum Prüfmerkmal *Dichte* wird aus dem Prüflos zum Zeugnismaterial genommen, obwohl es auch in der Vorcharge dieses Merkmals vorhanden ist. Es werden keine Vorgaben gedruckt, weil als Vorgabenherkunft 10 (keine Vorgaben) ausgewählt wurden (siehe Abbildung 18.3).

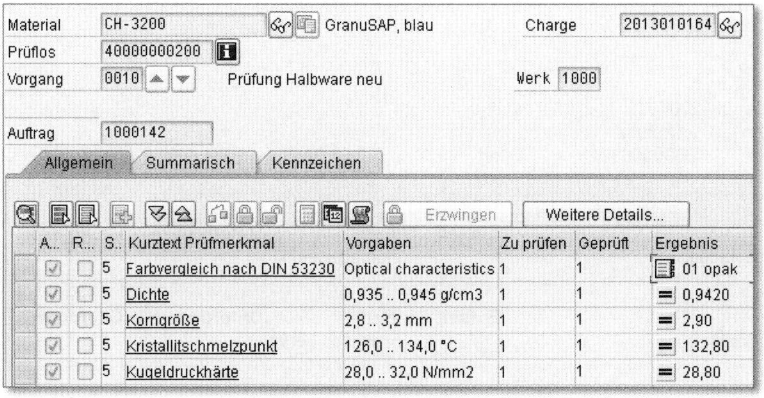

Abbildung 18.12 Ergebnisse zu Vorcharge 2013010164

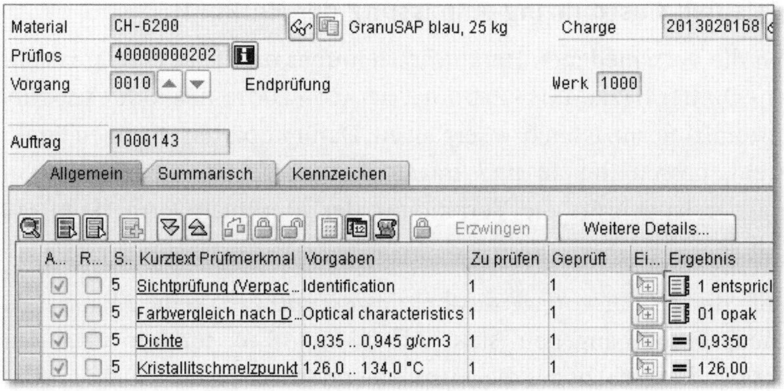

Abbildung 18.13 Ergebnisse zu Charge 2013020168

Sie sehen darüber hinaus, dass dieses SAPscript-Formular immer einer Anpassung bedarf, da der Merkmalskurztext konsequent nach 18 Zeichen abgeschnitten wird.

```
Charge 2013020168 / Verfallsdatum 20.12.2015

Prüflos 40000000202 vom 13.01.2013

                                          Untere    Obere
Merkmal              Einheit    Wert      Grenze    Grenze

Härteprüfung von E   N/mm2      28,8      28,0      32,0
Farbvergleich nach     –        opak        –         –
Dichte               g/cm3      0,935
```

Abbildung 18.14 Zeugnisansicht mit SAPscript-Formular

Auch das SAP Interactive Forms by Adobe-Formular muss angepasst werden, da der Merkmalstext hier ebenfalls abgeschnitten wird (siehe Abbildung 18.15).

Charge	1200401		
Ablaufdatum	31.12.2012		
Prüflos	40000000372	Von	20.04.2012

Merkmal	Einheit	Wert	Untergrenze	Obergrenze
Aussehen Homogenes		Homogenes, kl	-	-

Merkmal	Einheit	Wert	Untergrenze	Obergrenze
Geruch Praktisch g		Praktisch geruc	-	-

Abbildung 18.15 Zeugnisansicht mit SAP Interactive Forms by Adobe

18.2.2 Beispiel: Customizing-Anpassung der Herkunft

Sie können die verschiedenen Herkunftsarten über den Pfad QUALITÄTSMANAGEMENT • QUALITÄTSZEUGNIS • ZEUGNISVORLAGE • DATENHERKUNFT DEFINIEREN im Customizing anpassen bzw. ergänzen. Dafür kopieren Sie einen Funktionsbaustein, passen ihn an und tragen ihn in die neue Herkunft ein. Anschließend erlauben Sie die Verbindung der Merkmalswertherkunft zu den Vorgaben.

Möchten Sie die Zeugnisvorlage flexibel nutzen und z. B. keine Materialien als Zwischenprodukte angeben (siehe Abbildung 18.6), sondern über den Chargenverwendungsnachweis die entsprechenden Materialien suchen, können Sie eine neue Ergebnis- und Vorgabenherkunft anlegen und anschließend miteinander verbinden.

1. Sie rufen den Pfad QUALITÄTSMANAGEMENT • QUALITÄTSZEUGNIS • ZEUGNIS-VORLAGE • DATENHERKUNFT DEFINIEREN auf.

2. In der Funktion HERKUNFT DER MERKMALSWERTE legen Sie über den Button NEUE EINTRÄGE eine eigene Herkunft der Ergebnisse an. In dem Feld ERGEB-NISHERK. verwenden Sie einen Schlüssel im Namensraum (z. B. beginnend mit 9), als Text geben Sie Ihre Bezeichnung an. Sie kopieren den Funktions-baustein einer vorhandenen Merkmalsherkunft, z. B. QC02_INSPECTION_CHAR_MVALUE, passen diesen mit der Logik Ihrer Firma an (hier z. B. mit der Suche der Materialien über den Chargenverwendungsnachweis) und tra-gen dann den neuen Funktionsbaustein ein (siehe Abbildung 18.16).

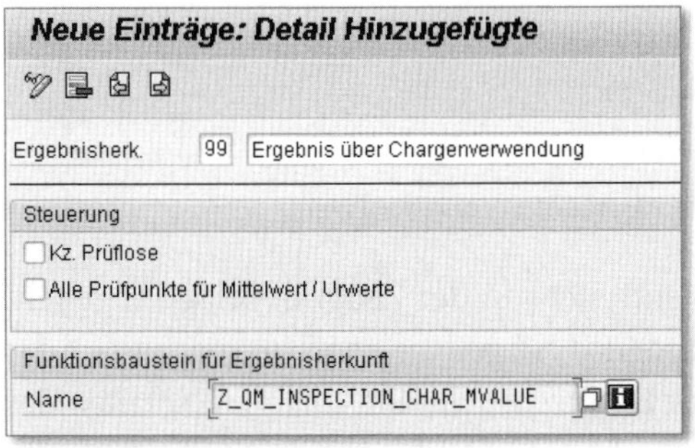

Abbildung 18.16 Neue Herkunft – Ergebnis (Merkmalswert)

3. In der Funktion HERKUNFT DER VORGABEN legen Sie über den Button NEUE EINTRÄGE eine eigene Herkunft der Vorgaben an. In dem Feld VORGABEN-HERK. verwenden Sie einen Schlüssel im Namensraum (z. B. beginnend mit 9), als Text geben Sie Ihre Bezeichnung an. Sie kopieren den Funktions-baustein einer vorhandenen Vorgabenherkunft, z. B. QC02_INSPECTION_CHAR_SPECS, passen diesen mit der Logik Ihrer Firma an (hier z. B. mit der Suche der Materialien über den Chargenverwendungsnachweis) und tra-gen dann den neuen Funktionsbaustein ein (siehe Abbildung 18.17).

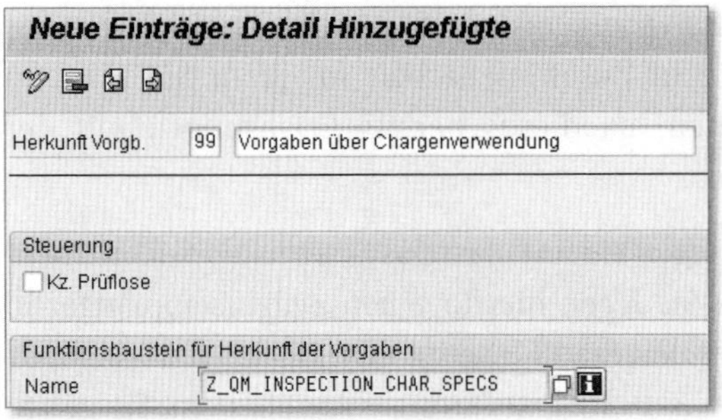

Abbildung 18.17 Neue Herkunft – Vorgaben

4. In der Funktion ERLAUBTE KOMBINATIONEN VON HERKÜNFTEN DER VORGA-
BEN UND WERTE im selben Pfad erlauben Sie die Kombination der beiden
neuen Herkünfte, indem Sie diesen Eintrag in der Tabelle vornehmen. Das
Kennzeichen GLEICHE QUELLE prüft, ob die Vorgaben und Ergebnisse aus
den gleichen Prüflosen stammen. Wenn das nicht der Fall ist, versucht das
System, die Herkünfte aufeinander abzustimmen, indem Vorgaben und
Ergebnisse zum gleichen Objekt (Charge bzw. Prüflos) gelesen werden.
(siehe Abbildung 18.18).

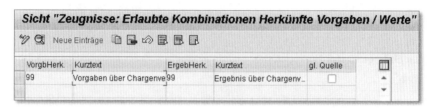

Abbildung 18.18 Erlaubte Kombinationen – Herkünfte Vorgaben/Werte

Sie müssen das Zwischenprodukt nun nicht in der Zeugnisvorlage angeben,
sondern das System sucht über den Chargenverwendungsnachweis das
Ergebnis zum Stammprüfmerkmal. Es durchsucht alle Chargen, solange das
Ergebnis gefunden wurde, bis zum Rohstoff zurück.

18.3 Zeugnis zur Lieferung

Sie können ein Zeugnis automatisch als Lieferpapier erstellen lassen. Dazu
verwendet das SAP-System Nachrichtenarten, die der SD-Lieferposition im
SD-Customizing zugeordnet werden.

SAP liefert das Zeugnis als Nachrichtenart LQCA (QZeugnis Warenempf.) und
LQCB (QZeugn. Auftraggeber) aus. Diese Nachrichtenarten sind im Nachrich-
tenschema V20001 (Positionsnachrichten) enthalten. Das Nachrichten-
schema wird dem Lieferpositionstyp zugeordnet. Sämtliche Einstellungen zur
Nachrichtenfindung sollten Sie in Zusammenarbeit mit dem SD-Team in
Ihrem Unternehmen vornehmen, da dieses bereits Erfahrungen mit der
Erstellung der Lieferpapiere hat.

Über die Nachrichtenkondition legen Sie fest, dass das Zeugnis als Nachrichtenart automatisch gefunden wird. Sie legen hierfür einen Zeugnisempfänger in
der Transaktion VV21 oder über den Pfad LOGISTIK • QUALITÄTSMANAGEMENT
• QUALITÄTSZEUGNIS • AUSGANG • ZEUGNISEMPFÄNGER • ANLEGEN an. Sie geben
die Nachrichtenart LQCA an und bestätigen die Eingabe. Als erstes erhalten Sie

das Popup zur Auswahl der Schlüsselkombination der Zugriffsfolge. Sie können definieren, mit welcher Schlüsselkombination die Nachricht gefunden wird (siehe Abbildung 18.19). Je detaillierter diese Kombination ist, umso mehr Einträge müssen Sie vornehmen. Diese Kombinationen sind beliebig im SD-Customizing erweiterbar.

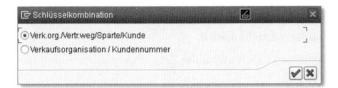

Abbildung 18.19 Zugriff auf Nachrichtenfindung

Zugriffsfolge definieren [zB]

Wenn Sie beispielsweise einen Eintrag mit der Option Verkaufsorganisation/ Kundennummer vornehmen, wird jedes Mal ein Zeugnis erstellt, wenn eine Charge zu diesem Kunden ausgeliefert wird. Sie müssen diesen Eintrag nur einmal pro Kunde und Verkaufsorganisation vornehmen. Wenn Sie jedoch die Kombination Vk.org/Vt.weg/Sparte/Kunde wählen, müssen Sie zusätzlich zum Kunden und zur Verkaufsorganisation auch die Einträge für den Vertriebsweg und die Sparte vornehmen. Diesen Eintrag sollten Sie also nur verwenden, wenn ein Kunde über mehrere Vertriebswege beliefert wird und zu einem besonderen Vertriebsweg, z. B. im Direktverkauf kein Zeugnis erhalten soll.

Nach Bestätigung der Schlüsselkombination gelangen Sie auf das Bild zum Eingeben der weiteren Informationen (siehe Abbildung 18.20).

▸ **Partner**
Wenn Sie einen speziellen Ansprechpartner für die Zeugnisse beim Kunden kennen, können Sie die Partnerrolle Q2 (Zeugnisempfänger) verwenden, die Sie im Kundenstamm ausprägen. Im SD-Customizing der Partnerfindung muss sichergestellt werden, dass der Partner Q2 auch in der Lieferung verfügbar ist.

▸ **Medium**
Sie geben an, wie das Zeugnis ausgegeben werden soll. Wenn Sie das Zeugnis per Mail oder Fax versenden möchten, müssen ein Mail- bzw. Faxserver und natürlich die Kommunikationsdaten im Kundenstamm vorhanden sein.

▸ **Zeitpunkt**
Sie geben an, zu welchem Zeitpunkt das Zeugnis erstellt wird. Für die Ausgabe des Zeugnisses sind diese beiden Zeitpunkte relevant:

▶ *3 – Versenden durch anwendungseigene Transaktion*
Sie erstellen automatisch das Zeugnis zu den definierten Kunden, geben dieses aber manuell aus, weil Sie es z. B. unterschreiben müssen.

▶ *4 – sofort versenden (beim Sichern der Anwendung)*
Das Zeugnis wird sofort ausgegeben. Es kann mit den anderen Lieferpapieren ausgedruckt werden, damit das Zeugnis mit der Lieferung versendet wird. Es kann aber auch auf einem anderen Drucker ausgegeben werden, damit es unterschrieben wird.

Ist der Mail- oder Faxversand aktiv, wird das Zeugnis separat von den Lieferpapieren versendet.

Abbildung 18.20 Nachrichtenkondition

Überwachung der Zeugnisausgabe

Um die Ausgabe der Zeugnisse zu überwachen bzw. den Nachdruck anzustoßen, können Sie den Arbeitsvorrat in der Transaktion QC20 bzw. über den Pfad LOGISTIK • QUALITÄTSMANAGEMENT • QUALITÄTSZEUGNIS • AUSGANG • ZEUGNISERSTELLUNG • ZUR LIEFERUNG verwenden (siehe Abbildung 18.21).

In der Selektion geben Sie die Nachrichtenart und den Verarbeitungsmodus vor. Je nachdem, welchen Vorrat Sie selektieren möchten, wählen Sie eine der folgenden Optionen:

▶ 1 – Erstverarbeitung: neu erstellte Zeugnisse

▶ 2 – Wiederholverarbeitung: Ausgabe war erfolgreich und soll wiederholt werden.

▶ 3 – Fehlerverarbeitung (alles): Ausgabe war fehlerhaft.

Nach der Selektion erhalten Sie eine Liste, in der alle Lieferpositionen erscheinen, die den Selektionskriterien entsprechen (siehe Abbildung 18.22). Diese können Sie über den Button 🔄 (Verarbeiten) ausgeben, vorher können Sie die Bildschirmansicht über den Button 🔯 (Ansicht) anschauen.

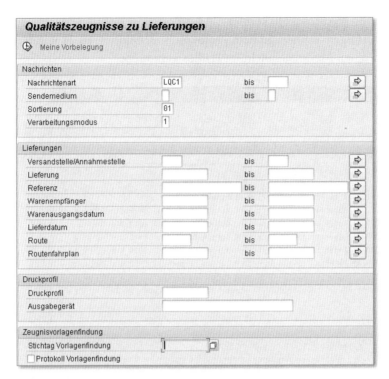

Abbildung 18.21 Selektion der Zeugnisse zu Lieferungen

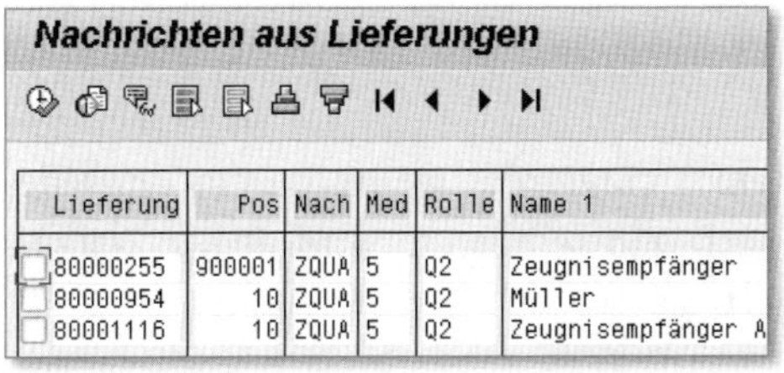

Nachrichten aus Lieferungen

Lieferung	Pos	Nach	Med	Rolle	Name 1
80000255	900001	ZQUA	5	Q2	Zeugnisempfänger
80000954	10	ZQUA	5	Q2	Müller
80001116	10	ZQUA	5	Q2	Zeugnisempfänger A

Abbildung 18.22 Arbeitsvorrat – Zeugnisse aus Lieferungen

Treten bei der Verarbeitung Fehler auf, werden die Lieferpositionen rot hervorgehoben (siehe Abbildung 18.23).

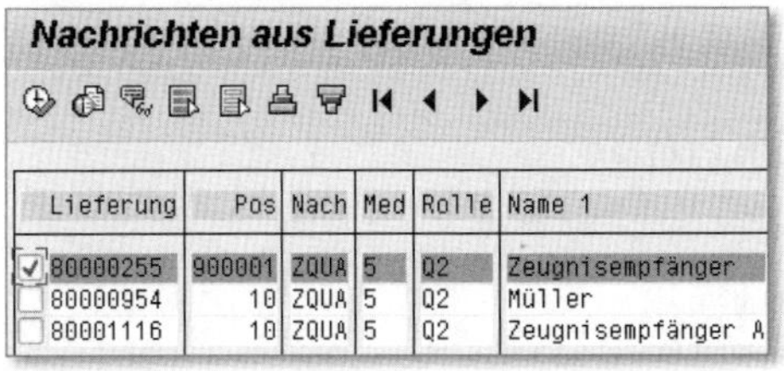

Nachrichten aus Lieferungen

Lieferung	Pos	Nach	Med	Rolle	Name 1
80000255	900001	ZQUA	5	Q2	Zeugnisempfänger
80000954	10	ZQUA	5	Q2	Müller
80001116	10	ZQUA	5	Q2	Zeugnisempfänger A

Abbildung 18.23 Fehlerhafte Verarbeitung

465

Über den Button ▦ (Protokoll) können Sie das Protokoll aufrufen, in dem Sie den Fehler verfolgen können. In dem Protokoll in Abbildung 18.24 wurden die obligatorischen Merkmale nicht im Prüflos gefunden.

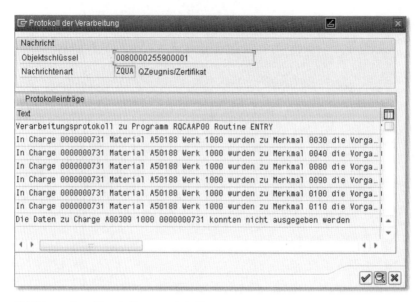

Abbildung 18.24 Verarbeitungsprotokoll

18.4 Archivanzeige

Sie können Zeugnisse im SAP-System archivieren, wenn Sie ein optisches Archiv angeschlossen haben. Je nach Einstellungen wird jedes Zeugnis zusätzlich zur Ausgabe auch archiviert.

Archivierte Zeugnisse können Sie über die Archivanzeige auf dem Bildschirm ausgeben. Dazu wählen Sie die Transaktion QC31 bzw. QC32 über den Pfad LOGISTIK • QUALITÄTSMANAGEMENT • QUALITÄTSZEUGNIS • AUSGANG • ZEUGNIS-ERSTELLUNG • ARCHIVANZEIGE • ZUR LIEFERPOSITION/ZUM PRÜFLOS. Anschließend geben Sie das Prüflos ein und führen die Selektion aus (siehe Abbildung 18.25).

Abbildung 18.25 Archivanzeige zum Prüflos

Im Business Object Navigator wird Ihnen das Zeugnis anzeigt, wenn eine Verbindung zum Archiv besteht (siehe Abbildung 18.26).

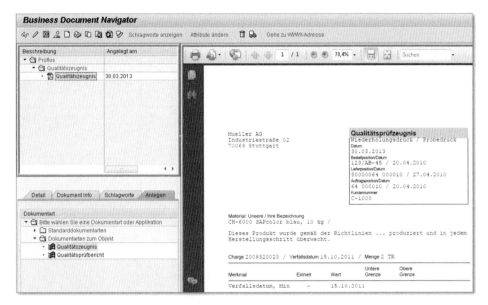

Abbildung 18.26 Zeugnisanzeige im Business Object Navigator

Sie haben nun die Funktionen der Zeugnisverwendung kennengelernt und werden diese vielleicht auch nutzen. Diese Funktionalität ist einer der größten Vorteile der Integration von QM in die logistischen SAP-Prozesse. Der Zugriff auf die gesamte logistische Kette über den Chargenverwendungsnachweis ermöglicht die automatische Ausgabe der Ergebnisse bis hin zum Rohstoff.

Das automatische Erstellen eines Zeugnisses zu einer Lieferung bietet Ihnen einen Arbeitsvorrat, in dem Sie den erfolgreichen Zeugnisausgang überwachen können.

Für die Erfassung und Verfolgung von Abweichungen und Auffälligkeiten können Sie Qualitätsmeldungen nutzen. Unter anderem die drei Meldungsarten – Lieferantenrüge, Kundenreklamation und die interne Problemmeldung – stelle ich Ihnen in diesem Kapitel jeweils mit einem Beispiel vor.

19 Qualitätsmeldung

Die Qualitätsmeldungen in SAP bieten Ihnen ein breites Spektrum von Möglichkeiten, Ihre Reklamationen zu handhaben bzw. Fehler zu erfassen und auszuwerten. Durch den Bezug zum konkreten SAP-Objekt, wie z. B. der Auslieferung, können Sie aus der Meldung heraus auf alle Stamm- und Bewegungsdaten zugreifen, die einen Bezug zur Meldung haben.

Sie selbst bestimmen, in welchem Umfang Sie die Meldungen nutzen möchten. Sie können Qualitätsmeldungen z. B. nur zur reinen Fehlererfassung verwenden, um die Fehlerstatistik im SAP-System zu nutzen. Sie können aber auch das gesamte Maßnahmenmanagement nutzen, um Sofort- und Korrekturmaßnahmen einzuleiten, abzuarbeiten und deren Wirksamkeit festzuhalten. Für die Erfassung der Meldung steht Ihnen neben der gängigen erweiterten Sicht auch die einfache Sicht zur Verfügung.

Um Funktionen aus der Meldung heraus schnell aufzurufen, steht Ihnen die Aktivitätenleiste zur Verfügung. So können Sie beispielsweise per Knopfdruck eine Rücklieferung auslösen. Mithilfe des Customizings können Sie Bildschirmeinstellungen vornehmen, um die Eingabemöglichkeiten übersichtlicher zu gestalten. Diese und weitere allgemeine Informationen und Funktionen werden in Abschnitt 19.1 erläutert. Die Arbeit mit Arbeitsvorräten wird anschließend in Abschnitt 19.2 behandelt. Für die Anlage einer Qualitätsmeldung steht Ihnen neben der gängigen erweiterten Sicht auch eine einfache Sicht zur Verfügung (siehe Abschnitt 19.1.5).

Die Meldungsarten Lieferantenrüge, Kundenreklamation und die interne Problemmeldung werden anhand von Beispielen in Abschnitt 19.3 erläutert. In Bezug auf die Kundenreklamation wird z. B. eine Stellungnahme in Form eines 8D-Reports vorgestellt, die viele Kunden erwarten (siehe Abschnitt 19.3.2). Seit dem Release SAP ERP 6.0 steht Ihnen dafür neben dem einfachen auch der 8D-Report nach VDA zur Verfügung, wenn Sie die PLM-Extension (EA-PLM) aktiviert haben. Ebenfalls anhand eines Beispiels wird der Sammelprüfbericht erklärt, der seit EHP 5 zur Verfügung steht: SAP-Objekte, wie z. B. Chargen oder Serialnummern, können auf einem separaten Register einer Position zugeordnet werden. Sie können die Meldungsanzahl so gering halten, da nicht mehr wie bisher für jede Charge oder Serialnummer eine eigene Meldung angelegt werden muss (siehe Abschnitt 19.3.4).

Darüber hinaus ist es mit EHP 5 möglich, der Meldung zugeordnete Dokumente als Anlage mit der Mail zu versenden: So wird z. B. aus der Meldung heraus der Reklamationsbericht als PDF-Anhang mit begleitenden Worten und Fotos an den Lieferanten versendet. Auch dazu wird es ein Beispiel geben. Customizing-Einstellungen zur Meldungseröffnung oder -bearbeitung und die Druckereinstellungen werden in Abschnitt 19.4 erläutert.

Um einen Prozess einem Freigabeverfahren zu unterziehen, z. B. um Kosten in einer Q-Meldung freizugeben, dient die Signaturfunktion. An einem Beispiel werde ich Ihnen deren Einsatz in Abschnitt 19.5 erläutern, ehe ich abschließend in Abschnitt 19.6 eine Formularübersicht zeige. Für die Kommunikation mit den Partnern wie Lieferanten, Kunden oder anderen Mitarbeitern stehen Ihnen diverse Formulare zur Verfügung, die Sie ausdrucken, faxen oder mailen können.

19.1 Allgemeine Funktionen

Eine Qualitätsmeldung entsteht entweder durch die Fehlererfassung in der Prüfabwicklung oder manuell über die Transaktion QM01 bzw. den Pfad LOGISTIK • QUALITÄTSMANAGEMENT • QUALITÄTSMELDUNG • ANLEGEN. Sie kann in der Transaktion QM02 bearbeitet werden. Alternativ kann eine Qualitätsmeldung in der einfachen Sicht in der Transaktion QM21 angelegt werden (siehe Abschnitt 19.1.5).

Im Folgenden erläutere ich grundsätzliche Informationen zu Meldungsarten, zur Meldungsanlage in der einfachen und erweiterten Sicht sowie zur Meldungsstruktur. Anschließend gehe ich auf die Aktivitätenleiste und Workflows ein.

19.1.1 Meldungsart

Um die verschiedenen Prozesse voneinander zu unterscheiden, die den Meldungen zugrunde liegen, und auch unterschiedliche Abbildungen im System zu realisieren, werden Meldungen auf oberster Ebene in Meldungsarten unterteilt.

Folgende Qualitätsmeldungen werden im Standard ausgeliefert:

- F1 – Fehler zum Kunden (Prüfarten: 02, 06, 10, 12)
- F2 – Fehler zum Lieferant (Prüfarten: 01, 0101, 0130)
- F3 – Fehler zum Material (Prüfarten: alle zuvor nicht erwähnten)
- Q1 – Kundenreklamation
- Q2 – Mängelrüge an Lief.
- Q3 – interne Problemmeld.
- QR – StabiStudie o.Mat.
- QS – StabiStudie m.Mat.
- QT – StabiStudie Trial

Die F-Meldungen sind jeweils der Prüfart im Customizing zugeordnet und werden aus der Fehlererfassung heraus angelegt, im Gegensatz zu den Meldungen der Meldungsart Q1, Q2 und Q3, die für die manuelle Anlage per Transaktion QM01 gedacht sind. Die Meldungen zur Stabilitätsstudie QR, QS und QT sind in diesem Kapitel kein Thema, da ich Ihnen diese bereits in Kapitel 16 vorgestellt habe.

Möchten Sie Änderungen an einer Meldung vornehmen, empfehle ich Ihnen, eine Meldungsart zu kopieren und im Kundennamensraum anzulegen, das heißt mit Y oder Z beginnend. Die Trennung in F- und Q-Meldungen empfinde ich eher als verwirrend, daher verwende ich nur eine Meldungsart im entsprechenden Prozess. (Ob eine Meldung aus der Fehlererfassung kommt, ist ganz klar an der Zuordnung des Prüfloses erkennbar.)

Sie können jederzeit auch Meldungsarten anlegen, die nicht zum klassischen QM-Prozess gehören. So können Sie z. B. den gesamten Erstmusterprozess in einer Meldung abbilden, alle beteiligten Mitarbeiter werden dabei als Partner angelegt. Die gesamte Historie ist in den abgearbeiteten Maßnahmen ersichtlich.

19.1.2 Meldungsanlage

Im Allgemeinen wird die Qualitätsmeldung in der erweiterten Sicht bearbeitet, da hier alle Funktionen zur Verfügung stehen. Für eine einfache Erfassung mit nur wenigen Daten, z. B. durch die Produktionsmitarbeiter, steht

Ihnen die Bearbeitung in der einfachen Sicht zur Verfügung, die ich in Abschnitt 19.1.5 beschreibe.

Wird eine Meldung manuell über die Transaktion QM01 oder über den Pfad LOGISTIK • QUALITÄTSMANAGEMENT • QUALITÄTSMELDUNG • ANLEGEN angelegt, haben Sie die Möglichkeit, eine bereits vorhandene Meldung im Feld VORLAGENNUMMER MELD. anzugeben (siehe Abbildung 19.1). Damit werden alle Daten aus dieser Meldung in die neue Meldung übernommen. Beide Meldungen sind über den Belegfluss miteinander verbunden. Wenn Sie z. B. während der Bearbeitung der Kundenreklamation ein Verschulden des Lieferanten feststellen, können Sie in der Anlage der Lieferantenreklamation die Kundenreklamation als Vorlage vorgeben.

Abbildung 19.1 Meldung anlegen

Zur Unterstützung der Meldungsanlage können Einstiegsfenster verwendet werden, in denen der Bezugsbeleg angegeben werden kann. (Diese Einstiegsfenster werden dem Bearbeiter vor dem Einstieg in die Meldungsbearbeitung als Pop-Up angezeigt.) Automatisch werden dann die relevanten Daten aus dem Beleg in die Meldung übernommen.

Legen Sie eine Kundenreklamation an, können Sie auf die Auftrags- bzw. Lieferposition verweisen (siehe Abbildung 19.2). Der Lieferposition sollte Vorrang gegeben werden, da hier die tatsächlich ausgelieferte Charge und Liefermenge enthalten sind.

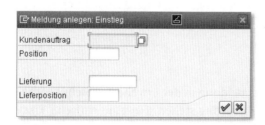

Abbildung 19.2 Einstiegsfenster für eine Kundenreklamation

Legen Sie dagegen eine Lieferantenreklamation an, geben Sie den Einkaufs- bzw. Materialbeleg an. Bei einer internen Problemmeldung stellen Sie den Bezug zum Auftrag her. Wenn Sie auch den Vorgang angeben, wird der Arbeitsplatz in die Meldung übernommen.

Bei Bestätigung der Eingaben aus dem Einstiegsfenster werden alle Daten aus den angegebenen Belegen bereitgestellt.

Diese Einstiegsfenster aktivieren Sie im Customizing und können sie individuell anpassen (siehe Abschnitt 19.4).

Meldung in Arbeit

Wenn Sie in Ihrem Unternehmen Meldungen zunächst anlegen, mit der weiteren Bearbeitung jedoch warten, z. B. bis ein Muster eingetroffen ist, verwenden Sie die Funktion In Arbeit geben über den Button 📕. Damit verändert sich der Status der Meldung auf MIAR. Nach diesem Status kann gezielt in dem Arbeitsvorrat gesucht werden.

19.1.3 Meldungsstruktur

Zunächst möchte ich Ihnen die Struktur der Qualitätsmeldung nahebringen. Sie können sich dazu auch noch einmal Abbildung 1.6 in Kapitel 1 anschauen. Diese zeigt die grafische Darstellung einer Qualitätsmeldung. Diese sollte Ihnen bekannt sein, damit Sie auch die Logik der Arbeitsvorräte und Auswertungen verstehen. Sie können beispielsweise zu den Meldungen auf oberster Ebene nicht die Fehlerart sehen. Dazu dient die Liste der Positionen.

Die Struktur einer jeden Meldung rufen Sie in der Meldungsbearbeitung über den Button 🗂Meldung auf (siehe Abbildung 19.3).

Abbildung 19.3 Meldungsstruktur

Meldungen bestehen aus dem Meldungskopf, Positionen (Problem), Ursachen, sowie Maßnahmen und Aktionen auf Kopf- und Positionsebene. Diese Angaben werden katalogisiert erfasst. Ich nenne hier die Katalogarten, die im

Standard dafür vorgesehen sind. Diese könnten bei Ihnen abweichen, wenn das Customizing verändert wurde. Die verschiedenen Katalogarten werden in Kapitel 3, »Grunddaten«, vorgestellt.

Im Meldungskopf werden z. B folgende Angaben eingetragen:

▸ Angaben zum Sachverhalt

▸ Partner

▸ Bezugsbeleg

▸ Termine mit Prioritäten

▸ Organisationsdaten

▸ Dokumente

Dieser Meldung untergeordnet sind die Positionen. Jeder erfasste *Fehler* bzw. jedes erfasste Problem bildet eine Position. So können in einer Reklamation mehrere verschiedene Fehler verfolgt werden. Jedem Fehler können mehrere Ursachen zugeordnet werden.

Maßnahmen sind Tätigkeiten, die mit einem geplanten Erledigungstermin und einem Verantwortlichen versehen werden. Maßnahmen unterteilen sich wiederum in Kopf- und Positionsmaßnahmen. Als Kopfmaßnahmen werden oft die Sofortmaßnahmen abgebildet, während die Korrekturmaßnahmen, die genau zu einem ausgeprägten Fehler gehören, der Position zugeordnet werden.

Eine weitere Möglichkeit, um Tätigkeiten in dem Reklamationsvorfall festzuhalten, sind die Aktionen. Aktionen können terminlich nicht verfolgt werden, da sie sofort abgeschlossen sind. Auch Aktionen können Sie sowohl als Sofortaktionen zum Meldungskopf als auch als Korrekturaktionen zur Position erfassen.

[zB] **Was ist eine Maßnahme, was ist eine Aktion?**

Sie möchten dem Einkauf die Aufgabe übertragen, Kontakt mit dem Lieferanten aufzunehmen und die kaufmännische Abwicklung zu klären. Dafür geben Sie dem Einkauf zwei Tage Zeit.

▸ **Maßnahme**
Sie legen also die Maßnahme *Klärung Rücklieferung* mit dem Termin *2 Tage* an. Als Verantwortlichen nennen Sie den *Einkäufer*.
Der Einkäufer kann nun im Arbeitsvorrat sehen, welche Maßnahmen er bis wann zu erledigen hat.

▸ **Aktion**
Hat der Einkäufer versucht, den Lieferanten telefonisch zu erreichen, kann er

dafür eine Aktion anlegen. In der Historie ist ersichtlich, wie oft der Mitarbeiter den Lieferanten mit welchem Ergebnis angerufen hat.

Oft werden nur die Maßnahmen verwendet, weil die Abbildung des Reklamationsprozesses schlank gehalten werden soll.

Meldungskopf

Alle Daten, die allgemein mit einem Vorfall zu tun haben, also nicht zu einem speziellen Fehler gehören, sind im Meldungskopf zugeordnet. Die Kopfdaten sind meist auf mehrere Register verteilt. Sie definieren im Customizing, wie viele Register Sie verwenden und welche Daten auf diesen Registern zu sehen sind (siehe Abschnitt 19.4, »Customizing«).

Abbildung 19.4 zeigt Ihnen ein Darstellungsbeispiel einer Kundenreklamation mit allen Registern und der Aktivitätenleiste.

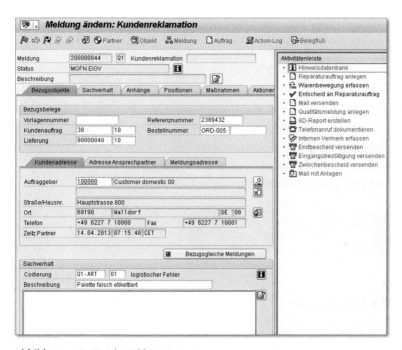

Abbildung 19.4 Kundenreklamation

Die wichtigsten Bereiche im Meldungskopf führe ich hier auf:

▶ Bereich »**Bezugsbelege**«
   Die angezeigten Bezugsbelege variieren von Meldungsart zu Meldungsart (siehe Abschnitt 19.1.2, »Meldungsanlage«). Abbildung 19.5 zeigt die Belege in der Kundenreklamation.

Abbildung 19.5 Bezugsbelege

Die Referenznummer ist die externe Nummer, mit der der Vorfall beim Kunden oder Lieferanten registriert ist. Die Vorlagennummer ist die Nummer, aus der die Meldung kopiert wurde, wenn Sie die Vorlagenfunktion beim Anlegen der Meldung genutzt haben.

▶ **Bereich »Partnerübersicht«**
Ein Partner gehört zu einem Personenkreis, der mit der Meldung verbunden ist. Die Art des Partners wird in einer Partnerrolle definiert. So hat der *Kunde* die Partnerrolle AG (Auftraggeber). Dagegen ist der *Koordinator* ein Mitarbeiter Ihrer Firma. Hier kann je nach Customizing-Einstellung der Systembenutzer oder eine Personalnummer angegeben werden.

Alle Partnerrollen werden in einem Partnerschema zusammengefasst und der Meldungsart zugeordnet. Diese Einstellung erläutere ich in Abschnitt 19.4, »Customizing«.

Sie können die Partner über das Menü SPRINGEN • PARTNER (siehe Abbildung 19.6) oder in einem eigenen Bildbereich bestimmen. Die Darstellung des Bildbereiches auf den einzelnen Registern ist abhängig von der Meldungsart und den Einstellungen im Customizing. Ich werde bei den Beispielen der jeweiligen Meldungsart darauf hinweisen.

Partnerübersicht		
Rolle	Partner	Name
KU Koordinator (U... ▼	YLZ	Yvonne Lorenz
LF Lieferant ▼	S-1006	Druckerei Müller OHG
IT Interessierter ▼	UMR	Ulrich Meyer

Abbildung 19.6 Partnerübersicht

▶ **Hinweis auf bezugsgleiche Meldungen**
Wenn es Meldungen zum selben Kunden/Lieferanten oder Material gibt, wird der Hinweis auf die bezugsgleichen Meldungen als Button ⬚ Bezugsgleiche Meldungen eingeblendet. Über diesen Button öffnet sich ein Pop-up, in dem die Statistik der bezugsgleichen Meldungen angezeigt wird (siehe Abbildung 19.7). Von hier aus können Sie direkt in die andere Meldung verzweigen – mit dem Button ⬚ – und sich so einen Überblick

verschaffen, ob es sich um einen Wiederholungsfehler beim selben Material handelt oder wie beim letzten Mal das Problem gelöst wurde.

Abbildung 19.7 Bezugsgleiche Meldungen

▸ **Bereich »Sachverhalt« mit Langtext**
Die Codierung des Sachverhalts bietet Ihnen die Möglichkeit, eine Unterscheidung des Vorgangs auf der Ebene der Meldungsart zu treffen. So können Sie in einer Meldungsart z. B. die logistischen von den Qualitätsfehlern unterscheiden und später getrennt auswerten (siehe Abbildung 19.8). Da eine Änderung der Meldungsart nicht mehr möglich ist, sollte diese Funktion vor allem verwendet werden, wenn bei der Anlage der Meldung die Einstufung noch nicht klar ist.

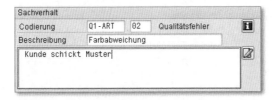

Abbildung 19.8 Sachverhalt

Wechsel der Meldungsart	[+]

Wenn Sie EHP 6 aktivieren, können Sie die Meldungsart auch später wechseln. Sie könnten die Unterscheidung eines Vorgangs also theoretisch auf Meldungsebene führen. Bitte bedenken Sie aber, dass zu viele Meldungsarten die Übersichtlichkeit einschränken.

Im Feld BESCHREIBUNG sollte der Grund der Reklamation in kurzer Form angegeben werden, dieses Feld wird im Arbeitsvorrat der Meldungen angezeigt. Im größeren Textfeld, in das Sie direkt schreiben können, kann der Vorfall ausführlich beschrieben werden. Über den Button TEXT ANLEGEN (🖉) öffnen Sie den Texteditor, um gegebenenfalls Textbausteine einzubinden.

- ▶ **Bereich »Bezugsobjekt«**
  In diesem Bildbereich geben Sie das SAP-Objekt an, auf das sich die Meldung bezieht (siehe Abbildung 19.9). Sie sollten prüfen, welche Daten Sie wirklich benötigen, und die nicht benötigten Felder ausblenden. Angaben, die Sie für Auswertungen benötigen, z. B. die Felder MATERIAL und WERK z. MAT., machen Sie zu Pflichtfeldern.

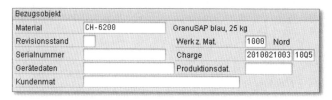

Abbildung 19.9 Bezugsobjekt

- ▶ **Bereich »Ecktermine«**
  Es gibt ein Datum für den gewünschten Beginn und das gewünschte Ende der Meldung (Felder GEW.BEGINN und GEW.ENDE, siehe Abbildung 19.10). Abhängig vom Feld PRIORITÄT wird das Datum GEW.ENDE errechnet. Diese Daten können Sie im Arbeitsvorrat verwenden, um überfällige Meldungen hervorzuheben. Darauf werde ich in Abschnitt 19.2 eingehen.

Abbildung 19.10 Ecktermine

- ▶ **Bereich »Organisation«**
  Die Einkaufs- bzw. Verkaufsorganisationsdaten werden aus den SAP-Belegen automatisch übernommen. Mit diesen Daten können Sie Ihre Auswertungen strukturieren.

- ▶ **Bereich »Mengen«**
  Im Meldungskopf können Sie verschiedene Mengenangaben vornehmen (siehe Abbildung 19.11).

Mengen			
Rekl. Menge	6.500	Mengeneinheit	TTE
Bezugsmenge	6.500		
Rückgel. Menge	6.000	rückgelief. am	10.01.2013
Fehl.Mng.eigen	5.000	Fehl.Mng.fremd	1.000

Abbildung 19.11 Mengen

Die gelieferte Menge wird aus dem Bezugsbeleg in die Felder BEZUGS-MENGE und REKL. MENGE übernommen. Die reklamierte Menge passen Sie entsprechend der tatsächlich fehlerhaften Menge an.

Die beiden Felder FEHL.MNG.EIGEN und FEHL.MNG.FREMD (Fehlerhafte Menge eigen und fremd) dienen der Unterscheidung des Verursachers. Erstere ist die Menge, die Sie als eigenverursachte Menge anerkennen.

Die beiden Felder der Rücklieferung, RÜCKGEL. MENGE und RÜCKGELIEF. AM, können Sie mit den Angaben versorgen, wenn der Kunde die fehlerhafte Menge zurückgesendet hat bzw. wenn Sie die Rücklieferung zum Lieferanten angestoßen haben. Diese Felder werden nicht automatisch versorgt.

▶ **Bereich »Kosten«**

Wenn Sie die Fehlerkosten, die im Zusammenhang mit der Reklamation aufgetreten sind, im System erfassen möchten, benötigen Sie einen QM-Auftrag. Sie legen über den Button ⬜ Auftrag (QM-Auftrag anlegen, siehe Abbildung 19.4) einen Auftrag an und ordnen den Kostenempfänger zu. SAP liefert als Auftragsart für die Fehlerkosten die Auftragsart QN01 aus.

Besprechen Sie mit der Controllingabteilung, wie die Kosten abgerechnet werden. Meistens wird dafür ein Innenauftrag verwendet. Anschließend können Sie die Kosten zu diesem Auftrag erfassen. Wie das funktioniert, erkläre ich Ihnen in Kapitel 20, »Qualitätskosten«.

In Abbildung 19.12 sehen Sie, dass ein QM-Auftrag 3001095 der Auftragsart ZQN0 angelegt wurde und zur Abrechnung des Auftrags ein Innenauftrag 10300033 dient.

Kosten			
QM-Auftrag	3001095	Auftragsart	ZQN0
GeschBereich			
Kontierung			
Auftrag	10300033		
Kostenstelle		KostRechKreis	1000
Kundenauftrag	0	☐ Spez. Abrechn.	

Abbildung 19.12 QM-Auftrag

▶ **Dokumente**

An dieser Stelle werden Ihnen alle der Meldung zugeordneten Dokumente angezeigt. Wie diese angelegt werden, habe ich in Kapitel 6, »Dokumentenverwaltung«, erläutert.

Register »Positionen«

Jeder Fehler ist eine Position zur Meldung. Diese sind übersichtlich in einer Tabelle dargestellt (siehe Register ÜBERSICHT in Abbildung 19.13).

Abbildung 19.13 Positionsübersicht

Zu jeder Position können Sie in dieser Übersicht tabellarisch Details erfassen. Eine andere Darstellung bietet das Positionsdetailbild (siehe Abbildung 19.14), das Sie über einen Doppelklick bzw. den Button 🔍 (Detailsicht) unter der Positionsübersicht aufrufen.

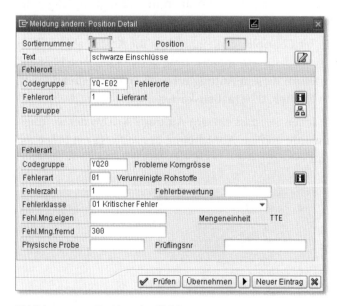

Abbildung 19.14 Positionsdetailbild

Das Positionsdetailbild ermöglicht Ihnen, folgende Angaben zu erfassen:

- Im Bereich FEHLERORT können Sie den Fehler lokalisieren.

  - Sie können z. B. den Verursacher festhalten oder auch die fehlerhafte Stelle am Produkt lokalisieren (Feld FEHLERORT). Dafür steht der Katalog der Katalogart E zur Verfügung.

  - Wird ein komplettes Produkt beanstandet, kann hier die fehlerhafte Komponente bzw. Baugruppe erfasst werden (Feld BAUGRUPPE). Als Unterstützung bei der Auswahl dient der Button ▦ (Strukturliste), der die Struktur der Stücklisten aufruft (siehe Abbildung 19.15). Mit einem Doppelklick auf die betroffene Komponente bzw. Baugruppe aus der Struktur wird die Materialnummer in das Feld BAUGRUPPE übernommen.

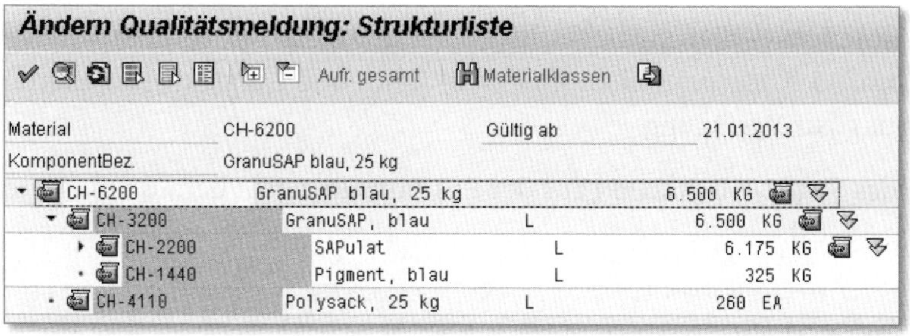

Abbildung 19.15 Stückliste

- Der Bereich FEHLERART (Katalogart 9) dient dazu, das Problem katalogisiert zu erfassen (Felder CODEGRUPPE und FEHLERART). Sie können zusätzlich einen freien Text für eine nähere Beschreibung verfassen (Feld TEXT im Kopfbereich von Abbildung 19.14). Für ausführliche Kommentare steht ein Langtext (über den Button ▨ aufrufbar) zur Verfügung. Sie können im Feld FEHLERBEWERTUNG eine Gewichtung des Fehlers erfassen. Wenn die Bewertung über die Kosten erfolgen soll, legen Sie die Währung, z. B. EUR, im Customizing selbst fest.

  - Auf Positionsebene stehen Ihnen die Mengenfelder FEHL.MNG.EIGEN und FEHL.MNG.EIGEN zur Verfügung, um die anerkannte von der fremdverursachten Menge zu unterscheiden. Die Summe der beiden Mengenfelder darf pro Fehler nicht größer als die Menge auf Kopfebene sein.

  - Das Feld FEHLERZAHL zeigt, wie oft der Fehler aufgetreten ist. Halten Sie z. B. Kratzer fest, beträgt die fehlerhafte Menge (Felder FEHL.MNG.EIGEN oder FEHL.MNG.EIGEN) fünf Stück (fünf Teile sind verkratzt). Der Fehler tritt jedoch sieben Mal auf, da zwei Stück zwei Kratzer aufweisen.

▷ Die Felder PHYSISCHE PROBE und PRÜFLINGSNUMMER sowie die Angaben zum PRÜFMERKMAL und PRÜFPUNKT werden automatisch übernommen, wenn die Meldung aus der Fehlererfassung angelegt wurde (siehe Abbildung 19.16). Die Felder aus Abbildung 19.16 erscheinen im Positionsdetail nur, wenn diese aus der Fehlererfassung heraus angelegt wurden.

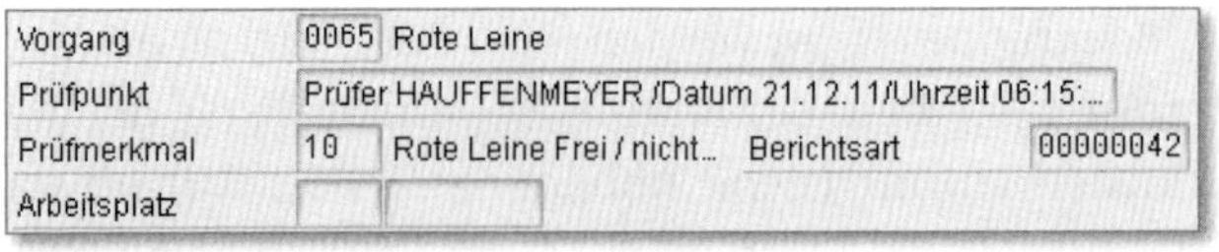

Vorgang	0065	Rote Leine		
Prüfpunkt	Prüfer HAUFFENMEYER /Datum 21.12.11/Uhrzeit 06:15:...			
Prüfmerkmal	10	Rote Leine Frei / nicht...	Berichtsart	00000042
Arbeitsplatz				

Abbildung 19.16 Fehlererfassung zum Prüfmerkmal

Register »Ursachen«

Sie können jedem Fehler mehrere Ursachen zuordnen. Neben dem Katalog der Katalogart 5 (Ursache) stehen Ihnen ein Kurz- und Langtext zur näheren Beschreibung zur Verfügung.

Sie rufen das Register URSACHEN aus der Positionsübersicht heraus auf (siehe Abbildung 19.13).

Register »Maßnahmen«

Das Register MASSNAHMEN finden Sie sowohl auf Kopf- als auch auf Positionsebene (siehe Abbildung 19.17). Alle Funktionen dieser beiden Register sind identisch. Sie trennen die Maßnahmen in allgemeine Maßnahmen des Reklamationsvorfalls im Kopf und in Maßnahmen auf Positionsebene, um den Fehler abzustellen.

Abbildung 19.17 Maßnahmen

Sie rufen das Register MASSNAHMEN entweder aus der Meldungsübersicht (siehe Abbildung 19.4), wenn Sie Kopfmaßnahmen erfassen möchten, oder aus der Positionsübersicht heraus auf (siehe Abbildung 19.13, Register KOR-REKTURMASSNAHMEN).

Eine Maßnahme legen Sie wie folgt an: Sie wählen über die Suchhilfe aus dem Katalog der Katalogart 2 eine Maßnahme aus (Feld CODEGR und MA...), ordnen einen Verantwortlichen zu (Feld VERANTWORTLICH...) und tragen das Datum, an dem die Maßnahme erledigt sein soll ein (Feld GEPLANTES... für geplantes Ende).

Wenn eine Maßnahme beendet wurde, wählen Sie die Funktion ABSCHLIES-SEN. Dazu markieren Sie die Maßnahme und klicken den Button 🏴 (Erledigen) an. Das System setzt den Status MAER (erledigt). In den Verwaltungsdaten werden der User sowie Datum und Uhrzeit des Abschlusses festgehalten. Die Maßnahme ist nun nicht mehr änderbar. Sie können nach der Wirksamkeitsprüfung den Status MAER MERF (erfolgreich) über den Button 🏅 (Erfolgreich) setzen.

Automatische Maßnahmen

Sie können wiederkehrende Maßnahmen auf Kopfebene automatisch ermitteln lassen. Hierfür nutzen Sie die Funktion MASSNAHMEN ERMITTELN über den Button 🌐 Maßnahmen . Abhängig von der ausgewählten Priorität werden die Maßnahmen dann zugeordnet, die Sie zuvor im Customizing hinterlegt haben.

Wenn Sie mit dieser Funktion arbeiten, können Sie den Status MAFR (Maßnahme frei) über den Button 🏴 (Freigeben) nutzen, um die Maßnahmen zur Bearbeitung freizugeben. Sie lassen also alle Maßnahmen zur Priorität ermitteln. Diese haben dabei den Status ERÖFFNET. Die Maßnahme, die aktuell fällig ist, wird auf den Staus FREI gesetzt, damit sie im Arbeitsvorrat gezielt ausgewählt werden kann.

Sie definieren diese automatischen Maßnahmen im Customizing über den Pfad QUALITÄTSMANAGEMENT • QUALITÄTSMELDUNG • MELDUNGSBEARBEITUNG • REAKTIONSSTEUERUNG • REAKTIONSÜBERWACHUNG DEFINIEREN • REAKTIONS-SCHEMA DEFINIEREN.

Mit Angabe der Priorität geben Sie die Katalogart im Feld KATMASSN ein und füllen die Felder CODEGRUPPE und CODE. Zusätzlich können Sie auch Zeiten, anhand derer das geplante Ende der Maßnahme ermittelt wird, und einen Verantwortlichen zuordnen (siehe Abbildung 19.18). Möchten Sie die Arbeitszeiten berücksichtigen, müssen Sie auch das Bereitschaftsschema über denselben Pfad des Customizings pflegen.

Sicht "Reaktionszeiten" ändern: Übersicht
Neue Einträge
Dialogstruktur
Reaktionsschema
Reaktionszeiten
Reaktion 0000000001
Beschreibung Allgemeines
Priorität Kat.Maßn CgrMaßn Code Zeitabst. Einh.
1 2 PM1 1 15 MIN
1 2 PM1 2 1 STD
2 2 PM1 1 30 MIN
2 2 PM1 2 2 STD
3 2 PM1 2 2 TAG

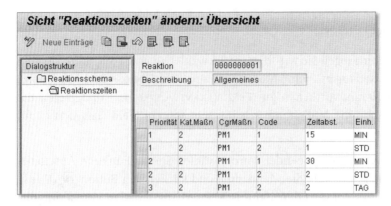

Abbildung 19.18 Reaktionsschema

Rufen Sie mit den Einstellungen aus Abbildung 19.18 die Funktion MASSNAHMEN ERMITTELN über den Button [Maßnahmen] in der Meldungsbearbeitung (siehe Abschnitt 19.4.2) auf, werden die beiden Maßnahmen PM1/1 und PM1/2 ermittelt, wenn Sie die Priorität 1 (siehe Abbildung 19.10) zugeordnet haben (siehe Abbildung 19.19).

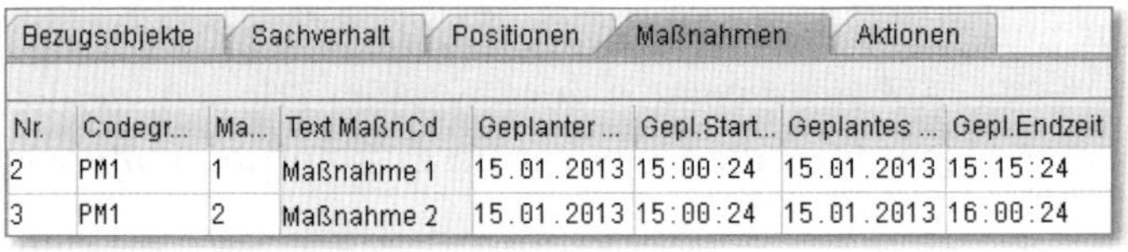

Bezugsobjekte Sachverhalt Positionen Maßnahmen Aktionen
Nr. Codegr... Ma... Text MaßnCd Geplanter ... Gepl.Start... Geplantes ... Gepl.Endzeit
2 PM1 1 Maßnahme 1 15.01.2013 15:00:24 15.01.2013 15:15:24
3 PM1 2 Maßnahme 2 15.01.2013 15:00:24 15.01.2013 16:00:24

Abbildung 19.19 Ermittelte Maßnahmen

Sie sehen an dem Feld GEPL.ENDZEIT, dass die Zeit errechnet wurde. Für die erste Maßnahme sind 15 Minuten, für die zweite eine Stunde vorgegeben.

Register »Aktionen«

Das Register AKTIONEN enthält alle Vorgänge, die Sie im Zusammenhang mit der Meldung bearbeitet haben. Zu der Codegruppe und dem Aktionscode (Felder CODEGR... und AKTI...) von Katalogart 8 können Sie einen freien Aktionstext und Langtext erfassen (Felder AKTIONSTEXT und L...). Der Zeitpunkt wird in den Verwaltungsdaten festgehalten (siehe Abbildung 19.20).

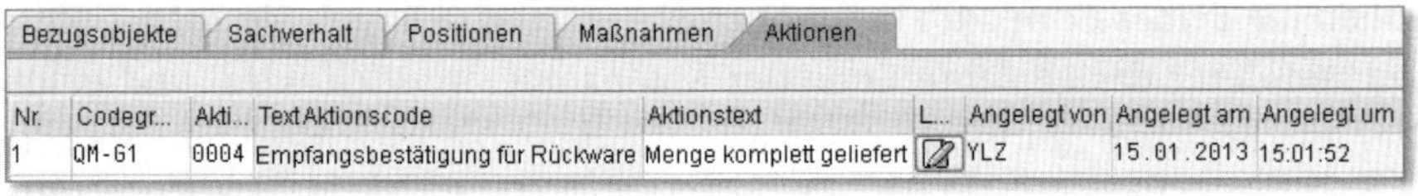

Bezugsobjekte Sachverhalt Positionen Maßnahmen Aktionen
Nr. Codegr... Akti... Text Aktionscode Aktionstext L... Angelegt von Angelegt am Angelegt um
1 QM-G1 0004 Empfangsbestätigung für Rückware Menge komplett geliefert YLZ 15.01.2013 15:01:52

Abbildung 19.20 Aktionen

Sie rufen das Register AKTIONEN entweder aus der Meldungsübersicht auf (siehe Abbildung 19.4), wenn Sie Kopfaktionen erfassen möchten, oder aus der Positionsübersicht heraus (siehe Abbildung 19.13).

Action-Log

Über die Funktion ACTION-LOG können Sie die Änderungen verfolgen, die an der Meldung vorgenommen wurden. Sie rufen das ACTION-LOG über den Button Action-Log auf (siehe Abbildung 19.4). Sie sehen alle Feldänderungen, außer den Änderungen an Langtexten, die in dieser Meldung stattgefunden haben, mit altem und neuem Inhalt, sowie dem Datum und dem User, der die Änderungen durchgeführt hat (siehe Abbildung 19.21).

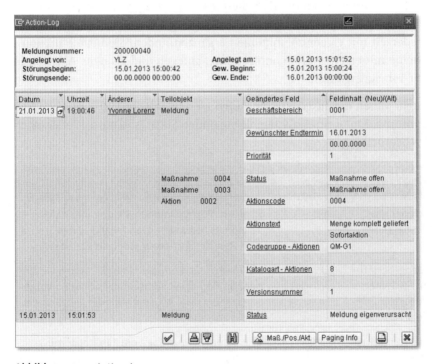

Abbildung 19.21 Action-Log

19.1.4 Aktivitätenleiste

Die Aktivitätenleiste sehen Sie auf der rechten Seite der Meldungsbearbeitung (siehe Abbildung 19.22). Sie aktivieren jede einzelne Aktivität im Customizing zu jeder Meldungsart. Dadurch sieht die Aktivitätenleiste in jedem System und bei jeder Meldungsart unterschiedlich aus. Die Abbildung zeigt nur ein Beispiel.

Abbildung 19.22 Aktivitätenleiste einer Kundenreklamation

Hinter der Aktivität steht ein Funktionsbaustein, der bestimmte Funktionen aufruft. Zur Dokumentation, dass diese Aktivität ausgelöst wurde, wird entweder eine Maßnahme oder eine Aktion angelegt. Sie können diese Aktivitäten jederzeit mit eigenen Funktionen ergänzen, indem Sie neue Funktionsbausteine mit eigenen Programmroutinen anlegen und als neue Aktivität in dieser Tabelle ergänzen.

Ich stelle Ihnen die ausgelieferten Aktivitäten in Tabelle 19.1 kurz vor. Weitere Informationen zur Aktivitätenleiste finden Sie in Abschnitt 19.4.2, »Meldungsbearbeitung«.

Aktivität	Meldungs-art	Funktion
Telefonanruf dokumentieren	alle	In einem Pop-up können Sie den Inhalt des Telefonats festhalten. Den Inhalt können Sie auf dem Register AKTIONEN jederzeit nachlesen.
Eingangsbestätigung/Zwischenbescheid/Endbescheid versenden	Q1	Sie können ein Formular an den Kunden versenden. Im Pop-up vervollständigen Sie den vorgeschlagenen Text. Als Titel wird der Kurztext des Codes angedruckt.
Reparaturauftrag anlegen	Q1	Es wird ein SD-Auftrag vom Typ Reparatur angelegt.
Warenbewegung erfassen	Q1	Sie buchen den Wareneingang zu dem Reparaturauftrag.
Entscheid an Reparaturauftrag	Q1	Sie übertragen den Verwendungsentscheid für die reklamierte Ware auf den entsprechenden Reparaturauftrag.

Tabelle 19.1 Übersicht über ausgelieferte Aktivitäten

Aktivität	Meldungs-art	Funktion
Qualitätsmeldung anlegen	alle	Sie legen eine neue Q-Meldung mit Bezug zu der aktuellen Meldung an.
Internen Vermerk erfassen	alle	Sie können eine interne Notiz anlegen. Den Inhalt können Sie auf dem Register AKTIO-NEN jederzeit nachlesen.
8D-Report erstellen	Q1	Für die Stellungnahme an den Kunden erstellen Sie den 8D-Report zu einer Position mit den Detaildaten.
8D-Report Auto-motive erstellen	Q1	Ab SAP ERP 6.0 steht Ihnen in der PLM-Exten-sion der 8D-Report nach VDA als PDF-Formular zur Verfügung.
Mail versenden mit Anlagen	alle	Ab EHP 5 können Sie Formulare aus der Mel-dung mit den Anlagen versenden.
Hinweisdatenbank	alle	Wenn Sie die Hinweisdatenbank aktiv nutzen, können Sie über diesen Link suchen, ob die Datenbank Lösungsvorschläge zu dem aktuellen Problem bereithält.
Mail versenden	alle	Sie können eine beliebige Mail mit einem Frei-text senden.
Lieferant zuordnen	Q2	Wenn Sie eine Meldung ohne Bezug angelegt haben, können Sie den Lieferanten zum Mate-rial auswählen.
Einkaufsbeleg zuordnen	Q2	Wenn Sie eine Meldung ohne Bezug angelegt haben, können Sie die Bestellung aus der Such-hilfe zum Material/Lieferanten auswählen.
Umbuchen Frei an Gesperrt	Q2	Sie können die fehlerhafte Menge sperren.
Umbuchen Frei an Q-Bestand	Q2	Wenn Sie die Meldung ohne Bezug zum Prüflos angelegt haben, können Sie die fehlerhafte Menge an den Q-Bestand buchen.
Transportauftrag anlegen	Q2	Ist die Buchung in einem WM-geführten Lager erfolgt, können Sie jetzt einen Transportauftrag anlegen.

Tabelle 19.1 Übersicht über ausgelieferte Aktivitäten (Forts.)

Aktivität	Meldungsart	Funktion
Umbuchen Gesperrt an Frei	Q2	Die zuvor gesperrte Menge kann wieder freigegeben werden.
Verschrottung	Q2	Die zuvor gesperrte Menge kann vernichtet werden.
Rücklieferung anlegen	Q2	Sie können eine SD-Lieferung anlegen, um die reklamierte Menge an den Lieferanten zurückzusenden.
Auslieferung ändern	Q2	Die zuvor angelegte Lieferung kann geändert werden. Sie springen in die Transaktion VL02N.
Verwendungsentscheid erfassen	Q2	Wenn Sie die Meldung mit Bezug zum Prüflos angelegt haben, springen Sie in die Transaktion QA11.
Qualitätslage verschärfen	Q2	Arbeiten Sie mit Dynamisierungen, können Sie die nächste Prüfstufe beeinflussen. Sie lösen einen niO-Fall (Prüfung nicht in Ordnung) aus.
Qualitätslage zurücksetzen	Q2	Arbeiten Sie mit Dynamisierungen, können Sie die gesamte Qualitätslage auf die Anfangsprüfstufe setzen.
8D-Report anfordern	Q2	Sie erstellen einen vorbereiteten 8D-Report, den der Lieferant ausfüllt.
Antrag auf Abweicherlaubnis	Q3	Mit diesem Funktionsbaustein kann aus der Meldungsbearbeitung heraus eine Rückfrage an einen internen oder externen Partner der Meldung gestartet werden. Beim Ausführen der Aktivität wird ein Workflow gestartet, der ein Workitem erzeugt, das von dem ausgewählten Partner bearbeitet werden soll. Gleichzeitig wird eine E-Mail an diesen Partner versendet.

Tabelle 19.1 Übersicht über ausgelieferte Aktivitäten (Forts.)

19.1.5 Einfache Meldungserfassung

Möchten Sie eine Meldung kurz und schnell erfassen und erst später detailliert bearbeiten, können Sie die Transaktion der einfachen Meldungserfassung nutzen.

[+]

Einfache Meldung

Produktionsmitarbeiter sollen aktuelle Probleme selbst zeitnah melden, ohne Maßnahmen oder Aktionen festzulegen. Sollen diese Mitarbeiter die Meldung in der Transaktion QM01 erfassen, lehnen diese oft die Arbeit mit Qualitätsmeldungen ab, weil hier so viele Felder zur Verfügung stehen, dass die Erfassung recht kompliziert erscheint.

Es erhöht die Akzeptanz, wenn diese Mitarbeiter eine Maske zur Verfügung haben, die nur die für die Erfassung notwendigen Felder enthält. Dies leistet die einfache Meldungserfassung.

Die Mitarbeiter der Qualitätssicherung können die Meldung wie gewohnt in der Meldungsbearbeitung der Transaktion QM02 bearbeiten.

Sie rufen die einfache Meldungsbearbeitung in der Transaktion IQS21 bzw. über den Pfad Büro • Meldung • Einfache Sicht auf und richten die Sicht der einfachen Meldungsbearbeitung im Customizing ein. Sie können bis zu fünf Bildbereiche auswählen. In dieser Sicht gibt es keine Register (siehe Abbildung 19.23). Die einzelnen Aktivitäten in der Aktivitätenleiste können für die einfache oder erweiterte Sicht zugelassen werden (siehe Abschnitt 19.4.2).

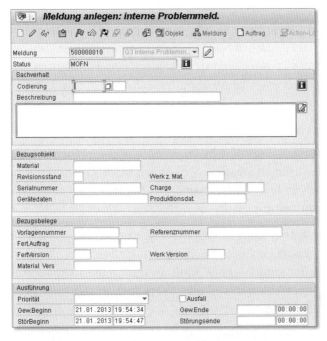

Abbildung 19.23 Einfache Meldungsanlage

Die Bearbeitung der Meldung kann nach der Anlage wie gewohnt in der Meldungsbearbeitung im Modul QM erfolgen.

Customizing

Um die vereinfachte Meldungserfassung nutzen zu können, müssen Sie Einstellungen im Customizing vornehmen. Sie wählen dazu den Pfad QUALITÄTS-MANAGEMENT • QUALITÄTSMELDUNG • MELDUNGSERÖFFNUNG • TRANSAKTIO-NENSTARTWERTE VORGEBEN. Für den Transaktionscode IQS21 sollte ein Eintrag vorhanden sein, falls nicht, legen Sie diesen über den Button NEUE EINTRÄGE an. Sie füllen das Feld MELDUNGSART mit der Meldungsart, für die Sie die einfache Erfassung nutzen möchten (siehe Abbildung 19.24).

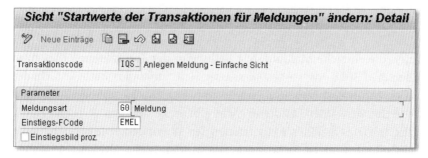

Abbildung 19.24 Startwerte der Transaktionen

Im Feld EINSTIEGS-FCODE definieren Sie mit dem Eintrag EMEL, dass Sie in dieser Transaktion mit der einfachen Meldungsbearbeitung arbeiten. Aktivieren Sie das Feld EINSTIEGSBILD PROZ., und starten Sie mit dem Einstiegsfenster/Pop-up zur Abfrage der Belege (siehe Abschnitt 19.1.2, »Meldungsanlage«).

19.1.6 SAP Business Workflow

Die Arbeit mit SAP Business Workflow bietet die Möglichkeit, einen modulübergreifenden Arbeitsvorrat zu schaffen. Sie können Ihren Arbeitsvorrat in SAPoffice aufrufen und von hier aus die jeweiligen Objekte in den Transaktionen zur Bearbeitung aufrufen.

SAP liefert für die Qualitätsmeldungen Workflow-Muster aus, die Sie nur zu aktivieren brauchen. So können Sie ganz schnell und einfach Informationen an die Meldungsbearbeiter senden. Die Workflows sind an die Statusverwaltung der Q-Meldung angeschlossen. Es gibt Workflow-Muster zum Meldungskopf und zur Maßnahme:

▶ **WS 24500047 (Meldung bearbeiten)**
Der Meldungsverantwortliche, meist der Koordinator, erhält ein Workitem, wenn eine dieser Startbedingungen vorliegt:

▶ Die Meldung erhält den Status MOFN (Meldung offen) oder MIAR (Meldung in Arbeit).

▶ Die Meldung erhält den Status OFMA (offene Maßnahmen vorhanden).

▶ Die Meldung erhält den Status MAER (alle Maßnahmen erledigt).

So kann der Koordinator die Meldungen überwachen, für die er zuständig ist, ohne in die Meldungsbearbeitung verzweigen zu müssen. Das Workitem verschwindet, wenn die Meldung den Status MMAB (Meldung abgeschlossen) erhält oder die Meldung gelöscht wird.

▶ **WS 20000035 (Qualitätsmeldung – INFO)**
Wird eine Meldung angelegt, erhält die Partnerrolle IT (Interessierter) eine Information.

▶ **WS 200063 (Maßnahme angelegt)**
Wenn eine neue Maßnahme angelegt wird, erhält diese den Status MAOF (Meldung offen). Der Verantwortliche der Maßnahme erhält ein Workitem. Dieses bleibt so lange bestehen, bis die Maßnahme den Status MAER (Meldung erledigt) erhält.

▶ **WS 400064 (Verantwortlicher geändert)**
Wird in einer Maßnahme der Verantwortliche geändert, erhält der neue Verantwortliche ein Workitem.

▶ **WS 20000314 (freigegebene Maßnahme erledigen)**
Wird eine Maßnahme freigegeben, erhält diese den Status MAFR, und der Verantwortliche erhält ein Workitem.

▶ **WS 200081 (Fehlersätze bearbeiten)**
Ein fest definierter SAP-User erhält eine Information, wenn eine Meldung aus der Fehlererfassung heraus angelegt und noch kein Koordinator zugeordnet wurde.

Workflow aktivieren

Sie aktivieren die Workflow-Muster im Customizing über den Pfad QUALITÄTSMANAGEMENT • QUALITÄTSMELDUNG • MELDUNGSBEARBEITUNG • WORKFLOWMUSTER AKTIVIEREN. Als Erstes aktivieren Sie die Ereigniskopplung über die Funktion EREIGNISKOPPLUNG AKT... im Customizing-Mandanten.

Es wird das in Abbildung 19.25 dargestellte Bild angezeigt, und Sie können auswählen, welches Ereignis Sie aktivieren möchten. Klicken Sie dazu den Button ▣ (Details) an.

Ereigniskopplung: Auslösende Ereignisse
Objekt
Aufgaben/Ereignisse
Bezeichnung Aufgabe/Ereignis
Aktivieren/Dea...
Deta...
TG 20000014
QM Qualitätsmeldung bearbeiten: Prozeß
WS 00200063
QM: Maßnahme erledigen
QMSM CREATED
Maßnahmen TaskCreated
aktiviert
WS 00200081
QM: Fehlersätze bearbeiten
WS 00400064
QM: Maßnahme erled. - Verantwortl.geänd.
WS 20000035
QM: Qualitätsmeldung - INFO
WS 20000314
QM: freigegebene Maßnahme erledigen
WS 24500047
QM-Muster Qualitätsmeldung bearbeiten

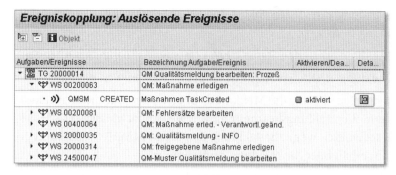

Abbildung 19.25 Ereigniskopplung

Anschließend aktivieren Sie die Bearbeiterzuordnung über die Funktion Bearbeiter zuordnen... im Produktivmandanten. In der Übersicht der Workflow-Aufgaben (siehe Abbildung 19.26) wählen Sie dann die benötigte Aufgabe aus und klicken auf den Button Eigenschaften...

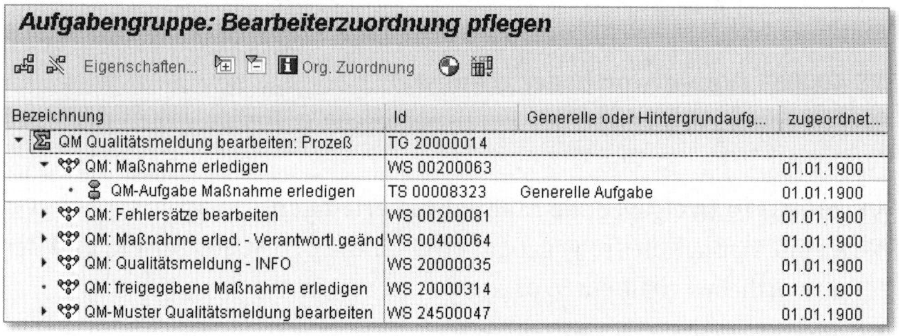

Aufgabengruppe: Bearbeiterzuordnung pflegen
Eigenschaften...
Org. Zuordnung
Bezeichnung
Id
Generelle oder Hintergrundaufg...
zugeordnet...
QM Qualitätsmeldung bearbeiten: Prozeß
TG 20000014
QM: Maßnahme erledigen
WS 00200063
01.01.1900
QM-Aufgabe Maßnahme erledigen
TS 00008323
Generelle Aufgabe
01.01.1900
QM: Fehlersätze bearbeiten
WS 00200081
01.01.1900
QM: Maßnahme erled. - Verantwortl.geänd
WS 00400064
01.01.1900
QM: Qualitätsmeldung - INFO
WS 20000035
01.01.1900
QM: freigegebene Maßnahme erledigen
WS 20000314
01.01.1900
QM-Muster Qualitätsmeldung bearbeiten
WS 24500047
01.01.1900

Abbildung 19.26 Bearbeiterzuordnung

Es öffnet sich ein Pop-up, in dem Sie die Aufgabe mit der Option Generelle Aufgabe kennzeichnen (siehe Abbildung 19.27).

Aufgabe:
Generelle Aufgabe
Generelles Weiterleiten erlaubt
Generelles Weiterleiten nicht erlaubt
Weiterleiten nicht erlaubt
Klassifikation
NO_CLASS Nic...
Gesperrt gegen Instanziierung
Gesperrt gegen Ausführung
Übernehmen

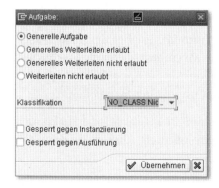

Abbildung 19.27 Bearbeiterzuordnung aktivieren

Diese Workflows werden nur ausgelöst, wenn das System generell für Workflow-Funktionalitäten aktiviert wurde. Sie können das Auto-Customizing über die Transaktion SWU3 aufrufen.

Am besten nehmen Sie diese Einstellungen zusammen mit der SAP-Basis oder dem Workflow-Verantwortlichen vor.

Workflow auslösen

Haben Sie die Einstellungen wie in Abbildung 19.25 bis Abbildung 19.27 gezeigt vorgenommen, wird beim Erstellen einer Maßnahme ein Workflow an den Verantwortlichen ausgelöst.

Alle Workflow-Items werden im SAP-Arbeitsplatz abgelegt. Sie erreichen diesen über das SAP-Menü BÜRO • ARBEITSPLATZ oder die Transaktion SBWP. Im Ordner EINGANG • WORKFLOW finden Sie alle Items, für die Sie verantwortlich sind. Abbildung 19.28 zeigt den erzeugten Workflow zu einer Maßnahme.

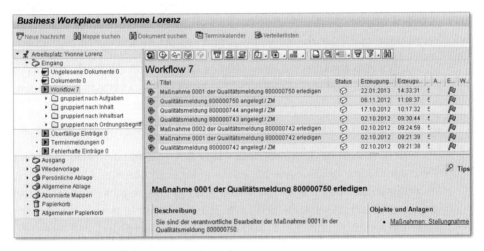

Abbildung 19.28 Workflow-Items im Arbeitsplatz

Im Inhalt der Workflows finden Sie neben der Aufgabe unter OBJEKTE UND ANLAGEN auch einen Link, mit dem Sie direkt in das SAP-Objekt verzweigen können (siehe unten rechts in Abbildung 19.28).

Um nicht jeden Tag mehrmals die Liste der Workflows aufzurufen und nachzusehen, ob ein neuer Workflow entstanden ist, können Sie den Verantwortlichen per Mail über eine neue Workflow-Aufgabe informieren.

Dazu richten Sie das Programm RSWUWFML2 per Job ein. Sie legen beim Aufruf des Programms in der Transaktion SE38 für die Selektion eine Variante an, die Sie so einschränken, dass nur die benötigten Items versendet werden, z. B. über die Einschränkung des Benutzers oder der Aufgabe.

Alternativ werden E-Mails direkt aus SAP Business Workflow heraus erzeugt und mittels Extended Notifications versendet.

19.2 Arbeit mit Arbeitsvorräten

In den Arbeitsvorräten der Meldungsobjekte haben Sie jederzeit einen schnellen Überblick über den aktuellen Stand der Reklamationen und können so deren Fortschritt verfolgen. Sie können von dort sofort in die Meldungsbearbeitung verzweigen.

Ihnen steht für Meldungen, Positionen, Maßnahmen und Aktionen ein Arbeitsvorrat zur Verfügung. Sie rufen den Arbeitsvorrat über den Pfad LOGISTIK • QUALITÄTSMANAGEMENT • QUALITÄTSMELDUNG • ARBEITSVORRAT auf und können auswählen, ob Sie den Ändern- oder Anzeigemodus aufrufen möchten. Haben Sie den Modus DATEN ÄNDERN gewählt, gelangen Sie beim Verzweigen in die Bearbeitung und können sofort Änderungen vornehmen.

Sie werden also zur Überwachung offener Objekte eher die Funktion DATEN ÄNDERN und zur Auswertung eher die Funktion DATEN ANZEIGEN verwenden.

19.2.1 Liste der Meldungen

Über die Transaktion QM10 rufen Sie das Selektionsbild der Meldungen auf (siehe Abbildung 19.29). Sie erhalten nach der Selektion eine Meldungsliste, in der Ihnen alle Daten aus dem Meldungskopf angezeigt werden. Die Liste können Sie über die allgemeinen Layouteinstellungen individuell verändern (siehe dazu auch Kapitel 22, »Qualitätslenkung/Auswertung«).

Zur Selektion der Daten stehen Ihnen mehrere Möglichkeiten zur Verfügung:

▶ **Bereich »Meldungsstatus«**
Sie können den Systemstatus der Meldung zur Selektion verwenden. Möchten Sie zusätzlich nach dem Anwenderstatus selektieren, müssen Sie im Customizing ein Selektionsschema anlegen und im Feld SEL.SCHEMA eingeben.

▶ **Bereich »Meldungsselektion«**
Die Felder MELDUNGSDATUM und MELDUNGSART sind meist die Hauptselektionskriterien, da immer nur eine Art der Meldung ausgewertet wird, entweder die Lieferanten- oder Kundenreklamation.

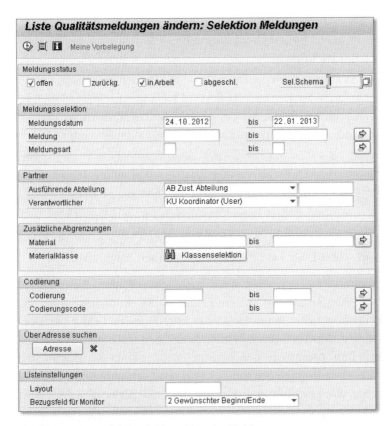

Abbildung 19.29 Selektionsbild zur Liste der Meldungen

▶ **Bereich »Partner«**
Möchten Sie nur die Meldungen sehen, für die Sie verantwortlich sind, wählen Sie im Feld VERANTWORTLICHER die Rolle KOORDINATOR (USER) und tragen im zweiten Feld Ihren User ein. Möchten Sie dagegen nur Meldungen eines bestimmten Kunden sehen, wählen Sie die Rolle AUFTRAGGEBER und die Kundennummer (siehe Abbildung 19.30).

Abbildung 19.30 Meldungsselektion zum Kunden

▶ **Bereich »Zusätzliche Abgrenzungen«**
Hier findet die Suche über die Felder MATERIAL bzw. MATERIALKLASSE statt.

▶ **Bereich »Codierung«**
Hier findet die Suche über den Sachverhalt statt.

▸ **Bereich »Über Adresse suchen«**
Hier findet die Suche über die Meldungsadresse statt.

▸ **Bereich »Listeinstellungen«**
Sie können das zuvor angelegte Layout im Feld LAYOUT eintragen, um die Liste mit definierten Spalten aufzurufen. Bei Lieferantenreklamationen interessieren Sie andere Felder als bei einer Kundenreklamation. Wie Sie Layouts anlegen, erläutere ich in Kapitel 22, »Qualitätslenkung/Auswertung«.

Im Feld BEZUGSFELD FÜR MONITOR legen Sie fest, worauf die Ampel in der Liste reagieren soll. Folgende Möglichkeiten stehen zur Auswahl:

▹ *Priorität* (rote/gelbe/grüne Ampel: Priorität hoch/mittel/niedrig)

▹ *Gewünschter Beginn/Ende* (siehe Abbildung 19.34; rote bzw. gelbe Ampel: gewünschtes Ende liegt in der Vergangenheit bzw. Zukunft)

Sollten die Selektionsmöglichkeiten nicht ausreichen, können Sie über den Button 🗐 (Freie Abgrenzungen) weitere Felder zur Selektion auswählen. Im oberen Bildschirmbereich können Sie in der Liste einzelne Felder per Doppelklick markieren. Möchten Sie z. B. alle Meldungen aus einem Werk zum Material bearbeiten, öffnen Sie den Ordner BEZUGSOBJEKT ALLGEMEIN und wählen das Werk per Doppelklick auf das Feld aus (siehe Abbildung 19.31). Nun können Sie wie gewohnt eine Eingabe im Feld WERK ZUM MATERIAL machen.

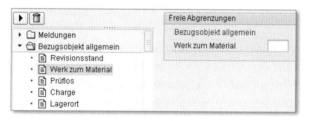

Abbildung 19.31 Erweiterte Selektion

Zudem bietet Erweiterungspaket 6 (EHP 6) zwei neue Bereiche zur Selektion an (siehe Abbildung 19.32).

Abbildung 19.32 Neue Funktion in Selektion der Meldung

Im Bereich Zugeordnete Objekte können Sie im Feld Objekttyp gezielt nach Objekten suchen. Die Objekte beschreibe ich in Abschnitt 19.3.4, »Sammelprüfbericht (Objekte zu Meldungspositionen)«. Sie wählen den Objekttyp aus, um die entsprechenden Selektionsfelder zu erhalten. Beispielsweise geben Sie als Objekttyp die Charge ein, erst jetzt werden die Felder zur Auswahl der Charge sichtbar.

Im Bereich Erweiterte Partnerselektion können Sie nach einer Partnerkombination suchen, z. B. nach allen Meldungen zu einem Lieferanten, für den Sie zuständig sind (siehe Abbildung 19.33).

Partnerselektion
Selektierte Meldungen enthalten alle Partner
Selektierte Meldungen enthalten mindestens einen Partner
Partner
Partnerrolle
LF Lieferant
Partner
100020
bis
Partner
Partnerrolle
KU Koordinator (User)
Partner
ylz
bis
Prüfen

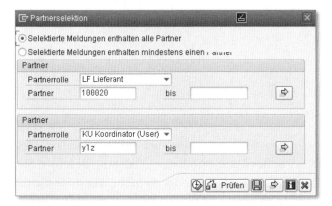

Abbildung 19.33 Partnerselektion

Nachdem Sie die Selektion ausgeführt haben, erhalten Sie eine Liste mit allen Meldungen, die den Selektionskriterien entsprechen (siehe Abbildung 19.34).

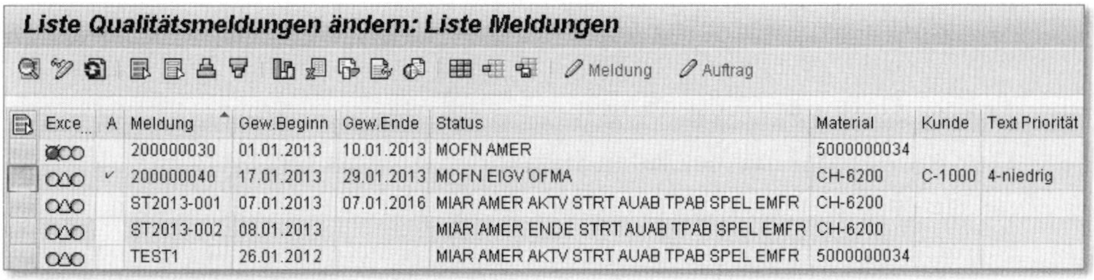

Liste Qualitätsmeldungen ändern: Liste Meldungen
Meldung
Auftrag
Exce... A Meldung Gew.Beginn Gew.Ende Status Material Kunde Text Priorität
200000030 01.01.2013 10.01.2013 MOFN AMER 5000000034
200000040 17.01.2013 29.01.2013 MOFN EIGV OFMA CH-6200 C-1000 4-niedrig
ST2013-001 07.01.2013 07.01.2016 MIAR AMER AKTV STRT AUAB TPAB SPEL EMFR CH-6200
ST2013-002 08.01.2013 MIAR AMER ENDE STRT AUAB TPAB SPEL EMFR CH-6200
TEST1 26.01.2012 MIAR AMER AKTV STRT AUAB TPAB SPEL EMFR 5000000034

Abbildung 19.34 Liste der Meldungen

Möchten Sie eine Meldung bearbeiten, markieren Sie die gewünschte Zeile und klicken auf den Button Meldung. Sie rufen damit die Transaktion QM02 auf. Nach dem Sichern gelangen Sie wieder zurück in die Liste. Über den Button (Aktualisieren) aktualisieren Sie die Daten.

19.2.2 Liste der Positionen

Möchten Sie einen Überblick über die Fehlerhäufigkeit erhalten, wählen Sie die Liste der Positionen, da die Fehler als Position erfasst wurden. Sie rufen die Liste der Positionen über die Transaktion QM14 auf. Das Selektionsbild unterscheidet sich wenig von dem Selektionsbild in Abbildung 19.29. Abweichend davon können Sie aber anstatt nach der Codierung nach dem Code des Fehlerortes und der Fehlerart der Meldungspositionen suchen. Die Felder OBJEKTTEIL und OBJEKTTEILCODE stehen dabei für die Codegruppe und den Code des Fehlerortes , die Felder PROBLEM und SCHADENSCODE für die Codegruppe und den Code der Fehlerart (siehe Abbildung 19.35).

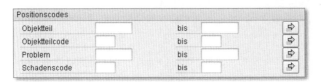

Abbildung 19.35 Selektionsbild zur Liste der Positionen

In der Liste werden neben den Positionsdetails auch Inhalte aus dem Meldungskopf angezeigt, wie z. B. das Material oder der Lieferant. Beachten Sie, dass die Mengenfelder aus der Position angezeigt werden. Wenn Sie für die Fehlerstatistik mit dieser Liste arbeiten und die fehlerhaften Mengen auswerten möchten, sollten Sie die Mengenfelder auf der Positionsebene zu Pflichtfeldern machen, damit diese immer gefüllt sind.

Auch aus dieser Liste können Sie in die Meldungsbearbeitung verzweigen.

Auch hier sind seit Erweiterungspaket 6 (EHP 6) die Objekte im neuen Bereich ZUGEORDNETE OBJEKTE selektierbar.

19.2.3 Liste der Maßnahmen

Die Liste der Maßnahmen rufen Sie mit der Transaktion QM12 auf. Sie erhalten sie ebenfalls nach der Selektion. In der Liste werden alle Daten aus der Maßnahmenübersicht und ausgewählte Daten aus dem Meldungskopf angezeigt. Die Liste können Sie individuell verändern.

Der untere Bereich des Selektionsbildes unterscheidet sich von dem der Liste der Meldungen (siehe Abbildung 19.36).

Im Feld MASSNAHMENVERANTWORTLICHEN können Sie nach dem Verantwortlichen suchen. Ist die Funktion NUR OFFENE MASSNAHMEN aktiv, werden Ihnen keine erledigten Maßnahmen angezeigt.

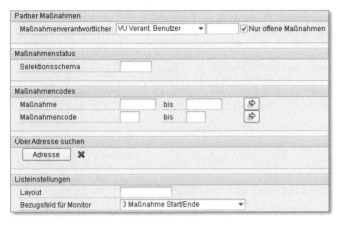

Abbildung 19.36 Selektionsbild zur Liste der Maßnahmen

Möchten Sie gezielt nach dem Maßnahmenstatus suchen, machen Sie eine Eingabe im Feld SELEKTIONSSCHEMA. Standardmäßig werden Ihnen einige Voreinstellungen angeboten.

▶ SAPQM03 – Arbeitsvorrat Maßnahmen

▶ SAPQM04 – Maßnahmen (Freigegeben)

▶ SAPQM05 – Maßnahmen (abgeschlossen)

▶ SAPQM06 – Maßnahmen (offen)

▶ SAPQM07 – Maßnahmen erfolgreich erledigt

Für die Regelung der Ampel steht Ihnen im Feld BEZUGSFELD FÜR MONITOR zusätzlich zu den oben beschriebenen Möglichkeiten die Auswahlmöglichkeit MASSNAHME START/ENDE zur Verfügung (rote bzw. gelbe Ampel: geplantes Ende liegt in der Vergangenheit bzw. Zukunft).

Nach der Selektion erhalten Sie die Maßnahmenliste. In der Spalte POS (Position) sehen Sie die Zuordnung zur Position. An dieser Spalte erkennen Sie, dass es sich um Korrekturmaßnahmen des Problems der jeweiligen Position (hier 1) handelt (siehe Abbildung 19.37).

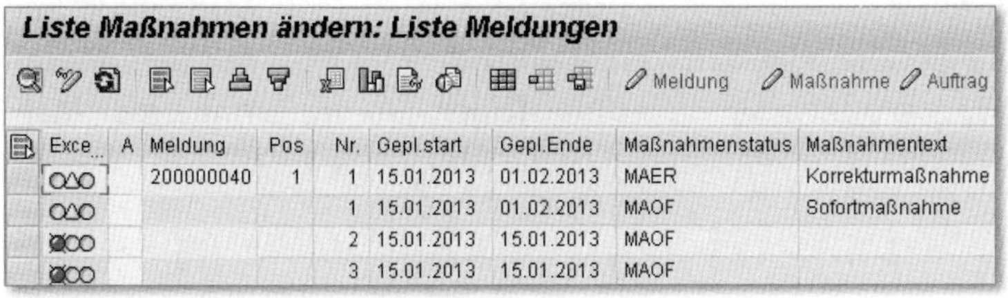

Abbildung 19.37 Liste der Maßnahmen

In der Liste der Maßnahmen steht Ihnen neben dem Absprung in die Meldung auch der Absprung in die Maßnahme über den Button ✎ Maßnahme zur Verfügung. Mit diesem Button wird Transaktion IQS12 (Maßnahme ändern) geöffnet. Wenn Sie diese Transaktion in Ihrem Berechtigungskonzept berücksichtigen, ist sichergestellt, dass wichtige Felder in der Meldung nicht unerwünscht verändert werden, da diese in der Transaktion IQS12 nur angezeigt werden.

Maßnahme bearbeiten

In der Transaktion der Maßnahmenbearbeitung IQS12 können Sie die Details der Maßnahme bearbeiten (siehe Abbildung 19.38).

Abbildung 19.38 Maßnahme bearbeiten

Über den Button ⬚ Meldung sehen Sie den Inhalt der Meldung (siehe Abbildung 19.39).

Über den Button ⬚ Grunddaten sehen Sie Details zur Maßnahme und können die Codierung oder den Verantwortlichen ändern. Mit dem Button ⬚ Planung öffnen Sie die Datumsfelder, um die Termine der Maßnahme gegebenenfalls zu verschieben (siehe Abbildung 19.40).

Abbildung 19.39 Daten der Meldung

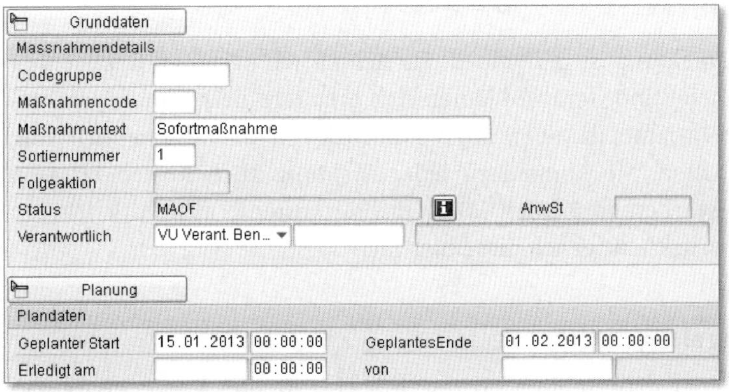

```
Grunddaten
Massnahmendetails
Codegruppe
Maßnahmencode
Maßnahmentext      Sofortmaßnahme
Sortiernummer      1
Folgeaktion
Status             MAOF              [i]        AnwSt
Verantwortlich     VU Verant. Ben... ▼

   Planung
Plandaten
Geplanter Start    15.01.2013 00:00:00    GeplantesEnde  01.02.2013 00:00:00
Erledigt am                   00:00:00    von
```

Abbildung 19.40 Grunddaten/Planung

Wenn Sie die Maßnahme bearbeiten, beschreiben Sie Ihre Tätigkeit im Langtext (über den Button [✎] aufzurufen) und schließen die Maßnahme über den Button [✔] (erledigen) ab. Damit erhält die Maßnahme den Status MAER, die Felder werden nur noch angezeigt.

19.2.4 Liste der Aktionen

Sie erhalten ebenfalls nach der Selektion eine Liste der Aktionen, die Sie mit der Transaktion QM16 aufrufen. Hierbei werden Ihnen alle Daten aus der Aktionsübersicht und ausgewählte Daten aus dem Meldungskopf angezeigt. Die Liste können Sie individuell verändern.

Sie können gezielt nach den Feldern AKTION (Codegruppe) und AKTIONSCODE selektieren. Die Ampelschaltung im Feld BEZUGSFELD FÜR MONITOR reagiert auch auf das Startdatum (siehe Abbildung 19.41).

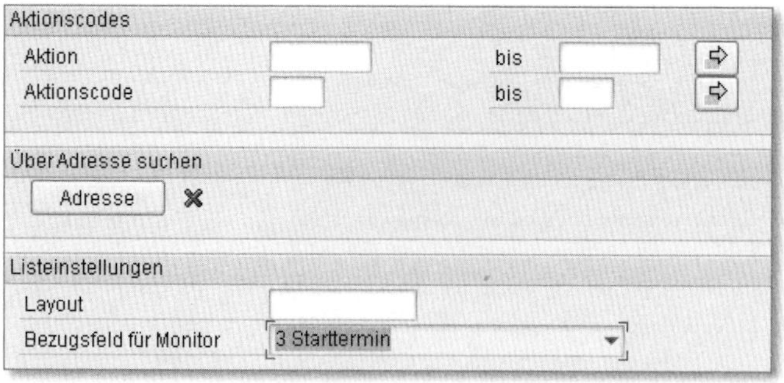

Abbildung 19.41 Liste der Aktionen

19.3   Beispiele: Meldungsablauf

Jede Qualitätsmeldung ist individuell. Sie richtet sich nach den Gegebenheiten Ihrer Branche und deren Abläufen. Ich erläutere beispielhaft pro Meldungsart eine Variante, damit Sie einen Eindruck von den bestehenden Möglichkeiten erhalten. Sie können zu jeder Meldung auch Kosten erfassen. Fehlerkosten werden in Kapitel 20, »Qualitätskosten«, ausführlich vorgestellt, daher berücksichtige ich diese hier nicht.

19.3.1   Mängelrüge Lieferant

Ich fasse den hier dargestellten Prozess zunächst in aller Kürze zusammen, erläutere dann die nötigen Voraussetzungen und gehe anschließend detailliert auf die einzelnen Schritte ein.

Aus der Wareneingangsprüfung heraus erfassen Sie einen Fehler (Schritt 1), der eine Qualitätsmeldung der Meldungsart Z2 erzeugt. Sie geben die Meldung zur Bearbeitung an den zuständigen Einkäufer weiter (Schritt 2), der entscheidet, dass die Charge zurückgesendet wird. Er hängt die Fotos mit dem dargestellten Problem an die Meldung an und versendet sie zusammen mit dem Reklamationsbericht an den Lieferanten (Schritte 3 und 4).

Mit dem Verwendungsentscheid buchen Sie die Charge in den gesperrten Bestand und legen aus der Meldung heraus eine Rücklieferung an (Schritte 5 und 6). Zu dieser erhalten Sie einen Lieferschein als Begleitpapier zur Ware (Schritt 7). Nach dem Warenausgang ist in der Bestellentwicklung der Verlauf ersichtlich (Schritte 8 und 9). Sie überwachen den Eingang der Stellungnahme vom Lieferanten und schließen die Meldung ab (Schritte 10 und 11).

Voraussetzung für die Rücklieferung über SD

Um die Rücklieferung in der gerade skizzierten Weise abzubilden, muss sichergestellt werden, dass das Customizing korrekt eingestellt ist. Falls der Prozess bei Ihnen nicht so abläuft, kontrollieren Sie Ihre Einstellungen im Modul MM. Eine gute Hilfestellung ist dabei die Dokumentation über den Pfad im Customizing QUALITÄTSMANAGEMENT • QUALITÄTSMELDUNG • MELDUNGSANWENDUNG • RÜCKLIEFERUNG ZUM LIEFERANTEN ABWICKELN.

Ich führe nun die Stammdaten auf, die im Prozess benötigt werden. Um das Material mit einer SD-Lieferung zurückliefern zu können, müssen Sie die Vertriebsdaten pflegen. Diese Daten können Sie sukzessiv je nach Bedarf anlegen, sowohl im Material- als auch im Lieferantenstamm.

Für das Einkaufsmaterial muss die Sicht VERTRIEB: ALLG./WERKSDATEN im Materialstamm angelegt werden. Dazu wählen Sie die Transaktion MM01. Auf dem Register VERTRIEB: ALLG./WERKSDATEN füllen Sie im Bereich der Versanddaten die Felder TRANSPGR (Transportgruppe) und LADEGRUPPE (siehe Abbildung 19.42).

Abbildung 19.42 Versanddaten im Materialstamm

Im Lieferantenstamm ist die Versandabwicklung aktiv, und Sie haben dem Lieferanten einen Kunden zugeordnet. Sie wählen die Transaktion MK02, um den Lieferanten bzw. Kreditor zu ändern. In den Einkaufsdaten setzen Sie das Kennzeichen RET. MIT VERSANDABW. (Retoure mit Versandabwicklung, siehe Abbildung 19.43).

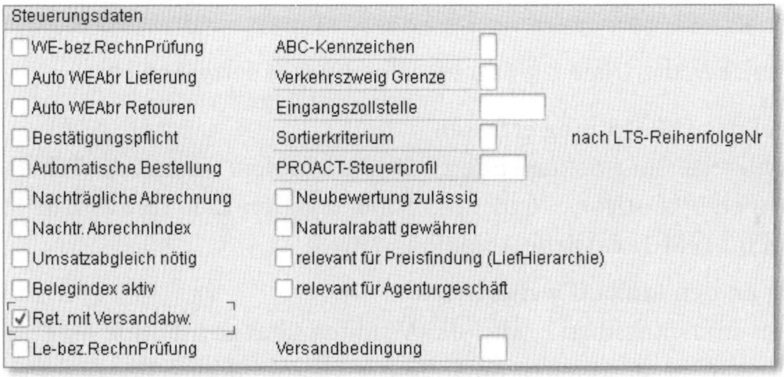

Abbildung 19.43 Lieferantenstamm – Einkaufsdaten

Sobald Sie diese Eingabe bestätigen, öffnet sich ein Pop-up, um den Debitor in der Kontengruppe 0002 (Warenempfänger) anzulegen (siehe Abbildung 19.44).

Abbildung 19.44 Vorschlag zu Debitor

Sie gelangen in die Sicht Debitor anlegen. Hier füllen Sie die Pflichtfelder. Nach dem Sichern ordnet das System den Debitor dem Kreditor zu. Das sehen Sie in den Steuerungsdaten des Lieferantenstamms (siehe Abbildung 19.45). Sie sollten sich an dieser Stelle mit der SD-Abteilung absprechen, da es sich um SD-Stammdaten handelt.

Abbildung 19.45 Kreditor – Steuerungsdaten

Jetzt sind alle Voraussetzungen in den Stammdaten getroffen. Sie sollten nun die Rücklieferung über eine SD-Lieferung anstoßen können.

Ablauf

Der Prozess der Mängelrüge läuft im Einzelnen folgendermaßen ab:

1. **Fehler bei der WE-Prüfung erfassen**
   In der Fehlererfassung dokumentieren Sie das Problem anhand des Fehlerkatalogs (Fehler CODEGR... und Co...) und erklären den Sachverhalt in Kurzform im Feld TEXT (siehe Abbildung 19.46).

2. **Meldung an den Einkauf weiterleiten**
   Aus dieser Erfassungsmaske wird die Meldung über den Button Meldung an den Einkauf weitergeleitet. Im Pop-up (siehe Abbildung 19.47) tragen Sie den zuständigen Einkäufer im Feld KOORDINATOR ein. Haben Sie den

Workflow aktiviert, wird der Einkäufer jetzt automatisch über den Vorfall informiert.

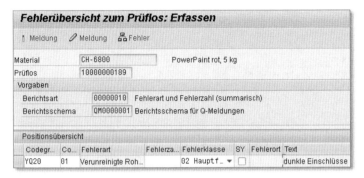

Abbildung 19.46 Fehlererfassung zum Prüflos

Abbildung 19.47 Meldung aktivieren

3. **Fotos an die Meldung anhängen**

   Über den Button [D] (Anlegen) im Bereich VERKNÜPFTE DOKUMENTE ordnen Sie die auf einem Laufwerk abgelegten Fotos der Meldung zu. In Abbildung 19.48 sehen Sie die Übersicht aller Anhänge.

Abbildung 19.48 Foto als Dokument

Sie klären mit dem Lieferanten, dass die Charge zurückgesendet wird und halten dies als Information für den Lieferanten im Langtext fest. Im Feld

CODIERUNG definieren Sie, wo die Reklamation aufgetreten ist. Diese Information steht Ihnen für die Auswertung zur Verfügung (siehe Abbildung 19.49).

Abbildung 19.49 Sachverhalt

4. **Meldung, Fotos und Reklamationsbericht versenden**

Zusammen mit dem Reklamationsbericht versenden Sie die Anlagen per Mail über die Aktivität MAILVERSAND MIT ANLAGEN. (Diese Funktion steht Ihnen erst ab EHP 5 zur Verfügung.) Sie erhalten einen Hinweis zum Sichern der Meldung (siehe Abbildung 19.50). In dem Hinweis können Sie über die Kennzeichen ANLAGENAUSWAHL ANZEIGEN und PARTNERAUSWAHL ANZEIGEN bestimmen, ob Sie jeweils ein zusätzliches Pop-up erhalten möchten, in dem Sie nach dem Partner und den Anlagen gefragt werden. Mit den Kennzeichen ALLE ANLAGEN MARKIEREN bzw. ALLE PARTNER MARKIEREN können Sie vorher entscheiden, dass alle Anlagen bzw. alle Partner im Pop-up zur Abfrage der Partner und Anlagen (die nicht abgebildet sind) markiert sind.

[+] **Anlagen versenden ohne EHP 5**

Können Sie diese Funktion noch nicht nutzen, da Sie EHP 5 nicht aktiviert haben, können Sie den Reklamationsbericht über die Druckfunktion auf einen PDF-Drucker umleiten und wie gewohnt als Mail-Anhang mit Ihren Fotos versenden.

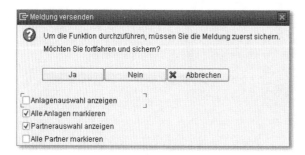

Abbildung 19.50 Pop-up »Meldung versenden«

Nach der Bestätigung mit dem Button Ja im Pop-up MAIL VERSENDEN markieren Sie im nächsten Pop-up ARBEITSPAPIER AUSWÄHLEN den Reklamationsbericht und bestätigen Ihre Angaben hier mit dem Button ⊕ Weiter (siehe Abbildung 19.51).

Abbildung 19.51 Arbeitspapier

Wenn Sie das Kennzeichen PARTNERAUSWAHL ANZEIGEN aktiviert haben, wird Ihnen als nächste Abfrage die Partnerliste angezeigt, aus der Sie den Lieferanten auswählen. Sie sehen jetzt das bekannte Pop-up zum Senden von Mails. Als Empfänger ist der ausgewählte Lieferant zugeordnet. Auf dem Register ANLAGEN sehen Sie den Reklamationsbericht als PDF und darunter die ausgewählten Anlagen (hier Anlage REKLAMATIONSBERICHT_ 201112... (siehe Abbildung 19.52).

Abbildung 19.52 Anlagen zur Mail

Schauen Sie sich den Reklamationsbericht an, sehen Sie, dass neben der Fehlerbeschreibung auch der Langtext als Bemerkung sowie der Hinweis enthalten sind, dass eine Stellungnahme erwartet wird (siehe Abbildung 19.53).

5. **Verwendungsentscheid**

Nun treffen Sie den Verwendungsentscheid des Prüfloses, um die Charge in den gesperrten Bestand zu buchen. (Klären Sie vorher mit dem Einkauf, ob in diesen Fällen der Einkäufer den Verwendungsentscheid trifft, um den Ablauf zu beschleunigen.)

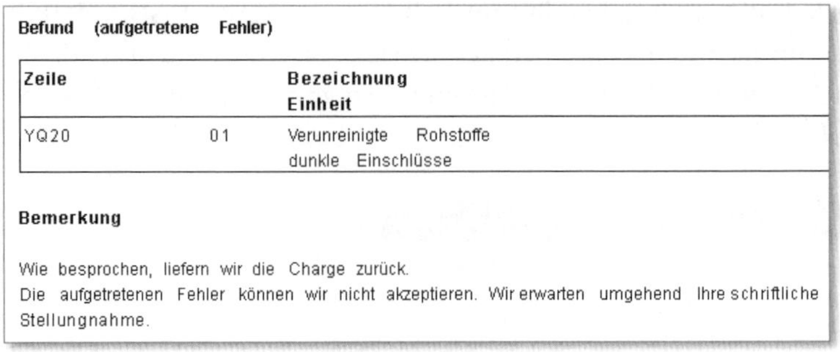

Befund (aufgetretene Fehler)			
Zeile		**Bezeichnung**	
		Einheit	
YQ20	01	Verunreinigte Rohstoffe	
		dunkle Einschlüsse	
Bemerkung			
Wie besprochen, liefern wir die Charge zurück. Die aufgetretenen Fehler können wir nicht akzeptieren. Wir erwarten umgehend Ihre schriftliche Stellungnahme.			

Abbildung 19.53 Auszug aus Reklamationsbericht

Dazu können Sie die Aktivität VERWENDUNGSENTSCHEID ERFASSEN aus der Aktivitätenleiste verwenden. Durch Bestätigung der Sicherheitsabfrage wird die Meldung gesichert. Gleichzeitig wird die Erfassungstransaktion des Verwendungsentscheids zum Prüflos der Meldung geöffnet (siehe Abbildung 19.54). Sie tragen die reklamierte Menge in das Feld AN GESPERRT ein und sichern den Verwendungsentscheid. Nun steht die Menge im gesperrten Bestand für die Auslieferung zur Verfügung. Damit ist sichergestellt, dass die Menge nicht versehentlich verwendet wird.

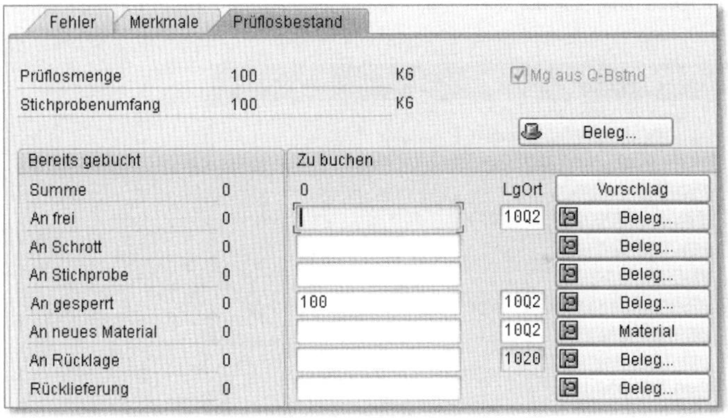

Abbildung 19.54 Buchen an gesperrt aus dem Verwendungsentscheid

6. **Rücklieferung anlegen**

Sie öffnen die Meldung erneut und legen über die Aktivität RÜCKLIEFERUNG ANLEGEN aus der Aktivitätenleiste die Rücklieferung an. Im sich öffnenden Pop-up (siehe Abbildung 19.55) füllen Sie das Feld GRUND DER BEWEGUNG z. B. mit dem Eintrag 0001 (Qualität mangelhaft). Das Feld BESTANDSART lassen Sie auf S (für gesperrt) stehen. Den Eintrag im Feld RÜCKZULIEF. MENGE passen Sie an, wenn diese von der reklamierten Menge abweicht.

Abbildung 19.55 Rücklieferung anlegen

Mit dem Kennzeichen RÜCKLIEFERUNG MIT BEZUG Z. ORIGINALBELEG geben Sie an, ob die Rücklieferung zu der Bestellung erfolgen soll; damit wird das Endlieferkennzeichen in der Bestellung zurückgenommen. Wenn Sie keinen Bezug zu der ursprünglichen Bestellung herstellen möchten, weil die Rechnungsprüfung vielleicht schon erfolgt ist, können Sie den Haken entfernen. In dem Fall legt das System eine neue Bestellung an, die Position erhält das Kennzeichen RETOURE.

Sie bestätigen schließlich die Sicherheitsabfrage, dass eine Lieferung angelegt werden soll. Das System sichert die Meldung und sendet eine Erfolgsmeldung, z. B. »Rücklieferung wurde unter der Nummer 80000097 angelegt«.

7. **Lieferschein**
   Wenn Sie die SD-Nachrichten entsprechend eingerichtet haben, erhalten Sie automatisch den Lieferschein, auf dem der Bezug zur Q-Meldung erkennbar ist (siehe Abbildung 19.56). Stimmen Sie sich hier mit der Vertriebsabteilung ab.

8. **Warenausgang buchen**
   Im Vertrieb wird die Rücklieferung so kommissioniert, wie es in Ihrer Firma üblich ist. Anschließend bucht der Vertrieb bzw. der Lagermitarbeiter den Warenausgang.

9. **Belegfluss prüfen**
   Um den Status des Reklamationsfalls nachzuvollziehen, können Sie den Belegfluss aufrufen (Button [Belegfluß]) (siehe Abbildung 19.4). Im Belegfluss zur Meldung sehen Sie alle Belege, die eine direkte Schnittstelle zur Meldung haben (siehe Abbildung 19.57).

Abbildung 19.56 Retourenlieferschein

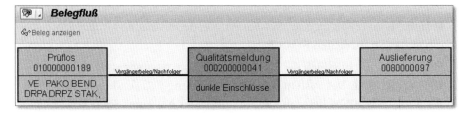

Abbildung 19.57 Belegfluss zur Meldung

Wenn Sie wissen möchten, ob der Warenausgang erfolgt ist, verzweigen Sie per Doppelklick auf die Auslieferung in die Anzeige der Lieferung und rufen hier den Belegfluss über den Button ▣ (Belegfluss) auf (siehe Abbildung 19.58).

Abbildung 19.58 Belegfluss zur Lieferung

Über Button ◉ (Zurück) gelangen Sie wieder in die Meldungsbearbeitung.

Wenn Sie mit einem Doppelklick auf die Bestellung in die Anzeige der Bestellung verzweigen, können Sie auf dem Register BESTELLENTWICKLUNG den Vorgang nachvollziehen. In Abbildung 19.59 sehen Sie den Wareneingang der Bewegungsart 101 sowie die Buchung mit der Bewegungsart 122. (Es handelt sich hierbei um eine negative Wareneingangsbuchung, daher hat auch diese Buchung das Kürzel WE.) Die Rücklieferung ist unter dem Kürzel (RLFs) aufgeführt.

K	B	Materialbel	Pos	Buch.dat.	Σ	Menge	Bezugsnebenkoste	B	Σ	Betrag Hauswähr	HWä	Σ	M
WE	122	4900000282	1	23.01.2013		100-		0	KG		1.000,00-	EUR	
WE	101	5000000123	1	22.01.2013		100		0	KG		1.000,00	EUR	
Vorgang Wareneingang					▪	**0**			KG	▪	**0,00**	EUR	▪
RLfs		80000097	10	23.01.2013		100		0	KG		0,00	EUR	
Vorgang Rücklieferung					▪	**100**			KG	▪	**0,00**	EUR	▪

Abbildung 19.59 Bestellentwicklung

10. **Eingang der Stellungnahme überwachen**

Um den Eingang der Stellungnahme zu verfolgen, legen Sie eine Maßnahme an und tragen im Feld GEPLANTES... (geplantes Ende) die Frist ein, z. B. Tagesdatum plus 14 Tage (siehe Abbildung 19.60).

Nr.	Codegr...	Ma...	Text MaßnCd	L...	Rol.Maßn.Bearbe...	Verantwortlich	Listname	Geplantes ...	Status
1	QM-62	0022	Verwendungsentscheid ...		VU Verant. B... ▼			23.01.2013	MAER FOA
2	QM-62	0023	Rücklieferung anlegen	📝	VU Verant. B... ▼			23.01.2013	MAER FOA
3	QM-62	0024	Auslieferung ändern		VU Verant. B... ▼			23.01.2013	MAER FOA
4	QM-62	0031	Stellungnahme	📝	VU Verant. B... ▼	YLZ	Yvonne Lorenz	06.02.2013	MAOF

Abbildung 19.60 Stellungnahme als Maßnahme

Sie verfolgen die Maßnahme anschließend im Arbeitsvorrat und bestätigen den Eingang, indem Sie die Maßnahme abschließen. Die Stellungnahme vom Lieferanten hängen Sie als Datei an die Meldung an.

11. **Meldung abschließen**

Sind alle Maßnahmen erledigt, schließen Sie die ganze Meldung über den Button 🏁 (Abschließen) ab. Sie entscheiden, dass die Meldung fremdverursacht ist (siehe Abbildung 19.61). Nur fremdverursachte Meldungen werden in der Lieferantenbeurteilung berücksichtigt.

Damit ist die Lieferantenreklamation abgeschlossen. Sie ist aus dem Arbeitsvorrat verschwunden.

Abbildung 19.61 Abschließen der Meldung

19.3.2 Kundenreklamation

Es gibt unterschiedliche Möglichkeiten, die Retouren in den Prozess der Meldungsbearbeitung zu integrieren. Darum sollten Sie gut überlegen, wie Sie mit Ihren Kundenreklamationen umgehen möchten und wie stark die anderen Abteilungen mitarbeiten sollen. Sie sollten dann gemeinsam über den Ablauf entscheiden.

Wenn Sie rückgelieferte Teile z. B. reparieren, können Sie die Kosten und Ressourcen dafür unterschiedlich darstellen:

▶ Die Kosten und die für die Reparatur benötigten Materialien melden Sie auf den QM-Auftrag zurück.

▶ Sie legen für die Ressourcenplanung einen Fertigungsauftrag an und hinterlegen den QM-Auftrag als Kontierungsobjekt.

▶ Sie legen aus der Aktivitätenleiste einen Reparaturauftrag an. Hier werden die Leistungen auf den SD-Auftrag abgerechnet.

Oft reklamiert ein Endverbraucher jedoch, und es findet nur eine Fehleranalyse ohne Reparatur statt. Ich stelle Ihnen ein solches Beispiel vor, in dem Sie die fehlerhafte Lieferung nur retournieren. Auch hier möchte ich den Verlauf des Beispiels kurz skizzieren, ehe ich den Ablauf im Detail darstelle. Es sind keine zusätzlichen Einstellungen an den Stammdaten erforderlich, ehe das Beispiel wie geschildert ablaufen kann.

In diesem Beispiel erhält der Kundenservice eine Kundenreklamation mit Bezug zur Lieferung per Mail. Er legt im System eine Qualitätsmeldung an (Schritt 1) und versendet eine Eingangsbestätigung (Schritt 2) mit der Bitte um die Lieferung einer Mustermenge. Im System wird ein Kundenauftrag der Auftragsart *Retoure* angelegt, um die Mustermenge vereinnahmen zu können (Schritt 3).

Sobald das Muster vorliegt, gibt der Kundenservice die Meldung zur Fehleranalyse an die Qualitätsabteilung weiter (Schritt 4). Diese analysiert den Fehler und schlägt Korrekturmaßnahmen vor (Schritt 5). Es wird ein 8D-Report erstellt. Sind alle Maßnahmen abgeschlossen, wird die Meldung abgeschlossen (Schritt 6).

Ablauf

Der Prozess der Kundenreklamation läuft im Einzelnen folgendermaßen ab:

1. **Qualitätsmeldung anlegen**

   In der Transaktion QM01 legen Sie eine Qualitätsmeldung der Meldungsart Q1 mit Bezug zur Lieferungsposition an. Aus der Lieferung werden die Organisationsdaten, der Kunde, das Material und die Liefermenge übernommen. Im Bereich SACHVERHALT kategorisieren Sie die Meldung und beschreiben im Langtext das vom Kunden beschriebene Fehlverhalten (siehe Abbildung 19.62).

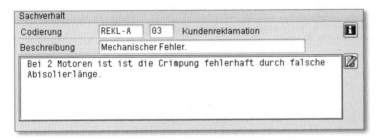

Abbildung 19.62 Beschreibung des Fehlverhaltens

Im Bereich der Partner (siehe Abbildung 19.63) erfassen Sie einen Ansprechpartner beim Kunden. Die Suchhilfe zeigt Ihnen alle Ansprechpartner zu dem Kunden an. Ist Ihrer nicht dabei, legen Sie ihn über den Button ▢ (Anlegen) an.

Abbildung 19.63 Ansprechpartner zuordnen

513

2. **Eingangsbestätigung versenden**

Sie versenden die Eingangsbestätigung mit der Aktivität EINGANGSBESTÄTI-GUNG VERSENDEN in der Aktivitätenleiste. Im sich öffnenden Pop-up kön-nen Sie den Versandweg des Bescheids auswählen (siehe Abbildung 19.64). Der vorgeschlagene Text kann angepasst werden; es wird für den Vorschlag der Langtext der Maßnahme herangezogen, die als Dokumenta-tion erzeugt wird. Wenn Sie den Standard nutzen, pflegen Sie den Lang-text zu der Maßnahme Codegruppe QM-G1/Code 0010 (siehe Kapitel 3, »Grunddaten«). Denken Sie daran, diesen mehrsprachig zu pflegen, da im-mer die Sprache des Empfängers herangezogen wird.

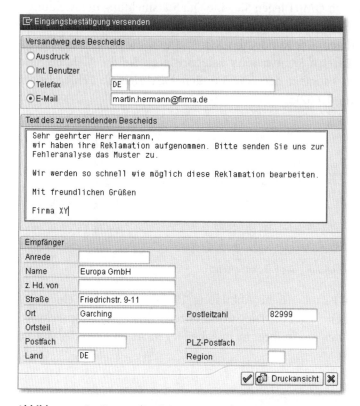

Abbildung 19.64 Eingangsbestätigung versenden

Mit Bestätigung der Eingaben wird das Formular ausgegeben (siehe Abbil-dung 19.65).

3. **Kundenauftrag anlegen**

Um die Rücklieferung zu dem Vorfall zuzuordnen, legen Sie aus der Mel-dung heraus den Kundenauftrag an. Dazu wählen Sie den Pfad MELDUNG • FUNKTIONEN • KUNDENAUFTRAG • ANLSTANDARDAUFART.

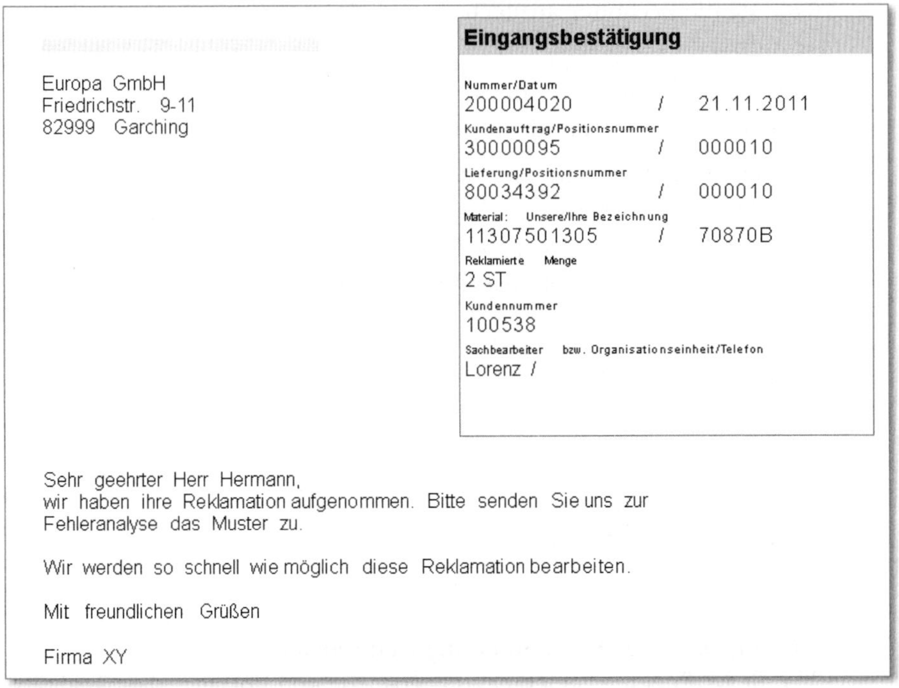

Eingangsbestätigung

Europa GmbH
Friedrichstr. 9-11
82999 Garching

Nummer/Datum
200004020 / 21.11.2011

Kundenauftrag/Positionsnummer
30000095 / 000010

Lieferung/Positionsnummer
80034392 / 000010

Material: Unsere/Ihre Bezeichnung
11307501305 / 70870B

Reklamierte Menge
2 ST

Kundennummer
100538

Sachbearbeiter bzw. Organisationseinheit/Telefon
Lorenz /

Sehr geehrter Herr Hermann,
wir haben ihre Reklamation aufgenommen. Bitte senden Sie uns zur
Fehleranalyse das Muster zu.

Wir werden so schnell wie möglich diese Reklamation bearbeiten.

Mit freundlichen Grüßen

Firma XY

Abbildung 19.65 Eingangsbestätigung

Voraussetzung für diese Funktion ist, dass Sie im Customizing eine Auftragsart als Verkaufsbelegart für die Retoure der Meldungsart zugeordnet haben (siehe Feld Verk.belegart in Abbildung 19.66). Dazu wählen Sie im Customizing den Pfad Instandhaltung und Kundenservice • Instandhaltungs- und Serviceabwicklung • Instandhaltungs- und Servicemeldungen • Meldungseröffnung • Meldungsarten • Auftragsarten und spezielle Meldungsparameter definieren.

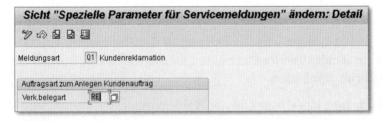

Abbildung 19.66 Auftragsart zur Meldungsart

Nach der Auswahl der Auftragsart gelangen Sie zur Auftragsanlage. Um die Daten aus dem Auftrag bzw. der Rechnung zu übernehmen, wählen Sie den Pfad Verkaufsbeleg • Anlegen mit Bezug und hier das Register Fak-

TURA, um die Rechnung anzugeben, oder das Register AUFTRAG, sollte nur der Auftrag bekannt sein.

Diese Schritte sollten Sie mit der SD-Abteilung besprechen. Dort wird heute bereits mit diesen Abläufen gearbeitet.

Über den Button ⟳ (Zurück) gehen Sie zurück in die Meldung. Beim Sichern der Meldung wird auch der Auftrag angelegt. Nun sind diese beiden Belege im Belegfluss verknüpft. Den Belegfluss zur Meldung kennen Sie schon, daher zeige ich den Belegfluss zum Auftrag in Abbildung 19.67.

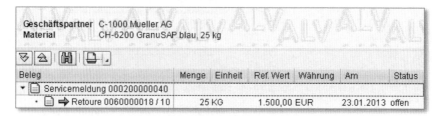

Abbildung 19.67 Belegfluss zu Retourenauftrag

4. **Meldung an die Qualitätsabteilung weitergeben**
   Über die Maßnahme Fehleranalyse geben Sie den Vorfall an die Qualitätsabteilung weiter. Die Maßnahmenverfolgung erfolgt über die Liste der Maßnahmen.

5. **Qualitätsabteilung schlägt Korrekturmaßnahmen vor**
   Jetzt werden die Fehlerart und deren Ursache bestimmt sowie Korrekturmaßnahmen zu diesem Fehler angelegt.

6. **8D-Report erstellen und Maßnahme abschließen**
   Als Stellungnahme erfassen Sie den 8D-Report und schließen die Meldung ab. Lesen Sie dazu den folgenden Abschnitt.

8D-Report

Oft wird als Stellungnahme vom Kunden ein 8D-Report erwartet. Die 8D-Methode ist ein standardisierter Prozess, um die folgenden acht Disziplinen (Prozessfortschritt) abzubilden:

1. Zusammenstellung eines Teams für die Problemlösung

2. Problembeschreibung

3. Veranlassung temporärer Maßnahmen zur Schadensbegrenzung, einschließlich Überwachung ihrer Wirkung

4. Ermittlung der Grundursache

5. Festlegung von Abstellmaßnahmen, einschließlich Beweis ihrer Wirksamkeit

6. Einführung der Abstellmaßnahmen und Überwachung ihrer Wirkung

7. Definition von Maßnahmen, die ein Wiederauftreten des Problems verhindern

8. Würdigung der Teamleistung

Der 8D-Report gibt diese Schritte als Ausdruck aus. Der Verband der Automobilindustrie (VDA) gibt dafür ein genormtes Formular vor.

Sie haben immer die Möglichkeit, aus den Daten der Meldung den »einfachen« 8D-Report, der sich an keiner Norm anlehnt automatisiert zu erstellen (siehe Abbildung 19.68). Seit SAP ERP 6.0 steht Ihnen zusätzlich der 8D-Report nach VDA in Form eines PDFs zur Verfügung. Sie können den 8D-Report nach VDA in der Aktivitätenleiste unter der Aktivität 8D-REPORT AUTOMOTIVE aufrufen, wenn Sie die Erweiterung EA-PLM aktiviert haben. Selbstverständlich können Sie für die Aktivität auch eine andere Bezeichnung wählen.

Terminverfolgung		Teile erhalten	Analyse begonnen	Fehlerursache erkannt	kurzfristige Lösung	langfristige Lösung	Lösung geprüft
	Datum		17.01.2013	15.01.2013	23.01.2013	23.01.2013	23.01.2013

1. Bezugnahme

Meldungs-Nr.	200000040		Meldungs-Datum	15.01.2013	Rekl. Menge		0 TTE
Unsere Material Nr	CH-6200		Materialbenennung	GranuSAP blau, 25 kg			
Ihre Material Nr.							

2. Fehlerbeschreibung
Materialfehler

3. Fehlerursachen Ursache	Verantwortlich Lorenz	

4. Sofortmaßnahmen Lagerbstand kontrollieren	Verantwortlich Riese	Termin 23.01.2013 (erl.)

5. Korrekturmaßnahmen Wareneingangsprüfung verschärfen	Verantwortlich Meyer	Termin 23.01.2013 (erl.)

6. Kennzeichnung auf dem gelieferten Material Kennzeichnung	Verantwortlich Gerhard	Termin 23.01.2013 (erl.)

Abbildung 19.68 Einfacher 8D-Report

Um den *einfachen 8D-Report* zu erstellen, müssen Sie in der Nummer der Positionsmaßnahmen den jeweiligen D-Bezug herstellen (siehe Abbildung 19.69). Die Nummer kann mehrfach vergeben werden. Die Maßnahmen können als Katalog oder Freitext angegeben werden.

Maßnahmen zur Position						
Nr.	Maßnahmentext	Rol.Maßn.Bearbe...	Listname	Geplantes ...	Status	Erledigung...
1	Korrekturmaßnahme	VU Verant. B... ▼		01.02.2013	MAER	22.01.2013
4	Lagerbstand kontrollieren	VU Verant. B... ▼	Laurenc Riese	23.01.2013	MAER	23.01.2013
5	Wareneingangsprüfung verschärfen	VU Verant. B... ▼	Ulrich Meyer	23.01.2013	MAER	23.01.2013
6	Kennzeichnung	VU Verant. B... ▼	Ehrenhöfer Gerhard	23.01.2013	MAER	23.01.2013
8	erfolgreich abgeschlossen?	VU Verant. B... ▼	Frank Linke	01.04.2013	MAOF	
7	Maßnahmen waren wirksam?	VU Verant. B... ▼	Yvonne Lorenz	01.04.2013	MAOF	

Abbildung 19.69 Positionsmaßnahmen mit Nummer

Über die Aktivität 8D-REPORT ERSTELLEN in der Aktivitätenleiste wird der Report erstellt, der auch die Fehlerbeschreibung und Ursache enthält. Zudem steht Ihnen der *8D-Report nach VDA* in Form eines PDFs zur Verfügung.

[+] **8D-Report nach VDA**

Das 8D-Report-Formular basiert auf der Technologie SAP Interactive Form by Adobe. Für die PDF-Ausgabe benötigen Sie einen ADS-Server. Wenden Sie sich bei Darstellungsproblemen an die SAP-Basis.

Um den 8D-Report nach VDA nutzen zu können, müssen Sie sicherstellen, dass das Customizing dafür eingerichtet ist. Nach der Aktivierung der PLM-Extension sehen Sie im Customizing einen neuen Punkt MELDUNGSPROZESS DEFINIEREN, den sie über den Pfad QUALITÄTSMANAGEMENT • QUALITÄTSMELDUNG • MELDUNGSERÖFFNUNG • MELDUNGSART • MELDUNGSPROZESS DEFINIEREN erreichen. Sie legen einen neuen Prozess an (siehe Abbildung 19.70).

Abbildung 19.70 QM-Prozess definieren

Dieser Prozess wird der Meldungsart zugeordnet (siehe Abbildung 19.71). Dazu wählen Sie den Pfad QUALITÄTSMANAGEMENT • QUALITÄTSMELDUNG • MELDUNGSERÖFFNUNG • MELDUNGSART • MELDUNGSARTEN DEFINIEREN und geben im Detailbild den Prozess in das Feld PROZESS ein.

Sicht "Meldungsarten" ändern: Detail

⚗ Neue Einträge 📋 🖫 🖉 🖫 🖫 🖫 BC-Set: Feldwert ändern

Meldungsart	Q1	Kundenreklamation
Meldungstyp	02	Qualitätsmeldung
Parameter		
Meldungsherkunft	Q1 Kundenreklamation	▼
Berichtsschema	000000001	Allgemeines Katalogprofil
FortschreibGruppe	32	QMIS: Meldungsverdichtung zu Kunden/Materialanalyse
Prozess	1	
☐ Frühe Nr.Vergabe	02	Nummernkreis

Abbildung 19.71 Prozess zur Meldungsart

Über den Pfad QUALITÄTSMANAGEMENT • QUALITÄTSMELDUNG • MELDUNGSER-ÖFFNUNG • MELDUNGSINHALT • CODEGRUPPEN ZU SCHRITTEN ZUORDNEN ordnen Sie Ihre angelegten Maßnahmen-Codegruppen (Felder KARTCODE und CODE-GRUPPE) den D-Schritten im Feld ELEMENTNR zu (siehe Abbildung 19.72). So können Sie Ihre eigenen Maßnahmencodes gezielt den D-Schritten zuordnen. Wie Sie Abbildung 19.72 entnehmen, ist die Codegruppe 8D-5/6 dem D-Schritt 5 und dem D-Schritt 6 zugeordnet. Hier gilt die Besonderheit, dass die Maßnahmen, solange sie offen sind, zu Schritt 5 gehören, danach werden sie unter Schritt 6 angezeigt.

Zuordnung von Codegruppen zu Schritten				
Art	KArtCode	Codegr...	Anzahl	ElementNr.
Q1	🗇	8D-3	1	3
Q1	2	8D-5/6	1	5
Q1	2	8D-5/6	2	6
Q1	2	8D-7	1	7
Q1	2	8D-8	1	8
Q1	5	8D-4	1	4

Abbildung 19.72 Zuordnung der Codegruppen zu Schritten

Über den Pfad LOGISTIK • QUALITÄTSMANAGEMENT • QUALITÄTSMELDUNG • MEL-DUNGSBEARBEITUNG • ZUSÄTZLICHE MELDUNGSFUNKTIONEN • AKTIVITÄTENLEISTE legen Sie eine neue Aktivität 8D-REPORT AUTOMOTIVE ERSTELLEN mit dem Funktionsbaustein QN8D01_CREATE_8D_REPORT an (siehe Abschnitt 19.4.2).

Im Customizing unter LOGISTIK • QUALITÄTSMANAGEMENT • QUALITÄTSMEL-DUNG • MELDUNGSBEARBEITUNG • DRUCKSTEUERUNG • ARBEITSPAPIERE, FORMU-LARE, AUSGABEPROGRAMME FESTLEGEN legen Sie das Arbeitspapier 8D_V (Bezeichnung: Erstellen 8D-Report Automotive) für den Anwendungskreis N mit dem Formular QM_QN8D_REP_AUTO an (siehe Abschnitt 19.4.3).

Nachdem Sie nun im Customizing die notwendigen Voraussetzungen geschaffen haben, wenden wir uns wieder der Meldungsbearbeitung zu. Sie pflegen wie gewohnt die Ursachen und die Maßnahmen zu den Positionen.

Neu ist im Maßnahmendetail der Schritte 5 und 6, dass Sie die Maßnahme einer Ursache zuordnen (Feld URSACHE), da verschiedene Ursachen auch verschiedener Korrekturen bedürfen. Darüber hinaus können Sie in dem Feld WIRKUNG IN % mit Angabe eines Textes (Feld WIRKUNG TEXT) die Wirksamkeit der Maßnahmendurchführung festhalten (siehe Abbildung 19.73).

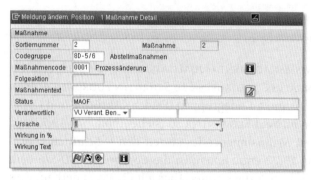

Abbildung 19.73 Maßnahmendetail mit neuen Feldern

Nun können Sie den 8D-Report über die Aktivität 8D-REPORT AUTOMOTIVE aufrufen. Die Maßnahmen sind entsprechend der Zuordnung im Customizing den D-Schritten zugewiesen (siehe Abbildung 19.74).

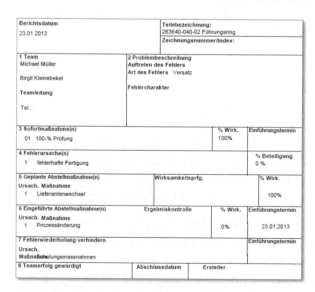

Abbildung 19.74 Auszug aus 8D-Report »Automotive«

Für die Darstellung des Teams gibt es zwei neue Partnerrollen, die im Bereich Team angedruckt werden: T0 (Teamleiter) und TM (Teammitglied).

19.3.3 Interne Probleme

Die interne Problemmeldung hat einen Bezug zum Fertigungs- oder Prozessauftrag. Sie wird angelegt, wenn es in der Produktion zu materialbedingten Störfällen kommt. Oft liegen in der Produktion vorgedruckte Formulare aus, um Störungen zu melden. Diese werden dann vom Schichtleiter an die Qualitätsabteilung weitergeleitet.

Um den Prozess schneller, übersichtlicher und auch umweltschonender zu gestalten, können Sie die Produktionsmitarbeiter in den Prozess mit einbeziehen: Es können sofort Systemmeldungen in der Produktion angelegt werden, wenn der Systemzugang vorhanden ist. Alle erfassten Fehler werten Sie in der monatlichen Fehlerstatistik aus. Durch Vergleiche der Kennzahlen mit der Vergangenheit ist es möglich, eine Verbesserung sichtbar zu machen.

Ich möchte Ihnen nun die einfache Meldungserfassung anhand des folgenden Beispiels vorstellen: In der Produktion wird das Problem erfasst (Schritt 1). Die Qualitätssicherung nimmt die Meldung daraufhin auf und bucht die Menge in den gesperrten Bestand (Schritt 2). Für den allgemeinen Austausch am Tag wird die Meldungsübersicht gedruckt (Schritt 3). Da es sich um ein Problem handelt, bei dem der Rohstoff beteiligt ist, wird eine Meldung der Meldungsart Q2 angelegt, um diese an den Lieferanten weiterzuleiten (Schritt 4). Damit ist der Vorfall in der Produktion abgeschlossen (Schritt 5).

Wie gewohnt werden die einzelnen Schritt nun detailliert erläutert:

1. **Problem in der Produktion erfassen**
   Der Produktionsmitarbeiter ruft die Transaktion IQS21 auf, um die Daten zu erfassen (siehe Abbildung 19.75).

   Er füllt die Felder Material und Arbeitsplatz (der Arbeitsplatz, an dem das Problem aufgetreten ist) und trägt sich selbst im Feld Autor ein. Wenn es für Sie in Auswertungen wichtig ist, wird die Uhrzeit festgehalten. Sonst würde ich empfehlen, dieses Feld im Customizing auszublenden (siehe Abschnitt 19.4)

   Im Bereich Position wird der Fehler erfasst. Dafür stehen Ihnen ein Katalog und/oder das Feld Text zur Verfügung.

2. **Qualitätsabteilung sperrt den Bestand**
   Die Qualitätsabteilung schaut sich das Problem an und sperrt den Bestand.

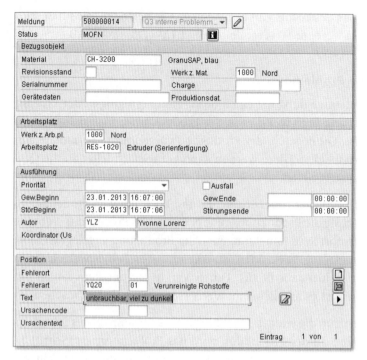

Abbildung 19.75 Einfache Meldungserfassung

Dazu wird die Transaktion QM02 aufgerufen und die Aktivität UMBUCHEN FREI AN GESPERRT aus der Aktivitätenleiste ausgeführt. In dem sich öffnenden Pop-up wird die Menge bestätigt und, falls gewünscht, das Sperretikett über das Feld BELEGAUSDRUCK angefordert (siehe Abbildung 19.76).

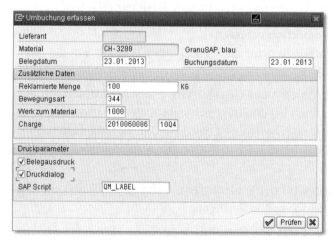

Abbildung 19.76 Umbuchung erfassen

3. Meldungsübersicht drucken

Die Meldungsübersicht fordern Sie über das Menü MELDUNG • DRUCKEN • MELDUNG an. Sie enthält alle Daten aus der Meldung und verändert sich bis zum Abschluss der Meldung ständig (siehe Abbildung 19.77).

```
23.01.2013      QM-Meldungsübersicht   Version  3   YLZ    Original

Meldung          500000014                        Meldungsart      Q3
                                                  interne   Problemmeld.
Beschreibung
Status           MOFN AMER

Priorität        QM
Meldender                                         Meldungsdatum    23.01.2013
Meldezeit        16:07:00
Starttermin      23.01.2013                       Endtermin
Startuhrzeit     16:07:00                          Enduhrzeit       00:00:00
Benutzer         YLZ              Lorenz
Material         CH-3200          GranuSAP, blau   Gerätedaten
Referenznummer                                    Vorlagennummer
Fertigungsauftrag
Fertigungsversion

Maßnahme  0001
Maßnahme          QM-G2    0021    Umbuchung  Frei  an  Gesperrt
Maßnahmetext
Status           MAER
Geplanter Start  23.01.2013  16:26:58
Geplantes Ende   23.01.2013  16:26:58
Erledigt am      23.01.2013         von YLZ

_____
Umbuchung an gesperrten Bestand Umgebuchte Menge:          100 KG
Materialbelegjahr      2013           Materialbeleg   4900000284
```

Abbildung 19.77 Auszug aus dem Formular »QM-Meldungsübersicht«

4. Reklamation an den Lieferanten weiterleiten

Nun legen Sie die Lieferantenreklamation an. Sie rufen über die Aktivität QUALITÄTSMELDUNG ANLEGEN in der Aktivitätenleiste das Pop-up zur Meldungsanlage auf, tragen die Meldungsart Q2 ein und bestätigen die Eingabe. Im nächsten Pop-up werden die Daten vorgeschlagen, die an die Meldung übergeben werden (siehe Abbildung 19.78). Da die Codierungen in den Meldungsarten meistens nicht übereinstimmen, werden diese herausgenommen. Das System legt keine Meldung an, wenn die Codierung in der neuen Meldung nicht verwendet werden darf.

Sie bestätigen nun die Eingaben, wählen die Positionen aus, die übergeben werden sollen, und sichern Ihre Eingaben. Damit sind die Meldungen über das Feld VORLAGEMELDUNG miteinander verbunden. Die Meldung zum Lieferanten wird wie beschrieben separat verfolgt.

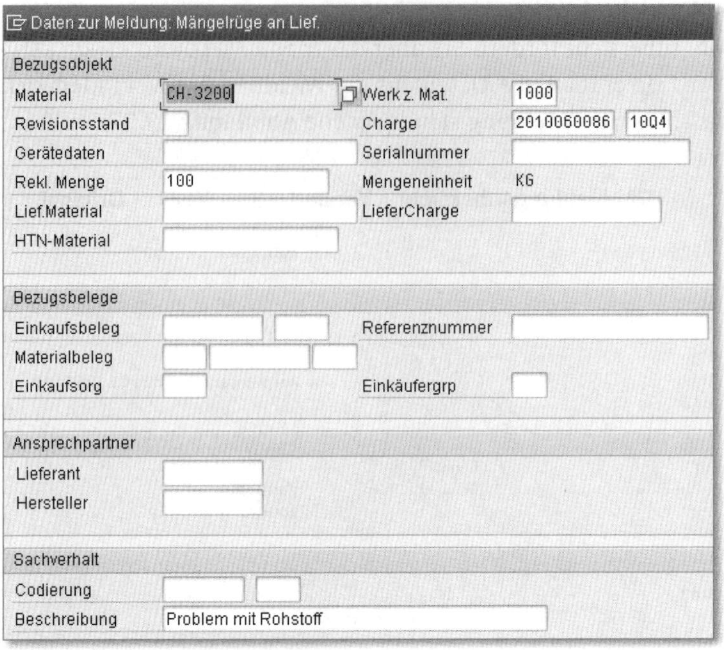

Abbildung 19.78 Meldung anlegen

5. **Vorfall schließen**

Die aktuelle Meldung wird über den Button ⚑ (Abschließen) abgeschlossen.

19.3.4 Sammelprüfbericht (Objekte zu Meldungspositionen)

Oft werden Meldungen gesammelt an den Lieferanten übergeben, weil die Reklamation z. B. die gesamte Lieferung betrifft, oder Sie haben eine Vereinbarung mit dem Kunden, dass er kleine Mängel monatlich in einem Sammelausschuss meldet. Mit EHP 5 ist es nun möglich, mehrere Objekte einer Meldungsposition in einer Objektliste zuzuordnen und damit einen Sammelprüfbericht zu erstellen.

Damit ist es möglich, z. B. eine Meldung zu einer Lieferung anzulegen und alle betroffenen Chargen aus dieser Lieferung in dem neuen Register zuzuordnen. Bisher war das nur über Beschreibungen im Langtext möglich bzw. es musste zu jeder Charge eine eigene Meldung eröffnet werden. Wichtig für die Auswertung ist dabei jedoch, dass Sie alle Meldungen, die Sie in einer Meldungsart zusammen auswerten, identisch erfassen, also entweder geben Sie die Charge immer im Kopf oder immer in der Objektliste an.

Meldungen identisch erfassen

Wenn Sie in dem Fall, dass nur eine Charge betroffen ist, die Charge im Meldungskopf erfassen, und beim nächsten Fall, in dem zwei Chargen betroffen sind, die beiden Chargen in der Objektliste erfassen, werden Sie die betroffenen Chargen niemals zusammen auswerten können, da sie in unterschiedlichen SAP-Tabellen abgelegt werden.

Sie sollten also entweder das Feld CHARGE im Meldungskopf ausblenden und immer nur die Objektliste für die Eingabe der Charge nutzen, auch wenn nur eine Charge betroffen ist, oder wie bisher die betroffenen Chargen im Langtext erfassen und die Objektliste nicht aktivieren.

Um die Erfassung von Objekten zur Position in der Objektliste zu aktivieren, rufen Sie das Customizing über den Pfad QUALITÄTSMANAGEMENT • QUALITÄTSMELDUNG • MELDUNGSBEARBEITUNG • ZUGEORDNETE OBJEKTE • OBJEKTTYPEN EINER MELDUNGSART ZUORDNEN auf. Folgende Objekttypen stehen Ihnen standardmäßig zur Verfügung:

▶ 001 – Charge

▶ 002 – Serialnummer

▶ 003 – Prüflos

▶ 004 – Auftrag

▶ 005 – Lieferposition

In Abbildung 19.79 ist die Charge als Objekttyp zugeordnet.

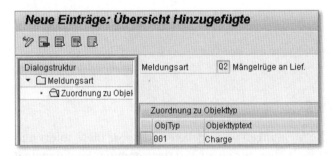

Abbildung 19.79 Zuordnung des Objekttyps zur Meldungsart

In den Bildschirmeinstellungen der Meldungsart (siehe Abschnitt 19.4, »Customizing«) aktivieren Sie das Register 20\TAB05 (Zugeordnete Objekte) und vergeben dafür einen Titel, wie hier CHARGEN. Wenn Sie jetzt die Meldungsbearbeitung aufrufen, erscheint ein zusätzliches Register auf Positionsebene, auf dem Sie je nach gewähltem Objekttyp die Zuordnungen vornehmen können. In dem Beispiel können Sie die betroffenen Chargen zu der Position eintragen (siehe Abbildung 19.80).

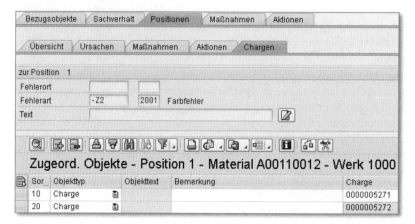

Abbildung 19.80 Chargen auf dem Register »Zugeordnete Objekte«

Wenn Sie später die Meldungen suchen, in denen die Charge enthalten ist, verwenden Sie die neue Funktion in der Liste der Positionen: Sie können sich die Positionen zum Objekt in der Liste der Positionen (siehe Abschnitt 19.2.2) im Feld OBJEKTTYP anzeigen lassen (siehe Abbildung 19.81).

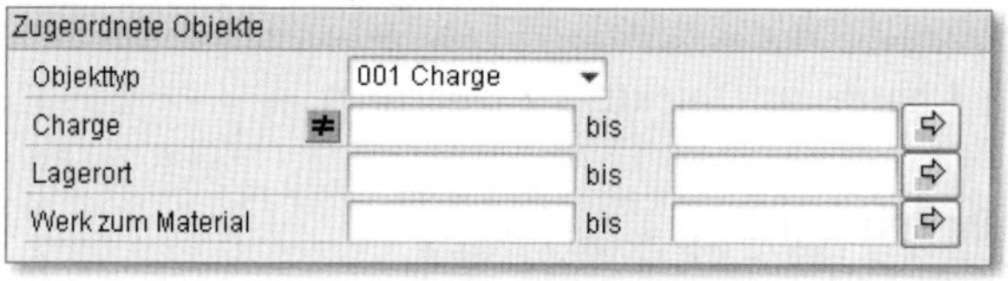

Abbildung 19.81 Liste der Positionen mit Objekttyp

19.4 Customizing

Theoretisch werden die Meldungen so ausgeliefert, dass Sie diese sofort nutzen können. Da Sie oftmals aber nur einen Teil der gesamten Funktionalität verwenden, sollten Sie die Bereiche und Register ausblenden, die Sie nicht nutzen. Damit ist die Meldungsbearbeitung einfacher, weil nur die Felder sichtbar sind, die auch für den Ablauf in Ihrer Firma benötigt werden.

Um entsprechende Schritte vorzunehmen, kopieren Sie die Meldungsart und legen eine eigene Meldungsart im Z-Namensraum an. Alle für eine neue Meldungsart relevanten Schritte stelle ich kurz vor.

19.4.1 Meldungseröffnung

Sie legen eine neue Meldungsart über den Pfad QUALITÄTSMANAGEMENT •
QUALITÄTSMELDUNG • MELDUNGSERÖFFNUNG • MELDUNGSART an, indem Sie
nacheinander die folgenden Punkte durchlaufen.

Meldungsart

Als Erstes rufen Sie das Menü MELDUNGSARTEN DEFINIEREN im genannten
Pfad auf. Sie kopieren die Meldungsart, die dieselbe Herkunft hat. Abbildung
19.82 zeigt die Meldungsart Z2, die eine Kopie der Meldungsart Q2 ist. Die
Meldungsherkunft bestimmt die Zuordnung zu den Objekten, das Berichtsschema wird später neu angelegt und zugeordnet. Die Fortschreibungs-
gruppe legt fest, in welcher Statistik die Daten kumuliert werden (siehe Kapitel 22, »Qualitätslenkung/Auswertung«).

Abbildung 19.82 Neue Meldungsart

Im Menü BILDSCHIRMMASKEN FESTLEGEN im Schritt BILDBEREICHE UND REGIS-
TER FESTLEGEN des genannten Pfads definieren Sie die Register und deren
Bildbereiche. Sie definieren drei Ebenen:

▶ Im Meldungskopf geben Sie die Bezugsobjekte vor (siehe Abbildung
19.83).

▶ Sie definieren den Bildbereich für die einfache Sicht, indem Sie Bildbereiche zuordnen.

▶ Sie definieren die Register für die erweiterte Sicht (siehe Abbildung 19.84).
Im Feld REGISTER ÜBERSCHRIFT geben Sie den Namen des Registers an. Im
Feld IKONE können Sie ein Bild vorgeben, das vor dem Registernamen an-
gezeigt wird. Das Feld REGISTER aktiviert das ganze Register. Ist dieses
Kennzeichen nicht gesetzt, wird das Register in der Meldung nicht ange-
zeigt.

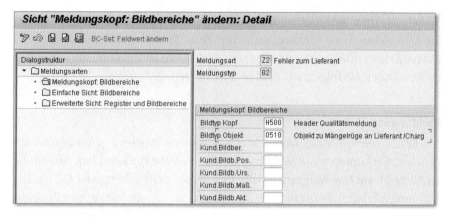

Abbildung 19.83 Meldungskopf

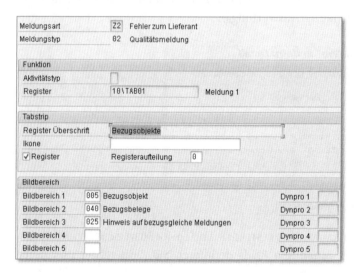

Abbildung 19.84 Erweiterte Sicht

Im unteren Bereich haben Sie die Möglichkeit, fünf Bildbereiche anzugeben. Probieren Sie einfach aus, welche für Sie am besten geeignet sind. Alle verfügbaren Bereiche werden in der Suchhilfe angezeigt.

Sie können auch eigene Bildbereiche pro Ebene, Meldungskopf, Position, Maßnahme, Ursache und Aktion verwenden. Dafür steht Ihnen jeweils ein User-Exit bzw. ab EHP 3 ein BAdI zur Verfügung (siehe Kapitel 24, »Systemanpassungen im Qualitätsmanagement").

Im Schritt EINSTIEGSBILDER FESTLEGEN im gleichen Pfad legen Sie die Einstiegsfenster fest, die ich Ihnen in Abschnitt 19.1.2, »Meldungsanlage«, vorgestellt habe. In diesen Einstiegsfenstern können Sie bei der Meldungsanlage

Belege eingeben, die Daten aus den Belegen werden sofort in die Meldung übernommen. Sie können an dieser Stelle auch eigene Routinen hinterlegen, um Felder in der Meldung vorzubelegen.

Zu jeder Meldungsart füllen Sie das Feld NAME DES FUNKTIONSBAUSTEINS und geben ein Dynpro als Einstiegsbild an (siehe Feld EINST in Abbildung 19.85).

Abbildung 19.85 Einstiegsfenster festlegen

Der Baustein QM03_CREATE_QMEL_WITH_WINDOW wird ausgeliefert. Die gängigsten Dynpros sind die hier aufgeführten:

▶ Q2-Meldung: Dynpro 0100 – Einkaufsbeleg/Materialbeleg

▶ Q1-Meldung: Dynpro 0130 – Kundenauftrag/Lieferung

▶ Q3-Meldung: Dynpro 0140 – Fertigungsauftrag

Die F1 -Hilfe beinhaltet noch weitere Dynpros. Sie können aber auch eigene Funktionsbausteine verwenden.

Im Schritt FELDAUSWAHL im gleichen Pfad können Sie die Felder für einzelne Meldungsarten beeinflussen. Sie haben die Möglichkeit, abhängig von Parametern, wie z. B. dem Transaktionscode oder der Meldungsart, Felder auszublenden oder zu Pflichtfeldern zu machen.

[!]

Feldauswahl beeinflussen

Beachten Sie, dass die im Folgenden erläuterten Einstellungen zur Beeinflussung auch für das Modul PM und CS gelten. Daher sollten Sie nie ohne die Angabe eines beeinflussenden Feldes, z. B. Feld MELDUNGSART und Inhalt Z1 arbeiten.

Die Beeinflussung erkläre ich anhand eines Beispiels. Sie möchten den Bildbereich BEZUGSOBJEKT (siehe Abbildung 19.86) wie folgt beeinflussen:

▶ Sie möchten die Felder MATERIAL und WERK Z. MAT. zu Pflichtfeldern machen.

▶ Sie möchten die Felder REVISIONSSTAND, SERIALNUMMER, PRODUKTIONSDATUM und HTN-MATERIAL ausblenden.

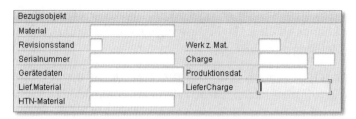

Abbildung 19.86 Bezugsobjekt ohne Beeinflussung

Sie wählen den Schritt FELDAUSWAHL: BEZUGSOBJEKTBILDER im gleichen Pfad und hier den Button ⚲Beeinflussend . Es öffnet sich Abbildung 19.87, hier können Sie Ihre individuelle Auswahl vornehmen. Im Feld BEEINFLUSSENDE FELDER wählen Sie den Eintrag MELDUNGSART (VIQMEL-QMART) per Doppelklick aus (siehe Abbildung 19.87).

Feldauswahl: Beeinflussende Felder

⚲Beeinflussend   ⚲Modifizierbar   ⚲Bildgruppen   ⚲Beeinflussungen

Bildgruppe   Meldungen - Subscreens

Beeinflussende Felder

Beeinflussendes Feld	Feldname
Aktivitätstyp	T365-AKTYP
Anwendung	TQ8T-QMTYP
Berichtsschema	VIQMEL-RBNR
Meldungsart	T365-QMART
Meldungsart	VIQMEL-QMART
Meldungsherkunft	VIQMEL-HERKZ
Priorität	VIQMEL-PRIOK

Abbildung 19.87 Feldauswahl »Beeinflussende Felder«

In der nächsten Ansicht geben Sie im Feld BEEINFLUSS.WERT die gewünschte Meldungsart ein und setzen die entsprechenden Kennzeichen bei den gewünschten Feldern (siehe Abbildung 19.88):

► Feld EING (Eingabe): Feld ist eingabebereit.

► Feld MUSS: Feld ist ein Pflichtfeld.

► Feld ANZEI (Anzeige): Feld wird nur angezeigt und ist nicht änderbar.

► Feld AUSBL (Ausblenden): Feld wird nicht dargestellt.

► Feld HELL: Feldbezeichnung wird blau hervorgehoben.

Das Ergebnis dieser Einstellungen zeigt Ihnen Abbildung 19.89.

Abbildung 19.88 Feldsteuerung

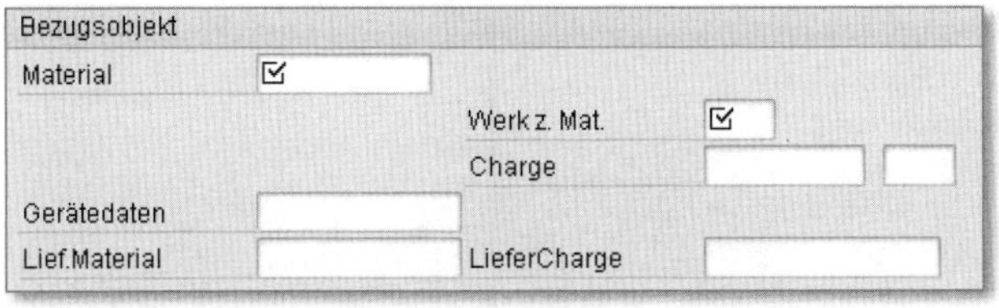

Abbildung 19.89 Bezugsobjekt mit Beeinflussung

Meldungsinhalt

Im Meldungsinhalt ist die Bearbeitung der in der Meldung verwendeten Kataloge zusammengefasst. Alle Codegruppen, die Sie gemeinsam in einer Meldung verwenden möchten, werden in einem Berichtsschema zusammengefasst und der Meldungsart zugeordnet. Es ist auch möglich, materialspezifische Berichtsschemata anzulegen, die im Materialstamm in der Sicht QUALITÄTSMANAGEMENT zugeordnet werden.

Sie legen ein neues Berichtsschema über den Pfad QUALITÄTSMANAGEMENT • QUALITÄTSMELDUNG • MELDUNGSINHALT • BERICHTSSCHEMA DEFINIEREN an und ordnen pro Katalogart die Codegruppen zu. Mit dem Symbol * können Sie einen generischen Schlüssel vorgeben. In Abbildung 19.90 sehen Sie den Eintrag QM* im Feld CODEGRUPPE, das bedeutet, dass alle Codegruppen, die mit QM beginnen, verwendet werden können.

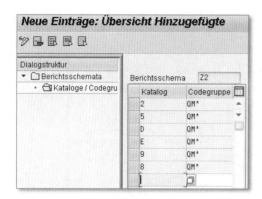

Abbildung 19.90 Berichtsschema

Anschließend legen Sie im Pfad QUALITÄTSMANAGEMENT • QUALITÄTSMEL-
DUNG • MELDUNGSINHALT • KATALOGE UND BERICHTSSCHEMA ZUR MELDUNGS-
ART fest, mit welchen Katalogarten Sie in der Meldung arbeiten möchten
(siehe Abbildung 19.91).

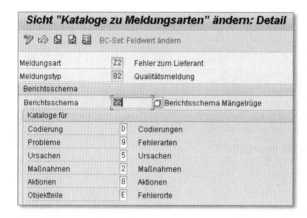

Abbildung 19.91 Kataloge zu Meldungsarten

Die hier eingetragenen Katalogarten beeinflussen die Meldungsbearbeitung.
Nicht verwendete Katalogarten deaktivieren die Funktion in der Meldung.
Wenn Sie beispielsweise keine Codierung vorgeben, werden die beiden Fel-
der zur Codierung über dem Langtext der Meldung ausgeblendet (siehe
Abbildung 19.8).

Partner

Alle Partnerrollen, die Sie pro Meldungsart verwenden möchten, werden in
einem Partnerschema zusammengefasst und anschließend der Meldungsart

zugeordnet. Dabei können Sie auf vorhandene Partnerrollen zugreifen, die auch in anderen Modulen verwendet werden, oder eigene Rollen anlegen. Sie legen ein neues Partnerschema über den Pfad QUALITÄTSMANAGEMENT • QUALITÄTSMELDUNG • PARTNER • PARTNERSCHEMATA DEFINIEREN an.

Der erste Schritt unter diesem Pfad lautet PARTNERSCHEMA DEFINIEREN. Sie wählen hier den Bereich QUALITÄTSMANAGEMENT aus, legen ein Partner-schema an und verzweigen in den Bereich ROLLEN IM SCHEMA (siehe Abbildung 19.92). Sie können die Partnerrollen auswählen und zu jeder Rolle folgende Angaben machen:

▶ Mit dem Feld PART... (Partnerpflicht) legen Sie die Partner fest, ohne die eine Meldung nicht angelegt werden kann.

▶ Mit dem Feld EIND... (EINDEUTIG) legen Sie fest, dass es diese Partnerrolle nur einmal in einer Meldung geben darf.

▶ Mit dem Feld KEIN... (Keine Änderung) bestimmen Sie, dass der Partner nicht mehr geändert werden darf.

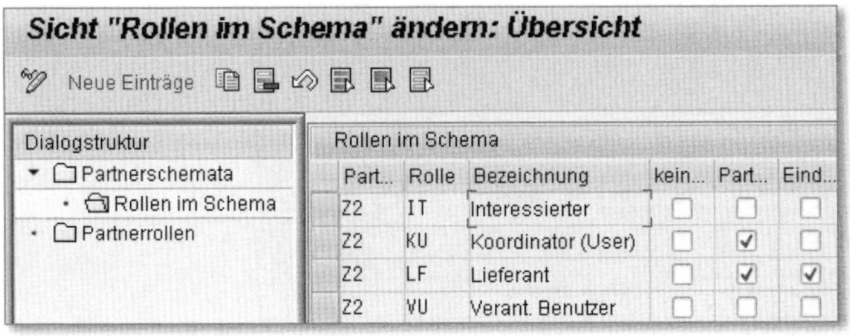

Abbildung 19.92 Partnerrollen im Schema

Die Zuordnung nehmen Sie im nächsten Schritt PARTNERSCHEMA ZUR MELDUNGSART ZUORDNEN vor. Sie legen pro Bereich die Partnerrolle fest (siehe Abbildung 19.93). Für Meldungen mit Lieferantenbezug müssen Sie die Partnerrolle LF LIEFERANT im Feld ROLLE LIEFERANT zuordnen. Nutzen Sie die Herstellerabwicklung, füllen Sie auch das Feld ROLLE HERSTELLER.

Die Rolle, die im Feld ROLLE VERANTWORTL. angegeben ist, wird in den Belegen als Sachbearbeiter verwendet. Die Rolle im Feld ROLLE MASSN.BEARB. wird für die Maßnahmenbearbeitung vorgeschlagen. Jeweils hinter den Rollen der Meldungsbearbeitung können Sie über den Button 🔲 (Zuständigkeiten pflegen) Standardrollen (Objekte aus dem Workflow) zuordnen, mit denen die Partner automatisch ermittelt werden können. Dazu müssen Sie eigene Standardrollen anlegen; die Partnerermittlung kann nur individuell sein, weil auf User Ihres Systems zugegriffen wird. Das Einrichten dieser

Funktion habe ich in diesem Buch nicht beschrieben, da hier Grundlagenwissen zu SAP Business Workflow notwendig ist.

Die Rolle Genehmigender erkläre ich in Abschnitt 19.5.

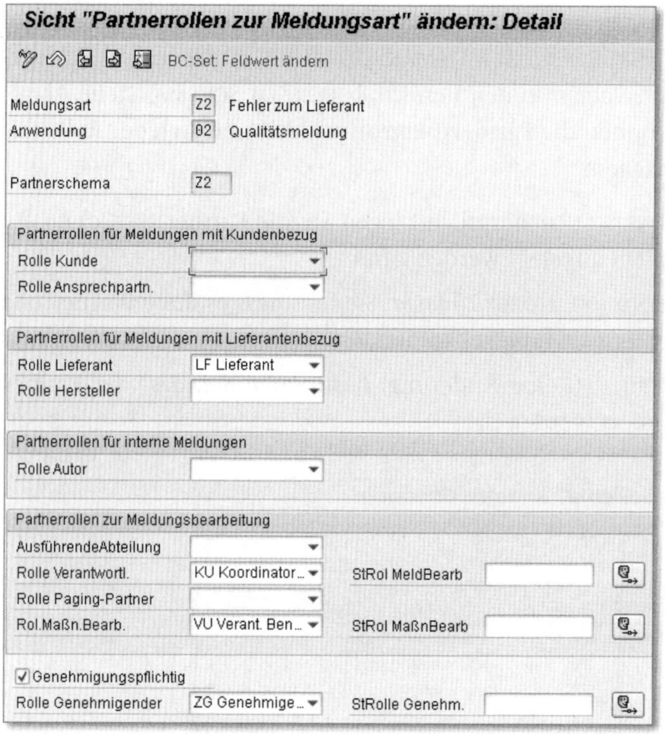

Abbildung 19.93 Partnerrollen zur Meldungsart

19.4.2 Meldungsbearbeitung

Im Bereich der Meldungsbearbeitung definieren Sie das Reaktionsschema, die Aktivitätenliste und die Folgeaktionen zur Maßnahme.

Reaktionsschema

Über Prioritäten können Sie die Bearbeitungszeit einer Meldung vorgeben. Sie können das Feld PRIORITÄT auch für das Bezugsfeld MONITOR in den Listen der Meldung verwenden, um Dringlichkeiten hervorzuheben. Wenn Sie keine individuellen Anforderungen an die Priorität stellen, ordnen Sie die Prioritätsart QM der Meldungsart über den Pfad QUALITÄTSMANAGEMENT • QUALITÄTSMELDUNG • MELDUNGSBEARBEITUNG • REAKTIONSSTEUERUNG • PRIORITÄT zu.

Priorität [+]

Auch wenn Sie das Feld PRIORITÄT ausblenden, weil Sie keine Datumsvorgaben verwenden möchten, müssen Sie diesen Eintrag vornehmen, da das System sonst immer eine Warnmeldung beim Anlegen der Meldung ausgibt.

Möchten Sie in diesem Pfad eigene Prioritäten mit Bearbeitungszeiten verwenden, legen Sie eine eigene Prioritätsart an und ordnen diese zu.

Aktivitätenleiste

Die Aktivitätenleiste definieren Sie im Pfad QUALITÄTSMANAGEMENT • QUALITÄTSMELDUNG • MELDUNGSBEARBEITUNG • ZUSÄTZLICHE MELDUNGSFUNKTION • AKTIVITÄTENLEISTE DEFINIEREN. Auch hier kopieren Sie einfach die benötigten Einträge.

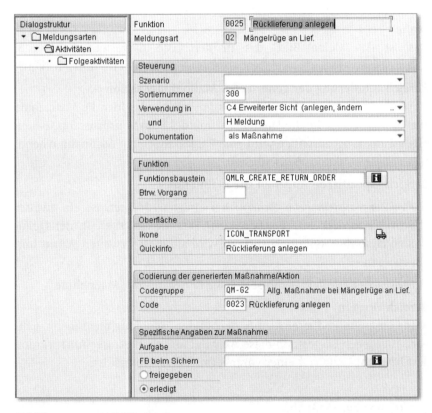

Abbildung 19.94 Aktivitätsdetail

Ich möchte kurz auf die Bedeutung der Felder eingehen. Dazu sehen Sie ein Detailbild einer Aktivität in Abbildung 19.94:

- ▸ **Feld »Sortiernummer«**
  Nach dieser Nummer werden die Aktivitäten in der Liste sortiert.

- ▸ **Feld »Verwendung in«**
  Sie legen mit diesem Feld fest, in welcher Sicht (einfach oder erweitert) und in welcher Aktion (Anlegen, Ändern, Anzeigen) diese Aktivität dargestellt wird.

- ▸ **Feld »und«**
  Sie legen mit diesem Feld fest, ob diese Aktivität in der Meldung, in der Maßnahme oder in beiden Objekten bearbeitet werden kann.

- ▸ **Feld »Dokumentation«**
  Der Funktionsbaustein gibt vor, ob die Aktivität als Maßnahme oder als Aktion oder gar nicht dokumentiert wird.

- ▸ **Feld »Funktionsbaustein«**
  Hier können Sie auch Ihren angepassten Funktionsbaustein zuordnen.

- ▸ **Ikone**
  Das ist das kleine Bild, das in der Liste dargestellt wird, z. B.
  • 🚚 Rücklieferung anlegen   ; die QUICKINFO ist eine erweiterte Info zur Ikone.

- ▸ **Bereich »Codierung der generierten Maßnahme/Aktion«**
  Wird die Aktivität als Maßnahme dokumentiert, wird hier die Maßnahme zugeordnet. Lesen Sie die Dokumentation des Funktionsbausteins. Bei einigen Funktionsbausteinen wird eine Folgeaktivität zur Maßnahme benötigt, um die Funktion abzuschließen.

- ▸ **Bereich »Spezifische Angaben zur Maßnahme«**

  - ▹ *Funktionsbaustein beim Sichern*: Bei einigen Abläufen ist ein zweiter Schritt erforderlich, z. B. UMBUCHEN FREI AN GESPERRT. In der Dokumentation des Funktionsbausteins wird auf diesen zweiten Schritt hingewiesen.

  - ▹ *Freigegeben/erledigt*: Damit setzen Sie den Status der Maßnahme.

- ▸ **Bereich »Regeln«**
  (Ganz unten im Bildbereich zu finden, in der Abbildung nicht mehr sichtbar.) Hier legen Sie fest, ob diese Aktivität nur einmal ausgeführt werden darf bzw. abhängig von einer vorangegangenen Aktivität ist.

Folgeaktionen zur Maßnahme

Die Folgeaktionen zu den Maßnahmen bieten Ihnen die Möglichkeit, beim Sichern der Meldung Funktionen ablaufen zu lassen. Sie möchten z. B. nicht generell eine Informations-Mail über den Workflow versenden, sondern es soll nur bei bestimmten Maßnahmen eine Mail an den Verantwortlichen gesendet werden.

Dazu legen Sie einen Funktionsbaustein an und ordnen diesen einer Folgeaktion zu. Die Folgeaktion wird wiederum der Maßnahme zugewiesen. Als Vorlage für einen Funktionsbaustein dient die Folgeaktion `EXAMPL_1`.

Wie bei der Erläuterung der Aktivitätenleiste erwähnt, verlangen einige Aktivitäten auch eine Folgeaktion der Maßnahme, die als Dokumentationsmaßnahme zugeordnet ist. Schauen wir uns beispielsweise den Ablauf der Rücklieferung an. In der Aktivität ist folgende Maßnahme als Dokumentation festgehalten (siehe Abbildung 19.94).

Codegruppe: QM-G2 – Allg. Maßnahme bei Mängelrüge an Lief.
Code: 0023-Rücklieferung anlegen

Wenn Sie sich in der Transaktion QS41 die Codegruppe QM-G2 anschauen, sehen Sie, dass dem Code 0023 die Folgeaktion DELIVERY zugeordnet ist (siehe Abbildung 19.95).

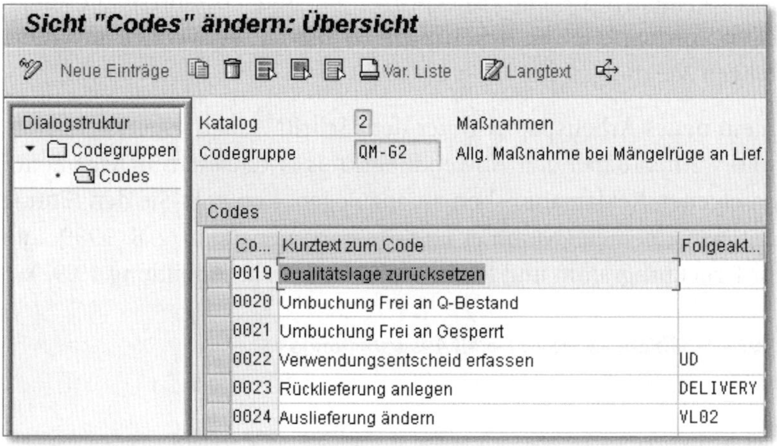

Abbildung 19.95 Folgeaktion zu Code

Diese Folgeaktion ist im Customizing im Pfad QUALITÄTSMANAGEMENT • QUALITÄTSMELDUNG • MELDUNGSBEARBEITUNG • ZUSÄTZLICHE MELDUNGSFUNKTION • FOLGEAKTIONEN ZU MASSNAHMEN DEFINIEREN angelegt. Unter der Folgeaktion liegt mindestens ein Funktionsbaustein, der beim Sichern der Meldung abläuft (siehe Abbildung 19.96). Mit den Kennzeichen synchron zur Verbuchung – Feld SYNVB, das heißt, vor dem Sichern auf der Datenbank, oder nach der Verbuchung (Feld NACHVB) – können Sie bestimmen, ob Sie vor der Verbuchung eingreifen möchten oder nachdem die Daten auf der Datenbank abgelegt sind.

Abbildung 19.96 Folgeaktion definieren

Sie sehen hier, dass der Folgeaktion DELIVERY der Funktionsbaustein QMLR_ CREATE_RETURN_ORDER_FA zugeordnet ist. Dieser wird also nach dem Sichern der Meldung aufgerufen, wenn der Maßnahmencode 0023 der Meldung zugeordnet wurde.

19.4.3 Druckeinstellung

Über den Pfad QUALITÄTSMANAGEMENT • QUALITÄTSMELDUNG • MELDUNGSBE-ARBEITUNG • DRUCKSTEUERUNG • ARBEITSPAPIERE FESTLEGEN definieren Sie die Arbeitspapiere, denen Sie ein Druckprogramm und Formulare zuordnen. Anschließend ordnen Sie die Arbeitspapiere, die Sie verwenden möchten, der jeweiligen Meldungsart zu.

Sie legen ein neues Arbeitspapier unter dem Schritt ARBEITSPAPIERE DEFINIE-REN an und wählen dabei den Anwendungskreis N (Qualitätsmanagement). Um einen eigenen Reklamationsbericht anzulegen, kopieren Sie den Eintrag 5999, vergeben eine neue Nummer im Kundennamensraum, z. B. 9999, und tragen Ihr Druckprogramm und Ihr Formular ein (siehe Abbildung 19.97).

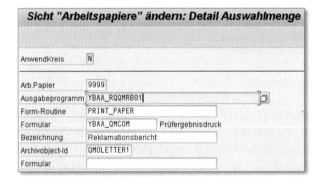

Abbildung 19.97 Arbeitspapier definieren

Im Schritt ARBEITSPAPIERE ZUR MELDUNGSART ZUORDNEN ordnen Sie das neue Arbeitspapier Ihrer neuen Meldungsart zu (siehe Abbildung 19.98). Wenn

Sie das Feld Auswahl markieren, ist dieses Formular für den Ausdruck vorbereitet und wird in der Meldungsbearbeitung über den Button ⎙ (Druck) ausgegeben.

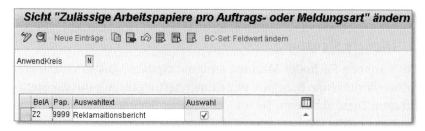

Abbildung 19.98 Arbeitspapier zur Meldung

Das waren alle notwendigen Customizing-Einstellungen, um eine neue Meldungsart einzurichten. Es gibt natürlich viele Details, die die Arbeit mit den Meldungen vereinfachen, deren Erklärung aber hier zu weit führen würde. Die SAP-Dokumentation ist Ihnen bei der Erforschung sicher eine Hilfe.

19.5 Genehmigungspflicht/Signaturstrategie

An sensiblen Stellen muss die Meldung vor der weiteren Bearbeitung genehmigt bzw. eine digitale Signatur geleistet werden. Das bedeutet, dass die Meldung nach der Meldungsanlage mit einem weiteren Schritt in Arbeit gegeben wird.

19.5.1 Genehmigungspflicht

Sie aktivieren die Genehmigungspflicht im Menü Partnerrollen zur Meldungsart zuordnen und definieren dort, welche Partnerrolle die Meldung genehmigen darf (siehe Abbildung 19.93).

Nach Aktivierung der Genehmigungspflicht erhalten die neu angelegten Meldungen dieser Meldungsart den Status GNPF, mit dem sie nicht mehr sofort freigegeben werden dürfen. In der Meldungsbearbeitung pflegen Sie den Partner, der für die Genehmigung vorgesehen ist (siehe Abbildung 19.99).

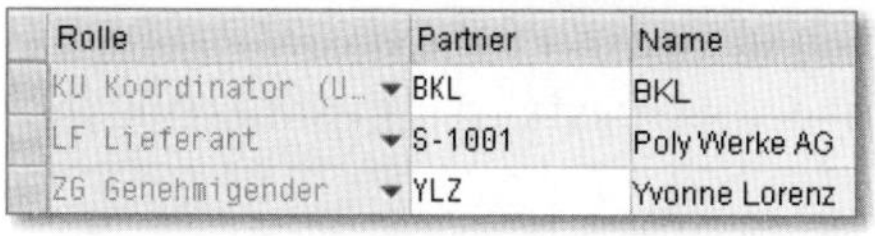

Rolle	Partner	Name
KU Koordinator (U… ▼	BKL	BKL
LF Lieferant ▼	S-1001	Poly Werke AG
Z6 Genehmigender ▼	YLZ	Yvonne Lorenz

Abbildung 19.99 Rolle »Genehmigender«

Die Meldung wird über das Menü MELDUNG • FUNKTION • GENEHMIGUNG ERTEILEN genehmigt. Damit ändert sich der Status auf MIAR GFOK, die Meldung ist jetzt in Arbeit. Wer die Genehmigung erteilt hat, ist auch im Action-Log ersichtlich.

19.5.2 Digitale Signatur

Ab EHP 3 können Sie in der Meldung auch die digitale Signatur nutzen und bei Statusänderungen, z. B. bei der Genehmigungsfreigabe, die digitale Signatur abfragen. Diese aktivieren Sie im Customizing über den Pfad QUALITÄTS-MANAGEMENT • QUALITÄTSMELDUNG • MELDUNGSBEARBEITUNG • DIGITALE SIG-NATUR FESTLEGEN.

Um festzulegen, dass Sie z. B. bei dem Vorgang *Genehmigung erteilen* eine digitale Signatur leisten müssen, pflegen Sie in diesem Pfad neue Einträge über den Button NEUE EINTRÄGE (siehe Abbildung 19.100). Sie können dabei entscheiden, ob die Signatur für die Kopfebene oder die Maßnahme gelten soll (Feld LEVEL). Zudem bestimmen Sie, für welche Meldungsart und für welchen betriebswirtschaftlichen Vorgang (Felder MELDUNGSART und BETR. VOR-GANG) die Signatur gilt.

Abbildung 19.100 Aktivierung der digitalen Signatur in der Meldung

Im Feld TYP DER SIG. legen Sie fest, ob der Signaturprozess synchron oder asynchron ausgeführt werden soll, wenn Sie mit einer Signaturstrategie arbeiten. In der Signaturstrategie können Sie eine Abfolge von Signaturen abbilden, wenn nacheinander mehrere Personen die Freigabe durchführen. Die Strategie können Sie im Customizing über den Pfad QUALITÄTSMANAGE-MENT • UMFELD • ZENTRALE FUNKTIONEN • SIGNATURSTRATEGIE • SIGNATURSTRA-TEGIE DEFINIEREN pflegen.

Der synchrone und asynchrone Signaturprozess unterscheidet sich folgendermaßen (diese Listung basiert auf der F1-Hilfe zum Feld):

▶ **Synchroner Signaturprozess**

Ein synchroner Signaturprozess muss, wenn er begonnen wurde, ohne Unterbrechung zu Ende geführt werden. Nachdem die letzte erforderliche Signatur geleistet wurde, kann eine neue Funktion oder Transaktion aufgerufen werden, nicht eher. Wird der Signaturprozess vorher unterbrochen, werden alle geleisteten Signaturen gespeichert, sind aber für den Signaturprozess nicht gültig und müssen wiederholt werden.

▶ **Asynchroner Signaturprozess**

Bei der asynchronen Vorgehensweise leisten die Unterzeichner ihre Signaturen unabhängig voneinander. Dabei kann der Signaturprozess nach jeder Signatur unterbrochen und zu einem anderen Zeitpunkt vom nächsten Unterzeichner fortgesetzt werden. Um den asynchronen Signaturprozess zu unterbrechen, ist die Eingabe des Passworts nötig.

In meinem Beispiel habe ich eine einfache Signatur bei der Erteilung der Genehmigung eingerichtet, bei der der Typ der Signatur nicht relevant ist, da es keinen Signaturprozess gibt – nur eine Person erteilt die Genehmigung. Sobald nun in der Meldungsbearbeitung die Genehmigung erteilt wird, erscheint das Pop-up zur Eingabe der Signatur (siehe Abbildung 19.101).

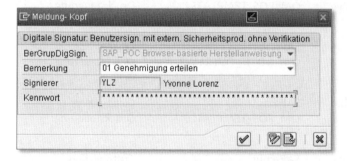

Abbildung 19.101 Digitale Signatur in der Meldungsbearbeitung

Hier geben Sie das Kennwort ein, mit dem Sie sich im SAP-System anmelden, wenn als Signaturmethode *Systemsign mittels Autorisierung* eingerichtet ist. Näheres finden Sie dazu in Kapitel 8, »Weitere Funktionen in der Prüfabwicklung«.

19.6 Formularübersicht

In diesem Kapitel habe ich bereits einige Formulare erwähnt. Im Folgenden sind alle Formulare aufgelistet, die in der QM-Meldungsbearbeitung verwendet werden. Einige Formulare werden in der Drucksteuerung im Customizing hinterlegt, andere werden nur in dem Funktionsbaustein zur ausführenden Aktivität aufgerufen.

Ab EHP 5 wurden einige SAPscript-Formulare ohne Layoutänderungen in PDF-Formate konvertiert. So können Sie in Ihrem Unternehmen ausschließlich mit SAP Interactive Forms by Adobe arbeiten.

Bezeichnung	Formular/Art des Formulars	Zuordnung
QM-Meldungsübersicht Version 1 Kundenreklamation	SAPscript QM_NOTIF_OVERVW1	Customizing Drucksteuerung
QM-Positionsbericht Version 1 Kundenreklamation	SAPscript QM_POS_TEMPLATE1	Customizing Drucksteuerung
QM-Meldungsübersicht Version 2 Mängelrüge Lieferant	SAPscript QM_NOTIF_OVERVW2	Customizing Drucksteuerung
QM-Positionsbericht Version 2 Mängelrüge Lieferant	SAPscript QM_POS_TEMPLATE2	Customizing Drucksteuerung
QM-Meldungsübersicht Version 3 Interne Problemmeldung	SAPscript QM_NOTIF_OVERVW3	Customizing Drucksteuerung
QM-Positionsbericht Version 3 Interne Problemmeldung	SAPscript QM_POS_TEMPLATE3	Customizing Drucksteuerung
Reklamationsbericht Mängelrüge Lieferant	SAPscript QM_COMPLAIN	Customizing Drucksteuerung
Erstellen eines 8D-Reports Mängelrüge Lieferant	SAPscript/ab EHP 5 auch als PDF QM_8D_REPORT_SND	Customizing Drucksteuerung/Funktionsbaustein der Aktivität
Anfordern eines 8D-Reports Kundenreklamation	SAPscript/ab EHP 5 auch als PDF QM_8D_REPORT	Customizing Drucksteuerung/Funktionsbaustein der Aktivität

Tabelle 19.2 Formulare in der Qualitätsmeldung

Bezeichnung	Formular/Art des Formulars	Zuordnung
Sperretikett bei Aktivität sperren	SAPscript/ab EHP 5 auch als PDF QM_LABEL	Funktionsbaustein der Aktivität
Bescheid versenden Bei Aktivität	SAPscript/ab EHP 5 auch als PDF QM_REPLY	Funktionsbaustein der Aktivität
8D-Report Automotive Kundenreklamation	PDF QM_QN8D_REP_AUTO	Customizing Drucksteuerung/Funktionsbaustein der Aktivität

Tabelle 19.2 Formulare in der Qualitätsmeldung (Forts.)

Nun haben Sie einen umfassenden Einblick in die Funktionen der Qualitätsmeldungen erhalten. Ich hoffe, ich habe Ihnen die Arbeit mit Meldungen schmackhaft machen können, wenn Sie diese noch nicht nutzen, oder den einen oder anderen Tipp gegeben, falls Sie die Meldungsbearbeitung erweitern möchten.

Am wichtigsten ist an dieser Stelle die abteilungsübergreifende Handlungsweise. Daher sollten auch alle beteiligten Abteilungen eingeladen werden, wenn Sie über neue Funktionen sprechen.

Sprechen wir von Qualität, sprechen wir auch von Kosten. Um die Kosten sichtbar zu machen, müssen Sie sie erfassen. Ich zeige Ihnen in diesem Kapitel, wie Sie die Prüf- und Fehlerkosten transparent machen.

20 Qualitätskosten

Es ist stets ein großes Bedürfnis, sichtbar zu machen, welche Kosten die Qualitätssicherung für das Unternehmen verursacht. Das Modul QM unterscheidet zwei Arten von Kosten, Prüf- und Fehlerkosten.

▶ *Prüfkosten* (siehe Abschnitt 20.1) sind Kosten, die im Zusammenhang mit den regulären Prüfungen entstehen. Sie können nach der Ergebniserfassung Prüfzeiten zurückmelden, die dann zusammen mit dem bei Ihnen hinterlegten Tarif einen Kostensatz bilden. Dieser Kostensatz wird im QM-Auftrag fortgeschrieben.

▶ *Fehlerkosten* (siehe Abschnitt 20.2) treten im Zusammenhang mit einer Reklamation auf. Alle auflaufenden Kosten werden auf einem Auftrag gesammelt, der der Qualitätsmeldung zugeordnet ist.

Als Kostensammler dient bei beiden Kostenarten der QM-Auftrag. Dieser wird entweder kontinuierlich, z. B. monatlich, oder nach Abschluss der Reklamation auf ein CO-Objekt abgerechnet. Meistens ist das CO-Objekt ein Innenauftrag, in dem die gesammelten Kosten mit den Abrechnungen an den Kunden oder Lieferanten verrechnet werden.

20.1 Prüfkosten

Prüfkosten werden wie die Rückmeldungen in der Produktion auf Ebene des Vorgangs zurückgemeldet. Um die Ergebniserfassung übersichtlich zu gestalten, werden in einem Vorgang mehrere Prüfmerkmale zusammengefasst. Das bedeutet, dass Sie immer mehrere Prüfmerkmale gemeinsam rückmelden können.

Sie sollten genau überlegen, inwieweit Ihnen die Kostentransparenz bei geplanten Prüfungen wirklich weiterhilft. Oft genügt es, die Anzahl der Prüfungen zu zählen, um eine verlässliche Aussage über den Aufwand der Qualitätssicherung zu treffen. Produktionsbegleitende Prüfungen können auch pauschal im Produktionsauftrag berücksichtigt werden.

Da Prüfungen zu einem Prüfmerkmal oft zeitgleich an mehreren Prüflosen durchgeführt werden, ist es oft schwierig, die Zeiten für ein Prüflos genau zu ermitteln. Für aufwendige Prüfungen, wie z. B. Erstmusterprüfungen, ist die Zeiterfassung auf Ebene des Prüfloses jedoch durchaus überlegenswert. Aus diesem Grund werden Sammel- und Einzelabrechnungen unterschieden:

▶ Bei der *Sammelabrechnung*, der Auftragsart QL01, fassen Sie alle Kosten zu einem Material oder einer Prüfart zusammen. Sie geben den Auftrag im Materialstamm vor, alle Buchungen werden auf diesen Auftrag gesammelt.

▶ Die *Einzelabrechnung*, die Auftragsart QL02, umfasst dagegen nur die Kosten eines einzelnen Prüfloses.

Leistungen zu einem Prüfvorgang können bei der Ergebniserfassung oder beim Treffen des Verwendungsentscheids rückgemeldet werden. Sie können verschiedene Leistungsarten definieren, z. B. Prüfkosten als Zeit oder auch Equipmentkosten. Ich werde Ihnen in Abschnitt 20.1.2 die Rückmeldung der Prüfkosten, also der benötigten Zeit eines Prüfers, vorstellen. Doch zunächst beschreibe ich die Voraussetzungen, die Sie dafür schaffen müssen.

20.1.1 Voraussetzung

Um Prüfzeiten zurückzumelden, benötigen Sie die Auftragsart QL01 bzw. QL02. Alle zur Rückmeldung notwendigen Einstellungen im CO-Customizing werden ausgeliefert. Die Auftragsart QL01 bzw. QL02 muss dem verwendeten Werk Ihres Unternehmens zugeordnet sein. Dies ist durch die Werkskopie bereits erfolgt. Im Customizing können Sie die Einträge über den Pfad QUALITÄTSMANAGEMENT • QUALITÄTSPRÜFUNG • PRÜFKOSTENERFASSUNG FESTLEGEN überprüfen. Falls Ihr Werk hier nicht aufgeführt ist, kopieren Sie die Einstellungen vom Werk 0001 (siehe Abbildung 20.1).

Werk	Bezeichnung	Art	Bezeichnung Auftragsart
0001	Werk 0001	QL01	Prüfkosten - Sammelabrechnung
0001	Werk 0001	QL02	Prüfkosten - Einzelabrechnung
0001	Werk 0001	QN01	Fehlerkosten
1000	Nord	QL01	Prüfkosten - Sammelabrechnung
1000	Nord	QL02	Prüfkosten - Einzelabrechnung

Sicht "Vorschlagswerte Kostenträgerrechnung QM" ändern: Übersicht

Neue Einträge — BC-Set: Feldwert ändern

Abbildung 20.1 QM-Auftrag zum Werk

Customizing

Im Customizing des Moduls Produktionsplanung (Production Planning, PP) stellen Sie die Formelparameter für die Rückmeldung ein. Diese Parameter werden benötigt, um die Vorgabewertschlüssel zu pflegen und Formeln zu definieren, z. B. für die Terminierung oder die Kalkulation.

Zur Einstellung der Formelparameter wählen Sie den Pfad PRODUKTION • GRUNDDATEN • ARBEITSPLATZ • KAPAZITÄTSPLANUNG • FORMELN ARBEITSPLATZ • FORMELPARAMETER EINRICHTEN. Die Parameter werden durch die ID identifiziert (siehe Abbildung 20.2).

Abbildung 20.2 Formelparameter

Die Parameter-ID legt Folgendes fest:

▶ welche Bedeutung (Feld SCHLÜSSELWORT KURZ) und welches Schlüsselwort (Feld SCHLÜSSELWORT) einem Parameter zugeordnet ist

▶ welche Dimension (Feld DIMENSION) ein Parameter besitzt

▶ welche Einheit (Feld VORGABEWERT EINHEIT) verwendet werden soll

Pro Leistung, die Sie rückmelden möchten, ist ein Parameter anzulegen.

Anschließend richten Sie die Formeldefinitionen ein (siehe Bildbereich FORMEL in Abbildung 20.3, die Kennzeichen im Bereich KENNZEICHEN sind nicht relevant, da diese Funktionen in einem Prüfplan nicht zur Verfügung stehen). Dazu wählen Sie den Pfad PRODUKTION • GRUNDDATEN • ARBEITSPLATZ • KAPAZITÄTSPLANUNG • FORMELN ARBEITSPLATZ • FORMELDEFINITION ARBEITSPLATZ EINRICHTEN, legen über den Button NEUE EINTRÄGE einen neuen Eintrag an, definieren den Formelschlüssel im Kundennamensraum mit einem Kurztext und ordnen den soeben angelegten Parameter als Formel zu (siehe Abbildung 20.3).

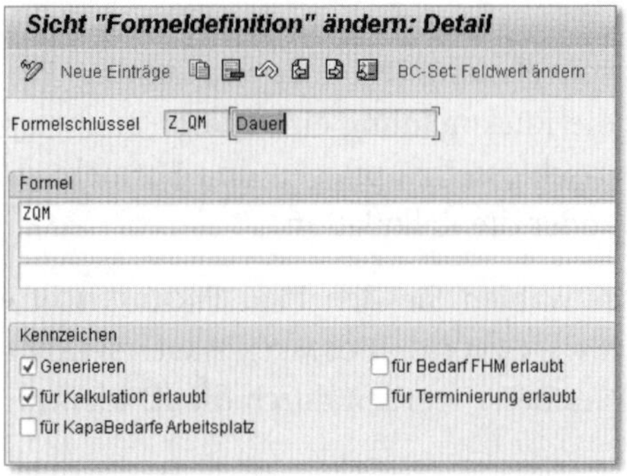

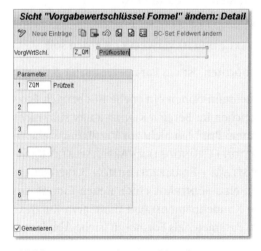

Abbildung 20.3 Formeldefinition einrichten

Nun definieren Sie den Vorgabewertschlüssel und wählen hierzu PRODUK-
TION • GRUNDDATEN • ARBEITSPLATZ • ALLGEMEINE DATEN • VORGABEWERT •
VORGABEWERTSCHLÜSSEL FESTLEGEN. Mit dem Vorgabewertschlüssel, den Sie
später dem Arbeitsplatz zuordnen, werden bis zu sechs Vorgabewerte im
Arbeitsvorgang festgelegt.

Um den Vorgabewertschlüssel festzulegen, legen Sie einen neuen Eintrag an
(siehe Feld VORGWRTSCHL. in Abbildung 20.4) und ordnen die Formelparameter 1 bis 6 zu (Bereich PARAMETER). Wenn Sie nur die Prüfzeit erfassen
möchten, ist der Eintrag aus Abbildung 20.4 ausreichend (Eintrag ZQM in
Feld 1). Das Kennzeichen GENERIEREN steuert, das für eine Formel Coding
generiert wird. Aus Performancegründen sollte das Kennzeichen gesetzt werden, es ist für diesen Ablauf jedoch nicht relevant, da nur ein Parameter verwendet wird.

Abbildung 20.4 Vorgabewertschlüssel

Sind diese Customizing-Einstellungen erfolgt, können Sie sich den Stammdaten zuwenden.

Stammdaten

Sie müssen nun Stammdaten pflegen: im Bereich Controlling die Leistungsart und den Tarif, und im Bereich QM den Arbeitsplatz, den Prüfplan und den QM-Auftrag.

Die *Leistungsarten* werden im Allgemeinen durch die CO-Abteilung angelegt. Sie wählen die Transaktion KL01 oder den Pfad RECHNUNGSWESEN • CONTROLLING • KOSTENSTELLENRECHNUNG • STAMMDATEN • LEISTUNGSART • EINZELBEARBEITUNG • ANLEGEN, um eine neue Leistungsart mit einer Bezeichnung anzulegen (siehe Abbildung 20.5).

Abbildung 20.5 Leistungsart bearbeiten

Dabei müssen Sie die Felder KOSTENRECHNUNGSKREIS und GÜLTIG AB bzw. BIS beachten. Für die Prüfzeit wird in meinem Beispiel die Einheit MIN (Minuten) verwendet (siehe Feld LEISTUNGSEINHEIT).

Sie pflegen die Vorschlagswerte für die Verrechnung wie folgt:

▸ Im Feld LEISTUNGSARTENTYP wählen Sie den Eintrag 1 (manuelle Erfassung).

▸ Im Feld VERRECHNUNGSKOSTENART wählen Sie einen Eintrag in Abstimmung mit der CO-Abteilung.

▸ Im Feld TARIFKENNZEICHEN wählen Sie den Eintrag 1 (automatisch).

Anschließend hinterlegen Sie den *Tarif* für die Leistungsart in der Transaktion KP26 oder über den Pfad RECHNUNGSWESEN • CONTROLLING • KOSTENSTELLENRECHNUNG • STAMMDATEN • PLANUNG • LEISTUNGSERBRINGUNG/TARIFE • ÄNDERN. Sie pflegen das Feld LEISTUNGSART mit der gerade angelegten Leistungsart QM02 (siehe Abbildung 20.6) und den Gültigkeitszeitraum, indem Sie die Felder VON PERIODE und BIS PERIODE füllen. Zudem ordnen Sie die Kostenstelle (Feld KOSTENSTELLE) zu, die die Leistungen erbringt.

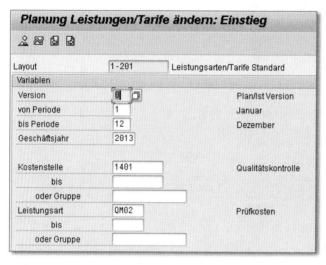

Abbildung 20.6 Tarif anlegen

Mithilfe des Buttons 🔲 (Übersichtsbild) gelangen Sie zur Übersicht und können hier den Tarif hinterlegen (siehe Abbildung 20.7). Dazu pflegen Sie die Felder PLANLEISTUNG und KAPAZITÄT sowie den Stundensatz (Feld TARIF FIX). Alle anderen Felder sind nicht relevant für die Erfassung der Prüfkosten.

In der Übersicht, die Sie über den Button 🔲 (Periodenbild) aufrufen, sehen Sie die Aufteilung der Plandaten (siehe Abbildung 20.8). Nun sind die Stammdaten im Controlling gepflegt, sodass Sie sich den QM-Daten zuwenden können.

Abbildung 20.7 Tarif ändern

Planung Leistungen/Tarife ändern: Periodenbild

Version	0	Plan/Ist Version
Geschäftsjahr	2013	
Kostenstelle	1401	Qualitätskontrolle
Leistungsart	QM02	Prüfkosten

P...	Text	Planleistung	Kapazität	EH	Tarif fix
1	Januar	12.000	12.000	MIN	1,08
2	Februar	12.000	12.000	MIN	1,08
3	März	12.000	12.000	MIN	1,08
4	April	12.000	12.000	MIN	1,08
5	Mai	12.000	12.000	MIN	1,08
6	Juni	12.000	12.000	MIN	1,08
7	Juli	12.000	12.000	MIN	1,08
8	August	12.000	12.000	MIN	1,08
9	September	12.000	12.000	MIN	1,08
10	Oktober	12.000	12.000	MIN	1,08
11	November	12.000	12.000	MIN	1,08
12	Dezember	12.000	12.000	MIN	1,08
*Pe		144.000	144.000		

Abbildung 20.8 Planung der Prüfkosten

Der *Arbeitsplatz*, der in Kapitel 4, »Logistik-Stammdaten«, vorgestellt wurde, wird um die Rückmeldedaten erweitert. Wählen Sie dazu die Transaktion CRQ2 bzw. den Pfad LOGISTIK • QUALITÄTSMANAGEMENT • QUALITÄTSPLANUNG • LOGISTIK-STAMMDATEN • ARBEITSPLATZ • ÄNDERN, und ordnen Sie auf dem Register GRUNDDATEN den neuen Vorgabewertschlüssel zu (siehe Feld VOR-GABEWERTSCHL. in Abbildung 20.9).

Auf dem Register VORSCHLAGSWERTE pflegen Sie den Eintrag QM04 im Feld STEUERSCHLÜSSEL zur Erfassung der Kosten und den Bereich MASSEINHEITEN DER VORGABEWERTE zur Rückmeldung der Zeit (siehe Abbildung 20.10).

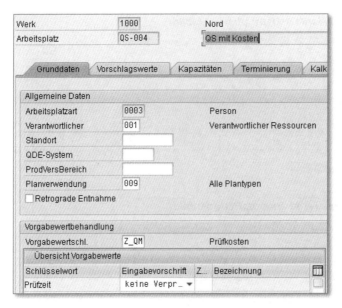

Abbildung 20.9 Arbeitsplatz – Grunddaten zur Erfassung von Kosten

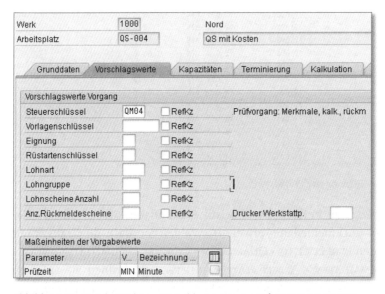

Abbildung 20.10 Arbeitsplatz – Vorschlagswerte zur Erfassung von Kosten

Das Register KALKULATION beinhaltet die Leistungsart und den Formelparameter sowie die Kostenstelle, die die Kosten erbringt (siehe Abbildung 20.11).

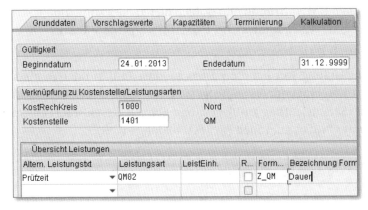

Abbildung 20.11 Arbeitsplatz – Kalkulation zur Erfassung von Kosten

Im *Prüfplan*, den ich in Kapitel 5, »Prüfplanung«, ausführlich beschrieben habe, ordnen Sie dem Vorgang den soeben gepflegten Arbeitsplatz zu. Dazu wählen Sie die Transaktion QP02 und verzweigen in die Vorgangsübersicht. Der Eintrag QM04 im Feld Steuerschlüssel wird automatisch aus den Vorschlagswerten des Arbeitsplatzes vorgeschlagen, sobald Sie das Feld Arbeitsplatz gefüllt haben.

Im Vorgangsdetail sehen Sie im Bereich Vorgabewerte die Prüfzeit QM02 als Leistungsart (siehe Abbildung 20.12).

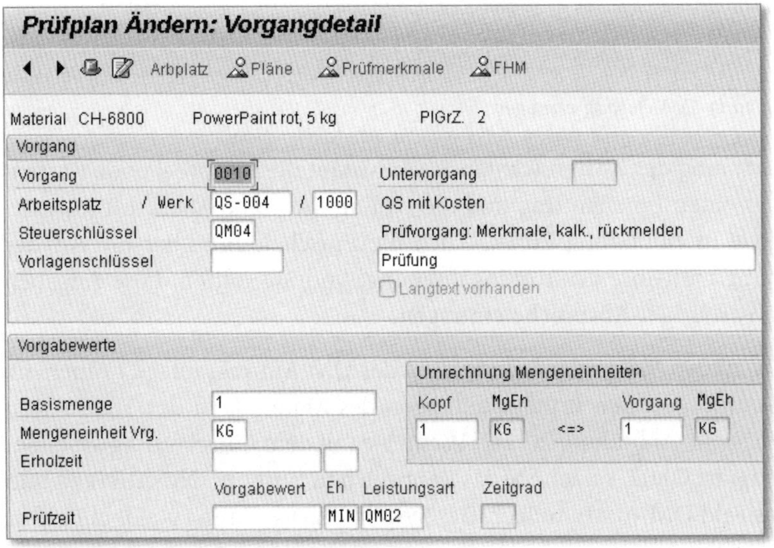

Abbildung 20.12 Prüfplan – Vorgangsdetail

Sie legen nun einen *QM-Auftrag* an und wählen hierzu die Transaktion QK01 oder den Pfad QUALITÄTSMANAGEMENT • QUALITÄTSPRÜFUNG • KOSTEN • AUFTRAGSZUORDNUNG • ANLEGEN.

In einem Sammelauftrag werden die Kosten zu einer Prüfart oder zu einer Prüfart-Material-Kombination zusammengefasst. Sie wählen die Auftragsart QL01, um einen Sammelauftrag anzulegen, und können diesen sofort einem Material und einer Prüfart zuordnen (siehe Abbildung 20.13).

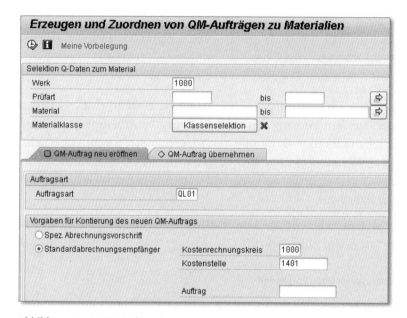

Abbildung 20.13 QM-Auftrag erzeugen

Zur Abrechnung der Kosten wählen Sie entweder die entsprechende Kostenstelle oder einen Innenauftrag und die Option STANDARDABRECHNUNGSEMPFÄNGER wie in Abbildung 20.13. Auch die Entscheidung über die Art der Abrechnung trifft Ihre Controllingabteilung, und Sie sollten diese Angaben nur nach vorheriger Absprache eintragen.

Alternativ zu der Materialzuordnung bei der QM-Auftragsanlage ordnen Sie den QM-Auftrag in den Prüfeinstellungen des Materials in der Transaktion MM02 zu (siehe Abbildung 20.14). Wenn Sie mit dem Einzelauftrag arbeiten, der Auftragsart QL02, setzen Sie das Kennzeichen INDIVID. QM-AUFTRAG und lassen das Feld QM-AUFTRAG leer. Das System erzeugt dann zu jedem Prüflos einen separaten Auftrag.

Prüfart	01	Eingangsprüfung beim WE zur Bestellung

Detailinformation zur Prüfart

☑ Buchen in Q-Bestand	StichprobVerf.	I	☑ Serialnummern mögl.	
☐ Prüfung der HU	☐ 100%-Prüfung		Mittlere Prüfdauer	
☐ Prüfen mit Mat.Spez.	Prüfprozentsatz		QKZ-Verfahren	06 aus Verwend... ▼
☑ Prüfen mit Plan	☐ StPrBerechn. manuell		Zul. Ausschußanteil	
☐ Prüfen nach Konfig.	☐ Stichprobe manuell		Strg. Loserzeugung	je Materialbeleg... ▼
	DynamRegel		☐ Individ. QM-Auftrag	
☑ Autom.Vorgabenzuord.	☑ Skips erlaubt		QM-Auftrag	4000065
☑ Merkmale prüfen	☑ Autom. VerwEntscheid			
☐ Multiple Spezifikat.				

Abbildung 20.14 Prüfeinstellung mit QM-Auftrag

20.1.2 Rückmeldung der Prüfkosten

Mit dem Steuerschlüssel QM04 haben Sie festgelegt, dass eine Rückmeldung erfolgen soll. Sobald Sie jetzt in der Ergebniserfassung (siehe Kapitel 7, »Prüfablauf«), z. B. in der Transaktion QE51N, einen Vorgang sichern, öffnet sich das Pop-up zur Rückmeldung der Zeiten (siehe Abbildung 20.15).

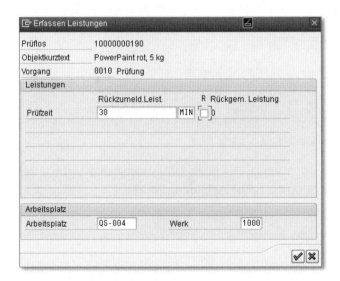

Erfassen Leistungen			
Prüflos	10000000190		
Objektkurztext	PowerPaint rot, 5 kg		
Vorgang	0010 Prüfung		

Leistungen

	Rückzumeld.Leist.		R	Rückgem. Leistung
Prüfzeit	30	MIN	☐	0

Arbeitsplatz

Arbeitsplatz	QS-004	Werk	1000

Abbildung 20.15 Leistung erfassen

Hier geben Sie die Zeit ein, die Sie benötigt haben, um alle Prüfungen des Vorgangs durchzuführen (siehe Feld Prüfzeit). Ist der Vorgang noch nicht abgeschlossen, öffnet sich das Fenster bei jeder weiteren Merkmalserfassung erneut. Die bereits rückgemeldete Zeit ist dann unter Rückgem. Leistung ersichtlich.

Sie tragen jeweils Ihre aktuell benötigte Zeit ein; das System addiert dann alle Zeiten. Ist der Vorgang beendet, setzen Sie das Kennzeichen R und legen damit fest, dass keine weitere Leistungsrückmeldung erwartet wird.

Sie können sich die erfassten Leistungen zum Prüflos anzeigen lassen (siehe Abbildung 20.16). Dazu wählen Sie im Verwendungsentscheid (Transaktion QA11/QA12) das Menü ZUSÄTZE • KOSTEN • LEISTUNGSRÜCKMELDUNG, oder Sie wählen die Transaktion QK05 über den Pfad QUALITÄTSMANAGEMENT • QUA- LITÄTSPRÜFUNG • KOSTEN • LEISTUNGSRÜCKMELDUNG ZUM PRÜFLOS ANZEIGEN.

In einem Sammelauftrag laufen alle Rückmeldungen zu allen Materialien und Prüfarten zusammen, denen dieser QM-Auftrag zugeordnet wurde. Wenn Sie sich einen Überblick über den gesamten QM-Auftrag verschaffen möchten, können Sie die Kostenanalyse in der Auftragsanzeige aufrufen. Sie wählen hierzu die Transaktion KKF3 oder den Pfad QUALITÄTSMANAGEMENT • QUALI- TÄTSPRÜFUNG • KOSTEN • AUFTRAGSZUORDNUNG • ANZEIGEN und geben den QM-Auftrag ein.

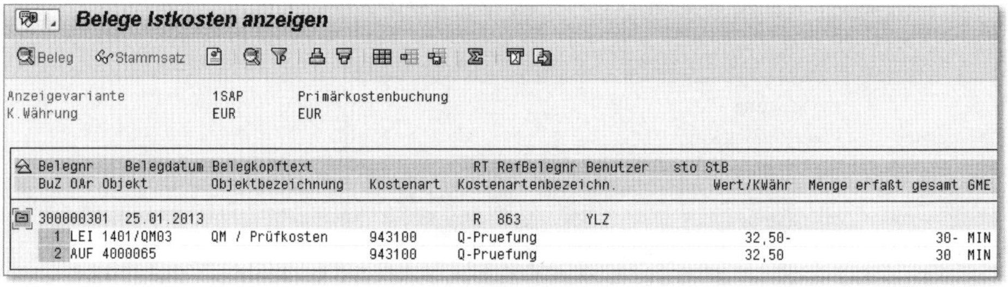

Abbildung 20.16 Leistungsrückmeldung zum Prüflos

Sie sehen anschließend den entsprechenden QM-Auftrag und wählen das Menü ZUSÄTZE • KOSTENANALYSE (siehe Abbildung 20.17).

Abbildung 20.17 Kostenanalyse zum Auftrag

Pro Prüflos und Leistungsart wird eine Zeile angezeigt. Die Leistungsart, die Sie im Vorgang des Prüfplans hinterlegt haben, ist in der Spalte HERKUNFT erkennbar.

20.2 Fehlerkosten

Fehlerkosten sind Kosten, die im Zusammenhang mit einer Reklamation auftreten. Die Integration des QM-Auftrags in die Qualitätsmeldung bietet die Möglichkeit, Kosten aus jeder Abteilung übersichtlich zusammenzufassen. So haben Sie einen sehr guten Überblick über alle Kostenarten, die die Reklamation verursacht, z. B. Materialkosten, Personalkosten oder Reisekosten.

Kosten, die durch eine Lieferantenreklamation entstanden sind, werden meist (je nach Absprache) dem Lieferanten in Rechnung gestellt. Dazu erstellen Sie entweder eine Belastungsanzeige, um auf das Konto des Lieferanten direkt zuzugreifen, oder eine Rechnung über den Fehlleistungsaufwand. Es gibt leider keine Funktion in der QM-Standardauslieferung, die die Kosten aus einer Qualitätsmeldung automatisch weiterleitet, um sie entsprechend mit dem Lieferanten abzurechnen.

Um die Kostenerfassung zu vereinfachen, wird in vielen Unternehmen über einen User-Exit ein eigener Bildbereich mit diversen Kostenfeldern geschaffen. Diese Felder können dann einfach in der Liste der Meldungen in Transaktion QM11 ausgewertet werden.

Eine weitere Alternative zur Darstellung der Kosten bietet das Register AKTIONEN. Sie legen die verschiedenen Kostenarten als Katalog an. Dieser Weg ist flexibler, er bietet jedoch keine Listerfassung für die Werte, daher sind die Kosten hierbei nur in eigendefinierten Auswertungen summierbar.

Da ich Ihnen in diesem Buch den SAP-Standard nahebringen möchte, erläutere ich Ihnen daher im Folgenden die Arbeit mit dem QM-Auftrag, der im Bereich Controlling abgerechnet wird.

Sie können verschiedene Arten von Kosten auf den QM-Auftrag rückmelden, z. B. die folgenden:

- ▶ direkte Leistungen
- ▶ Materialentnahmen
- ▶ Kosten aus einem Fertigungsauftrag, den Sie für die Reparatur verwenden

Der QM-Auftrag ist ein reiner Kostensammler, das heißt, Sie können ihn nicht als Kontierung in einem Kundenauftrag angeben. Dazu benötigen Sie einen Innenauftrag, der die Kosten vom QM-Auftrag aufnimmt und mit dem Kundenauftrag abrechnet, wenn es sich z. B. um eine kostenpflichtige Reparatur handelt.

Zusammen mit der Controllingabteilung legen Sie die Struktur der Innenaufträge fest. Oft werden folgende Festlegungen getroffen:

▶ pro Lieferant ein Innenauftrag

▶ Pro größerem Kundenreklamationsfall ein Innenauftrag, und bei kleineren Reklamationen werden die Kosten gar nicht erfasst.

Der QM-Auftrag wird direkt in der Qualitätsmeldung über den Button QM-AUFTRAG angelegt (siehe Kapitel 19, »Qualitätsmeldung«). Es gibt also genau einen Auftrag zu einer Qualitätsmeldung.

Direkte Erfassung der Leistung

Sie erfassen die Leistungen mit Angabe der Leistungsarten und der Kostenstelle, die die Leistung erbracht hat. Wie Sie Leistungsarten anlegen, habe ich in Abschnitt 20.1.1, »Voraussetzung«, beschrieben. Über die Menge der Leistungsarten legen Sie die Detaillierung der Auswertung fest. Sie können Personalzeit z. B. pauschal benennen, oder Sie detaillieren in Sortierzeit und Nacharbeitszeit.

Um Leistungen zurückmelden, wählen Sie die Transaktion KB21N oder den Pfad QUALITÄTSMANAGEMENT • QUALITÄTSMELDUNGEN • KOSTEN • ISTBUCHUNGEN • LEISTUNGSVERRECHNUNG • ERFASSEN. Anschließend gelangen Sie direkt in das Erfassungsbild (siehe Abbildung 20.18).

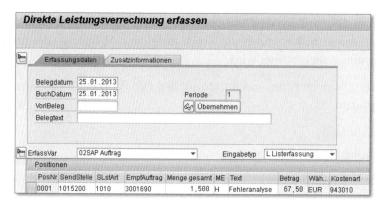

Abbildung 20.18 Direkte Leistungsverrechnung

Im Feld ERFASSVAR wählen Sie den Eintrag 02 SAP AUFTRAG aus. Damit ändert sich die Tabelle im Bereich POSITIONEN. Es stehen jetzt die folgenden Felder zur Erfassung bereit:

▶ Feld SENDSTELLE: Kostenstelle, die die Leistung erbracht hat

▶ Feld SLSTART: Leistungsart

▶ Feld EMPFAUFTRAG: QM-Auftrag aus der Meldung

▶ Feld MENGE GESAMT: Sie melden je nach Leistungsart die benötigte Dauer oder einen Festbetrag zurück.

▶ Feld TEXT: Sie können zur Detaillierung die Tätigkeit beschreiben.

▶ Feld BETRAG: Anhand des hinterlegten Tarifs errechnet das System den Leistungsaufwand.

Die Felder ME, WÄHRUNG und KOSTENART werden aus den Stammdaten herangezogen.

Alle erfassten Leistungen werden im Kostenbericht in der Qualitätsmeldung dargestellt. Um den Kostenbericht anzuschauen, rufen Sie in der Meldungsbearbeitung (Transaktion QM02) oder -anzeige (Transaktion QM03), das Menü UMFELD • KOSTENBERICHT QM-AUFTRAG auf.

Kostenart	Kostenart (Text)	Σ Istkosten gesamt	Währung	Kostenstelle	LeistArt	Auftrag
943000	Fertigungsstunden Mitarbeiter Te	25,86	CNY	1713104	1000	1003097
943010	Mitarbeiter-Std. (Indirekte)	396,00	CNY	1715230	1010	
Belastung		▪ 421,86	**CNY**			
943000	Fertigungsstunden Mitarbeiter Te	25,86-	CNY			17300002
Abrechnung		▪ 25,86-	**CNY**			
		▪▪ 396,00	**CNY**			

Abbildung 20.19 Kostenbericht zu Fehlerkosten

Abbildung 20.20 zeigt ein Beispiel eines QM-Auftrags. Sie sehen zwei Positionen, die erste ist ein Fertigungsauftrag, die zweite sind Mitarbeiterstunden aus der direkten Leistungserfassung. Der Kostenbericht zeigt auch, welche Leistungen bereits abgerechnet wurden. In dem Beispiel wären das die Zeiten aus dem Fertigungsauftrag.

Jetzt kennen Sie die Möglichkeiten zur Erfassung der Qualitätskosten. Jegliche Nutzung dieser Kostenerfassung sollte nur in Zusammenarbeit mit dem Controlling erfolgen.

Teil IV
Auswertungen und Anpassungen

In diesem Kapitel stelle ich Ihnen weitere Funktionen des Moduls QM vor: das Audit-Management als modulübergreifende Funktion sowie die Umsetzung der FMEA-Methode und des Produktionslenkungsplans.

21 Audit-Management, FMEA und Produktionslenkungsplan

Das Audit-Management (siehe Abschnitt 21.1) war ursprünglich in SAP CRM (Customer Relationship Management) enthalten und steht seit dem Release mySAP ERP 2005 in der ERP-Standardauslieferung zur Verfügung. Mit diesem Tool können Sie Ihre gesamte Audit-Planung abbilden. Die Audits werden dabei in Audit-Arten unterschieden, und in Excel vordefinierte Fragelisten können dem Audit zugeordnet werden, um den Aufwand der Stammdatendatenpflege zu minimieren.

Ein weiteres Tool im Modul Qualitätsmanagement ist die Fehlermöglichkeits- und Einflussanalyse (FMEA), die seit EHP 3 von SAP ERP 6.0 zur Verfügung steht und mit EHP 5 funktional erweitert wurde (siehe Abschnitt 21.2). Mithilfe der FMEA können Sie Ihren Prüfplan ausgehend vom Prototyp Ihres Produktes mit allen Merkmalen erstellen und den Produktionsprozess ständig überwachen. Durch die Verbindung zu den Qualitätsmeldungen können aktuelle Probleme sofort in der FMEA berücksichtigt werden.

Der Produktionslenkungsplan (PLP) führt alle Stammdaten eines Produktes zusammen und stellt diese in einem Formular zusammen (siehe Abschnitt 21.3). Die PLP-Struktur wird über die Art des Produktionslenkungsplans bestimmt und im Customizing definiert. Für die Ausgabe der PLP-Formulare wird der ADS-Server benötigt, da die Formulare nur als PDF zur Verfügung stehen.

In allen diesen Tools wird oft mit dem Kontextmenü gearbeitet. Um dieses zu öffnen, stellen Sie den Cursor auf ein Element und klicken mit der rechten Maustaste darauf.

21.1 Audit-Management

Mithilfe von Audits soll sichergestellt werden, dass definierte Anforderungen erfüllt werden, die an Produkte oder Prozesse gestellt werden. Gesetzliche Bestimmungen oder Verordnungen – wie die Good Manufacturing Practice (GMP), ISO 9000 (Norm, die Grundlagen und Begriffe zu Qualitätsmanagementsystemen definiert) oder QS 9000 (Norm der Automobilbranche: Quality System Requirements (Qualitätsmanagementsystem-Forderungen)) – empfehlen die regelmäßige Durchführung von Audits in vielen Bereichen, z.B.:

▶ Audits beim Lieferanten, um die Herstellungsverfahren der eingekauften Rohstoffe zu beurteilen

▶ innerbetriebliche Produkt-Audits, um Ihren eigenen Produktionsprozess zu überwachen

▶ Kunden-Audits (Der Kunde führt in Ihrem Haus Audits durch, und Sie halten das Ergebnis mit den auferlegten Maßnahmen fest.)

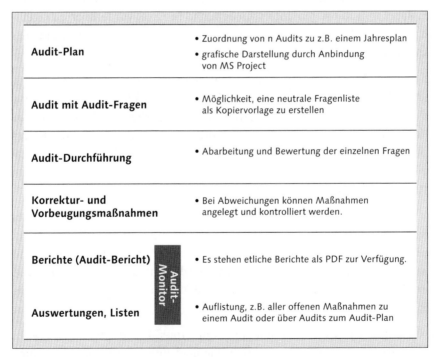

Abbildung 21.1 Funktionen im Audit-Management

Das Audit-Management lässt sich für alle Audit-Arten, z.B. das Produkt-Audit, branchenübergreifend einsetzen. Es umfasst den gesamten Ablauf eines Audits von der Planung über die Durchführung bis hin zur Auswertung und Überwachung von Korrekturmaßnahmen. Dies schließt auch die Dokumentation von Audit-Plänen, Audit-Berichten oder Korrekturmaßnahmen ein. Abbildung 21.1 zeigt Ihnen alle Funktionen des Audit-Managements in SAP. Wenn Sie mit MS Project arbeiten, können Sie die gesamte Audit-Planung grafisch darstellen, MS Project wird dabei in den SAP-Bildschirm integriert.

Die verschiedenen Funktionen werden im Folgenden Schritt für Schritt erläutert.

21.1.1 Planung mit dem Audit-Plan

Sie legen den Audit-Plan in der Transaktion PLMD_AUDIT an oder wählen den Pfad ANWENDUNGSÜBERGREIFENDE KOMPONENTEN • AUDITMANAGEMENT • AUDITMANAGEMENT. Anschließend gelangen Sie in das Cockpit des Audit-Managements (siehe Abbildung 21.2).

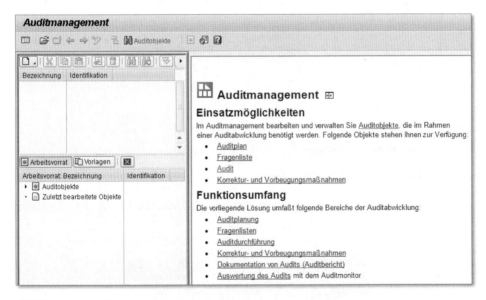

Abbildung 21.2 Audit-Management

Über den Button 🗋 (Anlegen) wählen Sie als Objekt den Audit-Plan aus. Wenn Sie z. B. alle Lieferanten-Audits eines Jahres einplanen möchten, legen Sie dafür einen Audit-Plan an und vergeben eine Nummer sowie einen Namen. In der Gültigkeit definieren Sie, in welchem Zeitraum der Audit-Plan gelten soll.

Darunter legen Sie die einzelnen Audits an, indem Sie das Kontextmenü des jeweiligen Audit-Plans aufrufen und hier ANLEGEN • AUDIT auswählen. Anschließend gelangen Sie zur Ansicht AUDIT ANLEGEN. Hier geben Sie eine Audit-Nummer und -Bezeichnung an (Felder AUDIT und BEZEICHNUNG), füllen auf dem Register GRUNDDATEN die Felder AUDITART und AUDITANLASS und ordnen im gleichnamigen Bereich den Audit-Gegenstand zu (siehe Abbildung 21.3). Die Audit-Art, der Audit-Anlass und der Audit-Gegenstand können im Customizing individuell erweitert werden (siehe Abschnitt 21.1.6).

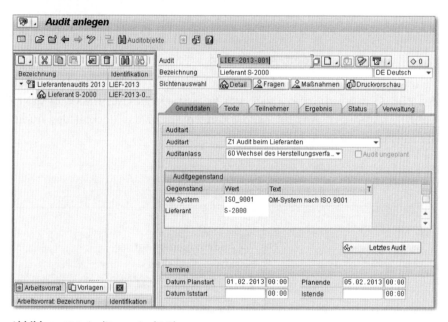

Abbildung 21.3 Audit zum Audit-Plan

Auf dem Register TEILNEHMER ordnen Sie alle Mitarbeiter zu, die an diesem Audit beteiligt sind (siehe Abbildung 21.4).

Abbildung 21.4 Audit-Teilnehmer

Die zur Verfügung stehende Auswahl der Partnerrollen wird abhängig von der Audit-Art im Customizing definiert. Die Geschäftspartner sind allgemeine Partner, deren Anlage ich in Abschnitt 21.4, »Geschäftspartner anlegen«, erkläre.

21.1.2 Auditierung mit Fragelisten

Fragelisten, die Sie immer wieder verwenden möchten, legen Sie neutral an. Anschließend werden sie dem jeweiligen Audit über das Kontextmenü ANLEGEN • FRAGENLISTE ZUORDNEN zugewiesen. Sie können mehrere Fragelisten unter dem Audit anlegen, um das Audit thematisch zu gliedern. In dem in Abbildung 21.5 dargestellten Beispiel wurde die Frageliste FRAGEN GESCHÄFTSLEITUNG dem Audit LIEFERANT S-2000 zugeordnet.

Abbildung 21.5 Audit-Frage

Zudem können Sie zusätzlich zu den Fragelisten neue Fragen, die nur für dieses Audit gelten, über das Kontextmenü ANLEGEN • AUDITFRAGENLISTE ANLEGEN manuell anlegen. Zu jeder Frage werden auf dem gleichnamigen Register Bewertungsvorgaben definiert.

21.1.3 Audit-Durchführung mit Beurteilung

Wurden alle Vorbereitungen getroffen, wird das Audit auf dem Register STATUS freigegeben (siehe Abbildung 21.6).

Um das Audit vor Ort durchführen zu können, drucken Sie den leeren Audit-Bericht aus. Dieser wird über den Button 🖶Druckvorschau angezeigt. In dem Formular ist ausreichend Platz für die Antworten, die Sie dann vor Ort per Hand erfassen können. Ist das Audit durchgeführt und abgeschlossen, erfassen Sie die Bewertungen der einzelnen Fragen im System.

Abbildung 21.6 Audit freigeben

Dazu wählen Sie die entsprechende Frage aus und klicken auf den Button
🔍 Bewertung . Im Bereich BEWERTUNG geben Sie die erreichte Punktzahl an
(Feld PUNKTZAHL ERF.) und setzen das Kennzeichen BEWERTUNG ERFASST
(siehe Abbildung 21.7).

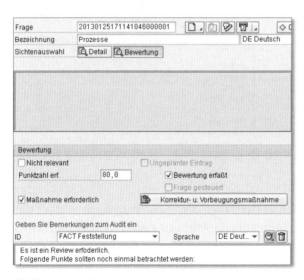

Abbildung 21.7 Frage bewerten

Konnte eine Frage des Audits nicht zufriedenstellend beantwortet werden,
können Sie über den Button 🔲 Korrektur- u. Vorbeugungsmaßnahme eine Maßnahme zur Frage anlegen. Nach Anklicken des Buttons öffnet sich das Bild
KORREKTUR-/VORBEUGUNGSMASSNAHME ANLEGEN (siehe Abbildung 21.8). Sie
geben eine Nummer an und im Text die Maßnahme (z. B. Review). In dem
Bereich TERMINE können Sie die Zeitvorgabe für die Erledigung dieser Maßnahme definieren. Im Register Texte können Sie weitere Informationen festhalten, und im Register ANSPRECHPARTNER ordnen Sie den verantwortlichen
Bearbeiter dieser Maßnahme zu.

Korrektur-/Vorbeugungsmaßnahme anlegen
Auditobjekte
Bezeichnung
Identifikation
Lieferantenaudits 2013
LIEF-2013
Lieferant S-2000
LIEF-2013-001
Fragen Geschäftsleitu
Prozesse
Review
MASS1
Lenkung der Proze
Lieferant S-1001
LIEF-2013-002
Fragen Geschäftsleitung
LIEF-2013-F1
Maßnahme
MASS1
Bezeichnung
Review
DE Deutsch
Sichtenauswahl
Detail
Druckvorschau
Grunddaten
Texte
Ansprechpartner
Status
Verwaltung
Termine
Geplantes Startdatum
01.06.2013
Zu erledigen bis
02.06.2013
Datum des Iststart
Datum Istende

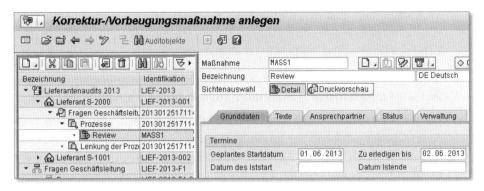

Abbildung 21.8 Korrekturmaßnahme anlegen

Wurden alle Fragen bewertet, kann das gesamte Audit bewertet werden. Dazu begeben Sie sich auf die Ebene des Audits – z. B. rufen Sie das Audit LIEFERANT S-2000 auf, indem Sie es links in Abbildung 21.8 doppelt anklicken. Auf der Ebene des gewünschten Audits wählen Sie das Register ERGEBNIS und klicken dort auf den Button Bewerten. Abhängig von dem gewählten Bewertungsverfahren, wird die Gesamtnote ermittelt (siehe Abbildung 21.9). In diesem Beispiel wurde das Bewertungsverfahren *52 Bewertung nach Erfüllung (prozentual)* verwendet. Das Verfahren ermittelt das Gesamtergebnis eines Audits durch Bildung des Mittelwertes von Erfüllungsgraden aus der Audit-Frageliste. In meinem Beispiel ist die eine Frage zu 100 %, die andere zu 80 % (siehe Abbildung 21.7) erfüllt. Daher ist hier 90 % als Gesamtnote ermittelt worden.

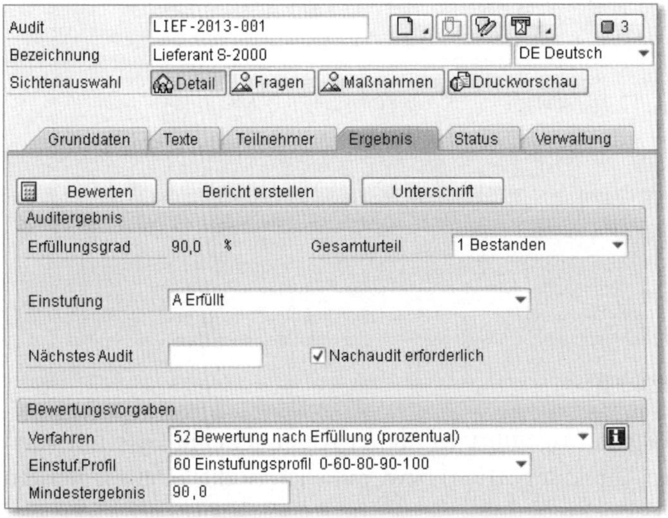

Audit
LIEF-2013-001
Bezeichnung
Lieferant S-2000
DE Deutsch
Sichtenauswahl
Detail
Fragen
Maßnahmen
Druckvorschau
Grunddaten
Texte
Teilnehmer
Ergebnis
Status
Verwaltung
Bewerten
Bericht erstellen
Unterschrift
Auditergebnis
Erfüllungsgrad
90,0 %
Gesamturteil
1 Bestanden
Einstufung
A Erfüllt
Nächstes Audit
Nachaudit erforderlich
Bewertungsvorgaben
Verfahren
52 Bewertung nach Erfüllung (prozentual)
Einstuf.Profil
60 Einstufungsprofil 0-60-80-90-100
Mindestergebnis
90,0

Abbildung 21.9 Audit – Ergebnis

Sie können nun über den Button BERICHT ERSTELLEN einen Bericht anfertigen lassen; mit dem Button UNTERSCHRIFT leisten Sie eine digitale Signatur zu dem Bericht. Damit ist das Audit vorerst abgeschlossen.

21.1.4 Folgeschritte – Maßnahmenverfolgung im Audit-Monitor

Die zur Bearbeitung anstehenden Korrekturmaßnahmen und alle weiteren Audit-Objekte verfolgen Sie im Audit-Monitor. Dazu wählen Sie die Transaktion PLM_AUDITMONITOR oder den Pfad ANWENDUNGSÜBERGREIFENDE KOMPONENTEN • AUDITMANAGEMENT • AUDITMONITOR STARTEN. In der Selektion können Sie das gewünschte Objekt vorgeben, das Sie betrachten möchten (z. B. können Sie die KORREKTURMASSNAHMEN wählen, siehe Abbildung 21.10). Wenn Sie im Bereich BETEILIGTE die Auswahl MEINE markieren, können Sie die Selektion auf die Objekte einschränken, an denen Sie beteiligt sind.

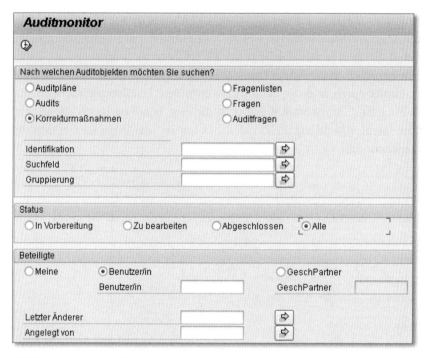

Abbildung 21.10 Audit-Monitor

Nachdem die Selektion ausgeführt wurde, erhalten Sie eine Liste mit allen Maßnahmen (siehe Abbildung 21.11) bzw. mit allen Audits oder Fragelisten (je nach Selektion).

Abbildung 21.11 Liste der Maßnahmen

Über den Button ▣Auditobjekt (Detailanzeige Auditobjekt) können Sie aus der Liste heraus in das ausgewählte Objekt des Audits, wie hier die Korrektur-/ Vorbeugungsmaßnahme, verzweigen und dort die entsprechende Maßnahme abschließen, indem Sie den Status ABGESCHLOSSEN setzen (siehe Abbildung 21.12).

Abbildung 21.12 Maßnahme abschließen

21.1.5 Auswertungen/Berichte

Im Audit-Management stehen Ihnen ein Audit-Plan und -Bericht, eine Audit-Fragenliste sowie eine Maßnahmenliste zur Verfügung.

Sie können die untergeordneten Audit-Objekte aber auch in Listform drucken. Wenn Sie z. B. im Audit-Plan die Übersicht auswählen, erhalten Sie eine Übersicht über die Audits mit deren Durchführungsgrad (siehe Abbildung 21.13).

Abbildung 21.13 Liste der Audits

21.1.6 Customizing

Sie können die Audit-Arten mit allen Einstellungen jederzeit im Customizing ergänzen. Als Audit-Gegenstände stehen Ihnen SAP-Objekte zur Verfügung. Wenn Sie z. B. ein Lieferanten-Audit durchführen, können Sie als Audit-Gegenstand den Lieferantenstamm zuordnen.

Dazu wählen Sie im Customizing zunächst den Pfad ANWENDUNGSÜBERGREIFENDE KOMPONENTEN • AUDITMANAGEMENT • AUDITDEFINITION • AUDITART und legen im Bereich EINGABEFELDER ZUR AUDITART einen neuen Eintrag LIEFERANT an. Anschließend ordnen Sie die Datenbanktabelle des Lieferantenstamms LFA1 im Feld WERTETABELLE und das Feld LIFNR (Lieferant) dem Feld DATENE... (Datenelement) zu (siehe Abbildung 21.14).

Abbildung 21.14 Audit-Art – Eingabefelder

Möchten Sie den Lieferanten in der Anwendung über eine Suchhilfe auswählen, können Sie z. B. den Eintrag KRED im Feld SUCHHILFENAME verwenden. Die Suchhilfe KRED ist die Suchhilfe, die auch in der Transaktion MK03 (Lieferant anzeigen) verwendet wird. Um den Namen des Lieferanten in der Audit-Bearbeitung (siehe Spalte TEXT in Abbildung 21.3) sichtbar zu machen, müssen Sie ein BAdI aus dem Bereich Audit-Management verwenden. Lesen Sie dazu die SAP-Dokumentation.

21.2 Fehlermöglichkeits- und Einflussanalyse (FMEA)

Die Fehlermöglichkeits- und Einflussanalyse (FMEA) ist ein Werkzeug der Qualitätsplanung zur vorbeugenden Sicherung der Qualität. Mithilfe der FMEA werden durch vorausschauende Analyse mögliche Fehlerquellen in der Konstruktion, Planung und Produktion erfasst. Mögliche negative Auswirkungen dieser Fehlerquellen auf Produkte, Dienstleistungen und den Fertigungsprozess werden durch die Umsetzung präventiver Schritte anschließend verhindert.

Folgende Funktionen/Möglichkeiten stehen Ihnen bei der FMEA zur Verfügung:

▶ Es werden zwei FMEA-Arten ausgeliefert, die Sie durch eigene Arten ergänzen können: Die Art *System-FMEA-Produkt* befasst sich mit möglichen Risiken bei der Herstellung eines bestimmten Produktes, und die Art *System-FMEA-Prozess* befasst sich mit möglichen Schwachstellen im gesamten Produktionsprozess.

▶ Folgende Bearbeitungsoptionen stehen zur Verfügung (siehe auch Abschnitte 21.2.1, »FMEA anlegen«, und 21.2.3, »Arbeiten mit FMEA«):

  ▷ Funktions-, Fehler- und Strukturbäume können in beliebiger Tiefe miteinander vernetzt werden (siehe Abbildung 21.16).

  ▷ Status- und Berechtigungsverwaltung

  ▷ mehrsprachige Nutzung

  ▷ Es kann ein Team gebildet werden, in dem Sie Mitarbeiter als Partner der FMEA zuordnen.

  ▷ Dokumente können angehängt werden.

  ▷ Kataloge der Qualitätsmeldungen werden genutzt.

  ▷ Vermeidungs- und Entdeckungsmaßnahmen können definiert werden, anhand deren Bewertung das System die Risikoprioritätszahl (RPZ) errechnet.

  ▷ Beliebige FMEA-Gegenstände, z. B. Material oder Planvorgang, können zugeordnet werden.

  ▷ Archivierung der FMEA ist möglich.

▶ Folgende Integrationsmöglichkeiten stehen zur Verfügung (siehe auch Abschnitt 21.2.4, »Verknüpfungen FMEA«):

  ▷ Über die Merkmalsverwaltung kann die FMEA in den Produktionslenkungsplan integriert werden.

  ▷ Formblätter nach VDA 96 und QS9000 stehen zur Verfügung, um die FMEA zu dokumentieren (siehe Abschnitt 21.2.2, »Bericht/Listen«).

  ▷ Durch Integration in das Reklamationsmanagement kann aus der FMEA in die Qualitätsmeldungen verzweigt werden (und umgekehrt).

Als Bewertungsverfahren in der FMEA steht Ihnen die Ermittlung der Risikoprioritätszahl (RPZ) zur Verfügung. Damit können Sie eine Aussage treffen, wie stark sich ein möglicher Fehler auswirkt und welche Verbesserungsmaßnahmen besonders dringend umgesetzt werden sollten. Die RPZ wird aus der

Wahrscheinlichkeit des Auftretens eines Fehlers, der Bedeutung der Fehler-folgen sowie der Entdeckungswahrscheinlichkeit ermittelt.

Die Berechnung der Risikoprioritätszahl erfolgt im SAP-System so: Auf der Ebene der Ursache wird die Ausfallwahrscheinlichkeit mit der Entdeckungs-wahrscheinlichkeit der aktuellen Entdeckungsmaßnahme multipliziert. Sofern noch keine Entdeckungsmaßnahme erfasst wurde, wird die Entde-ckungswahrscheinlichkeit mit 10 bewertet.

Zusätzlich wird dieser Wert mit der größten Bedeutung der dem Fehler zuge-ordneten Fehlerfolgen gewichtet, sodass der maximal mögliche RPZ-Wert für die Ursache berechnet wird. Sofern noch keine Fehlerfolge mit Bewertung erfasst wurde, findet keine Berechnung statt.

Für die Fehlerfolge wird ebenfalls unter Berücksichtigung ihrer Bedeutung der maximal mögliche RPZ-Wert berechnet.

Auf der Ebene des Fehlers, der Funktion, der Funktionsliste und der FMEA wird jeweils der höchste RPZ-Wert der untergeordneten Listenpositionen übernommen.

[zB]

Berechnung der RPZ

Sie wählen aus den Möglichkeiten der Ausfallwahrscheinlichkeit zur Ursache von 1 (unwahrscheinlich) bis 10 (hoch) die 3 (selten) aus.

Sie wählen aus den Möglichkeiten der Entdeckungswahrscheinlichkeit zur Entde-ckungsmaßnahme von 1 (sehr hoch) bis 10 (unwahrscheinlich) die 3 (gut) aus.

Sie wählen aus den Möglichkeiten der Bedeutungsbewertung zur Fehlerfolge von 1 (keine funktionale Einschränkung) bis 10 (äußerst schwerwiegender Fehler) die 8 (schwerwiegender Fehler) aus.

Sie haben noch eine andere Fehlerfolge definiert, diese hat jedoch eine geringere Bedeutung.

Die Risikoprioritätszahl für diese Ursache wird so berechnet: *3 x 3 x 8 = 72*

Die Gesamt-FMEA erhält die höchste RPZ aus den einzelnen Teilbereichen.

21.2.1 FMEA anlegen und durchführen

Alle Objekte, wie z. B. Fehler oder Maßnahmen, die Sie in einer FMEA zusammenfassen, können Sie in dem FMEA-Cockpit bearbeiten.

Um eine FMEA anzulegen, rufen Sie das FMEA-Cockpit in der Transaktion QM_FMEA oder den Pfad LOGISTIK • QUALITÄTSMANAGEMENT • QUALITÄTS-PLANUNG • FEHLERMÖGLICHKEITS- UND EINFLUSSANALYSE • COCKPIT auf. Sie sehen anschließend einen leeren Bildschirm und können über den Button

[🗋] (Anlegen) eine FMEA anlegen. Nach Angabe der FMEA-Nummer und einer Bezeichnung (Felder FMEA und BEZEICHNUNG) legen Sie auf dem Register GRUNDDATEN die FMEA-Art fest und ordnen einen FMEA-Gegenstand zu. Bei dem Eintrag SYSTEM-FMEA PRODUKT im Feld FMEA-ART geben Sie als Gegenstand eines oder mehrere Materialien an (siehe Abbildung 21.15).

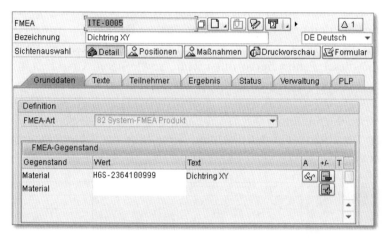

Abbildung 21.15 FMEA-Grunddaten

Nun können Sie die Struktur der FMEA aufbauen und die Elemente aus Abbildung 21.16 dazu hierarchisch verbinden.

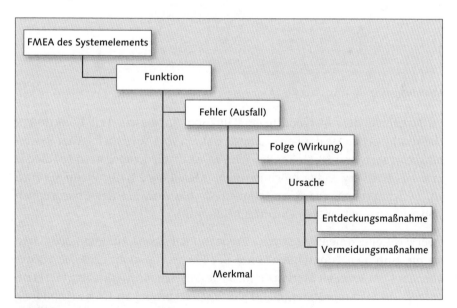

Abbildung 21.16 Struktur der FMEA

Abbildung 21.17 zeigt Ihnen eine exemplarische FMEA-Struktur im System. An den Icons erkennen Sie das jeweilige Objekt.

Zu einer FMEA (⌂) definieren Sie als Ordnungskriterium übergeordnete Funktionen (⚙), wie hier FUNKTIONEN DICHTRING. Diesen untergeordnet sind die einzelnen Teilfunktionen (▦), hier ABDICHTUNG ÖLFILTER. Zu dieser Funktion erfassen Sie Prüfmerkmale (⬚, DICHTIGKEIT NACH AUSSEN), mit denen Sie die Funktion prüfen, und mögliche Fehler (▮, z. B. DICHTIGKEIT). Sie definieren die Folgen (⬚) – DRUCKABFALL MOTOR und LECKAGEN NACH AUSSEN –, die dieser Fehler hervorrufen kann, sowie deren Ursache (⬚, MATERIALFEHLER). Den einzelnen Ursachen werden nun die Vermeidungsmaßnahmen (⬚, QUALITÄTSMATERIAL VERWENDEN) zugeordnet, mit deren Hilfe diese Ursachen minimiert werden können, sowie die Entdeckungsmaßnahmen (⬚, DICHTHEITSÜBERPRÜFUNG), mit deren Hilfe die Fehler entdeckt werden können.

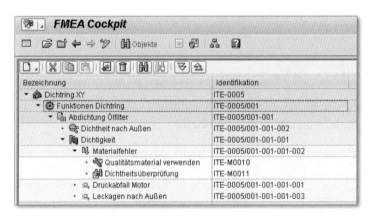

Abbildung 21.17 Struktur einer FMEA im System

Im Detailbild der übergeordneten Funktion (in diesem Fall FUNKTIONEN DICHTRING) geben Sie das Bewertungsverfahren vor. Auf dem Register Bewertungsvorgaben ordnen Sie im Bereich KATALOGE die Katalogarten zu, die Sie in der FMEA verwenden möchten (siehe Abbildung 21.18). Wenn Sie auch ein Berichtsschema zuordnen, können Sie die Auswahl der Codegruppen steuern (genau wie in den Qualitätsmeldungen).

Über das Kontextmenü ANLEGEN • FUNKTION der Ebene Funktion definieren Sie die einzelnen Funktionen. Unter der Ebene Funktion legen Sie wieder über das Kontextmenü Merkmale an. Sie legen dazu die Merkmalsart fest und ordnen ein Stammprüfmerkmal (Feld STAMMPRÜFMK.) zu (siehe Abbildung 21.19).

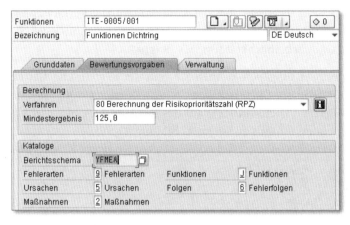

Abbildung 21.18 Detail der Funktion

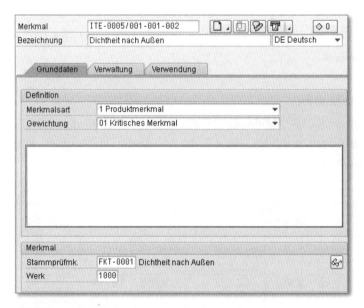

Abbildung 21.19 Merkmal

Darüber hinaus pflegen Sie folgende Ebenen:

▶ Auf der Ebene *Funktion* legen Sie über das Kontextmenü den Fehler an.

▶ Auf der Ebene *Fehler* legen Sie über das Kontextmenü Folgendes an:

  ▷ die Ursache, auf der Ebene *Ursache* legen Sie die Auftretenswahrscheinlichkeit fest, z. B. 3 (selten)

  ▷ die Fehlerfolgen, den Fehlerfolgen ordnen Sie eine Bedeutung zu, z. B. 8 (schwerwiegender Fehler)

▶ Auf der Ebene *Ursache* legen Sie über das Kontextmenü die Vermeidungs-
und Entdeckungsmaßnahme fest. In der Entdeckungsmaßnahme legen Sie
die Entdeckungswahrscheinlichkeit fest, z. B. 3 (gut).

Auf der Grundlage Ihrer Eingaben können Sie nun die Berechnung starten
und einen Bericht ausgeben. Dazu begeben Sie sich wieder auf die oberste
Ebene (in diesem Beispiel DICHTRING XY) auf das Register ERGEBNIS und klicken die entsprechenden Buttons an (siehe Abbildung 21.20).

Grunddaten	Texte	Teilnehmer	Ergebnis	Status	Verwaltung	PLP

▦ Bewerten	🖨 Bericht	Unterschrift

FMEA-Ergebnis

Ergebnis ber.	72,0
Einstufung	A Erfüllt ▼
Gesamturteil	0 Nicht bestand... ▼

Abbildung 21.20 Ergebnis

21.2.2 Berichte/Listen

Den FMEA-Bericht (siehe Abbildung 21.21) rufen Sie über den Button
[🔍Druckvorschau] auf. Diesen finden Sie z. B. in Abbildung 21.15 unter dem
Punkt SICHTENAUSWAHL.

Abbildung 21.21 FMEA-Bericht

Ihnen stehen zwei Formblätter zur Verfügung. Auf dem Register der Druckvorschau können Sie über den Button [🖨 Formblatt System-FMEA VDA '96 ▾] bzw.
[🖨 Formblatt FMEA QS9000 ▾] in das jeweilige Format wechseln (siehe Abbildung 21.22).

Abbildung 21.22 Auswahl der Formblätter

Alternativ können Sie sich die Positionen und Maßnahmen in Listform über den jeweiligen Button (⚹ Positionen | ⚹ Maßnahmen) anzeigen lassen und diese von hier aus drucken.

21.2.3 Arbeiten mit FMEA

Der Monitor in der Transaktion QM_FMEAMONITOR im Pfad LOGISTIK • QUALITÄTSMANAGEMENT • QUALITÄTSPLANUNG • FEHLERMÖGLICHKEITS- UND EINFLUSSANALYSE • COCKPIT bietet Ihnen die Möglichkeit, die FMEA-Objekte anhand ihres Status zu selektieren und abzuarbeiten. Im Selektionsbild können Sie die Art der Objekte, z. B. Option MASSNAHMEN, und den zuständigen Benutzer wählen (siehe Abbildung 21.23).

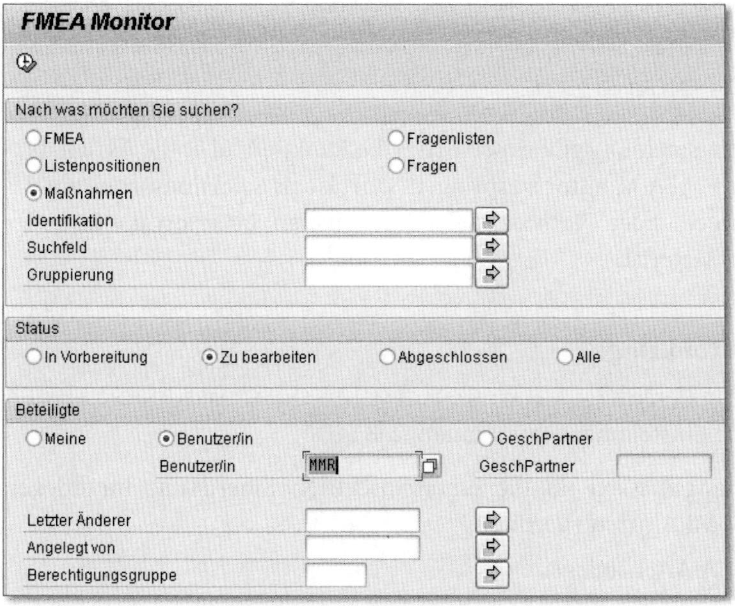

Abbildung 21.23 FMEA-Monitor

Sie erhalten anschließend eine Liste der Maßnahmen und deren Detailangaben und können von hier über den Button ▣FMEA-Objekt (Detailanzeige FMEA-Objekt) in das FMEA-Cockpit abspringen (siehe Abbildung 21.24).

Abbildung 21.24 Liste der Maßnahmen

21.2.4 Verknüpfungen FMEA

Sie können sich die Produktionslenkungspläne anzeigen lassen, die mit der FMEA verbunden sind. Dafür steht Ihnen in der Bearbeitung der FMEA das Register PLP zur Verfügung (siehe Abbildung 21.25).

Abbildung 21.25 FMEA-PLP

In der Qualitätsmeldung gibt es seit EHP5 die Funktion, über die Aktivitätenleiste in den FMEA-Monitor zu springen. Dort ist als Selektionskriterium das Material vorgeblendet. Nach der Selektion erhalten Sie sofort die Liste der FMEAs zum Material.

21.2.5 Customizing

Sie können im Bereich QUALITÄTSMANAGEMENT • QUALITÄTSPLANUNG • FMEA verschiedene Einstellungen vornehmen, z. B.:

▶ Aufbereitungsmasken für die hierarchische Nummerierung hinterlegen und den FMEA-Arten zuordnen

▶ neue FMEA-Arten anlegen

▶ neue Bewertungsverfahren mit eigenen Regeln einrichten

▶ Partner definieren

21.3 Produktionslenkungsplan

Mit dem Produktionslenkungsplan können Sie im Zusammenspiel mit den FMEA-Funktionen eine durchgängige Prüfplanung durchführen, wie sie als internationaler Standard gemäß ISO/TS16949 gefordert wird. Der Produktionslenkungsplan beschreibt, wie Produkte und Prozesse überwacht werden. Er beinhaltet Maßnahmen, die in den verschiedenen Phasen des Prozesses durchgeführt werden.

Der Produktionslenkungsplan ist in Erweiterungspaket 3 (EHP 3) enthalten. Grundvoraussetzung für seine Nutzung ist die Aktivierung des Produktionslenkungsplans in den Mandanteneinstellungen im Customizing (siehe Kapitel 2, »Grundeinstellungen im Customizing«).

Die Planart bestimmt die Struktur des Produktionslenkungsplans, die Planarten Prototyp, Vorserie und Serie werden ausgeliefert, um die Stufen des Entwicklungsprozesses abzubilden. Wenn Sie diese Struktur verändern möchten, legen Sie im Customizing eine eigene Planart an (siehe Abschnitt 21.3.2). Der Produktionslenkungsplan bietet Ihnen viele Funktionen, von denen ich Ihnen einige genauer vorstelle.

21.3.1 Produktionslenkungsplan bearbeiten

Um einen Produktionslenkungsplan zu bearbeiten, rufen Sie die Transaktion QPCP oder den Pfad LOGISTIK • QUALITÄTSMANAGEMENT • QUALITÄTSPLANUNG • PRODUKTIONSLENKUNGSPLAN • COCKPIT auf. Sie geben im Einstiegsfenster die Nummer des Produktionslenkungsplans und die Planart vor und verzweigen nach Bestätigung der Eingaben in die Bearbeitungssicht auf das Register GRUNDDATEN (siehe Abbildung 21.26).

Die Felder auf dem Register GRUNDDATEN haben folgende Bedeutung:

▶ Über das Feld PROJEKTNUMMER halten Sie Verbindung zu dem APQP-Projekt.

▶ Das Feld MATERIAL gibt die aufzulösende Struktur vor.

▶ Im Feld DOKUMENT können Sie ein Dokument zuordnen.

▶ Über den Button ![Button] (FREIGEBEN) wird der PLP freigegeben. Der Systemstatus ändert sich von IN BEARBEITUNG in FREIGEGEBEN.

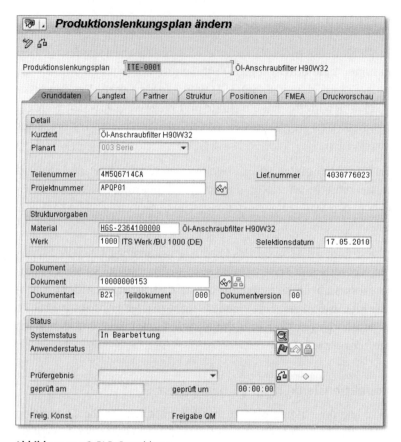

Abbildung 21.26 PLP-Grunddaten

Auf dem Register PARTNER können Sie analog zur FMEA und dem Audit-Management Partner aus dem Pool der Geschäftspartner zuordnen (siehe die Erläuterung zum Register TEILNEHMER in Abbildung 21.4 sowie Abschnitt 21.4, »Geschäftspartner anlegen«).

Das Register STRUKTUR zeigt Ihnen alle Objekte, die im Zusammenhang mit dem angegebenen Material stehen und im Customizing in der Struktur aktiviert wurden. Die Art der Ebenen erkennen Sie auch hier anhand der Icons. Wenn Sie sich Abbildung 21.27 anschauen, sehen Sie, dass zunächst die Stückliste ( ) zum Material HGS-2364100000 ausgelesen wird, und zu jedem Material ( ) dieser Stückliste (SA0002013 und E74-1029) die dazugehörenden SAP-Objekte aus den Prozessen Wareneingang ( ), Produktion ( ) und Warenausgang ( ). Handelt es sich um ein Einkaufsteil, werden der Q-Infosatz Beschaffung ( ) und der Prüfplan ( ) mit seinen Vorgängen ( ) und Prüfmerkmalen ( ) angezeigt.

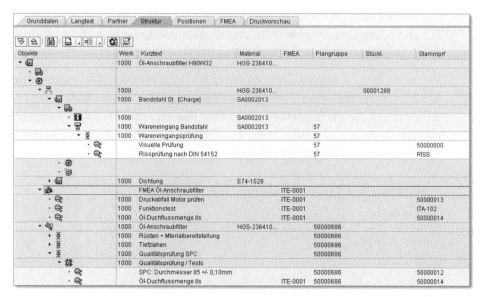

Abbildung 21.27 PLP – Struktur

Neben der Stückliste werden auch die zugeordnete FMEA (🏠) sowie der Arbeitsplan (🔧) aufgelöst.

Über das Kontextmenü zum Arbeitsplan gelangen Sie in das Pop-up MERK-MALE IN DEN PLAN ÜBERNEHMEN und können von hier aus die FMEA-Merkmale auswählen (siehe Abbildung 21.28). Im Feld FMEA geben Sie die entsprechende FMEA ein und laden mithilfe des Buttons [📄 Merkmale laden] die Merkmale aus der FMEA. Über die Pfeiltasten (◀▶) können Sie die Merkmale dem Planvorgang zuordnen.

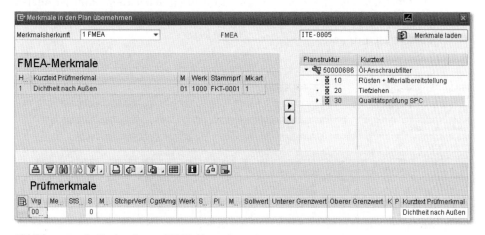

Abbildung 21.28 Merkmale aus FMEA übernehmen

Qualitätsmeldungen laden Sie bei Bedarf manuell dazu. Dazu wählen Sie die Funktion Lade Qualitätsmeldung im Kontextmenü zu einem Material. Über dieses Kontextmenü können Sie auch in die jeweiligen Objekte verzweigen.

Wenn Sie in die Prüfmerkmale verzweigen, gelangen Sie in die Engineering Workbench (Transaktion CWBQM). Auf dem Register Prüfmerkmal allge-mein ordnen Sie im Bereich Produktionslenkungsplan den Reaktionsplan und die Lenkungsmethode zu (siehe Abbildung 21.29). Auf dem Register FMEA können Sie mehrere FMEAs zuordnen (siehe Abbildung 21.27).

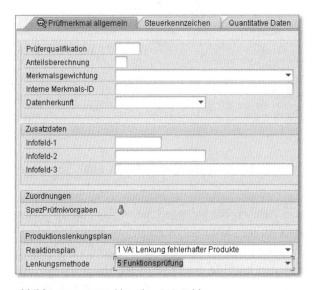

Abbildung 21.29 Workbench – PLP-Felder

Den Ausdruck als PDF-basiertes Druckformular nach dem internationalen Standard QS 9000 (siehe Abbildung 21.30) stoßen Sie auf dem Register Druckvorschau an.

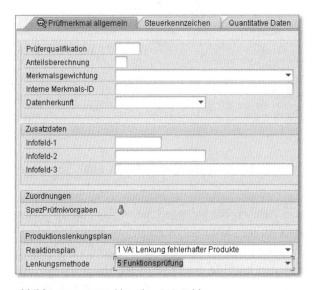

Abbildung 21.30 Druck des Produktionslenkungsplans

21.3.2 Customizing

Im QM-Menü können Sie Einstellungen zur Struktur unter QUALITÄTSPLA-
NUNG • PRODUKTIONSLENKUNGSPLAN vornehmen. Arbeiten Sie z. B. in Ihren
Arbeitsplänen mit referenzierten Standardplänen, werden in den ausgelieferten PLP-Arten in der Struktur beide Planarten komplett aufgelöst. Daher
erscheinen alle Prüfmerkmale doppelt. Sie möchten den Standardplan daher
vermutlich nicht in die Struktur aufnehmen.

In diesem Fall wählen Sie den Punkt STRUKTURARTEN DEFINIEREN und legen
eine neue STRUKTURART an, indem Sie eine vorhandene Strukturart kopieren
und Anpassungen zu jedem Objekt vornehmen.

Markieren Sie das Objekt MATERIAL in der Tabelle, und wählen Sie auf der
linken Seite den Strukturpunkt PROZESSART. Sie sehen jetzt die Ansicht aus
Abbildung 21.31.

Abbildung 21.31 PLP-Struktur – Prozessart

Markieren Sie den Prozess WARENEINGANG, und wählen Sie auf der linken
Seite den Strukturpunkt OBJEKT. Nun markieren Sie den Prüfplan und wählen
den Strukturpunkt SELEKTION. Ihnen stehen anschließend (siehe Abbildung
21.32) einige Felder aus dem Plan zur Verfügung. Zu jedem Feld können Sie
nun über den Strukturpunkt BEREICH Feldinhalte vorgeben, um einen Filter
zu setzen. Wenn Sie z. B. PLNTY = N angeben, werden nur Pläne des Plantyps
N (Arbeitsplan) gelesen.

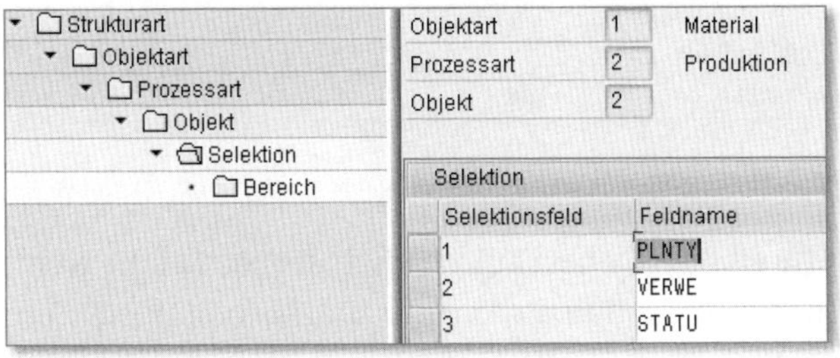

Abbildung 21.32 Struktur der PLP-Selektion

Im Menü PRODUKTIONSLENKUNGSPLANARTEN DEFINIEREN legen Sie nun eine neue PLP-PLANART an und ordnen die neue Strukturart zu.

Die Lenkungsmethoden und Reaktionspläne, die Sie den Prüfmerkmalen in der Workbench zuordnen und die auf dem Produktionslenkungsplan ange-druckt werden, können Sie unter den Punkten LENKUNGSMETHODEN DEFINIE-REN und REAKTIONSPLÄNE DEFINIEREN beliebig anpassen.

21.4   Geschäftspartner anlegen

In den Funktionen, die in den vorangegangenen drei Abschnitten erläutert wurden, werden als Partner Business-Partner verwendet. Diese Partner müs-sen separat verwaltet werden, da diese Art der Partner in QM nur in den in diesem Kapitel enthaltenen Funktionen verwendet werden.

Sie legen die Geschäftspartner in der Transaktion BUP1 an bzw. direkt in der Transaktion der Anwendung, z. B. im Audit-Management auf dem Register TEILNEHMER über den Button 🗋 (Geschäftspartner anlegen, siehe Abbildung 21.4). Wählen Sie die Rolle des Geschäftspartners im Feld ANLEGEN IN GP-ROLLE aus, z. B. Mitarbeiter, und geben Sie auf dem Register ANSCHRIFT die Daten des Mitarbeiters an (siehe Abbildung 21.33).

Abbildung 21.33 Geschäftspartner anlegen

Beim Sichern der Daten vergibt das System automatisch die nächstfreie Num-mer für diesen Mitarbeiter, den Sie nun als Partner zuordnen können. Zum Bearbeiten der Partnerdaten wählen Sie die Transaktion BUP2.

Falls Sie keine Geschäftspartner im System anlegen können, sollten Sie Ihr Customizing überprüfen. Leider steht diese Funktion nicht sofort nach der SAP-Installation bereit. Ich erläutere kurz die wesentlichen Einstellungen.

Die ausgelieferte GP-Rolle für den Mitarbeiter muss der Transaktion BUP1 zugeordnet werden, damit sie dort bearbeitet werden kann. Dazu wählen Sie im Customizing den Pfad ANWENDUNGSÜBERGREIFENDE KOMPONENTEN • SAP-GESCHÄFTSPARTNER • GESCHÄFTSPARTNER • GESCHÄFTSPARTNERROLLEN • GESCHÄFTSPARTNERROLLEN • ANWENDUNGSTRANSAKTIONEN DEFINIEREN.

Sie wählen die Transaktionen BUP1, BUP2 und BUP3 aus der Liste und rufen per Doppelklick auf die jeweilige Zeile das Detail auf. Dort tragen Sie im Feld GP-ROLLENTYP die Rolle BUP003 MITARBEITER ein (siehe Abbildung 21.34). Nach dem Sichern ist die GP-Rolle der Transaktion zugeordnet. Sie können nun Ihre Mitarbeiter als Geschäftspartner in der Transktion BUP1 anlegen und in der Transaktion BUP2 bearbeiten.

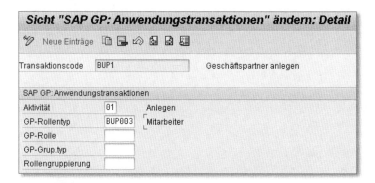

Abbildung 21.34 Geschäftspartner zu Transaktion zuordnen

Sie haben nun einen Einblick in die neueren SAP-Funktionen erhalten, die übergreifend in Ihrer Firma genutzt werden können. Das Audit-Management wird häufig vom Einkäufer verwendet, die FMEA sollte in einem zentralen Team bearbeitet werden, und der Produktionslenkungsplan unterstützt die Produktion, wie z. B. die Qualitätssicherung.

In diesem Kapitel erläutere ich Ihnen, wie Sie die erfassten QM-Daten als Originalbelege oder in statistischer Form auswerten können. Komplettiert wird diese Darstellung mit Listen aus anderen Modulen, die oft benötigt werden.

22 Qualitätslenkung/Auswertung

Nur wenn man die Ergebnisse der bisherigen Arbeit kennt und aus der Vielzahl der verfügbaren Daten und Zahlen die aussagekräftigen herausfiltern kann, lassen sich daraus sinnvolle Schlüsse für das weitere Vorgehen ermitteln. Aus diesem Grund sind Auswertungen auch ein wichtiger Bestandteil des Qualitätsmanagements. Auch wenn die Auswertung von SAP-Daten mithilfe eines dezentralen Data Warehouses sicherlich sehr elegant ist, bedeutet ein solches System hohen Konzeptions-, Integrations- und natürlich auch Kostenaufwand für Ihr Unternehmen. Dabei sind die Auswertungsmöglichkeiten und deren Darstellung im SAP-Standard für viele Unternehmen ausreichend. Mit diesen Möglichkeiten mache ich Sie hier vertraut.

Für die Auswertung sämtlicher erfasster Qualitätsdaten stehen Ihnen diverse Listen zur Verfügung. Diese Listen dienen als Arbeitsvorrat zur Unterstützung der täglichen Arbeiten; selektiert man die Listen anders, dienen sie zur Auswertung der erfassten Daten. In diesem Kapitel stelle ich Ihnen Auswertungen zu verschiedenen Problemstellungen vor und erläutere die Layoutgestaltung einer ALV-Liste sowie ihre Funktionen (siehe Abschnitte 22.1.1 bis 22.1.3).

Die Lieferantenbeurteilung wird teilweise mit Daten aus dem QM-Modul versorgt. Diesbezüglich erkläre die Berechnung der QM-Teilnoten und wie diese zu den Hauptkriterien zusammengefasst wird (siehe Abschnitt 22.3).

Mit der Auslieferung der Erweiterungspakete 3 und 4 (EHP 3 und 4) steht Ihnen ein QM-Cockpit mit neuen Auswertungen von Prüflosen, Prüfergebnissen und Qualitätsmeldungen zur Verfügung. Mit diesem Cockpit ist es möglich, Fehler zu dem Prüflos oder Prüfergebnisse über die ganze Produktionskette anzuzeigen. Die Handhabung des Cockpits wird in Abschnitt 22.1.4 erläutert.

In den Statistiken werden ausgewählte Qualitätsdaten monatsweise kumuliert und damit Kennzahlen ermittelt. Die Meldungsstatistik zeigt z. B., welche Probleme am häufigsten aufgetreten sind. Darüber hinaus stelle ich Ihnen eine Möglichkeit vor, wie Daten aus dem Einkaufs- oder Verkaufsinformationssystem mit den Daten aus QM verbunden werden können, um eine Fehlerquote zu errechnen (siehe Abschnitt 22.2).

Im Anschluss ergänze ich die Auswertemöglichkeiten im Modul QM um Übersichten aus anderen Modulen, die für die tägliche Arbeit des Qualitätsprüfers hilfreich sind.

22.1   Auswertung aus Originalbelegen

Listen, die die Qualitätsdaten direkt ausgeben, wie z. B. die Liste der Meldungen, lesen die vorhandenen Originalbelege zum jeweils aktuellen Zeitpunkt. Sie können sich mithilfe dieser Listen einen Überblick über die aktuellen Vorgänge verschaffen. Möchten Sie Daten über einen längeren Zeitraum auswerten, verwenden Sie die Statistikfunktion, die unabhängig von der Archivierung der Belege die Daten kumuliert ausgibt (siehe Abschnitt 22.2).

Im Folgenden gebe ich eine Übersicht über die zur Verfügung stehenden Listen und gehe auf mögliche Layoutanpassungen sowie das QM-Cockpit ein.

22.1.1   Übersicht der Listen

Sie können Daten aus Prüflosen und Meldungen schnell über Listen auswerten, alle Auswertungen finden Sie unter dem Pfad LOGISTIK • QUALITÄTSMANAGEMENT • QUALITÄTSLENKUNG • AUSWERTUNG AUS ORIGINALBELEGEN. Die Auswertungen zu den Qualitätsmeldungen und auch zu Stammdaten, wie fehlende Prüfpläne bzw. Verwendungsnachweise, habe ich bereits in den vorangegangenen Kapiteln ausführlich erläutert. Daher möchte ich mich auf ausgewählte Funktionen beschränken und konzentriere mich in diesem Abschnitt auf hilfreiche Listen rund um Prüfergebnisse und Meldungen.

Prüfergebnis

Sie können Prüfergebnisse abfragen, die im System hinterlegt sind. Dafür stehen Ihnen mehrere Möglichkeiten zur Verfügung: die Ergebnisliste, die Prüfergebnishistorie zum Stammprüfmerkmal, die Historie zum Planmerkmal sowie die Prüfloste.

Die *Ergebnisliste* rufen Sie in der Transaktion QGA2 auf. Sie selektieren die Prüflose hierbei anhand von Kriterien, wie z. B. Prüflosherkunft, Material oder Lieferant. Angezeigt werden Ihnen anschließend alle Prüflose mit allen geprüften Merkmalen und deren Bewertung (siehe Abbildung 22.1). So haben Sie einen schnellen Überblick über rückgewiesene Merkmale und Prüflose.

Anzeige von Prüfergebnissen

Detailinfo   Expandieren

Prüfergebnisse	Beschreibu	Status	Bewertung	geprüft	Anteil	QKZ
▾ 040000000200	GranuSAP, blau	VE PAKO BEND STAK		0		0
▾ 0010	Prüfung Halbware neu			0		0
• 0010	Farbvergleich nach DIN 53230		A	1		0
• 0020	Dichte		A	1		0
• 0030	Korngröße		A	1		0
• 0040	Kristallitschmelzpunkt		A	1		0
• 0050	Kugeldruckhärte		A	1		0
• YQ03 A	Annahme		A	0		100
▾ 05.01.2013				0		0
▾ 120000000000	SAPcolor blau, 10 kg	VE PAKO STAK		0		0
▾ 0010	Prüfung			0		0
• 0010	prüfen		A	2		0
• 01 A	Annahme		A	0		100
▾ 120000000001	SAPcolor blau, 10 kg	LSTO PAKO STAK		0		0
▾ 0010	Prüfung			0		0
• 0010	prüfen		R	2	50,00 %	0
• 01 R	Rückweisung		R	0		1

Abbildung 22.1 Ergebnisliste

Die *Prüfergebnishistorie zum Stammprüfmerkmal* wird über die Liste der Stammprüfmerkmale in der Transaktion QS28 aufgerufen. Sie haben die Möglichkeit, die Ergebnisse innerhalb eines Zeitraums materialübergreifend zu einem Stammprüfmerkmal anzeigen zu lassen; als Mittel- und Einzelwerte sowie sowohl grafisch als auch in Tabellenform. Dazu rufen Sie die Liste auf, markieren das gewünschte Merkmal und klicken den Button Ergebnishistorie an (siehe Abbildung 22.2).

Stammprüfmerkmale anzeigen

Stammprüfmerkmal   Stammprüfmerkmal   Regelkarten   Ergebnishistorie

Exce	Stammprf	Versio	Werk	Gültig ab	Kurztext	Maß.	Katalogart 1	Cgr/Amg	Werk
	MIC-QL01	1	1000	10.10.2008	Farbvergleich nach DIN 53230		1	YQ01	1000
	MIC-QL02	1	1000	10.10.2008	Oberfläche		1	YQ02	1000
	MIC-QL03	1	1000	10.10.2008	Ident-Prüfung Lösungsmittel		1	YQ03	1000
	MIC-QL04	1	1000	10.10.2008	Farbvergleich nach DIN 53230		1	YQ04	1000
	MIC-QL05	1	1000	10.10.2008	Optische Eigenschaften		1	YQ05	1000
	MIC-QL06	1	1000	10.10.2008	Mechan. Verhalten		1	YQ06	1000
	MIC-QL07	1	1000	10.10.2008	Sichtprüfung (Verpackung, ...).		1	YQ03	1000
	MIC-QN01	1	1000	10.10.2008	Viskosität	MPS			
	MIC-QN02	1	1000	10.10.2008	Erichsentiefung	MM			

Abbildung 22.2 Liste der Stammprüfmerkmale

Sie selektieren im sich öffnenden Pop-up den Zeitraum oder den Lieferanten/Kunden und erhalten die Mittelwerte des markierten Merkmals aus den selektierten Prüflosen in Tabellenform (siehe Abbildung 22.3). Über die Buttons im Pop-up wählen Sie andere Anzeigevarianten aus.

Ergebnishistorie

Stammprüfmerkmal MIC-QN01 Viskosität
Version Versionsübergreifende Auswertung
Auswertungszeitraum Von 31.10.2012 bis 08.02.2013

Bewertu...	Prüflos	Probe	S	Bew	Maßeinh.	Sollwert	Obere Gr.	UntereTol.	xQuer	StndAbw.	Geprüft
	10000000170	1	5	Annahme	mPa.s	19,5	22,0	18,0	20,00		1
	10000000171		5	Annahme	mPa.s	19,5	22,0	18,0	20,00		1
	160000000060		5	Annahme	mPa.s	19,5	22,0	18,0	20,00		1
	160000000080		5	Annahme	mPa.s	19,5	22,0	18,0	20,00		1
	160000000081		5	Annahme	mPa.s	19,5	22,0	18,0	22,00		1
	160000000082		5	Annahme	mPa.s	19,5	22,0	18,0	21,30		1
	160000000050		5	Annahme	mPa.s	19,5	24,0	18,0	20,00	0,00	2
	160000000078		5	Annahme	mPa.s	19,5	24,0	18,0	20,00	0,00	2

Einzelwerte Einzelwerte Einzelwerte

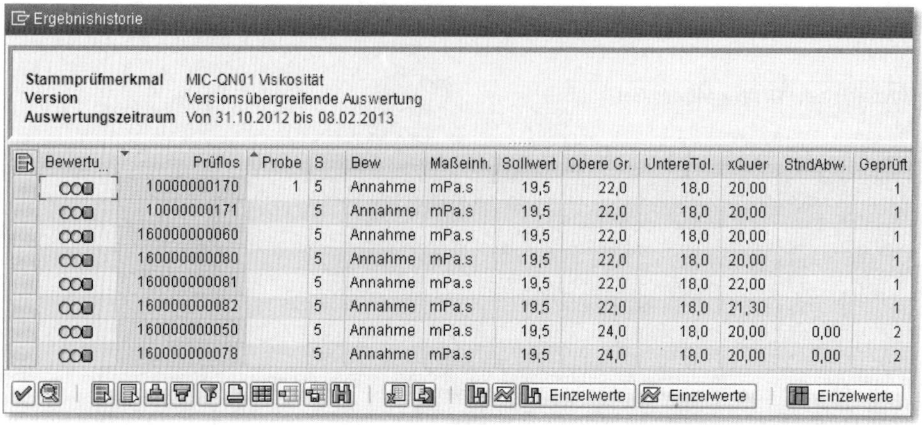

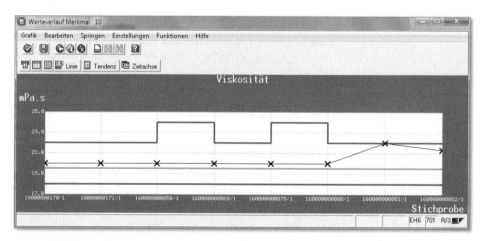

Abbildung 22.3 Prüfergebnishistorie zum Stammprüfmerkmal

Sie können sich z. B. den Werteverlauf auch grafisch anzeigen lassen. Die Toleranzgrenzen werden dabei rot eingeblendet (siehe Abbildung 22.4).

Abbildung 22.4 Werteverlauf

Diese Ergebnishistorie können Sie auch direkt in der Ergebniserfassung über den Button ERGEBNISHISTORIE aufrufen.

Die *Historie zum Planmerkmal* zeigt Ihnen Ergebnisse zu einem Merkmal aus einem bestimmten Plan an. Mit dieser Liste können sowohl Stammprüf- als auch Planmerkmale materialspezifisch ausgewertet werden. Sie rufen die Auswertung in der Transaktion QGP1 auf und selektieren z. B. nach Prüfplan, Material und Zeit. Aus der Merkmalsliste, die sich aus dem Prüfplan generiert, wählen Sie ein Prüfmerkmal per Doppelklick aus (z. B. das Merkmal 0010 in Abbildung 22.5).

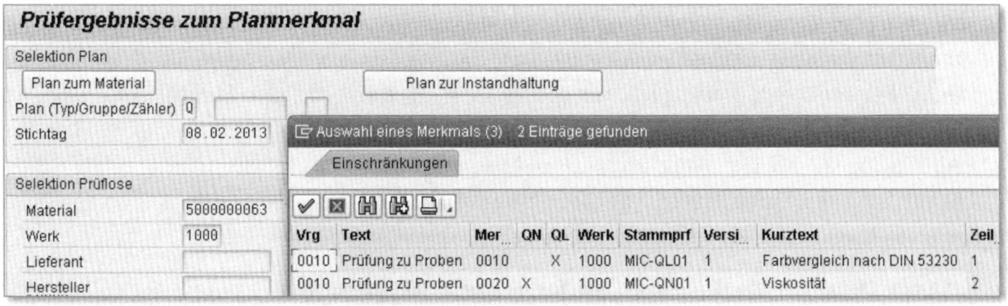

Abbildung 22.5 Selektion des Planmerkmals

Für das übernommene Merkmal erhalten Sie die Ergebnishistorie und können den Werteverlauf wie gezeigt aufrufen (siehe Abbildung 22.3 und Abbildung 22.4).

Die Funktion der *Prüflosliste*, die Sie über Transaktion QA33 aufrufen, habe ich bereits in Kapitel 7, »Prüfablauf«, beschrieben. Sie können diese Liste über die Arbeit der Prüflosüberwachung hinaus auch für Auswertungen des Verwendungsentscheids und die Buchungen daraus verwenden. In diesem Fall müssen Sie die Spalten zu dem Verwendungsentscheidcode einblenden, wie z. B. den Erfasser, das Datum und die Bewertung. Zusätzlich sehen Sie in den Mengenfeldern, welche Buchungen aus dem Prüflos heraus angestoßen wurden (siehe Abbildung 22.6 und Abschnitt 22.1.3).

Abbildung 22.6 Liste der Prüflose

Meldungen

Die folgenden drei Auswertungen – die Liste der Meldungen, die Liste der Positionen sowie die mehrstufige Liste der Meldungen – habe ich bereits in

593

Kapitel 19, »Qualitätsmeldung«, dargestellt. Hier stelle ich Ihnen nun einige Beispiele vor.

Die *Liste der Meldungen* erreichen Sie über die Transaktion QM11.

[zB]

Übersicht Kundenreklamationen/0km/Feldausfall mit Durchlaufzeit

Sie möchten eine Übersicht über die Qualitätsmeldungen mit Kundenbezug bekommen. Im Katalog CODIERUNG im Bereich SACHVERHALT verwenden Sie drei Codes: 0KM, FELDAUSFALL UND KUNDENREKLAMATION. In der Liste der Meldungen können Sie nun gezielt nach dieser Codierung auswerten (siehe Spalte CODIER.CODE.TXT in Abbildung 22.7). Das Meldungs- und Abschlussdatum bildet die Grundlage für die Ermittlung der Durchlaufzeit der Reklamationsbearbeitung.

Liste Qualitätsmeldungen ändern: Liste Meldungen

	Exce	Meldung	Datum	Abschluss	Codier.Code.Txt	Material	Rekl. Menge
		200004708	21.02.2012	17.02.2012	0km	16104374451	1,000
		200004709	21.02.2012	17.02.2012			1,000
		200005632	15.06.2012	27.06.2012		16109200202	2,000
		200004420	11.01.2012	12.02.2012		16110310108	1,000
		200004363	05.01.2012	06.02.2012			7,000
		200005351	03.05.2012	10.05.2012		16110800108	1,000
		200005324	27.04.2012	01.06.2012		21322490108	6,000
		200005681	22.06.2012	07.09.2012		23560542403	7.477,000
		200004348	03.01.2012	10.01.2012	Feldausfall	11302140002	1,000
		200004625	09.02.2012	28.02.2012			2,000

Abbildung 22.7 Liste der Qualitätsmeldungen

Die *Liste der Positionen* erreichen Sie über die Transaktion QM15.

[zB]

Übersicht über die Fehlerhäufigkeit zu einem Lieferanten

Vor den Verhandlungen mit einem Lieferanten möchten Sie sich einen Überblick über die fehlerhaften Lieferungen im letzten halben Jahr verschaffen und die Ausgabe nach den Fehlern sortieren.

Im Selektionsbild geben Sie den Lieferanten vor und erhalten eine Auflistung über die Art der aufgetretenen Probleme zum Material (das von diesem Lieferanten geliefert wurde), die je nach Auswahl der Spalten wie in Abbildung 22.8 aussehen könnte. Wenn Sie jetzt noch die Fehlerzahl oder die fehlerhafte Menge addieren, erhalten Sie ein Mengengerüst ähnlich wie in Abbildung 22.12. Lesen Sie weiter. Ich zeige Ihnen, wie das funktioniert.

Liste Positionen anzeigen: Liste Meldungen

Exce	A	Nr.	Datum	Meldung	Material	CgrProbl	S	Problemcodetext
⌀⌀⌀		1	12.07.2012	200000022	32598	-Z2	1002	Fehlerhaft geklebt
⌀⌀⌀		1	11.09.2012	200000054	32642			Fehlerhaft geklebt
⌀⌀⌀		1	01.10.2012	200000068	33483			Fehlerhaft geklebt
⌀⌀⌀		1	05.02.2013	200000142	32895		3001	Druckfehler / Grafikfehler
⌀⌀⌀		1	17.07.2012	200000026	32925			Druckfehler / Grafikfehler
⌀⌀⌀		1	08.01.2013	200000121	32912			Druckfehler / Grafikfehler
⌀⌀⌀		1	12.07.2012	200000021	32598		5001	Verunreinigung
⌀⌀⌀		1	16.01.2013	200000130	33299			Verunreinigung
⌀⌀⌀		1	01.08.2012	200000038	32826		6001	Qualitätsunterschied Material
⌀⌀⌀		1	14.06.2012	200000001	34021		6002	Fehlerhafte Qualität
⌀⌀⌀		1	13.07.2012	200000024	33329			Fehlerhafte Qualität
⌀⌀⌀		1	12.07.2012	200000023	33397			Fehlerhafte Qualität
⌀⌀⌀		1	26.09.2012	200000063	32645			Fehlerhafte Qualität
⌀⌀⌀		1	22.11.2012	200000100	10092		6004	Undichtheit
⌀⌀⌀		1	22.11.2012	200000101	10092			Undichtheit
⌀⌀⌀		1	22.11.2012	200000102	10092			Undichtheit

Abbildung 22.8 Liste der Fehler

Es gibt auch noch eine weitere Darstellung der Meldung, die über einen anderen Pfad zu finden ist. Die *mehrstufige Liste der Meldungen* rufen Sie über die Transaktion QM19 auf. Diese finden Sie über den Pfad LOGISTIK • QUALI-TÄTSMANAGEMENT • QUALITÄTSMELDUNG • INFOSYSTEM • MELDUNG • MEHRSTU-FIGE LISTE. Der obere Bereich des Selektionsbildes sieht genauso aus wie in den anderen Meldungslisten. Im unteren Bereich FILTER legen Sie fest, welche Daten ausgewertet werden sollen (siehe Abbildung 22.9).

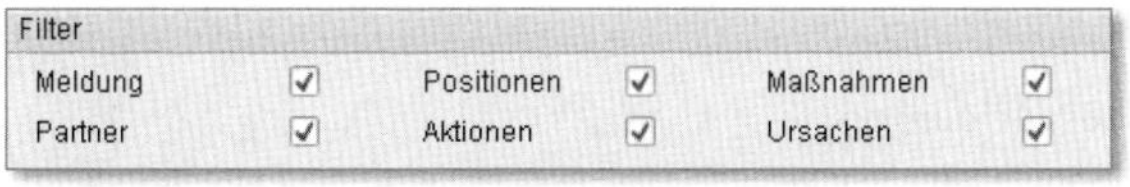

Filter

Meldung	☑	Positionen	☑	Maßnahmen	☑
Partner	☑	Aktionen	☑	Ursachen	☑

Abbildung 22.9 Filter für mehrstufige Liste

Sie sehen anschließend alle Detailinformationen der verschiedenen Ebenen auf einer Seite. Die Ebenen werden farblich unterschieden, und die Legende zeigt Ihnen die Bedeutung der Farben (siehe Abbildung 22.10).

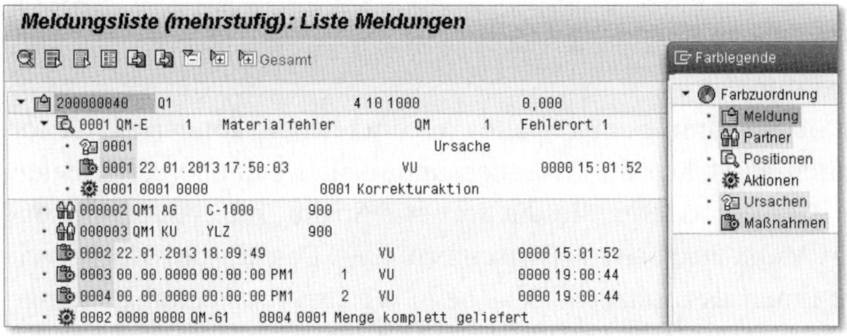

Meldungsliste (mehrstufig): Liste Meldungen

```
▼ 🗋 200000040    Q1              4 10 1000         0,000
  ▼ 🗋 0001 QM-E    1     Materialfehler      QM       1    Fehlerort 1
    · 🗋 0001                              Ursache
    · 🗋 0001 22.01.2013 17:50:03          VU          0000 15:01:52
    · 🗋 0001 0001 0000        0001 Korrekturaktion
  · 🗋 000002 QM1 AG    C-1000      900
  · 🗋 000003 QM1 KU    YLZ         900
  · 🗋 0002 22.01.2013 18:09:49          VU          0000 15:01:52
  · 🗋 0003 00.00.0000 00:00:00 PM1    1    VU        0000 19:00:44
  · 🗋 0004 00.00.0000 00:00:00 PM1    2    VU        0000 19:00:44
  · 🗋 0002 0000 0000 QM-61   0004 0001 Menge komplett geliefert
```

Farblegende

▼ Farbzuordnung
· 🗋 Meldung
· 🗋 Partner
· 🗋 Positionen
· 🗋 Aktionen
· 🗋 Ursachen
· 🗋 Maßnahmen

Abbildung 22.10 Meldungsliste mit Legende

Über das Menü Einstellungen • Feldauswahl • Meldung/Position/Mass-
nahmen können Sie die angezeigten Detaildaten selbst festlegen und Felder
hinzufügen bzw. ausblenden.

22.1.2 Layoutanpassungen der Listen

In sehr vielen Listen, die Ihnen im System angeboten werden, können Sie
Layouteinstellungen vornehmen. Ihnen stehen verschiedende Funktionen
zur Verfügung, die ich kurz anhand der Liste der Meldungen erläutere:

▸ **Sortieren**
Sie markieren die entsprechende Spalte, z. B. Lieferant, und klicken auf einen der beiden Buttons Sortieren auf- bzw. absteigend (🖨 🛱). Die sortierte Spalte ist mit einem kleinen roten Dreieck in der Titelzeile gekennzeichnet (siehe ebenfalls die Spalte Lieferant in Abbildung 22.11).

Liste Qualitätsmeldungen anzeigen: Liste Meldungen

Exce	Meldung	Datum	Lieferant	Material	Materialkurztext	Charge	Meldend	Reklamierte Menge
⊙⊙⊙	200000022	21.04.2011	GEB10007	5000000034	Sorbit flüssig	0000000147	YLZ	1
⊙⊙⊙	200000023	21.04.2011		5000000034	Sorbit flüssig	0000000148	YLZ	1
⊘⊙⊙	200000030	25.01.2012		5000000034	Sorbit flüssig	0000000152	YLZ	10
⊙⊙⊙	200000031	26.01.2012		5000000034	Sorbit flüssig	0000000153	YLZ	9.000
⊙⊙⊙	200000020	26.02.2011	S-1001	5000000034	Sorbit flüssig	20110226	YLZ	100
⊙⊙⊙	200000021	21.04.2011		5000000034	Sorbit flüssig	20110226	YLZ	100
⊙⊙⊙	200000041	22.01.2013		CH-6800	PowerPaint rot, 5 kg	2013040169	YLZ	100
⊙⊘⊙	200000042	23.01.2013		CH-6800	PowerPaint rot, 5 kg	2013040169		100

Abbildung 22.11 Sortierte Liste der Meldungen

▸ **Berechnen**
Alle Mengenfelder in diesen Listen können berechnet werden. Dazu markieren Sie die gewünschten Spalten und wählen über das Menü Bearbeiten •
Berechnen die Berechnungsart aus. Sie können folgende Berechnungen
nacheinander anstoßen: Summe, Mittelwert, Minimum und Maximum. Das
Ergebnis der Berechnung wird Ihnen in der letzten Zeile der Liste angezeigt
(siehe letzte Zeile in Abbildung 22.12).

▸ **Zwischensumme**
Nachdem Sie die Summe einer Spalte errechnet haben, können Sie für sortierte Spalten zusätzlich die Zwischensumme aller summierbaren Felder
ermitteln. Dazu markieren Sie die sortierte Spalte, z. B. Lieferant, und
wählen das Menü Bearbeiten • Zwischensumme. Das Ergebnis der Berechnung wird Ihnen als zusätzliche Zeile beim Wechsel des Feldinhaltes angezeigt (siehe hellgelbe Zeile in Abbildung 22.12).

Liste Qualitätsmeldungen anzeigen: Liste Meldungen

Exce	Meldung	Datum	Lieferant	Material	Materialkurztext	Charge	Meldend	Σ Reklamierte Meng
○○○	200000022	21.04.2011	GEB10007	5000000034	Sorbit flüssig	0000000147	YLZ	1
○○○	200000023	21.04.2011		5000000034	Sorbit flüssig	0000000148	YLZ	1
●○○	200000030	25.01.2012		5000000034	Sorbit flüssig	0000000152	YLZ	10
○○○	200000031	26.01.2012		5000000034	Sorbit flüssig	0000000153	YLZ	9.000
			GEB100...				▪	9.012
○○○	200000020	26.02.2011	S-1001	5000000034	Sorbit flüssig	20110226	YLZ	100
○○○	200000021	21.04.2011		5000000034	Sorbit flüssig	20110226	YLZ	100
○○○	200000041	22.01.2013		CH-6800	PowerPaint rot, 5 kg	2013040169	YLZ	100
○△○	200000042	23.01.2013		CH-6800	PowerPaint rot, 5 kg	2013040169		100
			S-1001				▪	400
							▪▪	9.412

Abbildung 22.12 Summe und Zwischensumme

22.1.3 Layout einstellen

Möchten Sie Spalten ein- oder ausblenden oder mehrere Spalten sortieren, öffnen Sie die Layouteinstellungen über den Button LAYOUT ÄNDERN (⊞). Im sich öffnenden Pop-up steht auf dem Register SPALTENAUSWAHL der Spaltenvorrat zur Verfügung (siehe Abbildung 22.13).

Abbildung 22.13 Layout ändern

Auf der linken Seite sehen Sie die Spalten, die in der Liste erscheinen, auf der rechten Seite die Spalten, die Sie noch einblenden können. Über die schwarzen Pfeiltasten (▶◀) oder einen Doppelklick können Sie die Spalten hin und her schieben.

597

Auf dem Register SORTIERUNG können Sie in derselben Art die Reihenfolge der Sortierung der Spalten bestimmen. Wenn Sie dieses Layout eingerichtet haben und immer wieder verwenden möchten, speichern Sie das Layout als Variante ab, indem Sie die Speicherfunktion 🖫 nutzen. In dem Pop-up LAYOUT SICHERN vergeben Sie im Feld LAYOUT SICHERN einen Namen, füllen das Feld BEZEICHNUNG und legen fest, ob das Layout benutzerspezifisch ist, das heißt nur für Sie gilt. Über die Funktion VOREINSTELLUNG steuern Sie, dass Sie die Transaktion immer mit diesem Layout starten möchten (siehe Abbildung 22.14).

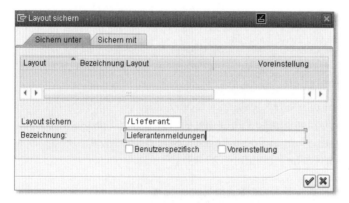

Abbildung 22.14 Layout sichern

Wenn Sie ein Layout innerhalb einer Liste wechseln möchten, klicken Sie auf den Button ⊞ (Layout auswählen). Ihnen werden alle Layouts vorgeschlagen, die in dieser Transaktion angelegt wurden, und Sie können per Doppelklick das gewünschte Layout übernehmen (siehe Abbildung 22.15).

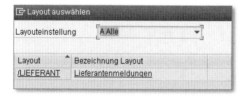

Abbildung 22.15 Layout auswählen

22.1.4 QM-Cockpit

Das QM-Cockpit bietet Ihnen eine Variante, um alle Prüf- und Meldungsdaten in einem Bildschirm zu vereinen. Viele der Darstellungen sind Ihnen aus anderen Transaktionen bekannt und werden hier nur zusammengeführt. Es gibt aber auch komplett neue Funktionen.

Es ist Ihnen z. B. möglich, Prüfpunkte tabellarisch darzustellen oder mehrere Merkmale gleichzeitig nebeneinander abzubilden. Für die Darstellung der Fehler kann ein Paretodiagramm genutzt werden. Zudem können Sie eine hierarchische Liste erstellen und zu den einzelnen Ebenen Detailinformationen lesen. (Sie wählen z. B. die Ebene Prüflose aus und können jetzt eine Tabelle erzeugen, die alle Merkmale aus den markierten Prüflosen mit Ergebnissen anzeigt.)

Folgende Selektionen stehen Ihnen ab Erweiterungspaket 4 zur Verfügung:

► Prüflose

► Meldungen

► Komponenten über den Chargenverwendungsnachweis

Das Cockpit erreichen Sie in der Transaktion QGA4 über den Pfad LOGISTIK • QUALITÄTSMANAGEMENT • QUALITÄTSLENKUNG • AUSWERTUNG AUS ORIGINAL-BELEGEN • QM-COCKPIT. Nach Aufruf der Transaktion wählen Sie die Datenebene aus, die Sie interessiert, z. B. die Ebene MELDUNGEN, und rufen den Selektionsbildschirm über den Button ![Selektion] auf (siehe Abbildung 22.16).

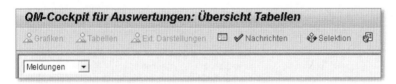

Abbildung 22.16 Selektion aufrufen

Im Selektionsbild geben Sie wie gewohnt Ihre Kriterien an. Im unteren Bereich des Bildschirms füllen Sie die Felder GRUPPIERUNGSLAYOUT und DARSTELLUNGSANZAHL an (siehe Abbildung 22.17):

► Über *Gruppierungslayouts* wird die Datenverdichtung in der Haupttabelle (siehe Abbildung 22.18) bestimmt. Das Layout der hierarchischen Liste haben Sie in Ihren Layouteinstellungen ermittelt. Das in Abbildung 22.17 sichtbare Gruppierungslayout wird im Standard ausgeliefert. Sie können hier eigene Layouts angeben.

Abbildung 22.17 Selektion – Anzeigeeigenschaften

[+] **Auswirkung des Gruppierungslayouts – Prüflose**

Das Layout enthält die Felder MATERIAL und CHARGE. Sie sehen in der Haupttabelle jedes einzelne Prüflos als eine Zeile, da zu jeder Material-Chargen-Kombination ein Prüflos vorliegt.

Enthält das Layout dagegen das Feld MATERIAL, aber das Feld CHARGE ist ausgeblendet, sehen Sie in der Haupttabelle zu jedem Material eine Prüfloszeile, da alle Prüflose zu einem Material zusammengefasst werden.

▶ Die *Darstellungsanzahl* definiert, wie viele Tabellen oder Grafiken im Cockpit maximal angezeigt werden können.

Nach der Selektion werden Ihnen alle Originalbelege in hierarchischer Form in der Haupttabelle angezeigt. Wenn Sie z. B. nach Meldungen selektiert haben, werden unter dem Meldungskopf alle Positionen aufgeführt (siehe Abbildung 22.18).

Abbildung 22.18 Liste der Meldungen mit Positionen

[+] **Wie kann ich z. B. die Spalten der Haupttabelle bestimmen?**

Ihre Layouteinstellungen für die linke Haupttabelle nehmen Sie vor dem Aufruf des Selektionsbildschirms wie gewohnt über den Button ⊞ ▾ vor.

Darstellung

Auf der rechten Seite des Bildschirms werden Ihnen entweder Tabellen oder Grafiken angezeigt. Sie wählen das gewünschte Objekt wie z. B. eine Meldung oder Position einzeln aus, oder Sie markieren eine gesamte Ebene in der Haupttabelle, wie z. B. Meldungen oder Positionen. Um eine gesamte Ebene zu markieren, klicken Sie den Button ▤ ▾ (Alles einer Ebene markieren) an. Abhängig von den ausgewählten Daten, erscheint ein Untermenü zur Auswahl der Objekte. Bei den Meldungen können Sie z. B. aus den Objekten *Meldung*, *Position* und *Ursache* wählen.

Über den Button ☐ ☐ (Darstellung anlegen) wählen Sie nun eine Darstellung aus, die Ihnen auf der rechten Seite angezeigt wird. So können Sie auf einen Blick alle Detaildaten zur ausgewählten Ebene sehen. Abbildung 22.19 zeigt in einer Tabelle die Daten aus den Meldungsköpfen der ausgewählten Meldungen und in der anderen Tabelle die Positionsdaten dazu. Auch diese Tabellen können Sie über das Layout wieder so einstellen, wie Sie es möchten.

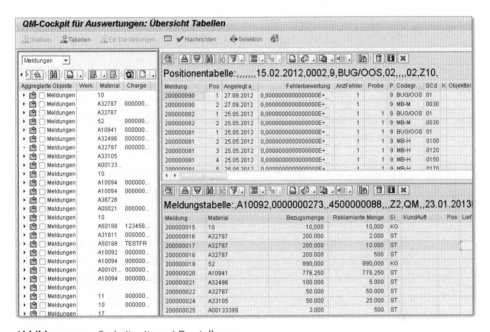

Abbildung 22.19 Cockpit mit zwei Darstellungen

Sie können in allen Tabellen auf der rechten Seite Daten ausfiltern, und aus dem Datenknoten entfernen: Sie können z. B. alle rückgewiesenen Merkmale ausfiltern und diese Sätze aus der Tabelle löschen, um nur die angenommenen weiter darzustellen. Damit sind die entsprechenden Daten auch nicht mehr in anderen Darstellungen enthalten. Es werden verschiedene Darstellungen, Tabellen und Grafiken ausgeliefert, die Sie über eigene Funktionen ergänzen können.

Folgende Tabellen und Grafiken können Sie über den Button ☐ ☐ (Darstellung anlegen) verwenden:

- ▶ **Prüflostabellen**
  - ▷ Prüflostabelle
  - ▷ Teillostabelle
  - ▷ Prüfpunkttabelle
  - ▷ Merkmalstabelle
  - ▷ Einzelwerttabelle
  - ▷ Merkmalswertetabelle
  - ▷ Fehlertabelle (Diese Tabelle steht nur bei der Auswahl Prüflose mit Fehler zur Verfügung.)

- ▶ **Prüflosgrafiken**
  - ▷ verschiedene Regelkarten für SPC-Merkmale
  - ▷ Werteverlauf
  - ▷ Werteverlauf (synchronisiert)
    (Wenn Sie mehrere Datenknoten markiert haben, synchronisiert das System die Grafiken in der X-Achse.)
  - ▷ verschiedene Arten der Ergebnishistorie
  - ▷ Histogramm
  - ▷ Paretodiagramm
    (Diese Grafik liefert Ihnen das Paretodiagramm zu den Datenknoten der Fehler-, Positions- oder Ursachenebene. Sie können in einem Pareto-diagramm die Daten aus mehreren Datenknoten darstellen. Diese Tabelle steht nur bei der Auswahl Prüflose mit Fehler zur Verfügung.)
  - ▷ Korrelationsdiagramm
    (Diese Grafik liefert Ihnen das Korrelationsdiagramm zu zwei Daten-knoten der Merkmalsebene. Höchstens einer der Datenknoten darf ein qualitatives Merkmal mit Merkmalsausprägungen repräsentieren.)

- ▶ **Meldungstabellen**
  - ▷ Meldungstabelle
  - ▷ Positionstabelle
  - ▷ Ursachentabelle
  - ▷ zugeordnete Objekte

- ▶ **Meldungsgrafik**
  Bei der Auswertung von Meldungen können Sie das Paretodiagramm nut-zen (siehe Abbildung 22.20).

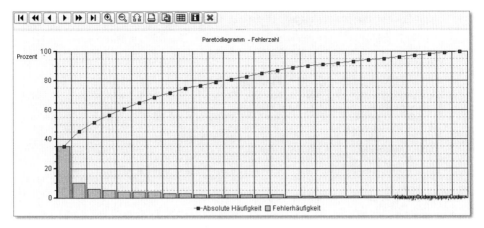

Abbildung 22.20 Paretodiagramm

Komponenten

Wenn Sie mit der Objektauswahl die Komponenten selektieren (siehe Abbildung 22.16), wählen Sie über den Button ⬧ Selektion , ob Sie die Prüflose oder die Meldungen über die Chargenkette betrachten möchten. Im anschließenden Selektionsbild geben Sie die Charge an, die Sie betrachten möchten (siehe Abbildung 22.21).

Ausgangspunkt der Auflösung			
Material	50188		
Werk	1000		
Charge	0000003585	bis	⇨
Auflösungstiefe	10		
Anzeigeeigenschaften			
Gruppierungslayout	1STANDARD		
Darstellungsanzahl	2		

Abbildung 22.21 Selektion nach Komponenten

Nach dem Ausführen der Selektion erhalten Sie eine Liste mit allen Details aus allen Stufen des Chargenverwendungsnachweises. Sie sehen so auf einen Blick vom Fertigprodukt bis zum Rohstoff, welche Prüfungen an welcher Charge durchgeführt wurden, wie die einzelnen Proben im Feld VE-Code bewertet wurden sowie den prozentualen Anteil der Merkmale, die innerhalb der Spezifikation (Feld in Spez.) lagen (siehe Abbildung 22.22).

Auch in der Funktion der Komponentenauswertung stehen Ihnen alle genannten Tabellen und Grafiken zur Darstellung zur Verfügung. Folgende weitere Funktionen können Sie in dem Cockpit nutzen:

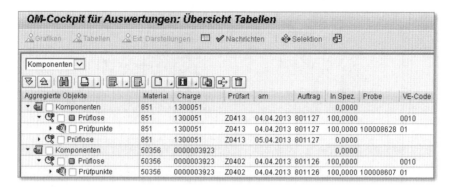

Abbildung 22.22 Komponentenauflösung mit Prüflosen

▸ Druckausgabe (Jede Tabelle/Grafik können Sie exportieren bzw. drucken.)

▸ Grafikeinstellungen können direkt im Diagramm vorgenommen werden.

22.2 Kennzahlen im QMIS

Alle Kennzahlen werden in den Informationssystemen gebildet, hierbei hat jedes Modul seinen eigenen Bereich. Die Daten aus dem Modul QM finden Sie z. B. im Qualitätsmanagementinformationssystem (QMIS).

Beim Sichern der relevanten Belege werden einzelne Kennzahlen herausgezogen und unter bestimmten Kriterien in sogenannten Informationsstrukturen fortgeschrieben. Dadurch sind diese Kennzahlen unabhängig von der Archivierung der Originalbelege eingefroren. Sie können auf Basis dessen langfristige Auswertungen ausführen, obwohl sich ältere Belege nicht mehr auf der Datenbank befinden.

Auch wenn Sie ein hohes Belegaufkommen haben, sollten Sie überlegen, ob Sie mit dem QMIS arbeiten, da dann die Kumulierung sofort bei Erzeugung bzw. Änderung des Belegs, z. B. Qualitätsmeldung, stattfindet und nicht erst zum Zeitpunkt des Aufrufs der Auswertung. Sie erreichen dadurch eine schnellere Reaktionszeit des Systems.

[zB] **Kumulierung im QMIS**

In einem Monatsvergleich interessiert Sie nur die fehlerhafte Menge zu Material und Lieferanten.

In der Fortschreibung der Statistik wird definiert, dass beim Abschluss der Qualitätsmeldung die fehlerhafte Menge mit den Merkmalen Material und Lieferant kumuliert wird. Auf der Datenbank gibt es nur einen Satz pro Monat/Material/Lieferant. Die Ausgabe dieser Daten ist deutlich schneller, als wenn zum Zeitpunkt des Aufrufs alle Meldungen zu dem Lieferanten und Material im Selektionszeitraum gelesen und pro Monat kumuliert werden.

Ihnen stehen bereits fertig ausgelieferte Auswertungen in Standardanalysen zur Verfügung, die Sie sofort nutzen können. Sie haben auch die Möglichkeit, flexible Analysen mit den vorhandenen Datenstrukturen anzulegen. Dabei können Sie Auswertungen innerhalb eines Moduls (einer Applikation) miteinander verbinden, z. B. um die Fehlerquote des Lieferanten zu ermitteln. Wie Sie dabei vorgehen, stelle ich Ihnen hier vor.

Alle Kennzahlen finden Sie über den Pfad LOGISTIK • QUALITÄTSMANAGEMENT • QUALITÄTSLENKUNG • KENNZAHLEN. Sie sind jeweils nach den Merkmalen *Material*, *Material/Kunde* und *Material/Lieferant* sortiert. Schauen Sie sich all diese Möglichkeiten nacheinander an, und rufen Sie die angegebenen Transaktionen über den Pfad im System auf.

Sie können folgende Objekte auswerten:

▸ Prüflose (Qualitätskennzahlen, Durchlaufzeiten, Prüfhäufigkeiten)

▸ Prüfergebnisse (allgemeine Daten, wie z. B. Stichprobe, Bewertung, und quantitative Daten, wie z. B. Standardabweichung und cpk-Berechnung (Kennzahl der Prozessfähigkeit))

▸ Meldungen (Meldungsüberblick, wie z. B. Meldungsanzahl, Mengen)

▸ Meldungspositionen (Fehlerhäufigkeit)

Sie können auch eigene Informationsstrukturen mit eigenen Bedingungen zur Fortschreibung anlegen und z. B. die Daten aus mehreren Ereignissen in einer Struktur mit eigenen Bedingungen fortschreiben – etwa die Wareneingangsmenge bestimmter Belegarten unabhängig von Prüflosen und die fehlerhafte Menge von fremdverursachten Meldungen.

[!]

Vorwissen erforderlich!

Das Arbeiten mit Informationsstrukturen erfordert sehr viel Wissen über die Struktur der Datenbanken. Auf dieses Basiswissen kann ich in diesem Buch nicht näher eingehen.

22.2.1 Standardanalysen

Für die sofortige Auswertung der Kennzahlen stehen Ihnen verschiedene vorbereitete Ansichten zur Verfügung. Sie können nach dem Material, dem

Selektionsbildschirm ist bei allen Auswertungen nahezu identisch. Abbildung 22.23 zeigt beispielhaft die Selektion der Prüflose nach dem Lieferanten und dem Material. Den Analysezeitraum geben Sie in der Form MM.JJJJ an (Bereich ANALYSEZEITRAUM).

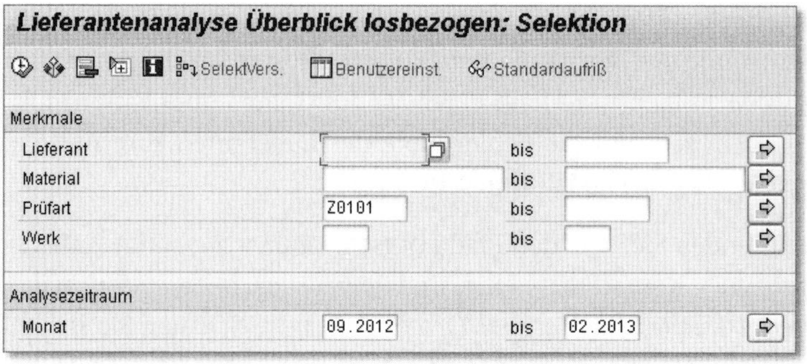

Abbildung 22.23 Selektion der Prüflose

Die Feldauswahl ist in den verschiedenen Transaktionen vorbereitet und unterscheidet sich jeweils. Über die LAYOUTEINSTELLUNGEN ( ), die Sie aus der Übersicht heraus ausrufen können, können Sie Ihre eigene Sicht anlegen.

Wenden wir uns einem Beispiel zu: Der Überblick über die Prüflose zum Material in der Transaktion MCXA zeigt Ihnen z. B. die Felder DURCHLAUFZEIT und RÜCKWEISEQUOTE (siehe Abbildung 22.24). Die Gesamtmenge konnte in diesem Beispiel nicht summiert werden, da die Materialien unterschiedliche Mengeneinheiten aufweisen.

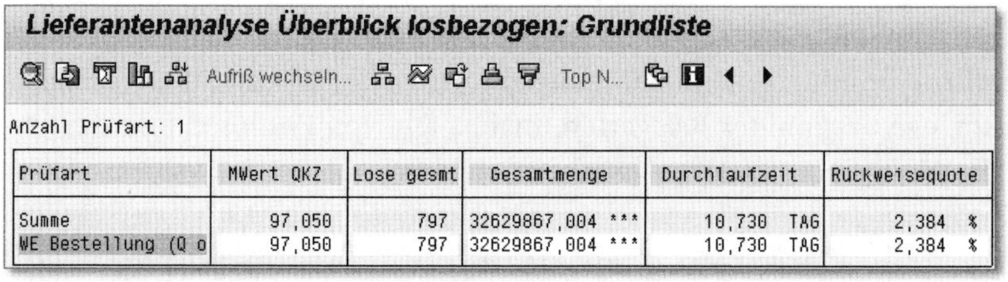

Abbildung 22.24 Überblick über Prüflose

Anhand dieses Beispiels möchte ich Ihnen weitere Funktionen der Standardanalyse zeigen.

Einstellungen der Spalten

Über das Menü EINSTELLUNGEN können Sie verschiedene Einstellungen der Auswertung vornehmen. Sie können z. B. über EINSTELLUNGEN • SPALTEN-

BREITE • MERKMAL die Spaltenbreite verändern oder über EINSTELLUNGEN MERKMALSDARSTELLUNG die Darstellung des Merkmals anpassen. Abbildung 22.25 zeigt, dass die Merkmalsspalte PRÜFART so vergrößert wurde, dass diese den Schlüssel und die Bezeichnung enthält. Diese Einstellungen können Sie im selben Menü auch sichern, damit Ihre Einstellungen bei einem erneuten Aufruf wieder verwendet werden.

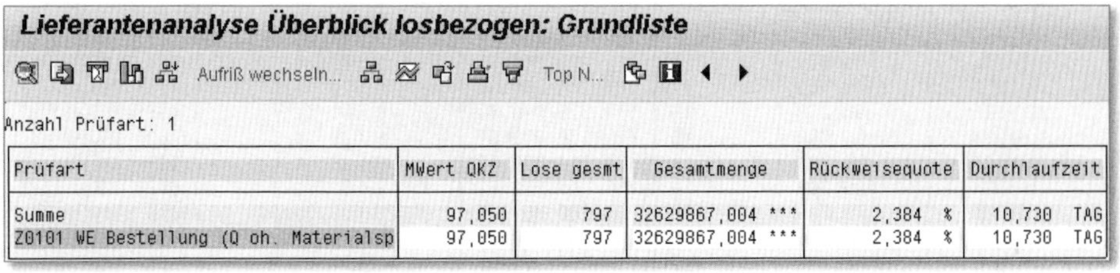

Lieferantenanalyse Überblick losbezogen: Grundliste

🔍 📋 📊 📊 📊 Aufriß wechseln... 📊 📊 📊 📊 📊 Top N... 📊 🔢 ◀ ▶

Anzahl Prüfart: 1

Prüfart	MWert QKZ	Lose gesmt	Gesamtmenge	Rückweisequote	Durchlaufzeit
Summe	97,050	797	32629867,004 ***	2,384 %	10,730 TAG
Z0101 WE Bestellung (Q oh. Materialsp	97,050	797	32629867,004 ***	2,384 %	10,730 TAG

Abbildung 22.25 Standardanalyse mit Einstellungen

Aufriss

Sie können pro Doppelklick auf das Merkmal die nächsttiefere Ebene erreichen. Wenn Sie z. B. die Prüfart aufreißen, sehen Sie die Lieferanten und pro Lieferant die Materialien.

Möchten Sie aber eine Übersicht über alle Materialien erhalten, wählen Sie das Menü SICHT • AUFREISSEN NACH • MATERIAL oder klicken auf den Button AUFRISS WECHSELN... In dem Pop-up wählen Sie Ihr gewünschtes Merkmal aus (siehe Abbildung 22.26). Sie sehen nun alle Materialien im Selektionszeitraum.

Abbildung 22.26 Aufriss wechseln

Top N-Auswertungen

Möchten Sie die besten bzw. schlechtesten Materialien anhand einer Kennzahl ermitteln, stellen Sie den Cursor auf diese Kennzahl, klicken den Button

TOP N an und geben die gewünschte Zahl vor (z. B. 10, wenn Sie die Top 10 ermitteln möchten). Abbildung 22.27 zeigt Ihnen die zehn Materialien, die am häufigsten geliefert wurden, indem die Kennzahl LOSE GESAMT ausgewählt wurde.

```
Top 10: Lose gesmt
```

Material	MWert QKZ	Lose gesmt	Gesamtmenge	Rückweisequote	Durchlaufzeit
Summe	97,050	797	32629867,004 ***	2,384 %	18,730 TAG
32072	100,000	32	220.000 ST	0,000 %	2,494 TAG
32060	100,000	17	1.233.250 ST	0,000 %	8,015 TAG
10092	96,250	16	11.525.000 KG	0,000 %	13,495 TAG
32322	100,000	15	150.000 ST	0,000 %	1,052 TAG
32243	80,200	10	1.014.035 ST	20,000 %	7,582 TAG
10866	100,000	10	95.979 ST	0,000 %	29,657 TAG
10221	77,200	10	35.200.000 KG	20,000 %	10,815 TAG
36001	100,000	8	500.940 ST	0,000 %	9,936 TAG
10467	71,714	7	7.900.000 KG	28,571 %	14,209 TAG
10390	100,000	6	14.400.000 KG	0,000 %	16,705 TAG
Rest	97,497	666	29346638,004 ***	1,952 %	11,028 TAG

Abbildung 22.27 Top 10 der Anzahl der Lose

Kennzahlenvergleich

Möchten Sie den Kennzahlenvergleich nutzen, markieren Sie die gewünschte Kennzahl und rufen den Vergleich über das Menü BEARBEITEN • VERGLEICHE • VORJAHR/AKTUELL auf. Ihnen stehen zwei Arten des Vergleichs zur Verfügung:

▶ Sie vergleichen eine aktuelle Kennzahl mit dem Vorjahr. Sie können z. B. analysieren, ob sich die Problemhäufigkeit verringert hat. Dazu rufen Sie die Transaktion MCXP über den Pfad KENNZAHLEN • MATERIAL • MELDUNGEN • POSITIONEN auf (siehe Abbildung 22.28) und wählen das Menü wie beschrieben aus.

```
Kennzahl        Problem
```

Problem	Vorjahr	Aktuell	Differenz	%
Summe	2.122	1.028	1.094-	51,56-
mechanische Geometrische Werte	2	4	2	100,00
mechanische geometrische Werte	1.146	69	1.077-	93,98-
elektrischer Fehler	1	12	11	1.100,00
sonstige Spezifikationsabweich	2	13	11	550,00
Beschädigung	2	16	14	700,00
Verschmutzung	2	1	1-	50,00-
Kennzeichnung	0	1	1	-
Dokumentation	1	2	1	100,00

Abbildung 22.28 Vergleich der Problemhäufigkeit

- Sie vergleichen zwei Kennzahlen miteinander, z. B. könnten Sie vergleichen, ob sich mit der Steigerung der Gesamtlosmenge auch die Rückweisequote erhöht hat. Diese Funktion ist für das Modul QM eher nicht relevant.

Verzweigen

Das QMIS bietet Ihnen die Möglichkeit, aus der kumulierten Kennzahlenebene heraus immer tiefer bis in die Originalbelege zu verzweigen. Wenn Sie z. B. in der Transaktion MCXV die Meldungsanalyse aufgerufen haben und das Menü ZUSÄTZE • QUALITÄTSMELDUNGEN wählen, wird Ihnen wird ein Popup mit den Einzelbelegen angezeigt (siehe Abbildung 22.29). Per Doppelklick auf eine Zeile verzweigen Sie in die Meldungsanzeige.

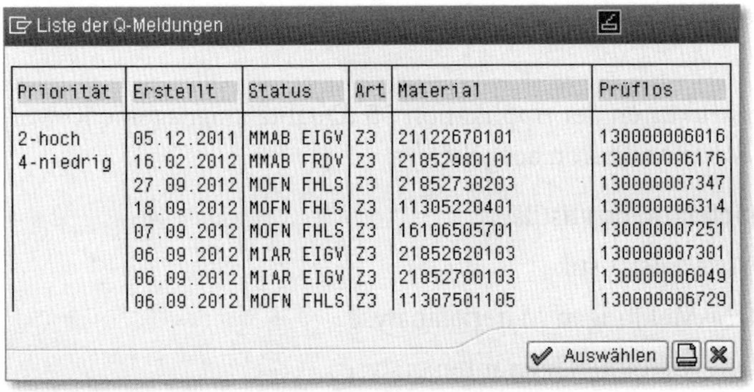

Priorität	Erstellt	Status	Art	Material	Prüflos
2-hoch	05.12.2011	MMAB EIGV	Z3	21122670101	130000006016
4-niedrig	16.02.2012	MMAB FRDV	Z3	21852980101	130000006176
	27.09.2012	MOFN FHLS	Z3	21852730203	130000007347
	18.09.2012	MOFN FHLS	Z3	11305220401	130000006314
	07.09.2012	MOFN FHLS	Z3	16106505701	130000007251
	06.09.2012	MIAR EIGV	Z3	21852620103	130000007301
	06.09.2012	MIAR EIGV	Z3	21852780103	130000006049
	06.09.2012	MOFN FHLS	Z3	11307501105	130000006729

Abbildung 22.29 Liste der Qualitätsmeldungen

Am besten nehmen Sie sich einmal Zeit, die verschiedenen Möglichkeiten auszuprobieren. Sie rufen alle Funktionen der Standardanalysen über das Menü auf und können auch in den Selektionen Varianten anlegen, wenn Sie immer wieder die gleiche Auswertung ausführen.

22.2.2 Flexible Analyse

Die flexiblen Analysen sind eine weitere Möglichkeiten der Darstellung von Kennzahlen im QMIS. Grundlage hierfür ist die Auswertestruktur, mit dieser Struktur können Sie mehrere Infostrukturen verbinden und Formeln hinterlegen, z. B. um die Fehlerquote der Wareneingänge zu berechnen. Sie können zu einer Struktur auch zusätzliche Informationen zur Anzeige bringen, indem Sie Daten aus einer Datenbanktabelle (DDIC-Tabellen) lesen (siehe Abbildung 22.30).

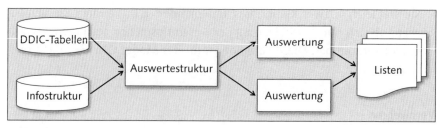

Abbildung 22.30 Flexible Analyse

Sie legen auf Grundlage einer Infostruktur eine Auswertestruktur an, um Tabellen miteinander zu verbinden oder einzeln auszulesen und die Merkmale und Kennzahlen auszuwählen. Zu dieser Auswertestruktur werden jetzt die einzelnen Auswertungen mit der Darstellungsdefinition, der Reihenfolge der Felder sowie mit Formeln angelegt. Als Ergebnis einer Auswertung erhalten Sie eine Liste. Die einzelnen Funktionen möchte ich Ihnen kurz vorstellen.

Alle Informationsstrukturen der Applikation 05 (Qualitätsmanagement) werden auch als Auswertestrukturen ausgeliefert:

- 05   S068 – Lieferantenstatistik
- 05   S069 – Materialstatistik
- 05   S097 – QM-Meldungen Materialanalyse
- 05   S098 – QM-Meldung Lieferantenanalyse
- 05   S099 – QM-Meldungen Kundenanalyse
- 05   S100 – Probleme Materialanalyse
- 05   S102 – Probleme Lieferantenanalyse
- 05   S103 – Probleme Kundenanalyse
- 05   S104 – Kundenstatistik
- 05   S161 – Prüfergebnisse allg.
- 05   S162 – Prüfergebnisse quantitativ
- 05   S163 – Prüfergebnis quant. Lieferant
- 05   S164 – Prüfergebnis quant. Lieferant
- 05   S165 – Prüferg. allgemein Kunden
- 05   S166 – Prüfergebnisse quant. Kunde

Sie können direkt auf diesen ausgelieferten Strukturen Auswertungen anlegen, oder Sie legen zuerst eine neue Auswertestruktur an. Etwa, wenn Sie zwei Strukturen miteinander verbinden möchten oder weitere Daten aus der Datenbank dazu lesen möchten, z. B. die Warengruppe der Materialien, um gezielt auswerten zu können.

Auswertestruktur

Ich stelle Ihnen die Funktion einer Auswertestruktur anhand eines Beispiels vor, es soll die Quote der fehlerhaften Lieferungen von prüfpflichtigen Materialien errechnet werden. Sie benötigen für diese Funktion also die Merkmale Material und Monat, sowie die Kennzahlen Prüflosmenge und Anzahl der Prüflose aus der *Lieferantenstatistik*, der Struktur der Prüflose, sowie die reklamierte Menge und die Anzahl der Meldungen aus der Struktur *Q-Meldung Lieferantenanalyse*. Voraussetzung für diese Darstellungsart der Fehlerquote ist, dass zu jeder Lieferung ein Prüflos erzeugt wird, das sich auch im Skip befinden kann. Die Anzahl der Prüflose ist daher identisch mit der Anzahl der Lieferungen; die Prüflosmenge ist entsprechend gleichzusetzen mit der Liefermenge. Die fehlerhafte Menge wird aus der reklamierten Menge der Qualitätsmeldung ermittelt.

Sie legen eine Auswertestruktur in der Transaktion MCX7 über den Pfad LOGISTIK • QUALITÄTSMANAGEMENT • QUALITÄTSLENKUNG • KENNZAHLEN • WERKZEUGE • FLEXIBLE ANALYSEN • AUSWERTESTRUKTUR • ANLEGEN an.

Struktur generieren	[+]
Wenn Sie diese Funktion zum ersten Mal aufrufen, um eine Auswertestruktur anzulegen, erhalten Sie einen Hinweis, dass diverse Strukturen noch nicht generiert sind, und werden aufgefordert, diese zu generieren. Diesen Hinweis müssen Sie bestätigen. Die Generierung dauert etwas länger. Erst danach verhält sich das System so, wie ich es hier beschreibe.	

Geben Sie Ihrer Auswertestruktur zunächst einen Namen, der mit ZF beginnt und eine Beschreibung (siehe Abbildung 22.31) und bestätigen die Eingabe.

Auswertestruktur anlegen: Einstieg

Bezug Auswertestrkt.	Bezug DD-Tabelle...

| Auswertestruktur | ZF_QM01 | Lieferantenstatistik |

Abbildung 22.31 Name der Auswertestruktur

Über den Button MERKMALE... wählen Sie in der nächsten Ansicht die Merkmale MATERIAL und MONAT aus, zu denen Sie die Kennzahlen ermitteln möchten. Es öffnet sich ein Fenster und Sie gelangen in die Auswahlliste. Falls Sie später Änderungen durchführen, rufen Sie die Auswahlliste über den Button AUSWAHLLISTE... auf.

In der Auswahlliste erscheinen alle Infostrukturen, die im Modul QM aktiv sind. Im Feld AUSGEWÄHLTE AUSWERTESTRUKTUR sehen Sie die Infostruktur, aus der Sie aktuell die Felder auswählen, diese ist blau dargestellt. Per Doppelklick wählen Sie aus allen Auswertestrukturen die gewünschten Merkmale aus (siehe Abbildung 22.32) und schließen die Auswahl mit einem Klick auf den Button ✔ Übern.+Schließ. ab.

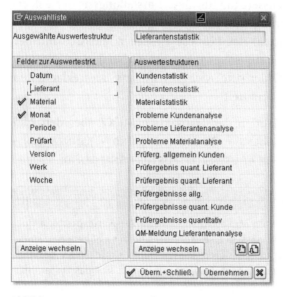

Abbildung 22.32 Auswertestruktur – Auswahlliste

Dabei sollten Sie beachten, dass Sie nur Merkmale im Bereich FELDER ZUR AUSWERTESTRKT. auswählen, die in allen Auswertestrukturen vorkommen, aus denen Sie die Kennzahl auswerten möchten. Die Merkmale MATERIAL und MONAT kommen sowohl in der *Lieferantenstatistik*, der Struktur der Prüflose als auch in der Struktur *Q-Meldung Lieferantenanalyse* vor. Das können Sie kontrollieren, indem Sie beide Strukturen nacheinander auswählen. Beide Felder sind jeweils markiert, so wie in Abbildung 22.32.

Sie können die Merkmale LIEFERANT oder WERK dagegen nicht verwenden, da die Datenelemente zu den Feldern in den Strukturen unterschiedlich definiert sind. Möchten Sie den Lieferanten mit auswerten, müssen Sie eine eigene Informationsstruktur anlegen und diese auswerten. Da hier viel Vorwissen erforderlich ist, verzichte ich auf die Ausführungen.

In dem Fenster AUSGEWÄHLTE MERKMALE: REIHENFOLGE, in das Sie automatisch gelangen, können Sie die Reihenfolge der Merkmale festlegen. An erster Stelle sollte das übergeordnete Merkmal stehen. Möchten Sie z. B. alle Materialien eines Monats sehen, stellen Sie den Monat nach oben. Möchten Sie dagegen sehen, wie sich die Monate zu den Materialien verhalten, kehren Sie dies um. Dazu stellen Sie den Cursor auf ein Merkmal, aktivieren dieses mit einem Doppelklick und verschieben es mit dem Button (Verschieben, siehe Abbildung 22.33). Die Reihenfolge können Sie auch später in der Definition der Auswertung festlegen.

Abbildung 22.33 Auswertestruktur – Reihenfolge der Merkmale

Nun gehen Sie für die Kennzahlen genauso vor. Sie rufen über den Button KENNZAHLEN... die Auswahlliste auf. Diese sieht wie in Abbildung 22.32 aus, nur dass Ihnen die Kennzahlen angeboten werden. Aus der *Lieferantenstatistik* wählen Sie die beiden Kennzahlen LOSE GESAMT und MENGE ALLER LOSE und aus der *Q-Meldung Lieferantenanalyse* die Kennzahlen MELDUNGEN ABGESCHL. und REKLAMIERTE MENGE aus.

Sobald Sie die Kennzahlen in dem Pop-up mit dem Button ✔ Übern.+Schließ. bestätigt haben, sehen Sie nun alle ausgewählten Merkmale und Kennzahlen in einer Übersicht (siehe Abbildung 22.34).

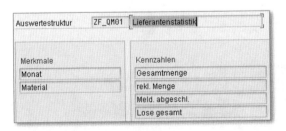

Abbildung 22.34 Auswertestruktur – Übersicht

Um die Struktur zu sichern, klicken Sie auf den Button ⊙ (Zurück). Die Systemfrage MÖCHTEN SIE DIE AUSWERTESTRUKTUR ZF_QM01 VORHER GENERIEREN? bestätigen Sie. Wenn Sie die Auswertestrukturen in ein anderes System transportieren möchten, binden Sie diese in einen Transportauftrag ein, indem Sie die Systemfrage bestätigen. Sie können also die Auswertungen im Testsystem anlegen und in Ruhe testen. Erst wenn alle Tests erfolgreich sind, transportieren Sie die neuen Einstellungen in Ihr Produktivsystem.

Nun haben Sie alle Felder definiert, die Sie auswerten möchten. Die Art der Darstellung legen Sie in der Auswertung fest.

Auswertung

Sie bearbeiten eine Auswertung in der Transaktion MCX1/2/3 über den Pfad LOGISTIK • QUALITÄTSMANAGEMENT • QUALITÄTSLENKUNG • KENNZAHLEN • WERKZEUGE • FLEXIBLE ANALYSEN • AUSWERTUNG • ANLEGEN / AENDERN / ANZEIGEN. Mit der Transaktion MCX4 führen Sie die Auswertung aus.

Im Feld AUSWERTESTRUKTUR wählen Sie die soeben angelegte Struktur, z. B. ZF_QM01, und vergeben einen Namen und die Bezeichnung in den Feldern AUSWERTUNG (siehe Abbildung 22.35).

Abbildung 22.35 Auswertung anlegen

Anschließend wählen Sie auch wieder Merkmale und Kennzahlen aus und definieren die Reihenfolge, wie es im vorherigen Abschnitt anhand der Abbildungen 22.32 und 22.33 beschrieben wurde. Es stehen dabei jedoch nur die Felder zur Verfügung, die Sie in die Auswertestruktur aufgenommen haben (siehe Abbildung 22.36).

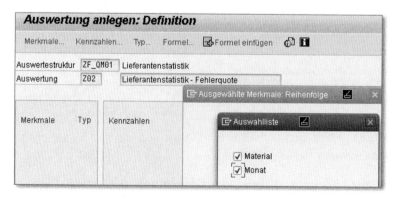

Abbildung 22.36 Auswertung – Auswahl der Merkmale

Nachdem Sie auch die Kennzahlen ausgewählt haben, können Sie über den Button [Formel einfügen] eigene Felder zur Berechnung anlegen, z. B. um die prozentuale Fehlerquote zu errechnen. Ihnen stehen dabei alle Felder der Struktur zur Verfügung, die Sie mit verschiedenen Funktionen verbinden können (siehe Abbildung 22.37).

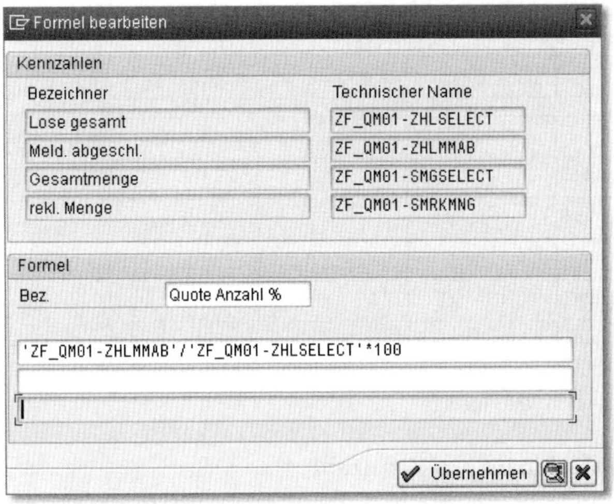

Abbildung 22.37 Formel anlegen

Über den Button LAYOUTKONTROLLE (⚙, siehe Abbildung 22.36) können Sie eine Vorschau anzeigen lassen und ausprobieren, wie die Liste dargestellt wird.

Über die Funktion TYP stehen Ihnen mehrere Möglichkeiten der Listdarstellung zur Verfügung. Sie rufen die Typauswahl über den Button TYP... auf (siehe z. B. Abbildung 22.36). In Abbildung 22.38 sehen Sie folgende Optionen:

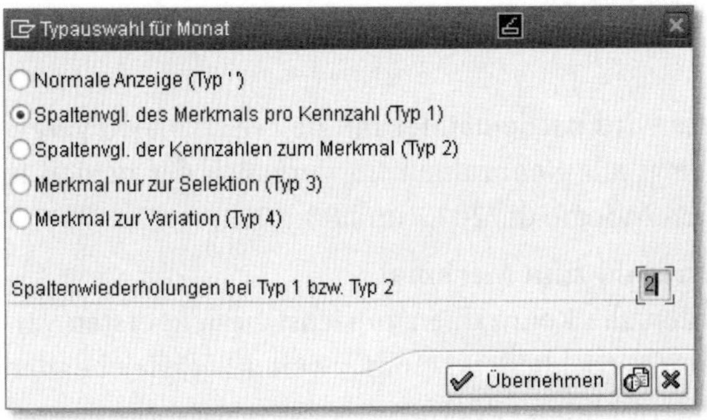

Abbildung 22.38 Typauswahl des Merkmals Monat

▶ **Normale Anzeige**
Wenn Sie keine weiteren Einstellungen vornehmen, wird die Liste wie in Abbildung 22.39 dargestellt.

Lieferantenstatistik - Fehlerquote

Lieferantenstatistik - Fehlerquote   Zeit: 15:12:38 Datum: 17.02.2013

Merkmale	Lose gesamt	Meld. abgeschl.	Quote Anzahl %
* 10092	14	2	14,29
06.2012	1		
08.2012	3	2	66,67
10.2012	5		
11.2012	3		
12.2012	2		

Abbildung 22.39 Auswertung – normale Anzeige

▶ **Spaltenvergleich des Merkmals pro Kennzahl**
Wählen Sie diese Option, öffnet sich eine Selektionsansicht, in der Sie die beiden zu vergleichenden Merkmale eingeben. Bei einem Vergleich wird die Anzahl der zu vergleichenden Spalten im Feld SPALTENWIEDERHOLUNGEN BEI TYP 1 BZW. TYP 2 definiert (siehe Abbildung 22.38). Abbildung 22.40 zeigt die Selektion, wenn Sie den Monat als Vergleich mit Spaltenwiederholung 2 angegeben haben.

Vergleich		
Monat	(1.Spalte)	
Monat	(2.Spalte)	

Abbildung 22.40 Vergleich

Jede Kennzahl in der Liste wird nacheinander mit den Merkmalen verglichen. Abbildung 22.41 zeigt alle Kennzahlen im Vergleich der beiden in der Selektion angegebenen Monate 06/2012 und 08/2012.

▶ **Spaltenvergleich der Kennzahl zum Merkmal**
Mit dieser Methode werden alle Kennzahlen zunächst zu dem ersten vergleichenden Merkmal und anschließend zum zweiten vergleichenden Merkmal dargestellt (siehe Abbildung 22.42).

Lieferantenstatistik - Fehlerquote			Zeit: 15:34:30 Datum: 17.02.2013						
Merkmale	Lose gesamt 06.2012	08.2012	Meld. abgeschl. 06.2012	08.2012	Quote Anzahl % 06.2012	08.2012	Gesamtmenge 06.2012	08.2012	
775	3						121.260 ST		
1632	3						46.800 ST		
10069	1						720,00 KG		
10074									
10092	1	3		2		66,67	1.000,00 KG	3,00 KG	

Abbildung 22.41 Vergleich der Merkmale – Liste

Lieferantenstatistik - Fehlerquote				Zeit: 15:37:18 Datum: 17.02.2013				
Merkmale	06.2012 Lose gesamt	Meld. abgeschl.	Quote Anzahl %	Gesamtmenge	rekl. Menge	Quote Menge %	08.2012 Lose gesamt	Meld. abgeschl.
475	4			77.400 ST				
528	1			2.400 ST				
775	3			121.260 ST				
1632	3			46.800 ST				
10069	1			720,00 KG				
10074					20,00 KG			
10092	1			1.000,00 KG			3	2

Abbildung 22.42 Vergleich der Kennzahlen – Liste

▶ **Merkmal nur zur Selektion**

Wenn Sie z. B. das Merkmal MONAT mit diesem Typ versehen, werden die summierten Mengen im gesamten Selektionszeitraum angezeigt (siehe Abbildung 22.43).

Lieferantenstatistik - Fehlerquote		Zeit: 15:45:21 Datum: 17.02.2013	
Merkmale	Lose gesamt	Meld. abgeschl.	Quote Anzahl %
10069	1		
10074			
10092	14	2	14,29
10094	3		

Abbildung 22.43 Merkmal nur zur Selektion

▶ **Merkmal zur Variation**

Bei der Auswahl dieses Typs sehen Sie auf der linken Seite die Merkmale entsprechend der Selektion. Sie können sich nun per Doppelklick auf das jeweilige Merkmal die Kennzahlen anzeigen lassen.

Klicken Sie z. B. auf den Monat 06.2012, sehen Sie die Kennzahlen LOSE GESAMT und MELD. ABGESCHL aus dem Monat 06.2012 (siehe Abbildung 22.44).

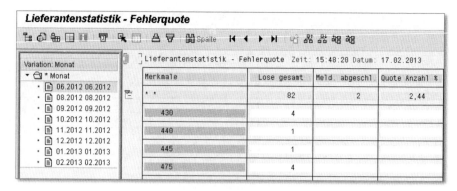

Abbildung 22.44 Merkmal zur Variation

Über das Menü BEARBEITEN • LAYOUT • DARSTELLUNG erhalten Sie verschiedene Register, mit deren Hilfe Sie das Layout der gerade illustrierten Listen beeinflussen können (siehe Abbildung 22.45).

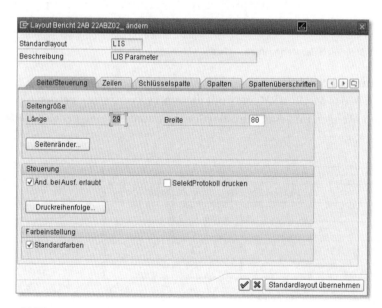

Abbildung 22.45 Layouteinstellungen

Unter anderem können Sie folgende Einstellungen vornehmen:

▶ Register SEITE/STEUERUNG: Sie können hier die Listbreite ändern.

▶ Register ZEILEN: Sie legen die Ebene fest, die beim Aufrufen der Liste aufgeklappt werden soll – Sie haben beispielsweise die Merkmale WERK/MATERIAL/MONAT festgelegt, möchten die Kennzahlen zum Merkmal MATERIAL aber nur auf Anforderung sehen.

▶ Register SCHLÜSSELSPALTE: Sie legen fest, ob Sie den Schlüssel und/oder die Bezeichnung sehen möchten, z. B. nur die Materialnummer oder auch den Materialkurztext.

▶ Register SPALTEN: Sie definieren die Spaltenbreite.

▶ Register SPALTENÜBERSCHRIFTEN: Sie legen die Ausrichtung fest.

▶ Register DARSTELLUNG: Sie können andere Farben einrichten.

Sie sollten die Auswirkungen der verschiedenen Funktionen testen. Über den Button STANDARDLAYOUT ÜBERNEHMEN in Abbildung 22.45 setzen Sie alle Einstellungen zurück. Es kann also nichts schiefgehen.

22.2.3 SAP Query

Die von mir am häufigsten eingesetzte Methode, um eine Lieferantenstatistik zu erstellen, ist die SAP Query. Sie verknüpfen hierbei die Informationsstruktur des Einkaufs mit der Meldungsstatistik. Damit stehen auch die Mengen der Materialien zur Verfügung, die nicht prüfpflichtig sind, zu denen es also keine Prüflose gibt. Außerdem kann das Feld LIEFERANT sofort verwendet werden.

[!]

Nutzung von SAP Query

Verwenden Sie eine Query nur, wenn Sie mit der Struktur der Datenbanktabellen vertraut sind.

Das Vorgehen bei der Auswertung mit SAP Query ist folgendes: In einem Infoset werden die auszuwertenden Tabellen per Join-Definition miteinander verbunden und anschließend einer Benutzergruppe zugeordnet. User, die der Benutzergruppe zugeordnet sind, können auf dieser Datengrundlage Querys (Abfragen) anlegen. Auch hier können eigene Felder mit Berechnungen definiert werden.

Sie legen ein Infoset in der Transaktion SQ02 oder über den Pfad WERKZEUGE • ABAP WORKBENCH • HILFSMITTEL • SAP QUERY • INFOSETS an. Sie vergeben einen Namen und klicken auf den Button [Anlegen] (siehe Abbildung 22.46), um in die Tabellenauswahl zu gelangen.

Im sich öffnenden Fenster vergeben Sie eine Bezeichnung und geben die Grundtabelle bei der Option TABELLEN-JOIN ÜBER TABELLE an (siehe Abbildung 22.47). Dann bestätigen Sie die Eingabe.

Abbildung 22.46 InfoSet anlegen

[+] | **Welches ist die Grundtabelle?**

Ist nicht sichergestellt, dass es in beiden Tabellen die gleiche Anzahl von Einträgen gibt, ist die Tabelle die Grundtabelle, die alle Einträge enthält. In unserem Beispiel gibt es nicht zu jedem Wareneingang eine Reklamation. Daher wird die Einkaufsstatistik S012 als Grundtabelle verwendet, da alle Wareneingänge und dazu, wenn vorhanden, die Reklamationen ausgegeben werden sollen.

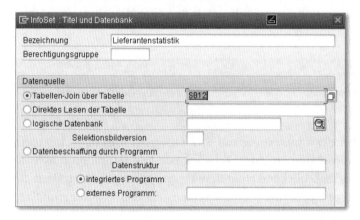

Abbildung 22.47 Titel und Datenbank

Sie geben anschließend die Meldungsstatistik als weitere Tabelle an und wählen LEFT OUTER, da nicht alle Einträge miteinander verknüpft werden sollen (siehe Abbildung 22.48). Wenn Sie dieses Kennzeichen nicht setzen, würden nur die Einträge angezeigt werden, zu denen es auf beiden Tabellen Datensätze gibt. Die Lieferanten, die nie eine Reklamation hatten, würden nicht angezeigt werden.

Über die Funktion [Bedingung definieren] werden die angegebenen Tabellen auf der rechten Seite unter VERKNÜPFUNGEN angezeigt. Über den Button (Bedingung spezifizieren) können Sie die Tabellen sinnvoll miteinander verbinden. Wenn Sie die vom System angebotenen Vorschläge für Verknüpfungsbedingungen übernehmen, werden alle Felder miteinander verknüpft, die dieselbe Datenstruktur aufweisen. Meistens kann diese übernommen werden (siehe Abbildung 22.49).

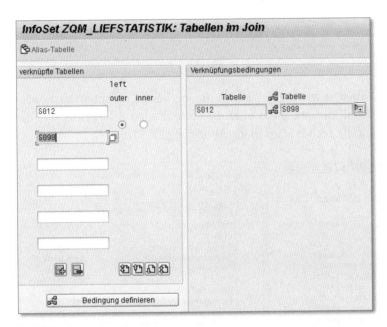

Abbildung 22.48 Tabellen-Join

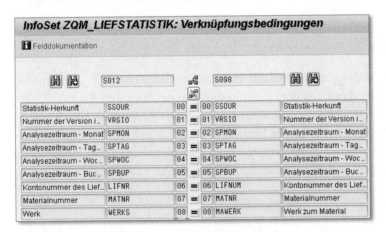

Abbildung 22.49 Verknüpfungsbedingungen

Wenn Sie den Tabellen-Join über den Button ⬅ (Zurück) verlassen, legen Sie fest, ob das System Felder aus den Tabellen automatisch bereitstellen soll (siehe Abbildung 22.50).

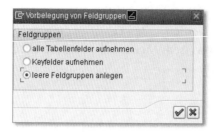

Abbildung 22.50 Vorbelegung der Feldgruppen

Um aus den Tabellen weitere Felder, die Sie auswerten möchten, auszuwählen, ziehen Sie mit der Maus das oder die betreffenden Feld/Felder von der linken Seite auf die rechte Seite (siehe Abbildung 22.51).

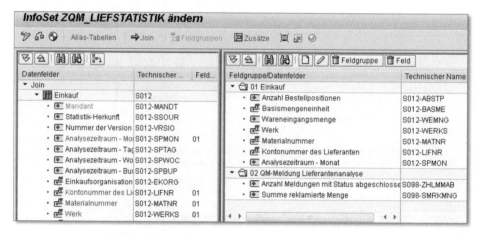

Abbildung 22.51 Feldgruppen im Infoset

Sie generieren das gerade angelegte Infoset über den Button ⊕ (Generieren) und ordnen es dann aus dem Einstiegsbild heraus über den Button Zuordnung zu Rollen/Benutzergruppen einer Benutzergruppe zu. Die Benutzergruppe haben Sie zuvor in der Transaktion SQ03 angelegt, bzw. Sie verwenden eine vorhandene Benutzergruppe. Markieren Sie die gewünschte Benutzergruppe und sichern Sie die Einträge (siehe Abbildung 22.52).

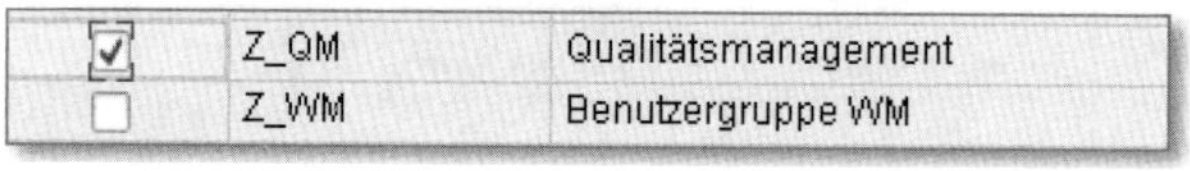

☑	Z_QM	Qualitätsmanagement
☐	Z_WM	Benutzergruppe WM

Abbildung 22.52 Benutzergruppe zuordnen

Nun sind die Datenvoraussetzungen geschaffen, und Sie können die eigentliche Auswertung als Query anlegen. Dazu wählen Sie die Transaktion SQ01 im selben Pfad. Über den Button ⊞ (BenGruppe wechseln) wählen Sie die Benutzergruppe aus, zu der das Infoset zugeordnet wurde. Dann geben Sie einen Namen für die Query an und klicken auf den Button ☐ Anlegen (siehe Abbildung 22.53).

Abbildung 22.53 Query anlegen

Im sich öffnenden Pop-up wählen Sie das soeben angelegte Infoset per Doppelklick aus und gelangen in die Definition der Query (siehe Abbildung 22.54). Als Ausgabeform bietet sich die Option SAP LIST VIEWER an. In dieser Variante können Sie die Layouts später selbst festlegen.

Query LIEF_STAT ändern: Titel, Format

| Grundliste | Statistik | Rangliste | Ausgabereihenfolge |

Titel	Lieferantenstatistik
Bemerkungen	

Listenformat

Zeilen	
Spalten	83

Spezielle Attribute

Standard-Variante	
☐ Ausführen nur mit Variante	
☐ Änderungssperre	

Tabellenformat

Spalten	200

Drucken der Liste

☑ mit Standardtitel	
Zeichenzahl linker Rand	

Ausgabeform

- ⦿ SAP List Viewer
- ○ ABAP Liste
- ○ Grafik
- ○ ABC-Analyse
- ○ Führungsinformationssystem EIS
- ○ Dateiablage
- ○ Anzeige als Tabelle
- ○ Textverarbeitung
- ○ Tabellenkalkulation

Abbildung 22.54 Query – Titel und Format

Sie klicken auf den Button ▣ (Nächstes Bild), um die Feldgruppen auszuwählen. Nur aus den hier aktivierten Feldgruppen können Sie später die Felder markieren (siehe Abbildung 22.55).

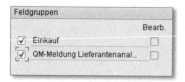

Abbildung 22.55 Feldgruppenauswahl

Sie klicken wieder auf den Button ⊞ (Nächstes Bild), um nun die Felder aus den Feldgruppen auszuwählen. Ihnen werden automatisch auch die zugehörigen Textfelder angeboten, wenn es zu diesem Objekteintrag auch eine Bezeichnung gibt, z. B. LIEFERANT oder MATERIAL.

Da der prozentuale Anteil der Reklamationen zu den Wareneingängen ermittelt werden soll, wird ein neues Feld FEHLERQUOTE mit einer Berechnung angelegt. Alle Felder, die Sie zur Berechnung verwenden, benötigen eine Kurzbezeichnung. Dazu selektieren Sie in der Feldauswahl das Menü BEARBEITEN • KURZBEZEICHNUNGEN • EINSCHALTEN und pflegen die Bezeichnungen zu den benötigten Anzahl- und Mengenfeldern (siehe Abbildung 22.56).

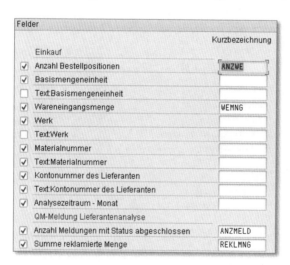

Abbildung 22.56 Feldauswahl

Nun legen Sie über das Menü BEARBEITEN • LOKALES FELD • ANLEGEN ein neues Feld an und definieren im Pop-up FELDDEFINITION seine Eigenschaften (siehe Abbildung 22.57). Bei der Option RECHENFELD machen Sie Einträge in den Feldern ANZAHL DER ZIFFERN und DEZIMALSTELLEN. Im Bereich BERECHNUNGS-VORSCHRIFT hinterlegen Sie die Formel. Über den Button FELDER werden Ihnen dann alle Felder mit Kurzbezeichnung zur Auswahl angeboten. Beachten Sie, dass die Division durch null nicht zulässig ist. Daher müssen Sie für unser Beispiel eine Bedingung definieren (Feld BEDINGUNG). Mit der Bestätigung der Eingabe verlassen Sie das Pop-Up.

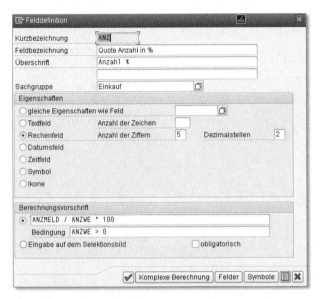

Abbildung 22.57 Felddefinition

Haben Sie alle Felddefinitionen angelegt, klicken Sie auf den Button 🗋 (Nächstes Bild), um die Selektionsfelder per Markierung zu bestimmen. Mit dem Feld NR kann die Reihenfolge der Felder und im Feld SELEKTIONSTEXT die Bezeichnung des Feldes im Selektionsbild verändert werden (siehe Abbildung 22.58).

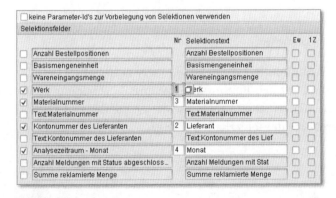

Abbildung 22.58 Selektion

Nun begeben Sie sich über den Button GRUNDLISTE (siehe Abbildung 22.58) in die Listformatierung und wählen hier die Felder aus, die in der Liste angezeigt werden sollen. Wenn Sie SAP List Viewer als Ausgabeform ausgewählt haben (siehe Abbildung 22.54), wählen Sie als Zeile immer eine 1. Die Reihenfolge ist hier unerheblich, da Sie diese in der Layoutdefinition übersteuern können.

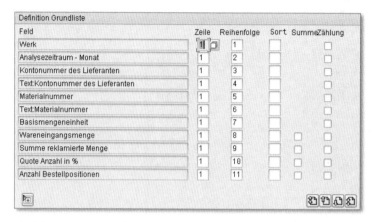

Abbildung 22.59 Grundliste

Aus der Grundliste heraus können Sie über das mehrmalige Verwenden des Buttons ▣ (Nächstes Bild) die Ausgabeeigenschaften der Felder aufrufen, z. B. dass eine Ausgabe nur erfolgt, wenn die Menge ungleich null ist (siehe Abbildung 22.60).

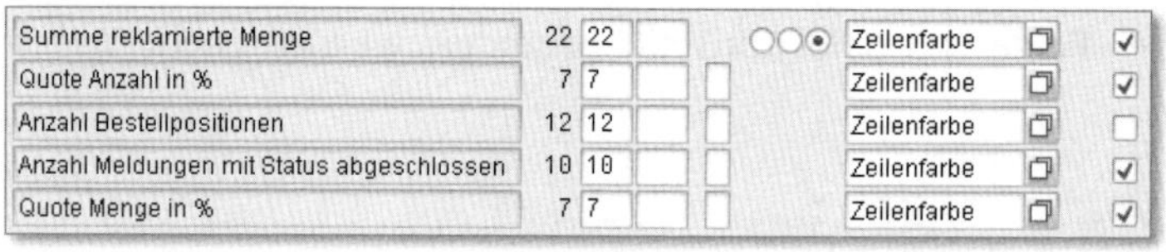

Summe reklamierte Menge	22	22		○○◉	Zeilenfarbe ▢	✓
Quote Anzahl in %	7	7			Zeilenfarbe ▢	✓
Anzahl Bestellpositionen	12	12			Zeilenfarbe ▢	☐
Anzahl Meldungen mit Status abgeschlossen	10	10			Zeilenfarbe ▢	✓
Quote Menge in %	7	7			Zeilenfarbe ▢	✓

Abbildung 22.60 Ausgabeeigenschaften

Nun sichern Sie die Definition und können die Query ausführen. Dazu klicken Sie im Einstiegsbild auf den Button ⊕ (Ausführen). Abbildung 22.61 zeigt die Liste mit den Mengenfeldern inklusive der Quote der fehlerhaften Lieferungen bzw. der Quote der fehlerhaften Menge.

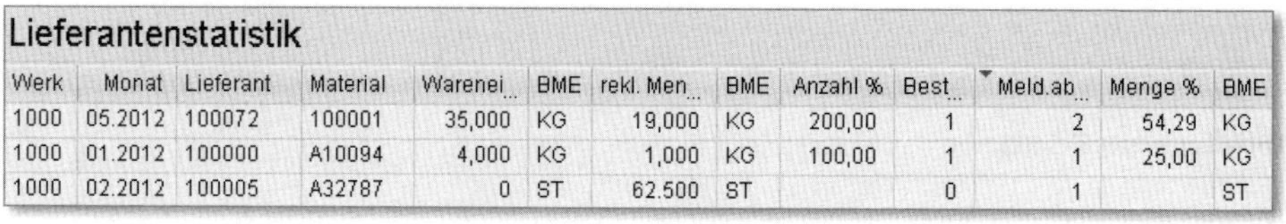

Lieferantenstatistik

Werk	Monat	Lieferant	Material	Warenei..	BME	rekl. Men..	BME	Anzahl %	Best..	Meld.ab..	Menge %	BME
1000	05.2012	100072	100001	35,000	KG	19,000	KG	200,00	1	2	54,29	KG
1000	01.2012	100000	A10094	4,000	KG	1,000	KG	100,00	1	1	25,00	KG
1000	02.2012	100005	A32787	0	ST	62.500	ST		0	1		ST

Abbildung 22.61 Fertige Liste

Query ausführen

Um Querys für viele Anwender in einfacher Form zur Verfügung zu stellen, können Sie aus dem generierten Programm heraus eine Transaktion anlegen.

Wenn Sie die Query ausführen, können Sie das Programm im Selektionsbild über das Menü SYSTEM • STATUS finden. Dieses Programm geben Sie bei der Erstellung der Transaktion an. Die Transaktionspflege sollte in Ihrer IT-Abteilung vorgenommen werden.

22.3 Lieferantenbeurteilung

Die Lieferantenbeurteilung bietet Ihnen die Möglichkeit, Noten zwischen 1 und 100 zu ermitteln, um einzelne Lieferanten miteinander zu vergleichen. Sie berechnet aus der Bestellabwicklung einzelne Noten als Teilkriterien, die zu Hauptkriterien zusammengefasst eine Gesamtnote ergeben. Die Qualitätsdaten bilden neben den logistischen Daten ein eigenes Hauptkriterium. Ich erläutere Ihnen nun, wie die Teilkriterien für die Note Qualität ermittelt werden.

Variante im SAP-Standard

Die SAP-Standardinstallation liefert eine voreingestellte Variante der Lieferantenbeurteilung aus. Wenn Sie noch keine konkrete Vorstellung haben, wie Sie die Beurteilung einrichten und gewichten möchten, empfehle ich Ihnen, mit dieser Voreinstellung Erfahrungen zu sammeln.

Im SAP-Standardsystem werden die folgenden Haupt- mit ihren Teilkriterien zur Beurteilung ausgeliefert. Diese Kriterien sind jeweils gewichtet, um bestimmte Kriterien als stärker beeinflussend zu definieren. In der Gewichtung der Hauptkriterien ist z. B. das Kriterium Lieferung am stärksten gewichtet, während die Teilkriterien unter dem Hauptkriterium Lieferung gleichgewichtet sind:

▸ Preis (Preisniveau, Preisentwicklung)

▸ Qualität (WE-Lose, Reklamation, Qualitäts-Audit)

▸ Lieferung (Termintreue, Mengentreue, Versandvorschrift, Abweichung Lieferavis)

▸ Service: manuelle Note

▸ Leistung (Qualität Leistung, Termin Leistung)

Die Teilkriterien, die dem Hauptkriterium Qualität untergeordnet sind, stelle ich kurz vor:

▶ **WE-Lose**

Die Note für die Wareneingangsprüfungen wird aus den Qualitätskennzahlen (QKZ) der Prüflose nach folgender Formel errechnet:

$QKZ = (S1 + S2) / (n1 + n2)$

  ▶ S1 = Summe der Qualitätskennzahlen der Prüflose

  ▶ n1 = Anzahl der Prüflose

  ▶ n2 = Anzahl der Lieferungen zu Materialien mit Q-Infosatz, zu denen keine Prüflose existieren

  ▶ $S2 = n2 \times QKZmax$

Sie können die Wareneingangsnote des Lieferanten nach Material und Prüfart aufschlüsseln, um damit z. B. Erstmuster aus dieser Betrachtung herauszuhalten.

▶ **Audit**

Die Audit-Note wird entweder aus der durchschnittlichen QKZ der Audits oder aus der QKZ des jüngsten Audits gebildet. Sie können die Audit-Note auch manuell eingeben.

▶ **Reklamation**

Die Reklamationsnote wird aus der Anzahl der fremdverursachten abgeschlossenen Mängelrügen nach folgender Formel errechnet:

$QKZ = QKZmin + (QKZmax - QKZmin) \times (1 - (N \times K) / (F \times U))$

$QKZ = QKZmin$ falls $(N \times K) > (F \times U)$

  ▶ QKZmin = untere Grenze für die QKZ

  ▶ QKZmax = obere Grenze für die QKZ

  ▶ N = Anzahl der Q-Meldungen im Bezugszeitraum

  ▶ K = pauschaler Fehlleistungsaufwand

  ▶ F = Umsatzanteil für QKZ-Berechnung (Umsatzanteilproz aus Abbildung 22.62)

  ▶ U = Umsatz des Lieferanten im Bezugszeitraum

Sie sehen, dass die Reklamationsnote sehr stark vom Umsatz des Lieferanten abhängig ist.

Die Grundeinstellungen sowie die Einstellungen für einige Parameter der Reklamationsnote zur Lieferantenbeurteilung der Einkaufsorganisation nehmen Sie im Customizing über den Pfad Materialwirtschaft • Einkauf • Lie-

FERANTENBEURTEILUNG • EINKAUFSORGANISATIONSDATEN PFLEGEN vor (siehe Abbildung 22.62).

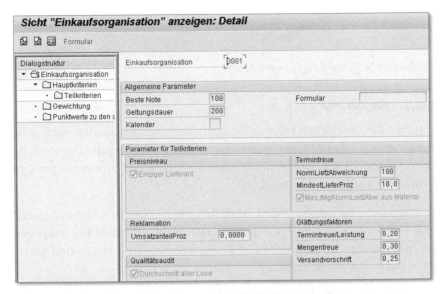

Abbildung 22.62 Lieferantenbeurteilung – Detail »Einkaufsorganisation«

Der Zeitraum, der bei der Berechnung der Note betrachtet wird, entspricht dem Feld GELTUNGSDAUER. QKZmin und QKZmax werden in den Mandanteneinstellungen vorgenommen (Felder HÖCHSTE und NIEDRIGSTE QUALITÄTS-KENNZAHL). Dazu rufen Sie den Pfad QUALITÄTSMANAGEMENT • GRUNDEINSTELLUNGEN • VOREINSTELLUNG AUF MANDANTENEBENE auf (siehe Abbildung 22.63).

Wertebereich der Qualitätskennzahl	
Höchste Qualitätskennzahl	100
Niedrigste Qualitätskennzahl	1
Untere Grenze für gute Qualität	80

Abbildung 22.63 Einstellung auf Mandantenebene

Den pauschalen Fehlleistungsaufwand, der pro Meldung angesetzt wird, pflegen Sie im Customizing zur Meldungsart über den Pfad QUALITÄTSMANAGEMENT • QUALITÄTSMELDUNG • INFORMATIONSSYSTEM • FEHLLEISTUNGSAUFWAND FÜR DIE LIEFERANTENBEURTEILUNG PFLEGEN (siehe Abbildung 22.64).

Möchten Sie die Berechnung der Noten beeinflussen, stehen Ihnen User-Exits zur Verfügung, in denen Sie eigene Berechnungsroutinen hinterlegen können.

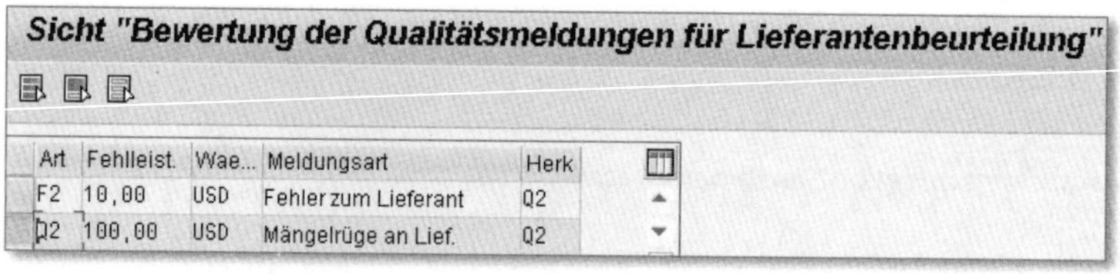

Abbildung 22.64 Fehlleistungsaufwand pflegen

Lieferantenbeurteilung aufrufen

Wenn Sie die Lieferanten regelmäßig beurteilen, werden Sie die monatliche Beurteilung als Job einrichten. Damit kann sich der Einkauf die Entwicklung der Noten anschauen. Nehmen wir einen einzelnen Lieferanten heraus und schauen uns die Daten im Detail an.

Sie rufen die Transaktion ME61 oder den Pfad LOGISTIK • MATERIALWIRT-SCHAFT • EINKAUF • STAMMDATEN • LIEFERANTENBEURT. • PFLEGEN auf und geben den zu beurteilenden Lieferanten in der Einkaufsorganisation an und gelangen in das Detail der Beurteilung.

Nach Bestätigung des Gewichtungsschlüssels (Feld GEWICHTSCHL.) werden die Hauptkriterien ermittelt und die prozentuale Gewichtung errechnet (Bereich BEURTEILUNG DER HAUPTKRITERIEN). Über das Menü BEARBEITEN • AUTOMATISCHE NEUBEURTEILUNG stoßen Sie die Berechnung der Noten an (siehe Abbildung 22.65). Sie sehen jetzt in der Spalte NOTE für alle automatischen Kriterien eine Zahl. Die Note für ein manuelles Kriterium, hier die LEISTUNG, können Sie manuell eintragen.

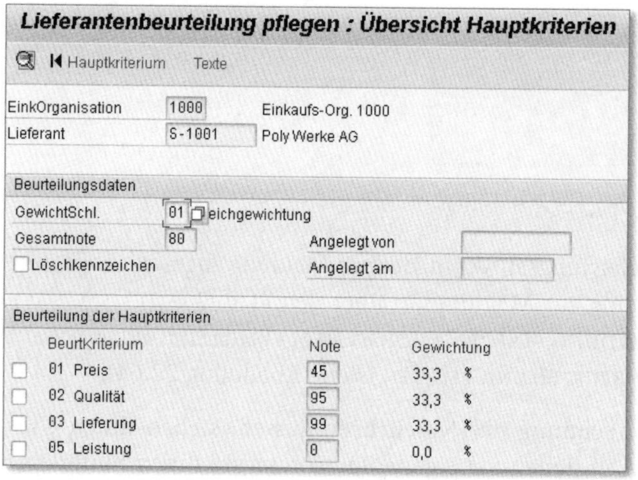

Abbildung 22.65 Lieferantenbeurteilung – Hauptkriterien

Ein Doppelklick auf das Beurteilungskriterium QUALITÄT listet die untergeordneten Teilkriterien auf. Sie sehen in Abbildung 22.66, dass die Note für die Wareneingangsprüfung abgewertet wurde.

Beurteilung der Teilkriterien			
Teilkriterium	Note	Gew.	M
01 WE-Prüfung	84	33,3 %	7
02 Reklamation	100	33,3 %	8
03 Audit	100	33,3 %	9

Abbildung 22.66 Teilkriterien zu Qualität

Weitere Details zur Berechnung der Noten sehen Sie im Protokoll, das Sie über das Menü SPRINGEN • DETAILPROTOKOLL bzw. ALLE PROTOKOLLE aufrufen können (siehe Abbildung 22.67).

```
Protokoll der automatischen Teilkriterien


Einkaufsorg.: 1000 Einkaufs-Org. 1000
Lieferant...: S-1001    Poly Werke AG
Hauptkrit...: 02 Qualität          Teilkrit: 01 WE-Prüfung      Typ: 7
Material          Kurztext                                      Note
   Werk                      Prüfart
5000000034        Sorbit flüssig                                 100
5000000061        Flasche 100ml                                  100
CH-6800           PowerPaint rot, 5 kg                            75
Hauptkrit...: 02 Qualität          Teilkrit: 02 Reklamation     Typ: 8
                                                        Note:     100

Hauptkrit...: 02 Qualität          Teilkrit: 03 Audit           Typ: 9
   Werk                      Prüfart                            Note
5000000070        Systemaudit beim Lieferanten                   100
   1000                                                          100
   1000                                                          100
```

Abbildung 22.67 Protokoll zum Detail »Qualität«

Sie kennen nun die Funktionen zur Berechnung der Note Qualität und können zusammen mit dem Einkauf die Lieferantenbeurteilung einrichten.

22.4 Wichtige Übersichten anderer Module

Da das Modul Qualitätsmanagement von dem gesamten logistischen Prozess abhängig ist, ist es auch notwendig, Auswertungen aus anderen Modulen zu kennen. Ich möchte daher zwei Transaktionen außerhalb des Moduls QM vorstellen – das Auftragsinformationssystem und den Produktstruktur-Browser –, die oft in den Qualitätsabteilungen verwendet werden. Weitere Transaktionen zu anderen Übersichten entnehmen Sie bitte dem Anhang.

Sie können sämtliche Detailinformationen zu Fertigungs- bzw. Prozessaufträgen im *Auftragsinformationssystem* in der Transaktion COOIS über den Pfad LOGISTIK • PRODUKTION • FERTIGUNGSSTEUERUNG • INFOSYSTEM • AUFTRAGSINFORMATIONSSYSTEM bzw. für das Modul PP-PI in der Transaktion COOISPI über den Pfad LOGISTIK • PRODUKTION • PROZESS • PROZESSAUFTRAG • AUSWERTUNGEN • AUFTRAGSINFOSYSTEM • PROZESSAUFTRAGSINFORMATIONSSYSTEM aufrufen.

In dem Selektionsbild geben Sie Ihre Daten an, z. B. direkt den Auftrag oder das Material und einen Zeitraum (siehe Abbildung 22.68).

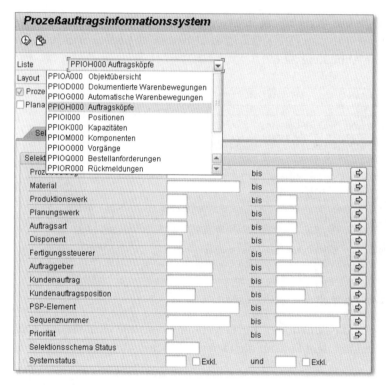

Abbildung 22.68 Auftragsinformationssystem

Wichtig ist die Auswahl in dem Feld LISTE. Folgende Abfragen sind in QM immer wieder interessant:

▶ Sie können sich die Abfrage AUFTRAGSKÖPFE anschauen, um schnell einen Überblick über den Status zu erhalten: Welche Aufträge laufen derzeit in der Produktion bzw. sind geplant?

▶ In der Abfrage DOKUMENTIERTE WARENBEWEGUNGEN sehen Sie, ob die Buchungen der Komponenten und Wareneingänge durchgeführt wurden.

Das ist oftmals der Grund, warum der Chargenverwendungsnachweis nicht die gewünschten Ergebnisse liefert.

▶ Sie sehen in der Abfrage RÜCKMELDUNGEN alle erfolgreichen Meldungen zum Auftrag. Falls Sie aus QM Rückmeldungen anstoßen, würden diese hier gelistet sein.

Möchten Sie kompakt Informationen zu einem Material erhalten, können Sie den *Produktstruktur-Browser* aufrufen. Er liefert Ihnen die SAP-Objekte eines Materials auf einen Blick, wie z. B. die Materialklassifizierung, Stückliste oder den Prüfplan. Dazu wählen Sie die Transaktion CC04 über den Pfad ANWENDUNGSÜBERGREIFENDE KOMPONENTEN • ÄNDERUNGSDIENST • UMFELD • PRODUKTSTRUKTUR. Im Einstiegsbild geben Sie das Material an und erhalten die gesamte Struktur. Ein Beispiel zeigt Abbildung 22.69.

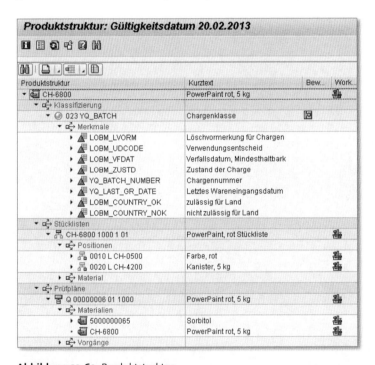

Abbildung 22.69 Produktstruktur

Sie haben in diesem Kapitel eine Zusammenfassung bezüglich möglicher Auswertungen erhalten. Die alltäglichen Listen sollten Sie so einfach wie möglich gestalten und sich einmal die Zeit nehmen, alle Auswertungen auszuprobieren. Mithilfe einer der hier vorgestellten Auswertungen könnte sich bei dem einen oder anderen Leser Zeit für die Erstellung des Monatsberichts einsparen lassen.

In diesem Kapitel möchte ich auf hilfreiche Funktionen aufmerksam machen, die an vielen Stellen im Modul Qualitätsmanagement verwendet werden. Ich erkläre den Anwenderstatus sowie die Mail-Funktion und das Einrichten von Abteilungen für die Maßnahmenverfolgung.

23 Unterstützende QM-Funktionen

Sie haben bis hierher zahlreiche Funktionen im Modul QM kennengelernt. Ich möchte diese nun ergänzen, indem ich noch einige hilfreiche QM-Funktionen erläutere, die Ihnen die Handhabung des Systems erleichtern werden.

Der Anwenderstatus (siehe Abschnitt 23.1) bietet Ihnen neben dem Systemstatus die Möglichkeit, einen erreichten Schritt eines SAP-Objektes individuell festzuhalten, z. B. ein Prüflos vorab freizugeben.

Darüber hinaus werden Sie die Mail-Funktionen sowie das Einrichten von Verteilern kennenlernen, um z. B. regelmäßig Listen an bestimmte Personen senden zu können (siehe Abschnitt 23.2).

Ich zeige Ihnen auch, wie Sie Abteilungen einrichten (siehe Abschnitt 23.3). Auf diese Weise können Sie Maßnahmen im Reklamationsmanagement nicht nur einzelnen Personen, sondern einer gesamten Abteilung zuweisen.

Einige Workflow-Aufgaben haben Sie bereits in Kapitel 19 zu den Qualitätsmeldungen kennengelernt. Ich werde diese mit den Workflow-Mustern aus der Prüfabwicklung vervollständigen (siehe Abschnitt 23.4).

In Abschnitt 23.5 erläutere ich Ihnen, wie Sie Maßeinheiten im System ergänzen, wenn die ausgelieferten Einheiten für die Abbildung Ihrer Prüfungen nicht ausreichen.

Schließlich möchte ich Hilfemöglichkeiten aufzeigen, die SAP bietet, damit Sie diese kennen und nutzen können (siehe Abschnitt 23.6).

23.1 Anwenderstatus

Der Anwenderstatus wird Ihnen in jedem dafür vorgesehenen Objekt direkt neben dem Systemstatus angezeigt. Jedem Status ist auch ein betriebswirtschaftlicher Vorgang zugeordnet, den Sie erlauben oder verbieten können.

Den Systemstatus können Sie nicht manuell verändern, dafür aber den Anwenderstatus: Sie können mithilfe des Anwenderstatus in der Qualitätsmeldung z. B. eine Durchlaufreihenfolge durch die Abteilungen abbilden oder bestimmte Funktionen im Prüflos zulassen, wie z. B. den Zeugnisdruck, ohne den Verwendungsentscheid getroffen zu haben.

Über ein Selektionsschema, das Sie im Customizing einrichten, können Sie Ihre Objekte in Arbeitsvorräten und Listen nach dem Status selektieren.

Sie können über die Berechtigungsverwaltung für das Berechtigungsobjekt B_USERSTAT steuern, welchen Status welcher User setzen darf.

23.1.1 Statusschema definieren

Ich möchte die Funktion zunächst anhand des ausgelieferten Statusschemas zur Erstmusterprüfung beschreiben.

Statusschema Q-Infosatz Beschaffung

Dieses Schema wird im Qualitätsinformationssatz Beschaffung auf dem Register STATUS zugeordnet und durchläuft die Status in vorgegebener Reihenfolge. Um meinen Ausführungen der Statusänderung zu folgen, rufen Sie die Transaktion QI02 über den Pfad LOGISTIK • QUALITÄTSMANAGEMENT • QUALITÄTSPLANUNG • LOGISTIK STAMMDATEN • Q-INFOSATZ BESCHAFFUNG auf.

Sie wählen den Eintrag QM_P_001 (Lieferbeziehung Schema 001) im Feld STATUSSCHEMA aus und bestätigen die Eingabe (siehe Abbildung 23.1). Das Detailbild zum Status rufen Sie über den Button &Status (Statusanzeige) auf.

Abbildung 23.1 Statusschema zum Erstmuster

Abbildung 23.2 zeigt, wie der Anwenderstatus in der Anwendung aussieht. Alle Status mit Ordnungsnummer stehen im oberen Bereich. Die Auswahl über die Radiobuttons lässt hier genau einen Status zu. Status ohne Ordnungsnummer stehen im unteren Bereich und können jederzeit zusätzlich aktiviert werden. In dem Beispiel können Sie zusätzlich den Status MUSTER zuordnen, wenn Sie z. B. keine Steuerung der Prüfart wünschen, sondern nur kenntlich machen wollen, dass eine Musterlieferung ansteht.

Abbildung 23.2 Anwenderstatus setzen

Um sich die Einstellungen zum Statusschema im Customizing anzusehen, rufen Sie den Pfad QUALITÄTSMANAGEMENT • UMFELD • ZENTRALE FUNKTIONEN • ALLGEMEINE STATUSVERWALTUNG • STATUSSCHEMA DEFINIEREN auf und wählen die Funktion STATUSSCHEMA DEFINIEREN. Ein Doppelklick auf das Statusschema führt Sie zu den einzelnen Status des Schemas (siehe Abbildung 23.3).

| Statusschema | QM_P_001 Lieferbeziehung Schema 001 | | | | | | | |
| Pflegesprache | DE Deutsch | | | | | | | |

Anwenderstatus								
Ord...	Status	Kurztext	LTex...	Initial...	Niedrig...	Höchst...	Posi...	Prior...
	0000	Muster	☐	☐				
1	0001	Lieferbeziehung eröffnet	☐	☑	1	5	1	1
2	0002	Erstmuster	☐	☐	2	3	1	1
3	0003	Nullserie	☐	☐	2	4	1	1
4	0004	Serie	☐	☐	1	4	1	1
5	0005	Wiederholmuster angefo...	☐	☐	1	6	1	1
6	0006	Wiederholmuster	☐	☐	6	7	1	1
7	0007	Serie	☐	☐	5	7	1	1
			☐	☐				

Abbildung 23.3 Statusschema QM_P_001

Sie sehen, dass der Status 1 LIEFERBEZIEHUNG ERÖFFNET als Initialstatus gekennzeichnet ist (siehe das Häkchen im Feld INITIAL...). Das bedeutet, dass dieser Status automatisch gesetzt wird, sobald das Statusschema zugeordnet wurde.

Über die Ordnungsnummer können Sie die Reihenfolge der Status festlegen. Ein Status mit Ordnungsnummer lässt keine weiteren Status neben sich zu. Ein Status ohne Ordnungsnummer kann dagegen jederzeit zusätzlich aktiviert werden (Abbildung 23.2)

Mit den Einträgen in den Feldern NIEDRIG... (niedrigste Ordnungsnummer) und HÖCHST... (höchste Ordnungsnummer) erlauben Sie den Statuswechsel. Betrachten wir diesen Sachverhalt anhand von Status 1 LIEFERBEZIEHUNG ERÖFFNET. Die Einträge in den Feldern NIEDRIG... und HÖCHST... besagen hier, dass Sie innerhalb der Ordnungsnummer 1-5 wechseln können, Sie können also z. B. sofort Status 4 SERIE zuweisen. Da bei Status 4 SERIE als niedrigste mögliche Wechselnummer die 1 enthalten ist, können Sie den Status auch wieder zurücksetzen. Wenn Sie sich jedoch in Status 2 ERSTMUSTER befinden, können Sie nicht wieder zurück in den Status 1 (denn die niedrigste mögliche Wechselnummer ist bei Status 2 der eigene Status). Ausgehend von Status 2 ERSTMUSTER, kann nur Status 3 NULLSERIE erreicht werden.

Dieses Statusschema bietet Ihnen zusätzlich die Möglichkeit, ein Wiederholmuster anzufordern. Sie durchlaufen dann nicht mehr die Status 1–4, sondern beginnen mit Status 5 und enden bei Status 7.

Die Felder POSITION und PRIORITÄT verwenden Sie für Status ohne Ordnungsnummer, um die Reihenfolge in der Statuszeile zu beeinflussen.

Ich empfehle, die Statuswechsel einfach zu testen, indem Sie das Statusschema kopieren und die einzelnen Funktionen verändern und ausprobieren.

Statusschema Prüflos

Ich möchte nun ein neues Statusschema anlegen und dieses dem Prüflos der Prüfart YQ04 zuordnen. Dieses Statusschema enthält einen Status, der einen Zeugnisdruck ohne Verwendungsentscheid erlauben soll, standardmäßig ist der Verwendungsentscheid jedoch die Voraussetzung für die Ausgabe eines Zeugnisses.

Sie bleiben hierzu im Customizing-Pfad QUALITÄTSMANAGEMENT • UMFELD • ZENTRALE FUNKTIONEN • ALLGEMEINE STATUSVERWALTUNG • STATUSSCHEMA DEFINIEREN und legen über den Button 🗋 (Anlegen) einen neuen Eintrag an, indem Sie die Felder STATUSSCHEMA, TEXT und PFLEGESPRACHE füllen (siehe

Abbildung 23.4). Sie bestätigen die Eingabe mit dem Button ✓ Weiter und befinden sich in der Tabelle der Statusschemata.

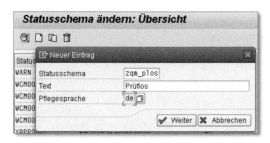

Abbildung 23.4 Statusschema definieren

Mit einem Doppelklick auf den neuen Eintrag gelangen Sie in die Detailübersicht, in der die einzelnen Status eingetragen werden (siehe Abbildung 23.5). Es gibt zwei Status, der Status INIT wird initial angelegt, und der Status ZEUG wird bei Bedarf manuell gesetzt.

Statusschema ändern: Anwenderstatus

Objekttypen

| Statusschema | ZQM_PLOS | Prüflos |
| Pflegesprache | DE | Deutsch |

Anwenderstatus

Ord...	Status	Kurztext	LTex...	Initial...	Niedrig...	Höchst...	Posi...	Prior...	Ber.Schlü...
1	INIT	Prüflos angelegt	☐	☑	1	2	1	1	
2	ZEUG	Zeugnisdruck erlaubt	☐	☐	1	2	1	1	
			☐	☐					

Abbildung 23.5 Statusschema zum Zeugnis im Prüflos

Soll das Statusschema auch in Werken genutzt werden, die eine andere Anmeldesprache verwenden, ergänzen Sie die anderen Sprachen über das Menü SPRINGEN • ÜBERSETZUNG • STATUSÜBERSETZUNG.

Nach der Definition des Statusschemas müssen Sie noch definieren, welche SAP-Objekte mit den Status arbeiten dürfen. Dazu rufen Sie über den Button OBJEKTTYPEN die Liste der erlaubten Objekttypen auf und aktivieren die Einträge zum Prüflos, da dieses Statusschema nur für die Prüflose verwendet werden soll (siehe Abbildung 23.6).

Jetzt können Sie den Zeugnisdruck als betriebswirtschaftlichen Vorgang erlauben. Sie rufen dazu die Vorgangssteuerung im Detailbild des Statusschemas (siehe Abbildung 23.5) auf, indem Sie auf den Status ZEUG doppelklicken und den Button ☐ (Anlegen) anklicken. Im sich öffnenden Bild suchen

Sie in der Spalte BETRIEBSW. VORGANG den Vorgang PRÜFLOS/TEILLOS FÜR ZEUGNIS und aktivieren hierfür den Radiobutton im Feld ERLAUBT (siehe Abbildung 23.7).

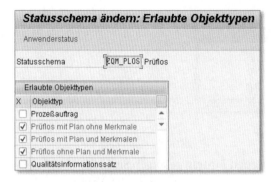

Abbildung 23.6 Objekttyp erlauben

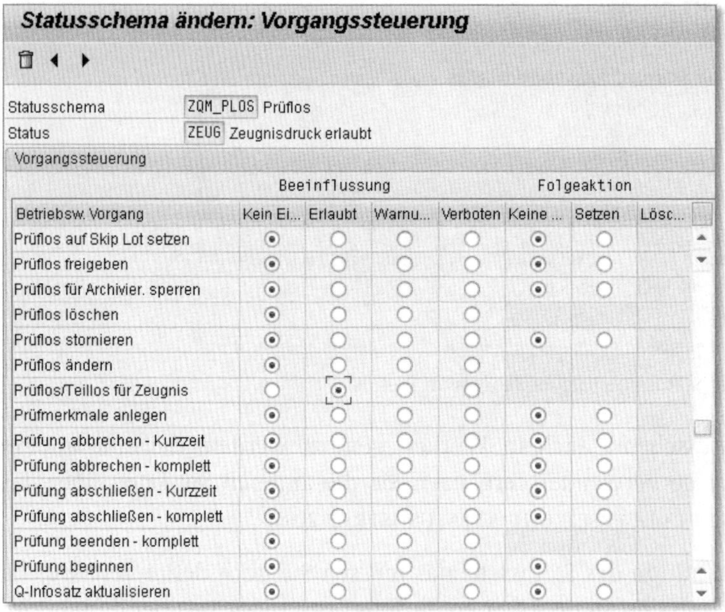

Statusschema ändern: Vorgangssteuerung							
🗑 ◀ ▶							
Statusschema	ZQM_PLOS Prüflos						
Status	ZEUG Zeugnisdruck erlaubt						
Vorgangssteuerung							
	Beeinflussung				Folgeaktion		
Betriebsw. Vorgang	Kein Ei...	Erlaubt	Warnu...	Verboten	Keine ...	Setzen	Lösc...
Prüflos auf Skip Lot setzen	●	○	○	○	●	○	
Prüflos freigeben	●	○	○	○	●	○	
Prüflos für Archivier. sperren	●	○	○	○	●	○	
Prüflos löschen	●	○	○	○			
Prüflos stornieren	●	○	○	○	●	○	
Prüflos ändern	●	○	○	○			
Prüflos/Teillos für Zeugnis	○	⊙	○	○			
Prüfmerkmale anlegen	●	○	○	○	●	○	
Prüfung abbrechen - Kurzzeit	●	○	○	○	●	○	
Prüfung abbrechen - komplett	●	○	○	○	●	○	
Prüfung abschließen - Kurzzeit	●	○	○	○	●	○	
Prüfung abschließen - komplett	●	○	○	○	●	○	
Prüfung beenden - komplett	●	○	○	○			
Prüfung beginnen	●	○	○	○	●	○	
Q-Infosatz aktualisieren	●	○	○	○	●	○	

Abbildung 23.7 Statusschema – Vorgangssteuerung

Nun können Sie bestimmen, welche Prüflose mit diesem Status arbeiten sollen. Dazu weisen Sie in der Prüfartdefinition das Statusschema der gewünschten Prüfart zu. Den Pfad QUALITÄTSMANAGEMENT • QUALITÄTSPRÜFUNG • PRÜFLOSERÖFFNUNG • PRÜFART PFLEGEN kennen Sie bereits. Im Detail zur Prüfart wird das neue Statusschema im Bereich PRÜFLOSABWICKLUNG zugeordnet (siehe Abbildung 23.8).

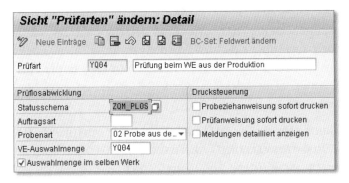

Abbildung 23.8 Prüfart definieren

Alle Prüflose, die nach dieser Zuweisung entstehen, erhalten dieses Status-schema. Um dies zu zeigen, lege ich ein Prüflos manuell in der Transaktion QA01 über den Pfad LOGISTIK • QUALITÄTSMANAGEMENT • QUALITÄTSPRÜFUNG • PRÜF-LOS • BEARBEITUNG • ANLEGEN an.

In Abbildung 23.9 sehen Sie, dass bereits in der Anlagetransaktion der Anwenderstatus INIT gesetzt wurde.

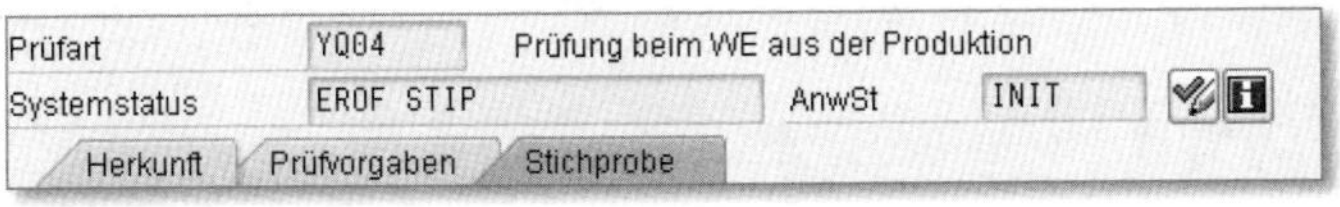

Abbildung 23.9 Anwenderstatus INIT

Über den Button ![Button] (Status setzen) können Sie diesen Status ändern (siehe Abbildung 23.10).

Abbildung 23.10 Anwenderstatus setzen

23.1.2 Selektionsschema definieren

In Listen können Sie mit der Eingabe eines Selektionsschemas bestimmte Sys-temstatus ausfiltern oder gezielt nach Ihrem Anwenderstatus suchen. Hierfür werden bereits Selektionsschemata ausgeliefert, die Sie im Customizing jederzeit ergänzen können. Ich werde Ihnen diese Funktion anhand der *Liste der Meldungen* exemplarisch zeigen.

Alle abgeschlossenen Meldungen (Status MMAB) sollen angezeigt werden. Im Auslieferungszustand selektiert das System bei der Auswahl des Status ABGESCHLOSSEN jedoch auch die gelöschten Meldungen, da diese ebenfalls den Status MMAB haben. Diese Meldungen interessieren aber in der Auswertung nicht und sollen nicht selektiert werden. Um das zu erreichen, gehen Sie wie folgt vor.

Sie rufen die Transaktion QM10 oder QM11 über den Pfad LOGISTIK • QUALITÄTSMANAGEMENT • QUALITÄTSMELDUNG • ARBEITSVORRAT MELDUNG auf und aktivieren den Status ABGESCHL. (siehe Abbildung 23.11).

Abbildung 23.11 Selektion mit Status »abgeschlossen«

Nach der Selektion werden jetzt auch – wie angekündigt – Meldungen mit dem Status LÖVM (Löschvormerkung) angezeigt (siehe Abbildung 23.12).

	Exce...	A	Meldung	Gew.Beginn	Gew.Ende	Status
			200000000	16.02.2010	18.02.2010	MMAB EIGV OFMA LÖVM
			200000001			MMAB FHLS
			200000020			MMAB FHLS
			200000031			MMAB FHLS
			200000041			MMAB FRDV AMER

Abbildung 23.12 Liste der Meldungen mit LÖVM

Um die gelöschten Meldungen schon in der Selektion auszufiltern, legen Sie ein Selektionsschema an. Dazu rufen Sie das Customizing über den Pfad QUALITÄTSMANAGEMENT • UMFELD • ZENTRALE FUNKTIONEN • ALLGEMEINE STATUSVERWALTUNG • SELEKTIONSSCHEMA DEFINIEREN auf.

Hier legen Sie einen neuen Eintrag beginnend mit Y oder Z an, wählen den Menüpunkt SELEKTIONSBEDINGUNGEN aus, tragen den Status LÖVM ein, setzen das Kennzeichen NICHT für den Zustand AKTIV (siehe Abbildung 23.13) und sichern Ihre Eingaben.

Dieses Selektionsschema kann sofort verwendet werden. In der Selektion (siehe Abbildung 23.11) geben Sie nun im Feld SEL.SCHEMA das Selektionsschema an und führen die Liste aus. Sie werden feststellen, dass Ihre gelöschten Meldungen nicht mehr enthalten sind.

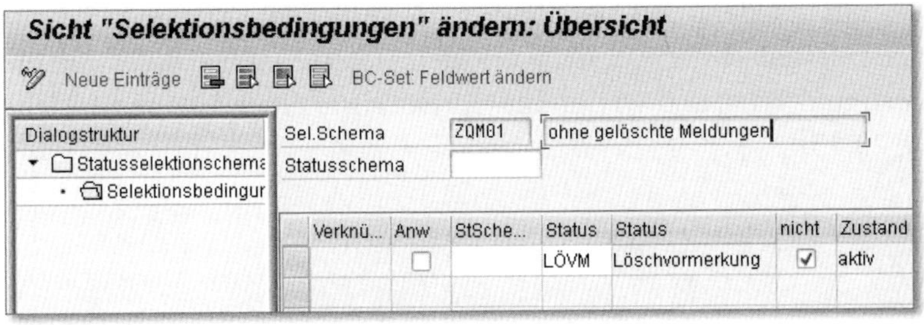

Abbildung 23.13 Selektionsschema

Diese Methode können Sie auch in den Listen der Prüflose anwenden, um die stornierten Lose auszublenden.

23.2 SAPoffice

In der SAP-Installation werden Ihnen auch diverse Bürofunktionen ausgeliefert. Der SAP Business Workplace bietet Ihnen ein Mail-System, um innerhalb des SAP-Systems zu kommunizieren oder bei Anschluss eines Mail-Servers direkt Mails zu versenden. Wenn Sie aus der Prozessabwicklung heraus Mails versenden, werden diese in den Postausgang Ihres Accounts gestellt, was der Übersichtlichkeit dient.

Sie können Protokolle, die aus Jobs im Hintergrund entstehen, an andere SAP-User mailen. Da oftmals nicht nur eine Person an diesen Protokollen interessiert ist, kann man hier auch mit Verteilern arbeiten.

Um einen Verteiler anzulegen, wählen Sie die Transaktion SBWP bzw. den Pfad BÜRO • ARBEITSPLATZ oder klicken auf den Button 🖂 (SAP Business Workplaces). Sie gelangen in den Workplace (siehe Abbildung 23.14) und klicken auf den Button 📇 Verteilerlisten .

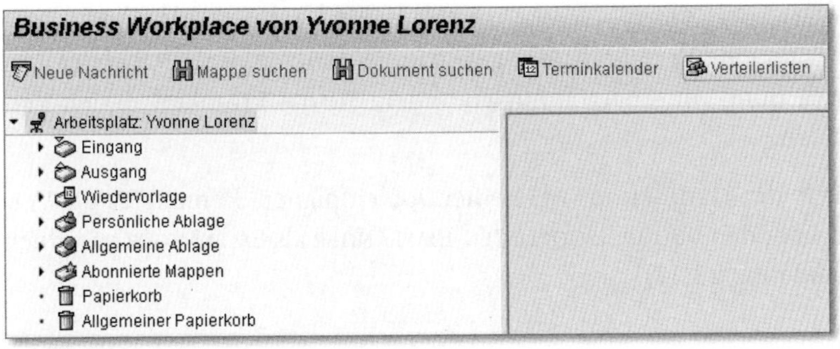

Abbildung 23.14 Workplace

Klicken Sie anschließend auf den Button ☐ (Anlegen), gelangen Sie zur Anlage einer Verteilerliste. Auf dem Register EIGENSCHAFTEN füllen Sie die Felder NAME und TITEL und weisen die Verteilerliste einer Mappe zu (siehe Abbildung 23.15).

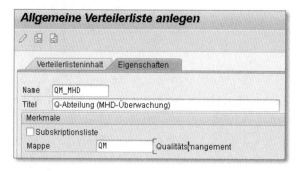

Abbildung 23.15 Verteilerliste

Auf dem Register VERTEILERLISTENINHALT ordnen Sie alle User zu, die zu diesem Verteiler gehören (siehe Abbildung 23.16). Dabei können Sie als Empfänger direkt eine externe Mail-Adresse eingeben, wenn Sie als Empfängertyp die Internetadresse angeben; oder Sie geben einen SAP-User mit dem SAP-Anmeldenamen als Empfängertyp an. Mit der Aktivierung von 🗳 (Senden Express) wird die SAP-Mail als Express-Mail versendet. Der Empfänger erhält auf seinem Bildschirm sofort eine Nachricht.

Abbildung 23.16 Verteilerlisteninhalt

Sie haben nun eine Verteilerliste angelegt und können diese z. B. bei der Terminüberwachung von Chargen nutzen, indem Sie das Protokoll an den Verteiler senden.

Wenn Sie in der Transaktion SM36 einen Job einplanen, können Sie die Verteilerliste über den Button SPOOLLISTEN-EMPFÄNGER als EMPFÄNGER zuordnen (siehe Abbildung 23.17).

Abbildung 23.17 Job – Spoollisten-Empfänger

23.3 Abteilungen einrichten

In den Qualitätsmeldungen arbeiten Sie häufig mit sogenannten Partnern; diese sind für verschiedene Funktionen in der Meldung verantwortlich. Sie können neben dem SAP-User oder einer Personalnummer auch Abteilungen als Partner zuordnen, z. B. wenn Sie mit der Partnerrolle *Zuständige Abteilung* arbeiten. So können Sie im Arbeitsvorrat nach ganzen Abteilungen selektieren. Abteilungen sind eine Organisationseinheit aus dem SAP Business Workflow.

Ich zeige nun, wie Sie eine Abteilung anlegen. Sie wählen dazu die Transaktion PPOCE oder den Pfad WERKZEUGE • BUSINESS WORKFLOW • AUFBAUORGANISATION • AUFBAUORGANISATION • ORGANISATION UND BESETZUNG • ANLEGEN. Sie geben nun einen Gültigkeitszeitraum vor und gelangen in den Organisationsbereich (siehe Abbildung 23.18). Hier geben Sie im Feld ORGANISATIONSEINH. auf dem Register GRUNDDATEN ein Kürzel und eine Beschreibung an, wie hier QM-MIBI und QM_ MIKROBIOLOGIE, und sichern die neue Abteilung.

Im Hintergrund wird eine laufende Nummer vergeben, die bei der Zuordnung der Abteilungen zu den Qualitätsmeldungen verwendet, aber in der Pflege der Abteilungen nicht angezeigt wird.

Sie können nun in der Meldungsbearbeitung (Transaktion QM02) die Abteilung als Partner verwenden. Wenn Sie die Partnerübersicht nicht als Bildschirmbereich aktiviert haben, rufen Sie diese über das Menu SPRINGEN •

PARTNER auf. Sie öffnen die Suchhilfe zum Partner – der Partnerrolle ZUSTÄN-
DIGE ABTEILUNG. In der Struktursuche geben Sie als Suchbegriff »QM*« ein
und erhalten eine Liste mit allen Organisationseinheiten, die mit QM beginnen (siehe Abbildung 23.19).

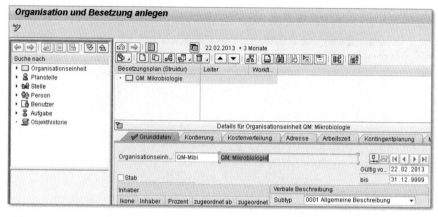

Abbildung 23.18 Abteilung anlegen

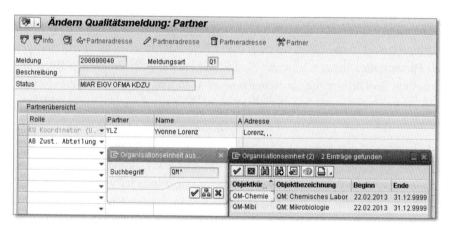

Abbildung 23.19 Suchhilfe für Abteilung

Nach der Übernahme der ausgewählten Abteilung erscheint die interne Nummer als Partner (siehe Abbildung 23.20).

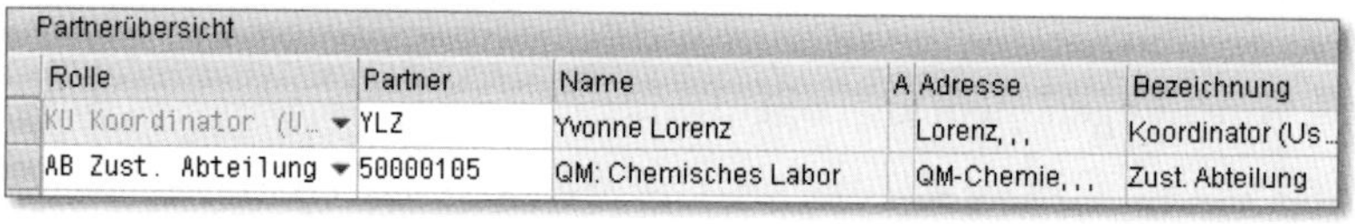

Partnerübersicht					
Rolle	Partner	Name	A	Adresse	Bezeichnung
KU Koordinator (U... ▼	YLZ	Yvonne Lorenz		Lorenz,,,	Koordinator (Us...
AB Zust. Abteilung ▼	50000105	QM: Chemisches Labor		QM-Chemie,,,	Zust. Abteilung

Abbildung 23.20 Partnerübersicht zu übernommener Abteilung

23.4   SAP Business Workflow im Qualitätsmanagement

Workflows sind Bearbeitungswege, während derer bestimmte Aufgaben oder Tätigkeiten nacheinander verschiedenen Mitarbeitern zur Bearbeitung weitergereicht werden. Das Modul Qualitätsmanagement verwendet Workflows, indem zu definierten Ereignissen Workflow-Items angestoßen werden. Diese Items dienen zur Information, dass eine Systemaktivität erwartet wird.

Mit QM werden Musteraufgaben ausgeliefert, die sofort nutzbar sind. Oftmals ist die Aktivierung dieser Aufgaben/Workflows ausreichend. Sie sollten jedoch jeweils einen Zuständigen in der Workflowaufgabe definieren.

Wie Sie die Workflow-Aufgaben über den Pfad QUALITÄTSMANAGEMENT • UMFELD • ZENTRALE FUNKTIONEN • WORKFLOW AKTIVIEREN bearbeiten, habe ich in Kapitel 19, »Qualitätsmeldung«, beschrieben. Folgende Workflows werden neben den schon beschriebenen Qualitätsmeldungs-Workflows ausgeliefert:

▶ **Workflows zur Prüflosabwicklung**
Diese Workflows sind an die Statusverwaltung des Prüfloses angeschlossen.

  ▷ *WS 200066* (Kein Prüfplan zugeordnet)
  Es konnte kein Prüfplan gefunden werden. Der Status steht auf MKAN. Dieses Prüflos muss manuell bearbeitet werden.

  ▷ *WS 200067* (Keine Stichprobe berechnet)
  Der Status des Prüfloses steht auf EROF. Dieses Prüflos muss manuell bearbeitet werden.

  ▷ *WS 200068* (Zeugniseingang ist nicht bestätigt)
  Bei der Prüfloseröffnung zum Wareneingang liegt keine Bestätigung für den Zeugniseingang vor. Der Status des Prüfloses steht auf ZGPF. Dadurch wird der Zuständige über fehlende Zeugnisse informiert.

  ▷ *WS 200069* (Bestandsbuchungen offen, obwohl der Verwendungsentscheid getroffen wurde)
  Der Status des Prüfloses steht auf BTEI. Diese Prüflose müssen manuell bearbeitet werden, da der Q-Bestand nicht komplett entlastet ist.

  ▷ *WS 200070* (Prüfabschluss ist nicht vollständig)
  Es gibt offene Langzeitprüfungen. Der Status des Prüfloses steht auf LZPR. Dadurch wird der Zuständige über offene Langzeitprüfungen informiert.

▶ *WS 200071* (Verwendungsentscheid ist offen, obwohl die Kurzzeitprüfung abgeschlossen ist)
Der Status des Prüfloses steht auf PAKO. Der Workflow kann verwendet werden, wenn eine andere Person als der Prüfer den Verwendungsentscheid trifft.

▶ *WS 200072* (Verwendungsentscheid vor dem Prüfabschluss)
Ein Verwendungsentscheid wird getroffen, obwohl die Langzeitprüfung noch offen ist. Dadurch wird der Zuständige über offene Langzeitprüfungen von Prüflosen mit Verwendungsentscheid informiert.

▶ **Workflow zur Fehlererfassung**
Der Workflow *WS 200081* (Fehlerdatensatz erzeugt) ist über den Fehlerdatensatz an die Statusverwaltung der Qualitätsmeldung angeschlossen. Bei der Rückweisung eines Prüfmerkmals mit Fehlererfassung wird eine Fehlerklasse zugeordnet, zu der ein Workflow-Anstoß eingestellt ist. Dadurch kann der Zuständige sofort tätig werden.

▶ **Workflows zum Qualitätszeugnis bei elektronischer Übermittlung**

▶ *WS 20001057* (Ergebnisübernahme aus einem IDoc in ein Prüflos)
Ein elektronisch übermitteltes Qualitätszeugnis geht ohne Bezug zu einer Bestellung in den Eingang der IDoc-Verarbeitung über.

▶ *WS 03100078* (Automatische Ergebnisübernahme aus einem IDoc in ein Prüflos der Herkunft 01 (Wareneingang))
Ein elektronisch übermitteltes Qualitätszeugnis geht mit Bezug zu einer Bestellung in den Eingang der IDoc-Verarbeitung über, und ein Prüflos zum WE-Beleg ist erzeugt worden, zu dem ein Zeugnis erwartet wird (Status CERTIFICATE). Der Workflow übernimmt die Daten aus dem Zeugnis in die Ergebnistabellen des Prüfloses zum WE-Beleg.

23.5 Maßeinheiten ergänzen

Arbeiten Sie mit quantitativen Prüfmerkmalen, verwenden Sie auch sprachabhängige Maßeinheiten. SAP liefert zahlreiche Maßeinheiten aus, die aber selten ausreichend sind.

Sie können die Maßeinheiten jederzeit im Customizing ergänzen. Dabei sollten Sie beachten, dass die Verkaufs- und Bestandsmengeneinheiten sowie die Gebindeeinheiten in derselben Transaktion (Transaktion CUNI) gepflegt werden. Diese sollten Sie nur in Abstimmung mit den anderen logistischen Modulen verändern.

[zB]

Auswirkung der Veränderung einer neuen Gebindeeinheit

Der Einkauf hat eine neue Gebindeeinheit angelegt und auch schon Bestellungen dazu erzeugt. Wird diese Einheit nun (von einer anderen Abteilung) gelöscht, können die Bestellungen nicht mehr bearbeitet werden.

Wenn Sie eine neue Maßeinheit benötigen, pflegen Sie diese in der Transaktion CUNI oder im Customizing über den Pfad QUALITÄTSMANAGEMENT • UMFELD • VOREINSTELLUNGEN • MASS- UND MENGENEINHEITEN ERGÄNZEN. Maßeinheiten sind Dimensionen zugeordnet, um diese ISO-gemäß umrechnen zu können (siehe Abbildung 23.21).

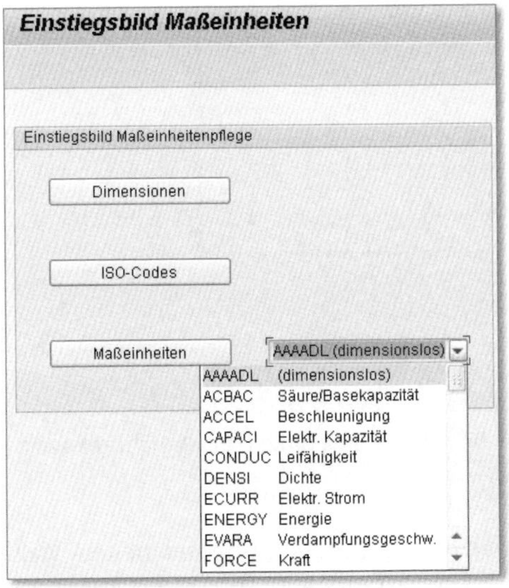

Abbildung 23.21 Einstiegsbild zu Maßeinheiten

Da die Dimension in meinen Projekten bei neuen Maßeinheiten für Prüfmerkmale unwichtig ist, ordne ich neue Maßeinheiten immer der Dimension DIMENSIONSLOS zu. Über den Button DIMENSIONEN können Sie neue Dimensionen anlegen, und über den Button ISO-CODES neue ISO-Codes.

Möchten Sie neue Gebindeeinheiten anlegen, kommt der Dimension eine Bedeutung zu, da nur Mengeneinheiten der Dimension MASS (Masse) in der Suchhilfe zur Gebindeeinheit in der Transaktion MIGO angezeigt werden.

Über den Button MASSEINHEITEN rufen Sie die Tabelle der Maßeinheiten auf. Diese können Sie jetzt über den Button ☐ beliebig ergänzen.

Um einen neuen Eintrag anzulegen, geben Sie eine interne Maßeinheit vor (siehe Abbildung 23.22). Am besten wählen Sie den Z-Namensraum, dann finden Sie alle neuen Maßeinheiten stets am Ende der Tabelle der Maßeinheiten. Die interne und die kaufmännische Maßeinheit sehen Sie nur hier im Customizing, in der Anwendung dagegen nicht. Die interne Maßeinheit ist der eindeutige Schlüssel, der sich nie ändert, während die Texte sprachabhängig sind.

Maßeinheiten der Dimension (dimensionslos) hinzufügen: Detailbild

interne Maßeinheit	Z01	

Darstellung

		Maßeinheitentext	
Kaufmännisch	KBE	Kolonie bildende Einheiten	
Technisch	KBE	KBE	
Dezimalstellen			
Exp.Gleitkomma			

ALE/EDI

ISO-Code

☐ Primärcode

Umrechnung

Zähler	1
Nenner	1
Exponent	0
Additive Konstante	0,000000
Dezimalst.Rundung	
Maßeinheitenfamilie	

Anwendungsparameter

☑ Kaufm. Einheit

☐ Wertmäßiges Obligo

Abbildung 23.22 Maßeinheit – Detailbild

Warnmeldung ISO-Code

Den Hinweis auf die fehlende ISO-Code bestätigen Sie einfach. Er ist nicht relevant, solange Sie nicht umrechnen möchten.

Sie haben die Möglichkeit, drei Felder für die Bezeichnung der neuen Maßeinheit zu pflegen: das Feld TECHNISCH (sechsstellig) und die beiden Felder im Bereich MASSEINHEITENTEXT (einmal 30- und einmal zehnstellig).

In der Suchhilfe der Maßeinheiten – z. B. in der Pflege der quantitativen Daten zum Prüfmerkmal in der Transaktion QS23 (Pflege Stammprüfmerkmal) – sehen Sie, dass neben der technischen Maßeinheit auch der 30-stellige Maßeinheitentext angezeigt wird (siehe Abbildung 23.23).

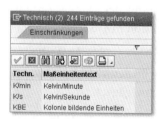

Abbildung 23.23 Suchhilfe der Maßeinheit

In der Ergebniserfassung oder der Prüfplanung sehen Sie im Feld VORGABEN nur die technische Maßeinheit.

Feldauswahl für den Ausdruck

Wenn Sie den Ergebnisbericht oder das Zeugnis drucken, sollten Sie überlegen, welche der Maßeinheitentexte Sie andrucken. Da die sechs Stellen der technischen Maßeinheit oft nicht ausreichen, wird auch gern der zehn- oder 30-stellige Maßeinheitentext für den Ausdruck verwendet.

Entscheiden Sie sich dafür, die Felder mit mehr Stellen zu verwenden, müssen Sie auch die von SAP ausgelieferten Maßeinheiten in allen von Ihnen genutzten Sprachen anpassen. Anderenfalls würde z. B. statt % das ausgeschriebene Wort Prozent ausgedruckt.

Wenn Sie Maßeinheiten in anderen Sprachen benötigen, melden Sie sich in dieser Sprache am System an, rufen die Transaktion auf und pflegen nun alle sprachabhängigen Texte zu der neuen internen Maßeinheit.

23.6 Hilfefunktionen im SAP-System

SAP bietet einige Möglichkeiten zur Unterstützung an, um selbstständig Antworten auf verschiedene Fragen zu finden. Die wichtigsten dieser Funktionen sollen an dieser Stelle kurz genannt werden.

Ist Ihnen die Bedeutung eines Feldes nicht bekannt, rufen Sie mit der F1-Taste die Definition des Feldes auf. Beispielsweise möchten Sie in der Pflege der quantitativen Daten zum Prüfmerkmal (Transaktion QS23) wissen, was das Feld UNTERE PLGRENZE bedeutet. Die F1-Hilfe erklärt dies genau (siehe Abbildung 23.24).

Wenn Sie die Funktion eines Programms interessiert, können Sie sich oftmals die entsprechende Dokumentation anzeigen lassen. Rufen Sie z. B. die Terminüberwachung in der Transaktion QA07 über den Pfad LOGISTIK • QUALITÄTSMANAGEMENT • QUALITÄTSPRÜFUNG • ARBEITSVORRAT • PRÜFLOSERÖFFNUNG • TERMINÜBERWACHUNG • MANUELL auf, und öffnen Sie die Programmdokumentation über den Button ⓘ (Information, siehe Abbildung 23.25).

Möchten Sie die gesamte releasebezogene Dokumentation des QM-Moduls einsehen, rufen Sie die SAP-Hilfe auf. Häufig erreichen Sie diese aus dem SAP-System heraus über das Menü HILFE • SAP-BIBLIOTHEK. Falls diese Verlinkung bei Ihnen nicht funktioniert, rufen Sie im Internet die Seite *http://help.sap.de*

auf. Dort verzweigen Sie über die Punkte SAP R/3 und SAP R/3 ENTERPRISE in die Auswahl der Bibliothek und suchen die Dokumentation entsprechend Ihrem Releasestand.

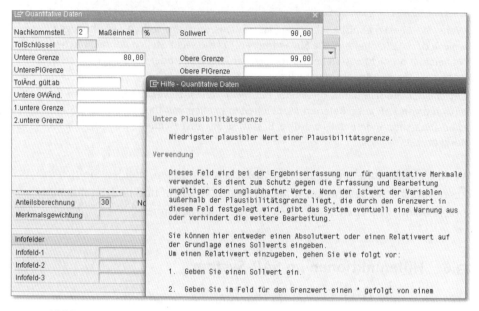

Abbildung 23.24 F1-Hilfe

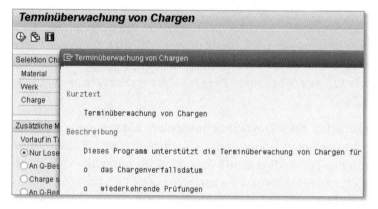

Abbildung 23.25 Programmdokumentation aufrufen

In der erweiterten Suche können Sie nach Schlagwörtern suchen, wie z. B. STABILITÄTSSTUDIE (siehe Abbildung 23.26). Als Ergebnis werden alle Artikel aufgeführt, die diese Schlagworte enthalten.

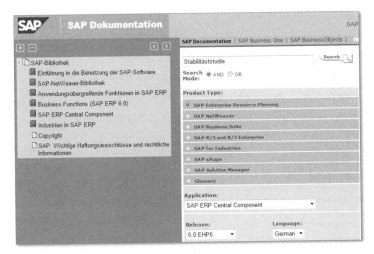

Abbildung 23.26 Erweiterte Suche

Sie können die Bibliothek auch kapitelweise lesen, indem Sie den Baum auf der linken Seite nutzen. Um das Kapitel zum Qualitätsmanagement zu öffnen, wählen Sie den Pfad SAP ERP CENTRAL COMPONENT • LOGISTIK • QUALITÄTSMANAGEMENT. In diesem Kapitel sind alle Funktionen aus dem Modul beschrieben (siehe Abbildung 23.27).

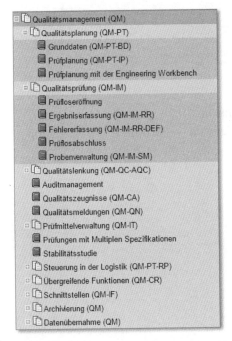

Abbildung 23.27 QM-Kapitel in der SAP-Bibliothek

Auch das Customizing von QM verfügt über eine Dokumentation. Sie sehen vor jedem Schritt das Icon ![icon], mit dem Sie die Dokumentation zu diesem Punkt aufrufen können (siehe Abbildung 23.28).

Über den Button ![Release-Informationen] in der Buttonleiste im Customizing können Sie sich im Menübaum Releasehinweise einblenden lassen. Sie sehen in Abbildung 23.28, dass zur Stabilitätsstudie eine Information hinterlegt ist.

Abbildung 23.28 Release Notes zu Stabilitätsstudie

Mit einem Klick auf den Button ![icon] (Releasenotes im IMG) werden Ihnen die Release Notes zur Stabilitätsstudie angezeigt (siehe Abbildung 23.29).

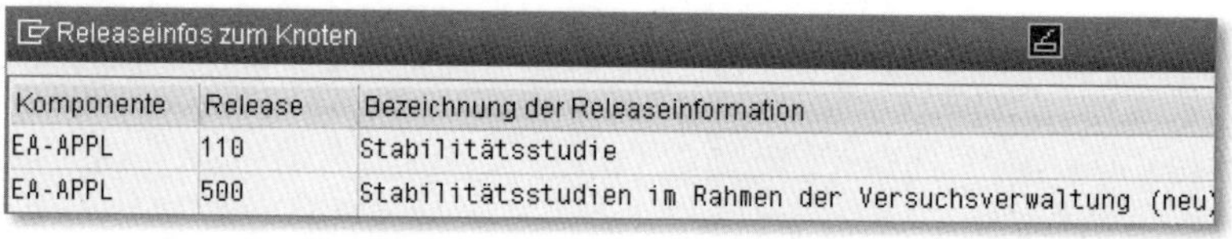

Komponente	Release	Bezeichnung der Releaseinformation
EA-APPL	110	Stabilitätsstudie
EA-APPL	500	Stabilitätsstudien im Rahmen der Versuchsverwaltung (neu)

Abbildung 23.29 Release Notes

Nun kennen Sie weitere Funktionen, die die Arbeit mit dem Modul Qualitätsmanagement erleichtern, und wissen, wo Sie weiterführende Informationen finden.

In diesem Kapitel stelle ich Ihnen die Inhalte der Erweiterungspakete vor, damit Sie einen Eindruck davon erhalten, ob diese für Sie interessant sind. Darüber hinaus stelle ich die Möglichkeit der Systembeeinflussung vor.

24 Systemanpassungen

Seit dem SAP ERP-Release 6.0 werden Ihnen mit jedem neuen Release verschiedene Erweiterungspakete angeboten, die Sie installieren und bei Bedarf aktivieren können. Erst durch die Aktivierung eines Erweiterungspaketes werden die darin enthaltenen Menüpfade sichtbar und die entsprechenden Funktionen freigeschaltet. Die wichtigsten QM-Funktionen, die in den Paketen enthalten sind, habe ich im Rahmen der vorangegangenen Kapitel beschrieben. In diesem Kapitel möchte ich alle Erweiterungspakete mit den zugehörigen QM-Funktionen auflisten und erklären, wie Sie diese aktivieren (siehe Abschnitt 24.1).

Zudem gehe ich in Abschnitt 24.2 auf SAP-Erweiterungen/User-Exits sowie in Abschnitt 24.3 kurz auf die BAdI-Technologie ein.

24.1 SAP-Erweiterungspaket

Wählen Sie im Customizing den obersten Punkt SAP CUSTOMIZING EINFÜHRUNGSLEITFADEN • BUSINESS FUNCTIONS AKTIVIEREN, und bestätigen Sie den Hinweis, dass eine Aktivierung – falls Sie diese vornehmen – nicht mehr rückgängig gemacht werden kann. Anschließend gelangen Sie in die Übersicht der angebotenen Erweiterungen. Diese variiert je nach Ihrer Systeminstallation.

Die erste Erweiterung, die das Modul QM betrifft, finden Sie unter dem Menüpunkt ENTERPRISE EXTENSIONS (siehe Abbildung 24.1).

Sie sehen, dass die Erweiterung EA-PLM in dem dargestellten System bereits aktiviert ist. Wäre sie dies nicht, würden Sie die Checkbox in der Spalte GEPL... markieren und über den Button ⬆ Änderungen aktivieren den Job zur Aktivierung starten. Es dauert eine gewisse Zeit, bis alle Änderungen, die die Aktivierung der Funktion mit sich bringt, aktiviert werden.

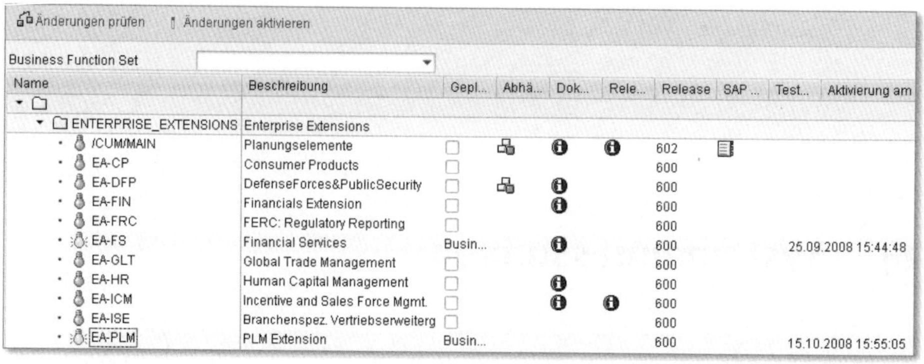

Abbildung 24.1 Enterprise Extensions

Alle anderen QM-Erweiterungspakete finden Sie im Bild im unteren Bereich im Ordner ENTERPRISE BUSINESS FUNCTIONS (siehe Abbildung 24.2).

Abbildung 24.2 Business Function OPS_QM_Extensions

In der Spalte ABHÄ... (Abhängigkeiten) wird Ihnen mit dem Icon signalisiert, dass diese Extension eine vorhergehende Erweiterung benötigt. Sie müssen daher zuerst die abhängige Erweiterung aktivieren.

Mit dem Button in der Spalte DOK... (Dokumentation) rufen Sie die SAP-Bibliothek auf. Unter den Releaseinformationen (RELE...) können Sie sehen, welchen Inhalt diese abhängige Erweiterung hat.

Mit den jüngsten Erweiterungspaketen wird auch ein SAP-Testkatalog ausgeliefert. Diesen öffnen Sie über den Button in der Spalte SAP. Anschließend werden Ihnen bereits fertige Szenarien als Vorlage angeboten, um die Funktion zu testen (siehe Abbildung 24.3). Über den Button öffnen Sie die Testfallbeschreibung. Hier wird Ihnen jeder Schritt erläutert (siehe Abbildung 24.4). Wenn Sie einen Testfall ausdrucken möchten, wählen Sie im Menü TESTKATALOG • DRUCKEN TESTFALLBESCHREIBUNG.

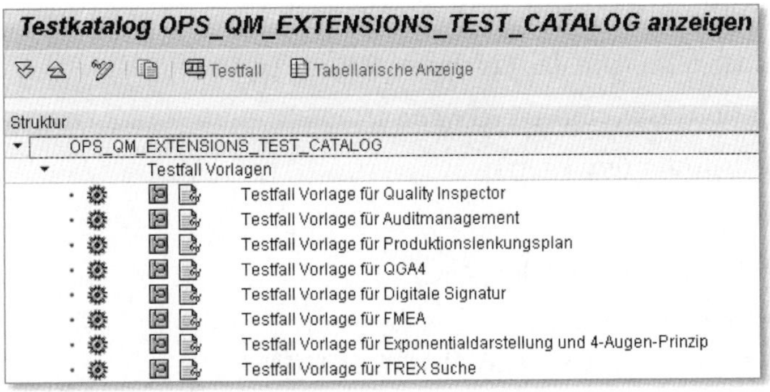

Abbildung 24.3 Testkatalog

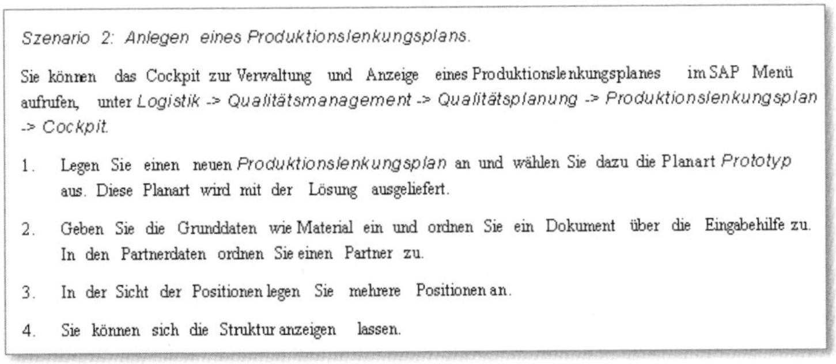

Szenario 2: Anlegen eines Produktionslenkungsplans.

Sie können das Cockpit zur Verwaltung und Anzeige eines Produktionslenkungsplanes im SAP Menü aufrufen, unter *Logistik -> Qualitätsmanagement -> Qualitätsplanung -> Produktionslenkungsplan -> Cockpit.*

1. Legen Sie einen neuen *Produktionslenkungsplan* an und wählen Sie dazu die Planart *Prototyp* aus. Diese Planart wird mit der Lösung ausgeliefert.
2. Geben Sie die Grunddaten wie Material ein und ordnen Sie ein Dokument über die Eingabehilfe zu. In den Partnerdaten ordnen Sie einen Partner zu.
3. In der Sicht der Positionen legen Sie mehrere Positionen an.
4. Sie können sich die Struktur anzeigen lassen.

Abbildung 24.4 Auszug aus einem Testfall – Produktionslenkungsplan

Inhalte der Erweiterungen

Folgende für QM relevante Inhalte sind in den Erweiterungspaketen enthalten:

- **Enterprise Extension/ PLM-Extension**
  - QM 8D-Report Automotive
  - Ergebniskopie
  - Eingabeverarbeitung
  - Vorgangsabschluss
- **Enterprise Business Functions/ EHP 3, Business Function OPS_QM_EXTENSIONS**
  - Fehlermöglichkeits- und Einflussanalyse (FMEA) (neu)
  - Produktionslenkungsplan (neu)
  - digitale Signatur (erweitert)

- ▶ Vieraugenprinzip in der Ergebniserfassung (neu)
- ▶ Exponentialdarstellung in der Ergebniserfassung (neu)
- ▶ QM-Cockpit für Auswertungen (erweitert)
- ▶ Rolle Qualitätsprüfer (erweitert)
- ▶ BAdI in der Qualitätsmeldung (neu)
- ▶ TREX-Suche für Qualitätsmeldungen

- ▶ **Enterprise Business Functions/
  EHP 4, Business Function OPS_QM_NOTIFICATION**
  - ▶ zugeordnete Objekte auf Ebene der Meldungsposition
  - ▶ Versenden von Meldungen mit Anlagen als E-Mail
  - ▶ Partnerselektion bei Listen
  - ▶ einstufige Listen zu Qualitätsmeldungen

- ▶ **Enterprise Business Functions/
  EHP 5, Business Function OPS_QM_EXTENSION_2**
  - ▶ Integration von FMEA und Qualitätsmeldungen
  - ▶ benutzerspezifische Einstellungen für FMEA-Art
  - ▶ digitale Signatur in der FMEA
  - ▶ Bearbeitung von System-FMEAs
  - ▶ sonstige Erweiterungen in der FMEA
  - ▶ Integration der Qualitätsmeldungsbearbeitung in SAP SNC
  - ▶ Meldung drucken ohne zu sichern
  - ▶ bezugsgleiche Meldungen anzeigen

- ▶ **Enterprise Business Functions/
  EHP 5, Business Function OPS_QM_PLAN_INTEGRAT**
  - ▶ Integration von Prüfplänen in EHS
  - ▶ verbesserte Integration von QM mit der Variantenkonfiguration

- ▶ **Enterprise Business Functions/
  EHP 6, Business Function OPS_QM_EXTENSION_3**
  - ▶ digitale Signatur (erweitert) mit Bemerkung
  - ▶ Änderungsbelege bei Ergebniserfassung (erweitert) sofort unabhängig vom Status
  - ▶ Wechsel der Meldungsart (erweitert) auch in Transaktion QM02

24.2 SAP-Erweiterungen/User-Exits

User-Exits oder Customer Functions bieten die Möglichkeit, an von SAP vorgesehenen Stellen mit eigenem Programm-Coding in den Prozessablauf einzugreifen. An den entsprechenden Schnittstellen werden Daten zur Verfügung gestellt, in die Sie Programmzeilen integrieren können, um z. B. neue Funktionen anzustoßen oder Daten zu verändern.

Diese Absprünge gelten nicht als Modifikation. Das bedeutet, dass die von Ihnen eingerichteten Funktionen bei einem Releasewechsel erhalten bleiben. Sie sollten die Funktionen nach einem Releasewechsel trotzdem testen, da es sein kann, dass das Programm durch Änderungen auf der Datenbank nicht mehr so abläuft, wie es vorgesehen war, oder möglicherweise gar nicht mehr vom System angesprochen wird. User-Exits werden von SAP sukzessive durch Business Add-ins (BAdI) ersetzt, da diese mit der neueren objektorientierten Programmierung arbeiten. Daher sollten Sie vor der Verwendung von User-Exits immer erst schauen, ob Sie dieselbe Funktion auch als BAdI finden, und im Erfolgsfall besser das BAdI ausprägen.

Sie finden alle User-Exits in der Transaktion SMOD oder über den Pfad Werkzeuge • ABAP Workbench • Hilfsmittel • Erweiterungen • Definition. Alle Exits, die in den QM-Prozessen interessant sind, beginnen mit einem Q. Zu jeder Erweiterung können Sie die Dokumentation aufrufen, um Ihre Eingriffsmöglichkeiten zu erkennen (siehe Abbildung 24.5).

Abbildung 24.5 SAP-Erweiterungen

Sie können mithilfe der User-Exits in viele Ereignisse eingreifen. Schauen Sie sich die Möglichkeiten in Ruhe an, ich führe nur einige Beispiele auf:

- Prüflosanlage, z. B. Prüfartenfindung, Feldänderung, Planzuordnung
- Meldungsbearbeitung: Sie können eigene Bildbereiche für Kopf, Position, Maßnahme und Aktion anlegen.
- Ergebniserfassung, z. B. Vorbelegung von Feldern, Einbinden von Funktionen über Buttons
- Verwendungsentscheid, z. B. Überprüfen der Eingabe, Einblenden von Zusatzdaten
- Zeugnis, z. B. Prüflosfindung

Wenn Sie diese Erweiterungen nutzen möchten, legen Sie in der Transaktion CMOD im selben Pfad ein Kundenprojekt an und ordnen die Erweiterungen diesem Projekt zu. So ist es Ihnen möglich, einen Überblick über die aktivierten Funktionen zu behalten. Abbildung 24.6 zeigt ein Beispielprojekt, das alle Erweiterungen im Bereich der Prüfabwicklung enthält.

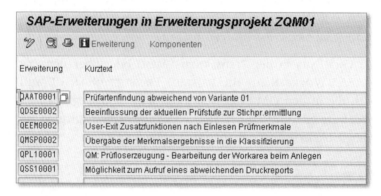

Abbildung 24.6 Beispiel – Kundenprojekt

24.3 Business Add-ins

Business Add-ins (BAdI) haben dieselbe Funktion wie die User-Exits. Sie verfügen nur über eine neuere technische Grundlage und sollten bevorzugt verwendet werden, da sie zukunftssicherer sind. Mit jedem Release bzw. Erweiterungspaket kommen neue BAdIs hinzu. Schauen Sie daher selbst in Ihrem System nach, welche Funktionen Sie nutzen können.

Die BAdIs aus dem Modul Qualitätsmanagement finden Sie im Customizing über den Pfad QUALITÄTSMANAGEMENT • UMFELD • WERKZEUGE • BUSINESS ADD-INS. Sie sind dort jeweils einem Prozess untergeordnet (siehe Abbildung 24.7).

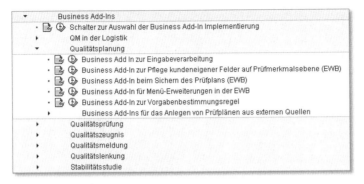

Abbildung 24.7 Business Add-ins

Auch die BAdI-Möglichkeiten sind so umfangreich, dass ich hier nur einige Beispiele aufführen kann:

► *Prüflosbearbeitung*: z. B. Daten an ein externes System übergeben, ein weiteres Prüflos erzeugen, bei Prüflosen zur Stabilitätsstudie die Probemenge reduzieren

► *Prüfplanbearbeitung in der Workbench*: z. B. Einbau von Prüfungen für die Freigabe (Vieraugenprinzip)

► *Ergebniserfassung*: z. B. Prüfungen beim Erfassen, Bewerten oder Abschließen eines Merkmals

► *Meldungen*: z. B. eigene Bildbereiche für kundenindividuelle Inhalte

► *Auswertungen*: z. B. eigene Darstellungen in dem QM-Cockpit

Alle Systemanpassungen sollten von Programmierern durchgeführt und anschließend von Anwendern ausreichend getestet werden. Dabei sind nicht nur die gewünschten Funktionen zu testen, sondern auch die unbeeinflussten Prozesse.

> **Unerwünschte Auswirkungen auf bestehende Prozesse** [zB]
>
> Sie arbeiten schon immer mit Prüflosen der Herkunft 01 und möchten nun die eigene Prüfartenfindung für Prüflose aus der Produktion verwenden. Wenn das Coding fehlerhaft ist, kann es geschehen, dass die Funktion für die Prüfartenfindung in der Produktion wie gewünscht abläuft, Sie jedoch keine Wareneingangsprüflose mehr erhalten.

Auch wenn Sie nicht selbst programmieren können, sollten Sie in diesem Kapitel hilfreiche Informationen über bestehende Möglichkeiten erhalten haben, die Ihnen im Gespräch mit den Kollegen der IT-Abteilung zugutekommen werden.

Anhang

A   Transaktionen und Menüpfade

Um Ihnen einen schnellen Überblick über die Menüpfade zu ermöglichen, die in diesem Buch erläutert wurden, habe ich diese im Folgenden noch einmal zusammengestellt. Zudem wurden Transaktionen aus anderen Modulen ergänzt, die immer wieder verwendet werden.

A.1   Stammdaten

In diesem Abschnitt werden die Transaktionen und Menüpfade zur Qualitätsplanung sowie zu den in QM verwendeten Stammdaten anderer Module erläutert.

A.1.1   Qualitätsplanung

Die in diesem Abschnitt aufgeführten Menüpfade schließen sich alle an den folgenden »Grundpfad« an: LOGISTIK • QUALITÄTSMANAGEMENT • QUALITÄTS-PLANUNG. Den Stichprobenplan erreichen Sie z. B. über den Pfad: LOGISTIK • QUALITÄTSMANAGEMENT • QUALITÄTSPLANUNG • GRUNDDATEN • STICHPROBE • STICHPROBENPLAN • ANLEGEN/ÄNDERN/ANZEIGEN.

Stichprobenplan (Transaktionen QDP1/QDP2/QDP3)
Grunddaten • Stichprobe • Stichprobenplan • Anlegen/Ändern/Anzeigen

Stichprobenverfahren (Transaktionen QDV1/QDV2/QDV3)
Grunddaten • Stichprobe • Stichprobenverfahren • Anlegen/Ändern/Anzeigen

Verwendungsnachweis Stichprobenverfahren (Transaktion QDV6)
Grunddaten • Stichprobe • Stichprobenverfahren • Verwendungsnachweis

Stichprobenverfahren ersetzen (Transaktion QDV7)
Grunddaten • Stichprobe • Stichprobenverfahren • Ersetzen

Dynamisierungsregel (Transaktionen QDR1/QDR2/QDR3)
Grunddaten • Stichprobe • Dynamisierungsregel • Anlegen/Ändern/Anzeigen

Verwendungsnachweis Dynamisierungsregel (Transaktion QDR6)
Grunddaten • Stichprobe • Dynamisierungsregel • Verwendungsnachweis

Dynamisierungsregel ersetzen (Transaktion QDR7)
Grunddaten • Stichprobe • Dynamisierungsregel • Ersetzen

Prüfmethode (Transaktionen QS31/QS32/QS33/QS34)

Grunddaten • Prüfmethode • Anlegen/Version anlegen/Ändern/Anzeigen

Prüfmerkmal (Transaktionen QS21/QS22/QS23/QS24)

Grunddaten • Prüfmerkmal • Anlegen/Version anlegen/Ändern/Anzeigen

Codegruppe (Transaktionen QS41/QS42)

Grunddaten • Katalog • Codegruppe • Bearbeiten/Anzeigen

Auswahlmenge (Transaktionen QS51/QS52)

Grunddaten • Katalog • Auswahlmenge • Bearbeiten/Anzeigen

Materialstamm (Transaktionen MM01/MM02/MM03)

Logistik-Stammdaten • Material • Anlegen/Ändern/Anzeigen

Prüfeinstellungen (Transaktion QA08)

Logistik-Stammdaten • Material • Prüfeinstellung

**Qualitätsinformationssatz Beschaffung
(Transaktionen QI01/QI02/QI03/QI06)**

Logistik-Stammdaten • Q-Infosatz Beschaffung • Anlegen/Ändern/Anzeigen/
Sammelbearbeitung

**Qualitätsinformationssatz Vertrieb
(Transaktionen QV51/QV52/QV53)**

Logistik-Stammdaten • Q-Infosatz Vertrieb • Anlegen/Ändern/Anzeigen

Arbeitsplatz (Transaktionen CRQ1/CRQ2/CRQ3)

Logistik-Stammdaten • Arbeitsplatz • Anlegen/Ändern/Anzeigen

Prüfplan (Transaktionen QP01/QP02/QP03/QP05/QP08)

Prüfplanung • Prüfplan • Anlegen/Ändern/Anzeigen/Drucken

Prüfplan drucken (Transaktionen QP05/QP08)

Prüfplanung • Prüfplan • Drucken

Prüfplan Änderungen (Transaktionen QP60/QP61)

Prüfplanung • Prüfplan • Änderungsbelege anzeigen

Prüfplan Auswertung (Transaktion QP06)

Prüfplanung • Prüfplan • fehlende oder nicht verwendbare Prüfpläne

Standardplan (Transaktionen QP11/QP12/QP13)

Prüfplanung • Standardplan • Anlegen/Ändern/Anzeigen

Verwendungsnachweis Prüfplanung Standardplan (Transaktion CA90)

Standardplan • Verwendungsnachweis

Arbeitsplan (Transaktionen CA01/CA02/CA03)

Prüfplanung • Arbeitsplan • Arbeitspläne • Normalarbeitspläne • Anlegen/Ändern/Anzeigen

Planungsrezept (Transaktionen C201/C202/C203)

Prüfplanung • Planungsrezept • Rezept und Materialliste • Anlegen/Ändern/Anzeigen

Materialspezifikation (Transaktionen QS61/QS62)

Prüfplanung • Materialspezifikation • Bearbeiten/Anzeigen

Engineering Workbench – Massenpflege Prüfplan (Transaktion CWBQM)

Prüfplanung • Prüfplan • Workbench

A.1.2 In QM verwendete Stammdaten

Engineering Workbench – Massenpflege Arbeitsplan (Transaktion CEWB)

Logistik • Produktion • Stammdaten • Workbench

Änderungsnummer (Transaktionen CC01/CC02/CC03)

Anwendungsübergreifende Komponenten • Änderungsdienst • Änderungsnummer • Anlegen/Ändern/Anzeigen

Dokument (Transaktionen CV01N/CV02N/CV03N)

Logistik • Zentrale Funktionen • Dokumentenverwaltung • Dokument • Anlegen

Lieferant (Transaktionen MK01/MK02/MK03)

Logistik • Materialwirtschaft • Einkauf • Stammdaten • Lieferant • Anlegen/Ändern/Anzeigen

Lieferanten sperren (Transaktion MK05)

Logistik • Materialwirtschaft • Einkauf • Stammdaten • Lieferant • Einkauf • Sperren

Kunde (Transaktionen VD01/VD02/VD03)

Logistik • Vertrieb • Stammdaten • Geschäftspartner • Kunde • Anlegen/Ändern/Anzeigen

Ansprechpartner (Transaktionen VAP1/VAP2/VAP3)

Logistik • Vertrieb • Stammdaten • Geschäftspartner • Ansprechpartner • Anlegen/Ändern/Anzeigen

Allgemeines Merkmal anlegen (Transaktion CT04)

Anwendungsübergreifende Komponenten • Klassensystem • Stammdaten • Merkmalverwaltung

Klassenpflege (Transaktion CL02)

Anwendungsübergreifende Komponenten • Klassensystem • Stammdaten • Klassenverwaltung

Leistungsarten (Transaktionen KL01/KL02/KL03)

Rechnungswesen • Controlling • Kostenstellenrechnung • Stammdaten • Leistungsart • Einzelbearbeitung • Anlegen/Ändern/Anzeigen

Tarif (Transaktion KP26)

Rechnungswesen • Controlling • Kostenstellenrechnung • Stammdaten • Planung • Leistungserbringung/Tarife • Ändern

QM-Auftrag (Transaktionen QK01/QK02/QK03)

Qualitätsmanagement • Qualitätsprüfung • Kosten • Auftragszuordnung • Anlegen/Ändern/Anzeigen

A.2 Prüfabwicklung

Die im Folgenden aufgeführten Menüpfade schließen sich alle an den folgenden »Grundpfad« an: LOGISTIK • QUALITÄTSMANAGEMENT • QUALITÄTSPRÜFUNG.

Prüflos (Transaktionen QA01/QA02/QA03)

Prüflos • Bearbeitung • Anlegen/Ändern/Anzeigen

Prüflosliste (Transaktionen QA32/QA33)

Arbeitsvorrat • Prüfung • Daten ändern/Daten anzeigen

Prüflosmenge umlagern (Transaktion QAC2)

Prüflos • Bearbeitung • Losmenge • Umlagern

Qualitätslage (Transaktionen QDL1/QDL2/QDL3/QDH1)

Qualitätslage • Anlegen/Ändern/Anzeigen/Liste

Abnahmeprüfung starten (Transaktionen QI07/QA51)

Arbeitsvorrat • Prüfloseröffnung • Abnahmeprüfung • Anstoß manuell/Job einrichten

Prüflos zur Serienfertigung (Transaktion MFPR)

Arbeitsvorrat • Prüfloseröffnung • Prüflose zur Serienfertigung

Terminüberwachung Chargen (Transaktionen QA07/QA05)

Arbeitsvorrat • Prüfloseröffnung • Terminüberwachung • Anstoß manuell/Job einrichten

Im weiteren Verlauf des Abschnitts sind die Transaktionen und Menüpfade zu den einzelnen Teilschritten der Prüfabwicklung aufgeführt (siehe Abschnitte A.2.1 bis A.2.6). Zudem werden Transaktionen und Menüpfade zu zentralen Funktionen (siehe Abschnitt A.2.7) und mit QM integrierten anderen Modulen (siehe Abschnitt A.2.8) sowie bezüglich der Auswertungen in QM und den integrierten Modulen (siehe Abschnitte A.2.9 und A.2.10) aufgelistet.

A.2.1 Ergebniserfassung

Die in diesem Abschnitt aufgeführten Menüpfade schließen sich alle an den folgenden »Grundpfad« an: LOGISTIK • QUALITÄTSMANAGEMENT • QUALITÄTS-PRÜFUNG.

Arbeitsvorrat (Transaktion QE51N)

Arbeitsvorrat • Ergebniserfassung

Prüflosliste (Transaktion QA32)

Arbeitsvorrat • Prüfung • Daten ändern

Erfassung losübergreifend (Transaktion QE72)

Arbeitsvorrat • Varianten der Ergebniserfassung

Erfassung zu Prüfpunkten (Transaktion QE71)

Arbeitsvorrat • Varianten der Ergebniserfassung

Erfassung zum Stammprüfmerkmal (Transaktion QE73)

Arbeitsvorrat • Varianten der Ergebniserfassung

Erfassung zur Lieferung (Transaktion QE14)

Prüfergebnis • Zur Lieferung im Vertrieb • Erfassen

Ergebnisbericht (Transaktion QGA3)

Prüfergebnis • Drucken

A.2.2 Verwendungsentscheid

Die in diesem Abschnitt aufgeführten Menüpfade schließen sich alle an den folgenden »Grundpfad« an: LOGISTIK • QUALITÄTSMANAGEMENT • QUALITÄTS-PRÜFUNG.

Verwendungsentscheid (Transaktionen QA11/QA12/QA13/QA14)

Prüflos • Bearbeitung • Verwendungsentscheid • Anlegen/Ändern mit Historie/ Anzeigen/Ändern ohne Historie

Sammel-Verwendungsentscheid (Transaktion QA16)

Arbeitsvorrat • Prüflosabschluss • Sammel-Verwendungsentscheid

Automatischer Verwendungsentscheid (Transaktion QA10)

Arbeitsvorrat • Prüflosabschluss • Autom. Verwendungsentscheid • Allgemein • Anstoß manuell

A.2.3   Probenverwaltung

Die in diesem Abschnitt aufgeführten Menüpfade schließen sich alle an den folgenden »Grundpfad« an: LOGISTIK • QUALITÄTSMANAGEMENT • QUALITÄTS-PRÜFUNG • PROBENVERWALTUNG.

Probenahmeverfahren (Transaktion QPV2)

Logistik • Qualitätsmanagement • Qualitätsplanung • Grunddaten • Stichprobe • Probenahmeverfahren • Bearbeiten

Physische Probe (Transaktionen QPR1/QPR2/QPR3/QPR4)

Physische Probe • Anlegen/Ändern/Anzeigen

Probenahme (Transaktion QPR4)

Probenahme • Bearbeiten

Aufbewahrungsdaten pflegen (Transaktion QPR7)

Physische Probe • Aufbewahrungsdaten pflegen

Prüflose zu Probe anlegen (Transaktion QPR5)

Physische Probe • Prüflose anlegen

A.2.4   Prüfmittelverwaltung

Die in diesem Abschnitt aufgeführten Menüpfade schließen sich alle an den folgenden »Grundpfad« an: LOGISTIK • QUALITÄTSMANAGEMENT • PRÜFMITTEL-VERWALTUNG.

Equipment (Transaktionen IE01/IE02/IE03)

Prüfmittel • Equipment • Anlegen/Ändern/Anzeigen

Equipmentarbeitsplan (Transaktionen IA01/IA02/IA03)

Kalibrierplanung • Arbeitsplanung • Equipmentarbeitsplan • Anlegen/Ändern/ Anzeigen

IH-Anleitung (Transaktionen IA05/IA06/IA07)

Kalibrierplanung • Arbeitsplanung • Anleitung • Anlegen/Ändern/Anzeigen

Wartungsplan (Transaktionen IP41/IP02/IP03/IP10)

Kalibrierplanung • Wartungsplanung • Wartungsplan • Einzelzyklusplan anlegen/Ändern/Anzeigen/Terminierung

Wartungsterminliste (Transaktion IP24)

Kalibrierplanung • Wartungsplanung • Terminliste

A.2.5 Zeugnis

Die in diesem Abschnitt aufgeführten Menüpfade schließen sich alle an den folgenden »Grundpfad« an: LOGISTIK • QUALITÄTSMANAGEMENT • QUALITÄTS-ZEUGNIS.

Zeugnis erfassen (Transaktionen QC51/QC52/QC53/QC55)

Eingang • Erfassen/Ändern/Anzeigen/Arbeitsvorrat

Zeugnisvorlage (Transaktionen QC01/QC02/QC03)

Ausgang • Zeugnisvorlage • Anlegen/Ändern/Anzeigen

Zuordnung Zeugnisvorlage (Transaktionen QC15/QC16/QC17)

Ausgang • Zeugnisvorlage • Zuordnung • Anlegen/Ändern/Anzeigen

Zeugnis erstellen (Transaktionen QC20/QC21/QC22/QCMS) Ausgang • Zeugniserstellung • Zur Lieferung/Zum Prüflos/Zur Charge/Mit Multiplen Spezifikationen

Nachrichtenkondition (Transaktionen VV21/VV22/VV23)

Ausgang • Zeugnisempfänger • Anlegen/Ändern/Anzeigen

Archivanzeige Zeugnisse (Transaktionen QC31/QC32)

Ausgang • Zeugniserstellung • Archivanzeige • Zur Lieferposition/Zum Prüflos

A.2.6 Qualitätsmeldungen/Stabilitätsstudie

Die in diesem Abschnitt aufgeführten Menüpfade schließen sich alle an den folgenden »Grundpfad« an: LOGISTIK • QUALITÄTSMANAGEMENT.

Strategie (Transaktion IP11)

Stabilitätsstudie • Stabilitätsplanung • Strategie • Bearbeiten

Stabistudie (Transaktionen QST01/QM02/QM03)

Stabilitätsstudie • Stabilitätsstudie • Anlegen/Ändern/Anzeigen

Terminierung (Transaktion IP30)

Stabilitätsstudie • Stabilitätsplanung • Terminplan • Terminüberwachung

Terminliste (Transaktion QST06)

Stabilitätsstudie • Infosystem •Terminliste

Qualitätsmeldung (Transaktionen QM01/QM02/QM03)

Qualitätsmeldung • Anlegen/Ändern/Anzeigen

Arbeitsvorrat Meldungen (Transaktionen QM10/11)

Qualitätsmeldung • Arbeitsvorrat • Meldungen • Ändern/Anzeigen

Arbeitsvorrat Maßnahmen (Transaktionen QM12/13)

Qualitätsmeldung • Arbeitsvorrat • Maßnahmen • Ändern/Anzeigen

Arbeitsvorrat Positionen/Fehler (Transaktionen QM14/15)

Qualitätsmeldung • Arbeitsvorrat • Positionen • Ändern/Anzeigen

Arbeitsvorrat Aktionen (Transaktionen QM16/17)

Qualitätsmeldung • Arbeitsvorrat • Aktionen • Ändern/Anzeigen

Mehrstufige Liste (Transaktion QM19)

Qualitätsmeldung • Infosystem • Meldung • mehrstufige Liste

Leistungen rückmelden (Transaktion KB21N)

Qualitätsmeldung • Kosten • Istbuchungen • Leistungsverrechnung • Erfassen

A.2.7 Zentrale Funktionen

Audit-Management (Transaktion PLMD_AUDIT/PLM_AUDITMONITOR)

Anwendungsübergreifende Komponenten • Auditmanagement • Auditmanagement/Auditmonitor

FMEA (Transaktion QM_FMEA/QM_FMEAMONITOR)

Logistik • Qualitätsmanagement • Qualitätsplanung • Fehlermöglichkeits- und Einflussanalyse • Cockpit/QM_FMEAMONITOR

Produktionslenkungsplan (Transaktion QPCP)

Logistik • Qualitätsmanagement • Qualitätsplanung • Produktionslenkungsplan • Cockpit

A.2.8 Andere Module

Charge (Transaktionen MSC1N/MSC2N/MSC3N)

Logistik • Zentrale Funktionen • Chargenverwaltung • Charge • Anzeigen

Warenbewegung buchen (Transaktion MIGO)

Logistik • Materialwirtschaft • Bestandsführung • Warenbewegung • Warenbewegung

Prozessauftrag (Transaktionen COR1/COR2/COR3)

Logistik • Produktion-Prozess • Prozessauftrag • Prozessauftrag • Anlegen/Ändern/Anzeigen

Fertigungsauftrag (Transaktionen CO01/CO02/CO03)

Logistik • Produktion • Fertigungssteuerung • Auftrag • Anlegen/Ändern/Anzeigen

SD-Lieferung (Transaktionen VL01N/VL02N/VL03N)

Logistik • Vertrieb • Versand und Transport • Auslieferung • Anlegen/Ändern/Anzeigen

Umbuchungsanweisung – zeigt offene Umbuchungsanweisungen nach Teilbuchung im Prüflos (Transaktion LU04)

Logistik • Logistics Execution • Lagerinterne Prozesse • Umbuchung • Anzeigen • in Liste

Bestellung anzeigen (Transaktion ME23N)

Logistik • Materialwirtschaft • Einkauf • Bestellung anzeigen

Auftrag anzeigen (Transaktion VA03)

Logistik • Vertrieb •Verkauf • Auftrag • Anzeigen

Lieferung anzeigen (Transaktion VL03N)

Logistik • Vertrieb • Versand und Transport • Auslieferung • Anzeigen

A.2.9 Auswertungen QM

Die in diesem Abschnitt aufgeführten Menüpfade schließen sich alle an den folgenden »Grundpfad« an: LOGISTIK • QUALITÄTSMANAGEMENT.

Regelkarten (Transaktionen QGC1 QGC2/QGC3)

Qualitätsprüfung • Infosystem Qualitätsregelkarte • zum Prüflos/zum Planmerkmal/zum Stammprüfmerkmal

Aufbewahrungsdaten (Transaktion QPR5)

Qualitätsprüfung • Probenverwaltung • Physische Probe • Prüflose anlegen

Kosten zum Prüflos (Transaktion QK05)

Qualitätsprüfung • Kosten • Leistungsrückmeldung zum Prüflos anzeigen

Kostenanalyse (Transaktion KKF3)

Qualitätsprüfung • Kosten • Auftragszuordnung • Anzeigen

Ergebnisse (Transaktionen QGA2/QS28/QGP1/QGA4)

Qualitätslenkung • Auswertung aus Originalbelegen • Ergebnisliste/Prüfergebnishistorie zum Stammprüfmerkmal/Historie zum Planmerkmal/QM-Cockpit

Kennzahlen (Transaktion MCXP)

Qualitätslenkung • Material • Meldungen • Positionen

Auswertestruktur (Transaktion MCX7)

Qualitätslenkung • Kennzahlen • Werkzeuge • Flexible Analysen • Auswertestruktur • Anlegen

Auswertung (Transaktionen MCX1/MCX2/MCX3/MCX4)

Qualitätslenkung • Kennzahlen • Werkzeuge • Flexible Analysen • Auswertung • Anlegen/Ändern/Anzeigen/Ausführen

Infoset/Query (Transaktion SQ02/SQ01)

Werkzeuge • ABAP Workbench • Hilfsmittel • SAP Query • InfoSets/Query

A.2.10 Auswertungen anderer Module

Auswertung digitale Signaturen (Transaktion DSAL)

Anwendungsübergreifende Komponenten • Änderungsdienst • Auswertungen • Protokoll zur digitalen Signatur

Objekte zu Chargenklasse (Transaktion CL24N)

Anwendungsübergreifende Komponenten • Klassensystem • Zuordnung • Objekte/Klassen einer Klasse zuordnen

MHD-Liste (Transaktion MB5M)

Zentrale Funktionen • Chargenverwaltung • Werkzeuge • Terminüberwachung • MHD-Liste

Kontrollliste MHD im WM-Lager (Transaktion LX27)

Logistik • Logistics Execution • Infosystem • Lager • Bestand • Mindesthaltbarkeitsdatum • Kontrollliste

Chargenverwendungsnachweis (Transaktion MB56)

Logistik • Zentrale Funktionen • Chargenverwaltung • Chargenverwendung • Anzeigen

Chargen-Cockpit (Transaktion BMBC)

Logistik • Zentrale Funktionen • Chargenverwaltung • Chargenverwendung • Batch Information Cockpit

Prozessauftragsinformationssystem (Transaktion COOISPI)

Logistik • Produktion-Prozess • Prozessauftrag • Auswertungen • Auftragsinfosystem • Prozessauftragsinformationssystem

Fertigungsauftragsinformationssystem (Transaktion COOIS)

Logistik • Produktion • Fertigungssteuerung • Infosystem • Auftragsinformationssystem

Lieferantenbeurteilung (Transaktion ME61)

Logistik • Materialwirtschaft • Einkauf • Stammdaten • Lieferantenbeurt. • Pflegen

Produktstruktur-Browser (Transaktion CC04)

Anwendungsübergreifende Komponenten • Änderungsdienst • Umfeld • Produktstruktur

Materialverzeichnis (Transaktion MM60)

Logistik • Materialwirtschaft • Materialstamm • sonstige

Bestandsübersicht/materialbezogene Übersicht (Transaktion MMBE)

Logistik • Materialwirtschaft • Bestandsführung • Umfeld • Bestand • Bestandsübersicht

Lagerbestände/materialübergreifende Übersicht (Transaktion MB52)

Logistik • Materialwirtschaft • Bestandsführung • Umfeld • Bestand • Lagerbestand

Bedarfs- und Bestandliste/Überblick über die zukünftigen Bestandsveränderungen (Transaktion MD04)

Logistik • Produktion • Bedarfsplanung • Auswertungen • Bedarfs-/Bestandsliste

Materialbelegliste (Transaktion MB51)

Logistik • Materialwirtschaft • Bestandsführung • Umfeld • Listanzeigen • Materialbelege

Bestände zum Material/WM-Bestand, materialbezogen (Transaktion LS24)

Logistik • Logistics Execution • Infosystem • Lager • Bestand • auf Plätzen • materialbezogen

Liste Auslieferungen (Transaktion VL06F)

Logistik • Vertrieb • Vertriebsinformationssystem • Umfeld • Beleginformation • Lieferungen

B   Typische Fehler bei der Arbeit mit Prüflosen

Im Folgenden sind einige häufig auftretende Fehler und deren mögliche Ursachen aufgeführt. Sollte Ihnen ein solches Fehlverhalten in der Praxis begegnen, empfiehlt es sich, die hier aufgeführten Punkte zu überprüfen, ehe Sie Kollegen bzw. den internen Support zurate ziehen.

Systemverhalten	Mögliche Ursache
Es wurde dem Prüflos kein Plan zugeordnet.	Hierfür lassen sich mehrere mögliche Gründe finden: ▸ Es gibt mehrere aktive Prüfpläne zu Material und Verwendung. ▸ Der Prüfplan hat einen falschen Status. ▸ Die Mengeneinheit des Plans ist nicht in eine Losmengeneinheit umrechenbar. ▸ Die Prüfeinstellungen sehen keine automatische Zuordnung vor. ▸ Der Plan ist nach Loserzeugung angelegt worden, dadurch passt das Selektionsdatum nicht.
In der Ergebniserfassung wird das Register PRÜFLING nicht angezeigt.	Auch hierfür gibt es zwei mögliche Gründe: ▸ Im Prüflos gibt es nur Prüfmerkmale mit summarischer Erfassung. ▸ Sie haben ein Stichprobenverfahren mit einer Stichprobe gewählt, und in den Werkseinstellungen im Customizing ist das Kennzeichen SUMMARISCHE ERFASSUNG, WENN N=1 aktiv. Daher bietet das System nur die summarische Erfassungsvariante an.
Es wird eine Stichprobe von 100 % ermittelt, obwohl Sie im Plan ein Stichprobenverfahren angegeben haben.	In den Prüfeinstellungen zum Material ist das Kennzeichen 100 % gesetzt. Diese Kennzeichnung im Material übersteuert die Planvorgaben.

Systemverhalten	Mögliche Ursache
Es erfolgt kein Prüfverzicht (Skip), obwohl die Prüfstufe dies anzeigt.	In den Prüfeinstellungen zum Material ist das Kennzeichen SKIPS ERLAUBT nicht gesetzt. Damit kann gezielt für eine Prüfart das Skip/Lot-Verfahren deaktiviert werden.
Es wird immer eine Nachkommastelle zu viel angezeigt.	In den Werkseinstellungen im Customizing ist das Kennzeichen ZUSÄTZLICHE NACHKOMMASTELLE gesetzt.
Es wird ein Prüflos beim Wareneingang aus Produktion erzeugt, obwohl schon eines bei Auftragsfreigabe erzeugt wurde.	Der Bestand wurde an einem anderen Lagerort gebucht, als bei Auftragsfreigabe vorgegeben.
Es konnten keine Proben berechnet werden.	Hierfür lassen sich mehrere mögliche Gründe finden: ▸ Die Probemengeneinheit kann nicht in eine Losmengeneinheit umgerechnet werden. ▸ Sie haben unterschiedliche Teilproben pro Vorgang angegeben. ▸ Ein Merkmal ist zwar in der Materialspezifikation enthalten, aber nicht im Prüfplan. ▸ Die Prüflosmenge ist nicht ausreichend, um alle Proben zu errechnen.
Es wurde kein Prüflos zur wiederkehrenden Prüfung eröffnet, obwohl das Prüfdatum erreicht wurde.	Die Chargenmenge liegt im Kundeneinzelbestand oder an einem HU-verwalteten Lagerort. Das Programm berücksichtigt nur den freien anonymen Lagerbestand.
Der Bestand wurde bei der Terminüberwachung zur wiederkehrenden Prüfung nicht in den Q-Bestand gebucht.	Das Datum der nächsten Prüfung ist größer oder gleich dem MHD/Verfallsdatum.
Sie können nicht so viele Einzelwerte erfassen, wie das Stichprobenverfahren verlangt.	Die Prüflosmenge ist zu klein, überprüfen Sie die Probemenge im Planmerkmal.

Systemverhalten	Mögliche Ursache
Die Ergebnisse werden nicht automatisch bewertet, obwohl die automatische Bewertung im Stichprobenverfahren aktiv ist.	In den Steuerkennzeichen des Prüfmerkmals im Prüfplan ist im Bereich des Stichprobenumfangs nicht das Kennzeichen FEST aktiviert. Daher werden mehr Ergebnisse erwartet.
Es ist kein Änderungsbeleg zum Ergebnis vorhanden.	In den Steuerkennzeichen zum Planmerkmal ist der Änderungsbeleg nicht aktiv.
Beim Treffen des Verwendungsentscheids erhalten Sie keine Aufforderung zur Dokumentation, obwohl Sie den Abschluss erzwungen haben oder rückgewiesene Merkmale vorhanden sind.	Im Materialstamm ist das Kennzeichen DOKUPFLICHT in der Sicht QUALITÄTSMANAGEMENT nicht gesetzt.
Im Verwendungsentscheid werden mehrere Codegruppen angezeigt.	Hierfür gibt es zwei mögliche Gründe, die im Customizing der Prüfarten zu finden sind: ▸ Sie haben keine Auswahlmenge in der Prüfartdefinition hinterlegt. ▸ Die Auswahlmenge gibt es in mehreren Werken, und Sie haben das Kennzeichen AUSWAHLMENGE IM SELBEN WERK nicht aktiviert.
Sie arbeiten mit dem Prüflos zur Serienfertigung und haben das Kennzeichen AUTOMATISCHE FEHLERERFASSUNG gesetzt. Es wurde ein Merkmal rückgewiesen, und obwohl das Merkmal bei weiteren Prüfpunkten in Ordnung ist, wird die Meldung wieder eröffnet.	Auf der Datenbank behält das Merkmal den Status FEHLERHAFTES MERKMAL. Dadurch öffnet sich die Meldung wieder. Sie können an dieser Stelle nicht mit der automatischen Fehlererfassung arbeiten.
Sie haben in den Steuerkennzeichen der Prüfmerkmale im Plan das Kennzeichen LANGZEITPRÜFUNG aktiviert. Nach dem Verwendungsentscheid bleibt das Prüflos nicht für die Langzeitprüfung offen.	Die Planmerkmale, die als Langzeitmerkmale gekennzeichnet sind, sind in den Steuerkennzeichen nicht als Muss-Merkmale definiert.
Es werden nicht alle Merkmale auf dem Zeugnis ausgegeben	Im Prüfplan ist das Stammprüfmerkmal mehrmals enthalten. Jedes Stammprüfmerkmal darf nur einmal im Prüfplan verwendet werden, wenn es auf dem Zeugnis verwendet werden soll.

Systemverhalten	Mögliche Ursache
Probleme beim Stornieren des Wareneingangs: ▶ 1. Ein Prüflos wird nach der Stornierung des Wareneingangs nicht storniert, obwohl es noch nicht bearbeitet wurde. ▶ 2. Ein Wareneingang lässt sich nicht mehr stornieren, da im Prüflos schon Aktivitäten stattgefunden haben.	▶ Zu 1. Die Stornierung des Wareneingangs erfolgte nicht mit der Funktion MATERIALBELEG STORNIEREN in der Transaktion MIGO oder MBST, sondern es wird ein weiterer Wareneingang mit der Bewegungsart 102 gebucht. ▶ Zu 2. Während der Zeit der Prüfung können Sie den Wareneingang nicht stornieren. Nach dem Verwendungsentscheid nehmen Sie die Stornierung wie unter 1. beschrieben vor und verändern dabei die Bestandsart auf FREI, da sich das Material jetzt nicht mehr im Q-Bestand befindet.
Liste der Maßnahmen, es werden nicht alle Maßnahmen angezeigt.	Hierfür gibt es zwei mögliche Gründe: ▶ Überprüfen Sie das Kennzeichen OFFENE MASSNAHMEN in der Selektion. Dieses Kennzeichen ist voreingestellt und zeigt dementsprechend nur offene Maßnahmen an. ▶ In der Partnerauswahl ist eine Partnerrolle enthalten, die in den Maßnahmen nicht verwendet wurde, z. B. VU (Verantwortlichen). Sie arbeiten aber mit Abteilungen.
Sie nutzen die Ergebniskopie. Es werden nicht alle Ergebnisse übergeben.	Überprüfen Sie die Maßeinheiten. Beide Maßeinheiten müssen identisch sein.

C   Die Autorin

 **Yvonne Lorenz** arbeitete nach ihrer Ausbildung als Chemielaborantin und dem Abschluss ihres Ingenieur-Studiums mit der Ausrichtung Wasserversorgung und Abwasserbehandlung viele Jahre in der Qualitätssicherung von pharmazeutischen Unternehmen sowie der Kosmetikproduktion.

Seit dem Jahr 2000 ist sie als QM-Beraterin tätig; zunächst in Festanstellung bei der Firma itelligence AG, seit 2008 freiberuflich. In Projekten übernimmt sie die Rolle des Teilprojektleiters und ist für die Erstellung des Blueprints sowie die Einstellungen im Customizing verantwortlich. Zudem führt sie Workshops mit Key-Usern durch, um diese in die Lage zu versetzen, die Endanwenderschulungen beim jeweiligen Kunden durchzuführen. Darüber hinaus gestaltet sie Formulare, übernimmt Entwicklungen, wie User-Exits, Auswertungen oder Anwendungen im QM-Umfeld, und betreut die Datenübernahme aus Altsystemen.

Sie verfügt über sehr fundiertes Wissen im Modul QM sowie aufgrund der hohen Integration über ein erweitertes Grundlagenwissen in den angrenzenden logistischen Modulen MM, WM, SD, PP, PP-PI, PM/EAM und CS.

Yvonne Lorenz hat mehr als 40 Projekte in mittelständischen Unternehmen aus der pharmazeutischen, kosmetischen und chemischen sowie der Lebensmittelindustrie und den Bereichen Automotive, Maschinen- und Anlagenbau, Solar- und Stahlindustrie betreut. Mit vielen Kunden pflegt sie eine langjährige Zusammenarbeit und kann so auch nach der Projektphase von Anwenderwissen profitieren.

Bei Fragen zum Thema Qualitätsmanagement oder bei Anmerkungen zu diesem Buch steht Ihnen die Autorin gern zur Verfügung. Sie freut sich über Ihr Feedback unter *yvonne.lorenz@live.de*.

Index

F

M

Q

R

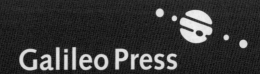

- Alle wichtigen Funktionen Schritt für Schritt verstehen

- Anlagenstrukturierung, Geschäftsprozesse, Integration und neue Technologien verständlich erklärt

- Mit zahlreichen Tipps und Tricks aus der Praxis

Karl Liebstückel

Praxishandbuch Instandhaltung mit SAP

Mit diesem Buch optimieren Sie die Anlagenstrukturierung und Ihre Geschäftsprozesse in der SAP-Instandhaltung (SAP EAM, ehemals SAP PM)! Lesen Sie, welche Berührungspunkte mit anderen Unternehmensbereichen bestehen und wie Sie Ihre Instandhaltungsmaßnahmen im Controlling steuern. Lernen Sie neue Technologien kennen, und erhöhen Sie die Benutzerfreundlichkeit. In jedem Kapitel verrät Ihnen Karl Liebstückel bewährte Tipps aus der Praxis, mit denen Sie sich Ihre Arbeit erleichtern können. Die 3. Auflage wurde auf SAP ERP 6.0 EHP 6 aktualisiert.

651 S., 3. Auflage 2013, mit Referenzkarte, 69,90 Euro
ISBN 978-3-8362-2110-8
www.sap-press.de/3316

■ Transparente Beschaffung
mit SAP SRM 7.0

■ Funktionen, Prozesse
und Geschäftsszenarien

■ Customizing-Tipps, Praxis-
beispiele und Integration mit
weiteren Komponenten

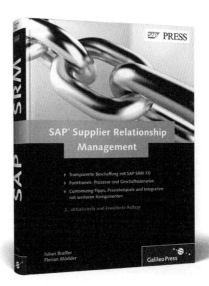

Julian Bradler, Florian Mödder

SAP Supplier Relationship Management

Lernen Sie Funktionen, Prozesse und Customizing von SAP Supplier
Relationship Management (SRM) kennen. Das Buch beschreibt die
wesentlichen technischen und betriebswirtschaftlichen Zusammenhänge und macht es Ihnen leicht, das grundsätzliche Customizing
konkret nachzuvollziehen. Darüber hinaus werden Integrationsmöglichkeiten mit anderen SAP-Komponenten (z.B. MM, FI, HCM)
aufgezeigt.

640 S., 2. Auflage 2013, 69,90 Euro
ISBN 978-3-8362-1833-7
www.sap-press.de/2978

Galileo Press

- Mit SAP ERP und SAP SCM Bestände optimieren und Bestandskosten senken

- Prognosegenauigkeit und Planung verbessern

- Mit zahlreichen Praxisbeispielen

- 3., aktualisierte und erweiterte Auflage

Marc Hoppe

Bestandsoptimierung mit SAP

Sie möchten Ihre Bestände sinnvoll reduzieren und Ihre Lieferfähigkeit sicherstellen? Dann sollten Sie bei diesem Buch zugreifen! Sie lernen die verschiedenen Prozesse und Funktionalitäten detailliert kennen, die Ihnen SAP ERP und SAP SCM für die Bestandsoptimierung zur Verfügung stellen: Von der Bestandsanalyse über den Servicegrad bis hin zum Bestandsmonitoring werden alle Faktoren behandelt, mit denen Sie auf Ihre Bestände Einfluss nehmen können. Kurzum: Hier erfahren Sie, welche Möglichkeiten Ihnen für ein effektives Bestandsmanagement zur Verfügung stehen. Diese 3. Auflage unseres Standardwerks wurde komplett überarbeitet und zu SAP ERP 6.0 und SAP SCM 7.0 aktualisiert.

869 S., 3. Auflage 2012, 69,90 Euro
ISBN 978-3-8362-1841-2
www.sap-press.de/2986

MITMACHEN & GEWINNEN!

▶ **Wie lautet der Titel des Buches, das Sie bewerten möchten?**

▶ **Wegen welcher Inhalte haben Sie das Buch gekauft?**

▶ **Haben Sie in diesem Buch die Informationen gefunden, die Sie gesucht haben? Wenn nein, was haben Sie vermisst?**

☐ Ja, ich habe die gewünschten Informationen gefunden.

☐ Teilweise, ich habe nicht alle Informationen gefunden.

☐ Nein, ich habe die gewünschten Informationen nicht gefunden. Vermisst habe ich:

▶ **Welche Aussagen treffen am ehesten zu?** (Mehrfachantworten möglich)

☐ Ich habe das Buch von vorne nach hinten gelesen.

☐ Ich habe nur einzelne Abschnitte gelesen.

☐ Ich verwende das Buch als Nachschlagewerk.

☐ Ich lese immer mal wieder in dem Buch.

▶ **Wie suchen Sie Informationen in diesem Buch?** (Mehrfachantworten möglich)

☐ Inhaltsverzeichnis

☐ Marginalien (Stichwörter am Seitenrand)

☐ Index/Stichwortverzeichnis

☐ Buchscanner (Volltextsuche auf der Galileo-Website)

☐ Durchblättern

▶ **Wie beurteilen Sie die Qualität der Fachinformationen nach Schulnoten von 1 (sehr gut) bis 6 (ungenügend)?**

☐ 1 ☐ 2 ☐ 3 ☐ 4 ☐ 5 ☐ 6

▶ **Was hat Ihnen an diesem Buch gefallen?**

▶ **Was hat Ihnen nicht gefallen?**

▶ **Würden Sie das Buch weiterempfehlen?**

☐ Ja ☐ Nein

Falls nein, warum nicht?

▶ **Was ist Ihre Haupttätigkeit im Unternehmen?** (z.B. Management, Berater, Entwickler, Key-User etc.)

▶ **Welche Berufsbezeichnung steht auf Ihrer Visitenkarte?**

▶ **Haben Sie dieses Buch selbst gekauft?**

☐ Ich habe das Buch selbst gekauft.

☐ Das Unternehmen hat das Buch gekauft.

KATALOG & NEWSLETTER

www.sap-press.de

Ja, bitte senden Sie mir kostenlos den neuen **Katalog**. Für folgende SAP-Themen interessiere ich mich besonders: (Bitte Entsprechendes ankreuzen)

- Programmierung
- Administration
- IT-Management
- Business Intelligence
- Logistik
- Marketing und Vertrieb
- Finanzen und Controlling
- Personalwesen
- Branchen und Mittelstand
- Management und Strategie

▶ Ja, ich möchte den **SAP PRESS-Newsletter** abonnieren. Meine E-Mail-Adresse lautet:

Teilnahmebedingungen und Datenschutz:
Die Gewinner werden jeweils am Ende jeden Monats ermittelt und schriftlich benachrichtigt. Mitarbeiter der Galileo Press GmbH und deren Angehörige sind von der Teilnahme ausgeschlossen. Eine Barablösung der Gewinne ist nicht möglich. Der Rechtsweg ist ausgeschlossen. Ihre freiwilligen Angaben dienen dazu, Sie über weitere Titel aus unserem Programm zu informieren. Falls sie diesen Service nicht nutzen wollen, genügt eine E-Mail an **service@galileo-press.de**. Eine Weitergabe Ihrer persönlichen Daten an Dritte erfolgt nicht.

Absender

Firma _____

Abteilung _____

Position _____

Anrede   Frau ☐   Herr ☐

Vorname _____

Name _____

Straße, Nr. _____

PLZ, Ort _____

Telefon _____

E-Mail _____

Datum, Unterschrift _____

Antwort

SAP PRESS
c/o Galileo Press
Rheinwerkallee 4
53227 Bonn

Bitte
freimachen!

SAP PRESS

In unserem Webshop finden Sie das aktuelle Programm
zu allen SAP-Themen, kostenlose Leseproben und dazu die
Möglichkeit der Volltextsuche in allen Büchern.

Gerne informieren wir Sie auch mit unserem monatlichen
Newsletter über alle Neuerscheinungen.

www.sap-press.de

SAP-Wissen aus erster Hand.